2016

丝绸之路与永昌圣容寺国际学术研讨会论文集

杜斗城 丁得天 主编

蘭州大學出版社

图书在版编目（CIP）数据

丝绸之路与永昌圣容寺国际学术研讨会论文集 / 杜斗城，丁得天主编. -- 兰州 : 兰州大学出版社，2019.12

ISBN 978-7-311-05751-0

Ⅰ. ①丝… Ⅱ. ①杜… ②丁… Ⅲ. ①佛教－永昌县－国际学术会议－文集 Ⅳ. ①B948-53

中国版本图书馆CIP数据核字(2020)第018285号

策划编辑　魏鸿彪
责任编辑　魏鸿彪　高士荣
封面设计　王　挺

书　　名　丝绸之路与永昌圣容寺国际学术研讨会论文集
作　　者　杜斗城　丁得天　主编
出版发行　兰州大学出版社　（地址：兰州市天水南路222号　730000）
电　　话　0931-8912613（总编办公室）　0931-8617156（营销中心）
　　　　　0931-8914298（读者服务部）
网　　址　http://press.lzu.edu.cn
电子信箱　press@lzu.edu.cn
印　　刷　甘肃发展印刷公司
开　　本　787 mm×1092 mm　1/16
印　　张　27.25（插页10）
字　　数　526千
版　　次　2019年12月第1版
印　　次　2019年12月第1次印刷
书　　号　ISBN 978-7-311-05751-0
定　　价　110.00元

中国·永昌丝绸之路与圣容寺国际学术研讨会合影留念

龙门石窟温玉成

台湾中国文化大学陈清香

新疆博物馆贾应逸

新加坡国立大学古正美

日本早稻田大学肥田路美

美国西来大学龙达瑞

清华大学李静杰

日本筑波大学八木春生

中国国家博物馆李翎

浙江省博物馆黎毓馨

敦煌研究院杨富学

敦煌研究院张小刚

泰山学院公维章

中国藤椒博物馆王仿生

日本横滨美术大学滨田瑞美

山西大学尚丽新

金昌市博物馆李勇杰　兰州大学张善庆

西北师范大学冯玉新

日本白鹤美术馆田林启

太原理工大学许栋

吐鲁番研究院武海龙

清华大学朱己祥

致辞

张世珍
（甘肃政协副主席，现为副省长）

尊敬的各位领导、各国嘉宾：

大家上午好！

盛夏时节，由兰州大学、中共永昌县委、永昌县人民政府主办，中共永昌县委统战部、兰州大学考古及博物馆学系承办的“丝绸之路与永昌圣容文化国际学术研讨会”在永昌县隆重召开。我们热烈欢迎与会的各位嘉宾！

永昌县地处丝绸古道，是古代河西走廊的咽喉要地，《方舆纪要》记载：“（永昌）卫唇齿姑臧，形援张掖，襟山带水，战守有资，河西一线，其东西孔道也。”境内历史文化积淀深厚，自然景观独特，文物遗迹众多，旅游资源丰富，是古丝绸之路上历史、宗教、考古等文化艺术的宝库。圣容寺位于甘肃金昌市永昌县城北，始建于北周保定元年（561年），建寺至今已有一千四百多年，是丝绸之路上久负盛名的古刹。因寺内供奉着能预示天下兴乱的瑞像，初建时称为瑞像寺。后隋炀帝改名为感通寺。吐蕃、西夏统治永昌时改称圣容寺并沿用至今。

依史籍和佛典的记载，圣容寺的兴建源于东晋名僧刘萨诃去往天竺求法时路过番禾县（今永昌县）所做的预言。刘萨诃法名释慧达，山西离石人（今山西吕梁市），5世纪前期（434年左右）途经番禾县时曾遥指县北的御谷预言道：此崖当有像现，若灵相圆备，则世乐时康；如其有阙，则世乱民苦。

八十多年后，到北魏正光（520年）年间，刘萨诃的预言成真：御谷内雷震山裂，果有丈八佛像出现，这尊佛像就是独一无二的番禾瑞像，亦称为凉州瑞像。但是瑞像的佛头经常跌落，佛头跌落之时恰逢乱世，身首符合之时又国运昌盛，这恰恰印证了刘萨诃的预言，此事成为中国佛教历史上极有影响的一件事情，甚至可能是预示国运兴衰的最为灵验的预言之一。

北周保定元年（561年），因为瑞像之缘而建寺，故名瑞像寺。

大业五年（609年），隋炀帝杨广西征吐谷浑大胜后至寺礼拜，重装寺院，并亲自题额为感通寺，让随行的画工摹写瑞像图形，令天下寺院照此形象供养，瑞像的图形及其信仰随之流传天下。

到唐代，瑞像及其信仰更盛。唐王朝是中国历史上的鼎盛期，丝绸之路上往来的使者和客商络绎不绝，番禾县是必经之地。山西、陕西、四川以及甘肃各地都模仿番禾县瑞像的造型而造像。特别是敦煌莫高窟，因部分文献记载刘萨诃从圣容寺去往敦煌之后又主持开凿过莫高窟，所以莫高窟中有关刘萨诃、瑞像和圣容寺的题材非常丰富，且大多是唐代的精品。

莫高窟藏经洞出土的珍贵文物中有一幅番禾瑞像题材的刺绣，现藏于大英博物馆，高达2.41米，宽1.6米，是目前发现的仅存的中国古代刺绣中最大的几件之一。

更重要的是，今人并不知晓中国古代的大佛是怎样造作的，而莫高窟第72窟的南壁整个壁面，绘制了圣容寺番禾瑞像的修建过程，使得今天我们得以知晓大佛造作的过程。第72窟南壁的壁画也被评价为“一幅极其复杂的、可能是传统中国艺术中对宗教偶像最为深刻的思考的壁画”。而今天看到的日本高野山亲王院供奉的一尊番禾瑞像，也很可能是日本遣唐使到唐朝学习时仿制的番禾瑞像。

日本现存有一份北宋乾德六年（968年）营修圣容寺的档案，也是莫高窟藏经洞出土的，名为《宋乾德六年修凉州感通寺记》，记录者道和可能是当时圣容寺的住持。据内容可知，宋乾德六年曾对圣容寺进行过大修，建成后的规模十分宏大，弥山亘谷，堪与崆峒山媲美。

到西夏时期，番禾瑞像及其信仰的兴盛程度有增无减，瓜州、张掖黑水城等地发现的壁画和出土的文献都反映出这一点。西夏文《御驾西行烧香歌》记载，西夏仁宗李仁孝晚年因病之故，曾专程从国都兴庆（银川）前往圣容寺烧香祈病，以祈求国运昌盛和自己早日康复。

从以上情况看，历代都十分重视番禾瑞像与圣容寺，其重要性和地位在中国历史上和佛教艺术中是不言而喻的。

敦煌藏经洞的珍贵文物被斯坦因、伯希和等人辗转带回各自的国家，这些文物中有关圣容寺和番禾瑞像的文物，分别现藏于英国、法国、印度、俄罗斯和日本等国。这种情况使得相关研究成果自始至终就处于国际化视野之下。

近十几年来，国内各地也陆续发现、出土了新的圣容寺和番禾瑞像的材料，这一研究显然成为一个热点问题，并且是国际性的、跨学科的综合研究。

交流学界最新研究成果，共同探讨圣容文化及永昌深厚的历史。此次活动，我们十分荣幸地邀请到了来自国际国内高水平的学者。知识的交流，智慧的碰撞，为我们带来一场思想盛宴和学术大餐。通过召开此次国际学术会议，传承、整理丝绸之路上优秀的中国传统文化和艺术，保护和弘扬永昌优秀的历史文化资源，借助敦煌的国际影响力，以及甘肃省举办的“敦煌行——丝绸之路国际旅游节”，从而取得重大成果，进一步繁荣学术事业，增进文化旅游发展与繁荣，扩大永昌及圣容文化的影响力。

最后，祝愿本次国际研讨会圆满成功！祝愿各位来宾、各位朋友事业丰盈、身心和顺！

谢谢大家！

前 言

杜斗城
（兰州大学历史文化学院教授、博士生导师）

2011年7月，我在学生丁得天博士的陪同下，由儿子杜姚刚开车去金昌市进行学术考察。说实话，金昌市的文物旅游点不是很多，只有“沙井文化”的“三角城遗址”和“圣容寺”比较有名，再就是近些年来的“骊靬城”了。

未曾预料的是，我的私人的学术考察，“惊动”了金昌市和金川区、永昌县文物部门的有关同志。先是，金昌市文广局文物科的李勇杰科长和区文广局李志荣局长陪同我们考察了三角城遗址。遗址旁的三角城村有一个简陋的展览，我看完之后，心情非常沉重而又感慨！沉重的是：这么重要的遗址，在保护方面还存在很多问题，如四周连正规围栏都没有，裸露在外；感慨的是：当地基层干部和村民非常重视文物的保护，甚至还有不少村民捐献文物，支持展览，主动防控来此遗址的可疑人员。他们很希望有关方面能采取措施，进一步提升对此遗址的保护和宣传力度，进而开发利用，促进当地文化旅游的发展。参观完后，几位同志和我们在三角城村举行了一个简单的座谈会。我在会上提到，要让有关领导重视此事，必须提高他们对此遗址的认识，要提高他们的认识，必须加强宣传力度，要加强宣传力度，最好先开一次全国性的学术会议，请专家来说话。李志荣说，开全国性的学术会议，我们不知道请谁来，我说，专家我来负责邀请，你们负责部分经费。他说要向上汇报，争取办成。未曾想到，此事经各方面的努力后来竟然促成了。这就是2012年8月在金昌市举办的“沙井文化学术研讨会”的缘由。这次会议，在西北民族大学段小强教授的大力协助下，由我主持，参加会议的专家共有50多人，其中有中国社科院考古研究所的王仁湘研究员、许宏研究员，山东大学考古系方辉教授、中国国家博物馆李维明研究员、中国社科院民族研究所的易华研究员等权威专家，他们都提交了高质量论文，并在会议上作了专题讲演。特别是许宏研究员在这次会议上提出了“河西第一城”的问题，认为三角城遗址是河西第一古城遗址，颇引学术界关注，新闻媒体多次报道。其他论文也各有特色，质量很高，会议圆满成功。更重要的是，与会各位专家实地考察了“三角城遗址”，看到了此遗址的重要性。2012年底，金昌市、金川区文物部门趁热打铁，申报“三角城遗址”为全国重点文物保护单位，且顺利通过，于2013年5月由国务院公布其为第七批“国保单位”。

大概由于有这次会议的成功举办和三角城遗址申报国保单位的顺利，我和金昌市有了很好的合作基础，有关部门对我比较信任，2016年，其又请求我再召开一次有关圣容寺的学术研讨会。我也认为，对圣容寺的宣传和进一步研究很有必要，加之此问题正在我的专业范围之内，国内外关于此问题的专家我大都很熟悉。我当时提出要开就办一次国际性会议，规模不要太大，但水准要高，要请高层次学者参加。通过我们的共同努力，我们邀请了新加坡国立大学的古正美教授、美国西来大学的龙达瑞教授、日本早稻田大学的肥田路美教授、筑波大学的八木春生教授、台湾中国文化大学的陈清香教授、清华大学的李静杰教授等权威专家前来参加会议。

下面对此次会议提交的论文做一简单述评。

台湾中国文化大学陈清香教授《刘萨诃事迹与番禾瑞像图像源流》一文就梁慧皎《高僧传》与唐道宣《续高僧传》所载的刘萨诃生平事迹南北不同的经历，探讨刘萨诃所接触的寺塔图像，以南京长干寺的佛塔与金昌圣容寺的佛塔、瑞像为例，推测其原始佛塔的造型、现存佛塔的风格，并就流布于河西敦煌一带立体与平面的番禾瑞像遗品，探讨其图像的特征、流变与源流等。论文资料丰富，论据充分，观点鲜明，实是近些年出现的研究刘萨诃与番禾瑞像的高水准论文。

新加坡大学古正美教授《凉州瑞像与敦煌的白衣佛像》一文对凉州瑞像与敦煌白衣佛像的关系进行了详尽的讨论，其认为凉州瑞像与白衣佛像在北凉的出现，与北凉施行的佛教建国信仰的方法及内容有密切的关联。文章对前人的研究有评判、有分析，引用资料较为丰富，观点新颖，实是研究凉州瑞像的集大成之作。

台湾彰化师范大学国文学系胡瀚平教授和赵太极讲师的《刘萨诃现象试析》一文，以敦煌藏经洞发现的《刘萨诃因缘记》为基本资料，探讨萨满天启及刘萨诃现象，认为其两者有异曲同工之妙！提出刘萨诃为何钟爱涅槃像及与当时的佛教发展氛围有何关涉？《涅槃经》所传达的主要经义与刘萨诃现象昭示了世人什么讯息等？以期从新的研究视域深掘刘萨诃所蕴含的核心义谛。论文提出的问题重要，很有新义。

山西大学国学研究院尚丽新的论文通过分析刘萨诃与番禾瑞像的关系揭示了刘萨诃民间佛教信仰的本质，认为刘萨诃信仰典型地展现了佛教入华后在民间传播的原始状况和传播方式，同时指出刘萨诃信仰被上层社会利用、改造的全过程。论文说理性强，是近些年来研究刘萨诃信仰的一篇很有水平的论文。

敦煌研究院张小刚博士《凉州瑞像初始形象来源考》一文认为凉州瑞像是在中国本土产生的一种佛教瑞像，凉州瑞像的初始形象与云冈石窟第18窟主尊佛像具有一定的相似性。在中古时期凉州瑞像曾长期流传于中国广大地区，其影响之大，流行时间之长，宗教与政治内涵之丰富，发展过程中形象细节之变化多样，在中国中古时期流行的诸多瑞像中都非常具有代表性。论文引用资料丰富，文献与图像结合，提出的问题非常重要。

泰山学院的公维章博士《英藏敦煌文献〈凉州御山感通寺圣容天上来（首题）〉》残文考释一文根据英国伦敦印度事务部图书馆藏敦煌文献ch.83x.xi (IOL.C.121)《乾德六年僧道昭抄〈凉州御山感通寺圣容天上来〉》残文，指出此残文是目前所仅有的一份记录北周凉州瑞像寺营建的敦煌写本文献。文中的“大祖文皇帝”为北周文帝宇文泰，营建者为时任北周“谯国公”的宇文俭，感通寺更名为圣容寺的时间可确定为西夏占领凉州时期，此前的几种说法都不令人信服。论文论证充分，说服力强。

兰州大学张善庆博士和聊城大学吕德廷博士《刘萨诃入冥图像与文本》一文，以日本兵库县极乐寺本《六道经》为中心，探寻了刘萨诃入冥图像的图像源头，订正并梳理了其文献演变的历程。论文引用资料丰富，能从图像与文献的结合方法探讨和提出问题，无论从新资料的发现和对文献的分析方面，都很有创见。

中国藤椒博物馆王仿生先生《刘萨诃族属考异》一文对刘萨诃的族属进行了详尽考证，认为刘萨诃与刘渊、刘聪、刘曜等为同一家族，是出生于山西离石县的匈奴人。论文用功至深，颇有新义。

宁夏大学彭向前教授《关于西夏圣容寺研究的几个问题》一文谈了四个方面的问题：一、《天盛律令》中没有“圣容寺”；二、西夏文献中的“圣容寺”即今永昌圣容寺；三、永昌圣容寺得名始于西夏；四、西夏圣容寺当是一处安放帝后神御的寺院。论文观点鲜明，讨论的主旨一目了然，特别是后两个问题最重要，是一篇很值得一读的好文章。

新疆博物馆贾应逸研究员《隋炀帝西巡及其对西域的影响》一文，就隋炀帝西巡，在燕支山下会见西域诸王公、瞻仰礼拜圣容寺等相关问题进行了讨论，认为隋炀帝在西巡过程中，除使用军事手段之外，主要的是与西域各族君长建立友好关系，同时还借助佛家思想与西域各国沟通，在客观上促进了中原与西域佛教的相互交流，达到互相信任。论文视野开阔，对于研究永昌圣容寺与丝绸之路的关系等问题有重要参考作用。

清华大学李静杰教授《于阗系莲花化生像及其在中原北方的传播发展》一文首先说明了“化生”与化佛的内涵，指出“化生”为生灵四种诞生的高级形式，也是佛教修行者追求的往生方式。“莲花化生”大体等同于往生佛国净土；“化佛”则是佛陀神通变现所为，用于教化并利益众生。进而认为，西北印度孕育的“莲花化生”造型，加之中印度纪元前后上面观莲花表现，共同促成于阗莲花化生、化佛。于阗化佛有结跏趺坐佛、交脚坐佛像，以上面观莲花为特征。中原北方北魏中晚期一方面沿袭了于阗执璎珞天人造型，另一方面在于阗化生模式基础行产生了多种化生童子造型。东西魏时期于阗系莲花化生随着南朝系莲花化生的流行而消逝了。

李教授论文实际上涉及了佛教考古学中的一些基本知识、基础理论问题，加之其精辟的见解和生动的讲演，其论文引起了参会的中外专家高度关注和讨论。

美国西来大学龙达瑞教授《波兰亚盖隆大学藏汉文佛经以及永乐北藏》一文对波兰亚盖隆大学珍藏的汉文佛经及《永乐北藏》进行了详尽描述。甘肃省的张掖和武威都发现了《永乐北藏》，此文又向学术界介绍了波兰的其他发现，其对《永乐北藏》的研究又提供了新的资料。论文还涉及了很多有关问题，提出了不少有益的建议。论文的作者近些年来奔走于中国和世界各地，专门调查与研究《永乐北藏》，有很多新的发现，波兰的发现即是其中之一。

敦煌研究院杨富学研究员《回鹘译经偏爱“中土所撰”说》一文认为回鹘佛教僧徒的译经，特别偏爱中土所撰，其内容亦适应中原社会。论文中涉及的问题，对于研究回鹘佛教与中原佛教的关系有重要意义。

兰州大学考古学及博物馆学研究所魏文斌教授与张敏合作的《隔主尊对坐式二半跏思惟像探讨》一文认为半跏思惟像，源自公元2—3世纪的犍陀罗，随着佛教东渐，此类图像在公元3—4世纪传入中国，并在5—6世纪的南北朝盛行，一度影响到韩国、日本的早期佛教艺术。国内二半跏思惟隔主尊对坐式图像，最早在新疆克孜尔第38窟主室前壁出现。内地中原地区最早的造像则出现在关中地区，继而在云冈第二期的第7、8窟首现，并延续到第三期。作为一种重要的题材在各地北朝时期的石窟、石刻艺术中大量出现，而河西走廊西端的敦煌莫高窟直到隋代才开始出现，相对内地较晚。论文图文并茂，引用佛典解释有关图像，是近些年来分析解释此问题最到位的一篇论文。

浙江省博物院黎毓馨博士《吴越王钱俶造八万四千阿育王塔、宝箧印经》一文，对吴越王钱俶造塔中的《包箧印经》的功能进行了详尽的考证与分析，文中例举了各地出土的相关资料，认为吴越王钱俶造塔藏《宝箧印经》，其功能与唐宋时期经幢上凿刻《佛顶尊胜陀罗尼经》、墓内随葬或塔幢供养《大随求得大自在陀罗尼经》大致相同。论文资料丰富，论证充分。

中国国家博物馆李翎研究员《水陆画中的鬼子母图》一文就中国各地，甚至日本藏宁波水陆画中的鬼子母图像的变化进行了分析研究，其认为送子神鬼子母在宋代作为主尊神崇拜衰落后，成为二十诸天之一而大量出现在佛、道水陆画中。由于人们对其的认识已经模糊，这个异域之神，在水陆画中变身为二、为三或出现了其他演义。说明一种信仰在流传过程中往往会产生新的创造，也就是说，一般民众不会去关注经典中所述的细节，只是看其是否灵验，“灵”才是民间信仰得以持续的核心。

甘肃古浪以西的河西地区，发现了许多水陆画，此文的发表，对研究河西水陆画无疑具有重要的借鉴作用。

太原理工大学许栋博士与兰州历史文化学院许敏合作的《文殊菩萨形成渊源蠡测》一文从部派佛教经典、佛传文学、佛塔信仰三个方面对文殊菩萨及其信仰产生的渊源进行分析。他们认为文殊菩萨出现于部派佛教时期，其信仰最早出现于印度西北地区。部派佛教经典和佛传文学是文殊菩萨思想的源流。文章引用资料丰富，论证的问题非常重要。

清华大学美术学院朱己祥博士的《印度佛教浮雕担花纲人物图像系谱》一文梳理了西北印度犍陀罗、中印度秣菟罗及东南印度等地佛教浮雕中担花纲人物图像的发展系谱，认为犍陀罗担花纲人物图像，是以罗马石棺同类图像为母体加以改造而成，又向东影响西域和东南印度。担花纲人物图像在印度和西域的广泛传播，直观反映了中古时期东西丝绸之路上多种文化的交汇与融合情况。论文汇集了许多图像资料，说理充分，使人们对佛教浮雕与壁画中的“担花纲”有了进一步了解，为研究丝绸之路中印文化交流提供了很有意义的资料和证据。

吐鲁番研究院武海龙博士《民国时期永昌佛教研究》一文通过对民国永昌佛寺、佛教信仰、会道门等情况及心道大师在凉州弘扬法幢宗的论述，使人们对当时凉州地区佛教衰落的原因及短暂复兴有了一个较为清晰的了解。民国时期虽然距现在较近，但人们往往不注意，此文能发前人之未发，探索的问题既有历史意义，又有现实意义。

西北师大冯玉新博士《清代永昌、阿拉善蒙古交界区域的划界纷争与地方治理》一文利用有关档案、地方志等文献资料，对清代河西走廊北部汉蒙交接地区和永昌县与阿拉善蒙古边界纷争事件的过程、起因进行详细的考察，分析了在此事件处理过程中，国家与地方社会复杂而多元的互动过程。同时指出：清代以来河西走廊北部边界的变迁，不仅折射出传统社会政治大环境的改变，而且也是区域农牧经济互动消长的反映。论文涉及的问题极为重要，有现实意义。

金昌市博物馆李勇杰馆长《甘肃永昌县御山峡西夏时期佛教文物遗存研究综述》一文对永昌县御山峡的几处西夏佛教文物遗存进行了综述与研究，使人们对永昌境内的西夏佛教文物有了进一步的认识，丰富了“西夏学”研究的内容。论文提出了一些学术界共同关注的问题。

龙门石窟研究员温玉成先生《中华文明的三个板块》一文，对中华文明起源问题，有独到见解，很有启发性。

日本学者肥田路美、八木春生、滨田瑞美、田林启的论文均就刘萨诃瑞像及金昌圣容寺等有关问题进行了深入研究，特别是早稻田大学的肥田路美教授，作为研究此方面的权威学者，也能受邀光临此会议，宣读论文并与参加会议的其他学者进行毫无保留的学术交流，给会议增色许多。

还有，论文集中有几篇论文（包括日本学者的论文），看似与这次会议讨论的主题有一定的距离，但均为研究丝绸之路的佛教艺术的高质量论文，同样得到了与会专家的好评。

总之，这次会议收到的论文质量是很高的，无疑有力地促进了“丝绸之路”与圣容寺的研究，其在国内、国际上的学术影响是不可估量的！

本论文集中所收论文均为2016年10月以前收到的稿件。

这里我们还要特别感谢关心支持这次会议的中国社科院、甘肃省、金昌市及永昌县各级领导，甘肃省政协副主席张世珍先生（现为副省长），中国社科院图书网络中心主任张新鹰研究员全程主持了学术讨论会，甘肃省委统战部副部长、宗教事务局局长丁军年先生，永昌县委书记马国兴先生，永昌县县长张政能先生，永昌县委副书记程光东先生，永昌县常务副县长马国开先生，永昌县委宣传部部长杜锦先生等各级领导，在百忙之中出席会议，给会议极大支持，获得了与会的国内外专家的赞扬！此次会议的成功举办，还要特别感谢丁军年先生和杜锦先生，从筹备到召开，两位领导给予了多方面的支持，使得本次会议得以成功举办。这里还要提及的是，丁得天博士为此次会议，四处奔忙，做了大量的具体工作，尤其是对论文的整理和校勘，付出的劳动最多！最后，我还要特别感谢敦煌研究院名誉院长樊锦诗研究员为此次学术会议发来充满热情的贺信。她为因公务繁忙而未能到会，指定敦煌研究院副研究员王惠惠代读了贺信，给予我们以极大的支持和鼓励！

目录

刘萨河事迹与番禾瑞像图像源流

陈清香

（中国文化大学）

一、前言

记得四十余年前，笔者担任中国文化学院（中国文化大学的前身）研究部主任秘书时，当时的主任即是留法学者陈祚龙教授。陈主任除一面执行研究部内的行政公务之外，也一面从事学术论著。当年陈教授应中华学术院佛学研究所张曼涛所长之邀，以其旅法其间，浸淫于法国国会图书馆，详读“刘萨诃和尚因缘记”钞卷，因而撰述《刘萨河研究》一文，刊登于张所长所主编的《华冈佛学学报》第3期[①]，而笔者也在同期刊登《观音菩萨的形像研究》[②]一文，因此笔者得以阅读陈教授的大作，首度认识刘萨河。

陈祚龙教授发表的论文，掀开了有关刘萨河事迹与番禾瑞像的研究议题，尤其最近一二十年来，随着敦煌学的议题、敦煌石窟内的瑞像图像，以及金昌圣容寺内的供像等，引起众多中外学者对刘萨河事迹与番禾瑞像的关注，因而迭有新论，至今已累积有可观的相关论著问世，形成学术界讨论的焦点。

本文对前人的论著，不再重述，仅就刘萨河经历中在金陵的长干寺与在金昌圣容寺番禾瑞像图像，作若干的源流探讨。

2015年笔者在台北华冈“宋代社会文化史研讨会”上，发表的一篇题为“北宋七宝阿育王塔造型初探”[③]的论文，讨论一件2008年出土于江苏省南京市中华门外长干寺地宫、现藏南京市博物馆的木胎银质鎏金“北宋七宝阿育王塔”。而6世纪中叶南梁慧皎所记述的刘萨河，便曾游历建康，与长干寺建立起深厚的缘分。基于此，本文遂进一步探

① 陈祚龙:《刘萨河研究——敦煌佛教文献解析之一》,《华冈佛学学报》1973年第3期。

② 陈清香:《观音菩萨的形像研究》,《华冈佛学学报》1973年第3期。

③ 由台湾中国文化大学史学系主办的“宋代社会文化研讨会”,揭幕于2015年6月11—12日。“北宋七宝阿育王塔造型初探”一文,刊登于《第四届海峡两岸宋代社会文化研讨会论文集》,台北:中国文化大学华冈出版部,2016年,第361-382页。

就刘萨河欲礼拜的阿育王塔像，推测当时可能的造型风格。

二、慧皎所载慧达在建康参访的长干寺佛塔

有关刘萨河的事迹，在南北朝以前有南齐太子舍人王琰所撰《冥祥记》[①]与南梁会稽嘉祥寺沙门慧皎所撰的《高僧传》[②]，是最早的刘萨河传记。但著录完成的时间，是晚于刘萨河活跃的时代，约半个世纪至一个世纪。所载事迹着重在东晋的京城建康。

入唐以后，于麟德元年终南山释道宣所撰《集神州三宝感通录》[③]，以大唐西明寺沙门名义撰述的《续高僧传》[④]，与同为西明寺沙门道世所撰的《法苑珠林》[⑤]等，都有刘萨河的传记，但是与慧皎所载的不同视距是：偏于河西地方的事迹，而略于江南游历。

（一）刘萨河在建康的游历

有关刘萨河江南游历的事迹，在王琰《冥祥记》与慧皎《高僧传》均只记载其游历江南的事迹，而后者所载，更为丰富。其中首载了建康长干寺的奇迹，因见放光，而往地下挖掘：

> 晋宁康中至京师。先是简文皇帝于长干寺造三层塔，塔成之后每夕放光。达上越城顾望，见此刹杪独有异色，便往拜敬晨夕恳到。夜见刹下时有光出，乃告人共掘。掘入丈许得三石碑，中央碑覆中有一铁函，函中又有银函，银函里有金函，金函里有三舍利，又有一爪甲及一发。发申长数尺，卷则成螺，光色炫耀。乃周敬王时阿育王起八万四千塔。[⑥]

而《冥祥记》亦云：

> 简文有意兴搆，未遂而崩。即三层之塔，疑是先立至孝武太元末。有并州西河沙门刘慧达本名屑荷，见于僧传，来寻古塔莫知其地。乃登越城四望，独见长干有异气，便往礼拜而居焉。时于昏夕每有光明，迂记其处掘之入地丈许，得三石碑长六尺。中央一碑凿开方孔，内有铁银金三函相重。于金函内有三舍利，光明映彻；及爪甲一枚；又有一发，申可数尺，旋则成螺，光彩照曜。咸以为育王之所藏也。即从就塔北，更筑一塔，孝武加为三层。故寺有两塔。[⑦]

---

①《冥祥记》南齐之太子舍人王琰撰,收录有关六朝时代的应验故事。

②（梁）慧皎:《高僧传》,见《大藏经》第50册,东京:大藏出版株式会社,1988年,第409页。

③（唐）道宣:《集神州三宝感通录》,见《大藏经》第52册,东京:大藏出版株式会社,1988年,第417页。

④（唐）道宣:《续高僧传》,见《大藏经》第50册,东京:大藏出版株式会社,1988年,第644-645页。

⑤（唐）道世:《法苑珠林》,见《大藏经》第53册,东京:大藏出版株式会社,1988年,第395页。

⑥（梁）慧皎:《高僧传》,见《大藏经》第50册,东京:大藏出版株式会社,1988年,第409页。

⑦ 见（唐）道世《法苑珠林》引《冥祥记》。

长干寺在当时是神迹屡现，丹阳尹高悝要将张侯桥浦里所掘得的金像载回去，所载的牛，居然不要人指挥，而主动将金像载到长干寺。其后又有来自西域的五位信徒，在高悝的引导下进入长干寺，五人见圣像感动得嘘唏涕泣。

在此刘萨河南游的事迹中，最具印象深刻的建康长干寺，而寺中因藏阿育王塔，故南梁时修建后，寺名号称“阿育王寺”。到了唐代，李德裕为之撰文刻碑，碑文记载塔内地宫藏有佛祖舍利①。北宋初年高僧师护曾自印度携带佛陀顶骨舍利来华，加以奉献。真宗时亦曾重修长干寺与佛塔，赐名“圣感舍利塔。”到了天禧二年，改名天禧寺，李之仪亦撰文明确说明天禧寺塔中藏有释迦牟尼真身顶骨舍利。

到了2008年，很意外地自寺中发现了一具北宋时制作的华丽灿烂的木胎银质鎏金“七宝阿育王塔”。此宝塔曾空运来台湾，分别于2014年及2015年借佛光山与“国立历史博物馆”两度盛大展出。由长干寺出现宝塔，因而追溯长干寺创建缘起，原是与刘萨河有深厚的缘分。

（二）建康长干寺塔造型的推测

刘萨河在东晋时代所见的长干寺塔，主要特征是：

1. 塔三层；
2. 塔放光；
3. 塔下石碑内藏铁银金三函，金函内藏三舍利及爪甲、发。

对于宝塔的架构，除了三层，外形只能推测。若是3—4世纪的犍陀罗式的佛塔，则具方形的基座，圆形的塔身，加高一二层，上覆盖覆钵体，钵体顶上数层叠涩，再竖上塔刹、刹干、相轮。

而入华以后的佛塔造型，融入汉式木造或砖造的高层建筑式样，而形成楼阁塔与密檐塔，现存最古老的嵩狱寺塔，造于北魏孝明正光元年（520年），是12角形的密檐砖塔，15层，高39.8米。此二例虽然时间较接近慧皎撰述刘萨河事迹的年代，但塔都不是三层。或许长干寺塔类似嵩狱寺塔，但仅三层。

若依慧皎所述的长干寺塔是阿育王所造八万四千塔之一，而名之曰“阿育王塔”，以北宋长干寺出土的七宝阿育王塔，或与之接近造型的吴越王钱弘俶所造“佛螺髻舍利塔”推之，是具备了“阿育王塔”的特征，但仍无法吻合所谓的“三层之塔”的记载。

毕竟活跃于4世纪末至5世纪时代的刘萨河，所浏览的东晋京城建康的名寺、名塔，是何种造型，仍须更多的例证，加以推敲。

①（唐）李德裕《重瘗长干寺阿育王塔舍利记》石刻中，载有长干寺阿育王塔地宫中发现21枚佛祖舍利，其中11枚请往润州(今江苏省镇江市)，其余10枚留在原地。

三、道宣所载刘萨河的西行事迹与圣容寺的立寺

（一）瑞像的产生与圣容寺的立寺

圣容寺位于甘肃省金昌市永昌县城关镇金川西村，始建于北周保定元年（561年），寺院正殿的石壁上，供奉着一尊石佛瑞像。瑞像的由来，是应验了刘萨河生前的预言。

唐代道宣依道安的碑文传记而记述的刘萨河生平，未提及江南建康的旅历，而着重于赴西北方的凉州所做的预言。谓约在北魏太武帝大延元年（435年）时，刘萨河已经游历到了河西走廊的番和地方，刘萨河面对御谷山顶礼并发出预言，谓将会有佛像从山崖中迸发出来，并且说："如果佛像圆满，则天下太平，人民安乐；但若像有缺失，则世局乱，民生苦。"预言之后，不久他跌入七里涧去世，尸骨成碎片①。

而过了八十七年后，即正光初年（520年），御谷山崖果然挺出丈八佛像，但无佛头，虽经雕工补镌，佛头仍然脱落。直到再过四十年后，即北周孝闵帝元年（557年），在相距两百里的武威城东七里涧，亦即刘萨河去世之处，才又发现佛头。于是人们迎送至御谷山，像身与像头便自动吻合。②

其后像头与像身分合多次，北周武帝毁佛时更遭毁寺，直至隋代佛像身首方合而不分， 寺院且得以整修复原。

这尊神奇的石佛像其后被供奉至金昌的圣容寺，神迹屡现。当乱世时，像首身必是分离；政局安定时，像身首是吻合的。石佛像也因之被称为"番和瑞像"。圣容寺因供奉瑞像，也受到各朝崇佛君主的保护，而加以整修增建。自立寺至今日，千五百年来，经历变革，今日尚保留的古物，除了瑞像，最珍贵者，莫如佛塔。

（二）圣容寺塔的唐式风格

圣容寺除殿宇之外，尚有二塔，隔山谷相望。位于寺前的小塔，形制为空心方形，外部轮廓呈斜线，塔顶部已残损，塔身无题记或纹饰，塔高4.9米，共七层。第一层塔身较高，略呈长方形，东西长2.13米，南北长2.26米，南面开辟拱形门，砖造。此塔建在

---

① 依大唐西明寺沙门释道宣撰《续高僧传》卷25,见《大正藏》第50册,东京:大藏出版株式会社,1988年,第644-645页。原文曰:"至元魏太武大延元年,流化将讫,便事西返。行及凉州番禾郡东北望御谷,而遥礼之。人莫有晓者,乃问其故。达云:'此崖当有像现。若灵相圆备,则世乐时康;如其有阙,则世乱民苦。'达行至肃州酒泉县城西七里石涧中死。"

② 同上注,原文曰:"至正光初,忽大风雨,雷震山裂,挺出石像。举身丈八,形相端严,惟无有首登。即选石命工雕镌别头,安讫还落。因遂任之。魏道陵迟,其言验矣。逮周元年,治凉州城东七里涧,忽有光现彻照幽显。观者异之,乃像首也。便奉至山崖安之,宛然符会。仪容凋缺四十余年,身首异所二百余里。相好还备,太平斯在。"

原始唐式佛塔基础之上，但经后代整修，已非原貌。

位于寺后山顶的大塔，外观同为方形空心密檐式砖塔，共七层。依传统佛塔的架构，塔由基座、塔身、塔刹三部分组成。大塔塔基呈方形，每边宽约10.8米。第一层塔身较高，南面开辟拱形门，每边长5.44米，逐层往上向内收分，每层通高约12米，外侧轮廓呈现出轻度的抛物线，全塔通高162米。每层密檐以砖砌叠涩，挑出13层，第4、第8层挑出菱角牙子，每层仅南面开辟窗洞，以作通风采光之用。塔内原有的木梯通至塔肩部，现已残毁不存。

比对现存西安的唐代大雁塔、小雁塔，均为平面方形，层层面积内缩的多层高塔。尤其是小雁塔，又名荐福寺塔，建于唐中宗景龙元年（707年），原塔高十五层，明世宗嘉靖三十四年（1555年）塔刹与塔顶因地震震坍，现存13层，高43米。外观为密檐式砖构建筑，塔身建于一砖砌的基座高台上。根据谢克对小雁塔的描述："平面正方，塔壁不设柱额，每层砖砌出檐，檐部叠涩砖间以两层菱角牙子。""各层塔身的宽度，自下而上逐层收分，构成两条新抛物线形状的外壁轮廓线。每层南北各辟券门一个，门楣刻有蔓草花纹及天人供养图像。"①

圣容寺塔方形平面，各层出檐叠涩，拱形券门等特征，是与小雁塔有着相同的时代风格。

此大塔，虽经20世纪80年代的重新整修，但保留了较多原始的唐风，是甘肃省现存最古的大型佛塔建筑。

四、现存立体与平面的番禾瑞像遗品

（一）番禾瑞像的立体遗品

始建于北周保定元年（561年）的金昌圣容寺，到了隋代，得以大力整修。炀帝大业五年（609年），更扩建殿宇，并下令天下摹写石佛瑞像，以为供奉。

而在隋炀帝下令天下摹写瑞像下，南北各地的石窟佛寺道场，便纷纷创作立体或平面的刘萨河瑞像。而今日这些尚存的瑞像遗品，几乎全属唐代以后所作。自初唐盛唐，一直延续至中晚唐，而创作的地点以金昌为中心起点。而在河西走廊丝路南北沿线上，可寻找到若干瑞像遗品。

瑞像遗品以立体形式表现者，在文静、魏文斌合撰的《唐代石雕刘萨诃瑞像初步研究》②一文中列举了五件瑞像遗例，并叙述其风格。文中所举五件瑞像遗例，分别为:

① 谢克:《四、北魏隋唐五代佛塔》，见《中国浮屠艺术——典丽庄严的佛塔》，台北:汉光文化事业股份有限公司，1987年，第47页。

② 文静、魏文斌:《唐代石雕刘萨诃瑞像初步研究》，《华夏考古》2011年第2期。

1. 现藏甘肃省博物馆“唐圣历元年铭石造佛碑像”；

2. 现藏山西省博物馆“唐开元二十五年铭李元封等造释迦立像”；

3. 炳灵寺石窟第13龛刘萨河瑞像；

4. 现藏甘肃永昌县博物馆刘萨河瑞像；

5. 马蹄寺千佛洞第6龛主尊造像。

以上所举刘萨河瑞像，均属唐代的立体圆雕或浮雕的造像，三件单体石碑刻像，两件石窟佛龛内的造像。其中圣历元年铭的佛碑像，碑后附刻心经经文，极具特色。

此五尊刘萨河瑞像所表现的是以释迦牟尼尊的立像为主体，其中马蹄寺主尊造像两旁增刻胁侍比丘弟子。

除了石雕的瑞像外，泥塑的作品，如敦煌石窟:

1. 第203窟，初唐所造，覆斗形顶，西壁开一龛，西壁圆券龛内初唐塑倚山立佛像一身，菩萨二身。两侧力士台下塑二狮子，台上宋补塑二力士。

2. 第332窟，初唐所造，主室中心方柱东向面塑一佛二菩萨立像一铺。

此二窟的主尊佛，因呈现背景倚靠山岩，而又作直立的姿势，推定必是瑞像图。

（二）平面的番禾瑞像遗品

至于以平面手法摹写番禾瑞像的遗品中，同样以敦煌石窟的壁画数量最为丰富。以下仅举敦煌石窟中以壁画呈现的瑞像图，以及画在锦绢上的瑞像卷轴画代表性者数例，以见其内容风格大要。

1. 初唐第332窟

此窟东壁门上画菩陀落迦山观音，门南上画五十菩萨图，下画供养比丘三身；门北画灵鹫山说法图，背景有山岳，以示释迦主尊说法于灵鹫山。主尊左手作与愿印，右胁侍菩萨一手持净瓶，一手持杨柳枝；下画供养菩萨三身。

由释尊像背景画以山岳的景致，推测此灵鹫山说法的释迦立像，应即是瑞像图的前身。

2. 中唐第231窟

中唐第231窟，主室覆斗顶，挖西壁开一盝顶帐形龛，龛顶画棋格团花，四披画瑞像图。西披画犍陀罗国分身瑞像等十三身，南披画中天竺摩诃菩提寺瑞像等八身，北披画于阗故城瑞像等八身，东披画中天竺摩迦陀瑞像等十一身。此像有榜题曰:“盘和都督府御容山番禾县北圣容瑞像”。

3. 中唐第237窟

此窟龛顶画棋格团花，龛内盝顶四披画瑞像及佛教史迹故事计41幅。

（1）西披画犍陀罗瑞像等十三身，有头戴宝冠身着通肩式袍服的立佛、双头四臂像的“犍陀罗迦腻色迦王窣堵波石阶南面所画的分身佛像”“于阗海眼寺释迦圣容像”等等。

（2）南披一排立佛八身，有右手上举指日、左手下垂指月的日月像，牛头山（瞿室陵伽山）像，于阗媲摩城中雕檀瑞像等。

（3）北披一排八幅瑞像图，有酒泉郡释迦牟尼立像、上身裸露下着短裤的持钵佛立像、四臂菩萨立像、于阗故城瑞像等。

（4）东披画中天竺摩迦陀瑞像等十二身，为尼婆罗水火池瑞像、趺坐菩萨瑞像、弥勒菩萨随释迦来漠城瑞像、“中天竺波罗奈国鹿野苑中瑞像”“张掖郡佛影像月支王时现”瑞像、“盘和都督府御容山番禾县北圣容瑞像”、倚坐弥勒佛像、“摩揭国须弥座释迦并银菩萨瑞像”、趺坐菩萨瑞像为中心的佛教史迹故事,甬道南北两坡的龛内盝形龛顶中央画棋格团花，四披画各种瑞像,西披画瑞像图八身，供养菩萨二身，南披、北披各画瑞像图各五身，供养菩萨、化身各一身。

以上第231窟与第237窟的瑞像图均为阴嘉政于开成四年（839年）所建造的。

4.晚唐第9窟

此窟前为覆斗顶，后部平顶，有中心龛柱，柱东向面开一龛，甬道顶中央画佛教史迹画，有石佛浮江，毗沙门与舍利弗决海等故事。南披画瑞像图，现存八幅，北披亦画瑞像图，现存七幅。有施珠瑞像、分身像、于阗勃伽夷城瑞像等。

5.五代绢画

原敦煌石室旧藏，现藏大英博物馆，为绢本设色，原标题称“灵鹫山释迦说法图断片”①，纵95.9厘米，横51.8厘米。今改称“刘萨诃与番和瑞像绢画”②。

6.五代第98窟

此窟覆斗形顶，设中心佛坛，甬道盝形顶，中央画佛教史迹画，南披瑞像图存六身，北披瑞像图存七身。

7.五代第72窟

此窟覆斗形顶，西壁开一盝顶帐形龛。龛内塑像一佛二菩萨，龛外两侧壁画“圣者泗洲和尚”与“圣者刘萨诃佛像”。南壁画刘萨河因缘变中的瑞像。

龛顶中央画棋格团花，西披画瑞像图八身，供养菩萨二身；南、北披瑞像图各五身，供养菩萨、化生各一身。

西壁盝顶帐形龛，帐门北侧上画圣者刘萨河像，南壁上画垂幔，中画刘萨河因缘变相一铺。

---

①马炜蒙中编著:《西域绘画6〈佛传〉——敦煌藏经洞流失海外的绘画珍品》,重庆:重庆出版社,2010年第2版,第3页。

② 巫鸿:《再论刘萨诃——圣僧的创造与瑞像的发生》,见巫鸿著,杭侃译,李崇峰、王玉东校:《礼仪中的美术——巫鸿中国古代美术史文编》,北京:三联书店,2005年。

南壁大幅壁画以“刘萨诃凉州山开出像记”为主轴，壁画分别表现了刘萨河修禅行、发愿、迎佛头、欢庆等情节。而依此情节画面而题上四榜题，曰：“罗汉见圣容碑记时”“圣容像初下无头时”“大众持华迎本头时”“却得圣容像本头安置仍旧时”。画面中部山崖前二立佛：左佛无头，佛头置足前，僧俗立两旁；右佛前工匠站在高梯安装佛头，僧俗佛弟子合十祝愿，下为歌舞百戏。

若将莫高窟所创作的番禾瑞像稍作浏览，则可发现初唐之际所画瑞像，应是类似被定题为灵鹫山说法的图像。此类图像较为单一，也较接近发源地金昌圣容寺瑞像的造型风格。

但是进入中唐以后，瑞像本身的服式与手印均有改变。瑞像的袈裟服式，由早期偏袒右肩式，改为通肩式如第231窟，手印也改变为右手在胸前作说法印，左手则垂至腹下握住衣端。瑞像的图像逐渐走向多样化复杂化，不但释迦主尊立像增添了失去头像，以及恢复头像的情节，而且石窟的壁面形成不同的画面并列，犹如连续故事画，也表现了动感之美。

而题材方面，瑞像主角，除释尊之外，更是因流传各地而增添了鹿野苑瑞像、天竺瑞像、中天竺瑞像、指日月像、阿育王造塔瑞像、尼婆罗瑞像、犍陀罗双身瑞像、于阗媲摩城中雕檀瑞像、于阗海眼寺释迦圣容瑞像、于阗坎城瑞像、于阗国舍利弗毗沙门天王决海，河西的瑞像有张掖郡佛影像、酒泉郡释迦牟尼像、番禾县圣容像等。其造型变化多端，走向丰富华丽之境。

虽如此，但若追溯最原始的瑞像图，仍是以释迦立像图为主轴。

五、番禾瑞像造型源流探讨

总结番禾瑞像的特征，通过对现存的各种番禾瑞像的壁画、造像对比后，形成了一种共同的造型样式。此丁得天、高倩已提出其固定的造像样式[①]，亦即：作站立姿，偏袒右肩，左手握住袈裟衣角置于胸前，右手垂直于体侧或作与愿印或掌心朝内；单体造像时背屏中常雕出嵯峨的山崖并有小的坐佛。

下面进一步对敦煌莫高窟与金昌圣容寺的瑞像，笔者再条列其共同的特征:

1.佛头顶上螺状发文；

2.直立的站姿；

3.右手笔直下垂，且长过膝；

4.身穿偏袒右肩的服式；

5.左手抓住衣端；

① 丁得天、高倩:《刘萨诃及番禾瑞像的几个问题》,《吕梁学院学报》2011年第6期。

6.像背为山崖。

以下就这些特征，追溯其源头。

1.螺状发文的源流

以螺状发文而言，最早出现人间佛像者，为1世纪时的印度河上游的犍陀罗（Gandhara）地方。因吸收希腊文化，而创作出带有欧洲白种人面孔的佛像。但当时犍陀罗佛像的头发为波浪型的发型，顶上有高高突起的肉髻。现存的1—4世纪的犍陀罗佛像，并未出现螺状的发文。即使在恒河中游的秣菟罗（Mathura）地方，所造的佛像是呈现印度雅利安（Aryan）人的五官，而其头发非波浪型而是直线型，肉髻则是贝壳状，小于犍陀罗佛像的发髻，仍是未出现螺状的发文。

螺状发文大约在4—5世纪的笈多（Gupta）成型，具代表性的佛初转法轮像，即是创作于鹿野苑（Sarnath）。佛陀姿态端庄，脑后圆光华丽，充分彰显了戒、定、慧三无漏学的意涵，此佛像头上即是螺状发文，且肉髻高突，是5世纪时的作品。

由于5世纪时的笈多佛，刻画出悟道者最高的精神境界，完美无瑕，被誉为佛艺史上，佛像造型的标杆，对后世影响深远。其流风所至，河西走廊一带的石窟佛像，便多呈此式样。如北凉的金塔寺东窟中心柱的佛坐像，即是螺状发文。推测最初在武威七里涧发现的石佛头，必也是呈现螺状发文。

2.直立站姿、右臂下垂的图像源流

就瑞像图的姿势而言，在敦煌石窟中的刘萨河因缘变或各式瑞像中，最常见的造型，乃为站立的佛姿。自中晚唐至五代之际的瑞像题材，佛像多数作笔直的站立，身躯双肩双足左右对称。其中如第237窟西壁龛顶东披的“盘和郡都督府御容山番禾县北圣容瑞像”，与第72窟南壁“刘萨诃因缘变”中的瑞像，无论是有头、无头或正接头，其身躯均作笔直立姿，而其右臂也作笔直下垂，长过膝盖，五指向下恍若作接引印，左臂则弯曲，横置腹前。

直立姿势的佛像，最早可溯自1—2世纪的犍陀罗佛。如本生故事中的燃灯佛，身躯稍作侧立，垂手向下，双足身前为弯身匍匐在地、布发掩泥的儒童，因而授记为未来的释迦佛。但此时的燃灯佛，身穿通肩服，右臂不作袒露下垂姿势，与番禾瑞像的神韵不同，而与一般的立姿释迦像较为接近，尤其是5世纪的笈多佛。

至于在中土，垂右臂过膝的立佛姿势，早在初唐的莫高窟壁画已经登场，如第332窟中心柱北向面所画的一立佛二胁侍菩萨像，主题被定为“灵鹫山说法图”，一般同时期的灵鹫山说法图，主尊释迦几乎多是坐姿。而此幅主尊光背后，却画了山岳背景图像，亦可推论为番禾瑞像的前身。

而前述原敦煌莫高窟藏经洞的绢品，今现藏大英博物馆，原标题称：“灵鹫山释迦说法图断片。”[①]此一长条形的画卷残卷，正中画一微侧身向左的立身比丘，内穿红色的偏袒右肩服，外披深蓝色袍服，双手握于胸前，头上顶着红色大光圈。其面前，亦即画幅的右旁边缘，出现了一尊佛像的右边面颊，以及右肩连接下垂的右手臂手掌。虽原件左侧已失，左臂已无从得知其姿势，但推测原佛像必是与第332窟中心柱的立佛，有相同的立姿与手势。而立身比丘必是主尊佛的胁侍比丘。

立身比丘的后方另一组图像，标题为“修复佛头部的场景”，在一片山崖背景中，立了一尊佛像。此立佛较前者完整，顶上高肉髻，面部丰圆，身子挺立，身着偏袒右肩服式，左手上举抓住袍服的一端，右手则是笔直下垂，且是长过膝盖。

这尊佛像的四周，是被红色的架框架住，肩后有两个人扶住佛的后脑。身前一小童坐在地上，张开双臂。明显地，所描绘的应是沿袭着来自番禾的瑞像。

以下再追溯右臂下垂的印度早期源流。

番禾瑞像的另一姿势特色，是右手臂笔直下垂，早期中亚印度佛传图中的释迦佛。在犍陀罗式，佛陀的垂手多是左臂，右臂多为上举。然而2世纪的秣菟罗（Mathura）佛，其佛传故事中的降魔成道像，佛陀的右臂是下垂的。到了笈多时代，佛传故事中，四相成道中的降魔像，更是因袭下来。只是降魔的佛陀，必作坐姿，而非站立姿势。

而在鹿野苑（Sarnath）的考古博物馆中，我们看到了博衣透体的释迦像，是站立姿势，右臂笔直下垂，左臂残损，原件应是弯臂上举者。造于5—6世纪的笈多佛，正是番禾瑞像的原始姿势。

3.偏袒右肩式袍服的源流

就瑞像身上的袍服而言，早期佛像的袍服式样，仅有两式：一者，通肩式；另一者，为偏袒右肩式。其中1世纪以下的犍陀罗佛，多数是通肩式，且衣服厚重。而恒河中游的秣菟罗佛，则袍服薄而贴身，衣式多为偏袒右肩式。两种式样传入中土后，辗转沿袭，是6世纪以前佛陀的基本服式。只是偏袒右肩式，到了中土，稍加变更，即衣端在交缠之际，仍然覆盖右肩，而形成袒露右胸的实际式样。此袒右肩与覆右肩的式样，是并存于十六国与南北朝时期的石窟佛寺中，而以覆右肩者为多。

敦煌石窟番禾瑞像的佛装，有由早期的通肩式、偏袒右肩式，至晚期汉式以及波罗王朝的短裤式。推测最早在金昌圣容寺所供的瑞像，应是接近原始印度的通肩式，或偏袒右肩式。

再者，佛陀左手抓住衣端的姿势，此种姿势应是发源于犍陀罗地方的佛像。犍陀罗佛像是世界上最早的人间像佛像。面具三十二相，身穿通肩式袍服，即一般认定的修行人的袍服，因此袍服为非经剪裁缝至成形的服装，仅为一块布料，无袖无扣无带，只是

① 马炜蒙中编著:《西域绘画6〈佛传〉——敦煌藏经洞流失海外的绘画珍品》,重庆:重庆出版社,2010年第2版,第3页。

披挂、包缠在身体上，犹如古希腊人的袍衣、古罗马的托加、印度的沙丽和多蒂等形式的服装。均是将一块布披挂在身上，而在行动之中因虑滑落，所以须用左手去抓住衣襟。当时印度修行人的袍服为左衽，右手右肩裸露在外，故用左手来抓执。

早期印度佛陀影像造像，大约自2世纪的犍陀罗佛起，直至7—8世纪的后笈多（Post Gupta）佛。佛陀无论穿通肩式，或偏袒右肩式，其左手均是抓住衣端之衣角。此类左手执持衣角之造像，便是番禾瑞像的最早源流。

例如新德里所藏的黑色大理石造佛陀立像，是标准的犍陀罗式。佛陀身穿厚重的通肩式袍服，右手上举，左手下垂，却仍抓住衣袍的一角。

到了5世纪笈多时代的鹿野苑式样的佛陀立像，服饰改以薄衣透体，偏袒右肩式，而右手下垂，左手上举的姿势，更为番禾的佛陀瑞像所因袭。

六、小结

总之，活跃在东晋4世纪末至5世纪之际的刘萨河，其生平事迹在6世纪之际被慧皎大事弘传。不过着重于江南的汉人政权，强调京城建康内的圣寺圣迹，并未记录到金昌地方其山崖现佛的神迹。

但到了7世纪初唐之际道宣或道世所载的刘萨河事迹，却偏重于在河西的行止，更强调其预言灵验的能力，佛像能以身首的完美与脱落，来反映当世政局的安定与否。

而无论刘萨河的预言与神迹是真实，或是杜撰，番禾瑞像的图像创作，自初唐以下，经中晚唐，直到五代西夏之际，数百年来，画题辗转沿袭，甚至增添新题与新貌，超越了原始的番禾瑞像，却是不争之实。

本文最后探讨的是7世纪所追溯记录的刘萨河事迹，6世纪由山崖迸出的瑞像图像所呈现的佛陀姿势、服饰，其式样源流为何?其艺术风格宜作何等归类?

经过上文的分析比对，笔者初步的结论是: 番禾瑞像的原始源流，是呈现了5世纪印度笈多时代鹿野苑式样的风格。此笈多佛在佛教艺术史上最能彰显悟道者的精神境界，是全世界佛艺创作的标杆。

笈多风格的佛像，影响及于亚洲各地，中土北方在6—7世纪的北朝晚期至隋唐之间，亦有所流行。

若回溯南北朝时期中土的佛教造像风格，北魏之初是盛行犍陀罗风格，其后北魏孝文帝推行华化运动，佛像秀骨清像，衣纹是褒衣博带，但到北朝晚期又回归印度风格。番禾瑞像秀骨清像、褒衣博带，应是反映了6—7世纪之际中土吸收笈多佛的风格。

劉薩訶及び瑞像図に関する諸問題について

百橋明穂[1]，田林啓[2]

（1.神戸大学　2.白鶴美術館）

はじめに

瑞像とは、霊験あらたかな仏像、とりわけ特定の地を舞台とした奇瑞譚を伴う像を指すことが多い。中国においては、7世紀に玄奘や王玄策などが西域、インドを巡って、当地を実見した記録と共に、経典や図像といった文物そのものを齎し、それらの情報を広めたことが、瑞像という概念流通の大きな要因となっている可能性がある①。7世紀時点でも、王玄策の旅行記である『行記』に基づいた絵画「中天竺国図」が巻子本で作られており②、絵画は伴わないが、瑞像や仏塔に関わる記録が道宣によって『集神州三宝感通録』や『釈迦方志』等としてまとめられている。現在、日本の白鶴美術館や大東急記念文庫に残る『画図讃文』(図 1)は、上記の道宣著作物と共通する内容を多く有し、道宣派によって7世紀後半頃に編纂されたと考えられるが、これには当初、画巻が伴っていたものと推測され、この時点で瑞像や奇瑞譚を取り上げて絵画化が為されていたことを示す積極的な根拠となる資料である③。

そして、各地域の瑞像に強い関心が寄せられ、それを収集しようとする動きは、敦煌を例にとると、8世紀以降に目に見えて盛んになってくる。その代表作例が、「西

①肥田路美「唐代における仏陀伽耶金剛座真容像の流行について」(町田甲一先生古稀記念会編『論叢仏教美術史』吉川弘文館、1985年)157～186頁参照。

②画史叢書本『歴代名画記』巻3、述古之秘画珍図、57頁。

③ 田林啓「敦煌石窟における特異な説話図をめぐって」『仏教美術論集　図像Ⅱ』竹林舍、29～51頁および同「『画図讃文』をめぐって-白鶴美術館本(巻第27)を中心に」(近日発行される藤井淳氏編集による「古典解釈の東アジア的展開」研究班報告集に掲載)。

域仏菩薩瑞像図集」（大英博物館、ニューデリー・国立博物館蔵）[1]や「瑞像記」（S.2113、S.5659）、そして莫高窟壁画の瑞像列図（図2、第237窟西壁龕頂など）である。壁画の作品はこれ以後継続して制作され、とりわけ、10世紀からの曹氏帰義軍節度使政権の統治時期になると、窟内の主要な壁面に大画面の瑞像図やそれに関連する壁画が描かれるようになる。ここに涼州瑞像の発見者たる劉薩訶の事績を描く「劉薩訶因縁変」と称される第72窟南壁壁画（図3）も含まれるが、この作品の機能や制作背景については、未だに定説はない。なお、本因縁変の制作年代については、大方が五代とする一方で、晩唐する意見もある[2]が、細部における抑揚のない描線や尊像の頭が身体の中心線からズレる点などに五代の特色が出ており、本稿では当作品が五代・10世紀の制作になると考えて論を進める[3]。

壁画の例においては、窟内空間を構成する他の作品やその配置などとの関係によって、瑞像図の変遷を辿り、それぞれにどのような機能が期待されたかについての考察を可能とする。

本稿では、初唐からの瑞像関連の作例を辿っていき、最終的に曹氏帰義軍時期の大画面壁画が生まれるに至った背景について解き明かすための糸口を示す試みをする。

1.敦煌石窟における瑞像図の変遷

敦煌石窟では、涼州（番禾）瑞像が石窟の本尊の塑像として初唐から造形化され（図4）、また中唐以降の窟の瑞像列図でも、于闐関連の瑞像が多く表される中、涼州瑞像が中央に描かれるなど重要視されている[4]様子を示す。一画面の本尊としても、瑞像列図の一像としても北宋代まで表され続ける。ただし、これらの多くには涼州瑞像の発見者の劉薩訶は表されず、その関心はあくまでも涼州瑞像にある。また、700年前後に開鑿されたと推測される第323窟[5]の南北壁の上部一面を使った説話図（図5、

① 当作品の制作年代に関しては、8世紀前後とする意見と、9世紀後半～11世紀初とする意見がある。それぞれロデリック・ウィットフィールド編『西域美術 - 大英博物館スタイン・コレクション』第3巻（講談社、1984年）307頁、張広達、栄新江「敦煌『瑞像記』瑞像図及反映的于闐」（『敦煌吐魯番文献研究論集』第3輯、1986年）。力強い描線など、様式的に10世紀まで下げる必要はないと考えられる。

② 謝稚柳『敦煌芸術叙録』（上海出版公司、1955年）128頁、霍熙亮「莫高窟第七二窟及其南壁劉薩訶与涼州聖容仏瑞像史迹変」（『文物』1993年第2期）46頁。

③ なお本稿と内容的に重複が多いのであるが、第72窟の制作年代などの分析の詳細については、田林啓「敦煌石窟における劉薩訶因縁変の台頭とその背景について」（『大和文華』第125号）15～27頁を参照されたい。

④ 肥田路美『初唐仏教美術の研究』（中央公論美術出版、2013年）314頁。

⑤ 田林啓「敦煌石窟における特異な説話図をめぐって」『仏教美術論集　図像Ⅱ』竹林舎、29～51頁。

図 6）に既に瑞像が扱われているが、これは瑞像に特化した画題ではなく、瑞像も交えた仏教奇瑞譚である。そして、ここには涼州瑞像も劉薩訶の姿も現れていない。

瑞像列図は、出現当初の中唐から、正壁（西壁）の龕内の天井部分に描かれ続け、他方、晩唐以降には優填王像、于闐牛頭山像や于闐建国伝説などの物語性を付加した瑞像図が甬道天井に表される例が出てくる（図 7）。そして、五代以降の莫高窟第220窟旧南壁（図 8）や楡林窟第33窟南壁では、壁面全体或いは半面を使って壮大な瑞像図が描かれるようになり、この時期に至ってあたかも西壁龕内から龕外へと瑞像図が飛び出し、ついには窟の主要壁面である南壁という大舞台へと活躍の場を移すかのような変遷を示す。そして、第220窟や楡林窟第33窟には、于闐関連や各種の瑞像が描かれるも、中央部分に涼州瑞像と推測される[①]尊像が配される。加えて、この五代時期に第72窟南壁に描かれるのが、やはり大画面の「劉薩訶因縁変」（図3）であり、併せて第72窟には西壁の龕脇において、僧伽和尚像と対置するように劉薩訶像を配しているのである。

つまり、敦煌石窟の現存例においては、涼州瑞像が初唐より連綿と重要視されてきた一方で、各種の瑞像を共に描きこむ瑞像図が、窟の主要壁の画題として描かれるのは、五代・10世紀以降であり、この頃に併せて劉薩訶自体にも少なからざる注目が集まり絵画化されたと言える。そして、側壁に瑞像図、「劉薩訶因縁変」が表される際、いずれもが南壁に描かれるという共通点にも留意すべきである。

2.莫高窟南北壁における画題配置の意義

前章で指摘したことのうち、ここでは南壁に描かれる意義について考えてみたい。瑞像と関わる初唐の作品として、第323窟南北壁の説話図をまずみてみると、南壁（図5）には：

・西晋の時に呉江淞から迦葉仏、維衛仏の二石像が現れ出た話

・東晋の時に楊都で、水中から阿育王像及びその台座、光背が時間差で出現した話

・隋の時、文帝が戒を授けられることやそれに応じた奇瑞など曇延に纏わる話といった内容が描かれ、北壁（図6）には

・前漢時代に大夏より齎された二体の金像の話

・インド波羅奈国での釈迦の衣に纏わる話

・幽州で酒によって火災を鎮めるなど仏図澄に纏わる奇瑞話

・阿育王が外道尼乾子などの塔を礼拝した際に王の威徳で外道の塔が崩壊した話

・仏法を信じなかった呉の孫皓が康僧会の説法、設斎によって信奉するに至る話

---

① 前掲肥田(2013年)314～315頁。

などが傍題と共に描かれる。これらの壁画に関しては、東壁の勧戒図と呼ばれる壁画と併せて、窟全体としてその意図するところを読み解いていかなくてはいけなく、それについては諸々議論があり、最近でも濱田瑞美氏による詳細な論考が発表された[①]。また、当壁画が初唐の僧・南山律師道宣と関わるとの指摘[②]も有力視される。本稿では、南壁と北壁の間における画題の選り分けを汲み取ることに集中する。第323窟では、南北壁いずれも中国や西域、インドを舞台としているのであるが、南壁が中国の地から出現した瑞像や、曇延という中国出身僧に関わる説話を描くのに対して、北壁は、西域から齎された像、釈迦、西域出身の僧に纏わる説話を扱い、両者は中国内地由来と西域・インド由来のモティーフを題材とした点において対比される。中国僧の道宣一派による意向が反映されるとした場合、前者をより身近な場における画題、後者を土地、時間を異にする題材とした画題とも言い換えられよう。

一方で、近年の供養者像に関する研究においても南北の対比に関して注目すべき成果があげられている[③]。甬道の南北壁に描かれる供養者像では、晩唐・五代に亘って、南壁の方が当世において地位の高いものを配する原則があり、一部の窟では、更に南北壁の対比によって権力の移譲、正当性化を示す意図があるというのである。例えば、五代の第98窟（図9）では、南壁の最も西側に当時の最高権力者の曹議金像を描き、それに対置するように北側に前代の張氏帰義軍の創始者たる張議潮像を配する。男性像とその夫人像を対置させる場合には、南壁に男性、北壁に夫人像を置く。このような原則を念頭に他の作品をみてみると、晩唐・張氏政権下の第156窟では、南壁及び東壁南側の腰壁に、当窟で称えられるべき張議潮の出行図（図10）が描かれ、それに向かい合うように北壁及び東壁北側の腰壁に夫人の「宋国氏出行図」が表され、五代・曹氏政権下の第98窟では、南壁に「曹議金出行図」、北壁に「廻鶻公主出行図」とそれぞれ置き換わり[④]、確かに各窟で供養者以外にも同様の原則による配置が認められる。

以上を総じて、少なくとも初唐から、石窟空間の中では、南側に当世或いは中国といったより身近な時や場において重要視される画題が選択される傾向にあると指摘

① 濱田瑞美「敦煌莫高窟第三二三窟考 - 図様構成と宗教的機能をめぐって-」(『国華』第1446号、2016年)7～27頁。

② これについては､特に巫鴻氏が強調された成果を発表しておられる。巫鴻「敦煌三二三窟与道宣」(胡素馨編『寺院財富与世俗供養』上海書画出版社､2003年)。

③ 赤木崇敏「曹氏帰義軍節度使時代の敦煌石窟と供養人像」(『敦煌学国際学術研討会　予稿集』2015年)68～80頁､塩尻彰浩「三つの索勲像ー供養人像からみた帰義軍史」(『敦煌学国際学術研討会予稿集』2015年)90～102頁。

④ 敦煌文物研究所編『中国石窟・敦煌莫高窟』第5巻(平凡社､1982年)図版30～33頁。

される。これは、引いては敦煌においてより重要視されるべき画題が選択されるとも言えよう。

このことを踏まえると、中国僧たる劉薩訶の因縁変が南壁に描かれることも当然のことであり、向かい合う北壁にインド発生の菩薩たる弥勒を題材とした変相が描かれており、こうした第72窟の南北壁は、第323窟と同様の対応関係になっており、両窟では北壁から南壁への継承関係を読み取ることもできよう。また、同じく220窟旧南壁や榆林窟第33窟南壁に描かれた瑞像図も、時間的或いは空間的により身近な価値観に基づいて選択されたと言え、これらが敦煌に引き寄せられたものである可能性が指摘される。

3.帰義軍統治時期の劉薩訶の存在価値

劉薩訶については、既に中国の研究者をはじめとした諸先学によって重厚な研究業績がある[①]。これらを参考にすると、とりわけ9世紀後半からの帰義軍統治時期には、本来敦煌には至らなかったはずの劉薩訶を敦煌と関連させる記録が出てくることが理解される。例えば、次のような記事である。

乾寧三年（869年）の「徳勝修窟記」(S.2113v)

奇哉宕谷，石化紅蓮，薩訶受記，引錫成泉，千仏浄土，瑞気盤旋，後爾雋窟[②]。

（奇なりや宕谷、石は紅蓮と化し、薩訶受記し、引錫して泉を成し、千仏浄土となりて、瑞気盤旋し、後爾雋窟となる）

10世紀後半の「節度押衙董保徳修功徳記」(S.3929v)

有往来瞻礼見燈炎於黄昏，去返巡遊観香雲而白日。疑是観音菩薩易躰経行，薩訶聖人改形化現[③]。

---

①陳祚龍「劉薩訶研究——敦煌仏教文献解析之一」(『華岡仏学学報』第3号、1973年)33～56頁、史葦湘「劉薩訶与敦煌莫高窟」(『文物』1983年第6期)5～13頁、孫修身、党寿山「『涼州御山石仏瑞像因縁記』考釈」(『敦煌研究』創刊号、1983年)102～107頁、孫修身「劉薩訶和尚事迹考」(敦煌文物研究所編『一九八三年全国敦煌学術討論会文集　石窟・芸術編』上冊、甘粛人民出版、1985年)289～290頁、孫修身「莫高窟仏教史迹故事画介紹(三)」(『敦煌研究』試刊第2期、1983年)101～106頁、前傾霍熙亮(1993)32～47頁、肥田路美「涼州番禾県瑞像の説話と造形」(『佛教藝術』第217号、1994年)50頁。33～54頁、Wu, Hung. 1996 Rethinking Liu Sahe: The Creation of a Buddhist Saint and the Invention of a "Miraculous Image". Orientations November. P.32～43. 尚麗新「敦煌本『劉薩訶因縁記』解読」(『文献季刊』2007年第1期)65～74頁、同「劉薩訶研究総述」(『敦煌学輯刊』2009年第1期)135～143頁、張善慶、沙武田「劉薩訶与涼州瑞像信仰的末法観」(『敦煌研究』2008年第5期)9～13頁、張小剛「涼州瑞像在敦煌－体現地方性的一種瑞像実例」(『魏晋南北朝隋唐史資料』第26輯、2010年)259～268頁など。

②中国社会科学院歴史研究所ほか編『英蔵敦煌文献』第4巻(四川人民出版社、1991年)8頁。

③前掲中国社会科学院歴史研究所ほか(1991年)214頁。

（往来瞻礼し黄昏に燈炎を見、去返巡遊し白日に香雲を観ず有り。疑うらくは観音菩薩の躰を易え経行し、薩訶聖人の形を改え化現するかと。）

また、劉薩訶に関する最も重要な資料である劉薩訶の事跡を記した「因縁記」（P.2680、P.3570v、P.3727）は、明確な年代こそ不明であるが、P.2680を936年以降、P.3727を955年以降のものと見る向きもある[1]。これらの文末には、「莫高窟亦和尚受記。因成千龕者也。」として、先の「徳勝修窟記」と併せて、莫高窟の起こり、繁栄自体が劉薩訶によるものと記される。実際に造像が行われていたことも、敦煌三界寺の道真が劉薩訶和尚（像）を造って施入すると述べる敦煌遺書「中論」（S.5663、顕徳6年〔959年〕）[2]によって分かる。

この帰義軍統治時期以前からも劉薩訶が見出した涼州瑞像は盛んに造形化されたが、その頃には劉薩訶そのものに注目が集まることはなく、このように敦煌と劉薩訶を繋げる意識は、帰義軍統治時期、とりわけ曹氏政権下の記録に多くみられ、その中で制作されたのが第72窟の大画面の「劉薩訶因縁変」である。これを中国の中原や江南における神異僧の記録と比較してみると、それらの地域においては、例えば、第72窟において劉薩訶と共に描かれた僧伽和尚像、そして宝誌和尚像が人気を博していた状況が窺える。僧伽和尚については、牧田諦亮氏の研究に詳しく[3]、また宝誌和尚については、北宋の大相国寺に描かれた誌公変の記録[4]から、10世紀におけるその尊崇対象としての地位が覗い知れる。とりわけ誌公は、劉薩訶同様に南北朝時代まで遡る存在であるにも関わらず、その中原における人気ぶりは劉薩訶の比ではない。一方、敦煌においても僧伽だけでなく誌公の肖像画が描かれているのだが、この両僧ではなく、劉薩訶の事跡が大画面変相図として描かれ、現存している状況には、一つに、河西・涼州にまで至ったとされる彼の存在を更に敦煌にまで引きつけるという帰義軍期の意図が関わっているものと考えられる。そして、このことは、「劉薩訶因縁変」が中国、引いては敦煌を主眼においた時に重要視される画題が選択される窟の南壁に描かれたことと、齟齬しないのである。更に、龕の天井や甬道に描かれることが多く、涼州瑞像を中央に描く瑞像図が、五代以降の楡林窟第33窟や第220窟において、「劉薩訶因縁変」と同じく南壁に大画面壁画として描かれたことも同様の文脈で説明できる可能性があろうが、これについての詳細な検討は稿を改めて行いたい。

おわりに

---

① 魏普賢「敦煌写本和石窟中的劉薩訶伝説」(『法国学者敦煌学論文選翠』中華書局、1993年)446頁註4、5。

②前掲中国社会科学院歴史研究所ほか(1994年)57頁。

③ 牧田諦亮「中国における民俗仏教成立の過程　甲篇僧伽和尚」(『中国仏教史研究』第2巻、大東出版社、初出:『東方学報』京都、第25冊、1954年)28～55頁。

④ 画史叢書本『図画見聞誌』巻3・6、43・89頁。

以上、本稿では、敦煌石窟における瑞像図の配置に主に焦点を置いて、考察を進めた。その結果、これらが10世紀以降の窟の南壁において大画面で描かれるに至ったことに意義を見出し、それは中国或いは当世、引いては敦煌を主眼に置いた際に重要視される画題として採用されたことによるものと考えるに至った。特に「劉薩訶因縁変」については、文献資料の内容との間でも矛盾なくこのことが説明される。以上の観点も包含して、今後、瑞像図の機能的な考察が進展することを期する次第である。

【図版の出典】

図1：白鶴美術館提供。

図2、10：敦煌文物研究所編『中国石窟・敦煌莫高窟』第4巻（平凡社、1982年）。

図3、5～7：孫修身主編『仏教東伝故事画巻』（敦煌石窟全集12）（商務印商館、1999年）。

図4、8：Nicole, Vandier-Nicolas. Monique, Maillard. Grottes de Touen-Houang Carnet de Notes de Paul Pelliot : Inscriptions et Peintures Murales XI. Collège de France, Instituts d'Asie, Centre de Recherche sur l' Asie Centrale et la Haute Asie, 1983.

図9：塩尻彰浩「三つの索勲像－供養人像からみた帰義軍史」（『敦煌学国際学術研討会　予稿集』2015年）を編集。

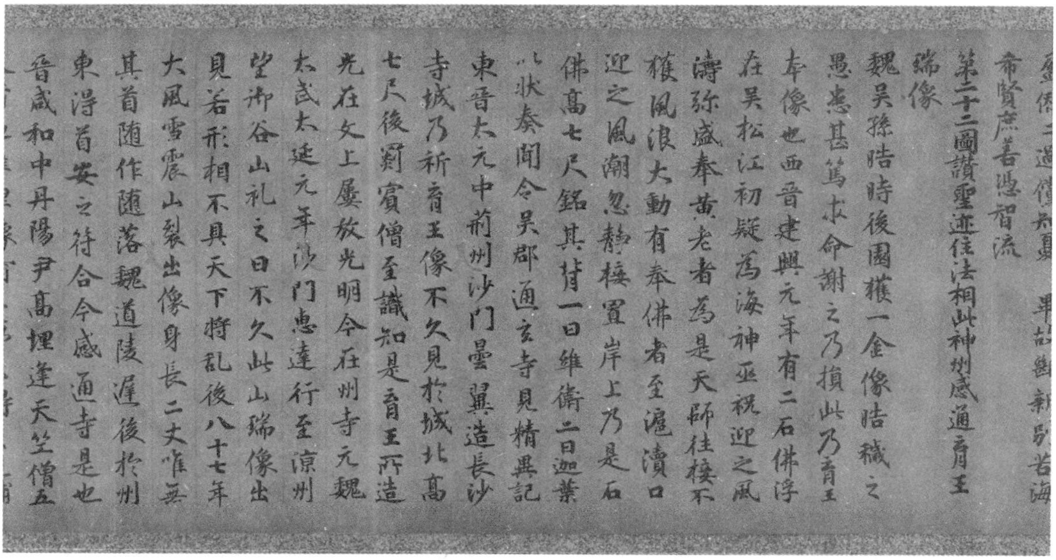

帝賢庶善憑智流
第二十二圖讃靈迹住法相此神州感通育王
瑞像
魏吳孫晧時後園獲一金像晧穢之
愚悪甚篤求命謝之乃損此乃育王
本像也西晉建興元年有二石佛浮
在吳松江初疑爲海神巫祝迎之風
濤弥盛奉黄老者爲是天師往接不
獲風浪大動有奉佛者至滬瀆口
迎之風潮忽静接置岸上乃是石
佛高七尺銘其背一日維衛二日迦葉
以狀奏聞令吳郡通玄寺見精異記
東晉太元中荊州沙门曇翼造長沙
寺城乃祈育王像不久見於城北高
七尺後罽賓僧至識知是育王所造
光在文上屢放光明今在州寺元魏
太武太延元年沙门恵達行至涼州
望御谷山礼之曰不久此山瑞像出
見若形相不具天下將亂後八十七年
大風雷震山裂出像身長二丈唯無
其首隨作隨落魏道陵遲後於州
東得首安之符合今感通寺是也
晉咸和中丹陽尹高悝逢天竺僧五

図1　画図讃文　日本・白鶴美術館蔵

図2　瑞像図　第237窟西壁龕顶

図3　劉薩訶因縁変　第72窟南壁

図4　涼州瑞像(番禾像)　第203窟西壁

図5　説話図　第323窟南壁

図6　説話図　第323窟北壁

図7　瑞像図　第9窟甬道天井

図8　瑞像図　第220窟旧南壁

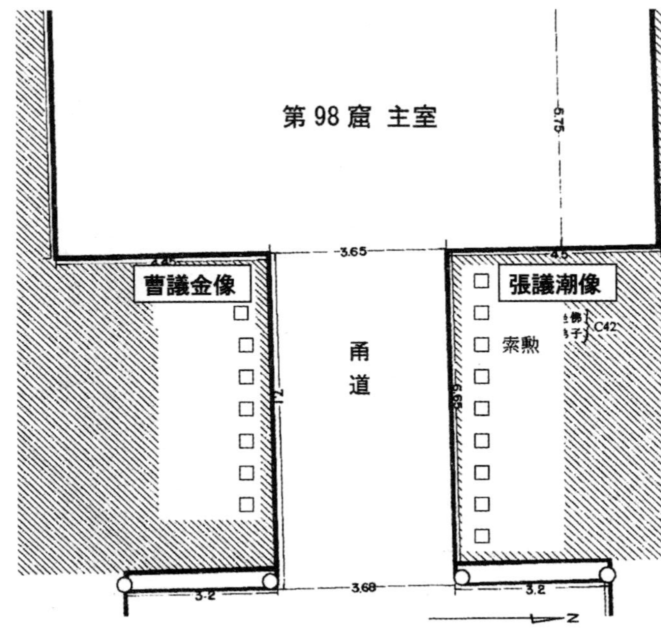

図9　第98窟甬道俯瞰図

図10　張議潮出行図　第156窟南壁及び東壁南側

凉州瑞像与敦煌的白衣佛像

古正美

（新加坡国立大学）

一、前言

敦煌早期开凿的石窟，共有五座石窟的主尊造像被造成“白衣佛像”①。其中以莫254窟西壁所造的白衣佛像（图1），画工最精细，且时代最早。莫254窟西壁此尊白衣佛像，是一尊呈禅定坐相、穿通肩白色佛衣、梳髻，右手在胸前举起作无畏印（Abhayamudrā）或说法印（Dharma-Cakra-Mudrā），左手在左膝上作微翻手势的造像。由于此尊佛像穿白色佛衣，故敦煌研究所称其为“白衣佛像”。

敦煌早期开凿的石窟，常在石窟的西壁造有一尊白衣佛像作为石窟的主尊造像，这说明白衣佛像是早期敦煌石窟常造的重要造像。为何敦煌早期开凿的石窟会一再地用白衣佛像作为石窟的主尊造像？敦煌研究所没有作什么解释，只如此解释白衣佛像为何穿白色佛衣：“白色是清静慈悲之色，白者即是菩提之心。”②如果“白色是清静慈悲之色，白者即是菩提之心”，所有的佛像都应穿着白衣。王惠民对白衣佛像为何会频繁地出现于敦煌石窟作有比较多的解释。③但王惠民在下面此段对白衣佛像出现的文献、出现于敦煌石窟的情形、“来源是印度”、具名“南天竺国弥勒白佛瑞像”，及“瑞像”为何会被称为“瑞像”的原因，只作简单的说明。王惠民说：

> 白衣佛起源可追溯到印度。斯坦因所获敦煌文献2113号壁画榜题底稿中记载：“南天竺国弥勒白佛瑞像记。其像坐，白。”五代第72窟西壁龛顶西坡北起第三幅瑞像图榜题为：“南天竺国弥勒白佛瑞像记。”据上资料，可以确定敦煌画中白衣佛的来源是印度，身份是弥勒佛，具名为“弥勒白佛瑞像”。确实，由

①见下详述。

②敦煌文物研究所编：《中国石窟·敦煌莫高窟》卷1，北京：文物出版社，1982年，第209页。莫254窟，西壁中央“白衣佛”。

③见下详述。

图1　敦煌莫254窟西壁白衣佛像

于非出自正统佛经，称其为瑞像，似较妥帖。[①]

斯坦因所获文献及莫高窟五代第72窟的榜题都视白衣佛像出自“南天竺国”，故都称白衣佛像为“南天竺国弥勒白佛瑞像”。为何白衣佛像的出处会被视为“南天竺国”？这必与白衣佛像被视为与龙树/龙猛（Nāgārjuna）于2世纪后半叶在南天竺所奠立的支提信仰（the Caitya Worship）有密切的关联。[②]因为支提信仰也被称为“弥勒佛下生为转轮王的信仰”[③]。这应该就是白衣佛像被认为出自“南天竺国”的原因。

王惠民说：“白衣佛即是弥勒的一种瑞像，表示末法时期弥勒下生拯救困难。”[④]王惠民虽然注意到此类白衣佛像有出自“南天竺国”的说法，但是他在其另一篇谈论白衣佛像的《白衣佛小考》里，大概由于他认为“瑞像”非出自正统佛经，因此他用中国北魏

① 王惠民:《弥勒经画卷》,见敦煌研究院主编:《敦煌石窟全集:6》,上海:上海人民出版社,2001年,第19页。

② 有关支提信仰,见古正美:《大乘佛教转轮王建国信仰与佛教造像》第四章《龙树奠立的支提信仰性质及内容》(未刊);并见同作者:《古代暹罗堕和罗王国的大乘佛教建国信仰》,《饶宗颐国学院院刊》2016年第3期。

③ 古正美:《古代暹罗堕和罗王国的大乘佛教建国信仰》,《饶宗颐国学院院刊》2016年第3期。

④ 王惠民:《弥勒经画卷》,见敦煌研究院主编:《敦煌石窟全集:6》,上海:上海人民出版社,2001年,第29页,莫431窟西壁“西魏白衣佛”。

（386—534年）之后的弥勒教匪有"服素衣、持白伞、白幡，率诸逆众于云台郊，抗拒王师"的行为，解释白衣佛之所以穿白衣的原因。[①]但他终究认为，这种解释有问题。于是他转而认为，白衣佛之所以会穿白衣，与《佛说法灭尽经》所言的"白衣袈裟是末法的象征"更有关联。[②]王惠民的这种说法看似有道理，但白衣佛在敦煌石窟的出现，与《佛说法灭尽经》的记载并没有关联，反而与北凉（401—439/460年）所施行的"南天竺国"龙树所奠立及提倡的佛教建国信仰或支提信仰有密切的关系。

许多学者和王惠民一样，都将白衣佛像与佛经所载的"末法信仰"挂钩，并认为弥勒佛下生的原因是要在末法时期救济众生。譬如，张善庆及沙武田认为："刘萨诃与凉州瑞像相关图像和文献，都强烈地凸显了一种末法思想。"[③]但龙树说明支提信仰的经典《佛说普贤菩萨说证明经》（简称《证明经》）及龙树撰写说明支提信仰的著作《宝行王正论》[④]，都没有提到"南天竺国"的"弥勒佛下生为转轮王的信仰"与末法信仰有关。犍陀罗（Gandhāra）制作的说明弥勒佛下生信仰的《弥勒下生经》，也没有提到弥勒佛的下生与"末法信仰"有关。[⑤]白衣佛像既被视为出自"南天竺"龙树奠立的支提信仰，白衣佛像为何会出现在早期的敦煌石窟？又为何会与末法信仰挂钩？这些都是笔者在此文中要探究的问题。我们对王惠民解释"瑞像"的说法，也有疑问。因为如果白衣佛像出自"南天竺国"的支提信仰，白衣佛像的制作便不会没有"正统"佛经的依据。龙树在"南天竺国"提倡支提信仰之际，便撰有说明支提信仰的《宝行王正论》（the Ratnāvalī）[⑥]及《证明经》[⑦]。笔者在此文中要用有关的佛教经典谈论"凉州瑞像"及白衣佛像的造像依据及造像背景。由于"凉州瑞像"及"白衣佛像"的制作，与北凉在河

---

① 王惠民：《白衣佛小考》，《敦煌研究》2001年第4期。

② 王惠民：《白衣佛小考》，《敦煌研究》2001年第4期。

③ 张善庆、沙武田：《刘萨诃与凉州瑞像信仰的末法观》，《敦煌研究》2008第5期。

④ 有关《普贤菩萨说证明经》及《宝行王正论》的出处，引自《普贤菩萨说证明经》，见《大正藏》第85册《敦煌遗书》，东京：大藏出版株式会社，1988年，第1367页；陈真谛译：《宝行王正论》，见《大正藏》第32册，东京：大藏出版株式会社，1988年，第493-505页。有关笔者对龙树奠立的支提信仰的说明，见古正美：《古代暹罗堕和罗王国的大乘佛教建国信仰》，《饶宗颐国学院院刊》2016年第3期。

⑤（西晋）竺法护译：《佛说弥勒下生经》，见《大正藏》第14册，东京：大藏出版株式会社，1988年，第421-423页。

⑥《宝行王正论》是陈代（557—589年）印度僧人真谛（Paramārtha，公元546年来华）翻译此《论》的唯一中译本译名。《宝行王正论》并没有具名其为"龙树菩萨造"，但自西藏的宗喀巴（Tsong-kha-pa，1357—1419年）在14—15世纪间将《宝行王正论》视为龙树的著作后，才具名"龙树"。见吕澂：《印度佛学源流略讲》，上海：上海世纪出版集团，2005年，第93页。

⑦ 古正美：《大乘佛教转轮王建国信仰与佛教造像》第四章《龙树奠立的支提信仰性质及内容》（未刊）。

西、敦煌及高昌所发展的佛教建国信仰有密切的关联，特别是龙树所奠立的支提信仰。因此，笔者除了要谈论北凉制作白衣佛像的背景外，也要花费相当的篇幅谈论与北凉制作白衣佛像或“凉州瑞像”有关的佛教建国信仰的性质和内容，及北凉发展佛教建国信仰与其在河西及敦煌开窟及造像的关系。

有关中国“瑞像”的记载，最早见于《集神州三宝感通录》第十四记载的一段有关北魏沙门刘萨诃预言“凉州瑞像”将出现的事：

> 元魏凉州山开出像者：太武太延元年，有离石沙门刘萨诃者，备在僧传，历游江表，礼鄮县塔，至金陵开阿育王舍利，能事将讫西行。至凉州西一百七十里番禾郡界东北，望御谷山遥礼。人莫测其然也。诃曰：此山崖当有像出……经八十七载至正光元年（520年），因大风雨雷震山岩，挺出石像高一丈八尺。形像端严，唯无有首……至周元年，凉州城东七里涧七里，涧石忽出光照烛幽显，观者异之，乃像首也。奉安像身，宛然符合……周保定元年（561年），立为瑞像寺……[①]

《集神州三宝感通录》这段有关刘萨诃预言“凉州瑞像”将出的记载，也见于其他佛教文献，甚至被绘于敦煌第72窟中央的壁画。[②]就上面文献提到刘萨诃“礼鄮县塔，至金陵开阿育王舍利”之事，我们推测，所谓“凉州瑞像”，非常可能与阿育王（King Aśoka）提倡的佛教建国信仰，或法国学者戈岱司（G.Coedes）所言的，东南亚国家的帝王所使用以建国的“佛教帝王（转轮王）建国信仰”（Buddhist conception of royalty），有密切的关联。[③]因为刘萨诃出家之后以释慧达之名所从事的活动，即是参访中国各地的阿育王圣迹或阿育王塔像的活动。杜斗城在其《刘萨诃与凉州番禾望御山“瑞像”》一文中引梁代释慧皎的话也说：“……其（释慧达）出家后，往丹阳、会稽、吴郡觅阿育王塔像，东晋宁康中至京师长干寺，感舍利出现等东西觐记，屡表征验。”[④]刘萨诃当日预言“御谷山”将有“凉州瑞像”出的地方，后来果有像出。北周保定元年（561年），将此“凉州瑞像”立“瑞像寺”。此“瑞像寺”，在大业五年（609年）隋炀帝（609年）西巡

---

① （唐）道宣：《集神州三宝感通录》卷中，见《大正藏》第52册，东京：大藏出版株式会社，1988年，第417页。

② 饶宗颐：《刘萨诃事迹与瑞像图》，见《1987年敦煌石窟研究国际讨论会文集》，沈阳：辽宁美术出版社，1990年，第336-349页。

③ G. Coedes（戈岱司）, The Indianized States of Southeast Asia, Edited by Walter F. Vella, Translated by Susan Brown Cowing. Kuala Lumpur: University of Malaya Press, 1968, P.15-16.

④ 杜斗城：《刘萨诃与凉州番禾望御山“瑞像”》，见敦煌研究院编：《段文杰敦煌研究五十年纪念文集》，北京：世界图书出版公司，1996年，第163页。

之际，被改为“感通寺”。[①]西夏学者彭向前认为，“又在西夏人题记出现圣容寺字样，于此我们认为圣容寺得名当始于西夏”。[②]“圣容寺”即在今日甘肃省永昌县。

百桥明穗及田林启在其所撰的《劉薩訶及び瑞像圖に關する諸問題について》提到，日本白鹤美术馆收藏有《第二十二图赞圣迹住法相此神州感通育王瑞像》的“画图赞文”的文题及残文。[③]此“画图赞文”的文题称“感通寺”的“瑞像”为“育王瑞像”。就此文题所载“育王瑞像”及残文内容载有“育王像”的造像情形来判断，文题上的“育王瑞像”有指残文内所载的“育王本像”及“育王所造像”的意思，而残文中所谈到的造像，即有“凉州瑞像”。[④]此处所言的“育王”，即指印度大王“阿育王”（King Aśoka, C.3rd. Century B.C）的简称。阿育王在历史上之所以有名，乃因其以佛教信仰建国，并以佛教转轮王（Cakravartin）或法王（Dharmarājika or Dharmarāja）的姿态统治印度的缘故。[⑤]“阿育王”此名，在佛教文献中因此常被视为“转轮王”此名的同义词（Synonym）。“育王瑞像”在此很可能指“转轮王瑞像”。从日本白鹤美术馆收藏的“画图赞文”文题及残文内容来看，“凉州瑞像”在历史上也有被称为“育王瑞像”或转轮王瑞像的情形。既是如此，释慧达（刘萨诃）当日来到“御谷山”的原因，也与其考察阿育王圣迹的活动有密切的关联。换言之，中国佛教文献所载的“凉州瑞像”，非常可能即指北凉时代制作的转轮王像。

所谓“转轮王”（Cakravartin），即指用宗教信仰建国的帝王。“佛教转轮王”（Buddhist Cakravartin），即指用佛教信仰建国的帝王。佛教转轮王因常视自己为“世界大王”或“王中之王”（Universal Monarch），并因用大乘佛教信仰建国的缘故，大乘佛教经典、文献及实物常称佛教转轮王为“大王”或“法王”。[⑥]佛教转轮王用佛教信仰建国的传统，我们或称其为“佛教转轮王/帝王建国信仰”，或简称其为“佛教建国信仰”。佛教建国信仰因用大乘佛教（the Mahāyāna, C. 60—Now）所奠立的佛教信仰建国，故我们可以说此

---

① 彭向前:《关于西夏圣容寺研究的几个问题》,见丁得天、杜斗城主编:《丝绸之路与永昌圣容寺国际学术研讨会论文集》,甘肃永昌县,2016年,第355页。

② 彭向前:《关于西夏圣容寺研究的几个问题》,见丁得天、杜斗城主编:《丝绸之路与永昌圣容寺国际学术研讨会论文集》,甘肃永昌县,2016年,第357页。

③〔日〕百桥明穗、田林启:《劉薩訶及び瑞像圖に關する諸問題について》,见丁得天、杜斗城主编:《丝绸之路与永昌圣容寺国际学术研讨会论文集》,甘肃永昌县, 2016年,第83页,图1。

④〔日〕百桥明穗、田林启:《劉薩訶及び瑞像圖に關する諸問題について》,见丁得天、杜斗城主编:《丝绸之路与永昌圣容寺国际学术研讨会论文集》,甘肃永昌县, 2016年,第83页,图1。

⑤ 譬如,西晋安法钦译《阿育王传》,(见《大正藏》第50册,东京:大藏出版株式会社,1988年)便提到阿育王被佛授记将作佛教转轮王,并在天下立八万四千塔寺的事。

⑥ 古正美:《古代暹罗堕和罗王国的大乘佛教建国信仰》,《饶宗颐国学院院刊》2016年第3期;并见下详述。

佛教建国信仰是大乘佛教在历史上所奠立的一种佛教政治传统或帝王用佛教信仰统治国家的建国传统。[①]

《集神州三宝感通录》此记载虽没有告诉我们“凉州瑞像”是北凉制作的“瑞像”，但《集神州三宝感通录》第十五的标题因载有“凉州石崖塑瑞像者沮渠蒙逊”[②]，我们因此推知，“凉州瑞像”是北凉建国者沮渠蒙逊（367—433年），甚至其继承者，于北凉发展佛教建国信仰之际，在北凉制作的“瑞像”。这些北凉制作的“瑞像”，因北凉都城或行政中心位于凉州的缘故，故被称为“凉州瑞像”。

中国佛教文献载有北凉蒙逊在其统治的河西地区及敦煌石窟从事开窟及造像的活动。《集神州三宝感通录》载：北凉“于州南百里连崖绵亘东西不测，就而断窟，安设尊仪，或石或塑千变万化”[③]。此记载说，北凉在凉州南方有开窟及造像的活动。从此文字，我们知道，蒙逊在石窟所造的佛教造像，不但有被称为“瑞像”的情形，也有被称为“尊仪”的情形。北凉沮渠蒙逊在其建国时期不仅在其建国的河西地区造像，同时也在其统治的敦煌石窟造像。《集神州三宝感通录·北凉河西蒙逊》载：

今沙州东南三十里三危山崖高二里，佛像二百八十，龛光相亟发云。[④]

就蒙逊在河西及敦煌造有如此多佛像的情形来判断，蒙逊在其领地发展佛教的活动，并不是单纯的宗教信仰活动，而是其施行佛教建国信仰统治北凉的活动。亚洲的帝王在用佛教信仰建国之际，除了在其领地会用文字或经典传播其建国信仰的内容及方法外，也会用造像的方法说明其建国信仰的内容及其转轮王形象。[⑤]由于亚洲的帝王在发展佛教建国信仰之际，都非常重视用造像的方法表达自己的佛教建国信仰内容及制作自己的转轮王造像，我们因此推测，蒙逊及其子在河西使用佛教信仰统治北凉之际，必定造有许多表达佛教建国信仰内容的造像及转轮王像。这就是蒙逊及其继承者在统治河西及敦煌之际，在河西及敦煌都有开窟及造像活动的原因。

---

① 古正美:《贵霜佛教政治传统与大乘佛教》,台北:允晨出版社,1993年。

② (唐)道宣:《集神州三宝感通录》卷中《十五凉州石窟塑瑞像者——沮渠蒙逊》,见《大正藏》第52册,东京:大藏出版株式会社,1988年,第418页。

③ (唐)道宣:《集神州三宝感通录》卷中《十五凉州石窟塑瑞像者——沮渠蒙逊》,见《大正藏》第52册,东京:大藏出版株式会社,1988年,第417-418页。

④ (唐)道宣:《集神州三宝感通录》卷中《十六北凉河西王蒙逊》,见《大正藏》第52册,东京:大藏出版株式会社,1988年,第418页。

⑤ 古正美:《大乘佛教转轮王建国信仰与佛教造像》第三章《胡为色迦王与犍陀罗的佛教转轮王造像》(未刊)。

二、北凉发展的两种佛教建国信仰内容及造像

从为蒙逊主持佛教建国信仰的印度僧人昙无谶（Dharmaksema，384—433年）在凉州翻译的大乘经典内容来看，蒙逊在北凉所施行的佛教建国信仰共有两种：（1）贵霜王朝（the Kushāns, C. 30—385年）[①]的建国者丘就却（Kujula Kadpises，公元前5—公元78年）于1世纪后半叶在犍陀罗（Gadhāra，今日巴基斯坦白夏瓦）所奠立的贵霜佛教建国信仰。[②]（2）龙树/龙猛于2世纪后半叶在南印度为娑多婆诃王朝（the Sātavāhana，？—225年在位）所奠立的"支提信仰"或"弥勒佛下生为转轮王的信仰"。[③]此两种佛教建国信仰，都是大乘佛教在历史上于不同时期及不同地区所奠立的佛教建国信仰。

（一）北凉使用的贵霜佛教建国信仰内容及造像法

丘就却所奠立的佛教建国信仰，基本上用初期大乘佛教（the Early Mahāyāna，60—78年）的"般若波罗蜜"（Prajñāpāramitās）行法或大乘菩萨道行法作为其用佛教信仰建国的基础；特别是用"般若波罗蜜"行法的第一行法，即"施舍"或"供养"（Dāna）的行法，作为其用佛教信仰建国的基本方法。[④]"般若波罗蜜"行法包含六种行法，除了"供养"行法外，还有守戒、忍辱、精进、禅定及智慧的行法。[⑤]初期大乘经典《道行般若经》对丘就却在其都城犍陀罗（Gandhāra）发展"般若波罗蜜"的情形作有非常详细的记载。《道行般若经》说：

> 其城（犍陀越）中无有异人，皆是菩萨，中有成就者，中有发意者，皆共居其中，快乐不可言……其国中有菩萨，名昙无竭，在众菩萨中最高尊，有六百八十万夫人、采女，共相娱乐。犍陀越国中诸菩萨常共恭敬昙无竭，为于国中施高座……昙无竭菩萨常于高座上为诸菩萨说般若波罗蜜……师在深宫，尊贵教敬，当如敬佛无有异。[⑥]

---

① 此文所用的贵霜帝王建国年表，取自Nicholas Sims-Williams and Joe Crib, "A New Bactrian Inscription of Kanishka the Great", Silk Road Art and Archaeology. Kamakura: the Institute of Silk Road Studies, 1996, P.106的贵霜诸王统治年表。

② 古正美：《贵霜佛教政治传统与大乘佛教》第一章及第五章，台北：允晨出版社，1993年。

③ 古正美：《古代暹罗堕和罗王国的大乘佛教建国信仰》，《饶宗颐国学院院刊》2016年第3期；并见古正美：《大乘佛教转轮王建国信仰与佛教造像》第四章《龙树奠立的支提信仰性质及内容》（未刊）。

④ 古正美：《贵霜佛教政治传统与大乘佛教》第一章第三节，台北:允晨出版社，1993年，第49-53页。

⑤（后汉）支娄迦谶译：《道行般若经》卷2，见《大正藏》第8册，东京：大藏出版株式会社，1988年，第434页。

⑥（后汉）支娄迦谶译：《道行般若经》卷9，见《大正藏》第8册，东京：大藏出版株式会社，1988年，第471-472页。

《道行般若经》所载的贵霜都城犍陀罗发展初期大乘信仰“般若波罗蜜”的情形，并不是帝王推崇其宗教信仰的情形，而是犍陀罗国或贵霜王朝发展大乘佛教信仰作为其建国信仰的情形。从初期大乘经典《道行般若经》等经不断谈论“施舍”或“供养”行法，并将此行法分为法师/僧人所做的“法施”（Dharma-Dāna）行法及帝王和其人民所做的“财施”（Rūpa-Dāna）或“资生供养”的行法，我们可以看出，此两种供养或施舍的行法，即是贵霜王丘就却用初期大乘佛教信仰作为其建国信仰的根本方法。丘就却虽将供养行法分为“法施”行法及“财施”行法，然此二施的行法，乃是相辅相成的行法。在行此二施的行法下，丘就却便能将其人民（国家）和僧团结合起来，并在犍陀罗国建立佛教国家。后来的大乘经典《大般涅槃经》将结合“法施”及“财施”此二施的行法视为“护法信仰”（Dharmarakṣa）或护法行法。《大般涅槃经》载：

> 护法者，所谓爱乐正法，常乐演说、读诵、书写、思惟其义，广宣敷扬，令其流布。若见有人书写、解说、读诵、赞叹、思惟其义者，为求资生而供养之；所谓衣服、饮食、卧具、医药，为护法故，不惜身命，是名护法。①

初期大乘经典常用护法信仰作为其造经模式。譬如，后汉支娄迦谶翻译的《道行般若经》卷9的《萨陀波伦品》，不仅用萨陀波伦菩萨（Sadāpraridita, 也称“常啼菩萨”）“卖身”去犍陀罗求“般若波罗蜜”法的活动表达“财施”或“身施”的概念，同时也用昙无竭菩萨（Bodhisattva Dharmodgata）在犍陀罗传布“般若波罗蜜法”的活动表达“法施”的概念。《道行般若经·萨陀波伦品》很明显的是一品用此二种初期大乘经典所强调的“施舍”行法表达贵霜的建国信仰内容或“护法信仰”内容。②后汉支娄迦谶翻译的另一部《伅真陀罗所问如来三昧经》（简称《伅真陀罗》），在说明护法信仰时，则用佛向伅真陀罗王（Candradhāra）及其人民说法表达“法施”的概念，并用伅真陀罗王和其人民供养佛及大众的行法表达“财施”的概念。《伅真陀罗》也是用佛作“法施”及帝王和其人民作“财施”的方法说明护法信仰的内容。③由初期大乘经典不断说明“供养”的概念及用“护法信仰”概念造经。我们知道，贵霜乃用“护法信仰”概念表达其佛教建国信仰的根本内容。初期大乘经典不但常用“一佛（法施）、一转轮王（财施）”的护法信仰模式作为其造经模式，而且也用此“一佛、一转轮王”的护法信仰模式作为其造像模式。

贵霜王朝开始大量使用“一佛、一转轮王”的护法信仰模式作为其造像模式的时代，

① （北凉）昙无谶译：《大般涅槃经》卷14，见《大正藏》第12册，东京：大藏出版株式会社，1988年，第549页。

② （后汉）支娄迦谶译：《道行般若经》卷9，见《大正藏》第8册，东京：大藏出版株式会社，1988年，第471-472页。

③ （后汉）支娄迦谶译：《伅真陀罗所问如来三昧经》，见《大正藏》第15册，东京：大藏出版株式会社，1988年，第351-355页。

是在迦尼色迦王第一（King Kaniska I，C. 100—126/120—146 年）的儿子胡为色迦王（Huvishka, C. 126—164/146—184 年）于犍陀罗发展贵霜佛教建国信仰，并统治贵霜的时代。[①]今日保存的早期犍陀罗佛教造像，如巴基斯坦拉后博物馆（Lahore Museum，Pakistan）收藏的石雕编号 1135 号及石雕编号 572 号造像，都是胡为色迦王依据其时代——《悲华经·大施品》制作的具有表达护法信仰内容的造像。[②]《悲华经·大施品》也是用“一佛、一转轮王”护法信仰模式制作的一部大乘说明转轮王修行、成佛的经典。[③]拉后博物馆收藏的此二石雕造像，因依据《悲华经·大施品》经文制作的缘故，我们在此二石雕造像上，既能看到贵霜用“一佛、一转轮王”的护法信仰模式造像，又能看到贵霜制作各式佛教转轮王像的情形。

昙无谶要为蒙逊发展贵霜佛教建国信仰及造像，除了为蒙逊翻译贵霜的转轮王造像经典《悲华经》（the Karunāpundarika Sūtra）外[④]，也为蒙逊翻译有说明贵霜如何用佛教信仰建国的《优婆塞戒经》及《大般涅槃经》等经。

《优婆塞戒经》是一部《菩萨戒经》。[⑤]因为此经除了载有说明贵霜转轮王如何用“菩萨戒”或“十善道”建国的内容外，也载有贵霜如何用“法施”及“财施”的护法信仰建立佛国的经文。[⑥]此《菩萨戒经》可以说是北凉使用贵霜佛教建国信仰最重要的经典依据之一。

昙无谶翻译的《大般涅槃经》，是一部说明大乘佛教信仰的作品。此经因是一部提倡人人皆有佛性，人人皆能成佛的经典[⑦]，对想用佛教信仰建国的帝王而言，是一部具有正面鼓励帝王及其人民用佛教信仰建国及修行成佛的重要经典。

昙无谶在北凉翻译《悲华经》的原因，自然是要用此经制作北凉王的转轮王像。昙无谶翻译的《悲华经》，只有《大施品》的经文说明转轮王无净念（CakravartinAranemin）供养宝藏佛（Buddha Ratnagarbha）、听佛说法，并修行成佛的故事。《悲华经·大施品》的撰作虽以说明转轮王无净念修行、成佛的故事为主，然此经也是用“一佛、一转轮王”

---

① 古正美:《大乘佛教转轮王建国信仰与佛教造像》第三章《胡为色迦王与犍陀罗的佛教转轮王造像》(未刊)。

② 古正美:《大乘佛教转轮王建国信仰与佛教造像》第三章《胡为色迦王与犍陀罗的佛教转轮王造像》(未刊)。

③ 见后详述。

④ (北凉)昙无谶译:《悲华经》,见《大正藏》第3册,东京:大藏出版株式会社,1988年,第157页。

⑤ (北凉)昙无谶译:《优婆塞戒经》,见《大正藏》第24册,东京:大藏出版株式会社,1988年,第1054–1059页。

⑥ (北凉)昙无谶译:《优婆塞戒经》卷4–5,见《大正藏》第24册,东京:大藏出版株式会社,1988年,第1054–1059页。

⑦ (北凉)昙无谶译:《大般涅槃经》,见《大正藏》第12册,东京:大藏出版株式会社,1988年,第549页。

的护法信仰模式制作此经的经文，故此经在造像上，以宝藏佛像及转轮王像，或“一佛、一转轮王像”的护法信仰造像为此经造像的主要结构。我们在张掖金塔寺西窟的中心柱造像及下面要谈论的莫254窟中心柱四面的造像，都见有北凉的造像者，用“一佛、一转轮王”的贵霜护法信仰模式表达贵霜的佛教建国信仰内容。

（二）北凉使用的支提信仰内容及造像法

北凉王虽然使用两种佛教建国信仰统治北凉，但是北凉王使用其两种佛教建国信仰的方法则有区别。换言之，北凉王用贵霜佛教建国信仰作为其用佛教信仰建国的基础及内容，而用支提信仰的转轮王形象作为北凉王的转轮王形象。在此情形下，北凉虽然施行两种不同的佛教建国信仰立国，然其使用两种佛教建国信仰的方法及功用因不同的缘故，两者并无使用上的冲突。北凉使用的两种佛教建国信仰，因都具有其各自的造像法及造像依据，因此在造像上也很容易辨认。

龙树认为，佛教的转轮王身是弥勒佛自兜率天（Tusita Heaven）用其“法身”（Dharmakāya）下生的转轮王身或弥勒佛的“化身”（Nirmānakāya）。龙树在其所撰的《宝行王正论》称由弥勒佛下生的转轮王身为“大王佛法身”：“诸佛有色身/皆从福行起/大王佛法身/由智慧行成”。[①]意思是，转轮王身或大王身是弥勒佛的“法身”下生的转轮王身。龙树很显然地用大乘佛教之佛有“三身”（Trikāya）的信仰或理论，说明弥勒佛为何能下生为世间的转轮王。佛教的转轮王身既是弥勒佛下生的身体，支提信仰的转轮王身便不是普通的帝王身，而是具有弥勒佛身的转轮王身；相对的,下生的弥勒佛身，因具有转轮身，故能下生为转轮王身。这种既有佛身又有转轮王身的弥勒佛身或转轮身，都可以被视为“弥勒佛王身”（Buddharāja Maitreya）。支提信仰的《普贤菩萨说证明经》（简称《证明经》）如此说明弥勒佛下生的情况：

> 弥勒佛自兜率天坐“雀梨浮图”下生：“尔时弥勒告普贤菩萨言：吾下之时，或多率天上雀梨浮图，或从空而下……”[②]

所谓“雀梨浮图”，即指“支提”（Caitya）。唐代义净（635—713年）在其《大唐西域求法高僧传》卷2记载印度那烂陀（Nālandā）的佛教遗迹时说，“雀梨浮图”即是“制底”或支提。《大唐西域求法高僧传》卷2载：

> 次此西南有小制底，高一丈，是婆罗门执雀请问处。唐云雀梨浮图，此即是也。[③]

“支提”因此是弥勒佛坐以下生的工具。支提的建筑形制，就表面上来看，很像塔，

① 陈真谛译:《宝行王正论》,见《大正藏》第32册,东京:大藏出版株式会社,1988年,第498页。

②《普贤菩萨说证明经》,见《大正藏》第85册,东京:大藏出版株式会社,1988年,第1367页。

③（唐）义净:《大唐西域求法高僧传》卷2,见《大正藏》第51册,东京:大藏出版株式会社,1988年,第6页。

并具有塔的建筑形制。但支提与塔（Stūpa）的功用不同。唐代（618—907年）释道世（卒于683年）在《法苑珠林》中如此区别支提与塔的功用：

佛言：亦得作支提，有舍利者名塔，无舍利者名支提……此诸支提得安佛、华盖、供养。[①]

支提既是弥勒佛用以下生的工具，在造像上，支提内便常造有弥勒佛像。但塔则只具有收藏舍利的功用。[②]

由于弥勒佛自兜率天坐支提下生，故古代中亚（Central Asia）的克孜尔石窟（Kizil Caves），常在其中心柱窟主室券顶，即学者所言的“天相图”中央[③]，常造有弥勒佛自有日月星辰的天空飞行下生的造像。譬如，克孜尔石窟第一期开凿的中心柱窟第38窟券顶，便见造有“天相图”及弥勒佛飞行下生的造像（图2）。[④]

克孜尔石窟也常在其中心柱窟的券顶造三种弥勒佛王像坐支提下生的造像。克孜尔石窟此三种弥勒佛王像是：（a）佛装、呈“交脚坐相”的弥勒佛王像；（b）佛装、呈“倚坐相”的弥勒佛王像；（c）佛装、呈“结跏趺坐相”或“禅定坐相”的弥勒佛王像。[⑤]此三种弥勒佛王像，除了（a）类，其余两种都是支提信仰在其发展过程中常造的弥勒佛像。[⑥]我们知道此三种弥勒造像在克孜尔被视为“弥勒佛王像”的原因是，第（a）类佛装、呈“交脚坐相”的弥勒佛王像，是克孜尔石窟用结合弥勒佛像（上身）及转轮王的“交脚坐相”（下身）制作的“既有佛身也有转轮王身”的弥勒佛王像。[⑦]故克孜尔三种弥勒佛像都被笔者视为“弥勒佛王像”。克孜尔第188窟的券顶，便见绘有此三种弥勒佛王像坐支提下生的造像（图3）。克孜尔第188窟券顶所绘的此三种弥勒佛王坐支提下生的造像，并不是克孜尔制作此类造像的单例。同遗址第186窟及第205窟等的券顶，也见有此类弥勒佛王坐支提下生的画像。这三种克孜尔石窟所造的弥勒佛王像，就是北凉在河西石窟及敦煌石窟用造像的方法表达其支提信仰的转轮王像或弥勒佛王像的三种造像。

---

①（唐）道世：《法苑珠林》，见《大正藏》第53册，东京：大藏出版株式会社，1988年，第580页。

② 古正美：《古代暹罗堕和罗王国的大乘佛教建国信仰》，《饶宗颐国学院院刊》2016年第3期。

③ 马世长、丁明夷：《中国佛教石窟考古概要》，见《佛教美术全集》第18册，台北：艺术家出版社，2007年，第64页。

④ 宿白：《克孜尔部分洞窟阶段划分与年代等问题的初步探索——代序》，见新疆维吾尔自治区文物管理委员会、拜城县克孜尔千佛洞文物保管所、北京大学考古系编：《中国石窟·克孜尔石窟》卷1，北京：文物出版社，1989年，第11页；并见《中国石窟·克孜尔石窟》卷1，图像83、84、112、113、114、115。

⑤ 见下详述。

⑥ 古正美：《古代暹罗堕和罗王国的大乘佛教建国信仰》，《饶宗颐国学院院刊》2016年第3期。

⑦ 古正美：《大乘佛教转轮王建国信仰及佛教造像》第八章《新疆克孜尔石窟的支提信仰造像特色及其影响》（未刊）。

图2　克孜尔石窟第38窟券顶弥勒佛自空中下生图

图3 克孜尔石窟第188窟弥勒佛王坐支提下生像

玄始十年（421年），蒙逊攻克敦煌、高昌等地，并在敦煌获得昙无谶，蒙逊从而将昙无谶请入凉州，作为其发展佛教建国信仰的“军师”[①]。昙无谶为蒙逊在北凉发展的佛教活动，以其为蒙逊翻译大乘经典的活动最为显著。《开元录·昙无谶传》如此记载昙无谶在凉州开始翻译大乘佛经的情形：

河西王沮渠蒙逊闻谶名，呼与相见，接待甚厚。蒙逊素奉大法，志在弘通，请令出经本。谶以未参土言，又无传译，恐言乖于理，不许即翻。于是学语三年方译初分十卷。[②]

《大涅槃经序》第十六则如此提及蒙逊在敦煌遇见昙无谶，并将昙无谶带到凉州发展佛教的事：

大沮渠河西王者，至德潜著，建隆王业，虽形处万机，每思弘大道，为法城堑。会开定西夏，斯经与谶自远而至。自非至感先期，孰有若兹之遇哉。[③]

---

① 冯承钧：《西域南海史地考证论著汇辑》，台北：“中华书局”，1978年，第246页。

② （唐）智升：《开元释教录·沙门昙无谶》卷4，见《大正藏》第55册，东京：大藏出版株式会社，1988年，第520页。

③ （北凉）道朗：《大涅槃经序》第十六，见梁僧祐：《出三藏记集》卷8；并见《大正藏》第55册，东京：大藏出版株式会社，1988年，第59页。

从上面此二文献，我们可以看出，蒙逊一直有发展佛教建国信仰统治北凉的想法；否则《开元录·昙无谶传》不会说“志在弘通”，而《大涅槃经序》也不会说“思弘大道，为法城堑”。蒙逊平定敦煌（西夏）之后，便将昙无谶带入凉州发展佛教。昙无谶在凉州翻译的大乘经典，都与蒙逊要发展的佛教建国信仰内容有密切的关联。譬如，上面我们提到的《优婆塞戒经》《大般涅槃经》及《悲华经》，都是昙无谶为蒙逊发展佛教建国信仰的经典。昙无谶翻译的《大方等大集经》及《大方等无想经》（大云经）等经，则是昙无谶为蒙逊发展支提信仰的要经。①

北凉发展佛教建国信仰的内容及活动，与昙无谶在北凉的译经活动有密切的关联；北凉在其河西及敦煌开窟及造像的活动，也与昙无谶在北凉的译经活动有密切的关系。我们从河西张掖金塔寺东、西窟中心柱的造像，便能看出北凉开凿的石窟，的确有依据昙无谶译经造像的情形，也有依据昙无谶译经表达北凉使用两种佛教建国信仰统治北凉的情形。

三、金塔寺东、西窟中心柱的造像

张掖金塔寺东、西窟的造像者，很明显地用此二石窟中心柱四面造像表达北凉使用的两种佛教建国信仰内容及北凉的转轮王形象，也很明显地用昙无谶在北凉的译经及克孜尔的造像制作其佛教建国信仰的造像。金塔寺东、西窟的中心柱造像，虽然不如北凉在敦煌用中心柱窟的中心柱表达其两种佛教建国信仰的内容如此具有系统性及计划性，然金塔寺东、西窟中心柱的造像内容，都有完整表达北凉使用两种佛教建国信仰内容及转轮王像的情形。譬如，金塔寺西窟中心柱西壁上、下层中央的造像，即用贵霜“一转轮王（上层：贵霜呈垂一坐相的转轮王思惟像）、一佛（下层：贵霜呈结跏趺坐的佛像）”表达贵霜的佛教建国信仰内容或护法信仰内容。

我们过去常将呈“交脚坐相”及“垂一坐相”的造像分别视为“弥勒菩萨像”（Bodhisattva Maitreya）②及“思惟菩萨像”“太子思惟像”或“半跏思惟像”。③但唐代不空金刚（Amoghavajra，705—774年）翻译的《金刚顶经一字顶轮王瑜伽一切时处念诵成佛仪轨》（简称《金刚顶经》），却视“交脚坐像”及“垂一坐相”为佛教转轮王坐像。《金刚顶经》载：

① 见下详述。

② John M. Rosenfield, the Dynastic Arts of the Kushans. University of California Press, 1967, P. 234.

③〔日〕水野清一:《半跏思惟像について》,见水野清一:《中國の佛教美術》,东京:平凡社,1978年,第243-250页。

坐如前全跏/或作轮王坐/交脚或垂一/乃至独膝竖/轮王三种坐。①

《金刚顶经》所载的三种转轮王坐像中的"交脚坐相"及"垂一坐相"，都见于贵霜在犍陀罗制作的转轮王像及北凉制作的贵霜式转轮王像。譬如，上面提到的金塔寺西窟表达贵霜护法信仰模式的呈"垂一坐相"的"转轮王思惟像"，便是一尊贵霜或犍陀罗常用"垂一坐相"的造像法造转轮王坐像的例子。②

金塔寺西窟中心柱东面、背面及正面下层用一组三尊弥勒佛像表达北凉支提信仰的弥勒佛下生信仰。西窟中心柱东面、背面及正面下层中央的造像，都造成支提信仰最早制作的"结跏趺坐"的弥勒佛王造像。③此呈"结跏趺坐"的弥勒佛王造像，在克孜尔石窟也被视为一种支提信仰的弥勒佛王造像。④金塔寺西窟中心柱东面、背面及正面上层中央的造像，则被造成我们在克孜尔石窟所见的三种弥勒佛王像，即佛装、"倚坐"的弥勒佛王像（东面），佛装、"交脚坐相"的弥勒佛王像（背面），及佛装、"结跏趺坐"的弥勒佛王像（正面）。金塔寺西窟中心柱的造像内容因此说明，此窟的造像具有同时表达北凉使用的贵霜佛教建国信仰或护法信仰内容及支提信仰的不同弥勒佛王像。由此，金塔寺西窟的建造时间，一定是在北凉使用两种佛教建国信仰统治河西的晚期或之后。值得我们注意的是，金塔寺东、西窟的建造地址，就在蒙逊出生地张掖的临松山。⑤这说明，金塔寺东、西窟的开凿及建造，与北凉的建国者或统治者有密切的关联。北凉在临松山建造金塔寺东、西窟的原因非常明显：北凉建造金塔寺东、西窟的原因不仅要说明、记载临松沮渠氏曾在河西建国，而且要说明临松沮渠氏曾用两种佛教建国信仰统治河西。

金塔寺东窟中心柱的造像情形，与西窟中心柱的造像情形，在设计上即有很大的区别。金塔寺东窟中心柱四面的主要造像，也是用上、下两层的造像表达其佛教建国信仰的内容。但东窟中心柱的造像，要表达的是开凿此石窟者的转轮王信仰内容及转轮王形象。譬如，东窟上层的造像，都一律用一组三尊弥勒佛王像的造像法，表达其弥勒佛下生的信仰。支提信仰常用《弥勒下生经》所载的弥勒下生三次说法的信仰，说明支提信

---

①（唐）不空金刚译：《金刚顶经一字顶轮王瑜伽一切时处念诵成佛仪轨》，见《大正藏》第19册，东京：大藏出版株式会社，1988年，第326页。

② 古正美：《大乘佛教转轮王建国信仰与佛教造像》第三章《胡为色迦王与犍陀罗的佛教转轮王造像》（未刊）。

③ 古正美：《大乘佛教转轮王建国信仰与佛教造像》第五章《阿玛拉瓦底大支提的建筑及造像》（未刊）；并见 Robert Knox, Amaravati- Buddhist Sculpture from the Great Stupa. British Museum Press, 1992, P. 137.

④ 有关克孜尔石窟的支提信仰造像，见古正美：《大乘佛教转轮王建国信仰与佛教造像》第八章《新疆克孜尔石窟的支提信仰造像特色及其影响》（未刊）。

⑤（后魏）崔鸿撰，（清）汤球辑，（清）吴翊校勘：《十六国春秋纂录校本》卷7《北凉录·沮渠蒙逊》，见《百部丛书集成》，台北：艺文印书馆，1964年。

仰的弥勒佛下生信仰。譬如，武则天（624—705年）在统治大周期间（690—705年）于龙门“摩崖三佛龛”所制作的一组三尊弥勒佛坐像，即是武氏时代用《弥勒下生经》所载的弥勒佛下生三次说法的信仰，表达武氏弥勒佛下生的信仰。[①]

金塔寺东窟中心柱下层的造像，都用一组三尊弥勒像的造像法表达支提信仰的弥勒佛下生信仰。东窟中心柱下层一组三尊弥勒像中央的造像，都造成“结跏趺坐”的弥勒佛王像。东窟中心柱上层一组三尊弥勒像的中央造像，则造成各种不同坐姿的弥勒佛王像：呈“交脚坐相”的弥勒佛王像（东面，袒露右肩佛衣）、呈“结跏趺坐”的弥勒佛王像（正面）、呈“交脚坐相”的弥勒佛王像（西面,通肩佛衣）及呈“结跏趺坐相”的弥勒佛王像（背面）。这说明，北凉在建造金塔寺东窟的时期，北凉王在造像上，都以克孜尔石窟表达支提信仰的三种弥勒佛王造像，说明北凉王的转轮王形象或弥勒佛王面貌。总而言之，金塔寺西窟中心柱要表达的是，北凉使用两种佛教建国信仰的内容，而东窟则要表达北凉王的各种弥勒佛王形象。

北凉自蒙逊时代开始，便在其领地用开凿及造像的方法表达两种佛教信仰建国的活动[②]，我们因此认为，张掖金塔寺东、西窟，是在北凉晚期或在北凉失去政权之后所开凿的石窟。因为金塔寺东、西窟的造像，表达的是北凉用佛教信仰建国的内容。北凉并不是在历史上用开窟及造像的方法在石窟中表达其佛教建国信仰内容的唯一亚洲国家。亚洲的帝王因施行佛教建国信仰统治国家的缘故，便常用开窟及造像的方法或用建造佛教造像址的方法，表达佛教建国信仰内容及佛教转轮王像的活动。譬如，阿玛拉瓦底大支提（the Mahācaitya at Amarāvatī）、山崎大塔（Great Stūpa of Sāñci）及阿旃陀石窟（Ajanta caves）等遗址，都是印度帝王在历史上发展佛教建国信仰或支提信仰之际所建造的佛教造像址及佛教石窟。

许多学者认为，金塔寺东、西窟的建造时间都在北凉被北魏（386—534年）消灭之后，北魏统治北凉河西故地的时间。北魏要在北凉故址河西及敦煌开窟及造像，北魏一定要有发展佛教建国信仰的活动，否则其不会有开窟及造像的活动。因为亚洲帝王开窟及造像的活动，都与发展佛教建国信仰有关。但学者判定金塔寺东、西窟开凿的时间，都没有从佛教建国信仰的角度去考量金塔寺东、西窟开凿的时间及造像背景。譬如，张宝玺及八木春生便认为，金塔寺东、西窟的部分造像特征与云冈石窟的造像非常雷同，因此视金塔寺的建造乃受云冈石窟造像的影响，而金塔寺东、西窟的开凿时间，则在北

① 古正美:《古代暹罗堕和罗王国的大乘佛教建国信仰》,《饶宗颐国学院院刊》,2016年第3期;并见古正美:《从天王传统到佛王传统》第五章《武则天的〈华严经〉佛王传统与佛王形象》,台北:商周出版社,2003年,第250-251页,图21。

② 见后详述。

凉灭后，北魏统治河西的时期[①]，或“5世纪末北魏建造早期（云冈）石窟”的时间。[②]李玉珉则持有不同的看法，她认为，金塔寺东、西窟开凿的时间不同，东窟开凿的时间是在5世纪50—60年代，而西窟开凿的时间则在5世纪70年代或稍晚。[③]很显然地，李玉珉也认为，金塔寺东、西窟的开凿在北凉灭后，北魏统治河西故地的时间。

虽然有些学者认为，金塔寺东、西窟开凿的时间是在北凉灭后，北魏统治河西的时间，但是有些学者还是认为，金塔寺东、西窟的开凿时间是在北凉建国的早期。譬如，美国学者玛丽莲（Marylin M. Rhie）认为，金塔寺二石窟大约开凿于公元400年。[④]中国学者王泷及金维诺也认为，金塔寺此二窟是沮渠蒙逊在张掖时期（397—412年）所开凿的石窟。[⑤]

无论如何，张掖金塔寺东、西窟开凿的时间，也不可能落在蒙逊定都张掖（412年）之前或时代。因为蒙逊是在定都凉州之后，在昙无谶的辅佐下，北凉才有发展两种佛教建国信仰的活动。蒙逊是在攻克敦煌（421年）之后，才将昙无谶请入凉州发展佛教。金塔寺东、西窟的开凿，都不可能在蒙逊于张掖定都的时间或之前。因为此二窟的开凿，与昙无谶在421年进入凉州之后所发展的佛教建国信仰有密切的关联。

北凉亡后（439年），部分的北凉僧人及工匠虽被带入北魏都城平城（今日山西大同）[⑥]，然北魏太武帝（424—451年）因受制于当时儒生崔浩（?—450年）及道士寇谦之（365—448年）在宫中的权力，北魏官方便一直没有发展佛教建国信仰的机会，而以发展道教为官方的主要宗教。即使在北凉灭后，北凉僧人及工匠被遣送入京，因太武帝的儿子拓跋晃与北凉僧人过从甚密，从而与当时在宫中把持政权的崔浩产生严重的摩擦，最后甚至导致北魏在历史上发动第一次全国性毁佛事件。[⑦]北魏太武帝一代，都没有发展

---

①〔日〕八木春生:《云冈石窟文样论》,京都:法藏馆,2000年,第56-60页;八木春生著,苏哲译:《河西石窟群年代考——兼论云冈石窟与河西石窟群的关系》,《美术史研究期刊》1997年第4期;并见张宝玺:《河西北朝石窟编年》,敦煌研究院编:《1994年敦煌学国际研讨会文集》,兰州:甘肃民族出版社,1994年,第264页。

② 张宝玺:《河西北朝石窟编年》,见敦煌研究院:《1994年敦煌学国际研讨会文集》,兰州:甘肃民族出版社,1994年,第264页。

③ 李玉珉:《金塔寺石窟考》,《"故宫博物院"学术季刊》2004年第22卷第2期。

④ Marylin Martin Rhie, Early Buddhist Art of China and Central Asia. Leiden: Briill, 1002, P.388.

⑤ 王泷:《甘肃早期石窟的两个问题》,见敦煌研究所编:《1983年全国敦煌学术讨论会文集》上册,兰州:甘肃人民出版社,1985年,第312-318页;并见金维诺:《中国古代佛雕——佛教造像样式与风格》,北京:文物出版社,2002年,第29页。

⑥ 杜斗城:《北凉佛教研究》,台北:新文丰出版公司,1998年,第175-186页;并见下注。

⑦ 古正美:《从天王传统到佛王传统》第三章《北凉佛教与北魏太武帝的佛教意识形态发展历程》,台北:商周出版社,2003年,第106-153页。

过佛教建国信仰的活动。太武帝死后，太武帝的孙子文成帝（452—464年在位）在继承太武帝位之后，不但马上恢复佛教信仰为其国教，而且还用北凉僧人师贤及昙曜先后为其发展佛教建国信仰的活动。《佛祖统纪》卷36载：“（元嘉）二十九年（452年），魏文成帝即位大复佛法。”[①]《魏书·释老志》也载：文成高宗即位后，即下诏恢复佛教信仰，先以罽宾沙门（北凉僧人）师贤为僧统。师贤去世后，由北凉僧人昙曜继续主持僧事。文成皇帝因此令昙曜于京西武州西山石窟（今日云冈石窟）开窟五所，并为文成以上五帝造“佛像”五尊。[②]这就是有名的云冈“昙曜五窟”的造像。

北魏在文成帝恢复佛教之后，在理论上，北魏便有可能在北凉故址敦煌及河西从事开窟及造像的活动。但文成帝在复佛之后，文成帝及其继承者显祖献文皇帝（465—471年在位）及孝文皇帝（471—499年在位），基本上都在北魏都城附近的云冈石窟从事开窟及造像活动。因此在北魏孝文帝迁都洛阳之前，即太和十八年（494年）之前，北魏也没有可能在敦煌及河西有开窟及造像的活动。北魏在消灭北凉之后，至孝文帝迁都洛阳之前，北魏都没有可能在北凉故地河西及敦煌从事开窟及造像的活动；何况金塔寺东、西窟的造像内容，要表达的是北凉使用两种佛教建国信仰统治北凉的情形。我们因此不能因早期云冈石窟的造像与金塔寺东、西窟的造像具有相似的造像风格及造像内容，便倒果为因地认为，张掖金塔寺东、西窟的建造时间是在北凉被北魏灭后的时间。

笔者认为，张掖金塔寺东、西窟的建造时间，非常可能是在蒙逊的儿子沮渠无讳（439—444年在位）在北凉亡后，退保临松这段时间。北凉亡后，沮渠无讳退保临松的时间确实有多久，我们不清楚。我们推测，无讳进驻临松的时间，大概是在公元440年到公元441年之间。北凉在439年被北魏灭后，蒙逊的继承者沮渠茂虔（434—440年在位）也在缘禾八年（440年）自裁。[③]茂虔死后，茂虔次弟沮渠无讳很显然地继承了茂虔的帝位[④]，并拥家户西就从弟敦煌太守沮渠唐儿。但唐儿拒而不纳，无讳遂杀唐儿，收复敦煌。无讳先使唐儿保敦煌，亲自与其弟攻打酒泉。在拔得酒泉之后，无讳又攻打张掖

---

① (南朝·宋)沙门志磐:《佛祖统纪》卷36,见《大正藏》第49册,东京:大藏出版株式会社,1988年,第345页。

② (北齐)魏收:《魏书·释老志》载:兴安元年(452年)高宗皇帝不仅下诏复佛曰:“今制诸州城郡县,于众居之所,各听建佛图一区,任其财用不制会限;其有好乐道法欲为沙门,不问长幼,出于良家,性行素笃,乡里所明者,听出家……”同时敕有司“于五级大寺为太祖以下武帝,铸释迦文像五躯。和平中(460年)又诏令玄统昙曜于武州西山(又称恒安石窟)开窟造像。”参见(唐)智升:《开元释教目录》卷6,见《大正藏》第55册,东京:大藏出版株式会社,1988年,第539页;并见《广弘明集·魏书释老志》卷2,见《大正藏》第52册,东京:大藏出版株式会社,1988年,第103页。

③《十六国春秋辑补》卷97《北凉录·沮渠茂虔》3,出版者不详,1936年,第672页。

④ 见后详述。

不克，于是退保临松。[①]《北凉录·沮渠茂虔》载：无讳直到公元441年（一说442年）才率领万余家弃敦煌西就安周于鄯善，后留安周驻守鄯善，自率众又去高昌。[②]沮渠无讳在敦煌滞留的时间可能只有一年或一年多左右（440—441年）。然在此短暂的时间，无讳非常可能就在其退保张掖临松之际，建造了张掖金塔寺东、西窟。我们的理由是：

（1）自昙无谶为蒙逊在敦煌开凿中心柱窟莫254窟之后，北凉即有用中心柱的四面造像表达北凉的两种佛教建国信仰内容。[③]北凉一代在敦煌开凿的石窟，基本上都是中心柱窟，并都用中心柱窟的中心柱四面造像表达北凉的两种佛教建国信仰内容。金塔寺东、西窟的石窟建造形制，也是中心柱窟的建造形制，并与北凉在敦煌建造的中心柱窟一样，用中心柱四面的造像表达北凉的两种佛教建国信仰内容。我们因此认为，金塔寺东、西窟的开凿，是在北凉晚期或北凉灭后不久的时间。

金塔寺东、西窟的开凿情形，与北凉在敦煌所开凿的中心柱窟的造像情形不太相同。北凉在敦煌所造的中心柱窟，除了在中心柱四面造有表达北凉的两种佛教建国信仰内容外，在中心柱窟的石窟四壁也造有表达北凉佛教建国信仰的造像及北凉转轮王像。金塔寺东、西窟的造像，基本上都将造像集中在中心柱上；换言之，金塔寺东、西窟的石窟四壁，没有造任何像。金塔寺西窟中心柱的造像较像北凉在敦煌开凿的中心柱窟，将北凉的两种建国佛教信仰都造在中心柱上。但金塔寺东窟的中心柱只造北凉的转轮王信仰或弥勒下生信仰及转轮王造像。李玉珉大概基于此二窟中心柱的造像内容不同的缘故，因此认为此二窟的开凿在不同的时间。我们注意到，自昙无谶死后，沮渠茂虔开始开凿敦煌石窟之后，虽也用中心柱表达北凉的两种佛教建国信仰的造像，但茂虔所开凿的敦煌石窟，便有逐渐强调支提信仰的造像情形。譬如，茂虔所开造的莫263窟便是一个例子。在此石窟，除了中心柱还见有贵霜的护法信仰造像，此石窟的四壁都不再见有造贵霜护法信仰造像的情形，甚至只有造支提信仰造像的情形。金塔寺会再开或同时开金塔寺东窟的原因，也是要说明，此石窟的开凿者有特别强调支提信仰造像的现象。这就是金塔寺石窟的开凿，没有只开西窟便停止的原因。无论是金塔寺西窟的造像或东窟的造像，其造像的情形都因未达到敦煌中心柱窟的石窟造像标准，都没有在石窟的四壁造像。我们认为，金塔寺东、西窟的建造，乃在匆促之间完成，才会出现只在东、西窟的中心柱上造像的现象，以及造像显得粗糙不细致的现象。金塔寺此二窟的开凿时间，因此非常可能是在北凉统治河西的晚期，或亡国之后。

---

① 《十六国春秋辑补》卷97《北凉录·沮渠茂虔》3，出版者不详，1936年，第672页。

② 荣新江《〈且渠安周碑〉与高昌大凉政权》载：441年，且渠牧犍弟无讳据敦煌，并遣弟安周率五千人西击鄯善。鄯善王比龙拒之，安周不能克。422年，无讳自率万余家撤离敦煌。见《燕京学报》第5辑，北京大学出版社，1998年，第75页；并见《十六国春秋辑补》卷97《北凉录·沮渠茂虔》3，出版者不详，1936年，第672页。

③ 见下详述。

（2）蒙逊发展佛教建国信仰的中心虽在凉州，但蒙逊及茂虔系统性开凿石窟，并用中心柱窟的中心柱造像表达北凉两种佛教建国信仰内容的地点，基本上都在敦煌。北凉在张掖临松山仓促开凿石窟，说明北凉两种佛教建国信仰内容的金塔寺东、西窟，应该只有在北凉统治河西的晚期或失去政权之后，沮渠无讳退保临松此段时。史料也特别提到，沮渠无讳在北凉灭后曾攻打张掖失败，并退保临松此事。

各种迹象都让我们认为，昙无谶是蒙逊开始开凿敦煌石窟的始作俑者。昙无谶为蒙逊在敦煌最早开凿的中心柱窟，即是敦煌的莫254窟。莫254窟中心柱四面的造像，与后来北凉在敦煌开凿的中心柱窟的中心柱四面造像情形完全一致，都在中心柱的南、北向面造表达贵霜佛教建国信仰的护法信仰造像；并在中心柱的东、西向面造表达支提信仰的转轮王或弥勒佛王造像。我们因此认为，北凉造中心柱窟的窟龛造像传统，始于昙无谶为蒙逊在敦煌开凿的莫254窟。过去的学者都没有注意到，昙无谶是敦煌莫254窟的开凿者及设计者。我们在下面除了要证明昙无谶是敦煌莫254窟的开凿者及设计者外，也要谈论敦煌莫254窟的其他造像。原因是，我们在此石窟，不但见有敦煌最早制作的白衣佛像，而且在此石窟也见到只有昙无谶能使用的佛教造像方法。

四、敦煌莫254窟的建造性质及造像内容

（一）莫254窟中心柱的造像设计方法及设计者——昙无谶

莫254窟的中心柱，很明显地用中心柱四面造像表达北凉使用的两种佛教建国信仰内容：在莫254窟中心柱东向面（朝门）大龛造一尊佛装、呈“交脚坐相”的弥勒佛王像（图4）；在西向面上、下层的圆券龛皆塑呈“结跏趺坐”或“禅定坐相”的弥勒佛王像。这说明莫254窟东、西向面的造像都造支提信仰的弥勒佛王像。莫254窟南、北向面上层的阙形龛皆各造一尊王装、戴冠、呈“交脚坐相”的贵霜转轮王像，下层的圆券龛内则各造一尊贵霜式呈“禅定坐相”的佛像。莫254窟中心柱南、北向面的造像，很明显地都用我们在金塔寺西窟也见到的“一转轮王、一佛”的贵霜护法信仰造像模式表达北凉使用的贵霜佛教建国信仰内容；只是金塔寺西窟的贵霜转轮王像被造成“垂一坐相”的转轮王像，而莫254窟的贵霜式转轮王像则被造成“交脚坐相”的贵霜转轮王像。北凉用中心柱的造像表达北凉使用两种佛教建国信仰的方法，也见于北凉在敦煌开凿的其他中心柱窟的中心柱造像。由此，敦煌中心柱窟的中心柱造像，是我们判断北凉窟的一个重要方法或标准。

北凉一代能掌握贵霜佛教建国信仰内容及支提信仰内容并造像者，没有别人，只有来自犍陀罗或罽宾，并曾游历西域各国，如于阗及龟兹的昙无谶。昙无谶不仅是一位深通密教行法的西域大咒师，而且也是一位专攻“涅槃学”及佛教政治思想的佛教高僧。

图4　莫254窟东向面中心柱造像

蒙逊非常敬重他，并称他为“圣人”：

初罽宾沙门昙无谶，自云能使鬼治病，且有秘术，凉王逊甚重之，谓之“圣人”。①

《开元录》也说昙无谶的学问及才能非常不凡：

昙无谶或云昙摩谶，亦云昙谟谶，盖取梵音不同故也。凉云法丰。中印度人，自幼读咒经，先学小乘，后学大乘，专攻涅槃。以“西域大神咒师”之名闻于当世。先为中印度王咒师，后因事乃赍大涅槃经本前分十卷，并菩萨戒经、菩萨戒本等奔龟兹。龟兹国多学小乘不信涅槃，遂至姑臧传舍。河西王沮渠蒙逊闻谶名，呼与相见，接待甚厚。……谶以涅槃经本品数未足，还国寻求。值其母亡，遂留岁余，后于于阗更得经本，复还姑臧，续译成四帙焉。谶以玄始三年甲寅创首翻译，至十五年丙寅都迄。②

从上面史料及文献记载昙无谶的生平事迹，我们或许还看不出昙无谶的知识及才能是如何的不凡。但从当时北魏太武帝对昙无谶的评价，我们即能看出，昙无谶是历史上罕见的佛教高僧。太武帝说他具有鸠摩罗什的学问及佛图澄行使咒术的能力及知识：“博通多识罗什之流，秘咒神验澄公之匹。”③昙无谶很显然的是一位集历代高僧之所长的不凡僧人。莫254窟的开凿，如果不是昙无谶主持开凿，莫254窟的造像不可能如此正确地制作贵霜佛教建国信仰护法信仰的造像，也不可能如此正确地用克孜尔造三种弥勒佛王像的方法表达北凉帝王的弥勒佛王像。昙无谶不寻常的佛教经典及造像知识，从其在莫254窟所设计的中心柱的造像、所使用的犍陀罗“转化”造像方法，及在此窟所造的白衣佛像，都能看出其对佛教经典及造像的深刻了解及认识。昙无谶在莫254窟所设计及制作的佛教建国信仰造像法及造像内容，不仅奠立了中国佛教石窟窟龛造像的基础，而且也影响了中国石窟窟龛造像的方法及内容。我们因此可以说，昙无谶是中国佛教石窟造像传统的真正奠立者及创始者。

昙无谶在莫254窟所使用的犍陀罗“转化”造像的方法，由于需要对贵霜佛教建国信仰的造像及经典有深刻的了解及认识，因此昙无谶死后（433年），北凉开凿的中心柱窟，不仅不再有人能制作如此多表达贵霜佛教建国信仰的造像，同时也不再有人能用“转化”造像的方法制作造像。我们因此认为，在北凉一代，只有昙无谶会用“转化”造像的方法造像。这就是笔者为何将具有“转化”造像内容的莫259窟及莫254窟视为昙无

① (宋)司马光主编，(元)胡三省注：《资治通鉴》上册《宋纪四》，北京：中国古籍出版社，1956年，第819页。

② (唐)智升：《开元释教录·沙门昙无谶》卷4，见《大正藏》第55册，东京：大藏出版株式会社，1988年，第520页。

③ (梁)慧皎：《高僧传·昙无谶传》卷2，见《大正藏》第50册，东京：大藏出版株式会社，1988年，第336页。

谶在敦煌开凿的两座北凉窟的原因。

（二）莫254窟的护法信仰造像及"转化"造像的作用

莫254窟最明显的一铺"转化"造像，即是此窟南壁前方一铺看似用贵霜护法信仰模式制作的造像。为了说明此铺"转化"的造像，我们在下面便要谈论此铺造像的内容：

（1）从外表上来看，莫254窟在南壁前部的造像，是一铺用贵霜"一转轮王、一佛"的护法信仰模式制作以表达贵霜佛教建国信仰内容的造像（图5）。我们先不谈此铺造像的"转化"造像情形，就此铺造像上部的贵霜式转轮王像来判断，此铺呈"交脚坐相"、王装、戴冠的贵霜式（Kushan Style）的转轮王像（图6），完全依据贵霜造转轮王像的方法制作的一铺转轮王呈"交脚坐相"坐在如宫室建筑内的塑像。无论此像呈"交脚坐相"的造像法或此像所佩戴的转轮王三种饰物[①]，此像可以说完全符合贵霜或犍陀罗制作佛教转轮王像的方法制作的一尊转轮王像。当时在北凉能如此了解贵霜或犍陀罗制作转轮王像的方法者，没有第二人，只有昙无谶。我们因此认为，敦煌莫254窟是昙无谶开凿及设计的石窟。在莫254窟南壁前部此铺看似护法信仰的造像，昙无谶用塑像的方法在此护法信仰造像的上部，造此尊转轮王像，而用绘画的方式，在此尊呈"交脚坐相"的转轮王塑像下方绘画一铺右手作"降魔印"的弥勒佛降魔像。

此尊呈"交脚坐相"的转轮王塑像的胸前，佩戴有昙无谶翻译的《悲华经・大施品》所载的转轮王三种饰物：（a）龙头瓔；（b）阎浮提金锁；（c）珍珠贯。[②]相似的转轮王饰物，也见于贵霜或犍陀罗制作的转轮王造像。如果昙无谶不知道贵霜或犍陀罗的造像者有用转轮王的"交脚坐相"造转轮王坐像，也不知道贵霜或犍陀罗的造像者有用《悲华经・大施品》所载的三种转轮王饰物制作转轮王造像[③]，昙无谶不但不会在北凉翻译《悲华经》，而且也不可能如此精准地在莫254窟的南壁造出此尊贵霜式或犍陀罗式的交脚转轮王造像。

同样呈"交脚坐相"、王装、佩戴转轮王饰物及戴冠的贵霜式转轮王像，也见于敦煌莫275窟西壁所造的转轮王造像（龙头瓔的造像非常模糊）及云冈石窟的转轮王造像。但敦煌及云冈制作的转轮王三种饰物，与犍陀罗转轮土像所佩戴的三种转轮王饰物的造像法，有些不同。譬如，莫254窟此尊转轮王所佩戴的"龙头瓔"与云冈石窟所造的"龙头瓔"的造像法（图7）相当一致，都将"龙头瓔"的两只龙头各造在转轮王胸前佩戴的项环两端，两支龙头各在转轮王胸前挺起、相望。但犍陀罗转轮王像所佩戴的"龙头瓔"上的两只龙头，则造在转轮王胸前佩戴的项链前端，两只龙头隔着的一方圆形饰

---

① (北凉)昙无谶译:《悲华经》卷2,见《大正藏》第3册,东京:大藏出版株式会社,1988年,第175页。

② (北凉)昙无谶译:《悲华经》卷2,见《大正藏》第3册,东京:大藏出版株式会社,1988年,第175页。

③ 古正美:《大乘佛教转轮王建国信仰及佛教造像》第三章《胡为色迦王与犍陀罗的佛教转轮王造像》(未刊)。

图5　莫254窟南壁护法信仰造像

图6　莫254窟南壁交脚转轮王造像

图7　云冈的交脚转轮王造像

图8　犍陀罗的交脚转轮王造像

物相对（图8）。很显然，昙无谶并没有完全依照犍陀罗或贵霜制作转轮王像的方法制作北凉的转轮王像。昙无谶为了替北凉创造一种新的转轮王造像，他将犍陀罗或贵霜的“龙头璎”稍加修改成为北凉式的“龙头璎”。除此之外，昙无谶也将犍陀罗转轮王造像在胸前斜背的“珍珠贯”改造成“珍珠链”的造像形式。如果昙无谶对佛教造像没有过人的知识及信心，他绝对不可能有能力改造北凉的转轮王饰物。北凉灭后，许多北凉僧人及工匠被带入北魏平城。北凉僧人及工匠不仅将北凉开窟、造像的方法传入北魏云冈石窟，而且也将北凉制作转轮王像的方法，包括制作转轮王三种饰物的造像法，也都传入云冈石窟。云冈所造的转轮王饰物，与北凉在敦煌所造的转轮王饰物，其造像法基本上完全一致。这说明，在云冈石窟为北魏造像的北凉僧人及工匠，再也没有任何人能像昙无谶一样，具有创造或制作云冈新转轮王像的能力。

（2）莫254窟南壁前部呈“交脚坐相”的转轮王塑像下方，造像者用绘画的方式绘了一铺弥勒佛下生降魔变。直至今日，学者对敦煌的降魔变，都视为“释迦降魔成道像”[①]。莫254窟此铺弥勒下生降魔变，是敦煌四铺弥勒下生降魔变，即莫254窟、莫263窟、莫435窟及莫460窟降魔变中，造像内容最复杂，且制作时间最早的一铺降魔变。莫254窟此铺弥勒下生降魔变，绘有支提信仰经典《证明经》所载的，诸天魔攻击弥勒佛下生的场面及弥勒佛令诸大力菩萨及金刚力士等助其降魔的画面。这种弥勒降魔变的弥勒佛坐像两侧，常见绘有《证明经》所载的普贤菩萨、大力菩萨及金刚力士的画像。这些菩萨及力士的画像，都不见于释迦的降魔经文或其“降魔成道像”。《证明经》如此记载弥勒佛坐在支提内下生受到天魔攻击，及弥勒佛与诸方菩萨及金刚力士一起降魔的情形：

> 尔时弥勒从空而下，诸方菩萨尽来集会之时，三千大千世界六种震动，众魔外道尽来归伏。时有魔王竞起。尔时摩醯手罗王多将兵众，严器铠仗刀剑在前，只（共）佛争力。尔时复有魔王拔刀掷剑共佛争力。尔时复有素天大魔，三面六手，头戴山谷，共佛争力。尔时复有博叉天魔，头戴地抽，共佛争力。尔时复有婆修邻天魔，身上出水，身下出火，身上出火，身下出水，现大复现小，现小复现大，侧塞满虚空，共佛争力。尔时复有水身天魔，水火并起，雷风疾雨，共佛争力……尔时复有牛头天魔，复有虎头天魔，复有鸟头天魔，复有蛇身天魔，此诸魔神各将十万力士，走地挽弩，前掷叫唤，大与兵马，矛戟在前，火车霹雳，共佛震（争）斗。尔时弥勒遣大力并共无量力菩萨，手捻地抽，头戴地柱。尔时天地八种声，众魔惜怖，心情不宁。尔时弥勒左手指地，右手指天，召诸方菩萨。尔时东方有十恒河沙无边身菩萨，各乘六牙白象，雨

① 王平先:《莫高窟北朝时期的降魔变初探》,《敦煌研究》2007年第6期;冉云华:《试论敦煌与阿旃陀的降魔变》,见《1987年敦煌石窟研究国际讨论会论文集》,沈阳:辽宁美术出版社,1990年,第200-203页。

> 宝莲华，来诣佛所。尔时南方复有十……尔时下方复有十恒河沙力士菩萨，亦乘定国师子，手把金杖从地涌出。尔时普贤菩萨手把金刚三昧杵，拟定三昧。尔时如童菩萨，手把金刚捶。尔时复有金刚力士，手把金棒，走地叫唤，日月崩落。诸方菩萨，尽来集会，三千大千世界六种震动，众魔罢舍刀杖，各发慈心，五体投地，莫不降伏。①

《证明经》此段经文并没有提到“释迦降魔变”中魔王及魔女诱惑佛的经文。因此敦煌莫254窟此降魔造像中的诸天魔像及菩萨像，应该是研究克孜尔石窟及敦煌石窟降魔变的王平先所言的“将军形象的魔王”及“将军装束的人物”。②这些菩萨的造像，在北周莫428窟的弥勒降魔变看得更清楚。譬如，立在坐佛右侧，邻近三位魔女及魔王枯槁形象的菩萨立像，应该就是《证明经》所载的，护持弥勒佛下生的普贤菩萨立像，而造像中“怪异形象的魔怪”，则是《证明经》中所载的各种“天魔”的造像。由此，我们非常确定，敦煌的降魔变，甚至克孜尔及犍陀罗的降魔变，都依据上面这段《证明经》所载的，弥勒佛下生降魔经文制作的弥勒佛下生降魔变。事实上克孜尔石窟的造像者完全知道，弥勒降魔变与“释迦降魔成道”的内容不同，因为克孜尔石窟的造像者，常将弥勒下生降魔变造在中心柱窟的壁面，而将说明“释迦降魔成道”的造像，与“魔女诱惑”等佛传故事造在一般石窟。过去的研究显示，学者在谈论弥勒降魔变的造像之际，都没有注意到，立在佛前的菩萨及力士像，都不是我们在各种释迦降魔故事能见到的人物造像。因此直至今日，许多学者都还用“释迦降魔变”或“释迦降魔成道像”说明弥勒佛下生降魔的造像内容。

敦煌的弥勒降魔变，在受到克孜尔造“释迦降魔成道像”的影响下，注入了“释迦降魔成道像”中的“魔女诱惑”造像，但只注入被打败的魔王及魔女的造像。敦煌的降魔便出现魔王及魔女的造像，虽受克孜尔造“释迦降魔成道像”的影响，然此影响，并不是敦煌造弥勒降魔变的主要原因。我们不能像许多学者一样，倒客为主地将克孜尔及敦煌的弥勒降魔变中的魔王及魔女造像，视为“释迦降魔成道像”的主要人物造像。因为支提信仰的弥勒降魔变，与佛传的“释迦降魔成道像”的造像，不但性质不同，其造像内容也不同。故两者不可混为一谈。

（3）莫254窟南壁前部所造的“一转轮王、一佛”的护法信仰造像，看来似乎要表达贵霜的佛教建国信仰内容，事实上此护法信仰的造像是一铺经过“转化”过的造像。就绘在呈“交脚坐相”的转轮王像下方的弥勒降魔变来看，此弥勒降魔变要说明的是支提信仰的弥勒佛下生降魔的信仰。如果此“一转轮王、一佛”的造像要表达的是贵霜的护法信仰内容，此贵霜护法信仰画像的“佛像”或“一佛”的画像，便不该被画成一铺

①《普贤菩萨说证明经》，见《大正藏》第85册，东京：大藏出版株式会社，1988年，第1367页。

② 王平先：《莫高窟北朝时期的降魔变初探》，《敦煌研究》2007年第6期。

具有说明支提信仰含义的弥勒佛下生降魔画像，而应被画成一铺呈禅定坐相的贵霜式坐佛像。莫254窟此铺看似要说明护法信仰的造像，因此是一铺“转化”过的造像，将造像原义“转化”成具有同时说明贵霜佛教建国信仰及支提信仰的造像。昙无谶如果不知道犍陀罗或贵霜有使用“转化”造像的方法将造像原意“转化”成另外的意思，他不会用“转化”造像的方法，将此“护法信仰”的“一佛”造像“转化”成具有同时表达北凉使用的两种佛教建国信仰内容。昙无谶将此像“转化”的原因，自然与他要用此像同时表达北凉使用的两种佛教建国信仰内容有关。

“转化”的造像法，首见于犍陀罗依据《悲华经·大施品》经文制作的“悲华经经雕造像”，如拉后博物馆收藏的572号石雕造像（图9）。西方学者一直将拉后博物馆收藏的此座572号石雕造像视为一座说明“舍卫城大神变”（Mahāprātihāryaor Great Miracle of Śrāvastī）或“佛降伏外道六师”的造像。①此座“悲华经经雕造像”共造有三段造像内容：（a）上段主要的造像是一尊左手提水瓶、呈“交脚坐相”，并梳髻的转轮王造像。（b）中段的造像，即依据《悲华经·大施品》的经文制作石雕中央主尊宝藏佛坐莲花座上的造像、宝藏佛头部上方四天子自空中雨下三大朵莲花像，及主尊坐佛两侧，用对称法（Symmetrical）依据《悲华经·大施品》所载的转轮王无净念作各种修行、成佛的经文制作的两组转轮王修行、成佛像。此二组转轮王修行、成佛像的造像内容有：转轮王手持珍珠贯供养佛像、转轮王听佛说法像、转轮王静坐思惟成佛像、转轮王修行七年像，及转轮王授记成佛像。石雕中段的造像内容因完全依据《悲华经·大施品》的经文制作，笔者因此称此石雕中段的造像甚至整座石雕造像，为“悲华经经雕造像”。（c）石雕下段所造的造像，是多位信众礼拜佛钵的造像。②

拉后572号石雕中段的两组转轮王修行、成佛像，因用对称法制作的缘故，因此无论是从石雕的上部或石雕中部的左方或右方看此石雕的造像，我们都可以看出此石雕造像的安排方式，是用“一转轮王像、一佛像”的护法信仰造像模式制作此像。我们不仅能看出此造像要表达的是贵霜佛教建国信仰的内容或护法信仰的内容，而且也能看到各种不同面貌的贵霜佛教转轮王修行、成佛的造像。此石雕造像的转轮王修行、成道造像，因用对称法制作各种转轮王造像，故在主佛坐像的两侧，我们都可以看到一尊造像相同的转轮王造像。譬如，我们在主佛造像的两侧，都可以见到一尊手持转轮王饰物“珍珠贯”供养佛的转轮王供养像。

① A. Foucher, the Beginning of Buddhist Art, Translated by L. A. Thomas and F. W. Thomas. London: Humphrey Milford, 1914, Plate XXVII and Plate XXVIII；并见下文详述。.

②（北京）昙无谶译：《悲华经》卷2-3，见《大正藏》第3册，东京：大藏出版株式会社，1988年，第175-185页；并见古正美：《大乘佛教转轮王建国信仰与佛教造像》第三章《胡为色迦王与犍陀罗的佛教转轮王造像》（未刊）。

图9　拉后博物馆藏572号《悲华经》经雕造像

但拉后572号石雕中段的转轮王造像及石雕上的其他造像，也有不用对称法造像的情形。换言之，也有用变化造像的方法制作转轮王像及其他造像的情形。譬如，此石雕中段上部，依照《悲华经·大施品》的经文，应造九朵莲花像，但此石雕只造三大朵莲花。又如，在三大朵莲花两侧所造的两尊"转轮王授记成佛像"，一尊依据经文造成身体放出无量光纹的"无量寿"或"无量光"佛坐像（左侧），一尊则被造成"二佛并坐像"（右侧）。

"二佛并坐像"，乃依据《法华经·见宝塔品》的经文制作的造像。《法华经·见宝塔品》的经文，除了用释迦及多宝佛并坐而坐的经文说明成佛人物的身体会有"法身"不灭的情形外，"二佛并坐"的造像也说明每个人的佛性相等，故能与佛并座而坐。①

拉后572号石雕使用"二佛并坐像"表达"转轮王授记成佛像"的情形，很显然地就是拉后此石雕造像者用"转化"造像原意的方法，将"二佛并坐像"从《法华经》的"二佛并坐"原意"转化"成为"转轮王授记成佛像"或具有佛身的转轮王像。②拉后572号石雕用"转化"造像的方法重新定义"二佛并坐像"的意思，很明显地影响来自犍陀罗或罽宾的昙无谶在敦煌的造像方法。昙无谶在敦煌开凿的两座大窟，即莫259窟及莫254窟，都是用"转化"贵霜护法信仰造像的方法，表达北凉使用两种佛教建国信仰的内容。当日在北凉能用"转化"造像的方法表达北凉的佛教建国信仰内容者，应该没有第二人，只有昙无谶。这就是笔者认为，昙无谶是开凿敦煌莫254窟及莫259窟的策划者及造像者的原因。有关莫259窟的造像，因与此文无关，故笔者将不在此对该石窟的造像作进一步说明。

（三）莫254窟白衣佛像的制作背景及造像意义

1.沮渠蒙逊行"受菩萨戒仪式"的活动及其意义

事实上最能证明昙无谶是莫254窟的开凿者及造像者的造像，是昙无谶为蒙逊在莫254窟西壁所造的白衣佛像。昙无谶为蒙逊开凿莫254窟的原因是，他要用造白衣佛像的方法纪念蒙逊因行"受菩萨戒仪式"而登上其转轮王位或弥勒佛王位，并以白衣居士或白衣弥勒佛王的身份统治北凉的历史。换言之，他要用造白衣佛像的方法记录蒙逊用佛教建国信仰统治北凉的历史。为何我们知道此事？原因是，公元4—5世纪，印度出现了许多《菩萨戒经》及《菩萨戒法》。《菩萨戒经》及《菩萨戒法》在印度的出现，与印度帝王要用行"受菩萨戒仪式"登上转轮王位的活动有极大的关联。因为帝王在行"受菩萨戒仪式"时，他必须用《菩萨戒法》行其仪式，而在行"受菩萨戒仪式"之后，帝王及其人民都需要用《菩萨戒经》作为修行佛教的修行手册及共同建立佛国的建国指南。

---

①（后秦）鸠摩罗什译:《妙法莲花经·见宝塔品》第11,见《大正藏》第9册,东京:大藏出版株式会社,1988年,第32-33页。

② 古正美:《大乘佛教转轮王建国信仰与佛教造像》第三章《胡为色迦王与犍陀罗的佛教转轮王造像》(未刊)。

公元4—5世纪，印度出现的《菩萨戒经》及《菩萨戒法》数量不少，其中有许多这类经典都在5世纪初期之后被陆续地传入中国。譬如，5世纪中国北方即有中亚僧人鸠摩罗什（Kumārajīva, C.350—409年）在长安为后秦（384—417年）姚兴初期（394—415年）翻译《梵网经》[①]，及印度僧人昙无谶在河西为北凉翻译《优婆塞戒经》七卷、《菩萨戒经》一卷、《菩萨戒本》一卷及《菩萨地持经》十卷等。其中，昙无谶认为，《优婆塞戒经》对北凉发展佛教建国信仰最为重要。[②]同时代中国南方的印度僧人求那跋摩（Gunavarman，394—468年），也在5世纪初期于南朝·宋（420—479年）翻译五部《菩萨戒经》及《菩萨戒法》。此五部即是：《菩萨善戒经》九卷、《菩萨善戒法》一卷、《菩萨内戒经》一卷、《优婆塞五戒威仪经》一卷及《优婆塞五戒相经》一卷。[③]这三位在公元4—5世纪之间来华的僧人，都是中国南北朝时期有名的印度及中亚高僧。他们在中国翻译及传播《菩萨戒经》及《菩萨戒法》的现象，说明当时印度及中亚的帝王，都有用行“受菩萨戒仪式”的方法登上转轮王位的活动。昙无谶在北凉翻译《菩萨戒经》的活动，说明他要用行“受菩萨戒仪式”的方法将蒙逊推上转轮王位。《开元录》说：“（昙无谶）先为中印度王咒师，后因事乃赍大涅槃经本前分十卷，并《菩萨戒经》《菩萨戒本》等奔龟兹。”《开元录》这段话说得很清楚，昙无谶在5世纪初期从印度来中国时，即携带有《菩萨戒经》及《菩萨戒本》。昙无谶在北凉翻译《优婆塞戒经》，自然就说明，其主要为蒙逊主持行“受菩萨戒仪式”及在敦煌为蒙逊造“白衣佛像”。昙无谶自罽宾或犍陀罗带来《菩萨戒经》及《菩萨戒本》的行为，也说明其完全知道，帝王要如何用“受菩萨戒仪式”登上其转轮王位及佛王，及帝王要如何用《菩萨戒经》建立佛国。当时的北凉，还有哪一位僧人能如昙无谶这样了解《菩萨戒经》及《菩萨戒本》的性质及作用？又还有哪一位僧人能主持蒙逊行“受菩萨戒仪式”及为蒙逊造“白衣佛像”？很显然地，昙无谶就是这一连串蒙逊施行佛教建国信仰活动的设计者及促成者，甚至是莫254窟的开凿者及设计者。

从鸠摩罗什翻译的《梵网经卢舍那佛说菩萨心地戒品第十卷》（简称《梵网经》），我们知道，帝王要用佛教信仰建国之前，其须先行“受菩萨戒仪式”。《梵网经》说：

佛言：若佛子，欲受国王位时，受转轮王位时，百官受位时，应先受菩萨

---

①（唐）智升：《开元释教录·鸠摩罗什》卷4，见《大正藏》第55册，东京：大藏出版株式会社，1988年，第512-513页。有关《梵网经》，请见下详述。

②（唐）智升：《开元释教录·昙无谶译经录》卷4，见《大正藏》第55册，东京：大藏出版株式会社，1988年，第519-520页；并见下详述。

③ 古正美：《中国早期〈菩萨戒经〉的性质及内容》，《南京大学学报》2010年第4期；并见（唐）智升：《开元释教录·求那跋摩》卷5，见《大正藏》第55册，东京：大藏出版株式会社，1988年，第526页。

戒。一切鬼神救护王身、百官之身，诸佛欢喜。[①]

《梵网经》说，帝王要“受转轮王位时”，“应先受菩萨戒”。此处所言的“应先受菩萨戒”，即指帝王要先行“受菩萨戒仪式”，才能登上转轮王位。帝王在行“受菩萨戒仪式”之际，其必须乞请“十善道”或“十戒”，或称“菩萨戒”，他才能登上转轮王位或佛王位，并开始用佛教信仰或“十善道”建国。这就是为何帝王在行“受菩萨戒仪式”之际，要与其臣民一起受戒的原因。梁武帝（502—549年）在行其第一次“受菩萨戒仪式”时，他不但在此仪式向天下人宣告要用佛教信仰建国，而且他也与道俗二万人共同受戒并“发菩提心”，希望未来成佛。《广弘明集》如此记载梁武帝在行“受菩萨戒仪式”所说的话及所行的事：

弟子（梁武帝）经迟迷耽事老子，历叶相承，染此邪法，习因善发，弃迷知还。今舍旧医，归凭正觉，愿使未来生世童男出家，广弘经教，化度含识……弟子萧衍和南。于时帝与道俗二万人于重云殿重阁上手书此文，发菩提心。[②]

梁武帝（502—549年在位）非常重视用行“受菩萨戒仪式”的方式登上其转轮王位的活动。在统治梁朝的时间里，他曾两次行“受菩萨戒仪式”。在第一次行“受菩萨戒仪式”时，梁武帝正式宣告天下，他要放弃道教信仰，改用佛教信仰建国，同时与道俗二万人在仪式中乞请其要用佛教信仰建国的“十善道”（Pratimokṣa），并“发菩提心”。[③]“发菩提心”的意思，有决定修行成佛的意思。

我们注意到，蒙逊的儿子沮渠安周（444—460年在位）在高昌统治“后北凉”的时代，不但有用行“受菩萨戒仪式”登上转轮王位的活动，而且也在行“受菩萨戒仪式”之际如梁武帝一样，有“发菩萨心”或“发道行”的活动。安周用佛教信仰建国的原因，很清楚地记载于他在高昌所造的《造佛寺碑》。《造佛寺碑》前半段的碑文即很明显说明修行佛教的重要性。安周认为，如果我们不修行佛教，便要永远在轮回中受苦（不弘解脱之致，随巨波以轮回，受后有而不息）。为了救度众生，即使其（安周）“日理万机”，非常忙碌，也不敢不发展佛教信仰。《造佛寺碑》载：

凉王大沮渠安周，诞妙识于灵府，味纯犹而独咏。虽统天理物，日日万机，

① (后秦)鸠摩罗什译:《梵网经卢舍那佛说菩萨心地戒品第十卷》下,见《大正藏》第24册,东京:大藏出版株式会社,1988年,第1005页。

② (唐)道宣:《广弘明集》,见《大正藏》第52册,东京:大藏出版株式会社,1988年,第112页。

③ 古正美:《中国早期〈菩萨戒经〉的性质及内容》,《南京大学学报》2010年第4期;并见同作者:《梁武帝的弥勒佛王形象》,上海社会科学院编辑委员会编:《传统中国研究集刊》第2辑,上海:上海人民出版社,2006年,第28-47页;See also Kathy Ku Cheng Mei(古正美),"The Buddharaja Image of Emperor Wu of the Liang," in Alan K. L. Chan and Yuet-keung Lo, ed., Philosophy and Religioin in Early Medieval China. New York: State University of New York Press, 2010, P.265-290.

而庶几之心，不忘造次……一念之善，成菩提之果……不弘解脱之致，随巨波以轮回，受后有而不息。[①]

安周认为，他要发展佛教信仰建国的原因是，他要使人人都能修行佛教，解脱轮回。这应该就是在行“受菩萨戒仪式”之际有“发菩提心”这种活动的原因。安周在《造佛寺碑》提到，他及其臣民都有行“受菩萨戒仪式”，并因此登上转轮王位或弥勒佛王位，甚至有“法王”及“弥勒菩萨”的称号。[②]《造佛寺碑》如此记载安周及其臣民行“受菩萨戒仪式”的活动：“兆庶欣然，咸发道心”。[③]此处所言的“兆庶欣然”，有指安周与其众多臣民都非常高兴一起行“受菩萨戒仪式”。此处所言的“咸发道心”，即指安周及其臣民都在行“受菩萨戒仪式”中一起发“菩提心”。安周一定认为，行“受菩萨戒仪式”对其用佛教信仰建国的活动具有重大历史意义，因此命史臣将此事记载下来。《造佛寺碑》说：

兆庶欣然，咸发道心。于是隆业之右，唯一篑之不倦，熙神功以悟世。爰命史臣，载籍垂训，有鄗之类，思不毕□。[④]

安周用佛教信仰建国的活动，非常可能就是依据蒙逊当日用行“受菩萨戒仪式”的方法登上转轮王位或弥勒佛王位。《造佛寺碑》所载的下面文字：“□□□之有幸，遇交泰于当年，目睹盛美，心生随喜，嗟叹不足，刊石抒怀。”[⑤]应该是一段安周在行“受菩萨戒仪式”之后表达其对此仪式的感受语言。安周在此段文字中，没有告诉我们他在何时行“受菩萨戒仪式”，只说是在“当年”（遇交泰于当年）。安周因“目睹盛美，心生随喜”，但仍然觉得有些遗憾（嗟叹不足），于是“刊石抒怀”。既是这样，安周行“受菩萨戒仪式”的时间，并不是他“刊石抒怀”的时间或承平三年（445年），而是在承平三年之前的“当年”。此“当年”，应该就是指安周继承无讳北凉帝位的承平二年（444年）。因为无讳死于承平二年。安周必在承平二年继承无讳的帝位之后，即用行“受菩萨戒仪式”登上转轮王位或佛王位。笔者认为，《造佛寺碑》是一座追记安周行“受菩萨戒仪式”，并因此登上转轮王位或弥勒佛王位的纪念碑，或安周开始发展佛教建国信仰统治“后北凉”的纪念碑；而不是蒋文光及周肇祥所言的“造佛像碑”、池田温所言的“功德碑”及荣新江所言的“造寺碑”或“造像碑”[⑥]；更不是贾应逸所言的为北凉僧人法进所

① 蒋文光:《孤本〈北凉沮渠安周造佛寺碑〉》,《新疆文物》1989年第2期。

② 见下详述。

③ 蒋文光:《孤本〈北凉沮渠安周造佛寺碑〉》,《新疆文物》1989年第2期。

④ 蒋文光,《孤本〈北凉沮渠安周造佛寺碑〉》,《新疆文物》1989年第2期。

⑤ 蒋文光:《孤本〈北凉沮渠安周造佛寺碑〉》,《新疆文物》1989年第2期。

⑥ 此碑有多个名字。譬如,蒋文光及周肇祥都称其为《北凉沮渠安周造佛像碑》,而池田温就用此碑的安周称号称其为《凉王大且渠功德碑》。见荣新江:《〈且渠安周碑〉与高昌大凉政权》,《燕京学报》第5辑,北京大学出版社,1998年,第72页。

造的造像碑。[①]

从安周行“受菩萨戒仪式”的事，我们可以看出，行“受菩萨戒仪式”，是帝王要登转轮王位，并用佛教信仰建国的必经仪式。帝王因要用佛教信仰建国，因此帝王及其臣民都要在此仪式乞请“十善道”或“十戒”。大乘佛经常说，转轮王用“十善道”或“十戒”建国，这就是帝王及其臣民在帝王用佛教信仰建国之前都要行“受菩萨戒仪式”的原因。元魏时代翻译的《大萨遮尼干子所说经》如此说明转轮王用“十善道”建国的情形：

> 转轮圣王以十善道化四天下，悉令受持，离十恶业。行十善道，具足成就，名为法王。[②]

《道行般若经》对“十善道”或“十戒”的内容及行法作有下面的解释：

> 当持十戒，不杀生、强盗、淫逸、两舌、嗜酒、恶口、妄言绮语，不嫉妒、嗔恚詈骂，不疑。亦不教他人为。身自持十戒不疑，复教他人受十戒。于梦中自护十戒，亦复于梦中面目见十戒。[③]

佛教转轮王在用佛教信仰建国之际，除了用“十善道”或“十戒”统治天下外，也需要一部官方选定的《菩萨戒经》作为他及其人民修行佛教的手册或建国依据。昙无谶翻译的《优婆塞戒经》，就是这样一部昙无谶为北凉王及其人民选择的佛教修行手册或建国指南。

根据《优婆塞戒经·出经后记》的说法，《优婆塞戒经》是蒙逊的世子“沮渠兴国与诸优婆塞等五百余人”请昙无谶翻译的一部《菩萨戒经》。《优婆塞戒经·出经后记》没有提到蒙逊及其子等因要行“受菩萨戒仪式”，故请昙无谶翻译《菩萨戒经》。但我们知道，昙无谶翻译《优婆塞戒经》的目的，与蒙逊及其臣民要行“受菩萨戒仪式”，及蒙逊要在此仪式之后登上转轮王位或弥勒佛王位的活动乃息息相关。因为《优婆塞戒经》是一部说明如何用佛教信仰建国的佛教建国手册。[④]

《优婆塞戒经·出经后记》载有《优婆塞戒经》被要求翻译的情形及《菩萨戒经》出经的时间：

> 太岁在丙寅夏四月二十三日，河西王世子抚军将军录尚书事大沮渠兴国，与诸优婆塞等五百余人，共于都城之内，请天竺法师昙摩（无）谶译此在家菩萨戒，至秋七月二十三日都讫，秦沙门道养笔受。愿此功德令国祚无穷，将来

① 贾应逸：《鸠摩罗什译经和北凉时期的高昌佛教》，《敦煌研究》1999年第1期。

②（元魏）菩提留支译：《大萨遮尼干子所说经·王论品第五之一》，见《大正藏》第9册，东京：大藏出版株式会社，1988年，第330页。

③（后汉）支娄迦谶译：《道行般若经》卷6，见《大正藏》第8册，东京：大藏出版株式会社，1988年，第454页。

④ 古正美：《中国早期〈菩萨戒经〉的性质及内容》，《南京大学学报》2010年第4期。

之世，值遇弥勒，初闻悟解逮无生忍十方有识咸同斯庆。[①]

《优婆塞戒经》出译的时间是在北凉“丙寅”年，此年即是南朝·宋元嘉三年（426年）。我们因此推测，蒙逊及河西王世子“大沮渠兴国，与诸优婆塞等五百余人”在公元426年7月23日或稍后，在昙无谶的主持下，行“受菩萨戒仪式”。蒙逊在此仪式之后，便以“白衣居士”的姿态登上转轮王位或弥勒佛王位，并以“白衣弥勒佛王”的姿态统治北凉。

昙无谶为了纪念蒙逊此重要并具有历史意义的佛教建国活动，因此为蒙逊在敦煌开凿莫254窟，并为蒙逊在此窟的西壁造白衣佛像或“弥勒白佛瑞像”一铺。北凉白衣佛像的出现，需要两个基本条件：（a）凉王要行“受菩萨戒仪式”，并以白衣居士的身份登上转轮王位或佛王位；（b）凉王要以支提信仰的“弥勒佛王”形象统治天下。蒙逊行“受菩萨戒仪式”的活动，除了有昙无谶翻译的《优婆塞戒经》可以证明外，我们从安周在高昌依据《大方等大集经》所载的弥勒菩萨或弥勒佛王形象建国的活动，也能证明蒙逊在行“受菩萨戒仪式”之后，也有用《大方等大集经》登上弥勒佛王位，并以白衣弥勒佛王的面貌统治北凉。因为《大方等大集经》也是昙无谶在北凉为蒙逊翻译的一部大乘经典。

2.蒙逊的白衣弥勒佛王形象

我们从梁武帝行“受菩萨戒仪式”之后，以“菩萨戒弟子”的称号称呼自己的情形知道，行过“受菩萨戒仪式”的帝王及其臣民，都可以称自己为“菩萨戒弟子”[②]或“白衣居士”。所谓“菩萨戒弟子”，即说明此类人从此进入佛教僧团（the Sangha），成为佛教僧团的一分子，并要开始修行佛教。佛教僧团共由四众或四种修行者组成。除了在家众（Laymen）外，还有出家众。在家众又分为在家男性居士或“优婆塞”（Upāsaka）及在家女性居士或“优婆夷”（Upāsikā），而出家众则又分为男性出家众（Bhiksu, 比丘）及女性出家众（Bikshuni, 比丘尼）。佛教自《维摩诘经》提到维摩诘（Vimalakīrti，也称“净名”）以在家居士的身份被称为“白衣”或“白衣居士”之后，佛教的在家居士便常以“白衣”“白衣居士”（Layman）之名称呼自己。鸠摩罗什翻译的《维摩诘所说经》如此说明维摩诘以“白衣”的身份修行佛教的情形：

虽为白衣，奉持沙门清净律行；虽处居家，不着三界，示有妻子，常修梵行。[③]

---

①《优婆塞戒经·出经后记》，见梁僧祐：《出三藏记集》卷9；并见《大正藏》第55册，东京：大藏出版株式会社，1988年，第64–65页。

② 古正美：《梁武帝的弥勒佛王形象》，上海社会科学院编辑委员会编：《传统中国研究集刊》第2辑，上海：上海人民出版社，2006年，第28–47页。

③（姚秦）鸠摩罗什译：《维摩诘所说经》卷上，见《大正藏》第14册，东京：大藏出版株式会社，1988年，第539页。

《佛说维摩诘经》在吴代（222—280年）被月氏优婆塞支谦翻译成中文后[①]，此经便成为中国佛教徒非常喜欢研读的一部大乘经典。此经最吸引人的地方是，此经的说法者不是佛，也不是菩萨，而是一位在家居士维摩诘（Vimalakīrti）。“白衣”的概念，在昙无谶为蒙逊提倡佛教信仰期间，在北凉已经是一个非常普遍的概念。因为昙无谶在北凉翻译的《大方等大集经·日密分》，也是一品说明维摩诘以“白衣”身份示现各种变化身为众生说法的经文。《大方等大集经·日密分》载：

日密言：世尊，彼维摩诘即我身也。世尊，我于彼土现白衣像，为诸众生宣说法要，或时示现婆罗门像，或刹利像，或毘舍像，或首陀像，自在天像，或帝释像，或梵天像，或龙王像，阿修罗王像，迦楼罗王像，紧那罗……[②]

昙无谶在北凉翻译的《大般涅槃经》卷18，也提到护持佛教的居士叫作“白衣檀越”。《大般涅槃经》说：

若佛初出得阿耨多罗三藐三菩提已，有诸弟子解甚深义，多有笃信白衣檀越敬重佛法，佛虽涅槃，当知佛法久住于世。[③]

所谓“檀越”，就是佛教的护持者。昙无谶在北凉翻译的经典一再提到维摩诘以“白衣”或“白衣居士”的身份出现的情形，北凉人民不但对《维摩诘经》非常熟悉，而且对使用“白衣”或“白衣居士”概念也有一定的认识。蒙逊的从弟沮渠京声在北凉亡后奔宋，即以“居士”称呼自己。沮渠京声称自己为“居士”的原因，自然与他在北凉行过“受菩萨戒仪式”，为菩萨戒弟子有关。[④]《维摩诘经》既在北凉已经普遍流行，北凉人民因此都知道此经所言的“白衣”的意思。蒙逊在行“受菩萨戒仪式”之后，自然会以“白衣”或“白衣居士”的面貌登上转轮王位或弥勒佛王位，这就是昙无谶在敦煌莫254窟为蒙逊制作的转轮王像或弥勒佛王像，是一铺穿白衣的白衣佛像或白衣弥勒佛王像的原因。

公元5世纪初叶的印度既有如此多《菩萨戒经》及《菩萨戒法》流行，我们因此推测，印度当时必有帝王因行“受菩萨戒仪式”，以白衣居士的身份登上转轮王位或佛王位，并以白衣弥勒佛王的面貌统治其国的活动；否则昙无谶不会在蒙逊行“受菩萨戒仪式”之后，即为蒙逊在莫254窟的西壁造此白衣佛像或“弥勒白佛瑞像”。蒙逊之所以会

---

①（吴国）优婆塞支谦译:《佛说维摩诘经》,见《大正藏》第14册,东京:大藏出版株式会社,1988年,第520页。

②（北凉）昙无谶译:《大方等大集经》卷31,见《大正藏》第13册,东京:大藏出版株式会社,1988年,第217页。

③（北凉）昙无谶译:《大般涅槃经》卷18,见《大正藏》第12册,东京:大藏出版株式会社,1988年,第473页。

④（梁）僧祐:《出三藏记集》卷14《沮渠安阳侯传》,见《大正藏》第55册,东京:大藏出版株式会社,1988年,第106页。

以弥勒佛王的面貌统治北凉，自然与昙无谶在北凉翻译《大方等大集经》的活动有密切的关联。白衣佛像出现在北凉时代开凿的敦煌石窟，并不是偶然因素造成的现象，而是当时印度高僧及中国北凉王共襄盛举发展佛教建国信仰的结果。

我们推测，蒙逊和其子沮渠茂虔（434—440年在位）、沮渠无讳，甚至沮渠安周，都用昙无谶翻译的《大方等大集经》所载的弥勒菩萨形象或面貌统治北凉。因为沮渠安周在高昌制作的《造佛寺碑》告诉我们，安周以《大方等大集经》的弥勒菩萨面貌统治高昌，而蒙逊的继承者沮渠茂虔，也用《大方等大集经》所载的弥勒菩萨面貌在北凉提倡“末法信仰”[①]。《大方等大集经》因此是北凉王使用弥勒佛王形象或弥勒菩萨形象统治北凉的最重要经典依据。安周制作的《造佛寺碑》即如此提到安周以《大方等大集经》所载的“弥勒菩萨”形象统治“后北凉”。《造佛寺碑》载：

> 弥勒菩萨控一乘以长驱，超二渐而玄诣……虚空藏积苦行于十地，随所化而现生，功就宝庄，来为郢匠。法王震希音以移风，大士运四摄以护持。[②]

这段《造佛寺碑》所载的弥勒菩萨及虚空藏菩萨，都是《大方等大集经》的主要人物。沮渠安周在《造佛寺碑》中不但用《大方等大集经》所载的“弥勒菩萨”说明自己的“弥勒菩萨”形象或身份（弥勒菩萨控一乘以长驱，超二渐而玄诣），而且也用同经所载的“虚空藏菩萨”说明为其发展佛教建国信仰的“军师”的修行成就（虚空藏积苦行于十地，随所化而现生，功就宝庄，来为郢匠）。安周也用《大方等大集经》所载的这段话说明自己发展“一乘”或“大乘”的情形（弥勒菩萨控一乘以长驱，超二渐而玄诣）。由于安周在高昌也用佛教建国信仰统治“后北凉”，因此《造佛寺碑》说安周“法王震希音以移风”。此处所言的“法王”，即指安周以转轮王的姿态统治“后北凉”。由于《大方等大集经》提到虚空藏菩萨用“四摄”教化众生[③]，故《造佛寺碑》也说“大士（古案：虚空藏菩萨，指安周军师）运四摄以护持”。

《大方等大集经》是一部支提信仰密教化（Esotericized）的经典。此经因受《入法界品》经文的影响，因而此经所载的弥勒也如《入法界品》一样，以“弥勒菩萨”的身份出现于经中。《大方等大集经》和《入法界品》的弥勒菩萨，都是支提信仰的弥勒佛下生为转轮王的弥勒佛王。[④]安周的《造佛寺碑》既说安周以“弥勒菩萨”的面貌统治“后北凉”，也说安周以“法王”或转轮王的姿态或形象统治“后北凉”。安周这种“既是佛（菩萨），又是王”的帝王身份，自然就是其“弥勒佛王”的形象。《造佛寺碑》也提到安

① 见后详述。

② 蒋文光：《孤本〈北凉沮渠安周造佛寺碑〉》，《新疆文物》1989年第2期。

③（北凉）昙无谶译：《大方等大集经》卷17，见《大正藏》第13册，东京：大藏出版株式会社，1988年，第120页。

④ 有关笔者对《入法界品》所载的弥勒菩萨佛王信仰的解释，见古正美：《大乘佛教转轮王建国信仰与佛教造像》第九章《〈入法界品〉的信仰性质及造像》(未刊)。

周是弥勒佛下生的转轮王或支提信仰的弥勒佛王。《造佛寺碑》载：

爰有含灵独悟之士，较日月于寸，具十号以降生，顾尘海之飘滥。[①]

这段话可以用梁武帝大臣沈约（441—513年）在《佛记序》所说的，梁武帝以“十号”佛或弥勒佛下生为转轮王的文字来了解其义。沈约《佛记序》载：

皇帝行成无始，道承旷劫，十号在躬，三达靡碍，屈兹妙有，同此转轮。[②]

沈约这段文字很清楚地说，梁武帝以弥勒佛下生为转轮王的面貌统治梁朝。沈约在《佛记序》记述梁武帝以弥勒佛下生为转轮王的这段文字，很可能受《造佛寺碑》说明安周是弥勒佛下生的文字影响，因为两处的行文方式及内容非常相似，只是沈约的行文多加了一些文字，使原文的意思变得更加清楚。由此，安周的“弥勒菩萨”形象，或“弥勒佛王”形象，乃是支提信仰的弥勒佛下生为转轮王的形象。安周在行“受菩萨戒仪式”之后，很显然地和蒙逊一样，登上转轮王位或弥勒佛王位，以弥勒佛王或弥勒菩萨的面貌统治“后北凉”。

安周在行“受菩萨戒仪式”之后，也有造像的活动。《造佛寺碑》载：“蔼蔼龙年（华），寝斤俟聘，名以表实，像亦载形。”[③]此处所言的“龙年”，池田温认为是“龙华”的误写。[④]此处所言的“龙华”，应指“弥勒”。因为支提信仰除了有“龙华信仰”的称号外，自龙树建造阿玛拉瓦底大支提的造像后，“菩提树”或“龙华树”（Bodhi Tree），即有象征“弥勒佛”的意思。[⑤]这段《造佛寺碑》的录文，是一段赞颂弥勒佛王造像的文字（像亦载形）。《造佛寺碑》虽提到赞颂弥勒像的文字，然此碑并没有说，安周造弥勒菩萨像的地点是在荣新江所言的高昌M寺址。[⑥]

荣新江认为，《安周碑》（《造佛寺碑》）同时是安周的造像碑及造寺碑的原因是，他依据格伦威德尔绘制的《且渠安周碑》（《造佛寺碑》）出土的高昌M寺址的造像认为，《安周碑》提到的“于铄弥勒，妙识渊镜，稽式兜率，经始法馆”，就是安周在M寺址造“弥勒菩萨像”及造寺的证据。荣新江还引录文中另一处提到弥勒菩萨的文字，即“弥勒菩萨控一乘以长驱，超二渐而玄诣”，证明M寺址的造像确实是一尊“弥勒菩萨

---

① 蒋文光:《孤本〈北凉沮渠安周造佛寺碑〉》,《新疆文物》1989年第2期。

② 沈约奉梁高祖敕撰并敕启序合三首《佛记序》,见(唐)道宣:《广弘明集》卷15;并见《大正藏》第52册,东京:大藏出版株式会社,1988年,第201页。

③ 蒋文光:《孤本〈北凉沮渠安周造佛寺碑〉》,《新疆文物》1989年第2期。

④ 荣新江:《〈且渠安周碑〉与高昌大凉政权》,《燕京学报》第5辑,北京大学出版社,1998年,第72页。

⑤ 古正美:《大乘佛教转轮王建国信仰与佛教造像》第五章《阿玛拉瓦底大支提的建筑及造像》(未刊)。

⑥ 荣新江:《〈且渠安周碑〉与高昌大凉政权》,《燕京学报》第5辑,北京大学出版社,1998年,第81页。

像”。[①]荣新江如此说明高昌M址的“弥勒菩萨像”：

> 根据河西地区留存的早期弥勒造像，多为交脚菩萨装的形象，所以遗址中间殿堂正壁（北壁）残存脚部的主像，当是碑中所说的弥勒菩萨无疑。而土台上的这组建筑，也应该就是安周所修建的且渠王家祠了。[②]

《造佛寺碑》确实载有“于铄弥勒，妙识渊镜”的录文，但在此录文后面，蒋文光及池田温的录文都写着“业已行隆”[③]，而不是荣新江所言的“稽式兜率，经始法馆”。“稽式兜率，经始法馆”是池田温整理过的录文[④]，此录文出现在蒋文光录文的第十九行，并被蒋文光校成：“普式奥率，经始法馆。”[⑤]此二句录文离蒋文光第十六行所录的“于铄弥勒，妙识渊镜”，有三行的录文行文距离。我们从录文所载的“于铄弥勒，妙识渊镜”，只能看出安周有推崇弥勒信仰的现象。至于录文中所言的“经始法馆”，有否指荣新江所言的M寺址或“家祠”？我们则非常怀疑。因为从“经始法馆”前后录文的文字，我们可以看出录文要表达的意思，并不是荣新江所言的造“家祠”的意思。这段话在池田温的录文里看得比较清楚。池田温的录文载：“望标理翰，稽式兜率，经始法馆，兴国民愿，崇不终旦。”[⑥]这段录文的意思大概是：发展佛教的方法，以弥勒信仰（兜率）为主，建造法馆或道场，乃因人民的愿望，可以随时崇拜。由此，安周推崇弥勒信仰，建造“法馆”或道场的原因，是为了人民信仰上的需要。既是如此，此处所言的“法馆”，并没有指特定的“法馆”或道场，而是指崇拜弥勒的道场，如寺院。这种道场或寺院，应不止一座，因为当时安周鼓励全国人民都信仰弥勒。安周的弥勒信仰活动，因很明显的是其国教信仰或佛教建国信仰的活动，安周所建的“法馆”，应如阿育王在天下所建造的“八万四千塔寺”一样，都是阿育王在全国各地所立的传教中心。武则天（624—705年）在用支提信仰统治大周（690—705年）之际，因步阿育王的后尘，也在两京及诸州立有“大云寺”，作为其在全国传播佛教的中心。[⑦]《造佛寺碑》所言的“经始法馆”的活动，

---

① 荣新江：《〈且渠安周碑〉与高昌大凉政权》，《燕京学报》第5辑，北京大学出版社，1998年，第81页。荣新江使用的《造佛寺碑》录文是日本池田温校辑的录文（第72页）。

② 荣新江：《〈且渠安周碑〉与高昌大凉政权》，《燕京学报》第5辑，北京大学出版社，1998年，第81页。

③ 蒋文光：《孤本〈北凉沮渠安周造佛寺碑〉》，《新疆文物》1989年第2期。

④ 荣新江：《〈且渠安周碑〉与高昌大凉政权》，《燕京学报》第5辑，北京大学出版社，1998年，第72页。

⑤ 蒋文光：《孤本〈北凉沮渠安周造佛寺碑〉》，《新疆文物》1989年第2期。

⑥ 蒋文光：《孤本〈北凉沮渠安周造佛寺碑〉》，《新疆文物》1989年第2期，第57页第19行：“兴因民愿”，池田温的录文为“兴国民愿”；见荣新江：《〈且渠安周碑〉与高昌大凉政权》，《燕京学报》第5辑，北京大学出版社，1998年，第72页。

⑦ 古正美：《从天王传统到佛王传统》第五章《武则天的〈华严经〉佛王传统与佛王形象》，台北：商周出版社，2003年，第241-242页；并见古正美：《大乘佛教转轮王建国信仰与佛教造像》第九章《〈入法界品〉的信仰及造像》（未刊）。

非常可能指安周在全国（高昌）开始设立传教中心，所以此“法馆”并没有指特定的地方，如荣新江所言的M寺址，或荣新江所言的沮渠氏“家祠”。

荣新江推测，高昌M寺址的主尊造像，是一尊呈“交脚坐相”的“菩萨装弥勒菩萨像”，或学者所言的“弥勒菩萨”坐在兜率天上说法的造像。荣新江这种说法，不是没有问题。因为《造佛寺碑》所记载的安周“弥勒菩萨”形象，也是安周的转轮王像或弥勒佛王像。如果高昌M寺址即是《造佛寺碑》所载的安周造“弥勒菩萨”像的地点，就荣新江的描述，此像应是一尊穿佛装，呈“交脚坐相”的弥勒佛王像。因为从昙无谶在莫254窟为蒙逊所造的白衣佛像的情形来判断，安周既沿袭蒙逊用《大方等大集经》作为其造弥勒佛王像的依据，安周此尊“弥勒菩萨”像应该也是一尊弥勒佛像或弥勒佛王像；特别是《造佛寺碑》也提到安周以弥勒佛下生为转轮王的姿态统治北凉。安周所用的弥勒佛下生为转轮王的信仰，因此不会出自荣新江所言的《弥勒上生经》所载的弥勒菩萨信仰，而是出自《大方等大集经》所载的弥勒菩萨佛王信仰。

我们不知道，安周在行“受菩萨戒仪式”之后所造的弥勒佛王像，是否也是一尊如昙无谶在莫254窟为蒙逊所造的白衣佛像？安周因完全沿袭当日蒙逊所行的“受菩萨戒仪式”登上转轮王位，也完全沿袭蒙逊用《大方等大集经》所载的“弥勒菩萨”或弥勒佛王形象统治北凉，安周所造的弥勒佛王像，甚至白衣弥勒佛王像，都会与蒙逊在敦煌所造的弥勒佛王像及白衣佛像的造像法相同。虽然密教化的支提信仰推崇的是“弥勒菩萨”的形象，然在造像上，中国的帝王还是常用弥勒佛的造像作为弥勒菩萨的造像；特别是，弥勒菩萨及弥勒佛在《弥勒上生经》及《弥勒下生经》的身份完全重叠。因此蒙逊虽用《大方等大集经》作为其以弥勒菩萨的面貌统治北凉的依据，然蒙逊与后来的中国帝王一样，对弥勒菩萨及弥勒佛的形象基本上没作什么区别。这就是为何昙无谶在莫254窟为蒙逊所造的白衣弥勒佛王像，没有造成《大方等大集经》所载的“弥勒菩萨”形象，反而造成传统的弥勒佛像或“弥勒白佛瑞像”的原因。蒙逊行“受菩萨戒仪式”的时间，即在426年7月23日左右，我们推测，昙无谶在敦煌开凿莫254窟的时间，非常可能也在蒙逊及其臣民行“受菩萨戒仪式”的公元426年7月23日之后不久。

沮渠蒙逊在行“受菩萨戒仪式”登上转轮王位或佛王位之后，很明显地用白衣弥勒佛王的面貌统治北凉。这就是为何昙无谶为其在敦煌莫254窟制作的弥勒佛王像，是一铺穿白衣的弥勒佛王像的原因。蒙逊死后，蒙逊的继承者，都沿用蒙逊的登位方法及用支提信仰的弥勒佛王形象统治北凉。北凉在敦煌总共开凿有三座石窟，都以白衣佛像为石窟的主尊造像。北凉在敦煌开凿的三座白衣佛像窟是莫254窟、莫263窟及莫435窟。此三窟所造的白衣佛像，都造成昙无谶在莫254窟所设计的白衣佛像或“弥勒白佛瑞像”的造像形式。我们如此确定敦煌此三座石窟是北凉在统治河西及敦煌时期所开凿的石窟，主要原因是：此三窟的中心柱四面造像，无论造像内容或造像安排方式如何变化，此三窟的中心柱造像都像其他的北凉中心柱窟的中心柱造像一样，在中心柱的东、西向面造支提信仰的弥勒佛王像，在南、北向面造贵霜的护法信仰造像。但今日的学者不但都将此三座敦煌石窟视为“北魏窟”，而且也没有从此三窟的中心柱造像内容去判定此三窟的造像年代及造像性质。譬如，王惠民即如此判定敦煌此三窟的开凿时代并认为，白衣佛像在敦煌的出现，与佛教“中国化”及中国北魏之后弥勒教匪的活动有关：

白衣弥勒佛是敦煌早期壁画的又一亮点，共五铺：北魏2铺，第254、263窟；西魏3铺，第288、431、435窟，均出现在有中心柱的洞窟中，位于西壁……白衣弥勒佛在敦煌出现并在中国长期流行，是佛教进一步中国化的体现。由于他的民间色彩，进而形成白衣弥勒教。白衣弥勒教始萌于北魏，延续到唐代，流行时间长，分布区域广。①

王惠民认为，莫254窟及莫263窟的白衣佛像是北魏时代制作的造像，而莫288窟、莫431窟及莫435窟所造的白衣佛像则是西魏时期（535—556年）制作的白衣佛像。但笔者从莫254窟、莫263窟及莫435窟三窟的中心柱造像内容判断，敦煌此三窟都是北凉时代开凿的石窟，而此三窟所造的白衣佛像，都属于北凉不同时期的凉王造像。换言之，此三窟的造像，即是蒙逊、茂虔及无讳为了纪念他们行“受菩萨戒仪式”，以白衣弥勒佛王面貌统治北凉之际所造的三座当今皇帝的白衣佛像。

笔者认为，莫288窟及莫431窟所造的白衣佛像则属于另外一个朝代的造像，即王惠民所言的“西魏时代”的造像。原因是，莫288窟及莫431窟中心柱四面的造像，与北凉中心柱四面的造像设计方法完全不同。莫288窟中心柱东向面造倚坐弥勒佛王像；西向面造佛装交脚弥勒佛王像；南、北向面上、下层都造成禅定坐或结跏趺坐弥勒佛王像。莫288窟中心柱这种造像内容说明，莫288窟中心柱四面的造像，只表达支提信仰的弥勒佛王造像。莫431窟中心柱的造像，与莫288窟中心柱的造像，在安排上有些不同：中心柱东向面造倚坐弥勒佛王像；西向面造禅定坐弥勒佛王像；南、北向面上、下层各造禅定弥勒佛王像。莫288窟及莫431窟的中心柱造像安排方式虽不同，然此二石窟中心柱所呈现的造像内容都说明，建造此二石窟的西魏皇帝，只提倡支提信仰为佛教建国信仰。西魏此二窟中心柱的造像很明显地说明，开凿此二石窟的西魏帝王，完全没有提倡贵霜佛教建国信仰的现象。西魏虽然依据北凉制作白衣佛像的造像法造其白衣佛像，然西魏所使用的佛教建国信仰内容则与北凉不同。

由此，我们知道，北凉与西魏在石窟制作白衣佛像的原因，除了与北凉及西魏的帝王要用制作白衣佛像的方式表达他们以白衣弥勒佛王形象统治北凉及西魏的历史外，也用制作白衣佛像的方法纪念他们发展佛教建国信仰的活动。北凉及西魏开凿的白衣佛像窟，因具有体现此二朝代帝王发展佛教建国信仰的历史作用，北凉及西魏制作白衣佛像

① 王惠民:《弥勒经画卷》,见敦煌研究院主编:《敦煌石窟全集:6》,上海:上海人民出版,2001年,第19页。

的背景及动机，因此与此二朝代制作的一般弥勒佛王像的造像背景及动机不同。我们从北凉在敦煌只造有三座白衣佛像窟的事实推知，每一位北凉皇帝在发展佛教建国信仰期间，只会为自己开凿一座白衣佛像窟，并造一次白衣佛像。西魏开凿白衣佛像窟的情形应该也一样。在此情形下，我们认为，敦煌莫254窟的白衣佛像是蒙逊以白衣弥勒佛王面貌统治北凉的造像，而莫263窟及莫435窟的白衣佛像，则是沮渠茂虔及沮渠无讳以白衣弥勒佛王的面貌统治北凉的造像。①

我们从后来敦煌制作的白衣佛像都被称为“弥勒白佛瑞像”的情形推知，白衣佛像之所以被称为“瑞像”，乃因白衣佛像是北凉王的转轮王像或弥勒佛王像。北凉除了在敦煌石窟造有白衣佛像此类“瑞像”或北凉王的弥勒佛王像外，北凉在河西石窟及敦煌石窟也造有许多北凉王的其他弥勒佛王像。譬如，金塔寺东、西窟便造有多铺北凉仿照克孜尔石窟弥勒佛王像所造的北凉王的三种弥勒佛王像。大概由于北凉是中国历史上开始制作最多帝王转轮王像或弥勒佛王像的时代，史家便通称北凉时代制作的帝王转轮王像或弥勒佛王像，包括白衣佛像，为“凉州瑞像”。由此，所谓“凉州瑞像”，即有指北凉时代制作的北凉转轮王像或弥勒佛王像的意思。由于北凉所造的“凉州瑞像”，基本上都依据龙树在“南天竺国”提倡的支提信仰制作其像，因此我们不仅能用支提信仰造弥勒佛王像的方法作为我们判定“凉州瑞像”的标准，而且也能称北凉制作的白衣佛像为“南天竺国弥勒白佛瑞像”。

但我们注意到，“凉州瑞像”一词也有泛指北凉之后所造的支提信仰转轮王像或弥勒佛王像的情形。在此情况下，“凉州瑞像”，就不一定指北凉时代所造的北凉转轮王像或弥勒佛王像。换言之，“凉州瑞像”一词也能泛指北凉之后，依据支提信仰在发展中所造的新转轮王像或弥勒佛王像制作的各种转轮王像或弥勒佛王像，包括密教化的支提信仰弥勒佛王像。②

王惠民将白衣佛像在敦煌的出现，不仅视为“是佛教进一步中国化的体现”，而且也视其为“具有民间色彩”的造像。这种说法，不是没有问题。因为我们在上面已经说过，白衣佛像在敦煌的最初出现，与北凉蒙逊用印度帝王登位仪式登上转轮王位的活动有关外，也与蒙逊用支提信仰的弥勒佛王面貌统治北凉的活动有关联。白衣佛像在敦煌的最初出现，与北凉王用佛教信仰建国的活动息息相关。白衣佛像在中国敦煌的出现，与王惠民所言的佛教“中国化”不但没有关系，而且与其所言的“具有民间色彩”的情形也无关联。因为王惠民所言的白衣佛像“中国化”及“具有民间色彩”的特性，都是中国北魏之后，白衣佛像在中国发展的现象。

北魏之后中国出现的弥勒教匪及白衣弥勒教，自然可以上溯北凉在敦煌所造的白衣

① 见下详述。

② 见下详述。

佛像。北凉发展的佛教建国信仰及制作白衣佛像的概念，很显然地被北魏之后的中国民间叛乱团体所使用。这就是为何北魏之后，民间叛乱团体除了有使用与支提信仰有关的各种名号，如“新佛出世，除去旧魔”之名[①]、“新佛出世”之名[②]及“大乘”之名等[③]，举事叛乱外，北魏之后的中国史料也载有“举事者皆白衣白帽的记载”[④]。在此情况下，白衣佛像在北魏之后的中国才会有“中国化”及“具有民间色彩”的发展现象。

3.新的白衣佛像

北凉之后，在敦煌制作白衣佛像的朝代，似乎只有西魏一代。这是否说明，中国在西魏之后再也没有任何朝代制作白衣佛像？其情形并非如此。我们注意到，在北魏孝文帝（471—499年）发展佛教建国信仰并经营云冈的期间，白衣佛像似乎有被另外一种与白衣佛像有关的造像取代的情形。因为北魏孝文帝的造像显示，北魏孝文帝已不再用北凉制作白衣佛像的造像法表达其帝王的白衣弥勒佛王形象，而用更能表达维摩诘修行成就的“维摩诘与文殊对话”的造像法表达其白衣佛像的造像。北魏孝文帝时代的造像者大概认为，真正能表达帝王白衣弥勒佛王修行形象的造像，是维摩诘与佛弟子文殊师利在《维摩诘经》中谈论或对话“入不二法门”经义的造像。北魏的造像者为何如此关心及重视如何表达帝王白衣弥勒佛王的修行形象？这不是没有原因的。贵霜在犍陀罗所造的转轮王造像，基本上都是转轮王的修行及成佛的形象。这就是为何我们在犍陀罗所见的佛教转轮王造像，都是转轮王呈修行、成佛的造像的原因的。北魏大概受到贵霜造转轮王修行像传统的影响，或者还有其他的原因，因此将维摩诘与文殊师利谈论“入不二法门”的造像取代了北凉制作白衣佛像的方法。所谓“入不二法门”，即指“进入成佛状态”的意思。在《维摩诘经》里，当文殊师利问维摩诘如何定义“入不二法门”的经验时，维摩诘即用其有名的“维摩诘默然”或“净名沉默”回答了文殊的问话。[⑤]“净名沉默”或“维摩诘与文殊对话”的造像，因为很能说明维摩诘对佛法的了解及其修行成就，北魏孝文帝时代的造像者大概因此认为，只用北凉式的白衣佛像的造像法，不足以说明或表达北魏帝王的白衣弥勒佛王的修行形象。这大概就是北魏在孝文帝之后，便常见北魏及北魏之后的王朝用“维摩诘与文殊对话”的造像法取代北凉白衣佛像的造像法的原因。

台北“故宫博物院”收藏的一座北魏孝文帝太和元年（477年）制作的金铜佛像，

① 张继昊:《北魏的弥勒信仰与大乘之乱》,《食货月刊》1986年16卷第3-4期。

② 张继昊:《北魏的弥勒信仰与大乘之乱》,《食货月刊》1986年16卷第3-4期。

③ 张继昊:《北魏的弥勒信仰与大乘之乱》,《食货月刊》1986年16卷第3-4期。

④ 张继昊:《北魏的弥勒信仰与大乘之乱》,《食货月刊》1986年16卷第3-4期。

⑤ (姚秦)鸠摩罗什译:《维摩诘所说经》,见《大正藏》第14册,东京:大藏出版株式会社,1988年,第551页。

其像背面所造的白衣佛像，即被造成“维摩诘与文殊对话”的造像（图10）。①此铺“维摩诘与文殊对话”的造像，被造在金铜佛像背面上部“二佛并坐像”坐支提下生的造像下方。此像背面的“二佛并坐像”坐支提下生的造像及“维摩诘与文殊对话”的造像，很明显地要说明，北魏孝文帝以支提信仰的弥勒佛王姿态坐支提下生，并以白衣佛像的面貌统治北魏。北魏孝文帝时代用“维摩诘与文殊对话”的造像表达白衣弥勒佛王的造像法，也见于孝文帝时代开凿的云冈第6窟门内上方壁面的造像。由此，我们大概可以说，北凉式的“白衣佛像”在中国历史上的消失，的确有被“维摩诘与文殊对话”的造像取代的情形。北魏孝文帝一而再地制作的造像，用“维摩诘与文殊对话”的造像表达白衣弥勒佛王形象的做法，是否有说明，北魏孝文帝非常可能就是中国历史上首位使用“维摩诘与文殊对话”的造像取代北凉白衣佛像的造像者？由于文献阙如，我们只能作此猜测。

4.北凉之后敦煌所造的“凉州瑞像”及“白衣佛像”

由于“凉州瑞像”的发展一直随着支提信仰在历史上的发展而出现新的不同形式的“凉州瑞像”，因此我们要在下面检查这些不同的“凉州瑞像”的造像情形。目前学者所谈论的“凉州瑞像”，基本上都是中唐之后制作的“凉州瑞像”。譬如，孙修身在《佛教东传故事画卷》中收录的几铺敦煌的“凉州瑞像”图像，其中一铺即是宋代莫76窟甬道顶所画的“凉州瑞像”（图11），而另一铺则是中唐231窟西壁佛龛顶所画的“御容山石佛瑞像”（图12）。此处所言的“御容山”，即指刘萨诃当年预言“凉州瑞像”将出现的地点，“御容山石佛瑞像”应该是一铺名正言顺的“凉州瑞像”。此二铺孙修身所提到的“凉州瑞像”，因都具名“凉州瑞像”，因此与北凉所造的“凉州瑞像”应有关联。换言之，此二铺“凉州瑞像”，或指北凉时代制作的支提信仰转轮王像或弥勒佛王像，或指北凉之后，依据支提信仰新造像法制作的转轮王像或弥勒佛王像。孙修身所提到的此两铺“凉州瑞像”，因所做的弥勒菩萨手印（Mudrā）都是北凉之后，支提信仰在发展的过程中所造的新支提信仰弥勒菩萨手印。此二铺“凉州瑞像”，可以说是北凉之后出现的支提信仰转轮王像或弥勒佛王像。由于此类新像也是要表达支提信仰的转轮王像或弥勒佛王像，因此也被称为“凉州瑞像”。

孙修身所提到的此二铺“凉州瑞像”，都被造成立像。“御容山石佛瑞像”，身穿通肩长佛衣，右手在胸前作善无畏于盛唐时期传入的《慈氏菩萨略修愈哦念颂法》所载的，弥勒菩萨的“瑜伽曼陀罗手印”（Yoga-Mandala-Mudrā），即“大拇指押食指（火轮甲），

① 陈慧霞:《历代金铜佛造像特展图录》,台北:“故宫博物院”,1996年,第20-23页,图2“释迦牟尼佛坐像”。

图10　台北“故宫博物馆”藏北魏太和元年制金铜佛像背面造像

余指散舒微屈风幢”的手印，[①]左手则在胸前下方握住佛衣角。此“御容山石佛瑞像”很明显的是一铺密教化的弥勒菩萨立像或弥勒佛王立像。作此“手印”的弥勒佛王像，也常见于亚洲其他支提信仰造像址所造的弥勒佛王像。譬如，在古代暹罗（Siam）建国的堕和罗王国（Dvāravatī，6—11世纪）所造的弥勒佛王像（图13），便常见其弥勒佛王像一手或两手作有此弥勒菩萨的“瑜伽曼陀罗手印”[②]。“御容山石佛瑞像”，可以说是一铺弥勒菩萨像或弥勒佛王像胎藏化的画像。孙修身提到的宋代画“凉州瑞像”，也是一铺密教化的弥勒佛王像。此像身穿偏袒右肩佛衣，右手下垂、手掌外翻作“与愿印”（Varamudrā），左手在胸前握着佛衣的衣角。此类作“与愿印”的弥勒佛王像，也见于克孜尔石窟及印度那烂陀（Nālandā）制作的密教化弥勒佛王像。[③]此二铺孙修身收录于其书中的“凉州瑞像”，虽与北凉时代制作的弥勒佛王像，如金塔寺东、西窟中心柱窟所造的三种弥勒佛王像，有明显的造像区别，然因此二像都依据支提信仰的弥勒佛王像制作的新弥勒佛王像，故此类像也被称为“凉州瑞像”。

上面孙修身所提到的两铺“凉州瑞像”，虽都是敦煌制作的弥勒菩萨或弥勒佛王的立像，然此二铺“凉州瑞像”都不是白衣佛像。从孙修身所收录的“弥勒白佛瑞像”或白衣佛像的造像情形来看，孙修身所收录的二铺白衣佛像，也都是中国中唐之后敦煌制作的白衣佛像。此二铺白衣瑞像，即是中唐莫231窟西壁佛龛顶所造的“犍陀罗国白石弥勒瑞像”（图14）及中唐莫231窟西壁佛龛顶所造的“摩揭陀国白银弥勒瑞像”（图15）。“犍陀罗国白石弥勒瑞像”的造像形式，包括手印（此像左手下垂握佛衣角），与我们在上面提到的“御容山石佛瑞像”的造像形式非常相像，此像也是一幅密教化的白衣佛像。“摩揭陀国白银弥勒瑞像”则是一铺呈“倚坐相”的弥勒佛王像，其双手在胸前做转法轮印。“倚坐相”也见于克孜尔石窟所造的三种弥勒佛王像中的一种坐像，古代印度制作白衣佛像的方法，与其制作“凉州瑞像”的方法一样，都用历史上支提信仰所发展的各种弥勒佛王像的造像法制作其白衣佛像及“凉州瑞像”。

孙修身在上面提到的二铺白衣佛像，虽然都是中唐之后制作的白衣佛像，然白衣佛像在印度及中国的制作，都可以上溯至公元5世纪初期昙无谶在敦煌为蒙逊制作白衣佛

---

①《慈氏菩萨略修愈哦念颂法》在谈论弥勒菩萨修“愈哦(瑜伽)漫拏椤(曼陀罗)”的造像法时说:“大圆明内更观九圆明八金刚界道。其中圆明慈氏菩萨白肉色,头戴五智如来冠,左手执红莲花,于莲花上画法界塔印,右手大拇指押火轮甲上,余指散舒微屈风幢,种种宝光,于宝莲花上半跏而坐,种种璎珞天衣白带环钏庄严。”此经所言的,“右手大拇指押火轮甲上,余指散舒微屈风幢”的手印,即是弥勒菩萨的“瑜伽曼陀罗”手印。(唐)善无畏译:《慈氏菩萨略修愈哦念颂法》上卷,见《大正藏》第20册,东京:大藏出版株式会社,1988年,第591页。

② 古正美:《古代暹罗堕和罗王国的大乘佛教建国信仰》,《饶宗颐国学院院刊》2016年第3期。

③ 古正美:《大乘佛教转轮王建国信仰与佛教造像》第八章《新疆克孜尔石窟的支提信仰造像特色及其影响》(未刊)。

图11　宋代莫76窟甬道顶凉州瑞像

图12　中唐莫231窟御容山瑞像

图13　堕和罗手结瑜伽曼陀罗手印的弥勒佛王像

图14　中唐犍陀罗国白石弥勒瑞像

图15　中唐摩揭陀国白银弥勒瑞像

像的时间，或更早。由此，无论是白衣佛像或“凉州瑞像”，此类造像在历史上的发展，一直到宋代还源源不绝。这说明亚洲帝王使用支提信仰建国的历史非常长久。

五、北凉的末法信仰

王惠民说，白衣弥勒佛像的制作与末法信仰有关。为了了解北凉制作白衣弥勒佛王像的背景与末法信仰的关联性，我们在下面便要谈论北凉的末法信仰。殷光明在其《试论末法思想与北凉佛教及其影响》一文中引汤用彤的说法：“是在南北朝初业已有信当时入末法者”[①]，并引《文选》卷59《王简栖头陀寺碑文》注引认为：“至北凉时期，高僧昙无谶首倡末法之说，提出将佛教分为正法五百年、像法一千年、末法一万年。”[②]殷光明甚至认为：“北凉的佛教徒相信于公元434年就进入了末法时期。”[③]殷光明之所以会提出434年是北凉进入末法时期的时间，乃因他自《南岳慧思大禅师立誓愿文》所载的慧

① 汤用彤:《汉魏晋南北朝佛教》,北京:中华书局,1963年,第818页。

② 殷光明:《试论末法思想与北凉佛教及其影响》,《敦煌研究》1998年第2期。

③ 殷光明:《试论末法思想与北凉佛教及其影响》,《敦煌研究》1998年第2期。

思生日算出公元434年的时间。[①]殷光明的算法是，由慧思生年乙未年是北魏延昌四年（515年），也是末法第82年，上推81年，就得出北凉缘禾三年（甲戌），或公元434年是末法时期开始的时间。[②]殷氏也用北凉石塔最早载有“生值末法”的时间在缘禾三年推断出北凉进入末法信仰的时间。他说：北凉石塔中白双且及段程儿两人的造塔记都载有“生值末法”的文字，而此二造塔记的制作时间都在434年之后。[③]殷光明对北凉进入“末法时期”的时间显然非常在意，但他自始至终没有告诉我们，北凉为何要进入末法时期？

由于有这些记载末法时期的文献及铭文，殷光明因此说：“北凉时期佛教信徒相信当时（434年）已进入了末法时期，末法思潮的出现和盛行，应与当时北凉一些高僧的倡导有关。在我国首倡末法之说者是首译《大般涅槃经》的昙无谶，因昙无谶将佛教分为正法五百年、像法一千年、末法一万年。”[④]

如果北凉进入末法信仰的时间是在公元434年，我们在此即能断言，昙无谶即使在北凉有提倡末法信仰的活动，但真正促成北凉进入末法信仰的人物，绝对不是昙无谶。因为昙无谶在北凉进入末法时期的前一年（433年），已被蒙逊杀掉。[⑤]殷光明算出的北凉进入末法时期的时间，是在昙无谶死后，沮渠茂虔（434—440年在位）开始统治北凉的时间。

北凉在434年之后出现末法信仰或“法灭”信仰，我们认为有两个原因促成此信仰在北凉出现：（1）与433年北凉的佛教发展因昙无谶及蒙逊在此年相继去世而遭遇空前的大挫折有密切的关联；（2）与北凉在434年出现新的转轮王统治北凉的活动有密切的关联。公元433年3—4月，昙无谶及北凉王蒙逊相继去世[⑥]，北凉顿时失去两位最重要推动佛教发展的人物。蒙逊在421年将昙无谶带到凉州发展佛教之后，两人即携手在北凉共同发展佛教建国信仰达12年左右（421—433年）。公元433年两人忽然相继去世，对当时的北凉佛教而言，有如遭遇“法灭”或“末法”的挫折；特别是蒙逊的去世，北凉顿然失去发展佛教的主要动力。因为蒙逊是当时推动用佛教建国信仰统治北凉的主要人物。

除此原因，我们推测，蒙逊遽然死去之后，蒙逊的继承者沮渠茂虔不但沿袭了蒙逊

---

① 殷光明:《试论末法思想与北凉佛教及其影响》,《敦煌研究》1998年第2期;并见石俊编:《中国佛教思想资料选编》,北京:中华书局,1981年,第408页。

② 殷光明:《试论末法思想与北凉佛教及其影响》,《敦煌研究》1998年第2期。

③ 殷光明:《试论末法思想与北凉佛教及其影响》,《敦煌研究》1998年第2期。

④ 殷光明:《试论末法思想与北凉佛教及其影响》,《敦煌研究》1998年第2期。

⑤《十六国春秋辑补》卷97《北凉录·沮渠蒙逊》2,见(梁)慧皎:《高僧传·昙无谶传》卷2,1936年,第336页。

⑥《十六国春秋辑补》卷97《北凉录·沮渠蒙逊》2,出版者不详,1936年。

发展佛教建国信仰的方法，用行“受菩萨戒仪式”登上转轮王位及佛王位，而且也以白衣弥勒佛王的姿态统治北凉。我们从隋文帝（581—604年）以“月光童子”为转轮王之名统治隋朝（581—604年）之际提倡末法信仰的情形知道，转轮王为了说明自己是正法或佛教最重要的护持者，常用“末法”作为自己要发展佛教或令“正法久住”的借口。[①]因此帝王一旦以转轮王的姿态统治天下，其便常有提倡末法信仰的活动，让其人民觉得帝王是末法时期护持佛法或正法的最重要或最关键人物。

帝王推动“末法信仰”的原因，是我们护持佛法的动力。因为“末法”会像警钟一样，不断敲醒我们、警惕我们要努力护持、养育正法，不要让正法灭亡。《大方等大集经·须弥藏分》经常要求天王、阿修罗、龙王、夜叉等护持、养育佛法，并令佛法久住。[②]但隋代的费长房认为，在这些护持佛法的众生中，以帝王护持佛法的力量最大，且最为有效。费长房在谈论“法灭”一词时，引《大集经·日藏分·护法品》佛告频婆娑罗王（Bimbisara）的一段话，界定“法灭”的意思及帝王（转轮王）护持佛法的重要性：

> 大王（转轮王），汝等诸王于现在及未来世，乃至法住，于是时中，一切佛法付瞩汝等，一切诸王应好拥护。如拥护者，即是三世一切诸佛之大檀越，能护持三世诸佛正法。是人命终生于他方净佛国土。若拥护者，能令三宝久住不灭；若不拥护，我法即灭。若法在世，能令人天充满，恶道减少。所以世界成坏要因诸佛，圣法兴坏必在帝王。[③]

上面这段话说得很清楚，“法灭”的情形即是恶道横行、天下大乱的情形。为了要避免“法灭”，帝王或转轮王就要“拥护”佛法。帝王如果能“拥护”佛法、护持佛法，佛法便能久住不灭，甚至“能令人天充满，恶道减少”。帝王既是令佛法久住的关键性人物，因此“佛告频婆娑罗王”说：“圣法兴坏必在帝王”。费长房很显然地认为，在护持佛法的众生中，以帝王的责任最为重大，护持佛法的力量最为有效。费长房如此看待帝王护持佛法的重要性，与隋文帝当时以月光童子的转轮王面貌统治大隋国的活动自然有

① 隋文帝在末法时期以月光童子的转轮王身份护持佛法的证据载于隋代翻译的《德护长者经》之伪经：“又此童子，我涅槃后，于未来世护持我法，供养如来受持佛法，安置佛法，赞叹佛法，于当来世佛法末时，于阎浮提大隋国内作大国王，名大行。”（隋）那连提耶舍译：《佛说德护长者经》卷下，见《大正藏》第14册，东京：大藏出版株式会社，1988年，第849页；并见古正美：《从天王传统到佛王传统》第四章《齐文宣与隋文帝的月光童子信仰及形象》，台北：商周出版社，2003年，第163-164页。

②（隋）那连提耶舍译：《大方等大集经·须弥藏分》，见《大正藏》第13册，东京：大藏出版株式会社，1988年，第386页。

③（隋）费长房：《历代三宝纪》卷12《众经法式十卷》，见《大正藏》第49册，东京：大藏出版株式会社，1988年，第107页。

关。[①]因为费长房认为，隋文帝即是一位在末法时期护持佛教（正法），用佛教信仰建国的转轮王："慧日既隐苍生昼昏，天启我皇乘时来驭，君临亿兆化被万邦。"[②]

北凉提倡末法信仰的原因，与茂虔以转轮王的姿态统治北凉的活动有密切的关联。这就是在434年茂虔登上转轮王位之后，北凉石塔及北凉文献会出现"生值末法""生值末世"或"末法时期"这些文字的原因。这也是殷光明认为，此时是北凉正式进入"末法时期"的原因。无论如何，昙无谶纵然有提倡末法信仰的活动，但在北凉刻意提倡末法信仰的人物，并不是昙无谶，也不是蒙逊，而是沮渠茂虔。

最后我们要问，弥勒佛王信仰会与北凉的末法信仰联结在一起的原因，是否也因其有经典的依据？我们首见"值遇弥勒"的信仰与"生值末世"的信仰同时出现在北凉缘禾三年（434年），即茂虔统治北凉第一年，白双且所造的《造塔记》。该《造塔记》载：

> 凉故大沮渠缘禾三年岁次甲戌七月上旬，清信士白双且自惟薄福，生值末法，波流苦深，与圣录旷正，惟慨寤寐永叹。即于山岩，步付斯石，起灵塔一尊一窟，形容庄严，使国主兄弟善心纯熟，兴隆三宝，见于师僧证菩提果，七世父母兄弟宗亲，舍身受身，值遇弥勒，新开意解，获其果愿。[③]

此《造塔记》说得很清楚，在沮渠茂虔开始统治北凉的时间，北凉即出现弥勒佛王下生信仰（值遇弥勒）与末法信仰（生值末法）结合在一起的信仰现象。缘禾三年，也是殷光明所言的"北凉进入末法时期"的时间。北凉的末法信仰及弥勒佛王下生信仰会在茂虔登位的第一年出现在白双且的《造塔记》，并不是偶然的因素造成的现象。造成此现象，除了与笔者所言的，与蒙逊及昙无谶在433年遽然相继去世有关外，也与茂虔在此年行"受菩萨戒仪式"、登上转轮王位，并依据《大方等大集经》所载的弥勒菩萨面貌统治北凉的活动有密切的关联。茂虔在蒙逊死后，很显然地不但沿袭了蒙逊行"受菩萨戒仪式"，以"白衣居士"的面貌登上转轮王位及弥勒佛王位，而且也沿袭了蒙逊用《大方等大集经》所载的弥勒菩萨或弥勒佛王的面貌作为其统治北凉的转轮王面貌。敦煌莫263窟的白衣弥勒佛瑞像，很显然地就是茂虔因循蒙逊的做法，用开窟造像的方式在敦煌建造纪念自己以白衣弥勒佛王面貌统治北凉的白衣佛像。茂虔继承蒙逊的北凉帝位之后，由于北凉的佛教遭遇空前的灾难及不确定性，茂虔为了要继续发展佛教建国信仰统治北凉，在登位的第一年，他一面以转轮王的姿态施行佛教建国信仰立国，一面强调末法信仰说明自己是护持正法久住的帝王。

---

① 有关隋文帝以月光童子的转轮王面貌统治大隋国的事，见古正美：《从天王传统到佛王传统——中国中世佛教治国意识形态研究》第四章《齐文宣与隋文帝的月光童子信仰及形象》，台北：商周出版社，2003年，第193-210页。

② (隋)费长房：《历代三宝纪》卷12《众经法式十卷》，见《大正藏》第49册，东京：大藏出版株式会社，1988年，第107页。

③ 殷光明：《北凉石塔研究》，新竹：财团法人觉风佛教艺术文化基金会，2000年，第129页。

茂虔的弥勒菩萨面貌所依据的《大方等大集经》，本来就载有弥勒菩萨在末法时期救济众生及护持正法的文字，因此茂虔在缘禾三年登位时，便不遗余力地提倡末法信仰。这就是为何殷光明说，北凉进入末法时期的时间是缘禾三年的原因。《大方等大集经》在佛将《大方等大集经》嘱咐弥勒菩萨的场合对弥勒菩萨说：

> 若后末世法欲灭时，其有受持此经转为人说者，当知皆是弥勒威神之所建立。[①]

此处所言的“末世法欲灭时”，即是“末法时期”的意思。在《大方等大集经》里，弥勒菩萨或弥勒佛王很明显的是末法时期护持正法及救济众生的“救济者”。末法信仰既在《大方等大集经》与弥勒菩萨下生为转轮王的信仰（支提信仰）结合在一起，茂虔在使用《大方等大集经》所载的弥勒菩萨面貌统治北凉之际，其自然便有理由将转轮王信仰或弥勒菩萨信仰与末法信仰结合在一起，并刻意提倡末法信仰。由于转轮王要用末法信仰作为发展佛教信仰建国的借口，茂虔因此大力提倡末法信仰，并以转轮王的姿态护持正法并统治北凉。这就是北凉自茂虔统治开始，北凉的文献及实物都提到，北凉有提倡末法信仰的原因。

今日的学者都认为，白衣佛像的出现，与末法信仰有一定的关联。但这些学者都不知道，敦煌白衣佛像的出现与北凉施行佛教信仰建国有关。从蒙逊开始在敦煌造白衣佛像的情形来判断，蒙逊虽也用《大方等大集经》作为其用弥勒菩萨面貌统治北凉的依据，然蒙逊并没有在其统治北凉的时间刻意提倡末法信仰。因为蒙逊时代的史料、文献及实物，都没有提到蒙逊有提倡或发展末法信仰的活动。北凉刻意大力发展末法信仰的时间，是在蒙逊及昙无谶去世之后，茂虔以转轮王的姿态统治北凉的时间。因此我们认为，弥勒佛王下生信仰与末法信仰在北凉真正结合在一起发展的时间，是在茂虔以转轮王的姿态统治北凉的时代。白衣佛像的制作背景，的确与末法信仰有关，但不是所有用《大方等大集经》的弥勒佛王形象建国的帝王都会将其制作白衣佛像的活动与末法信仰挂钩。譬如，蒙逊就是一个例子。

蒙逊的继承者茂虔及无讳，因为很明显地用蒙逊奠立的北凉转轮王登位仪式及北凉的转轮王形象统治北凉，因此我们推论，北凉在敦煌所造的最后一座具有白衣佛像的中心柱窟，即莫435窟，是沮渠无讳为纪念其以白衣弥勒佛王姿态统治北凉所开凿的石窟。我们推测，莫435窟不会是蒙逊开凿的石窟，也不会是茂虔开凿的石窟的原因是，每一位统治北凉的凉王，只会为自己造一次纪念自己以白衣弥勒佛形象统治北凉的造像。蒙逊及茂虔既已在敦煌石窟造有纪念自己的白衣弥勒佛瑞像，莫435窟此尊白衣佛像，自然就是最后统治河西及敦煌的沮渠无讳所造的白衣佛像。

① (北凉)昙无谶译:《大方等大集经》卷18,见《大正藏》第13册,东京:大藏出版株式会社,1988年,第126–127页。

北凉在439年被北魏灭后，蒙逊的继承者沮渠茂虔在缘禾八年（440年）自裁。[①]茂虔死后，茂虔次弟沮渠无讳即拥家户西就从弟敦煌太守沮渠唐儿。但唐儿拒而不纳，无讳遂杀唐儿，收复敦煌。无讳在北凉灭后再占领敦煌的时间，应该在公元440年。无讳攻下敦煌之前，亲自与其弟攻打酒泉。在拔得酒泉之后，无讳又攻打张掖不克，遂退保临松。[②]这就是为何我们认为无讳在"退保临松"之际，在临松有开凿金塔寺东、西窟活动的原因。

沮渠无讳很显然地在收复敦煌之后，即440年至441年之间，已行过"受菩萨戒仪式"，以白衣居士的姿态登上转轮王位，并以白衣弥勒佛王之名统治当时的北凉余部。沮渠无讳于缘禾九年（441年）撤离敦煌进驻高昌。无讳在河西及敦煌逗留的时间，大概前后只有1年或1年多的时间。在此极短的时间里，无讳不但在退保临松之际开凿了张掖金塔寺东、西窟；而且在收复敦煌之后，也在敦煌建造了莫435窟中心柱窟。这就是我们认为，为何莫435窟的造像者，没有太多的时间策划莫435窟的造像，而只用抄袭其他北凉窟龛造像的方法造此石窟造像的原因。

我们推测莫435窟的开凿时间是在沮渠无讳统治北凉的时间，主要原因有两点：（1）北凉虽然在敦煌开凿有许多石窟，然而没有一座石窟的开凿方式及窟龛造像方法，都用抄袭其他北凉窟的窟龛造像方式建造其石窟及造像。莫435窟中心柱的造像内容及造像方法，很明显地仿照北凉莫260窟中心柱的造像内容及造像方法制作其造像。除此之外，莫435窟的窟龛造像法，很可能也是仿照北凉莫251窟的窟龛造像法制作的一座石窟。因为此两座石窟的开凿方式及造像内容非常相像，都在石窟的人字坡下造弥勒佛王说法像，并在弥勒说法像两侧壁面造千佛像，说明其是一尊弥勒佛下生像。（2）莫435窟出现这种抄袭其他北凉窟的造像情形，应与沮渠无讳在北凉被北魏灭后，其仓促登位、仓促收复敦煌及仓促在敦煌及临松开窟及造像的活动有很大的关联。由沮渠无讳在敦煌开凿莫435窟及临松金塔寺造东、西窟的造像情形来判断，在北凉被北魏灭后，无讳即使在敦煌及临松都有短暂的居留，但他无法像其父兄蒙逊及茂虔一样，能有较长的时间专一从事石窟的开凿及造像活动。这就是他在敦煌及张掖金塔寺所开凿的石窟及造像，都显得相对的粗糙、简单，甚至有抄袭前代造像的情形。

六、结论

敦煌开始制作白衣佛像的原因是，北凉王朝的统治者沮渠蒙逊用佛教信仰建国，以龙树奠立的支提信仰的弥勒佛王形象统治北凉。为蒙逊发展佛教信仰建国的印度高僧昙

① 《十六国春秋辑补》卷97《北凉录·沮渠茂虔》3，出版者不详，1936年，第672页。

② 《十六国春秋辑补》卷97《北凉录·沮渠茂虔》3，出版者不详，1936年，第672页。

无谶，为了纪念蒙逊以白衣弥勒佛王面貌统治北凉，因此在敦煌莫254窟为蒙逊开凿一座白衣佛像窟，并制作了中国历史上有文献记载的第一铺白衣弥勒佛王造像或白衣佛像。从敦煌后来制作的白衣佛像都具名“南天竺弥勒白佛瑞像”，我们不仅非常确定，北凉制作白衣佛像的活动与龙树在南天竺所奠立的支提信仰有关，同时也知道，北凉的转轮王像或弥勒佛王像都被史家称为“瑞像”。很显然，“瑞像”不是虚构的造像，也不是普通的佛像，它是北凉帝王的佛教转轮王像或弥勒佛王造像的通称。北凉除了在敦煌制作白衣佛像此类帝王的“瑞像”外，北凉也在其统治的河西石窟及敦煌石窟，依据克孜尔石窟及其他支提信仰的弥勒佛王造像造其各式的弥勒佛王瑞像。北凉很显然是中国历史上，最早并大量制作其帝王的支提信仰弥勒佛王像的朝代，这应该就是“凉州瑞像”之名的由来。由于“凉州瑞像”指的是北凉王的转轮王像或弥勒佛王像，这就是日本白鹤美术馆收藏的《第二十二图赞圣迹住法相此神州感通育王瑞像》的“画图赞文”的文题也称“凉州瑞像”为“育王瑞像”或转轮王瑞像的原因。“凉州瑞像”除了有指北凉依据支提信仰制作的转轮王像或弥勒佛王像外，“凉州瑞像”也有指北凉之后，支提信仰在发展的过程中制作的各式转轮王像或弥勒佛王像。“凉州瑞像”之名因此可以说起源于北凉制作的各种支提信仰转轮王像或弥勒佛王像，但后来中国或亚洲其他地方所见的支提信仰造像，也有被称为“凉州瑞像”的情形。

张广达及荣新江在用P.3033背、P.3352、S.5659和S.2113四件敦煌文书的瑞像目录和佛教圣迹的扼要表述考察“瑞像”一词的意思时，他们注意到，这些文书涉及的地域包括有天竺、泥婆罗、于阗、河西及江南等地。他们因此推断，上面提到的四件文书应是壁画的文字设计或绘后记录。[①]四件文书中，以瑞像的记录为最多，张广达及荣新江因此说：

> 从瑞像反映的内容来分析，它（瑞像）不同于佛本生故事画、佛传画、譬喻故事画、因缘故事画等佛教形象资料，更不同于大乘诸宗大肆宣扬的经变画，就某些点来说，瑞像图接近佛教史迹画，但是，就瑞像的功用而言，看来亦应与史迹画加以区别。[②]

很显然，张广达及荣新江并不知道“瑞像”一词的意思。张广达及荣新江所谈论的四件敦煌文书所载的瑞像名称，除了载有如“（天）竺国弥勒白佛瑞像记”的“弥勒白佛瑞像”之名外[③]，也载有我们在北凉时代不见的一些瑞像名称，如“佛在毗耶离国巡城

---

① 张广达、荣新江:《敦煌“瑞像记”、瑞像图及其反映的于阗》,见张广达、荣新江:《于阗史丛考》,上海:上海书店,1993年,第212页。

② 张广达、荣新江:《敦煌“瑞像记”、瑞像图及其反映的于阗》,见张广达、荣新江:《于阗史丛考》,上海:上海书店,1993年,第213页。

③ 张广达、荣新江:《敦煌“瑞像记”、瑞像图及其反映的于阗》,见张广达、荣新江:《于阗史丛考》,上海:上海书店,1993年,第218页。

行化紫檀瑞像”[①]、“如意轮菩萨手掌日月指日月瑞像记”[②]、“观世音菩萨于蒲特山放光成道瑞像”[③]及“于阗玉河浴佛瑞像”[④]等瑞像之名。这些瑞像的名称显示，亚洲帝王瑞像的制作及发展，后来已不再只限于龙树在“南天竺国”所奠立的支提信仰。亚洲帝王也用后来历史上发展的各种佛教转轮王建国信仰，如“佛”“如意轮菩萨”及“观世音菩萨”等的佛王信仰作为建国信仰，并用“佛”“如意轮菩萨”及“观世音菩萨”的面貌作为制作瑞像的造像面貌。

张广达及荣新江在同书也提到敦煌石窟的瑞像并说，敦煌莫高窟至少有二十七座洞窟中绘有瑞像，而这些瑞像图大多出现于晚唐、五代、宋初，尤其是五代宋初曹氏掌权时为多。[⑤]张广达及荣新江所提到的敦煌瑞像图名称，有我们在上面谈论的“凉州瑞像”，如“盘和都督府御容山番禾县北圣容瑞像”[⑥]，也有我们在上面四件文书所见及未见的瑞像，如“观世音菩萨于蒲特山放光成道瑞像”[⑦]、“佛在毗耶离国巡城行化紫檀瑞像”[⑧]、“中天竺摩诃菩提寺造释迦瑞像”“酒泉释迦牟尼瑞像”[⑨]、“于阗海眼寺释迦圣容瑞

---

① 张广达、荣新江:《敦煌“瑞像记”、瑞像图及其反映的于阗》,见张广达、荣新江:《于阗史丛考》,上海:上海书店,1993年,第216页。

② 张广达、荣新江:《敦煌“瑞像记”、瑞像图及其反映的于阗》,见张广达、荣新江:《于阗史丛考》,上海:上海书店,1993年,第217页。

③ 张广达、荣新江:《敦煌“瑞像记”、瑞像图及其反映的于阗》,见张广达、荣新江:《于阗史丛考》,上海:上海书店,1993年,第217页。

④ 张广达、荣新江:《敦煌“瑞像记”、瑞像图及其反映的于阗》,见张广达、荣新江:《于阗史丛考》,上海:上海书店,1993年,第220页。

⑤ 张广达、荣新江:《敦煌“瑞像记”、瑞像图及其反映的于阗》,见张广达、荣新江:《于阗史丛考》,上海:上海书店,1993年,第224-234页。

⑥ 张广达、荣新江:《敦煌“瑞像记”、瑞像图及其反映的于阗》,见张广达、荣新江:《于阗史丛考》,上海:上海书店,1993年,第231页,东披,7行。

⑦ 张广达、荣新江:《敦煌“瑞像记”、瑞像图及其反映的于阗》,见张广达、荣新江:《于阗史丛考》,上海:上海书店,1993年,第231页,南披,4行。

⑧ 张广达、荣新江:《敦煌“瑞像记”、瑞像图及其反映的于阗》,见张广达、荣新江:《于阗史丛考》,上海:上海书店,1993年,第231页,南披,3行。

⑨ 张广达、荣新江:《敦煌“瑞像记”、瑞像图及其反映的于阗》,见张广达、荣新江:《于阗史丛考》,上海:上海书店,1993年,第232页,北披,5行。

像”[①]、“于阗坎城瑞像”[②]及“于阗古城瑞像”[③]等。

瑞像在中国与古代于阗，甚至亚洲其他地区的发展，很明显都与古代中国及亚洲地区所发展的佛教建国信仰有关。从敦煌所绘的各种瑞像，我们可以看出，佛教建国信仰在亚洲及中国的发展，便有许多传统。这就是敦煌会出现如此多种瑞像造像的原因。佛教建国信仰的发展及内容都记载于历代制作的大乘经典。我们在《华严经·入法界品》所见的支提信仰发展情形，就有三种菩萨都能以佛王的姿态统治天下的传统。此三种菩萨佛王传统，即是弥勒菩萨、普贤菩萨和文殊菩萨的佛王传统。譬如，《华严经·入法界品》便如此提到弥勒菩萨的佛王传统：

> 有转轮王名曰明净宝藏妙德，为大法王，治以正法，从莲花生，具三十二大人之相（佛报身相），七宝成就，王有千子，端正勇猛，有十亿大臣。[④]尔时明净宝藏妙德转轮圣王者，岂是异人乎？今弥勒菩萨是也。[⑤]

《华严经·入法界品》也提到三种佛的佛王传统。此三种佛王传统，即是释迦牟尼佛、卢舍那佛（或毘卢遮那佛）及“萨遮尼犍子大论师”的佛王传统。《华严经·入法界品》在说明“萨遮尼犍子大论师”为转轮王的事后，便用非常冗长的篇幅说明释迦佛的前生如何由太子出生的背景成为转轮王，后来又如何成为释迦佛王的信仰：“尔时太子增上功德主岂是异人乎？今释迦牟尼佛（Buddha Ākyamuni）是也。”[⑥]这就是为何亚洲的帝王或转轮王也能以“释迦牟尼”佛王的面貌统治天下的原因。

亚洲的佛教建国信仰除了《华严经·入法界品》在4—5世纪提出新的佛王信仰外，公元6—7世纪在印度中部及南部出现的胎藏密教及金刚顶密教，在发展中也提出各种密

---

① 张广达、荣新江:《敦煌“瑞像记”、瑞像图及其反映的于阗》,见张广达、荣新江:《于阗史丛考》,上海:上海书店,1993年,第232页,北披,6行。

② 张广达、荣新江:《敦煌“瑞像记”、瑞像图及其反映的于阗》,见张广达、荣新江:《于阗史丛考》,上海:上海书店,1993年,第232页,西披,9行。

③ 张广达、荣新江:《敦煌“瑞像记”、瑞像图及其反映的于阗》,见张广达、荣新江:《于阗史丛考》,上海:上海书店,1993年,第232页,北披,6行。

④ (东晋)佛驮跋陀罗译:《华严经·入法界品》卷52,见《大正藏》第9册,东京:大藏出版株式会社,1988年,第730页。

⑤ (东晋)佛驮跋陀罗译:《华严经·入法界品》卷53,见《大正藏》第9册,东京:大藏出版株式会社,1988年,第732页。

⑥ (东晋)佛驮跋陀罗译:《华严经·入法界品》卷56,见《大正藏》第9册,东京:大藏出版株式会社,1988年,第756-761页。

教观世音佛王信仰。[①]这就是我们在瑞像图上也见有“如意轮菩萨”及“观世音菩萨”瑞像的原因。于阗一直有发展《华严经·入法界品》的佛王信仰现象[②]，这就是为何于阗也出现如此多不同的瑞像的原因。“瑞像”，不是张广达及荣新江所言的“瑞像图接近佛教史迹画”的图像，它是亚洲历史上发展佛教建国信仰的帝王所造的各种佛王像或转轮王像。

彭向前在《关于西夏圣容寺研究的几个问题》中不仅认为，“圣容寺得名当始于西夏”，甚至说：既然石佛瑞像被称为“圣容”，帝后神御也被尊称为“圣容”，大概在奉安西夏帝后神御后，感通寺索性以此为契机，改称圣容寺。也就是说，“圣容寺”的“圣容”一语双关，既指原来的石佛瑞像，又指西夏帝后神御。[③]所谓“神御”，依据彭向前的说法，乃指“亡者的遗画像或塑像”。[④]

笔者在前面说过，“瑞像”乃指施行佛教建国信仰立国的佛教转轮王像或佛王像。由于北凉使用龙树奠立的支提信仰建国，北凉王的佛教转轮王像，便都造成支提信仰的各式弥勒佛王造像。北凉王在石窟中所造的“瑞像”，都是活着的北凉王为自己制作的各式弥勒佛王画像或塑像。在此了解下，刘萨诃所预言的“凉州瑞像”，便有指北凉王所造的转轮王像。西夏将永昌的“感通寺”改为“圣容寺”，严格地说，与西夏在此奉安西夏帝后神御没有关联。因为“圣容”一词就是“瑞像”的意思，但没有指“亡者的遗画像或塑像”。

武则天（624—705年）在使用支提信仰统治大周（690—705年）之际，即以“圣神皇帝号”为其帝号。[⑤]武则天之所以使用“圣神皇帝号”为其帝号，乃因其以支提信仰的弥勒佛下生为转轮王的姿态统治天下。[⑥]支提信仰的转轮王身因是弥勒佛“法身”下生的转轮王身，因此支提信仰的转轮王身不但具有“神性”的弥勒佛身，而且也具有“圣性”的转轮（圣）王身，故我们也称支提信仰的转轮王身为“弥勒佛王身”或“圣神皇帝”

---

① 有关密教观音信仰的发展情形，见古正美：《从天王传统到佛王传统》第六章《武则天神宫之前所使用的密教观音佛王传统及佛王形象》、第七章《从南天乌荼王进献的〈华严经〉说起》，台北：商周出版社，2003年。

② 古正美：《大乘佛教转轮王建国信仰与佛教造像》第九章《〈入法界品〉的信仰性质及造像》(未刊)。

③ 彭向前：《有关西夏圣容寺研究的几个问题》，见丁得天、杜斗城编：《丝绸之路与永昌圣容寺国际学术研讨会论文集》，甘肃省永昌县，2016年，第358页。

④ 彭向前：《有关西夏圣容寺研究的几个问题》，见丁得天、杜斗城编：《丝绸之路与永昌圣容寺国际学术研讨会论文集》，甘肃省永昌县，2016年，第357页。

⑤（宋）司马光著，(元)胡三省注：《资治通鉴》，上海：上海古籍出版社，1986年，第1377页；并见古正美：《从天王传统到佛王传统》第五章《武则天的〈华严经〉佛王传统与佛王形象》，台北：商周出版社，2003年，第237-238页。

⑥ 古正美：《古代暹罗堕和罗王国的大乘佛教建国信仰》，《饶宗颐国学院院刊》2016第3期。

身。支提信仰的转轮王身因具有弥勒的神性及转轮王的圣性，故在古代暹罗建国的堕和罗王国的帝王，在用支提信仰建国之际，便造有许多记载其帝王号“圣神弥勒号”（Phras Rīāriyamettrai）的铭文。[①]“瑞像”既是转轮王的造像，西夏自然能将“瑞像寺”改名为“圣容寺”。因为“圣容”也有指具有“圣性”的转轮王容貌或造像的意思。

① 古正美:《古代暹罗堕和罗王国的大乘佛教建国信仰》,《饶宗颐国学院院刊》2016年第3期;See also, DhidaSaraya,(Sri) Dvaravati: The Initial Phase of Siam' History. Bangkok: MuangBoran Publishing House, 1999,P. 245-246.

南山大師道宣と番禾瑞像
—山岩表現と釈道安碑に着目して

肥田路美

（早稲田大学）

劉薩訶、法名慧達の事績と、彼の予言にしたがって出現した番禾瑞像（涼州瑞像）は、初唐の南山大師道宣が、仏教が伝来した後漢から唐初に至るまでの間に仏舎利・仏像・聖僧などに現れたさまざまな霊験を集成した『集神州三宝感通録』（以下、『三宝感通録』）において、最も力を入れて叙述されたものである。すなわち、同書巻上「舎利表塔」編の冒頭第一縁に劉薩訶の会稽鄮県塔の感得譚を述べ、巻中「霊像垂降」編では第十四縁で涼州番禾県における石像出現が詳しく語られ、巻下「聖寺瑞経神僧」編の最後に道宣自身の踏査に基づいた山西・陝北地域の劉薩何師廟に関する記事を掲げる。まさに、この著作は、劉薩訶に始まり劉薩訶で終わる、と言ってよい。

『三宝感通録』をはじめ『釈迦方志』①『続高僧伝』②などの道宣の著作に、劉薩訶が慧達という法名ではなく俗名で登場してくるのは、尋常なことではない。彼の伝記を語る諸史料によれば、稽胡とよばれる匈奴系少数民族に生まれ、猟師として殺生を重ねたという。すなわち、「少好田獵」（『高僧伝』巻一三）、「勇健多力樂行獵射」（『続高僧伝』巻二五）、「尚武好獵」（『法苑珠林』巻八六）、ことに敦煌遺書P.二六八〇、P.三五七〇、P.三七二七の『劉薩訶和尚因縁記』③では、「性好遊獵、多曾殺鹿」と具体的に記されている。劉薩訶はこの殺生の罪によって三十歳ほどで忽然と死亡し、地獄に堕ちるが、観世音菩薩によって救済され蘇生する。この間の内容については史料によって広略があるが、地獄での苦報をつぶさに見たことが、先罪を悔過す

①『釈迦方志』巻下(『大正新脩大藏經』巻51、972頁)。

②『続高僧伝』巻二五(『大正新脩大藏經』巻50、644頁)。

③陳祚龍「劉薩河研究—敦煌仏教文献解析之一」(『華岡佛學學報』3、1973年)に三本の校録がある。

るために出家して諸々の仏事を為す契機になったという内容は一致している。『因縁記』ではさらに、閻羅王のもとで鹿に変成され箭を肚下に射込まれて迷悶するという因果応報をはじめとして、諸地獄を遍歴する中で罪を受ける友人や伯父に遇い、訴えを聞くという物語が詳細に語られる。

南山律宗を確立した律匠であり屈指の仏教史家でもある道宣が、こうした荒唐無稽とも言える劉薩訶の伝奇的説話を、なぜこれほど熱心に著録したのだろうか。本報告は、この疑問について考察することを、目的とする。

番禾瑞像は、「瑞像」と呼ばれて格別な信仰を集めた仏像のなかでも特に名高く、多くの模写像・模刻像が作られてきた。劉薩訶と番禾瑞像については、一九七三年の陳祚龍の先駆的研究[①]を嚆矢として、孫修身[②]、史葦湘[③]、饒宗頤[④]、杜斗城[⑤]、盧秀文[⑥]、Helen Verch[⑦]、巫鴻[⑧]らをはじめとする国内外の多くの専家たちによる勝れた研究があり、筆者もそれら諸先学の驥尾に付いて、一九九四年の小稿[⑨]で取り上げたことがある。番禾瑞像の作例も、敦煌石窟をはじめ各地の石窟造像や単独像が次々と紹介されている。近年の張小剛氏の大著[⑩]では、造型と信仰の歴史的展開や意義が詳細に論じられて、中唐以後は固定的な形式を厳守することがなくなり、随意な変容が生じた様相が明らかにされた。

番禾瑞像の説話の要点は、劉薩訶の予言のとおり出現した石像が、王朝や仏法の盛衰を、仏頭を具えるか否かで未然に予兆したところにある。未来の吉凶を示す讖

---

①陳祚龍前掲注3論文。

②孫修身「劉薩河和尚事迹考」『一九八三年全国敦煌学術討論会文集石窟芸術篇上』(甘粛人民出版社、1985年)所収。また、「莫高窟仏教史迹故事画介紹三」二三、聖者劉薩訶的故事(『敦煌研究』試刊第2期、1983年)、「莫高窟仏教史迹故事画考釈五」三五、涼州御山石仏瑞像因縁変相(『敦煌研究』5、1985年)、「従凡夫俗子到一代名僧的劉薩訶」(『文史知識』1988年第8期)。

③史葦湘「劉薩訶与敦煌莫高窟」(『文物』1983年第6期)。

④饒宗頤「劉薩河事迹与瑞像図」(『1987年敦煌石窟国際討論会文集石窟芸術篇上』甘粛人民出版社、1985年)。

⑤ 杜斗城「劉薩訶与涼州番禾望御山"瑞像"」『段文傑敦煌研究五十年紀念文集』(世界図書出版公司、1996年)。

⑥盧秀文「劉薩訶研究綜述」(『敦煌研究』1991年第3期)。

⑦ Helen Verch, Lieou Sa-ho et les grottes de Mo-kao, Nouvelles Contributions aus etudes de Tuoenhouang, Geneve, Librairie Droz, 1981.

⑧ 巫鴻「再論劉薩訶—聖僧的創造与瑞像的発生」『礼儀中的美術—巫鴻中国古代美術史文編』(生活・読書・新知三聯書店、2005年)。

⑨ 肥田路美「涼州番禾県瑞像の説話と造形」『佛教藝術』217号、1994年。

⑩ 張小剛『敦煌佛教感通画研究』第八章「涼州瑞像在敦煌」(甘粛教育出版社、2015年)。

緯的な性格を有する瑞像として、特に為政者にとっては、政道の是非を断ずる天意の代弁者にも見えたに違いない。

その番禾瑞像の重要な特徴の一つが、山が裂け開いて出現したとされた点である。そこでまず、このことを表す造形表現に注目し、日本の東京芸術大学所蔵金銅仏を新たな作例として紹介しながら、山岩から出現したということの意味について、考察したい。

一、番禾瑞像と山岩表現

番禾瑞像は、立像の如来像で、右肩を完全に露出した偏袒右肩式に袈裟を着け、右手は五指を揃え掌を正面に向けて体側に垂下させ、左手は屈臂して衣端を握る姿であることが、基本的な特徴であるが、もう一つ重要な要素が、周囲の山岩表現である。

番禾瑞像と同様に、偏袒右肩で右手を垂下し左手を屈臂して衣端を執る如来立像の形式は、インドに多数の遺例があり、グプタ朝ないしはパーラ朝時代には「従三十三天降下」（三道宝階降下）の釈迦像（図１）や、「燃灯仏授記」の燃灯仏なども、この形式で表すのが一般的である。中国においても、例えば雲岡石窟第十八洞の巨大な仏立像も、現在では右の前膊を欠失するものの、やはりこの形式だったと推測できる。つまり、番禾瑞像の造型的特徴は、如来像の一般的形式の一種として広汎に流布したものであり、それほど珍しいわけではない。

但し、番禾県瑞像の諸作例では、図２のスタイン将来大英博物館所蔵繍仏や図３の甘粛省古浪県出土石像に見るように、インドの如来立像には見られない衣襞の特異な表現が目を引く。胸前や肩辺の衣の縁の鋸歯形の折り畳み文と、左腕から垂下する衣端の菱形を連ねたような襞である。前者は雲岡石窟曇曜五窟など北魏前期の造像に見られるもので、後者は炳霊寺石窟の初期像などに顕著に認められる様式である。このことから、番禾瑞像がインド伝来の如来像形式を基本としながらも、中国で成立した様式であることがうかがえる。

さらに、像の周囲に山岩表現を加えることは、番禾瑞像に特有な特徴である。

言うまでもなくこの山岩表現は、番禾瑞像が山岩から現れたことを表したものである。すなわち『三宝感通録』巻中の目録に「元魏涼州石像山裂出現縁十四」といい、またその第十四縁本文に「元魏涼州山開出像者。（中略）至正光元年。因大風雨雷震山巖、挺出石像高一丈八尺。（後略）」とあるように、「山裂出現」「山開出像」を造形的に表現したのである。

この表現を、実際の作例で確認してみよう。敦煌莫高窟の晩唐期の第７２窟南壁画は、番禾瑞像の説話に基づく変相図である。大画面を山岳景で充填し、その間に説話のさまざまな場面を挿入する形式であるため、番禾瑞像は文字通り山岩を背にして描かれている。こうした変相図形式の絵画に、説話の舞台を説明するように山岳が描かれるのは当然のことであるが、こうした説話的な要素を除去して番禾瑞像を独立して表現した作例では、どうだろうか。

前掲の図2の大英博物館所蔵繍仏では、褐色・青色・灰色の岩塊が重畳して挙身光を取り囲む様子が、刺繍で表現されている。また、図3の古浪県出土石像は、聖暦元年（六九八）の年紀があって制作年代の明らかな作例の中で最も早いものであるが、やはり挙身光の周囲に太く粗い刻線が見られる。もしもこうした刻線だけであったら、すぐには山岩とは認識し辛いところであるが、左右に二つずつ小さな龕形を作って禅定僧が浮彫されており（図4）、そうした修禅者の籠る険しい山中であることを暗示した秀抜な表現となっている。

中唐の開成四年（八三九）に造営された敦煌莫高窟第二三一窟や、ほぼ同時代と思われる第二三七窟では、西壁に盝頂帳形仏龕が設けられており、その龕頂部四面に三十六種の仏菩薩像が描かれている。それらはインド、ホータン、中国の各地の瑞像を示したものであることが題記から知られるが、東面の中央に「盤和都督討仰容山番禾県北聖容像」がある。題記中の「討」は「府」の誤記、「仰容」は「御谷」の別表記であろう。第二三七窟の作例（図5）では、立像の周囲に山岩を表す青色の突起が明瞭に見える。西壁龕頂のこれらの瑞像列像は、それぞれの区画が狭く制約が厳しいため、叙景的要素を付加する例はきわめて稀である。それにもかかわらず、山岩を描いていることは、注意に値する。

また、莫高窟第二〇三、三〇〇窟（図6）では、窟の正壁仏龕に番禾瑞像があり、仏龕の内壁全面に塑造で山岩が立体的に造られている。龕内をこのように造るのは、番禾瑞像に特有なことで、莫高窟では他例が無い。

このほか、莫高窟第三三二窟の方柱北面に描かれた両脇侍を従えた三尊形式の番禾瑞像（図7）や、第一六、五五、六一、九八、一四六窟のように主室の須弥壇西端に立つ背屏の裏面に描かれた巨大な番禾瑞像においても、背景には一面に山岳景が表されているのである。

さらにまた、スタインが莫高窟蔵経洞で発見した絹画瑞像図（Ch.xxii.0023）は、現在インド・ニューデリー国立博物館と大英博物館とに分割分蔵されているが、番禾瑞像はそのニューデリーの大きな断片の中に見出せる。図8は、その断片の最下段の部分で、観音像と並んでそれぞれ山岩を背景にして立つ姿が描かれている。この絹画瑞像図には、現在二十一ないし二十二体の尊像が確認できるが、背景を付帯している像は並んで配置されたこの両像だけである。しかし、山岩の表現は、両像で敢えて異なる描き方をしている。観音像の方は、縦長のブロックを積み重ねたような形状で、

図1

図2

図3

図4

図5

淡赤色や淡緑色で彩色し無数の斑点を施し、琵琶を奏でる迦陵頻伽や葉叢の上で憩う獅子、山中禅定僧などを描きこんでいるのに対し、番禾瑞像の背景の山岩は、不定形な輪郭に黒々と墨暈を施して陰暗たる印象がある。こうした山岩の表現の相違は、二つの瑞像がそれぞれ固有に特定の山岩との密接な関係性を持っていたことを物語る。

これらのことから、背景の山岩表現は番禾瑞像に不可欠な要素とされていたことがわかる。

ところで、図9は、日本の東京芸術大学が所蔵する銅製の像である。総高は23.7㎝。背面は凹型で、足元に小孔が穿たれているのは、釘を打って本像を壁面などに取り付けるためであろうと考えられている[①]。像は、偏袒右肩で右肩を露出し、右手を垂下して与願印を示し、左手は腹前で衣端を握る姿である。角張った肩や硬直した体躯もまた、番禾瑞像の作例にしばしば見られる特徴である。最も目立つのが、像の周囲の板状の造型で、通常の光背とは異なる。上半部は輪郭を凹凸に作り、しかもその縁を細かく鋸歯状に波打たせており、たいへん粗放で稚拙な表現であるが、山岩をあらわしたものとみて間違いないだろう。光背は作らず、頭部の左右や右手の周りを刳り抜いているのが光背の代わりと思われる。

制作地は、日本で造られたと考えるよりも、山岩の表現を伴う番禾瑞像の図像が広汎に流布した中国の可能性が高いだろう。この作例について蛍光X線を用いた成分分析をおこなった大阪大学の藤岡穣教授の調査班によれば、銅が約70%、鉛15%、錫が約10%で亜鉛も2%弱検出されたといい、亜鉛が小量ながらも含まれていることから、中国で造られたとしても制作年代は宋代よりも降る可能性が高いと推測されるという[②]。

一方、日本にはもう一体、番禾瑞像との関連が推測される如来像がある。筆者が旧稿で簡単に紹介した和歌山県高野山親王院の金銅如来立像（図10）である。像高43㎝のこの像は、頬の丸い童顔や、眼瞼の膨らみだけで目を表す様式、衣文線の形状などが、日本に伝世する白鳳時代の仏像の諸作例と酷似していることから、やはり7世紀末から8世紀初頭ころの日本で造られたものと認められている。脇腹まで露出した偏袒右肩で、右手は体側で与願印を示し、左手を屈臂して衣端を握り、垂下する衣の縁が鋸歯形を呈する形式は、番禾瑞像の特徴に合致する。

---

① 藤岡穣『2013～2016年度科学研究費補助金基盤研究A研究成果報告書5～9世紀東アジアの金銅仏に関する日韓共同研究金銅仏きらきらし』(2015年、大阪大学大学院文学研究科)、41頁、丹村祥子氏解説。

② 藤岡穣氏によれば、亜鉛は、確実に中世以前の作と考えられる金銅仏からは検出されず、銅と亜鉛の合金(真鍮、黄銅)による仏像制作は中国では明代以降、日本では江戸時代以降とみられるという。藤岡穣注14前掲書、54頁。

しかしながら、この像は丸彫り像である上、光背は失われており、背景の山岩形を付属しないため、番禾瑞像であるという確証が無い。前述したように、偏袒右肩で右手垂下、左手屈臂の形式は、如来像の一般的な基本形の一つであるから、本像も番禾瑞像ではなく全く別の尊格である可能性もある[①]。けれども、日本では、偏袒右肩で右肩を完全に露出した形式の如来像は、理由は不明ながら受容が選択的に忌避されたようで[②]、作例はきわめて稀であり、親王院伝来のこの像はその稀な例外に当たる。霊験のある特殊な瑞像という理由があったからこそ、忌避を乗り越えて敢えて受容したのではなかろうか。そうであるとすれば、やはりこの親王院像は番禾瑞像の影響下にある可能性が大きい。

ともあれ、背景の山岩表現の有無は、当該の如来像が番禾瑞像であるのか否かを判断する重要な指標なのである。

二、山岩から出現したことの意味

前節では、背景の山岩表現こそ番禾瑞像の重要な図像的特徴であることを確認した。言うまでもなく、この表現は、石像が工人の手によって造られたのではなく、暴風雨の雷震によって自然に山が裂けて出現したという説話の内容をあらわしたものである。番禾瑞像の造像説話としては、道宣の著作である『道宣律師感通録』に一つの伝説が述べられている。全文と大要は次のとおりである。

又問。今涼州西番和縣、山裂像出、何代造耶。答曰。迦葉佛時、有利賓菩薩。見此山人不信業報、以殺害爲事。于時住處有數萬家、無重佛法者。菩薩救之、爲立伽藍。大梵天王手造像身。初成以後、菩薩□力能令此像如眞佛不異、遊歩說法教化諸人。雖蒙此導猶不信受。于時菩薩示行怖畏。手擎大石可落、欲下壓之。菩薩佯怖、勸化諸人。便欻迴心信敬於佛。所有殺具變成蓮花。隨有街巷花如種植。瑞自此方攝化□力。菩薩又勸諸清信士、令造七寺。南北一百里、東西八十里、彌山亘谷、處處僧坊佛堂。經十三年方得成就。同時出家有二萬人、在七寺住。經三百年、彼諸人等、現業力大。昔造惡業、當世輕受、不入地獄。前所害者、在惡趣中、又發惡願。彼害我者、及未成聖。我當害之、若不加害、惡業便盡、我無以報。共吐大火、焚燒寺舍及彼聚落、一時

---

①親王院では阿閦如来と伝承している。これは金剛界曼荼羅の東方阿閦如来が左手で衣端を執る形で表されるのに因んでのことらしいが、仏教図像学的には全く根拠がない。

② 右肩露出の偏袒右肩式如来像が6 ~ 9世紀の日本では受容が忌避された様相については、肥田路美「七・八世紀の仏教美術に見る唐と日本、新羅の関係の一断面」(『日本史研究』615号、2013年、70 ~ 78頁。

焚蕩縱盜得活。又以大水而漂殺之、無一孑遺。時彼山神、寺未破前、收取此像遠在空中。寺破以後、下内石室安置供養。年月既久石生室滅。至劉薩何禮山示其像者。前身元是利賓菩薩。身首別處更有別緣。

——迦葉仏の時、劉薩訶の前生である利宝菩薩が、この御山に住んで殺害を事とする数万家の衆生を救うために伽藍を建て、大梵天王が自ら仏像を造った。その仏像は、利宝菩薩の神力によって、真の仏と異なるところがなく遊歩説法して諸人を教化した。しかし三百年の後、悪業のために害心をもった人々が寺と聚落を破壊した。その時、山神がこの仏像を遠く空中に避難させ、後に地下の石室内に安置供養した。年月久しくして、石室は滅び岩山と化し、劉薩訶が山に礼拝してその像を示したのである。

この説話によれば、番禾瑞像は遙かな過去世に梵天が造ったもので、ひとたび岩山の中に隠蔵されたが、山が裂け開いて再び出現したものだという。無論、たいへん荒唐無稽な説話であるが、番禾瑞像に、異民族の雑居するこの荒くれた土地を治めるための実際上の役割が期待されていたことがうかがえる。この文中で、この像を「真仏と異ならず、遊歩説法す」と語っていることに注目したい。「遊歩」の具体的な姿とは、まさに衣端を手にとった立形にほかならない。番禾瑞像と同様に衣端を執る立形として造られたのが、三十三天から宝階を降りてくる釈迦や、泥道を歩く燃灯仏の像であったことを、あらためて想起したい。説話のこの文言は、番禾瑞像の形式から発想されたものであることがうかがえるのである。

ところで、『三宝感通録』巻中に集録された五十件の霊像（瑞像）の縁起を通覧すると、特定の発願者や工匠によって造られた像と、人工に非ず自然に仏身を成した像とがある。前者の中にも、たとえば阿育王の造像というような荒唐無稽な縁起がしばしば見られるが、特に後者は不可思議な瑞祥として認識されたようである。たとえば『三宝感通録』巻中第三十四縁に採録された北周の宜州北山の鐵鉱石像の場合は、鑿も鏨も歯が立たず人工的に造像することは不可能な極めて硬い物質が、誰の手も加えられることなく仏像の形を成していたという話である。この高さ三丈もの鐵鉱の仏像の出現は、北周武帝による苛烈な廃仏が宣帝の即位によって緩んだことと呼応する吉祥と受けとめられ、これに因んで大像（大象）元年と改元したという。そして、隋の文帝、唐の太宗も帰依したという。

このように、人為ではなく自然に出現したとする番禾瑞像や宜州の鐵鉱石像の説話は、天子の所業の是非が災異や瑞祥として現れるという中国古来の天人相関的な観念が基底にあるものと言えよう。

それでは、唐代随一の学僧であった道宣が、辺境の蒙昧な民衆統治の方便とされた番禾瑞像や劉薩訶の荒唐無稽としか言いようのない説話を、なぜこれほど熱心に著録したのだろうか。

三、姚道安と、道宣の著述の意図

筆者の私見によれば、道宣の『三宝感通録』の叙述意図を考える際に、次の三つの観点が重要である。

一つは、道宣の活動した時代に仏教が置かれた状況である。道宣は唐代仏教の盛期に際会して廃仏の憂いが少なかったとする研究者もあるが①、果たしてそうであろうか。むしろ彼が生きた初唐の高祖・太宗・高宗朝には、前代の隋朝による仏教振興政策を意識した反動的政策が採られ、世俗権による仏教への統制が数段強化された。創業早々の高祖に太史令傅奕が廃仏論を上進し、法琳に代表される仏教側が激しく応酬するという仏道両教論争にはじまり、貞観五年（六三一）より繰り返し再燃した礼敬問題——僧尼は皇帝および父母に致拝すべしとの勅旨、貞観十一年（六三七）の道先仏後の詔の発布、一州一寺制による寺院の整理統制政策、乾封元年（六六六）の老子への「太上玄元皇帝」賜号などが相継いだのである。初唐仏教界を覆った危機意識は切実なものだったに違いなく、道宣にとって安穏な時代だったとは思えない。そうした状況にあって『三宝感通録』はまず、中国仏教の古い由緒と正統性を主張し帝王による加護を求めようという、護法の立場から書かれた性格が強いと思われるのである。

二つ目は、道宣が、長安・中原・江南・蜀といった地域に対してどのような関心を向けたかという点である。『三宝感通録』の叙述形式のひとつの特徴が、事件の舞台である土地を明示するところにある。もちろん、いつ、どこで、誰が、という要素をできるだけ具体的に語ることは、霊験記に真実性を与える上で不可欠な態度である。しかし、それが巻中「霊像垂降篇」において五十件も列記されてみると、地理的、時代的な分布の様相が、いっそう意味をもって浮かび上がってくる。すなわち、北朝よりも南朝をこそ正統の仏教国として重んじた道宣の歴史地理観が、瞭然と看取できるのである。

三つ目は、『三宝感通録』の主題である「感通」の意義である。感通とは、仏法僧の神秘的な力が人々の信仰の如何に応じて不可思議な現象として現れることと解してよい。道宣が感通に深く関心を懐いていたことは、『三宝感通録』以外の著作からも読み取れ、彼が、律の研究における自説の正当性を確認するために、感通による証明を希求したことが想像できる。しかし、『三宝感通録』において劉薩訶や番禾瑞像について繰り返し著述した晩年の道宣には、それ以上に強い必要性があったことを印象付け

①山崎宏『隋唐仏教史の研究』法蔵館、1967年、177頁、185頁。

図6

図7

図8

られる。

これらの三点を念頭に置くと、劉薩訶や番禾瑞像に対する道宣の強い関心が何に由来するかを問う際、北周の破仏こそがきわめて重要な要因だったことに、あらためて思い至る。『三宝感通録』巻中第十四縁にある、「釈道安碑周雖毀教不及此像」という文言に注目したい。

「釈道安碑」は、敦煌遺書中の「劉薩訶和尚因縁記」(P.二六八〇、P.三五七〇、P.三七二七)にも引用されている。すなわち、劉薩訶の江南での阿育王塔感得などの事績を述べたあと、「道安法師碑記云」として、北魏の時に西遊し番禾県で石像の出現を予言したことや、酒泉での遷化を記している(図11)。番禾瑞像の由緒を語る説話としては、現在知られる史料を探索する限り、この釈道安碑が最も早い記録であり、劉薩訶の河西での事績に関する道宣の情報源は、この碑文であったと推測できる。『続高僧伝』巻二五釈慧達伝の末尾に「見姚道安制像碑」とあるように、道安とは、東晋の釈道安ではなく、北周の高僧姚道安(生卒年不詳)のことである。姚道安は、『続高僧伝』巻二三の伝によれば、陕西省の馮翊胡城の人である。求道と護法の念に厚く、かつ子部・史部の典籍にも通じ、文才に秀でたことで長安の人士の帰依を集めた。大跢岵寺に止住し、『涅槃経』と『大智度論』を講ずる席には北周武帝もしばしば臨御したという。のちに武帝は、勅命で姚道安を大中興寺に住せしめ、格別の礼を加えた[①]。こうしたことから;天和四年(五六九)に三回にわたって武帝が招集した仏・道・儒三教斉一の会談にも、仏教界の代表として参加したに違いなく、武帝による廃仏の前段階となったこの時期の三教討論の立役者の一人である。すなわち、姚道安の最も大きな事績が、道教を仏・儒の下位に置いた『二教論』の上奏であった。

これについて、塚本善隆氏は、道安のこの著作が、甄鸞の『笑道論』とならんで武帝にとって三教斉一の目的に相反する協調精神を欠いたものと映り、仏教徒への嫌悪を抱かせることとなって、やがて廃仏の実行に至ったと解釈しており[②]、礪波護氏もこれに同調している[③]。つまり塚本氏の見解は、武帝は当初は仏教を排除する意図はなくむしろ崇仏の立場だったとするものだが、道宣の見解はこれとは異なり、武帝がこの当時から廃仏を——道教的な迷信に惑わされて——断行しようとしていたと見なしている。そして、道宣は、『続高僧伝』の護法篇に立てた道安伝において『二教論』の

① なお、道安は、建徳三年(五七四)に廃仏が断行されると、林沢に逃れたが、武帝は勅を下して彼を捜し訪ね、再び厚遇したという。

②塚本善隆「七、武帝の三教斉一会談の失敗」『塚本善隆著作集第二巻北朝仏教史研究』大東出版社、1984年。

③ 礪波護『隋唐の仏教と国家』中央公論社、1999年。

図9

図10

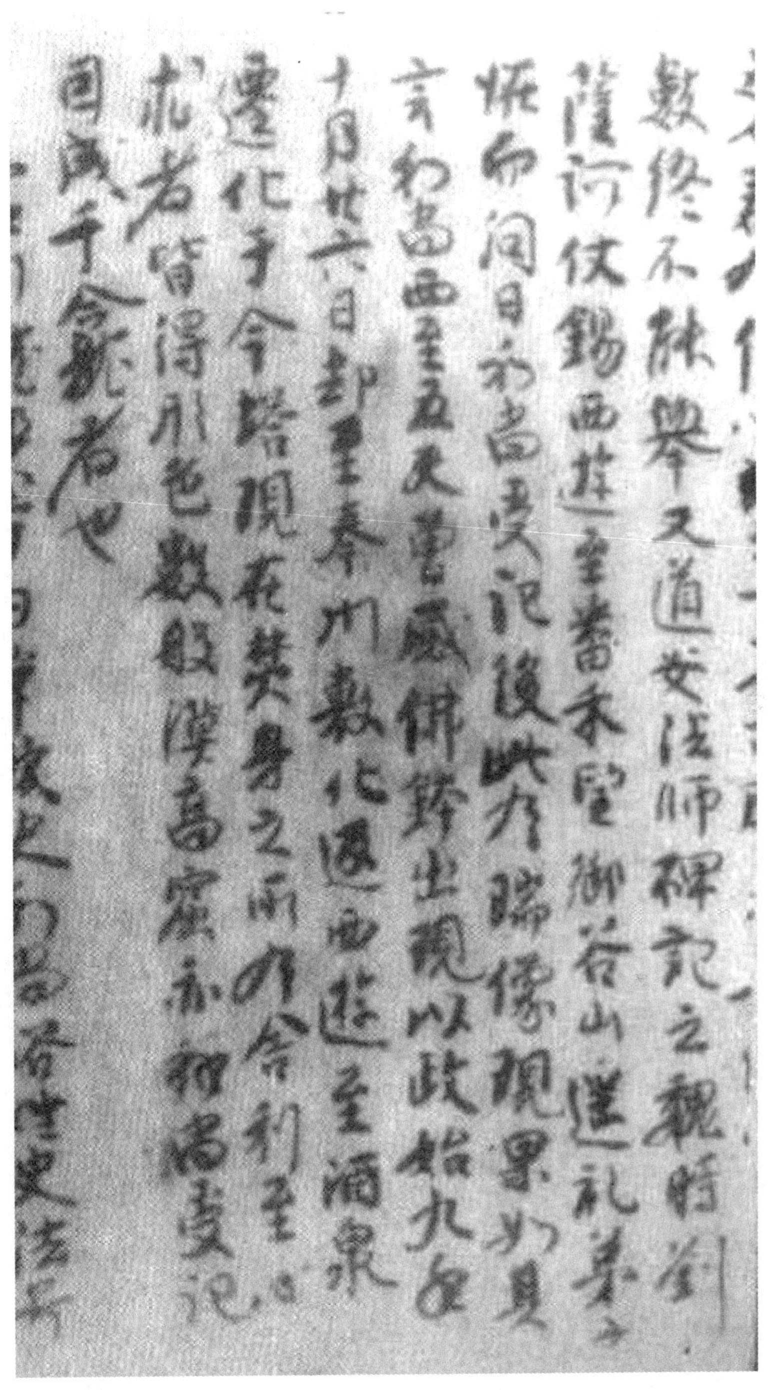

[illegible]
數終不睹舉又道安法師碑記之魏時劉
薩訶仗錫西遊至番禾望御谷山遥禮其
怪而問曰和尚受記後此山瑞像現果如其
言和尚西至五天曾感佛鉢出現以此故始九
十月廿六日即至肅州數化遥西遊至酒泉
遷化于今塔現在焚身之所舍利至今
求者皆得形色數般漢高僧和尚受記
因感于今驗者也
[illegible]

图11

内容を詳細に紹介し、この論がたいへん勝れているので武帝はこれを敢えて排斥できず、廃仏論が一時中止された、と述べる。道宣のこうした史観について、塚本氏は、北周の廃仏の詳細な記録が唐代初期の公的な史籍の間に十分には留められていなかったらしいことと、仏道論争が再び激化した道宣の時代の状況のためであろうとするが、いずれにせよ、道宣にとっては、姚道安はまさに廃仏皇帝に抵抗した護法の英雄であったに違いないのである。

道宣にとってそうした位置づけであった道安が、番禾瑞像について碑文を遺したことは興味深く、だからこそ道宣が劉薩訶のこの事績に多大な関心を寄せて、著作に繰り返し取り上げることになったのだろうと、私は推測する。

四、結语

番禾瑞像が瑞像とされた所以は、劉薩訶の予言通りに山岩から自然に出現し、王朝や仏法の盛衰を未然に示す霊異にあった。それは、ちょうど正史の五行志の諸記事のように、治世の是非を映し出す天人相関説的性格を有した存在でもあった。それと同時に、辺境の地の民心を慰撫し、吉凶を予兆したり現世的利益をかなえる威徳力が期待されて、民衆統治の具としての役割も果たしたのであった。

そうした番禾瑞像の説話を喧伝した道宣の意図は、北周の廃仏の記憶に加え、初唐王朝の道先仏後政策や礼敬問題、仏道論争の激化など、仏教を取り巻く厳しい環境を背景に、為政者による仏法の擁護と尊崇を宣揚することにあったと考えられる。『三宝感通録』に引用された「周雖毀教不及此像」という釈道安碑の一節には、道宣自身の武帝への非難と護法の気概が重ねられているとみて、間違いないだろう。

凉州瑞像初始形象来源考

张小刚

（敦煌研究院考古研究所）

一、凉州瑞像概述

凉州瑞像是中古时期在中国本土产生并且较有影响的一种佛教瑞像。其原型是出现在凉州番禾县（今甘肃省金昌市永昌县）东北御谷山间的一尊佛像，故通常称这种造像为凉州瑞像。据唐代道宣《续高僧传》卷25《慧达传》记载：

（刘萨诃）至元魏太武太延元年（435年），流化将讫，便事西返，行及凉州番禾郡东北望御谷而遥礼之。人莫有晓者，乃问其故。达云："此崖当有像现。若灵相圆备，则世乐时康；如其有阙，则世乱民苦。"……尔后八十七年至正光（520—525年）初，忽大风雨，雷震山裂，挺出石像。举身丈八，形相端严，惟无有首。登即选石命工雕镌别头。安讫还落，因遂任之。魏道陵迟，其言验矣。逮周元年，治凉州城东七里涧，忽有光现，彻照幽显，观者异之，乃像首也。便奉至山崖安之，宛然符会。仪容雕缺四十余年，身首异所二百余里，相好还备，太平斯在。保定元年（561年）置为瑞像寺焉。乃有灯光流照，钟声飞向，相续不断，莫测其由。建德（572—578年）初年，像首频落，大冢宰及齐王躬往看之，乃令安处，夜落如故，乃经数十，更以余物为头，终坠于地。后周灭佛法，仅得四年，邻国殄丧，识者察之，方知先鉴。虽遭废除，像犹特立。开皇（581—600年）之始，经像大弘，庄饰尊仪，更崇寺宇。大业五年（609年），炀帝躬往礼敬厚施，重增荣丽，因改旧额为感通寺焉。故令模写传形，量不可测，约指丈八，临度终异，致令发信弥增日新。余以贞观之初历游关表，故谒达之本庙。图像严肃，日有隆敬。自石、隰、慈、丹、延、绥、威、岚等州并图写其形，所在供养，号为刘师佛焉。因之惩革胡性，奉行戒约者殷矣。

见姚道安制像碑。[①]

相关记载还见于道宣《释迦方志》卷下[②]、道宣《集神州三宝感通录》卷中[③]、道宣《广弘明集》卷15[④]、道世《法苑珠林》卷13[⑤]等文献中。道宣详细记载了凉州瑞像的相关情况。这尊瑞像由北魏时圣僧刘萨诃（释慧达）所预言，它通过像首的完整与否，预示了北朝至隋代期间中国王朝与佛法的兴衰历程，具有较强烈的政治寓意。

仔细分析道宣著作中记载凉州瑞像的文字，剥去其神秘化的外衣，我们可以知道唐代道宣提供了如下历史资料：番禾县东北御谷山间的凉州瑞像大约在北魏孝明帝正光年间（520—525年）被雕造出来。创修之初时，其像身与像首就并非一体，像身为依崖雕凿，像首应该是另外雕成后安装在像身之上的，刚开始时，两者结合情况并不好，像首经常掉落下来。到北周初年时，在距离像身二百里的凉州城东七里涧重新雕刻一个像首，这个像首与像身结合得较好，保定元年（561年）因为此像而在当地修建了瑞像寺。建德年间（572—578年）像首频繁掉落，修复多次之后，重新制作了新的像首，后来新像首也掉落下来。隋代时又对佛像和寺院进行了较大规模的重修，使像身与像首重修成为一体。至于刘萨诃在北魏太武帝太延元年（435年）云游到番禾县东北御谷，预言此山间将有瑞像出现的故事，可能是当地存在此佛像以后，民间对此佛像的历史进行附会而形成的传说。我们认为道宣记述凉州瑞像时，提到的几个具体时间点可能不是随意确定的。例如道宣指出刘萨诃作预言的时间在太延元年（435年），太延年间较为重大的历史事件是太延五年（439年）北魏灭北凉，即《魏书》卷114《释老志》记载的“太延中，凉州平，徙其国人于京邑，沙门佛事皆俱东，象教弥增矣”[⑥]。这是中国佛教史上的一件大事，反映了凉州佛教对北魏统治中心区域佛教发展的深远影响。又如道宣提到北周武帝建德年间（572—578年）像首频繁掉落，这应该与这个时期凉州发生大地震的史实有关。道宣将北周武帝的灭法事件与这个现象联系起来，认为两者之间具有因果关系[⑦]。

较早记载刘萨诃事迹的历史文献是梁代慧皎《高僧传》卷13的《慧达传》，但《高僧传》中主要记述的是刘萨诃在南方吴越地区巡礼圣迹、发现圣物等宗教活动，没有记

---

①《大正新修大藏经》(以下简称《大藏经》)第50册，东京：大藏出版株式会社，1988年，第644—645页。

②《大正藏》第51册，东京：大藏出版株式会社，1988年，第972页。

③《大正藏》第52册，东京：大藏出版株式会社，1988年，第417页。

④《大正藏》第52册，东京：大藏出版株式会社，1988年，第202页。

⑤《大正藏》第53册，东京：大藏出版株式会社，1988年，第387页；(唐)道世撰，周叔迦、苏晋仁校注：《法苑珠林校注》第2册，北京：中华书局，2003年，第465—466页。

⑥(北齐)魏收：《魏书》，北京：中华书局，1974年，第3032页。

⑦张善庆：《凉州建德大地震与番禾瑞像信仰的形成》，《敦煌学辑刊》2011年第3期。

载刘萨诃在凉州预言当地将有瑞像出现的故事[①]。比较全面记载刘萨诃在北方地区活动的文献是道宣《续高僧传》的《慧达传》。根据道宣的记载，凉州瑞像得以广泛传播应该与隋炀帝大业五年（609年）西巡河西时，亲历其地，更改寺名为感通寺，"令模写传形"的历史事件有直接的关系，由此"致令发信弥增日新"，所以道宣于"贞观之初历游关表"时，见到"石、隰、慈、丹、延、绥、威、岚等州并图写其形，所在供养，号为刘师佛焉"。由此可见，开始大量出现凉州瑞像造像的时间应该在隋末唐初。初唐时，通过道宣等人的宣传，则可能促进了凉州瑞像的进一步传播。

文献上虽然记载了此像"举身丈八，形相端严"，但没有说明其具体的造像形象及其特征。学者们根据敦煌发现的塑像与绘画资料，总结出它的标准形式：一尊立佛，右臂直垂，右手掌心朝外，左手于胸前握袈裟的衣角，身后多绘塑裂开的山崖[②]。佛像周围一般绕以山崖，表示出"雷震山裂，挺出石像"的场景。现存的相关造像，年代较早在唐代前期（初唐、盛唐），较晚的在西夏至元代。随着时代的发展，这种造像在形式上也有所变化[③]。

甘肃省永昌县县城西北12.5公里的后大寺，现在已改名为圣容寺，寺内存有依山刻凿的有身无首的石像一躯，高约6米（图1），另有一佛头现存于永昌县博物馆（图2），身躯与佛头的石质不同，佛头可能是北朝晚期重修时雕造的。孙修身先生认为这尊石佛像可能就是初唐以后凉州瑞像造像的原型[④]。经过长年的侵蚀，现在石像的细部已经难以辨识，只能隐约看出原来应该是一身立像。

---

① （梁）慧皎撰，汤用彤校注：《高僧传》，北京：中华书局，1992年，第477-479页。

② 史苇湘：《刘萨诃与敦煌莫高窟》，《文物》1983年第6期；孙修身、党寿山：《凉州御山石佛瑞像因缘记考释》，《敦煌研究》1983年创刊号；孙修身：《莫高窟佛教史迹故事画介绍（三）》，《敦煌研究》1982年试刊第2期；孙修身：《莫高窟佛教史迹故事画考释（五）》，《敦煌研究》1985年第3期；孙修身：《莫高窟的佛教史迹故事画》，见敦煌文物研究所编：《中国石窟·敦煌莫高窟（四）》，北京：文物出版社，1987年，第204-213页；孙修身：《敦煌石窟全集·佛教东传故事画卷》，香港："商务印书馆"，1999年，第144-164页；霍熙亮：《莫高窟第72窟及其南壁刘萨诃与凉州圣容佛瑞像史迹变》，《文物》1993年第2期；〔英〕韦陀（Roderick Whitfield）：《高僧刘萨诃与敦煌壁画》（The Monk Liu Sahe and the Dunhuang Paintings），《东方月刊》（Orientations）1989年第3期；〔日〕肥田路美著，牛源译：《凉州番禾县瑞像故事及造型》，《敦煌学辑刊》2006年第2期；〔美〕巫鸿：《再论刘萨诃——圣僧的创造与瑞像的发生》，见巫鸿著，郑岩、王睿译：《礼仪中的美术——巫鸿中国古代美术史文编》下册，北京：生活·读书·新知三联书店，2005年，第431-454页；拙作：《凉州瑞像在敦煌——体现地方性的一种瑞像实例》，见《魏晋南北朝隋唐史资料》第26辑，2010年。

③ 拙作：《凉州瑞像造像研究》，见《2014敦煌论坛：敦煌石窟研究国际学术研讨会论文集》，敦煌：2014年，第265-271页。

④ 孙修身：《刘萨诃和尚事迹考》，见敦煌文物研究所编：《1983年全国敦煌学术讨论会文集·石窟艺术编》上册，兰州：甘肃人民出版社，1985年，第272-310页。

图1　永昌圣容寺凉州瑞像石雕像　北魏

图2　永昌县博物馆藏石雕佛头像　北周

二、凉州瑞像分布地域及类型

现存较早的凉州瑞像造像多是唐代前期的作品。已发现唐代前期凉州瑞像造像遗存的地区主要有古代凉州地区、古代敦煌地区以及其他地区。

古代凉州地区发现的唐代前期的凉州瑞像造像，主要有永昌县博物馆在当地征集的数件凉州瑞像石雕像（图3、图4、图5）与甘肃省博物馆收藏的圣历元年（698年）石佛（图6）[①]，前者出土于凉州瑞像的发源地永昌县，后者出土于距永昌县不远的古浪县。

图3　永昌县博物馆藏青龙山出土凉州瑞像石雕像　唐前期

图4　永昌县博物馆藏凉州瑞像石雕像　唐前期

① 文静、魏文斌:《唐代石雕刘萨诃瑞像初步研究》,《华夏考古》2011年第2期。

图5　永昌县博物馆藏凉州瑞像石雕像　唐前期

图6　甘肃省博物馆藏凉州瑞像石雕像
武周圣历元年(698年)

图7　莫高窟第203窟西壁龛内凉州瑞像塑像　初唐

古代敦煌地区发现的唐代前期的凉州瑞像造像，主要有莫高窟第203窟（图7）、第300窟的主尊塑像（图8）及第323窟原来的主尊塑像，莫高窟第332窟中心柱北向面（图9）与第448窟中心柱西向面的画像，瓜州榆林窟第28窟中心柱北向面龛内的塑像（图10），榆林窟第17窟中心柱东向面龛内的塑像，斯坦因所劫藏经洞出土的刺绣图（Ch.00260）（图11）与绢画《瑞像群图》（Ch.xxii.0023）上的凉州瑞像图（图12）[①]等。

① 索伯(Alexander Cobum Soper):《敦煌的瑞像图》(Representations of Famous Images at Tun-huang),《亚洲艺术》(Artibus Asiae),1964—1965年第27卷第4期。

图8　莫高窟第300窟西壁龛内
凉州瑞像塑像　盛唐

图9　莫高窟第332窟中心柱北向面凉州瑞像
唐前朝

图10　榆林窟第28窟中心柱北向面龛内
凉州瑞像塑像　初唐

图11　敦煌刺绣Ch.00260凉州瑞像图　唐前期

图12　敦煌绢画Ch. xxii. 0023
凉州瑞像图　盛唐

图13　马蹄寺千佛洞石窟第6窟西壁凉州瑞像石雕像　唐代(采自甘肃省文物考古研究所编《河西石窟》图版141)

其他地区发现的唐代前期的凉州瑞像造像比较零星。张掖市肃南裕固族自治县马蹄寺石窟群的千佛洞第6窟原来的主尊石雕像可能是凉州瑞像（图13）[①]。肥田路美教授认为山西省博物馆藏开元二十五年（737年）石雕像即凉州瑞像（图14），说明这个时期凉州瑞像不仅分布在河西地区，也传到了山西地区。肥田路美教授还认为现存日本高野山亲王院白凤时代（660—710年前后）的金铜如来像也是凉州瑞像（图15），说明这个时期凉州瑞像就流传到了日本[②]。笔者认为四川安岳卧佛院第64号龛内的石雕像可能不是凉州瑞像，卧佛院第49号龛内的雕像（图16）与安岳千佛寨第56号窟主尊石雕像则可能为凉州瑞像，说明这个时期凉州瑞像也传到了四川地区。

这个时期除了单尊的凉州瑞像造像以外，不少凉州瑞像作为窟龛的主尊造像或者作为一铺造像的主尊，两侧侍立二菩萨，或二弟子，或二菩萨与二弟子，或四菩萨等。单尊造像主要有背屏高浮雕与圆雕两种形式，前者主要是永昌县博物馆藏数件凉州瑞像石雕像与甘肃省博物馆藏圣历元年（698年）凉州瑞像石佛，后者主要是山西省博物馆藏开元二十五年（737年）石雕凉州瑞像与高野山亲王院白凤时代（660—710年前后）的金铜如来像。作为窟龛主尊造像的遗迹有敦煌莫高窟第203、300、323窟以及四川安岳卧佛院第49号龛与千佛寨第56号窟。在莫高窟第332、448窟与瓜州榆林窟第28、17窟内以及敦煌刺绣图（Ch.00260）上凉州瑞像则作为一铺造像的主尊而存在，其中莫高窟第332窟的凉州瑞像位于中心柱的左侧面，莫高窟第332窟与榆林窟第28、17窟的凉州瑞像则位于中心柱的后侧面。在莫高窟第203、332、448窟内凉州瑞像两侧或塑或绘二菩萨，在瓜州榆林窟第28窟与马蹄寺石窟千佛洞第6窟内凉州瑞像两侧或绘或塑二弟子，在敦煌刺绣图（Ch.00260）上凉州瑞像两侧绘二菩萨与二弟子，在四川安岳千佛寨第56号窟内凉州瑞像两侧各雕出两身立菩萨像。

根据凉州瑞像的袈裟褶纹，可以将上述凉州瑞像遗存大致分成两类。第一类的袈裟轻薄贴体，衣纹线条密集，袈裟衣领处多装翻卷作连弧形纹或连三角形纹，左臂外缘有一周翻卷的衣纹，衣下摆紧贴左腿外侧，形成相连的两道翻卷成连弧形纹或连三角形纹的衣纹而垂下，裆部即两腿之间的袈裟衣纹作“U”字形下垂，两大腿正面的袈裟衣纹呈“人”字形，两小腿止面的袈裟衣纹亦作“U”字形下垂。这个时期在古凉州地区与古敦煌地区发现的凉州瑞像造像多为此类。第二类的袈裟较厚重，未透映出袈裟下身体的轮廓，袈裟的两下摆汇合于裆部偏左腿处。山西省博物馆藏石雕凉州瑞像、高野山亲王院金铜如来像、安岳卧佛院第49号龛内的雕像属于此类。另外，马蹄寺石窟千佛洞第6窟原来的主尊石雕像似着轻薄贴体、无褶纹的袈裟，与上述两类袈裟均不相同，但是此袈裟是否是洞窟开凿时的原始形态已难以考证。需要指出的是，马蹄寺石窟群在张掖

① 张善庆：《甘肃张掖市马蹄寺千佛洞凉州瑞像再考》，《四川文物》2009年第3期。

②〔日〕肥田路美著，牛源译：《凉州番禾县瑞像故事及造型》，《敦煌学辑刊》2006年第2期。

图14　山西省博物馆藏凉州瑞像石雕像　开元二十五年(737年)

图15　日本高野山亲王院凉州瑞像金铜像　白凤时代(660—710年前后)

图16　四川安岳卧佛院第49号龛凉州瑞像石雕像　盛唐

东南部地区，与永昌县也相距不远。

这个时期的凉州瑞像绝大多数着袒右袈裟，仅有个别造像如安岳卧佛院第49号龛内的雕像为偏衫式袈裟。这个时期的凉州瑞像造像身体健硕，宽肩，早期肩部较方，晚期肩部微溜，腋下空隙较大，除了安岳卧佛院第49号龛内的雕像等少数遗存以外，造像直垂的右臂一般不紧贴身体。

这个时期在古凉州地区与古敦煌地区发现的凉州瑞像造像有的身体向后倾斜作靠状，多数周围都有一圈山峦作为背景，表示此瑞像神奇出现时的位置或环境，圣历元年（698年）石佛背屏边缘雕刻的山峦之间还有四身坐姿禅僧。在永昌县发现的有一些凉州瑞像石雕的背光上分布有数身小化佛，在敦煌地区仅绢画Ch.xxii.0023上的凉州瑞像右肩上方的背光上存有一身小化佛。

古凉州地区与古敦煌地区发现的唐代前期大多数凉州瑞像遗存应该都属于典型的早期凉州瑞像造像的形象：一尊立佛，着袒右袈裟，袈裟轻薄贴体，衣纹线条密集，袈裟衣领处多装翻卷作连弧形纹或连三角形纹，左臂外缘有一周翻卷的衣纹，衣下摆紧贴左腿外侧，形成相连的两道翻卷成连弧形纹或连三角形纹的衣纹而垂下，裆部即两腿之间的袈裟衣纹作“U”字形下垂，两大腿正面的袈裟衣纹呈“人”字形，两小腿正面的袈裟衣纹亦作“U”字形下垂，身体健硕，宽肩，腋下空隙较大，右臂直垂，右手掌心朝外，左手于胸前握袈裟的衣角，身后多绘塑裂开的山岩。从古凉州地区与古敦煌地区发现的为数不少的凉州瑞像造像遗存可以看出，在唐代前期至少这两个区域的凉州瑞像造像是有一定之规的，古敦煌地区的凉州瑞像造像应该是来源于古凉州地区。由此可以看出，凉州瑞像可能是在古凉州地区形成了较为固定的造像模式后再向外传播到敦煌等地的，唐代前期敦煌发现的凉州瑞像造像则基本上采用和遵循了从凉州传来的凉州瑞像的造像模式。

三、凉州瑞像创制的渊源

那么，在凉州地区出现的凉州瑞像又是如何创制的呢？我们知道凉州瑞像不是一种从印度传来的瑞像，而是并州西河离石（今山西省吕梁市离石区）僧人刘萨诃云游至凉州番禾县东北御谷山间时，预言八十余年后即北魏孝明帝正光年间（520—525年）从此地山中神奇出现的一身佛像，也就是说它是由中国本土僧人预言并且在中国本土产生的一种瑞像。在造像形象上，本土产生的凉州瑞像应该属于中国民间创造的一种佛教造像，与直接从印度传来图样的瑞像应当有所不同。中国佛教信徒和工匠要创造一种瑞像的造像，当然不能随意制作，必须有一定的依据和宗教内涵。造像设计时需要考虑到多个方面，首先，既然是瑞像，应该与一般的佛像有所区别，有一定的特异性以便容易辨识；其次，为了体现瑞像造像的权威性，应当借鉴一些印度或者中国的具有代表性的佛教造像特征或因素。

我们发现云冈石窟第18窟的主尊像可能与凉州瑞像存在一定的关系。云冈石窟第18窟平面略呈横长方形，穹隆顶，正壁的主尊佛像是一身大立像，高15.5米，昂首挺立，身躯雄壮，气势宏伟，内着僧祇支，外着偏衫式袈裟（由于右肩之上的袈裟较薄，所以从下往上看，略似袒右袈裟），袈裟轻薄贴体，上半身表面布满小化佛，袈裟衣纹线条密集，袈裟衣领处装翻卷作连弧形纹或连三角形纹，裆部即两腿之间的袈裟衣纹作“U”字形下垂，两大腿正面的袈裟衣纹呈两三道直线，两小腿正面的袈裟衣纹亦作“U”字形下垂，身体健硕，宽肩，腋下空隙较大，右臂直垂，右小臂已毁，左手于胸前握袈裟的衣角（图17、图18），主尊两侧各立一尊胁侍菩萨像，左右壁各立一身佛像，立佛均着通肩袈裟，右手于胸前作说法印或施无畏印，左手均下垂把袈裟（图19、图20）。在云冈石窟第20窟主尊身上也可以明显看到第18窟主尊袈裟衣领处装翻卷作连弧形纹或连三角形纹的衣褶形式（图21）。云冈石窟第18窟的主尊造像的形象比较奇特，这是学术界所公认的。我们认为除了应当注意这尊佛像袈裟表面的众多小化佛以外，它的其他造像特征也应该引起重视，如身体的姿势、双手印相或持物与袈裟的衣纹等方面，而这些特征与我们在古凉州地区与古敦煌地区发现的唐代前期的凉州瑞像造像遗存的特征具有较多的相似性，包括作为主尊的是一身立佛像，两侧各有一身胁侍菩萨；主尊立佛左手于胸前把袈裟，右手垂于身体侧面；袈裟衣领处装翻卷作连弧形纹或连三角形纹，裆部即两腿之间的袈裟衣纹作“U”字形下垂，两小腿正面的袈裟衣纹亦作“U”字形下垂；立佛身体健硕、宽肩等造像特征。第18窟属于云冈石窟最早开凿的昙耀五窟之一，由北魏沙门统昙耀在和平初年（460—465年）负责开凿，昙耀早期在河西地区的佛教中心凉州一带活动，凉州佛教及其艺术应该对云冈早期石窟的开凿及其造像的制作都产生了较大的影响①，所以云冈石窟第18窟主尊立佛的多种造像特征可能是来源于凉州地区。根据道宣在《续高僧传》中的记载，刘萨诃对凉州瑞像作预言的时间在北魏太武太延元年（435年），87年后，到北魏正光年间（520—525年）时，番禾县东北御谷山间才应验出现了凉州瑞像的造像。正光年间时，云冈石窟第18窟早已雕造完成并应当广为人知，这个时候在番禾县雕造的凉州瑞像，其造像特征是来源于凉州本地的造像传统还是受到云冈石窟第18窟的影响而产生的，我们现在已经不得而知，但是可以肯定的是，两者之间一定具有某种联系。

① 宿白：《凉州石窟遗迹与“凉州模式”》，《考古学报》1986年第4期；宿白：《平城实力的集聚和“云冈模式”的形成与发展》，见云冈石窟文物保管所：《中国石窟·云冈石窟（一）》，北京：文物出版社，1991年，第176-197页。

图17　云冈石窟第18窟主尊立佛

北魏(采自石松日奈子《北魏佛教造像史研究》)

图 18　云冈石窟第 18 窟北壁立面图
北魏（采自水野清一等《云冈石窟》）

图 19　云冈石窟第 18 窟东壁立面图
北魏（采自水野清一等《云冈石窟》）

图 20　云冈石窟第 18 窟西壁立面图
北魏（采自水野清一等《云冈石窟》）

图21　云冈石窟第20窟主尊坐佛 北魏(采自石松日奈子《北魏佛教造像史研究》)

图22　吉美博物馆藏舍卫城神变像　2—3世纪（采自田边胜美、前田耕作《世界美术大全集·中亚》图版152）

图23　白沙瓦博物馆藏佛像　2—3世纪（采自田边胜美、前田耕作《世界美术大全集·中亚》图版118）

图24　民丰县喀拉萨依出土佛像　5世纪（采自《西域美术　大英博物馆藏斯坦因收集品》第3册彩色图版62）

云冈石窟第18窟主尊佛像与凉州瑞像都采用了左手把袈裟的形式，这是印度佛教造像尤其是犍陀罗艺术中常见的形式。在中亚地区出土的一些公元2—3世纪的舍卫城神变浮雕造像（图22）上，我们可以看到着厚重通肩式袈裟，左手下垂把袈裟衣角，右手于胸前施无畏印，脚下出水，双肩出火的立佛形象。除了舍卫城神变造像以外，犍陀罗艺术中还有一些释迦佛像也作手把袈裟形，而且这种形象的释迦像也传到了中国新疆地区，例如巴基斯坦白沙瓦博物馆所藏的2—3世纪的一尊立佛像（图23）与英国博物馆所藏的今和田地区民丰县喀拉萨依村（Karasai）出土的5世纪的立佛像（图24）就十分相似，在和田县买力克阿瓦提与墨玉县库木拉巴特出土的5世纪前后的影塑立佛像也多为这种形象[①]，在云冈石窟第18窟两侧壁各雕造的一身立佛也作左手下垂把袈裟的形式，可见今新疆及其以东地区的手把袈裟形立佛像应该都来源于犍陀罗造像。手把袈裟形立佛像在犍陀罗艺术中具有一定的普遍性。这种形象作为古代印度佛教造像的一种形式又具有一定的权威性，所以瑞像采用左手把袈裟的这种形式是可以理解的。但是与犍陀罗手把袈裟形佛像不同的是，在云冈石窟第18窟主尊佛像与凉州瑞像造像上，把袈裟的左手的位置出现了上移的情况，从左腿侧面抬到了胸前，这可能是中国工匠在设计一类特殊造像时有意做出的变化。云冈石窟第18窟主尊佛像的右臂前部已经残毁，但是仍然可以看出右臂原来应该是垂在身体侧面的形式。从现存唐代前期的凉州瑞像遗存来看，凉州瑞像的右臂也是伸直垂于体侧的，而且右手掌心朝外作与愿印。用与愿印来表示瑞像与信徒之间在精神上的互动关系是比较容易理解的。但需要指出的是，与愿印一般多作屈肘和掌心朝上的形式，手臂伸直且掌心朝外的与愿印属于比较特殊的一种形式。这种右手直垂、掌心朝外作与愿印的形式与正面的立佛像相结合，在唐代以后成了凉州瑞像的一个标志性特征。我们在敦煌唐代前期的西方净土变中还发现了与这个时期的凉州瑞像在形象上有一定相似性的图像，如莫高窟初唐第321窟主室北壁西方净土变中有一身作行走状的阿弥陀佛，身体微侧，着袒右袈裟，左手于胸前把袈裟，右臂屈肘下垂，右手作与愿印（图25）。唐代前期的凉州瑞像均着袒右袈裟，从北朝到唐初作为主尊的佛像一般多着偏衫式袈裟或通肩袈裟或双领下垂式袈裟，只有少数着袒右袈裟。凉州瑞像采用袒右袈裟的形式，反映出它的与众不同。另外，云冈石窟第18窟主尊佛像与凉州瑞像的袈裟表面密集整齐呈“U”字形下垂的褶纹，则很可能也借鉴了犍陀罗佛像衣纹的处理方式。

① 贾应逸、祁小山:《佛教东传中国》,上海:上海古籍出版社,2006年,第44-47页,图版46、51。

图25　莫高窟第321窟主室北壁
西方净土变中行走状的阿弥陀佛　初唐

四、结语

唐代前期的凉州瑞像遗存应该是对番禾县凉州瑞像原型造像的“模写传形”，除了佛像本身以外，大多数还在瑞像身后绘塑出裂开的山岩，表示凉州瑞像是经过雷震山裂，从山中挺出的石像，与凉州瑞像在御谷出现时的传说故事相符合。在凉州瑞像身后绘塑出裂开的山岩，从唐代前期开始已经成为凉州瑞像复制品的一个造像特征。

在云冈石窟第18窟内，右手下垂，左手于胸前把袈裟的立佛像作为洞窟的主尊，两侧还各站立一身胁侍菩萨像。根据现在发现的唐代前期的凉州瑞像遗存，除了单尊的凉州瑞像造像以外，不少凉州瑞像作为窟龛的主尊造像或者作为一铺造像的主尊，两侧侍立二菩萨，或二弟子，或二菩萨与二弟子，或四菩萨等。作为窟龛主尊造像的遗迹有敦煌莫高窟第203、300、323窟以及四川安岳卧佛院第49号龛与千佛寨第56号窟。在莫高窟第332、448窟与瓜州榆林窟第28、17窟内以及敦煌刺绣图（Ch.00260）上凉州瑞像则作为一铺造像的主尊而存在，而且莫高窟第332窟的凉州瑞像位于中心柱的左侧面，莫高窟第332窟与榆林窟第28、17窟的凉州瑞像则位于中心柱的后侧面，占据着一个相对独立的壁面。在莫高窟第203、332、448窟内凉州瑞像两侧或塑或绘二菩萨，在瓜州榆林窟第28窟与马蹄寺石窟千佛洞第6窟内凉州瑞像两侧或绘或塑二弟子，在敦煌刺绣图（Ch.00260）上凉州瑞像两侧绘二菩萨与二弟子，在四川安岳千佛寨第56号窟内凉州瑞像两侧各雕出两身立菩萨像。我们这里姑且不论云冈石窟第18窟主尊佛像的宗教属性，只对凉州瑞像进行分析。我们认为唐代前期，凉州瑞像已经具有相当独特的地位。通常情况下一个窟龛或一铺造像的主尊像当为释迦牟尼佛或弥勒佛等佛，同时在两侧配置弟子或胁侍菩萨等侍从像。凉州瑞像作为一种瑞像占据了佛的位置，成为一铺造像的主尊尤其是成为一个窟龛的主尊，而且也在两侧绘塑出侍立弟子或菩萨像，说明凉州瑞像已经可以直接取代佛的造像，代替佛陀来教化众生，在宗教内涵上已经不仅仅是一种瑞像的造像，而是具有佛的法身的性质，其影响力由此可见一斑。

总之，凉州瑞像是在中国本土产生的一种佛教瑞像，凉州瑞像的初始形象与云冈石窟第18窟主尊佛像具有一定的相似性。在中古时期凉州瑞像曾经长期流传于中国广大地区，其影响之大，流行时间之长，宗教与政治内涵之丰富，发展过程中形象细节之变化多样，在中国中古时期流行的诸多瑞像中都是非常具有代表性的。

再考莫高窟第323窟本尊

——论非凉州番禾瑞像的可能性

滨田瑞美

（横浜美術大学）

1. 序

莫高窟第323窟は唐代に造営された石窟で、周壁の壁画の内容が非常にユニークなことで有名である。正面龕内も壁一面に塑造の山岳がつくられており、独特な様相を示している。龕内には一倚坐仏二比丘二菩薩の塑像をあらわすが、一見して分かるように各像は後世の補修を受けている。

この正面龕の主題については、後述するように、涼州番禾瑞像とする説があり、現在もなおその説が踏襲される傾向にある。すなわち、この独特な山岳塑壁の存在と、窟内の壁画の内容との関連とを理由とし、龕内塑像が完全に改作されたもので当初は龕壁に倚って立つ形式とみなすのである。しかし、龕内の主尊像が立像から坐像へという大胆な改作を経たものであると考えるのは果たして妥当だろうか。

本稿ではまずこの点について検証を行い、第323窟の正壁龕内の主尊が基本的に現状と同じ倚像の姿とみられることを呈示する。さらに、山岳を伴う如来倚坐像についての図像解釈を行いつつ、本尊と南北壁画との有機的な関係に論及していきたい。

2.本尊と龕内の概要

窟内正面の西壁は大龕を開き、壁面に塑造山岳をあらわす。中央に塑造の如来倚像、左右に比丘立像および菩薩立像各一体がつくられている。龕内の塑壁と塑像は表面に後補の彩色が施され、なかでも脇侍諸像の大きさは台座に比べて小さく、バランスを欠いており、清朝の後補作と考えられる。ただし本尊の如来倚像については、頭部と両手は後補であるが、体躯は基本的に当初とみられ、右手を挙げ左手を膝上に伏せ置く姿にあらわされている。『敦煌石窟内容総録』も、龕内の塑像のうち本尊のみ初唐で、脇侍の比丘・菩薩像および山岳塑壁を清朝の後補としている[①]。

① 『敦煌石窟内容総録』P.132（敦煌研究院編，1996年）。

3.先行研究と問題の所在—立像から倚像への改作についての疑問

巫鴻氏は、本尊は後補作で、もとは現状の倚像ではなく、莫高窟第203窟（初唐）や第300窟（盛唐）の正面龕内などにあらわされる特殊な立像「涼州番禾瑞像」であった可能性を指摘している①。涼州番禾瑞像とは、左手を胸前におき衣端をとって右手を垂下させ、山壁に倚って立つという特徴的な姿をあらわし、中国西北部の涼州番禾県の岩山が裂けて出現したという説話を伴う瑞像である②。巫鴻氏は、第323窟の西龕内の山岳塑壁と、同窟南北両壁が瑞像を主題とすることを根拠に、同窟の本尊倚像も本来は塑壁に倚り立つ涼州番禾瑞像であったと考えたのである。この巫鴻氏の見解は、その後とくに疑問が呈されることはなく、最近も顔娟英氏によって、本尊が涼州番禾瑞像であるという前提の上で第323窟壁画の考察が進められている③。

たしかに第323窟の南北壁には、後述するように幾種もの説話図が描かれており、その中には瑞像に関する図が二種ある。それらは南壁に描かれる過去二仏像および阿育王像の出現図で、このエピソードは涼州番禾瑞像と関連の深い劉薩訶の伝記にも記されている。このことは本尊が涼州番禾瑞像であったとする根拠にもなり得よう。しかし、劉薩訶の伝記の中では、それら仏像の出現の話は、各仏像の由来として付記される形に過ぎず、像の出現と劉薩訶との直接的な関係はない。したがって仏像出現の場面を描く南壁の図に劉薩訶との密接な関連を認めることは難しい。また、本窟の南北壁には瑞像の他にも舎利出現や僧侶・皇帝にまつわる感応図が、東壁には禁戒図が描かれている。このように、本窟の壁画において決して瑞像のみが特に際立った主題としてあらわれてはいないことを考慮するならば、本窟正面龕内の本尊にことさら涼州番禾瑞像を想定する必然性は小さいように思われる。

一方、西龕内に立体的にあらわされた山岳塑壁については、これが基本的に当初のものとする史葦湘氏の見解④があり、巫鴻氏もこれを支持している。事実、龕口の外側の西壁にも山岳図が描かれており、山岳の上部には緑青の彩色が認められるが、こうした山岳の彩色表現が南北壁に描かれる山岳表現と同様であることから、西壁龕口左右の山岳図も当初の壁画と考えられる。また、龕内の山岳塑壁は彩色や装飾の盛り

① 巫鴻「敦煌323窟與道宣」(『寺院財富與世俗供養』2003年12月)。

② 涼州番禾瑞像については、肥田路美「涼州番禾県瑞像の説話と造形」(『佛教藝術』217号、1994年11月)、同『初唐仏教美術の研究』(中央公論美術出版、2011年)第二部第四章「瑞像の政治性」、孫修身・堂寿山「涼州御山石佛像因縁記考釈」(『敦煌研究』1983年創刊号)張小剛『敦煌佛教感通画研究』(甘粛教育出版社、2015年)第八章「涼州瑞像在敦煌」等、多くの研究がある。

③ 顔娟英「從涼州瑞像思考敦煌莫高窟323窟、332窟」(『東亞考古學的再思—張光直先生逝世十週年紀念論文集』台北・中央研究院歴史語言研究所、2013年10月)。

④ 史葦湘「劉薩訶与敦煌莫高窟」(『文物』1983年6期)。

加減などに改変を経ているが、菩薩像や比丘像の台座は本尊台座と同じく当初と考えてよいと思われる。それら台座との連繫を考慮するとき、本窟造営当初も龕内一面に立体的な山岳が塑造であらわされていた可能性は高いだろう。とすれば、この山岳塑壁の存在を根拠として、本尊として涼州番禾瑞像を連想したくなるのも理解できる。

しかし、だからといって現状の倚像が涼州番禾瑞像のような立像を改作したものと解することが妥当であるか疑問である。果たしてその坐勢まで後補とみなし得るだろうか。第203窟や第300窟などのように涼州番禾瑞像を龕内の塑像であらわす場合、その仏龕はかなり浅い。それに比べ、第323窟の正面龕は奥行きが深い。龕頂に大きく描かれている宝蓋も当初とみられることから、後補の段階で龕を深く彫り込んだとも考え難い。仏龕の深さも当初から改変されていないだろう。この現在の龕の奥まった壁面に、倚って立つ仏像が造られていたと考えることもできなくはないが、本尊がもと涼州番禾瑞像であったならば、そのような特徴的な立像の姿をわざわざ倚像に大きく改造するような状況を、そもそも想定することは困難と思われる。したがって本尊は、たとえ身体部に表面的な補修が施されていたとしても、本来の姿も現状と同じく倚像であったと考えるのが自然なのではなかろうか。

4.弥勒仏と塑壁の関係

ここで本尊が当初から如来倚像であり、唐代における如来倚像が一般に弥勒仏と考えられることを踏まえるならば、本尊の尊格も弥勒仏と想定するのが自然であろう。加えて山岳表現も当初からあったとみるならば、第323窟の西龕は弥勒仏および比丘・菩薩が山中にいる情景をあらわしていると考えられる。さらに、本尊が右手を挙げ説法相をとることに留意するとき、「弥勒仏が比丘・菩薩とともに山中において説法する」という表現には、どのような意味が込められていると考えられるだろうか。

敦煌の唐代石窟においてこのような仏龕は珍しく、山岳と弥勒仏の組み合わせは一見特異な表現とも感じられる。しかし、鳩摩羅什訳『彌勒大成佛經』では、以下のように説く。

爾時彌勒佛。與娑婆世界前身剛強衆生及諸大弟子。俱往耆闍崛山到山下已。安詳徐步登狼跡山。到山頂已舉足大指躡於山根。是時大地十八相動既至山頂彌勒以手兩向擘山如轉輪王開大城門。爾時梵王持天香油灌摩訶迦葉頂。油灌身已擊大揵椎。吹大法蠡。摩訶迦葉即從滅盡定覺。齊整衣服偏袒右肩。右膝著地長跪合掌。持釋迦牟尼佛僧迦梨。授與彌勒而作是言。大師釋迦牟尼多陀阿伽度阿羅訶三藐三佛陀。臨涅槃時以此法衣付囑於我。令奉世尊[①]。

すなわち、龍華樹の下で弥勒仏の三度の説法が行われた後、弥勒は衆生や弟子た

---

①『大正蔵』巻14、P.433b。

ちとともに狼迹山（鶏足山）に往き、そこで禅定していた大迦葉から釈迦の僧伽梨を託されると説かれており、山中に居る弥勒仏の表現は、釈迦から大衣を付嘱された迦葉とのやり取りを連想させる。

敦煌の弥勒下生経変においても、盛唐以降、山中での迦葉の禅定や袈裟を託す場面がしばしば描き込まれる。初唐期の弥勒下生経変では弥勒説法の場が浄土の表現となっているが、盛唐期の莫高窟第445窟の弥勒経変は、迦葉の禅定などの添景場面だけでなく、主要場面である三会説法全体を山岳景が取り囲んでおり、各説法も山並で区画されている。中央の弥勒仏の台座は直に草の生えた土の上に置かれており、その前で礼拝したり剃髪したりする人物たちと同じレベルに坐している。肥田路美氏は、大画面変相図における山岳景が地上世界である此岸であることをあらわすモチーフであると論ずるなかで、莫高窟第四四五窟の弥勒経変についても、弥勒仏の出世がこの地上世界の風景の中においてであることを印象付ける画面構成であると指摘している[①]。

興味深いのは、竺法護訳『彌勒下生經』に以下のように説かれることである。

大迦葉於彼山中住。又彌勒如來將無數千人衆。前後圍遶往至此山中。遂蒙佛恩。諸鬼神當與開門。使得見迦葉禪窟。是時彌勒。申右手指示迦葉告諸人民。過去久遠釋迦文佛弟子。名曰迦葉。今日現在頭陀苦行最爲第一。是時諸人見是事已歎未曾有。無數百千衆生。諸塵垢盡得法眼淨。或復有衆生見迦葉身已。此名爲最初之會。九十六億人皆得阿羅漢。……彌勒如來當取迦葉僧伽梨著之。是時迦葉身體奄然星散[②]。

すなわち、弥勒仏の初めての説法が大迦葉の禅定する山で行われ、弥勒が迦葉の僧伽梨を受け取り、これを着けた時、迦葉の身体は突然星散したと説かれている。弥勒の初説法と山中の迦葉禅譲および衣の授受とが同場面の中で展開するこの経説は、山岳塑壁の中で比丘・菩薩を伴って説法する第323窟の龕内表現の典拠と捉えることも可能であろう。莫高窟第33窟（盛唐）の弥勒経変も、切り立つ山岳景が中央の弥勒仏と諸像を左右から囲むようにあらわされている。こうした弥勒経変図にみられる山岳図が、弥勒仏を主尊とする第323窟の仏龕内では立体的な塑壁としてあらわされたと考えてよかろう。そしてそれは、仏龕内の弥勒仏が、龕前の観者と同じ現実の地上世界に居ることを強調するとともに、弥勒の初会説法の場面を観者に想起させ、さらに弥勒が大迦葉を介して釈迦から付嘱された存在であることを暗示させる表現でもあったと推測される。

① 肥田路美『初唐仏教美術の研究』(中央公論美術出版、2011年)第三部第二章「大画面変相図における山岳景」参照。

②『大正蔵』巻14、P422bc。

5.本尊と南北壁画との関係

本尊を弥勒仏とみるとき、本尊と南北壁画の内容との有機的な関係が指摘できる。南北壁には主に中国における仏教興隆の歴史に関する図が描かれている。

南壁には、過去二仏と阿育王像（釈迦仏）の中国江南の水中からの出現、そして曇延が『涅槃經』を講義したことによって舎利塔が光を放つ場面が、向って右から左に進むような画面構成で描かれている。すなわち、過去から現在、そして涅槃、という仏法の時間の流れが窟内において意識されており、その延長として本尊に未来世をあらわす弥勒仏が居るのは無理なく理解できる。

一方、北壁は、内容的に5ブロックに分けられるが、こちらも画面構成としては、向って右から左への方向を想定できる。向って右から、康僧会の舎利の感得、次に阿育王に関する事跡、仏図澄の事跡、釈迦の聖蹟、張騫西域出使の図が描かれている。南壁と同じように、中国における僧侶や仏像の伝来が描かれるなか、釈迦の聖蹟の場面は、釈迦の袈裟を洗う場面と袈裟を干した石を供養するというもので、内容的に唐突に感じられる。釈迦の聖蹟のうち、仏足でも仏鉢でも錫杖でもなく、わざわざ袈裟に関する内容が選択されたその要因は何だろうか。筆者は正面の本尊との関係が要因の一つであると思う。すなわち、山中にあらわされた本尊弥勒仏が、大迦葉を介して釈迦の袈裟を受け取るというイメージを内包しているということと、釈迦の袈裟にまつわる聖蹟図が側壁に描かれていることとに関連性を想定できよう。

さらには、南北壁に描かれる山岳景と龕内の山岳塑壁との連続性を踏まえるとき、本尊弥勒仏がこの地：東土中国に出世し、釈迦の衣を受け継ぎ、仏法が中国で実在し続けていくことを、立体のリアリティをもって表現しているとみられよう。

6.小結

本稿では、莫高窟第323窟の本尊について、これを涼州番禾瑞像とする従来説を検討し、当初の本尊も現状の倚像の姿であったと考えることに無理のないことを論述した。その上で、倚坐の如来像すなわち弥勒仏と周囲の山岳との関係、およびユニークな壁画内容との関連性について言及した。

もとより、先学諸氏が莫高窟第323窟の本尊を本来は涼州番禾瑞像であったと主張したのは、上述したように、莫高窟第203窟や第300窟など唐前期の石窟の正壁に山岳表現を伴う涼州番禾瑞像を立体にあらわす実例があることに加え、関連の壁画など、涼州番禾瑞像説話の影響とそれに基づく造像の流行が、唐代以降の敦煌石窟において濃厚に認められることにも起因しよう。第323窟本尊に関して、立像から坐像へという大胆な改作説が打ち出されたのも、諸氏の番禾瑞像および番禾瑞像研究に対する強い注目あってのことと考えられる。

ちなみに、涼州番禾瑞像を、岩崖を穿って開鑿する石窟に立体にあらわすということ自体、岩山が裂けて現れたという瑞像の再現効果を十分に示すものであったことを想像させる。その意味では、第323窟の本尊が山岳に囲まれていることもまた、それを石窟という場所に現れた本尊の表現として、意味深いものと考えられよう。

英藏敦煌文献《凉州御山感通寺圣容天上来(首题)残文》考释

公维章

（泰山学院历史文化学院）

英国伦敦印度事务部图书馆藏敦煌文献Ch.83.xi（IOL.C.121）《乾德六年僧道昭抄〈凉州御山感通寺圣容天上来〉（首题）残文》（以下简称《残文》）为目前所知仅有的一份记录凉州感通寺圣容瑞像的敦煌写本文献，共16行，残文主要涉及北周时期凉州感通寺的“塔寺”修建情况，其学术研究价值较高，不断引起了学者的关注。1994年，马德首次公布了此件文献，将其定名为《宋乾德六年修凉州感通寺记》，并指出此文献为记载五代、宋之际凉州感通寺营修的一篇重要文献[①]。日本肥田路美在其《凉州番禾县瑞像故事及造型》文后指出，“此文书对于研究曹氏归义军时期的（凉州感通寺）重修情况有重要的参考价值”[②]。1995年，宁可主编的《英藏敦煌文献（汉文佛经以外部分）》第14卷公布了此件文献的图版，并将其定名为《乾德六年六月廿二日僧道昭凉州御山感通寺圣容记》[③]。2012年，丁得天原样抄录了马德对该文献的录文，考察了此文献形成的历史背景，即唐末五代时期凉州及永昌政治环境的变迁，并对此敦煌文献所涉及的圣容寺寺名问题、写本的时代和年号问题、捐资修寺者的身份、感通寺营修情况等作了初步考释，认为该文献是一份记录北宋初营修感通寺的重要文献，对于考察圣容寺历代的营修和变迁具有非常重要的意义[④]。笔者通过精心研读，认为《残文》并非是反映宋初营修感通寺的文献，诸家对该文献的定名存在问题，对该文献涉及的一些问题的解读亦与史实不符，笔者拟对《残文》涉及的诸多问题再作考释，不当之处，敬请方家教正。从此前的两份录文来看，存在不少错误，为研究方便，笔者对照上文提到的《英藏敦煌文献》第14卷的图版，将《残文》重新移录于下：

①马德:《敦煌文书题记资料零拾》,《敦煌研究》1994年第3期。

② 此文原载于《佛教艺术》第217号,1994年,汉文译文载《敦煌学辑刊》2006年第2期。

③ 宁可:《英藏敦煌文献》第14卷,成都:四川人民出版社,1995年,第282页。

④ 丁得天:《甘肃金昌佛教文物遗迹的调查与研究》,兰州:兰州大学硕士学位论文,2012年。

1.凉州御山感通寺圣容天上来

2.大祖文皇帝膺千年之圣，派百代之英，运

3.属龙非，时当凤举。廓三籁于道销，庇四民于

4.德丧。维释氏之颓纲，缀儒之绝纫，泽流遐外，九

5.被无穷。皇帝时乘驭寓椳，历君临德，须□□

6.泉，道光日月。不住无为，而孝慈兆庶；不经有

7.为，而君徇万机。洞九宅之非絙，树三宝之圣福。

8.于保定元年，凉州表之，方知尊容神异靡□。

9.又空钟震响，窨韵八音；灯轮自转，□符三点。亲

10.崄者，发奇悟于真源；传听者，荡烦嚣于道派。

11.澡慕之流，京野翘注。公惟大慈府降宜，就表

12.受启，舍珍财，敬营塔寺。依峰树□，栋丹彩于重

13.霄；因材构宇，晓朱青于凉〔□〕。尽人工之妙，房

14.廊周迊，势放祇园；禅室连扃，刑模鹫岭。

15.左瞻崆峒，想轩辕之所游；

16.乾德六年六月廿二日僧道昭记之耳。

一、《残文》反映的时代

《残文》最后一行“乾德六年六月廿二日僧道昭记之耳”很容易使人误认为该文献为北宋初年所撰，再有第五行的“皇帝”二字空有二格，所以诸家皆认为此文献反映的是北宋初年修建圣容寺的寺记。然而通读此文献，笔者发现，事实并非如此。乾德六年为北宋赵匡胤的年号，然据《宋史》卷3《太祖本纪》：“（开宝九年冬十月）癸丑夕，帝崩于万岁殿，年五十。殡于殿西阶，谥曰英武圣文神德皇帝，庙号太祖。”所以文献中的“大（太）祖文皇帝”绝非宋太祖赵匡胤。从《残文》反映的内容看，文中的“大祖文皇帝”为北周文帝宇文泰，据《周书》卷2《文帝纪下》载：

> （西魏恭帝三年，即556年）冬十月乙亥，崩于云阳宫，还长安发丧。时年五十二。甲申，葬于成陵，谥曰文公。（恭帝三年十二月受西魏禅）孝闵帝受禅，追尊为文王，庙曰太祖。武成元年（559年），追尊为文皇帝。

宇文泰为西魏大将军，北周孝闵帝宇文觉在位时，追封为“文王”，庙号为“太祖”；世宗孝明帝宇文毓武成元年“追尊为文皇帝”，所以宇文泰“太祖文皇帝”的称号在武成元年（559年）以后。撰写于北周建德七年的宇文泰之子宇文俭的墓志中即称宇文俭为“太祖文皇帝第八子也”（详见后文）。《残文》中的“大祖文皇帝膺千年之圣，派百代之英，运属龙非，时当凤举。廓三籁于道销，庇四民于德丧。”亦与宇文泰的史实相

符。

《残文》第五行中的“皇帝”为北周高祖武帝宇文邕，其即位后采用的第一个年号为“保定”。周武帝宇文邕在位时期，圣容寺始受到最高统治者的礼遇，据《凉州御山石佛瑞像因缘记》残碑“周保定元年，敕使宇文俭检覆，灵验不虚。便敕凉、甘、肃三州力役三千人造寺，至三年功毕。□僧七十人，置屯三（缺）□削逾明，至今犹然。”可知，《残文》中的“保定元年，凉州表之，方知尊容神异靡□”与“敕使宇文俭检覆，灵验不虚”相一致并可互相补充，由于番禾瑞像的“神异”，引得“澡慕之流，京野翘注”，使得番禾瑞像的影响从永昌走向全国。

因此，《残文》反映的时代为北周时期最高统治者宇文氏对圣容寺的关注与礼遇，内容包括番禾瑞像的神异及瑞像寺的营造。

二、瑞像寺营建者

《残文》第十一、十二行所记的主持瑞像寺营建的“公”为时任“谯国公”的北周宇文泰的第八子宇文俭，其于保定元年“就表受启，舍珍财，敬营塔寺”，三年乃成，动用凉、甘、肃三州力役三千人，寺成后，北周武帝赐额为瑞像寺。《残文》中的第十二至十五行描述了初建瑞像寺的规模，可惜抄写者僧道昭并未抄完，殊为遗憾。宇文俭，《周书》有传，《周书》卷13《宇文俭传》载：

谯孝王俭，字侯幼突。武成初，封谯国公，邑万户。天和中，拜大将军。寻迁柱国，出为益州总管。建德三年，进爵为王。五年，东伐，以本官为左一军总管，攻永固城，拔之。进平并、邺。六年拜大冢宰。是岁，稽胡反，诏俭为行军总管，与齐王宪讨之。有胡帅自号天柱者，据守河东。俭攻破之，斩首三千级。宣政元年二月，薨。

1993年12月，咸阳机场在候机楼西侧建设停机坪时发现了宇文俭墓。墓室为单室土洞，平面略呈方形，南北长3.6米，东西宽3.65米。该墓出土宇文俭墓志一盒：

【志盖】大周上柱/国大冢宰/故谯忠孝/王之墓志

【志文】大周使持节上柱国大冢宰谯忠孝王墓志/

王讳俭，字侯幼突。太祖文皇帝第八/子也。初封谯国公，历位开府、使持节、大/将军、宁州刺史、宁州总管，同州刺史、柱/国，益州总管、益州刺史，进爵为王，拜大/冢宰。建德七年岁次戊戌二月五日癸/卯，寝疾薨于洛阳，春秋廿有八。诏赠/使持节、上柱国、大冢宰并晋朔燕幽青/齐冀赵沧瀛恒潞洺贝十五州刺史、谯/王，谥曰忠孝。其年三月戊辰朔十七日/甲申，葬于雍州泾阳县西乡始义里。率/由古礼，不封不树，恐年世绵远，陵谷贸/迁，式刊玄石，

置诸泉户。/[①]

《周书》本传谓其卒于宣政元年（578年）二月，墓志则为建德七年（578年）二月，据《周书》卷6《武帝纪》："（宣政元年）三月壬辰，改元"，故墓志记载更为准确。本传及墓志并未显示宇文俭的佛教信仰，但其为北周宇文泰的第八子，与宇文泰第三子孝闵帝宇文觉、宇文泰长子宇文毓、宇文泰第四子周武帝宇文邕同为兄弟，宇文泰、宇文觉、宇文毓皆信仰佛教，宇文觉的字为陀罗尼，周武帝虽为中国历史上灭佛的"三武一宗"之一，但其灭佛始于建德三年（573年），故宇文俭与其父兄一样，亦信仰佛教，并且其妻谯国夫人步六孤氏亦信仰佛教，其墓志所述生平事迹可与宇文俭互证。兹录步六孤氏墓志如下：

【志盖】大周谯 / 国夫人 / 墓志铭

【铭文】大周柱国谯国公夫人故步六孤氏墓志铭 / 夫人讳须蜜多，本性陆，吴郡吴人也。大夫出境，百越来庭；丞相勒兵，三江 / 席卷。高祖载，为刘义真长史，留镇关中。既没赫连，因即仕魏。临终诫其子 / 孙曰：乐操土风，不忘本也。言念尔祖，无违此心。祖政，骠骑大将军仪同三 / 司恒州刺史。父通，柱国大将军大司马文安郡公。匡赞经纶，参谋挹让，名 / 高广武，功重长平。夫人七德含章，四星连曜。敬爱天情，言容礼则。九日登/高，乍铭秋菊；三元告始，或颂春书。年十有四，聘于谯国。友其琴瑟，逾恭节 / 义之心；伐其条枚，实秉忧懃之德。郪地登高之锦，自濯江波；平阳采桑之 / 津，躬劳蚕月。天和元年册拜谯国夫人。东武亭之妻，既称有秩；南城侯之 / 妇，还闻受封。柱国殿下以若华分照，增城峻上，杨旌夹（?）道，问政邛都。白狼 / 之溪，途艰黄马之阪；荔支之山，地险蒲陶之国。夫人别离亲戚，关河重阻。 / 夷哥一曲，未足消忧；猿鸣三声，沾衣无已。是以天历之疾，遂成沉痼。玉沥 / 难开，金膏实远。建德元年岁次壬辰七月辛丑朔九日己酉薨于成都，春 / 秋廿有一。即以其年十一月十一日归葬长安之北原。诏赠谯国夫人， / 礼也。[②]

步六孤氏卒于建德元年（572年），春秋二十一，则其生于552年，小宇文俭1岁，其14岁嫁于宇文俭，则在565年，其时宇文俭为谯国公，宇文俭"天和中，拜大将军。寻迁柱国，出为益州总管"，而步六孤氏在建德元年卒于成都，正好在宇文俭益州总管任上。步六孤氏"讳须蜜多"，此名极具佛教色彩，据东晋佛陀跋陀罗与法显共同翻译的60卷本《大方广佛华严经》第50卷《入法界品》中善财童子五十三参中即有比丘尼婆须蜜多。"尔时善财见彼女人处宝师子座。颜貌端严妙相成就。身如真金目发绀色。不长不

① 陕西省考古所:《北周宇文俭墓清理发掘简报》,《考古与文物》2001年第3期。

② 赵超:《汉魏南北朝墓志汇编》,天津:天津古籍出版社,2008年,第484页。据北京图书馆(今中国国家图书馆)馆藏拓片。

短。不白不黑。身分具足。一切欲界无与等者。何况有胜。言音婉妙世无伦匹。善知字轮技艺诸论。成就幻智菩萨方便。以阿僧只宝庄严其身。宝网罗覆。首冠天冠。大众围绕皆悉修善。同其愿行成就善根不可沮坏。具足无尽功德宝藏。身出光明普照一切。触斯光者欢喜悦乐。身心柔软灭烦恼热。尔时善财头面礼足。绕无数匝。恭敬合掌。"[①]

信仰尊奉佛教的宇文俭在其11岁时，受周武帝宇文邕的派遣，到凉州番禾主持瑞像寺的初建。"建德初年（572年或573年），（番禾瑞像）像首频落，大冢宰及齐王，躬往看之"。此处的"大冢宰"，据业师杜斗城研究，即为宇文俭[②]。"齐王"应为宇文泰第五子宇文宪，《周书》卷12《齐炀王宪传》载：

齐炀王宪，字毗贺突，太祖第五子也。……建德三年，进爵为王。宪友刘休征献《王箴》一首，宪美之。休征后又以此箴上高祖。高祖方剪削诸弟，甚悦其文。宪常以兵书繁广，难求指要，乃自刊定为《要略》五篇，至是表陈之。高祖览而称善。其秋，高祖幸云阳宫，遂寝疾。卫王直于京师举兵反。高祖召宪谓曰："卫王构逆，汝知之乎?"宪曰："臣初不知，今始奉诏。直若逆天犯顺，此则自取灭亡。"高祖曰："汝即为前军，吾亦续发。"直寻败走。高祖至京师，宪与赵王招俱入拜谢。高祖曰："管蔡为戮，周公作辅，人心不同，有如其面。但愧兄弟亲寻干戈，于我为不足耳。"初，直内深忌宪，宪隐而容之。且以帝之母弟，每加友敬。晋公护之诛也，直固请及宪。高祖曰："齐公心迹，吾自悉之，不得更有所疑也。"及文宣皇后崩，直又密启云："宪饮酒食肉，与平日不异。"高祖曰："吾与齐王异生，俱非正嫡，特为吾意，今袒括是同。汝当愧之，何论得失。汝亲太后之子，偏荷慈爱。今但须自勖，无假说人。"直乃止。……寻而高祖崩（宣正元年二月）……乃缢之，时年三十五。[③]

另据《文苑英华》卷890《周上柱国齐王宪神道碑》载：

武皇帝以介弟懿亲，特垂爱友，而密谋奇策，加礼敬焉。尝谓左右曰："孔子云：'自吾有回，门人日亲。'其齐王之谓也。"

从以上记载来看，齐王宇文宪"功高且不盖主"，深得周武帝的信任，故得周武帝派遣，让其与创修番禾瑞像寺的时任"大冢宰"的宇文俭共同前往番禾巡检瑞像"像首频落"之原因及处置。

①《大正藏》第9册，东京：大藏出版株式会社，1988年，第717页。

② 杜斗城：《刘萨诃与凉州番禾望御山"瑞像"》，见敦煌研究院编：《段文杰敦煌研究五十年纪念文集》，世界图书出版公司，1996年，第166页。

③（唐）令狐德棻：《周书》，北京：中华书局，1971年，第190-191页。

三、感通寺的由来及变迁

《残文》只述及凉州瑞像寺的营建，为更好地了解凉州感通寺的变迁，兹据相关文献考察如后。关于凉州感通寺的由来，《续高僧传》卷25《魏文成沙门释慧达传》记载颇为详细：

> 释慧达，姓刘，名窣和，本咸阳东北三城定阳稽胡也。先不事佛，目不识字，为人凶顽，勇健多力，乐行猎射，为梁城突骑，守于襄阳。父母兄弟三人并存。居家大富，豪侈乡闾，纵横不理。后因酒会遇疾，命终备睹地狱众苦之相。广有别传，具详圣迹。达后出家，住于文成郡，今慈州东南高平原，即其生地矣，见有庙像，戎夏礼敬，处于治下安民寺中。曾往吴越，备如前传。元魏太武太延元年（435年）。（达）流化将讫，便事西返。行及凉州番禾郡东北望御谷而遥礼之。人莫有晓者，乃问其故。达云："此崖当有像现。若灵相圆备，则世乐时康；如其有阙，则世乱民苦。"达行至肃州酒泉县城西七里石涧中死。其骨并碎，如葵子大，可穿之。尔后八十七年至正光（520年）初，忽大风雨，雷震山裂，挺出石像。举身丈八，形相端严，惟无有首。登即选石命工，雕镌别头。安讫还落，因遂任之。逮（北）周元年（557年），治凉州城东七里涧，忽有光现，彻照幽显，观者异之，乃像首也。便奉至山崖安之，宛然符会。仪容雕缺四十余年，身首异所二百余里，相好还备，太平斯在。（周）保定元年（561年），置为瑞像寺焉。建德初（572—578年），像首频落。大冢宰及齐王，躬往看之，乃令安处，夜落如故，乃经数十。后周灭佛法，仅得四年，邻国殄丧。识者察之方知先鉴。虽遭废除，像犹特立。开皇（581—600年）之始，经像大弘，装饰尊仪，更崇寺宇。大业五年（609年），（隋）炀帝躬往礼敬厚施，重增荣丽。因改旧额为感通寺焉。故令模写传形，量不可测。约指丈八，临度终异。致令发信，弥增日新。余以贞观初历游关表，故谒诃之本庙。图像严肃，日有隆敬。自石、隰、慈、丹、延、绥、威、岚等州，并图写其形所在供养，号为刘师佛焉。因之惩革胡性，奉行戒约者殷矣。见姚道安《制像碑》。①

姚道安，据陈祚龙考证，是北周京师大中兴寺的道安②，《续高僧传》卷23《周京师大中兴寺释道安传》载："释道安，俗姓姚，冯翊胡城人也。……至建德三年岁在甲午五月十七日，乃普灭佛道二宗。别置通道观，简释、李有名者，并着衣冠为学士焉，事在

① 《大正藏》第50册，东京：大藏出版株式会社，1988年，第644-645页。

② 陈祚龙：《敦煌资料考屑》，台北："商务印书馆"，1979年，第247页。

别传。安消迹潜声逃于林泽，帝下敕搜访，执诣王庭，亲致劳接，赐牙笏彩帛，并位以朝列，竟并不就，卒于周世。”[①]文中并未准确记载道安的卒年，但从本传来看，其“进具已后，崇尚《涅槃》”，后“住大陟岵寺，常以弘法为任，京师士子咸附清尘”。另据《广弘明集》卷10惠远《周祖平齐召僧叙废立抗拒事》载：“（周武帝）才经七日，寻尔倾崩。天元嗣历，于东西二京立陟岵寺，罚菩萨僧用开佛化。不久，帝崩，国运移革，至隋高祖方始大通。”[②]据此，京师长安的陟岵寺建于北周宣帝即位后，即578年6月后不久，故姚道安卒于北周宣帝或静帝时期。因此，道宣所撰《慧达传》参考了三种文献：一为梁慧皎的《高僧传》；一为北周姚道安《制像碑》；一为初唐不知名文献。从道宣据姚道安《制像碑》改写的部分来看，完整地记录了凉州番禾瑞像的由来、瑞像寺的营建及瑞像在北周的灵异。关于番禾瑞像及感通寺的变迁，特别是唐贞观之后的感通寺的情况，亦详见于1979年甘肃武威出土的《凉州御山石佛瑞像因缘记》残碑：

1.（缺）□□□□（延元年，丹）阳僧刘萨何天生神异，动莫能测，将往天竺观佛遗迹，行至于此，北面顶礼，弟子□而问□□□□□

2.（缺）□少即是□（丧）乱之象，言讫而过。至后魏正光元年，相去八十有六年，猎师李师仁趁鹿于此山，忽见一寺，俨然化□□□□□

3.（缺）□师仁稽首作礼，举头不见。其僧窃念，常游于兹，□未曾有如是，遂垒石为记，将拟验之行，未越□（界），忽□雷震

4.（缺）□□（属）魏末丧乱，生人涂炭，萨何之言至是验焉。师仁于时怀果走诣所部，言终出奈，奈化为石，于是□□叹此希有之

5.（缺）□之东七里涧，夜有神光照烛见像□（首），众疑必是御山灵相，捧戴于肩，相去数尺，飞而暗合，无复差殊。于是四众悲欣，千里

6.（缺）周保定元年，敕使宇文俭检覆，灵验不虚，便敕凉、甘、肃三州力役三千人造寺，至三年功毕。□僧七十人，置屯三

7.（缺）□削逾明，至今犹然。至周建德三年，废三教，敕使将欲毁像，像乃放光溢庭，使人惶怖，具状闻奏，唯兹一所

8.（缺）□凉州行，至寺放火焚烧，应时大雪翳空，而下祥风缭绕，扑灭其焰，□梁毁栋，今亦见存。又于南岸见一僧，

9.（缺）□番禾官人为我于僧隐处造一龛功德，今石龛功德见在。又至□□（开皇）九年，凉州总管燕国公诣寺礼拜，忽

10.（缺）樊俭等至寺供养，师等见青衣童子八九人，堂内洒扫，就视不见，具状闻奏。驾□幸之，改为感通寺。又至

① 《大正藏》第50册，东京：大藏出版株式会社，1988年，第628-630页。

② 《大正藏》第52册，东京：大藏出版株式会社，1988年，第154页。

11.（缺）远之则见，朝看石上，依希有处。至大唐贞观十年，有凰□五色双鹤导前，百鸟蔽日，栖于像山，所部以

12.（缺）□乃□活。贞观十年，三藏法师从五天竺国来云，□□□□有像一双，彼国老宿云，一像忽然不知去处，玄

13.（缺）知此土众生有缘，神龙兵部尚书郭元振往任安西都护，曾诣寺礼谒，因画其像，后奉使入强虏，乌折勒宣

14.（缺）仰视，是日大雪，深尺余。元振岳□移，唇不动，虏狂□失神，暴卒于夕，虏五男。婆葛之徒凶捍尤甚，劈面枕戈，将

15.（缺）遂便闻奏，中宗令御史霍嗣光持蟠花、□□绣袈裟各一幅，皆长卌余尺，阔十三幅，诣寺申敬礼。其时当

16.（缺）光现大云寺，僧元明先住彼寺，常闻寺有钟响，独恨未闻，恒自投地，礼拜供养，恳撤自誓，旬月无征

17.（缺）御山谷中远近无泉源，山谷憔涸，独于□□西北二三里，泊然潜出，清流堪激小轮，经过伽蓝，溉寺田二三十

18.（缺）近寺四五十里，孤游独宿，晨去夕还。爱□□□秋毫不犯，山中石壁常有鸠鸽群飞，佛殿昼开，曾不敢入。开

19.（缺）知运杜宾客共诣，一婆罗门三藏□□不久皆有大厄，不可过，宜修福德运□之信。宾即罄舍所有

20.（缺）□至今无急，事俱验焉。若乃乡曲贱微之人、远方羁旅之士，或飘□独往叩地申冤；或子尔孤游，瞻颜乞愿，慈

21.（缺）□□凉都会万里□通征税之□往来□时之所填委，戎夷杂处，戕害为常，不有神变之奇，宁革顽嚣之

22.（缺）□彰，无微不烛，何异今台山之瑞像，折天竺之慈颜，福于兹方，难得而称者也。且虑人代超，忽传说差殊，有

23.（缺）相传，庶□劝善比词，以表大慈之致。时天宝元年壬午，征士天柱山逸人杨播记。

24.（缺）□□□□□初心此地，后便以此处为白马寺。至宇文灭法，其地□俗居者多不安，遂复施为感通下寺。时五凉

25.（缺）□□□赤水军使京兆王公倕同赞灵迹，以传海内，有缘①

从以上引文可知，凉州感通寺的前身为北周武帝保定三年建成的瑞像寺，寺院规模宏大，有僧人70名，寺田3顷（?），后毁于北周建德三年的周武帝灭佛，“残梁毁栋”，寺院遭毁灭性破坏。隋开皇年间，“更崇寺宇”，废寺得到重修，又于隋炀帝“大业五年

① 孙修身、党寿山：《〈凉州御山石佛瑞像因缘记〉考释》，《敦煌研究》1983年创刊号。

(609年)，(隋) 炀帝躬往礼敬厚施，重增荣丽。因改旧额为感通寺焉”。唐贞观十年(当为贞观十八年)，玄奘回国途径感通寺，言及天竺双身瑞像远入感通，灵异殊妙。唐中宗神龙年间，兵部尚书郭元振往任安西都护时，途径感通寺并“诣寺礼谒”。之后唐中宗令御史霍嗣光带供物亲往感通寺礼拜供养。唐玄宗天宝元年，天柱山逸人杨播记录了感通寺的灵异及传说。因后文残缺，其下所记无从知晓。

《凉州御山石佛瑞像因缘记》残碑详细记录了凉州感通寺的变迁，文中并未言及唐代感通寺的更名，因此，感通寺之名，至迟在唐天宝元年并未更改。但由于资料的缺乏，天宝之后感通寺至西夏时期更名为圣容寺的这段历史，我们无从知晓。感通寺更名为圣容寺的确切证据为圣容寺后山顶上的唐塔。根据20世纪80年代初孙修身及近几年丁得天对圣容寺及佛塔所做的调查可知，圣容寺塔内四壁原留有壁画和墨书题记，可惜大部分被鸟粪覆盖，只能辨认出少部分的壁画和字迹。其后因为香火烟熏、自然剥落和鸟粪污损等的影响，塔内的壁画、题记至今几乎不能辨识。从现在残留壁画的剥离处可以看出，塔内四壁均是涂泥作画，壁画共有三层。塔内甬道顶部东侧的砌砖上留有唐“乾元元年”的题记，甬道内侧正中部的题记中有“……一千五百人”“圣容寺”“番僧×××”等字样。塔内留存的这些题记和壁画，并非是同一时代所书写和绘制的。[①]

据祝巍山考察，圣容寺后的唐塔建造于唐中宗神龙年间（705—707年），时有僧人1500人，中宗又派特使到寺敬物。唐代宗广德二年（764年）以后吐蕃统治河西时，该寺由感通寺改为圣容寺，依据是开凿于吐蕃时期的莫高窟第231窟龛内东坡所绘凉州瑞像有榜题“盘和都督府御容山番禾县北圣容瑞像”[②]。但莫高窟第231窟的榜题并未称“圣容寺”，故此说不可信。王志鹏认为，寺壁有唐乾元元年（758年）游人墨书“圣容寺塔”，知至迟在唐代肃宗时期已称“圣容寺”[③]。而塔内甬道顶部东侧的砌砖上留有唐“乾元元年”的题记，甬道内侧正中部有“圣容寺”题记，并非是寺壁有唐乾元元年游人墨书“圣容寺塔”，故至迟在唐代肃宗时期已称“圣容寺”的结论，纯属子虚乌有。

刘克文认为，改圣容寺的时间是吐蕃占领时期，唐塔中有“番僧一千五百人”的记载，证明吐蕃占领时期感通寺香火有增无减。[④]但据党寿山考察，“番僧”并非是吐蕃僧，

---

① 孙修身:《古凉州番禾县调查记》,见西北民族学院历史系民族所:《西北民族文丛》第3辑,1983年,第147—154页;丁得天:《甘肃金昌佛教文物遗迹的调查与研究》,兰州:兰州大学2012年硕士学位论文,第26页。

② 祝巍山:《永昌圣容寺圣容瑞像和刘萨诃佛迹与敦煌莫高窟》,见中共永昌县委宣传部编:《永昌圣容瑞像寺》,金昌:金昌市印刷厂,2002年。

③ 王志朋:《敦煌P. 3619卷一首有关凉州瑞像诗歌的考释》,《石河子大学学报(哲学社会科学版)》,2015年第3期。

④ 刘克文:《半截残碑话瑞像:永昌圣容寺历史考析》,见中共永昌县委宣传部编:《永昌圣容瑞像寺》,金昌:金昌市印刷厂,2002年。

而是西夏时的党项族僧人。[①]笔者赞同党寿山的观点，因为敦煌藏经洞出土的吐蕃占领期文献，称吐蕃为“大蕃”，并非“大番”。党寿山进而考察感通寺改为圣容寺的时间为唐天宝年间，认为“唐塔的建造时间可能不是在吐蕃占领前的唐中宗（705—707年）前后，因为：第一，杨播碑镌刻于唐玄宗天宝元年（742年），如果在此之前修建佛塔，碑文连朝臣诣寺礼谒的情节都未忽略，必然会将建造佛塔的这一重大事件记载下来。第二，感通寺后佛塔中有壁画数层，下层甬道的东壁青砖上有‘乾元二年’（759年）的墨书题记。这则题记，墨书在青砖上，可证建塔时间在乾元二年之前不久，因为题记上面还未被壁画覆盖。乾元为唐肃宗李亨年号，说明寺院前后二塔的建造时间在乾元二年之前。天宝元年（742年）至乾元二年（759年）相隔17年时间，这时候正值‘开元天宝盛世’，在这种大好形势下重修寺院，扩建佛塔，并将感通寺更名为圣容寺是很有可能的。”[②]

此唐塔为唐代在北周保定元年营建瑞像寺佛塔的基础上再建的，《残文》称“依峰树□（塔），栋丹彩于重霄；因材构宇，晓朱青于凉〔□〕”，从“依峰”“重霄”来看，佛塔是建立在山顶的，与现在的唐塔位置相合。塔内砌砖上的唐“乾元元年”的题记，可能并非是建塔题记，很可能是游人题记。此佛塔毁于北周建德三年周武帝灭佛，佛塔的重建应在隋代开皇或大业年间。现在的佛塔属于典型的密檐式塔，其形制与西安小雁塔相近，故此塔应重修于唐代初年，唐代天宝年间扩建佛塔的可能性不大。因此，感通寺在唐天宝年间更名为圣容寺的可能性不大。

如上所述，圣容寺的寺名在西夏时期已确切出现。关于西夏时期的圣容寺，党寿山有详细考察，认为西夏时期的圣容寺规模巨大，有番僧1500人；各族佛教信徒多巡礼圣容寺，圣容寺香火不断；西夏仁宗皇帝御驾巡礼过圣容寺[③]。关于西夏圣容寺有番僧1500人的说法，是对圣容寺唐塔甬道题记的误读，甬道内侧正中部的题记中有“……一千五百人”“圣容寺”“番僧×××”等字样，“一千五百人”很可能是西夏时期某次法会的参加人数。

圣容寺的名称一直沿用到清乾隆初中期，乾隆十四年刻本《永昌县志》称“圣容寺”，乾隆五十年刻本《永昌县志》已称“后大寺”，后大寺之名一直沿用至今。

四、《残文》的定名

《残文》首题为“凉州御山感通寺圣容天上来”，“上”字右边有一“下”字，按照敦

① 党寿山：《永昌圣容寺的历史变迁探赜》，《敦煌研究》2014年第4期。

② 党寿山：《永昌圣容寺的历史变迁探赜》，《敦煌研究》2014年第4期。

③ 党寿山：《永昌圣容寺的历史变迁探赜》，《敦煌研究》2014年第4期。

煌文献惯例，此“下”字为抄写者抄完后再修改所致，体现了抄写者对“天上来”的质疑，但从凉州番禾瑞像的来源来看，“天上来”要比“天下来”更符合实际，故应为“天上来”。

通过以上考察，《残文》最后一行为宋初僧道昭抄写此《凉州御山感通寺圣容天上来》的题记，并非撰写此文献的题记。凉州自唐代宗广德二年（764年）吐蕃统治以后，到西夏占领时期，一直是中原政权、凉州本地少数民族政权及归义军政权角逐的重要战略要地，“凉州在五代初期处于沙州政权和中原王朝的管辖之外。于是，自后唐庄宗天成年间（926—930年）起，凉州政权便开始由凉州人自行支配。当时，凉州地区的势力集团主要有两支，即居住在城中的嗢末势力和驻牧于城外的六谷蕃部。”[①]另据《宋史》卷492《吐蕃传》记载：

天成中，权知西凉府留后孙超遣大将拓拔承诲来贡，明宗召见，承诲云：“凉州东距灵武千里，西北至甘州五百里。旧有郓人二千五百为戍兵，及黄巢之乱，遂为阻绝。超及城中汉户百余，皆戍兵之子孙也。其城今方幅数里，中有县令、判官、都押衙、都知、兵马使，衣服言语略如汉人。”即授超凉州刺史，充河西军节度留后。乾祐初，超卒，州人推其土人折逋嘉施权知留后，遣使来贡，即以嘉施代超为留后。凉州郭外数十里，尚有汉民陷没者耕作，余皆吐蕃。……乾德四年，知西凉府折逋葛支上言：“有回鹘二百余人、汉僧六十余人自朔方路来，为部落劫略。僧云欲往天竺取经，并送达甘州讫。”诏褒答之。五年，首领阎逋哥、督廷、督南、割野、麻里五人来贡马。

自五代至宋初，凉州城内及城外广大地区汉人极少，凉州的属县番禾亦应如此，因此，番禾感通寺作为当地的一所名寺，已经成为居住在当地及周边地区少数民族的佛教活动中心。尽管北宋乾德四年，知西凉府折逋葛支护送自朔方来的回鹘僧及汉僧至甘州，但这可能是极少的事例，大多数情况下是经过凉州的汉僧为当地“部落劫略”，经凉州西行至敦煌的汉僧极少，因此，此《凉州御山感通寺圣容天上来》残文为汉僧道昭撰写的可能性不大，从北宋初年的番禾感通寺流到敦煌的可能性也不大。根据以上考察来看，此《凉州御山感通寺圣容天上来》的撰写时代极有可能是唐代贞观初年“自石、隰、慈、丹、延、绥、威、岚等州，并图写其形所在供养”的番禾瑞像广为传播的时期，也有可能是晚唐五代宋初敦煌流行番禾瑞像的时期。

因此，诸家对该文献的定名并不准确，关于此《残文》的书写格式，即前为首题，中为正文，后为抄写年代题记的模式，在敦煌藏经洞出土的写本文献中，有不少与此相同的书写模式，如：

---

① 白丽娜：《论五代宋初的凉州六谷蕃部联盟》，《西北民族大学学报（哲学社会科学版）》2013年第2期。

S.0173b《秦将赋残句》，末尾题记为：乙亥年六月八日三界寺学仕郎张英俊书记之也。

S.0214《燕子赋一卷》（尾题），末尾题记为：甲申年三月二十三日永安寺学仕郎杜友遂书记之耳。

S.0395《孔子项托一卷》（尾题），末尾题记为：天福八年癸卯十一月十日净土寺学郎张延保记。

S.1156vb《大汉三年季布骂阵词文一卷》（首题），尾题：季布一卷，末尾题记为：天福四年己亥（下缺）四日记，沙弥口度。

S.2073《庐山远公话》（首题），末尾题记为：开宝五年张长继书记。

因此，该文献的定名为：《北宋乾德六年僧道昭抄〈凉州御山感通寺圣容天上来〉（首题）残文》，或简称为《〈凉州御山感通寺圣容天上来〉（首题）残文》。

综上所述，英国伦敦印度事务部图书馆藏敦煌文献Ch.83.xi（IOL.C.121）《乾德六年僧道昭抄〈凉州御山感通寺圣容天上来〉（首题）残文》是一篇具有较高学术价值的文献，其残存的部分具体记录了凉州瑞像寺的营建及规模，以及瑞像寺的塔寺建置，是一篇关于凉州瑞像寺营建详情的唯一文献。

关于西夏圣容寺研究的几个问题

彭向前

（宁夏大学西夏学研究院）

十年前我在《民族研究》上发表过《西夏圣容寺初探》一文①，拙文的核心意思是，西夏时期有两种圣容寺：一种是安放西夏帝后神御的圣容寺，如西夏陵区北端建筑遗址就是其中的一座。一种是承袭吐蕃而来的那座位于西夏永州（今甘肃省永昌县）的圣容寺，供奉御山崩裂而出的佛陀宝像。"圣容"各有所指，一指帝后神御，一指石佛瑞像。文章发表后，相关问题一直在我脑际盘旋。适逢兰州大学、金昌市人民政府打算召开"丝绸之路与永昌圣容寺国际学术研讨会"，我放下手边的其他科研任务，又把与西夏圣容寺有关的汉文、西夏文资料仔细爬梳了一遍。确如前辈所言"为学如瞎子摸象，越摸越像"，经过此番再思考，我对西夏圣容寺的认识又前进了一步。第一个问题，拙文对《天盛律令》中"圣容"的解释，即指西夏帝后神御，并以之与凉州御山石佛瑞像区别开来，无疑是正确的。但却把奉安西夏帝后神御的一批寺院统称之为"圣容寺"，则是错误的。实际上《天盛律令》中根本就没有"圣容寺"这个事物，那是由以往译文不准确而造成的误会。第二个问题，既然《天盛律令》中没有圣容寺，那么西夏文献中出现的圣容寺，只有一座，即今天的永昌圣容寺。第三个问题，永昌圣容寺得名始于西夏，而非以往所说的吐蕃时期。第四个问题，西夏圣容寺是一处安放帝后神御的寺院，寺名中的"圣容"具有双重含义，既指原来的石佛瑞像，又指西夏帝后神御，详论如下。

一、《天盛律令》中没有"圣容寺"

《天盛律令》中的相关条款是针对一批奉安圣容（即西夏帝后神御，详见下文）的寺院而言的，不是专门为"圣容寺"制定的，《天盛律令》中也根本就没有"圣容寺"。我们还是来看看西夏文原文（西夏文原文下面依次给出对译和新译，与汉文不能形成对应关系的语法词用△符号表示，与旧译不同之处则出注说明）。《天盛律令》卷11《为僧道修寺庙门》规定：

① 彭向前：《西夏圣容寺初探》，《民族研究》2005年第5期。

蒜繕饲科紧結袠綃腮息橙落，絢纚彩虋滕籂緈舉練僵汾宦悟，積箹紧驳僵汾悟蚼哗。笋蔻妹父，篟镀悟城，悟滕悟籃練弛息簣烤鐔甲碿瞜，送練灯戊屁。

对译：

一国境内寺有中圣容一处者常住镇遏者正副二人提举△遣此外寺数提举遣许不倘若律违不应遣时遣者遣所人一律官有罚马一庶人十三杖

新译文：

一国境内寺院中有圣容一处者[1]，当遣常住镇守者正副二提举，此外诸寺不许遣提举[2]。倘若违律，不应遣而遣时，遣者、被遣者一律有官罚马一，庶人十三杖。

注释：

〔1〕国境内寺院中有圣容一处者："息橙（一处）"，旧译文误作"一种"①。

〔2〕此外诸寺不许遣提举：旧译文误作"此外不许寺中多遣提举"②。西夏文"驳（数）"本为实词，作为附加成分，可以黏结在任何表示可计量事物的名词之后，构成复数形式③，句中的"紧驳（寺数）"应译为"诸寺"。

在对旧译文做出上述两处修改后，我们就会明白：其一，该条款是针对西夏那些奉安帝后神御（圣容）的寺院而言的。《天盛律令》中根本就没有提到什么"圣容寺"，致误的主要原因是对"息橙"一词的翻译。旧译文西夏境内寺院中有圣容"一种"，很容易使人误以为在西夏寺院中有一种寺院叫"圣容寺"。实际上西夏字"橙"没有"种类"的意思，是一处、两处的"处"。西夏文《类林》卷7《报恩篇》第三十五"孙钟"记载："三人食迄，谓孙钟曰：'蒙君厚恩，无所报恩，请视君葬地何在。'遂与孙钟同往上山，谓曰：'汝欲得世世封侯，数世天子？'孙钟曰：'殊妙也。'遂指一处可葬之也。"末句西夏文原文为"磤台息橙耳貭，交蝤籃怖妒"④，即用"息橙"对译"一处"。"国境内寺院中有圣容一处"，正确的含义是指西夏寺院中那些专辟一处奉安圣容，即西夏帝后神御的寺院，与"圣容寺"没有任何关系。

其二，正是因为西夏帝后神御在此，此类寺院才非同一般，拥有自己特殊的地位，有资格"遣常住镇守者正副二提举"。其余寺院则不许，否则给予惩罚。旧译文误作"此外不许寺中多遣提举"，把读者的注意力吸引到官员的"超遣"上，从而把此类寺院的独特地位彻底给湮没了。

---

① 史金波、聂鸿音、白滨：《天盛改旧新定律令》，北京：法律出版社，2000年，第403页。

② 史金波、聂鸿音、白滨：《天盛改旧新定律令》，北京：法律出版社，2000年，第403页。

③ 马忠建：《语法比较——从语法比较看西夏语的支属问题》，见李范文主编：《西夏语比较研究》，银川：宁夏人民出版社，1999年，第71页。

④ 史金波、黄振华、聂鸿音：《类林研究》，银川：宁夏人民出版社，1993年，第177-178页。

在西夏上次中下末五等政府机构中，有个圣容提举司，属于中等司。据《天盛律令》卷10《司序行文门》记载：

> 中等司：大恒历司、都转运司、陈告司、都磨勘司、审刑司、群牧司、农田司、受纳司、边中监军司、前宫侍司、磨勘军案殿前司上管、鸣沙军、卜算院、养贤务、资善务、回夷务、医人院、华阳县、治源县、五原县、京师工院、虎控军、威地军、大通军、宣威军、圣容提举。①

这个属于中等司的“圣容提举司”，是专门负责寺院里那些帝后神御的供奉和管理的，而不是专门管理“圣容寺”的一个机构。据《天盛律令》卷10《司序行文门》记载：“一司圣容提举一正、一副。”②而上文提到对那些专辟一处奉安西夏帝后神御的寺院“当遣常住镇守者正副二提举”，可见圣容提举司就设在此类寺院内。

顺便指出，此条禁令同时也暗示着，曾经西夏境内对那些即便没有奉安西夏帝后神御的寺院也遣官提举（如下文《凉州重修护国寺感通塔碑》就提及，对感通塔遣官提举）。大概一开始西夏王朝仅对奉安西夏帝后神御的寺院遣官提举，后来其他寺院也仿效这种做法，范围逐步扩大，于是才颁发此条禁令，重申旧规。

总之，西夏法律文献《天盛律令》中根本就没有“圣容寺”一词。该书中所谓的“圣容寺”，是由于译文不当而引发的误读。至于把《天盛律令》中的上引条款强加到永昌圣容寺头上，以突出由御山崩出的圣容瑞像的独特地位，则更是错上加错。

二、西夏文献中的“圣容寺”即今永昌圣容寺

西夏文献，包括汉文文献和西夏文文献均记载西夏王朝建有圣容寺。先看西夏陵园残碑中关于圣容寺的记载。M2X：39+48+158（图版八）③第二行有西夏文八字“翚科緭蕵綃腮姘棍”，汉文直译为“年中西隅圣容众宫”。这则资料是史金波先生首次译释的，他主张把西夏文“姘棍（众宫）”二字与汉文“寺”字对译。但却把西夏文“腮（容）”字误识为“艕（劝）”字，结果出现所谓“圣劝寺”。此处的误识是有原因的，这两个字在西夏文中本就字形相近，而残碑上的“腮（容）”字顶部恰有重物敲击的痕迹，乍一看很容易误作“艕（劝）”字。④西夏文“姘棍（众宫）”二字之所以能与汉文“寺”字对译，聂鸿音先生解释说，是因为这个词最初是来自梵文的sa/gha-ārāma（僧伽蓝摩），华言“众园”“僧院”，北魏杨衒之著有《洛阳伽蓝记》，书名就是取自这个意

---

① 史金波、聂鸿音、白滨：《天盛改旧新定律令》，北京：法律出版社，2000年，第363页。

② 史金波、聂鸿音、白滨：《天盛改旧新定律令》，北京：法律出版社，2000年，第369页。

③ 李范文：《西夏陵墓出土残碑粹编》，北京：文物出版社，1984年。

④ 史金波：《西夏陵园出土残碑译释拾补》，《西北民族研究》1986年第1期。

义。[①]总之，西夏陵残碑中的“圣容众宫”，应译作“圣容寺”，即指位于西夏永州（今甘肃永昌）的那座圣容寺。永州在西夏的西部，寺名前有“西隅”二字与此相符。

收藏于甘肃省武威市博物馆的《凉州重修护国寺感通塔碑》（简称《感通塔碑》），是现存最完整、内容最丰富的西夏碑刻，为西夏语言文字、文学，西夏的社会经济、土地制度和阶级关系，西夏国名、帝后尊号、官制和纪年以及西夏的佛教等补充了不少新的内容。此碑系西夏崇宗乾顺于天祐民安五年（1094年）所立，为夏汉合璧碑，其汉文碑铭和西夏文碑铭在记录重修塔寺有关人员的职称和人名时均出现圣容寺字样。汉文碑铭内容为“庆寺监修都大勾当，行宫三司正，兼圣容寺、感通塔两众提举，律晶，赐绯僧药乜永诠”[②]。至于西夏文碑铭内容中有关于圣容寺的记载，则为此前学界所忽略。相关的西夏文录文如下：

冒彪褙蕖氢背属弛皺息瞴緵逃、瞿赩滴蜋箍、綃氢、缊鐔冒彪弛虢蔓瘢、瞷论否鉼，聶祆□□□（西夏文碑铭第24行）

陈炳应先生对《感通塔碑》西夏文碑铭作过全文翻译，此段译文为“修塔寺兼作赞庆等都大勾当，行宫三司正，圣赞感通塔等下提举，解经和尚，臣药乜永诠”，[③]此后学界一般都采用他的译文。值得注意的是汉文部分“兼圣容寺、感通塔两众提举”，与西夏文部分“圣赞感通塔等下提举”，二者不相吻合。大概是由于该碑两面的西夏文和汉文所述的内容虽然大致相同，但两种文字并不是互译的，而是各自撰写的。于是对其间的歧异之处，学界也没有人去深究。实际上，“綃氢”一词，不当译作“圣赞”。这是个意译和音译相结合的词。前一个西夏字“綃”当采用意译，译作“圣”。后一个西夏字“氢”，不当采用意译，译作“赞”；而应采用音译，译作“容”。也就是说，“綃氢”一词，当译作“圣容”，与汉文碑铭中的“圣容寺”相对应。西夏陵残碑表明圣容寺写作“綃腮鉼棍”，“腮”字的拟音为·jow，借自汉语的“容”，而“氢”字的拟音亦为·jow。语音、语义两个方面都显示，“綃氢”一词当译作“圣容”而不是“圣赞”。史金波先生《西夏佛教史略》认为《感通塔碑》中的圣容寺，当为凉州的一个寺庙。[④]后又进一步指出：“永昌有圣容寺，在甘肃省永昌县北10公里处的御山峡西端……凉州碑所记圣容寺与永昌圣容寺可能是同一寺庙。”[⑤]

总之，圣容寺的西夏文写法有两种，可以写作“綃腮鉼棍”，也可以写作“綃氢鉼棍”，都是指今天的永昌圣容寺。西夏文文献中对这个词采用音译，表明它是个外来的事

① 聂鸿音：《大度民寺考》，《民族研究》2003年第4期。

② 陈炳应：《西夏文物研究》，银川：宁夏人民出版社，1985年，第110页。

③ 陈炳应：《西夏文物研究》，银川：宁夏人民出版社，1985年，第113页。

④ 史金波：《西夏佛教史略》，银川：宁夏人民出版社，1988年，第120页。

⑤ 史金波：《西夏社会》（下册），上海：上海人民出版社，2007年，第613页。

物（关于其来源的讨论，详见下文）。

黑水城遗址出土汉文文书F4:W7、F13:W301、F144:W4、Y1:W113提到圣容寺[①]，甘肃民勤县城西南也有一座圣容寺。对这两座圣容寺，笔者同意梁松涛和杨富学先生的看法，认为前者是元代在亦集乃路所建，后者是明洪武年间所建，皆与西夏圣容寺无涉。[②]

三、永昌圣容寺得名始于西夏

关于甘肃永昌圣容寺之建置沿革，武威出土唐天宝元年（742年）杨播所撰《凉州御山石佛瑞像因缘记》有详细记载。据说北魏名僧刘萨诃西游观览佛迹，途经永昌，预言御山他日山开必有像现，世乱则像必缺首，世平乃像完全。至魏正光三年（522年），山崩地裂，果显佛陀宝像，像无首，续之则落。又至北周时，凉州城东七里涧祥光烛照，有石佛首出现，迎戴佛像肩上，合不差殊。遂于保定元年（561年）造寺，三年功毕，称瑞像寺。隋大业五年（609年），隋炀帝西巡，还幸山寺，改旧额为感通寺。

至于何时改称圣容寺，学界起初认为是在吐蕃时期，这种说法以孙修身先生为代表。他根据圣容寺塔题记和敦煌莫高窟壁画，认为寺名圣容当在唐天宝末年“安史之乱”爆发，河西守军内调中原与叛军作战，吐蕃乘虚攻占河西之后。“在吐蕃统治时，此寺仍在发展，香火之盛不减于前时，这由其殿后山头上现存唐塔中所见‘番僧一千五百人’可知。又从同一条题记中，我们看到有‘圣容寺’之名。”另外，莫高窟第231窟为阴嘉政于吐蕃统治后期所建,窟内壁画中即绘有此石佛瑞像，榜题为“盘和（即番禾）都督府御谷山番禾县北圣容瑞像”。孙先生据此断定此寺在吐蕃占有其地之后，曾经一度改其寺名为“圣容寺”。[③]后来敦煌研究院马德先生发现，日本滨田德海旧藏的编号为Chin Ms：C121的敦煌文献《宋乾德六年修凉州感通寺记》，记录了宋初营修凉州感通寺的一些情况。[④]此文本后的题款称“僧道和纪之”，故学界皆以“道和文本”称之。转引如下：

> 凉州御山感通寺圣容天上来
> 大祖文皇帝膺千年之圣□百代之英运
> 属龙非时当凤举廓三籁于道销庇四民于
> 德寰维释氏之□纲缀儒〔□〕之绝纳泽流遐外九
> 被无穷皇帝时乘驭寓幄历君临德□□□
> 泉道光日月不住无为而孝慈兆庶不□有

---

① 李逸友:《黑城出土文书(汉文文书卷)》,北京:科学出版社,1991年,第61页。

② 梁松涛、杨富学:《西夏圣容寺及其相关问题考证》,《内蒙古社会科学》2012年第5期。

③ 孙修身、党寿山:《〈凉州御山石佛瑞像因缘记〉考释》,《敦煌研究》1983年创刊号。

④ 马德:《敦煌文书题记资料零拾》,《敦煌研究》1994年第3期。

为而丘拘万机洞九宅之非絙树三宝之圣福

于保定九年凉州奉之方知尊容神异靡□□

又空钟震响寔韵八音灯轮自转□符三点亲

崄者发奇悟于真源传听者荡烦嚣于□派

澡慕之流京野翘汪公惟大慈府降宜就表

受罄舍珍财敬营塔寺依峰树□栋丹彩于重

霄因材构宇晓朱青于凉〔□〕尽人工之妙房

□周通迎势放袛园禅室连扃形模鹫岭

左瞻崆峒想轩辕之所游

乾德六年六月廿二日僧道和纪之耳

丁得天博士认为，文首“凉州御山感通寺”即今之永昌圣容寺，据此认为圣容寺之名最早应是出现在北宋太祖乾德六年（968年）之后，纠正了孙修身先生的吐蕃统治凉州时期改名圣容寺的说法。①回过头来再看孙先生的论据，吐蕃统治后期所建的莫高窟第231窟壁画榜题“盘和都督府御谷山番禾县北圣容瑞像”，虽然有“圣容”二字，但不意味着当时就已经出现了“圣容寺”这个事物。正如丁得天博士所指出的，“道和文本”虽有“圣容”一词，寺名却仍然沿袭了隋唐时期感通寺的叫法。而圣容寺塔题记中所见“番僧一千五百人”和“圣容寺”之名，并非指吐蕃统治凉州时期的内容，题记的年代当在西夏时期。

在西夏文中，西夏人称自己为“𗼇”，其语音为“弥”，相应的汉文写作“番”，这在当时的文献中是很常见的现象。②以有夏汉对照的西夏文献为例，如骨勒茂才编著的西夏文和汉文对照词典《番汉合时掌中珠》，该书有西夏文和汉文两个内容相同的序言。汉文序中的“番”“番汉文字”“番汉语言”“番人”中的“番”，在西夏文序中皆用读音为“弥”的“𗼇”字。再如现存于甘肃省武威市博物馆的夏汉合璧碑《凉州重修护国寺感通塔碑》，碑两面的西夏文和汉文所述的内容大致相同。汉文碑铭中有“书番碑旌记典集令批浑嵬名讵”“护国寺感通塔番汉四众提举赐绯僧王那征讵”，后者在西夏文碑铭相应的地方，“番”字写作“𗼇”。就连西夏皇帝印施佛经的发愿文中，往往也提到印制、施放佛经时分为番文（即西夏文）和汉文两个文本。如题为《佛说圣佛母般若波罗蜜多心经》的德慧译本，这个译本的卷尾有一篇西夏仁宗皇帝的御制发愿文，署天盛十九年（1167年），其中说道：③

① 丁得天:《甘肃金昌佛教文物遗迹的调查与研究》,兰州:兰州大学硕士论文,2012年,第17-19页。

② 聂鸿音:《关于党项主体民族起源的语文学思考》,《宁夏社会科学》1996年第5期。

③ 俄罗斯科学院东方研究所圣彼得堡分所、中国社会科学院民族研究所、上海古籍出版社合编:《俄藏黑水城文献》第3册,上海:上海古籍出版社,1996年,第76页下图。

寻命兰山觉行国师沙门德慧重将梵本，再译微言。仍集《真空观门施食仪轨》附于卷末，连为一轴。于神妣皇太后周忌之辰，开板印造番汉共二万卷，散施臣民。

由此可见，西夏的主体民族应称为番族。圣容寺塔内题记中的“番僧”，系指西夏主体民族党项僧人。

综上所述，北宋乾德六年（968年）仍有“感通寺”之称。我们知道，吐蕃政权崩溃后，吐蕃衰弱，散处于西北，先是以潘罗支为首的吐蕃六谷联盟控制着凉州地区，不断受到党项的侵逼，最终为其所灭。其后十余年凉州又为甘州回鹘所有，直到宋明道元年（1032年），凉州为元昊所破。潘罗支政权、甘州回鹘政权均自顾不暇，一时难有修改寺名之举。又在西夏人题记中出现“圣容寺”字样，于此我们认为圣容寺得名当始于西夏。

四、西夏圣容寺当是一处安放帝后神御的寺院

史海中的每一篇涟漪、每一圈波纹都是耐人寻味的。从上文可知，西夏王朝流行一种做法，即在供奉佛像的寺院内，同时奉安西夏帝后神御。此类寺院非同一般，具有独特的地位，西夏王朝对此类寺院要遣官提举。而声名远播，曾经号称河西第一名寺的感通寺，偏偏在进入西夏后宣称改名“圣容寺”。寺院名称的改变，一定受重大事件的影响，如隋炀帝御驾巡幸此寺，就改瑞像寺为感通寺。我们不妨假设感通寺之所以改名圣容寺，与奉安西夏帝后神御有关。

西夏王朝在寺庙中安放帝后神御的做法，来自对宋代在寺院宫观中普遍设置帝后神御、神御殿的做法的模仿。唐宋时期佛教开始世俗化，表现之一就是开始在寺院中普遍设置帝后神御、神御殿，为皇帝逝去的父母祈福。这是佛教信仰嫁接于华夏尊祖敬宗传统礼制而衍生的新事物。所谓神御，是指亡者的遗画像或塑像。唐中晚期以来，神御多见于记载。唐代在宫观中而不是在寺院中供奉帝后神御，而检索新、旧《五代史》，则不见供奉帝后神御的记载，《辽史》中有在寺院奉安诸帝石像、铜像的记载，并无专殿。正如汪圣铎先生所言，在寺院宫观中设置皇帝、皇后的所谓神御、神御殿，是宋代较普遍存在而有别于其他朝代的历史现象。[①]西夏统治者笃信佛教，境内塔寺林立，僧人遍地。而前期主要吸收中原佛教，曾经不断地向宋朝索取大藏经，目前见于文献记载的就有六次之多。[②]在这种背景下，西夏模仿宋朝在寺院为祖先建神御殿（圣容殿）的做法而兴建

① 汪圣铎:《宋代寓于寺院的帝后神御》,见姜锡东、李华瑞主编:《宋史研究论丛》第五辑,保定:河北大学出版社,2003年,第241-264页。该文首次对宋代寓于寺院的帝后神御作了考察和分析。

② 史金波:《西夏佛教史略》,银川:宁夏人民出版社,1988年,第59-63页。

圣容寺，是合情合理的。“圣容寺”的西夏文写法中，“圣”写作“緕”，是一个汉语介词。“容”采用音译，写作“腮”，又写作“氢”。这表明“圣容”一词是个外来事物，可以佐证。

宋代寓于寺院中的帝后神御殿，有时也称作圣容殿，如扬州建隆寺太祖章武殿，是为宋太祖亲征所到而建，在关于该神御殿建置的叙述中就有“圣容殿”一词。

> 建隆寺，在扬州州城西北，《宋朝会要》曰：太祖征李重进，于此置寨，贼平，建隆二年正月，诏建寺焉。有御榻在寺，太祖忌日寺僧奉榻修供，大中祥符五年，始于寺建圣容殿。元丰中，神宗修景灵列圣神御殿，故圣容复归京师。[①]

而“圣容”一词，在佛教文献中也是频频出现。经检索汉文《大藏经》电子版，多达109条，指称佛像，如《佛说造像量度经解》：

> 时工被佛神光射眼，眩目不能注视。乃请世尊令坐河岸，而谨取水中影像为式，描得圣容。因被微波，由作曲弯长丝相，故名谓水丝衣佛。今猟波罗国所出佛像，多有此样，其摹似乎唐吴道子观音石像。[②]

莫高窟第231窟壁画榜题“盘和都督府御谷山番禾县北圣容瑞像”中的“圣容”，与此同类。既然石佛瑞像被尊称为“圣容”，帝后神御也被尊称为“圣容”，大概在奉安西夏帝后神御后，感通寺索性以此为契机，改称“圣容寺”。也就是说“圣容寺”的“圣容”一语双关，既指原来的石佛瑞像，又指西夏帝后神御。

我们做出这样的推测，是有根据的。《感通塔碑》夏、汉文碑铭中都有对圣容寺遣官提举的记载，而《天盛律令》中规定，只有供奉西夏帝后神御的寺院才有资格“遣常住镇守者正副二提举”。由此判断永昌圣容寺当年一定供奉有西夏帝后神御。也正是因为圣容寺与西夏皇室有这样的特殊关系，所以该寺在西夏时期香火旺盛，达到“番僧一千五百人”的规模。圣容寺东面的花大门摩崖佛塔葬更是西夏圣容寺盛况空前的实物见证。花大门摩崖佛塔石刻，雕刻在长约50米的红砂岩山体上。佛塔刻在佛龛内，有50余座。佛塔中间有方窟，是存放圣容寺有身份的僧人骨灰的地方。[③]西夏文宫廷诗集中的《严驾西行烧香歌》，记载了西夏皇帝曾御驾西行到达凉州护国寺和圣容寺，这个皇帝据考证是仁宗仁孝。[④]西夏仁宗之所以巡幸圣容寺，这里供奉西夏帝后神御或许为主要原因之一。遇到父母的圣容不拜，对崇尚以孝治国的仁宗而言，无论如何也是说不过去的。

---

① (宋)高承:《事物纪原》卷7,见《丛书集成初编》第4册,北京:中华书局,1985年。

② 大正一切经刊行会:《大正新修大藏经》第21册第1419号《佛说造像量度经解》卷1,东京:大藏出版株式会社,1988年,第938页。

③ 党寿山:《永昌圣容寺的历史变迁探赜》,《敦煌研究》2014年第4期。

④ 梁松涛、杨富学:《西夏圣容寺及其相关问题考证》,《内蒙古社会科学》2012年第5期。

通过对史料的钩沉，我们发现关于永昌圣容寺在西夏时期的信息，相比较而言还是算多的。西夏时期改称“圣容寺”，这里除供奉原来的石佛瑞像外，还紧跟潮流供奉西夏帝后神御，借此拉近与西夏皇室的关系。西夏王朝按规定对圣容寺遣官提举，其中的一任提举官叫药乜永诠。凭借着与西夏皇室的特殊关系，该寺在西夏时期香火旺盛，达到“番僧一千五百人”的规模。西夏仁宗西行时，特地巡幸圣容寺。圣容寺的西夏文有两种写法：一作“緕腮綘棍”；一作“緕氢綘棍”。寺名“圣容”，一语双关，显示出当年对寺名做出修改的高僧别具匠心。

西夏王朝到底有哪些寺院供奉西夏帝后神御，因资料缺略而难知其详。现有资料显示，除本文所讨论的圣容寺外，还有西夏陵区北端建筑遗址。关于该处建筑的性质，祖庙说和佛寺说长期相持不下，祖庙说难以解释出土的佛像泥塑残块，佛寺说难以解释“孛王庙”的称呼，只有把它看作“一处供奉西夏帝后神御的寺院”，才能把双方赖以立论的、看似尖锐对立的主要证据有机地结合在起来。

圣僧与圣像

——又论刘萨诃

尚丽新

山西大学国学研究院

中国佛教在接受和传播过程中，民众的信仰实践活动是推动佛教发展的主要动力，宗教一旦脱离了广土众民的信仰与实践，其生命力就会枯竭。所以民众的信仰实践活动是全部宗教文化的基础，也是民众精神史的生动反映。而历代对佛教的研究，重在教义和宗派，对民间的佛教信仰很少涉及。近年来，国内外学术界越来越关注一般民众的佛教信仰，于是把视线投向民众对佛教教义的认识和理解，祈愿和追求，信仰实践的内容、方式、特点，以及民众佛教信仰对社会的影响，等等。但与宋以后在这方面取得的较大进展相比，宋前尤其是唐前的研究成果简直是屈指可数。侯旭东在总结了国内外学者这方面的研究成果之后，得出这样的结论："说魏晋南北朝时民众思想，包括佛教信仰史研究基本属于空白并非妄语。学者或为研究思路所限，或囿于资料匮乏，难以开展。"[①]而魏晋南北朝是中国佛教大发展的时期，也是民众佛教信仰最为真挚、最为热忱的时期。一般来说，事物的初始形态中往往孕育着这一事物最本质的东西，所以要想在研究时抓住研究对象的本质，就应该注意该对象的初始形态。因此，研究魏晋南北朝时期民众的佛教信仰就显得格外重要。

恰如侯旭东在4—5世纪的造像记上发现"反映这一时期民众精神世界的资料实非空白"[②]，从4世纪起不断产生的高僧刘萨诃的传说就是反映佛教信仰在民众间传播的一个非常具有典型性的个案。正因为如此，从20世纪70年代起，刘萨诃研究一直是学术界的一个热点问题，国内外诸多优秀的学者如陈祚龙、孙修身、史苇湘、饶宗颐、霍熙亮、肥田路美、巫鸿等人，都从不同的角度对与刘萨诃相关的问题作了十分深入的探索，显示了专家学者们独到的见识和开阔的视野。但作为中国宗教史上一个十分复杂的现象，

① 侯旭东:《五六世纪北方民众佛教信仰——以造像记为中心的考察》,北京:中国社会科学出版社,1998年,第4页。

② 侯旭东:《五六世纪北方民众佛教信仰——以造像记为中心的考察》,北京:中国社会科学出版社,1998年,第4页。

刘萨诃研究尚未结束。这突出地表现在虽然对刘萨诃信仰的本质——民间的佛教信仰——逐步达成共识，但多停留在感性的表层，缺乏具体而深刻的论证。本文试图通过分析刘萨诃与番禾瑞像的关系来揭示刘萨诃民间佛教信仰的本质。

一、被遮蔽的历史

刘萨诃确有其人。他是一位活动在4世纪下半叶到5世纪初的游方僧人。出家前是一个目不识丁的稽胡族下级军吏，因为30岁时巡游地狱的偶发事件出家为僧。[①]随后去江东寻觅礼拜阿育王塔、阿育王像。此后，主要在稽胡人聚居地（今晋陕交界的黄河两岸）和河西走廊传教，受到西北民众的崇拜。6世纪20年代，在河西走廊的番禾（今甘肃永昌）出现了著名的能预测兴衰治乱的番禾瑞像，而刘萨诃正是番禾瑞像的预言人。此后，在漫长的历史时间里，刘萨诃和番禾瑞像在西北地区发生着持续的、强烈的影响。

在史实与传说交织的各种史料构建的迷宫中，首先需要引起重视的就是刘萨诃的身份，可以说这是解读刘萨诃民间佛教信仰本质的一把钥匙。从各种史料中我们可以归纳出刘萨诃的两种身份：一是“名僧”“高僧”“和尚”“圣者”“上人”等。二是“胡师佛”“刘师佛”“观音菩萨”“苏合圣”。显而易见，前一种身份是经过权力阶层和知识僧侣认可的，而后一种身份则是刘萨诃的民间身份。刘萨诃的民间身份，是我们判定刘萨诃信仰的本质——民间佛教信仰的最重要的依据之一。

道宣在刘萨诃辞世大约二百年后，经过实地调查，以客观严谨的态度记录了今山陕交界黄河两岸稽胡居地刘萨诃信仰的状况。据道宣的记载，刘萨诃在稽胡人中有三种身份——佛、观音菩萨和苏合圣。将刘萨诃称为“苏合圣”，是稽胡人的特权。在关于刘萨诃所有神异传说中，最有趣的莫过于“苏合圣”了。道宣《集神州三宝感通录》卷下载：“昼在高塔，为众说法；夜入茧中，以自沉隐；旦从茧出，初不宁舍。故俗名为苏何圣。‘苏何’者，稽胡名茧也。以从茧宿，故以名焉。”“然今诸原皆立土塔，上施柏刹，系以蚕茧，拟达之止也。”[②]道宣的这番记载显然表明刘萨诃在稽胡八州之地是备受供奉的蚕神。为什么能在稽胡居地较早地产生出“苏合圣”这么一个独特的佛教化的蚕神？五胡十六国时期，活动在中原历史舞台上的是北方少数民族，他们一般都是不谙耕织的游牧民族。元魏入主中原之后，为解决衣食问题，将农桑政策放在极为重要的地位。也许就是在那一时期，稽胡充分认识到耕织的重要性，其农业和纺织业有了一定的发展。大约在5世纪末的时候，稽胡这个以山居射猎为主的民族掌握了养蚕缫丝技术之后，就产生

① 现存最早、最详细记录刘萨诃地狱巡游事件的是南齐王琰的《冥祥记》。(唐)道世:《法苑珠林》卷86,见《大正藏》第53册,东京:大藏出版株式会社,1988年,第919-920页。

②《大正藏》第52册,东京:大藏出版株式会社,1988年,第434-435页。

了他们自己的蚕神——苏合圣。也许只是历史的一个偶然——“萨诃”恰恰是“蚕茧”的意思。稽胡居地的自然环境根本不适合种桑养蚕，除了在纬度较低的高原地区可以养蚕之外，大面积的山区是根本不可能养蚕的。那么，苏合圣为什么会得到八州稽胡的共同供奉呢？我猜想苏合圣不仅是蚕神，恐怕也是农神。稽胡可能还没有来得及创造出他们复杂的神佛谱系，就以蚕神来代替农神，苏合圣在实际上扮演着耕织之神的角色，护佑着稽胡人的农业经济。对于居于深山、劫掠为生的稽胡来说，“苏合圣”之创造，传达出发展民族经济文化以求生存发展的深层的一种民族愿望。

从稽胡居地至河西走廊，刘萨诃同样具有佛和观音菩萨两种身份。道宣亲眼看到刘萨诃被稽胡人当作“佛”来供奉。《集神州三宝感通录》卷下载：“何遂出家，法名慧达。百姓仰之，敬如日月。然表异迹，生信愈隆。……故今彼俗，村村佛堂无不立像，名‘胡师佛’也。今安仁寺庙立像极严，土俗乞愿，萃者不一。”[①]道宣在《续高僧传》和《释迦方志》中又提到了一个名叫“刘师佛”的形象。我认为“刘师佛”就是“胡师佛”。[②]胡（刘）师佛最主要的功能是预测吉凶，《集神州三宝感通录》卷下载：“每年正月，舆巡村落。去住自在，不惟人功。欲往彼村两人可举，额文则开，颜色和悦，其村一岁死衰则少；不欲去者十人不移，额文则合，色貌忧惨，其村一岁必有灾障。故俗至今常以为候。”[③]刘萨诃被作为佛来供奉，不限于稽胡居地，也不是随着稽胡族的汉化而消失的。直至明代，在河西的酒泉，刘萨诃的仙逝之地，他仍被当地人作为“佛”来供奉。万历四十四年（1617年）修成的《肃镇华夷志》在《古迹》目中载：“手迹崖：城西二里周家寺后沙崖上有手印，人以为古迹奇异。俗妄言乃佛见讨来河水盛，恐没其城，以手推崖，脚登河崖，故水不能淹城。”[④]这位“佛”是谁呢？正是刘萨诃。据该志《祠祀》目载：“西峰宝寺：城西三里。据《神僧传》云：昔蒙逊时，有僧人名慧远，游居武威，一旦云，肃州人有水难，吾当速救。于是，寅时起身，巳时至肃，正见讨来河水势侵城，用手一指，水即回波，后圆寂于此，遂建浮屠，以藏其骨，人遂以手助崖为古迹，后人因此遂充拓为寺。而西峰今将平矣。有重修碑记云。” 此碑立于明弘治十五年

---

①《大正藏》第52册，东京：大藏出版株式会社，1988年，第434页。

② 关于道宣所记载的“胡师佛”形象是刘萨诃的造像还是番禾瑞像的造像，学术界一般认为是刘萨诃的造像，但也有争议。史苇湘认为“胡师佛”和“刘师佛”是两个形象，前者是刘萨诃的像，后者是番禾瑞像的像（史苇湘：《刘萨诃与敦煌莫高窟》，《文物》1983年第6期）。而巫鸿却将二者均视为番禾瑞像的像（巫鸿：《再论刘萨诃——圣僧的创造与瑞像的发生》，巫鸿：《礼仪中的美术——巫鸿中国古代美术史文编》，北京：生活·读书·新知三联书店，2005年版，第435页）。其实，通过细读道宣的相关记述，可以肯定“胡师佛”是刘萨诃的造像。

③《大正藏》第52册，东京：大藏出版株式会社，1988年，第434页。

④ 李应魁撰，高启安、邰惠莉校注：《肃镇华夷志校注》，兰州：甘肃人民出版社，2006年，第160-161页。

（1502年），现藏酒泉市肃州区博物馆。碑文记载："肃城之西，旧有浮屠刹宇，古传慧达神僧飞锡至此，知其地可作宝林……" 可见"慧远"为"慧达"之误。[①]而"俗妄言"三字恰恰透露出这条传说源出民间，民间是一直将刘萨诃称为"佛"的。

刘萨诃除了"佛"的身份之外，还有一个观音菩萨的身份。在稽胡居地，刘萨诃被认为是观音菩萨"假形化俗"。《集神州三宝感通录》："亦以为观世音者，假形化俗。故名惠达。"[②]同样，在河西走廊，他亦被视为观音。据《太平寰宇记》记载，酒泉有刘萨诃的门人为他所立的庙。[③]此庙的主尊毫无疑问应该是刘萨诃像，值得注意的是主尊左侧有观音像，刘萨诃的灵骨正放在观音像的手上。《集神州三宝感通录》卷下载："行出肃州酒泉郭西沙砺而卒。形骨小细，状如葵子，中皆有孔，可以绳连。故今彼俗有灾障者，就砺觅之，得之凶亡，不得吉丧。有人觅既不得，就左侧观音像上取之，至夜便失，明旦寻之，还在像手。"[④]这无疑暗示了刘萨诃与观音之间的对应关系。在敦煌，刘萨诃亦被视为观音化身，作于曹氏政权时期的S.3929V《董保德佛事功德颂》中有云："疑是观音菩萨，易体经行；萨诃圣人，改行化现。"早在魏晋南北朝时，就出现了观音被俗化为普通人这一现象，诸如杯度为闻声而至的观音示现，天台宗第二代祖师慧思（515—577年）被礼敬为观音化身，梁代异僧宝志被认为是十一面菩萨之化身，梁高祖亦被称为观音等等。这是外来佛教本土化、民俗化的一个典型表现。刘萨诃从冥游故事中那个被观音训导的罪人而摇身变为观音的化身，由一个消极的接受神谕者变为一个能够发出命令的积极的神，他承担着为所有信众祈福禳灾的神圣而功利的使命。

我们还可以推知当时北方民间的刘萨诃信仰非常隆兴、非常久远，否则的话，番禾瑞像是不会选择他来做预言者的，著名的道宣也不会花费精力去研究刘萨诃了，明代的方志中也不会为他记上一笔。不过，关于民间的刘萨诃信仰的资料毕竟十分有限，除了道宣的记载就是一些方志。道宣花了两年的时间在稽胡聚居的关表一带做调查，态度非常客观。在他的《集神州三宝感通录》中详细记载了稽胡人对刘萨诃的崇奉状况。正是得益于道宣的这一记载，我们才得以考见唐初刘萨诃信仰的民间状态。但在刘萨诃的"正传"《续高僧传》中真正的主角是番禾瑞像，而不是刘萨诃，这说明道宣是在关注番禾瑞像之余才附带地记录了刘萨诃信仰的民间状态。在权力阶层和知识僧侣的评价和定位中，刘萨诃在佛教史上的身份是"高僧"，道宣也不例外。至于方志中出现的刘萨诃的相关资料，更容易解释，方志专记天下四方之事，受意识形态的影响最小，反而倒是客

---

① 吴浩军:《酒泉刘萨诃资料辑释》,《敦煌学辑刊》2008年第2期。

②《大正藏》第52册,东京:大藏出版株式会社,1988年,第434页。

③《太平寰宇记》卷152《陇右道·肃州·酒泉县》载:"刘师祠,在县南。姓刘,字萨河。沮渠西求仙,回至此死,骨化为珠,血为丹。门人因立庙于此,今人致心者,谒之往往获珠丹焉。"(宋)乐史撰,王文楚等点校:《太平寰宇记》,北京:中华书局,2007年,第2946-2947页。

④《大正藏》第52册,东京:大藏出版株式会社,1988年,第435页。

观的。显然，上层社会是不会对民间信仰倾注太多的关注。作为佛、观音的刘萨诃是作为高僧的刘萨诃的附庸，刘萨诃隐藏在番禾瑞像的光芒之下，圣僧与圣像的真正关系被长久地遮蔽起来了。

二、圣僧与圣像

520年，番禾瑞像诞生，这是刘萨诃得到上层社会重视的标志性事件。在著名的番禾瑞像诞生之前，上层社会并未注意到刘萨诃。虽然萧梁时刘萨诃就已经名列宝唱的《名僧传》和慧皎的《高僧传》。不可否认的是，这两篇传记的真正主人是那些来历非凡的阿育王塔、阿育王像，而不是刘萨诃。南朝的知识僧侣之所以会将刘萨诃载入史册，是为了用这些南方的圣物来确立南方佛教的正统地位，诚如巫鸿所言："大约形成于东晋时期的南方观点符合了慧皎的需要。当时南北之间的争斗仍在继续，慧皎在杭州嘉祥寺所写的刘萨诃传记表达了他对确立南方佛教正统地位的努力。"①当时，南方佛教界完全忽视了刘萨诃的预言和法术。奇异的预言和法术是北方民众信仰刘萨诃的最重要的原因。宝唱将之置于"苦节"，不入"神力"；慧皎将之置于"兴福"，不入"神异"。《名僧传》和《高僧传》中所记载的神异僧无一不是与权力阶层有近距离的接触、得到社会上层的重视的。可以说，刘萨诃在北方民间广为流传的一系列的神异事件并没有引起南方上层社会的重视。

番禾瑞像的最早记录出自北周道安的《制像碑》，原文今已不存。从道宣和敦煌本《刘萨诃因缘记》的引述来看，《制像碑》讲述的是番禾瑞像诞生这一中心事件。唐初道宣的《续高僧传》也是以番禾瑞像为中心的，诚如巫鸿所言："道宣将刘萨诃惟一一个生活事件加以记录，而把其余的笔墨尽量用在渲染刘萨诃死后番禾瑞像的种种灵异。换言之，这篇传记的本身主角已经不再是刘萨诃，而是这身神奇的佛像。"②也就是说，他们是先注意到瑞像，然后才注意到瑞像的预言者刘萨诃。那些关于瑞像灵异的记载都是以权力阶层与瑞像的关系为中心的。道宣《续高僧传》主要记载了无首瑞像的出现与"魏道陵迟"，北周的"相好还备，太平斯在"，像首又落与"周灭佛法""邻国殄丧"，隋代经像大弘"炀帝躬往礼敬厚施"。1979年在甘肃武威出土的天宝年间的石碑记录了隋至唐天宝年间番禾瑞像的各种灵异事件：开皇九年（590年）凉州总管燕国公宇文庆诣寺礼拜，唐兵部尚书郭元振诣寺画像，唐中宗令御史霍嗣光持幡花袈裟诣寺敬礼，开元年

① 巫鸿：《再论刘萨诃——圣僧的创造与瑞像的发生》，巫鸿：《礼仪中的美术——巫鸿中国古代美术史文编》，北京：生活·读书·新知三联书店，2005年，第435页。

② 巫鸿：《再论刘萨诃——圣僧的创造与瑞像的发生》，巫鸿：《礼仪中的美术——巫鸿中国古代美术史文编》，北京：生活·读书·新知三联书店，2005年，第437页。

间鄯州都督郭知运、陇右诸军节度使河西节度使萧嵩副将杜宾客诣寺礼拜。[①]权力阶层对番禾瑞像的信仰，更表现在践履之上。据肥田路美统计，能够确认的从唐至宋、西夏时期的表现番禾瑞像的图例有五十例左右[②]，这些图像大多出现在敦煌莫高窟、敦煌西千佛洞、酒泉文殊山石窟、安西榆林窟。可以肯定，这些洞窟是河西贵族为了宗教信仰开凿的。番禾瑞像如此频繁地出现在这些洞窟中，这表明它是河西上层社会普遍信奉的神灵。番禾瑞像得到上层社会的普遍崇奉的原因非常明显。它与政治的关系尤为密切：一方面它以像首的“安”或“落”昭示政治的“治”或“乱”；另一方面又对率直、强悍、充满叛逆精神的西北民族起着“革惩胡性，奉行戒约”的作用。番禾瑞像不仅是政治的晴雨表，也是佛教兴衰的晴雨表，它能将国运与法运结合在一起。相好还备则太平斯在，像首落去则法难与国亡同时降临。

正是因为对番禾瑞像的重视，上层社会才会注意到瑞像背后的刘萨诃，圣像的出现是刘萨诃由民间社会进入上层社会的契机。不过，进入上层社会的刘萨诃的地位下降了。在番禾瑞像的地位不断上升的同时，刘萨诃却由民间的“胡师佛”“观音菩萨”“苏合圣”而下降为佛教史上一位普通“高僧”。

从番禾瑞像产生之后直到归义军时期，人们一直在努力确定圣像与圣僧的身份地位。对此，道宣可谓功不可没。在确定圣僧和圣像的身份和地位上，道宣尽了最大的努力。在《道宣律师感通录》和《律相感通》中，他为刘萨诃找到了前身——利宾菩萨。在迦叶佛时，番禾民众不信佛法，以杀害为事，大梵天王造了一尊佛像，利宾菩萨以神力使这尊佛像如真佛一样巡化四方、教导人民。三百年之后，番禾被邪恶控制，利宾菩萨在世界毁灭之前将佛像藏到山神寺中，直至他转世为刘萨诃，才将佛像感应出来。这个利宾菩萨的故事不是道宣记录的民间传说，而是道宣思考的结果（道宣声称《道宣律师感通录》和《律相感通》记录的是他与“天人”的对话）。“利宾菩萨”的故事，有效地将刘萨诃与番禾瑞像区分开来，刘萨诃的身份不再是“佛”，而是一个番禾本土的一位菩萨（印度的佛教神灵谱系中没有这么一位“利宾菩萨”）。道宣暗示了大梵天王所造的这尊佛像可能是迦叶佛或释迦佛的像。道宣的这种解释为后来的标准的圣像为主圣僧为辅的模式打下了基础。大约到了武周时代，番禾瑞像为释迦佛之像，这一点就十分明确了。大英博物馆藏敦煌第17窟石室出土的武周时代的番禾瑞像刺绣幡画中，主像的两旁绣有阿难、迦叶二弟子和文殊、普贤二菩萨。

关于刘萨诃与番禾瑞像的关系，图像比文字更容易说明问题。在莫高窟第72窟南壁

① 孙修身、党寿山：《〈凉州御山石佛瑞像因缘记〉考释》，《敦煌研究》1983年创刊号。

② 不过肥田路美的统计有一定的主观性，例如山西省博物馆所藏佛像的右臂已被毁，肥田推测可能是与愿印，证据不足，此像是否为番禾瑞像应该存疑。[日]肥田路美撰，牛源译：《凉州番禾县瑞像故事及造型》，《敦煌学辑刊》2006年第2期。

的壁画上看得最为清楚。在这幅壁画上，共有十四尊番禾瑞像出现在画面的中部和上部（一般来说，壁画上部的位置多属神灵，中部多属帝王贵族和僧侣，下部属普通人），其中最大的两尊占据了画面的中心位置。番禾瑞像在榜题中被称为“圣容像”。刘萨诃在整幅壁画中出现了五次，分别出现在壁画的上、中、下三个部分。刘萨诃的高度不足画面中部圣容像高度的四分之一，榜题称之为“刘萨诃和尚”或“圣者刘萨诃”。出现在画面中心位置两尊圣容像旁边的刘萨诃最能说明问题，其一榜题为“刘萨诃和尚赴会思发修僧时”，其二榜题为“刘萨诃和尚焚香启愿时”，表明刘萨诃是参加释迦说法大会的众神之一，他要对他授记的圣容像顶礼膜拜。除了南壁的壁画，第72窟西壁龛外帐门上的画像也很能说明问题，帐门南侧上段画泗州和尚，榜题为“圣者泗州和尚”，帐门北侧上段画刘萨诃，榜题为“圣者刘萨诃和尚”。从二者对等的位置可以看出刘萨诃的地位与另一位神异僧泗州和尚相当。此外，刘萨诃的图像还出现在第98窟、第61窟中心佛坛背屏后，这些画面仍以高大的番禾瑞像为主，在瑞像脚下、很小的空间里画着刘萨诃劝诫猎师李师仁的场面。总之，各种相关图像表明，番禾瑞像是释迦牟尼佛的瑞像，而刘萨诃是辅助瑞像的圣僧。在权力阶层的眼中，圣像远比圣僧重要得多——圣像有权对时政做出或积极或消极的评价，而圣僧刘萨诃只是辅助政教而已。这是石窟中大量复制瑞像的原因。瑞像是佛教谱系中的正神，它与其他瑞像共同组合成“瑞像图”，以各种不同的形式出现在标示着不同的仪式功能的位置上。圣僧的作用很大程度上被限定在一个“戒杀”的榜样上：刘萨诃劝诫猎师李师仁情节也经常出现在中心佛坛的背屏后，且敦煌本《刘萨诃因缘记》的重心放在地狱巡游上，相关篇幅占了全文的一半多。敦煌遗书中的相关文献还表明，刘萨诃以其奉行戒约、福佑一邦成为僧人的典范。归义军时期的名僧道真曾造刘萨诃像施入三界寺①，道真晚年在莫高窟修行时被时人比作刘萨诃。②归义军时期的另一位名僧法宗作《萨诃上人寄锡雁阁留题并序》（S.4654A）呈献给敦煌王曹元忠，在盛赞刘萨诃的同时又旌美曹元忠的奉佛之举，非常自然地将传法与辅政结合起来。由此可见，上层僧侣对权力的敬畏尊崇，他们的理想多了几分“王者师”的色彩。

在经过权力阶层和知识阶层一番功利的和理性的净化之后，刘萨诃的民间性被遮蔽起来。人们看到的只是权力阶层与上层僧团结合在一起的信仰现象，却往往忽略了番禾瑞像的民间源头。让我们再回到番禾瑞像诞生之初，刘萨诃之所以被选中作为番禾瑞像的受记者，是因为他在河西民间强大的影响力。既然稽胡人称他为“佛”，明代酒泉民间仍称之为“佛”，那么，我们完全有理由推测在北朝至唐宋的河西民众也称之为“佛”。公元520年诞生于河西番禾山崖中的瑞像只是一尊佛像，具体是哪位佛，太延元年刘萨诃受记时亦未明言是释迦牟尼佛。鉴于刘萨诃在河西巨大的影响力，民众会很自然地把

① 约作于935年S.5663A《中论》卷二道真题记云：“道真造刘萨诃和尚（像）……已上施入经藏供养。”

② S.3929V《董保德佛事功德颂》：“疑是观音菩萨，易体经行；萨诃圣人，改行化现。”

他与瑞像的主人等同起来，番禾瑞像即是刘师佛或胡师佛的像是顺理成章的。民间信仰不会像正统宗教那样秩序井然，他们的神灵谱系是变化无常的，能取得民众信仰的最充足的理由就是灵应，所谓灵则信。刘萨诃仙逝之后，他的灵骨在二百年之后仍然具有预测吉凶的功能，番禾瑞像的出现距离刘萨诃去世不足百年，河西民众不会舍弃他们非常熟悉的、法术无边、灵应无限的本地神而另择他神。番禾瑞像的出现，其实是民众刘萨诃信仰的延续。在唐五代时的河西走廊，番禾瑞像和刘萨诃的神职功能是一样的——天宝年间在武威出土的石碑记载了番禾瑞像不仅能够阻止各种破坏性的灾难，而且将远近民众的各种乞愿一一应验："□至今无急事俱验焉若乃乡曲贱微之人远方羁旅之士或飘□独往叩地申冤或子尔孤游瞻颜乞愿慈。"产生于归义军时期的敦煌遗书里又有刘萨诃成功地预言了莫高窟，以锡杖划出宕泉，为敦煌带来涓涓流水的传说。可见，这位"高僧"又是地方神，保佑着敦煌的佛法兴隆、生活安定。总之，在民间，刘萨诃即番禾瑞像，民众将之笼统地称为"佛"。在民间的意识里，圣僧与圣像应该是同一的。刘萨诃与番禾瑞像的分离是知识阶层和权力阶层规约民间信仰的结果。

三、结语

中国佛教史上并不缺乏具有各种神异功能的高僧（最典型的莫过于与刘萨诃具有相同时代背景的佛图澄），能预示治乱兴衰的瑞像也不止番禾瑞像（南朝陈时长干寺阿育王像[①]、南朝宋时荆州北的一尊瑞像[②]、襄州岘山华严寺卢舍那瑞像[③]），但像刘萨诃和番禾瑞像那样长久地在西北中国发生影响的圣僧和圣像却是绝无仅有的。这恰恰说明在对待刘萨诃的问题上无法像处理其他的神异僧和瑞像那样简单。那些神异僧和瑞像只属于一个时代，依托于一个政权而盛极一时，随着政权的消亡，这些圣僧和圣像也就成为历史。只有刘萨诃能发生那样强烈而又久远的影响，因为他一直有一个强大的民间信仰的基础，既可以得益于某种机缘与上层社会的国运佛法紧密相关，又能在权力阶层的规约改造消弭之后，继续在民间发生影响。恰恰是因为他不仅仅属于一个时代、一个政权，而是属于大西北的广士众民。

综上所述，刘萨诃在宗教史上的意义至少有两个：第一，刘萨诃信仰是民间形态的佛教信仰。刘萨诃信仰不是知识阶层的哲学形态的佛教信仰，它典型地展现了佛教入华后在民间传播的一个侧面，折射出民间佛教信仰的原始状况和传播方式。第二，刘萨诃信仰表现出民间佛教信仰与哲学形态的正统佛教和上层权力社会的互动。它详细地展现了下层社会粗俗的、践履型民间佛教信仰进入上层社会，被上层社会利用、改造和崇奉的全过程。这典型地体现了佛教在上、下层社会的传播和发展变迁。

---

① (唐)道宣:《集神州三宝感通录》,《大正藏》第52册,东京:大藏出版株式会社,1988年,第414页。

② (唐)道世:《法苑珠林》,《大正藏》第53册,东京:大藏出版株式会社,1988年,第385页。

③ (唐)道宣:《广弘明集》,《大正藏》第52册,东京:大藏出版株式会社,1988年,第203页。

刘萨诃现象试析

胡瀚平[1]，赵太极[2]

（1.彰化师范大学国文学系　2.大叶大学通识教育中心）

一、前言

东晋高僧刘萨诃（345—436年），法名释慧达，曾亲赴天竺取经①，有着戏剧性的宗教历程。他经过一番地狱之旅，受到阴间的冥契经验启示，幡然醒悟。嗣后由凡转圣，历经死亡的洗礼及菩萨的教化，还阳后，随即出家，成就一生不凡的志业，名列《高僧传》②，缔造了信仰的传奇，影响所及，至今犹盛。

回顾学界的研究，主要可归纳为两类：其一，针对刘萨诃生平史料文献的稽考，如陈祚龙③、刘苑如④、尚丽新⑤、钟静美⑥、吴浩军⑦等；其二，聚焦在刘萨诃圣迹的考证与诠释，其中以丁得天⑧、肥田路美⑨、张善庆及沙武田⑩等人为代表。对于前述两类的研究成果颇丰，欲明其详，可径参阅。笔者所关注的视野在于，以陈祚龙校正的《刘萨诃和尚因缘记》为主要文本对照萨满天启与刘萨诃现象，是否有异曲同工之妙？刘萨诃

---

① 汤用彤：《汉魏两晋南北朝佛教史》上册，北京：中华书局，1983年，第272－275页。

② （梁）慧皎：《高僧传·释慧达传》，见《大正藏》第50册，东京：大藏出版株式会社，1988年，第409页。

③ 陈祚龙：《刘萨诃研究——敦煌佛教文献解析之一》，《华冈佛学学报》1973年第3卷，第33－56页。

④ 刘苑如：《重绘生命地图——圣僧刘萨荷形象的多重书写》，《中国文哲研究集刊》2009年第34期。

⑤ 尚丽新：《敦煌高僧刘萨诃的史实与传说研究综述》，《西南民族大学学报（人文社科版）》，2007年第4期。

⑥ 钟静美：《敦煌写本〈刘萨诃和尚因缘记〉》，《鸭绿江》2016年第6期。

⑦ 吴浩军：《酒泉刘萨诃资料辑释》，《敦煌学辑刊》2008年第2期。

⑧ 丁得天：《甘肃金昌佛教文物遗迹的调查与研究》，兰州：兰州大学硕士学位论文，2012年，第1–49页。

⑨〔日〕肥田路美撰，牛源译：《凉州番禾县瑞像故事及造型》，《敦煌学辑刊》2006年第2期。

⑩ 张善庆、沙武田：《刘萨诃与凉州瑞像信仰的末法观》，《敦煌研究》2008年第5期。

为何钟爱涅槃像？与当时的佛教发展氛围有何关涉？《涅槃经》所传达的主要经义为何？刘萨诃现象昭示了世人什么讯息？以下，将聚焦于此，加以探讨。

二、刘萨诃现象与萨满天启

刘萨诃的传奇一生转折点，在于其特殊的地狱游历经验。郑阿财的研究指出："《刘萨诃和尚因缘记》敦煌写本计有：P.2680、P.3570、P.3727等三件。内容叙述刘萨诃和尚早年性好游猎，因杀鹿过多，忽然被鬼使捉至冥间，变为鹿身遭人射杀，又复为人身，遍历地狱。后受观音菩萨感化，出家为僧，四处起塔等故事。"[①]《刘萨诃和尚因缘记》可说是对刘萨诃最具说服力的文本。而有关《刘萨诃和尚因缘记》的真实性，陈祚龙以巴黎国民图书馆东方稿本钞卷考证甚详[②]，综述刘萨诃入地狱、信佛、出家至印度取经、广开甘肃石窟、预言灵验等事迹，如下：

> 和尚俗姓刘氏，字萨河（诃），丹州定阳人。性好游猎，多曾杀鹿，后忽卒亡，乃被鬼使擒捉，领至阎罗王所。问萨河："汝曾杀鹿已否？"萨河因即诋毁，须臾怨家，即便招承。闻空中唱声："萨河为鹿！"当即身变成鹿，遂被箭射肚下，迷闷无所觉知；实时又复人身，唯见诸地狱中，罪人无数，受诸苦毒。

上述情节颇富戏剧性，刘萨诃猎鹿变鹿，看到自己在地狱遭到冥刑，可说是充分反映了因缘果报的佛教教义。淡痴真人于宋仁宗天圣八年（1030年）受地藏菩萨旨谕游历地府十殿的情节[③]与刘萨诃入地狱相似，不同的是淡痴真人乃极有道行的修行者，而刘萨诃为待罪之身受冥罚；相同之处，则在于劝善，引导人心向善。可以说，刘萨诃故事的原型，后世依然流传着。其实，从中可以观察到三教融合的痕迹，呈现出民间宗教强大的韧性与生命力。而这股力量，不容小觑，譬如延州稽胡白铁余，借着刘萨诃及《贤愚经》左道惑众，断人慧命，罪过甚大。[④] J. G. 弗雷泽指出，睡眠或睡眠状态是灵魂暂

---

① 郑阿财：《敦煌佛教灵应故事综论》，《佛学与文学——佛教文学与艺术学术研讨会论文集（文学部分，佛学会议论文汇编2）》，新北：法鼓文化事业公司，1998年，第121-152页。

② 陈祚龙：《刘萨诃研究——敦煌佛教文献解析之一》，《华冈佛学学报》1973年第3卷。

③（北宋）淡痴真人原著，赵太极语译：《生死轮回奥义书》，台北：玄易堂出版社，2002年，第37－136页。案：淡痴真人登高独步，神于幽幽渺渺之中。忽然间，见一座石碑上刻有五十六个字："大道无为，清净一真。六道众生，皆因妄成。缘妄造业，善恶攸分。因果不爽，毫厘分明。心念才动，业相已形。人虽不见，神鬼早明。勿谓暗室，果报难遁。"关于淡痴真人如何弘传《玉历宝钞》的经过，可参见该书第104－105页。

④ 张朝富：《白铁余起事佛教背景考察》，《四川大学学报（哲学社会科学版）》2012年第4期。

时的离体，死亡则是永恒的离体[①]。因此，刘萨诃进入近似死亡状态，实则非死亡，而是处于灵魂暂时重度离体的萨满天启境界。由上述可见，民间宗教也与萨满有着共通之处。

萨满，为满洲语“Saman”的译音，系指萨满教的男巫。“萨满”一词始见于13世纪初宋代徐梦梓《三朝北盟会编》载述，而萨满教则为以氏族为本位的原始自然宗教，广布于北亚、北欧、北美温带、亚寒带、寒带等地域。萨满能为族人消灾治病，亦能借助咒语使敌人遭灾罹祸，并为人求子嗣。[②]从荒野到殿堂，萨满兼容圣俗于自然之境，世界五大洲正如火如荼地开展其极具神秘力量的姿容。

李零转引张光直所提出的“两个文明起源”假说，张氏把世界各古老文明区分为两个系统：一个系统是所谓“萨满式的文明”，即以中国和玛雅为代表的具有世界普遍性的文明；一个系统是以两河流域文明为源头的西方式的文明。前者是“连续性的文明”，即文明时代与野蛮时代有很大连续性。它在本体论的认识上始终保持了“民神杂糅”的特点。而后者则是“突破性的文明”或“破裂性的文明”，即以隔绝天地神人为前提，借技术和贸易发展起来的文明。[③]足见萨满在文明流衍过程中扮演着重要的角色。

征诸《刘萨诃和尚因缘记》所言：

和尚遍历诸地狱，忽见友人王叔谈，在此受罪。乃嘱和尚曰：“若却至人间，请达音耗，谓我妻男，设斋造像，以济幽冥。”更有无数罪人，皆来相嘱。又见亡过伯父，在王左右，逍遥无事。和尚问伯父：“何得免其罪苦?”伯父报云：“我平生之日，曾与家人腊月八日，共相浴佛，兼许施粟六石，承此福力，虽处三涂，且免诸苦。然吾当发心，舍粟六石，三石已还，三石未付。倏忽之间，吾身已逝，今若施粟福尽，即受不还粟三石妄语之罪。汝可令家人，速为填纳，即得生处，免历幽冥也。”又见观世音菩萨，处处救诸罪人，语萨河言：“汝今却活，可能便作沙门以否？和尚依然已为广利群品之心。”言讫而堕高山，豁然醒悟，即便出家，广寻圣迹。但是如来诸行处、菩萨行处，悉已到之。皆起塔供养，乃获圣瑞，所到之处，无不钦仰。

王叔谈[④]与众多友人皆嘱咐刘萨诃还阳后务必交代亲人植福消灾，早日脱离苦海。其

---

①〔英〕J. G. 弗雷泽著，汪培基、徐育新、张泽石译：《金枝——巫术与宗教之研究》上册，北京：商务印书馆，2013年，第298－317页。

② 宋代徐梦梓《三朝北盟会编》载：“兀室（即完颜希尹）奸滑而有才。国人号为珊蛮。珊蛮者，女真语巫妪也，以其通变如神。”案：至乾隆十二年清廷颁布《钦定满洲祭神祭天典礼》，萨满已明定必须主持或参与重大典礼和各种祭祀活动，包括祭祀祖先、社稷、风雨雷师、岳镇海神时，以及巡狩、征战等举行的奏告祖先天地仪式。参见王宏刚、于国华：《满族萨满教》，台北：东大图书公司，2002年，第3－14页。

③ 李零：《中国方术正考》，北京：中华书局，2012年，第9页。

④郑琇文：《试析王琰〈冥祥记〉与相应之观世音经典》，《大专学生佛学论文集》，台北：华严莲社，2010年，第149－166页。

中最为人所忽略的是，在世允诺行善，若不遵照口愿而行，除了追究未圆满的部分，更被视同妄语。而成为萨满的必要条件之一，通常是因病，在治病的过程中得到授记，成为萨满。刘萨诃虽非生病而入地狱，但是猝发性地被征召入幽冥界，显然已被钦定在即。因此，观世音菩萨劝谕他出家修行，从此步上修行之路，已然符应萨满天启的过程与结果。

台湾的乩童是萨满原型辗转流衍、整合、转型后的典型巫术再现，庄吉发的研究指出："童乩"的"童"，闽南语读如"Dang"，是指能让神明附体的人，或神明附体的现象；而越南语里的"Dang"，也有和神灵沟通，进入精神恍惚状态的意思。因此，有些学者认为"童"就是源自古越语的"Dang"。童乩或乩童就是指一种降神的术士。[①]美国也有对吾人进入意识转换状态的萨满有深入的研究[②]，《印加大梦——萨满显化梦想之道》披露了萨满透过"光启疗程"清除能量场中的印记等，阐发新观点，弥足珍贵。[③]《迈向另一境界》的作者直指"心灵疗法即为萨满教，而这个宗教只流行于异国。我寻遍了五大洲，并从各式各样的另类治疗师身上得到了详尽的结果。而我确信，是我们将萨满教神化了，其实萨满教就存在每个人的心中，一点儿异国色彩也没有，它只是我们大脑的一种运作方式罢了。大脑不会区别现实与虚构，它也不想这么做。"[④]提供了另类观点，深具价值。从中外学界的研究结果可以进一步佐证：刘萨诃之所以能够穿越时空，实与源自原始人类的巫所形成的萨满天启息息相关。前所述及的淡痴真人事迹，也是同出一辙，说起来都是通天达地的巫本质，同时也是人人本具的潜能，但视个人开发程度而有所差异。

《刘萨诃和尚因缘记》续言：

> 于是驴耳王，焚香敬礼千拜，和尚以水洒之，遂复人耳。王乃报恩，造和尚形像送定阳。擎举之人，若有信心之士，一二人可胜；若无信心，虽百数，终不能举。又道安法师碑记云："魏时刘萨河，仗锡西游，至番禾，望御容山遥礼。弟子怪而问曰，和尚受记，后乃瑞像现。果如其言。和尚西至五天，曾感

---

①庄吉发：《萨满信仰的历史考察》，台北：文史哲出版社，1996年，第109页。有关乩童的渊源与流变，可参阅庄吉发的《萨满信仰的历史考察》一书，内引黄文博《台湾信仰传奇》、陈盛韶《问俗录》、连横《台湾通史》《澎湖厅志》《淡水厅志》及林富士《孤魂与鬼雄的世界：北台湾的厉鬼信仰》等文献详述，兹不赘述。至于乩童产生的三种途径：自愿、被动、突发，以及乩童出现的时机与过程，亦于本书第112－114页详载。

②〔美〕麦可·哈纳（Michael Harner）著，达娃译：《萨满之路》（The Way of Shaman），台北：新星球出版社，2014年，第68－84页。

③〔美〕阿贝托·维洛多（Alberto Villoldo）著，许桂绵译：《印加大梦——萨满显化梦想之道》（Courageous Dreaming），台北：生命潜能文化事业有限公司，2008年，第44-65页。

④〔美〕克雷门斯·库比（Clemens Kuby）著，谢静怡译：《迈向另一境界》（Unterwegs in die Nachste Dimension），台北：台湾"商务印书馆"股份有限公司，2012年，第1－324页。

佛钵出现。以正始九年十月廿六日，却至秦州敷化，返西州，游至酒泉迁化。于今塔见在，焚身之所，有舍利，至心求者皆得，形色数般。莫高窟亦和尚受记，因成千龛者也。”

上言刘萨诃弘扬佛法的过程曾经显现宗教神迹：(1) 有一人王却具驴耳，人称驴耳王，某日恭对刘萨诃焚香敬礼千拜，之后刘萨诃以法水洒在驴耳王身上，驴耳王顿时回复人耳。(2) 驴耳王为了报恩，恭造刘萨诃像送到定阳。此像奇特的地方在于，若具足信心，一二人即可将它举起；反之，若不具信心，人数纵使逾百数，也无法举起。(3) 西游至番禾①，预言御容山，当于未来之际，有瑞像出现。(4) 感应佛钵出现。(5) 于酒泉迁化，得形色不一的舍利，至诚信心者，求之皆得。(6) 授记莫高窟将有千龛之多。以上的示现，绝非凡僧所能为，而刘萨诃的神力来自何处，笔者以为，他已与天地浑融为一，得到了宇宙间不可思议的能量。无论是他的治病能力或预言能力，甚至火化后的舍利也能冥佑众生，这种力量源自自力或他力，吾人虽不得而知。然而，这些事迹的背后，隐然符合萨满的特征，为不争的事实。若以《法华经·普门品》：“应以何身得度者，即现此身而为说法”②的观点来对照，足以充分印证：上苍与佛菩萨为众生开启无穷的生路，予人醒悟的机会，而萨满天启模式正巧妙印证了刘萨诃的启悟契机。

三、东晋佛教与涅槃旨趣

从刘萨诃的一生经历当中，吾人可以看到弘扬《涅槃经》的深刻痕迹。为何东晋时期特别注重《涅槃经》? 若从内在因素加以理解晋弘“涅槃”义理的原因，吾人或可从刘萨诃的特殊冥契经验深思，从而得到答案的线索。

根据唐代释道宣《道宣律师感通录》所言，刘萨诃的前身为迦叶佛时的利宾菩萨。见此山民约有数万家之多，杀业深重，不信因果，利宾菩萨为了救他们，因此立了伽蓝像。由大梵天王手造像身，这些佛像竟能游步说法教化诸人，遇不信者则现手擎大石击落下压，此后山民信敬于佛，所有杀具随处变现莲花，神力摄化远近。先后建了七座寺院，有二万人同时出家。经过了三百年以前被杀害的众生在地狱欲报仇不得，集体怨念共吐大火，焚烧寺舍及附近聚落，并以大水漂杀，无一幸免。当时的山神，在寺未破坏前，曾以神力保护佛像。寺破以后，便在地下石室安置供养。年代久远，石室灭。等到

①〔日〕肥田路美撰，牛源译：《凉州番禾县瑞像故事及造型》，《敦煌学辑刊》2006年第2期。

②（姚秦）鸠摩罗什译：《妙法莲华经·观世音菩萨普门品第二十五》，见《大正藏》第9册，东京：大藏出版株式会社，1988年，第57页。

刘萨诃礼山时，才示现佛像者，而其前身原是利宾菩萨。[①]此即凉州西番（音槃）和县，山裂像出的因缘始末。

另据明代郭子章撰《明州阿育王山志》卷2所述：

> 西晋太康中，并州刘萨诃弋猎为生。病至死，见一梵僧语曰："汝罪重，应入地狱。吾愍汝故，宜往洛下、齐城、丹阳、会稽有阿育王宝塔处，顶礼忏悔，得免。"既苏，出家，名慧达。遍求会稽海畔山泽，莫识基绪。夜闻地下钟声，精诚恳切。三日，宝塔从地涌出，光明腾耀，色青如石。高尺四寸，广七寸；五层露盘，四角挺然；四面窗虚，中悬宝磬。周以天王及诸佛菩萨、善神、圣僧、天神绕塔，像极精巧。达每闻钟声，见塔，悲喜忏礼，瑞应颇多。刘萨诃者，利宾菩萨示现也。[②]

如此说来，颇为神妙，若刘萨诃为利宾菩萨所示现，那么吾人若从整个事件的因缘来看，或许可以理解为经由寺毁像存的过程，让整个山民的业障消除，重报轻受，然而在整体人格修养的过程尚未臻至圆满的境界，利宾菩萨（刘萨诃）借由神游地狱苏醒，展开未竟的圆满觉证历程。若循此脉络思维，嗣后甘肃石窟的开凿及所现身通，皆能得到合理的理解。

从利宾菩萨的过往度化众生经历，吾人已然体会其苦心，然而利宾菩萨为何要借立佛像教化山民，为何此举能转化业力？以及阿育王（约公元前304—前232年）为何要大兴舍利塔寺，这些事件的内在联系与脉络为何？欲厘清此中关联，便要从佛陀涅槃前的嘱咐说起。约略来说，佛为觉者，觉行圆满，神通自在，虽肉身焚化后得舍利（身骨），碎七宝末造八万四千塔供养舍利。舍利所在之处，即佛所在之处。[③]易言之，佛舍肉身应

①(唐)道宣:《道宣律师感通录》,见《大正藏》第52册,东京:大藏出版株式会社,1988年,第437页。案:有关刘萨诃的前身为迦叶佛时的利宾菩萨传说,另可参见(唐)道宣:《律相感通传》,见《大正藏》第45册,东京:大藏出版株式会社,1988年,第875页;(唐)道世:《法苑珠林》,见《大正藏》第53册,东京:大藏出版株式会社,1988年,第395页。

②(明)郭子章:《明州阿育王山志》,见杜洁祥主编:《中国佛寺史志汇刊》第2卷,台北:宗青图书出版公司,1994年,第87-88页。

③"梵语舍利罗,此云身骨。惟我世尊,于旷大劫,以金刚心,熏修金刚三昧,直至成佛。会无异念,故变缘生五蕴幻身,成金刚体,即如来法身,常住不坏,永无生灭。佛十身中,有力持身,此其一也。如来应现娑婆,示生迦维,说法四十九年,化缘已毕,于拘尸罗城,娑罗林双树间,入大涅槃。时彼国王,如法荼毗,得舍利八斛,分为三分:天上、人间、龙宫,各起塔供养。而人间八国分之,摩伽陀国,阿阇世王,得其一分,有八万四千颗,至阿育王,有大神力,能役鬼神,乃碎七宝末,造八万四千塔,遍散四洲。而南阎浮提,为身教地,故塔居多。其来震旦者,一十有九,惟金陵长干,与明州鄮山,显赫最著。"参见(明)憨山:《憨山老人梦游集》卷25,见日本藏经书院:《卍新续藏》第73册,台北:新文丰出版公司,1983年,第644页。

化，融入法身，周遍法界，度生无尽，不可思议。①为“刘萨诃身陷地狱，将无出期，乃听梵僧指求舍利，为忏罪地，故感宝塔从地涌出”的事迹，提出了有力的辅证与说明。②

另从外在的大时代环境变化来说，吾人根据吕大吉的研究可知：

> 从汉末到魏晋南北朝，出现了中国历史上第二次社会大变动。历时数百年的统一封建帝国解体，社会转入分裂、纷争的状态。名教衰微，神学、经学失势，佛教、道教乘虚而兴，儒术独专让位给儒释道三教鼎立。佛道教的兴起：一是由于战争频起，民不聊生，士不安居，社会苦难的加剧使大批人转向宗教；二是传统的儒学遇到危机，需要佛道二教加以辅翼；三是魏晋玄学兴起，它训练了中国士人的抽象思维能力，成为吸收外来佛学的桥梁；四是佛道二教在经籍和教义上进行了数百年的准备和积累，于此时出现了质的飞跃。儒释道三教相互斗争又相互渗透和吸收，并以儒学文化作为这种三角关系的轴心，奠定了而后一千多年封建文化以儒为主、佛道为辅的基本格局。③

如上言，佛教于魏晋时期遭逢政局不稳、民不聊生的时局，或许是苍生祈求佛祖垂怜，佛教应运在中国发展，然而想要在本土宗教儒、道强烈竞争下存活，除了危机意识抬头、人民处于灾难频发渴望得到救赎外，难免兴起佛已涅槃、不复亲炙之叹，于是启动了祈求佛陀真身舍利垂救教难及抚平人民灾难以振兴佛教的渴望，加上舍利塔的威光遍现，得到帝王的支持，继而大兴塔寺，慢慢地便站稳了脚跟，与儒、道呈三足鼎立的

---

① 憨山大师："夫舍利者何？乃一真法界，常住真心，广大光明之体也。诸佛证之，为清净法身；菩萨修之，为金刚心地；众生迷之，为阿赖耶识。其不坏者，为佛性种子，名佛知见，以其众生本具。故佛出世，特为开示，使其悟入。祖师西来，指之为心印。是知众生，与佛无二无别，第染净熏变之不同耳。以众生无明业力，念念熏蒸，故感四大五蕴，腥臊臭秽，不净无常败坏之身；其不坏者，为轮回业果，历劫不忘。菩萨以之为定慧，熏习得意生身，调伏众生，净佛国土；其不坏者，微妙功德，成就庄严。惟佛证之，为清净法身，常住寂光，身土不二。其现大身，则无量光明相好，居华藏庄严，名实报身。其现小化，则丈六金身，示生人间，与民同患。而众生见者，但见缘生之佛，不见法身真体。将显法化无二，无常即常，故入般涅槃；而留舍利，摄受众生，名力持身，以示金刚不坏法身常住世间，本无生灭去来之相。故所现光相，种种瑞应，不可思议，随众生心，感而应现者，即法身应机说法。以离言三昧，直指众生本有佛性，欲令见者，当下了悟自心，顿见法身不生灭性，此与灵山踞座，末后拈花，有何异哉！故佛出世说法，无非指示此一大事，而于法华一会，开示众生佛之知见。以此知见，即法身慧命，故云：'此经在处，应以七宝起塔。'况佛知见，又为文字所障，至若诸祖直接示人，而形于棒喝讥呵怒骂之间，而人又以机锋目之，将谓别有玄妙，故悟之者希。今者亲见法身，如来觌面，为说不生灭法；而人不悟诸已，概以光明瑞相视之，诚谓当面错过矣！可不哀哉！"参见（明）憨山：《憨山老人梦游集》卷25，见日本藏经书院：《卍新续藏》第73册，台北：新文丰出版公司，1983年，第644页。

②（明）憨山：《憨山老人梦游集》卷25，见日本藏经书院：《卍新续藏》第73册，台北：新文丰出版公司，1983年，第644页。

③ 吕大吉主编：《宗教学通论》，台北：博远出版公司，1993年，第738页。

局势。从此，随着塔兴遍地，涅槃义理便得到充分的弘扬。刘萨诃圆寂后，道安法师曾亲身经历三教之争、灭佛运动、末法思想流布，基于上述的背景，促使凉州瑞像因缘得以记载下来。①

释迦说法可分成五个阶段：华严时、鹿苑时、方等时、般若时及法华涅槃时。到了法华涅槃时纯说圆教，由于法华涅槃时开显佛性与度化众生的层面甚为深广，因此其教理被判定为圆满的教理。根据释恒清的研究指出，《涅槃经》以“如来常住”“涅槃四德”“悉有佛性”“一阐提成佛”为中心议题，而以佛性观贯串；换句话说，佛性思想为《涅槃经》的精髓。其中值得注意的是，高举“如来藏自性清净心”的真常系思想，据《如来藏经》《胜鬘夫人经》《大般涅槃经》《楞伽经》，大力宣扬人性中本有佛性的存在。在《涅槃经》里可说处处揭示“一切众生悉有佛性”的佛性思想，无论何种根器的众生，在法华涅槃时都能够得到圆满的教化。②这也是为何佛陀不舍任何一个众生堕落黑暗的原因，因为众生本具智慧光明的本性，只待发现佛性本然存在，并不需要由外给予。利宾菩萨（刘萨诃）的行为背后所仰仗源源不断的悲愿动能，正是佛说《涅槃经》所宣说的义理旨趣。

如来之内证境界不可思议，悲心广被十法界一切有情，视一切众生如释迦牟尼之子罗睺罗，善巧方便地救度众生，应以何身得度者即现何身而为说法，皆随顺因缘而说法，立基于第一义谛而说，时立时破，故无定法可言。譬如：为了让大众信受奉行《大般涅槃经》，佛陀说，听闻此经能断疑生信，得悟常乐我净之真谛。③ 等到大众能接受了，又揭示不落两边的甚深义理，如《大般涅槃经》言：

> 所谓甚深微密之藏，一切众生悉有佛性。佛、法、众僧，无有差别。三宝性相，常乐我净。一切诸佛无有毕竟入涅槃者，常住无变。如来涅槃，非有非无，非有为非无为，非有漏非无漏，非色非不色，非名非不名，非相非不相，

---

① 案：北周武帝灭佛，建德三年（574年）五月武帝下诏禁断佛、道二宗，当北周战胜北齐后，灭佛运动快速蔓延到邺城地区。而慧思、耶连提耶舍以及阇那崛多等高僧所宣扬的末法思想，则在中国北方得以迅速传播开来。参见张善庆、沙武田：《刘萨诃与凉州瑞像信仰的末法观》，《敦煌研究》2008年第5期。

② 赵太极：《智旭〈周易禅解〉之研究》，嘉义：南华大学宗教学研究所硕士学位论文，2012年，第170—172页。

③《大般涅槃经》说，疑心有二种：一者疑名；二者疑义。能够听闻此经的人则可断除疑名心。如果又能够进一步思惟此经义理者，则可断除疑义心。另外经中又提到有五种疑：一、怀疑佛定涅槃否；二、怀疑佛是常住否；三、怀疑佛是真乐否；四、怀疑佛是真净否；五、怀疑佛是实我否。如果能听闻此经者，则怀疑佛涅槃与否的心则会永断。书写、读诵、为他人广说思惟其义，四疑永断。疑又有三种：一、疑声闻为有为无；二、疑缘觉为有为无；三、疑佛乘为有为无。如果能听闻此经者，这三种怀疑会永远消灭。如果能够书写、读诵、为他人广说思惟其义，则能够了知一切众生悉有佛性。参见《大般涅槃经》卷23，见《大正藏》第12册，东京：大藏出版株式会社，1988年，第487页。

非有非不有，非物非不物，非因非果，非待非不待，非明非暗，非出非不出，非常非不常，非断非不断，非始非终，非过去非未来非现在，非阴非不阴，非入非不入，非界非不界，非十二因缘非不十二因缘。①

因为内证境界本来就无法以语言文字表达清楚，只能勉强以譬喻说法去对治，尽量让众生明白体悟其中妙义，可就偏因具名施设言性质的语言文字本身已有瑕疵，根本无法如实表达甚深微密之义理，难免会有点去佛日远之感叹。诚如佛陀金口宣说：

善男子：佛性不可思议，佛法僧宝亦不可思议，一切众生悉有佛性而不能知是亦不可思议。如来常乐我净之法亦不可思议，一切众生能信如是大涅槃经亦不可思议。②

可见就算是“贫女宅中宝藏”“力士额上金刚宝珠”或“转轮圣王甘露之泉”③已让人寻获，或得而复失，或本来一直都在、不曾须臾间失去，也是不可思议之事。易言之，佛陀说如来常、乐、我、净，乃是为了破斥众生所执着的世间常、乐、我、净的见解，为了随顺世间才说涅槃是实有的。如屈大成所言：“由此可见《涅槃经》有些章节把‘常乐我净’说视作因应教学上的需要而权宜敷设。”④由《大般涅槃经》所言，可以得到明证：

复次善男子，或有说言佛性在内，譬如力士额上宝珠。何以故？常乐我净，如宝珠故，是以说言佛性在内。或有说，言佛性在外如贫宝藏，何以故？方便见故。佛性亦尔，在众生外，以方便故而得见之。是故如来遮此二边，说言佛性非内非外亦内亦外，是名中道。⑤

《大般涅槃经》揭示，一切法皆为因缘所生，尽皆假名施设，此即假观（如甘肃石窟佛像）；诸法的本来存在样貌为空如无有自性，此即空观（如甘肃石窟佛像所呈现的空性）；明乎虽经因缘生灭的过程，佛性依然如圆月高悬虚空般恒古长存，如此即能切入既不偏空亦不偏有的中道实相观。易言之，吾人透过刘萨诃的示现事迹，如实了知究竟实相，观照自心，最终安住于中道实相的真理之中。

四、结 语

从本文上述的讨论可以得知，无论是佛菩萨或上帝或上苍度化众生，只能以“不可

① 《大般涅槃经》卷23，见《大正藏》第12册，东京：大藏出版株式会社，1988年，第487页。

② 《大般涅槃经》卷32，见《大正藏》第12册，东京：大藏出版株式会社，1988年，第557页。

③ 《大般涅槃经》卷34，见《大正藏》第12册，东京：大藏出版株式会社，1988年，第568页。

④ 屈大成：《〈大乘大般涅槃经〉研究》，台北：文津出版社，2003年，第142页。

⑤ 《大般涅槃经》卷35，见《大正藏》第12册，东京：大藏出版株式会社，1988年，第572页。

思议”来形容。例如刘萨诃被认定为迦叶佛时的利宾菩萨，迟至唐代《道宣律师感通录》及《法苑珠林》才为人称扬传颂，在晋朝并无流传刘萨诃即利宾菩萨示现之说。可见，有些是连当事人自己在过程中也未必完全知晓其中的因缘，因此只能以上天开启吾人生命契机来看待，而其显现如萨满般的冥契经验往往也不拘形式与地域，将刘萨诃现象视为萨满行为，允为合理。

然而，刘萨诃若只是一味展现神通力，那么他充其量也只是一名如萨满的巫师或宗教师，谅难获得圣僧的美誉。由于菩萨发心成佛必经信（十信）、解（十住）、行（十行）、愿（十向）、证（十地），以臻等觉、妙觉，圆满菩提心（成就佛果）等五十三阶位[①]，因此刘萨诃所肩负的宗教使命不仅仅只是短暂的一生，透过神力治病、展现预言与广为倡导开凿甘肃石窟佛像以弘扬涅槃深义，观像悟心之本源，修正行为，渐登圣境，才是其短暂示现所要垂教的核心义谛。

①赵太极：《善财童子五十三参之研究——以〈华严经·入法界品〉为中心》，《大专学生佛学论文集》，台北：华严莲社，2011年，第176页。

刘萨诃入冥图像与文本

——以日本极乐寺本《六道绘》为中心

张善庆[1]　吕德廷[2]

（1.兰州大学敦煌学研究所　2.聊城大学运河学研究院）

大规模的刘萨诃研究至今已经持续了半个多世纪，学界讨论的热点问题主要是刘萨诃生平传记，包括出生籍贯、入冥故事、江南巡礼、授记瑞像等等，所依据的文献既有传世经典，又有出土文献和考古资料。①关于刘萨诃入冥故事，国内学者研究的重点是故事中的“地狱观、观音信仰”②。也就是说，就这个问题，以往论述主要立足于文献资料，很少涉及图像资料。究其原因，刘萨诃相关图像主要出现在凉州瑞像因缘变相，莫高窟第72窟西壁龛北存有一铺刘萨诃禅定坐像，除此之外，在笔者涉猎的范围内，国内并无刘萨诃入冥题材的图像。然而日本兵库县西脇市极乐寺却收藏有一组三幅《六道绘》，刘萨诃入冥图像赫然绢上。

对此，日本学者菅村亨③、井上泰④等先生刊布了挂图图版，对文字内容进行了释读，这是本文展开研究的基础。在此，笔者将对这三幅《六道绘》略作介绍，探寻这种题材的图像源头，订正并梳理其文献演变历程，敬请专家批评指正。

一、极乐寺《六道绘》之刘萨诃入冥图像

据菅村亨先生介绍，这三幅《六道绘》在1984年兵库县历史博物馆对兵库县中部西脇市多可郡城文化遗迹调查中被发现；1985年在特别展“西脇・多可的历史和文化”，被公布为重要文化财产。整图由三幅绢本着色挂图组成，每一幅上下长140 ~ 141.2厘米，左右宽120.8 ~ 124.5厘米，虽有烧损，但基本保持原貌。据风格判断，大概是镰仓中后

① 卢秀文:《刘萨诃研究综述》,《敦煌研究》1991年第3期;尚丽新:《刘萨诃研究综述》,《敦煌学辑刊》2009年第1期。

② 尚丽新:《刘萨诃研究综述》,《敦煌学辑刊》2009年第1期,第139—140页。

③〔日〕菅村亨:《極楽寺本〈六道絵〉について》,《佛教藝術》第175号,1987年,第50-71页。

④〔日〕井上泰:《兵庫県極楽寺藏〈六道絵〉の〈絵語〉り》,《国文学政》第200号,2000年。

图1　日本兵库县极乐寺所藏《六道绘》之刘萨诃入冥图像

期的作品（图1）。[①]

三幅挂图构图大致相同，上栏绘制冥界十王，分别是秦广王、初江王、宋帝王、五官王、阎罗王、变成王、太山王、平正王、都市王和五道转轮王；每位冥王端坐在几案之后，身体左侧配有赞文；左右各有胁侍判官一众。下栏绘制六道图像，包括地狱道、饿鬼道、畜生道、阿修罗道、人道以及天道，除此之外，还有夹杂着故事画，目连救母故事占据画幅最大。

刘萨诃入冥图像出现在中幅右起第一铺。阎罗王正襟危坐在文案之后，正在审判。一人赤身裸体，跪在案前，旁书“刘萨荷”三字。此人正是中国南朝王琰《冥祥记》和慧皎《高僧传》所记载的刘萨诃。其头发被鬼卒强行后掣，极不情愿地面对业镜；刘萨诃的面前躺着一头小鹿。周围和中下栏画面也都配有榜题，分别有“阿输阇国婆罗门”“清河□邪见女”“隋鹰郎将天水姜略”和“高陆秦安义”等。

在这幅绢画里，阎罗王、业镜和以刘萨诃为代表的入冥故事画，是重要的图像元素。

阎罗王是冥府十王之一，在中国中古时期取代了原有的土伯、泰山府君等，成为地府的主宰，后来经历了独领冥界到十王分治的过程。[②]据学者研究，十王信仰经典基础是《佛说十王经》[③]和《佛说地藏菩萨发心因缘十王经》，后者是日本僧人根据《预修十王生七经》所撰写，时代为平安末期或者镰仓初期。[④]两者虽然相似，但是也略有不同。亡人五七之时要在阎罗王殿接受审判，生前所做种种善恶，全部都会在业镜中显现。《佛说地藏菩萨发心因缘十王经》描绘阎罗王殿和业镜时说：“光明王院于中殿里有大镜台，悬

①〔日〕菅村亨:《極楽寺本〈六道絵〉について》,《佛教藝術》第175号,1987年,第50-71页。

② 阎罗王研究是学界重点研究的课题,成果丰富。参见[美]太史文撰,张煜译:《十王研究的二十年回顾》,《古典文献研究》第18辑,2015年。

③ 杜斗城:《敦煌本佛说十王经校录研究》,兰州:甘肃教育出版社,1989年。张总:《〈阎罗王授记经〉缀补研考》,《敦煌吐鲁番研究》第5卷,北京:北京大学出版社,2000年。

④《佛光大辞典》第3册,北京:书目文献出版社,1989年,第2321-2322页。

光明王镜，名净颇梨镜，昔依无遮因感一大王镜。阎魔法王向此王镜，鉴自心事，三世诸法，情非情事，皆悉照然。复围八方，每方悬业镜，一切众生共业增上镜。时阎魔王同生神，簿与人头，见亡人策发，右绕令见，即于镜中现前生所做善福恶业。一切诸业各现形象，犹如对人见面。”又，亡人惊悸心诵忏悔：“前知有业镜，敢不造罪业，鉴镜如削身，何此知男女。”[①]据此，业镜就成为阎罗王殿的标志性图像。

刘萨诃，又名刘萨荷、刘萨何、刘苏荷、刘萨河、刘萨和，事迹见于南朝王琰《冥祥记》、慧皎《高僧传》、唐道宣《续高僧传》《集神州三宝感通录》《广弘明集》等、道世《法苑珠林》。他原本是两晋时期今山西地区的稽胡猎人，喜好打猎，终受因果报应，突然猝死，神游冥府，接受审判和惩戒，得以遍览地狱种种恐怖，后来得到观世音菩萨点化，死而复生，游历江南，巡礼忏悔。据《续高僧传》记载，他晚年来到今甘肃永昌，授记凉州瑞像，最后在酒泉圆寂。[②]极乐寺本《六道绘》便是刘萨诃神游冥府身受惩戒的

---

①《佛说地藏菩萨发心因缘十王经》，见《卍续藏经》第1册，台北：新文丰出版社，1983年，第405页。

② 关于刘萨诃的生平传记，孙修身先生研究成果显著，比如《刘萨诃和尚事迹考》，《1983年全国敦煌学术讨论会文集·石窟艺术篇》(上)，兰州：甘肃人民出版社，1985年；孙修身、党寿山：《〈凉州御山石佛瑞像因缘记〉考释》，《敦煌研究》1983年创刊号；《圣者刘萨诃的故事》，《敦煌研究》1983年试刊第2期；《凉州御山石佛瑞像因缘变相》，《敦煌研究》1985年第5期；《从凡夫俗子到一代名僧的刘萨诃》，《文史知识》1988年第8期。其他专注刘萨诃传记的研究包括：陈祚龙：《刘萨诃研究》，《敦煌资料考屑》，台北：商务印书馆，1979年。史苇湘：《刘萨诃与敦煌莫高窟》，《文物》1983年第6期；饶宗颐：《刘萨诃事迹与瑞像图》，《1987年敦煌石窟研究国际讨论会文集·石窟艺术篇》(上)，兰州：甘肃人民出版社，1990年。霍熙亮：《莫高窟第72窟及其南壁刘萨诃与凉州圣容佛瑞像史迹变》，《文物》1993年第2期。〔法〕魏普贤：《敦煌写本和石窟中的刘萨诃传说》《刘萨诃和莫高窟》，见〔法〕谢和耐、苏远鸣等著，耿昇译：《法国学者敦煌学论文选萃》，北京：中华书局，1993年。〔日〕肥田路美著，牛源译：《凉州番禾县瑞像故事及造型》，《敦煌学辑刊》2006年第2期，原载《佛教艺术》第217号，1994年。杜斗城：《刘萨诃与凉州番禾望御山瑞像》，见敦煌研究院编：《段文杰敦煌研究五十年纪念文集》，北京：世界图书出版公司北京公司，1996年。〔美〕巫鸿：《再论刘萨诃：圣僧的创造与瑞像的发生》，郑岩、王睿编：《礼仪中的美术：巫鸿中国古代美术史文编》，北京：三联书店，2005年，原载 *Orientations* 27，1996。王国良：《〈刘萨诃和尚因缘记〉探究》，项楚、郑阿财主编：《新世纪敦煌学论集》，成都：巴蜀书社，2003年。尚丽新：《"敦煌高僧"刘萨诃的史实与传说》，《西南民族大学学报(人文社科版)》2007年第4期；《刘萨诃信仰解读——关于中古民间佛教信仰的一点探索》，《东方丛刊》2006年第3期；《敦煌本〈刘萨诃因缘记〉解读》，《文献》2007年第1期。吴浩军：《酒泉刘萨诃资料辑释》，《敦煌学辑刊》2008年第2期。村上佳濃：《劉薩訶伝と劉薩訶信仰について》，《奈良美術研究》第7号，2008年。丁得天：《甘肃金昌佛教文物遗迹的调查与研究》，兰州：兰州大学2012年硕士学位论文；田林啓：《敦煌石窟における劉薩訶因缘变の台頭とその背景について》，《大和文華》第125号，2013年。张小刚：《敦煌佛教感通画研究》，兰州：甘肃教育出版社，2015年。张善庆、沙武田：《刘萨诃与凉州瑞像信仰的末法观》，《敦煌研究》2008年第5期，后全文转载于人大复印报刊资料《宗教》2009年第1期。张善庆：《"李师仁"实乃稽胡离石刘萨诃》，《文献》2016年第3期。

再现。

如果梳理刘萨诃与阎罗王相关图像，该图的独特意义赫然可见。

从6世纪开始，中国阎罗王审判的图像就日益丰富，案前接受审判的亡人和牲畜都是常见的题材。陕西富平县北魏太昌元年（532年）梵奴子造像碑是早期阎罗王审判图像的代表。[①]阎罗王坐在殿堂中，面前绘制宰羊的场景，旁书“此是屠仁今/常羊命”，图像左侧描绘五道大神，坐在胡床上，身旁绘五道图像。五道大神发展到后来，演变为五道转轮王。此时，五道转轮王已经开始和阎罗王结合在一起了，这是晚唐五代时期十王系统的雏形。彼时的敦煌乃至大足，亡人的面前多了一方业镜。纵览来看，接受审判的亡人一般都是“群像”，很少具有题名者。极乐寺本却具有明确的榜题，富有特色。

此外，从敦煌石窟藏经洞出土文物看，刘萨诃通常出现在凉州瑞像因缘变相中，以莫高窟第72窟南壁为代表。此外，该窟西壁龛外北侧绘制了一铺刘萨诃坐像，和龛外南侧的僧伽大师画像相对，从而构成了一个巧妙的组合。[②]也可以说，我们之所以能够看到刘萨诃画像，主要得益于凉州瑞像艺术的创造。这些图像描绘的重点并非刘萨诃，而是凉州瑞像。在中国，除了“授记”凉州瑞像，刘萨诃其他生平传记几乎没有入画。极乐寺本刘萨诃入冥故事画恰恰弥补了这一空白。

二、刘萨诃入冥图像之源流

唐代中日文化交流频繁，政府官员、留学人员、朝圣僧人、传法大师往来期间，络绎不绝，为两国佛教文化特别是佛教艺术的交流起到了巨大的促进作用。冥界十王思想此时也传入日本。[③]12世纪开始，宋日之间的经济贸易达到巅峰。随着商船的到来，中国大量民间绘画品抵达日本。如果追根溯源，极乐寺《六道绘》刘萨诃入冥图像首先和这批画像存在直接的联系，其次和敦煌《十王图》尚有渊源。

（一）宁波十王挂图之阎罗王图像

宁波等地在当时是著名的对外贸易港口，自然也是一个重要的文化艺术输出地。根据学者统计，“东传日本的宁波佛画《十王图》至少有二十二套、一百八十多幅保存于日本各个寺院和博物馆、美术馆中。其中一些作品因故又从日本流出，现在分属世界各地博物馆”。[④]这些作品多是出自陆信忠、陆仲渊、金处士之手。

---

① 张总:《〈阎罗王授记经〉缀补研考》,《敦煌吐鲁番研究》第5卷,北京:北京大学出版社,2001年。

② 张善庆:《唐宋时期敦煌僧伽大师信仰再探讨》,《世界宗教研究》(待刊)。

③ 石守谦:《有关地狱十王图与其东传日本的几个问题》,《历史语言研究所集刊》第56本第3分,1985年。

④ 何卯平:《东传日本的宁波佛画〈十王图〉》,《敦煌学辑刊》2011年第3期。

作品形式非常固定，通常为一组十幅挂图，组合方式为十王图像，或者一组十一幅，组合方式是地藏菩萨加十王图像。每一幅图只画一身尊像。上栏绘制尊像，下栏绘制审判场景。

现在藏于奈良国立博物馆陆信忠《十王图》之阎罗王图中，阎罗王端坐案后，头戴王冠，身穿王者朝服，虬髯瞋目。右侧侍者，头戴软角幞头，身着朱色大衣，手捧录簿。左侧则是一位童子。案前置一业镜，亡人跪在镜前，衣领被鬼卒抓住，似乎浑身瑟瑟发抖，胆战心惊地看着生前所做种种不端，形象生动传神。画面左上方题写榜题“五七阎罗大王”。

相同的场景又见于奈良国立博物馆藏陆仲渊作品。阎罗王正在审判，双目凝视案前业镜。亡人被牛头鬼卒扭押着极不情愿地看着业镜，其身旁尚有鸡、鸭各一只，也许正是亡人生前所屠杀的家禽，此时正在对质诉讼。画面下栏绘制刀山火海。

以上所举两个案例与极乐寺《六道绘》阎罗王部分非常相似，只是《六道绘》十王被分别绘制在了三幅画上，亡人图像也并无题记。如果说《十王图》中的亡人都是“群像”，那么极乐寺本只是根据相关文献，把业镜前受惩的亡人具体化了。

（二）敦煌《十王图》之阎罗王图像

较之宁波《十王图》，敦煌藏经洞出土的《十王图》时代更早，属于晚唐五代时期，和宁波《十王图》存在割舍不断的联系。

敦煌十王图像遗存数量可观，语言也涵盖汉文、回鹘文、西夏文等，形式多样[①]，大概主要分为经变式和插图式。经变式，通常以地藏菩萨或者释迦牟尼佛为主尊，冥府十王分列左右两侧，呈对联式；或者对称，分别坐在主尊座前两侧，类似于佛会听法一分子；材质或为纸本，或为绢画，或为壁画。插图式，则主要采用连环画的形式，分别绘制冥府十王，有些图本配有赞词和经文；材质多为纸本；绘制技法粗劣，风格粗犷。有时为了整体布局和美观安排，经变式《十王图》阎罗王部分也时常绘制业镜和接受审判的亡人。而插图式十王图，则通常会表现这两种图像要素。

英藏Ch.0021披帽地藏菩萨像并十王图，可称为地藏菩萨与十王经变。地藏菩萨作为主尊，位居中央，头披风帽，身穿山水衲袈裟，左手持锡杖，右手握明珠，游戏坐于

---

① 关于这方面的研究，成果颇多，除上引杜斗城《敦煌本〈佛说十王经〉校录研究》外，主要有：张总：《〈阎罗王授记经〉缀补研考》，《敦煌吐鲁番研究》第5卷，北京：北京大学出版社，2001年；罗华庆：《敦煌地藏图像和“地藏十王厅”研究》，《敦煌研究》1993年第2期；党燕妮：《晚唐五代敦煌的十王信仰》，郑炳林、花平宁主编：《麦积山石窟艺术文化论文集》下册，兰州：兰州大学出版社，2004年；王惠民：《中唐以后敦煌地藏图像考察》，《敦煌研究》2007年第1期；郭俊叶：《敦煌晚唐地藏十王图像补说》，《华夏考古》2011年第4期；张小刚、郭俊叶：《敦煌“地藏十王”经像拾遗》，《敦煌吐鲁番研究》第15卷，上海：上海古籍出版社，2015年。

山岩之上。道明和尚和金毛狮子立在座前。十王并诸侍者，分列于左右两侧。画面下栏绘供养僧人并世俗人物，题写发愿文。特别值得注意的是，阎罗王位于地藏菩萨左下角，案前有一亡人，身披枷锁，面向业镜，镜中显现亡人生前所做杀生恶业。

日本和泉市久保惣纪念美术馆藏董文员绘卷和S.3961，属于插图类型。以S.3961为例，地藏菩萨和阎罗王左右相对而坐，共处一堂。业镜高悬。其中赞文曰："第五七日过阎罗王/赞曰/五七阎罗王悉净声/罪人心恨未甘情/策发往头看业镜/始知先世罪分明。"[①]该赞文出自《佛说十王经》。地藏菩萨和阎罗王共同治理地狱的思想可见于《佛说地藏菩萨经》，经云：地狱众生深受诸苦，"地藏菩萨不忍见之，即从南方来到地狱中，与阎罗王共同一处别床而座。有四种因缘，一者恐阎罗王断罪不凭，二者恐文案交错，三者未合死，四者受罪了出地狱池边。"[②]

相同画面还可见于四川大足石刻、安岳圣泉寺第1号龛、绵阳北山院等地。[③]

敦煌乃至四川地区《十王图》已经非常明确地描绘了阎罗王断案场景，并且绘制了业镜。由下文讨论来看，敦煌藏经洞曾经出土《刘萨诃因缘记》，记叙了刘萨诃由于生前猎鹿，猝死之后，神游冥界，饱受果报之苦。即使如此，同样在敦煌，莫高窟《十王图》却没有刘萨诃题记。

三、刘萨诃入冥故事文本的演进

关于极乐寺本阎罗王部分故事画的文献来源，菅村亨指出"阿输阇国婆罗门""隋鹰郎将天水姜略"和"高陆秦安义"来自辽代非浊编《三宝感应略要录》、唐代释道世编《法苑珠林》、日僧住信编《私聚百因缘集》[④]，但是并没有介绍刘萨诃故事画的文献依据。井上泰在菅村亨的研究基础上，提出刘萨诃故事画来自《释门自镜录》卷上[⑤]。这种

① 录文参见杜斗城:《敦煌本佛说十王经校录研究》,兰州:甘肃教育出版社,1989年,第43页。

②《佛说地藏菩萨经》,见《大正藏》第85册,第1455页。

③ 刘长久、胡文和、李永翘:《大足石刻内容总录》,成都:四川省社会科学院出版社,1985年;杜斗城:《〈地狱变相〉初探》,《敦煌学辑刊》1989年第1期;罗世平:《地藏十王图像的遗存及其信仰》,《唐研究》第4卷,北京:北京大学出版社,1998年;〔日〕荒见泰史:《关于地藏十王成立和演变的若干问题——以大足石窟地狱变龛为中心探讨》,见敦煌研究院编:《2004年石窟研究国际学术会议论文集》,上海:上海古籍出版社,2006年;张总:《大足石刻地狱——轮回图像丛考》,见重庆大足石刻艺术博物馆:《2005年重庆大足石刻国际学术研讨会论文集》,北京:文物出版社,2007年;张总、廖顺勇:《四川安岳圣泉寺地藏十王龛像》,《敦煌学辑刊》2007年第2期;张总:《四川绵阳北山院地藏十王龛像》,《敦煌学辑刊》2008年第4期;何卯平:《试论大足"十王"对敦煌"十王"的传承》,《宗教学研究》2011年第3期。

④〔日〕菅村亨:《極楽寺本〈六道絵〉について》,《佛教藝術》第175号,1987年,第64-67页。

⑤〔日〕井上泰:《兵庫県極楽寺藏〈六道絵〉の〈絵語〉り》,《国文学政》第200号,2008年。

说法并不准确，最大的问题在于，唐人《释门自镜录》的记载实际上来自南朝《冥祥记》，其次，文中也没有把审判刘萨诃的地点明确为“阎罗王”处。[①]

在此笔者略对刘萨诃入冥故事文本的发展脉络做一个梳理。

（一）《冥祥记》类文献记载

南朝王琰《冥祥记》最早记载了刘萨诃入冥故事。刘萨诃年轻之时喜好打猎，猝死之后，神游冥界，因为生前曾经杀鹿，受到冥界审判，具体记载如下：

> 晋沙门慧达，姓刘，名萨荷，西河离石人也。未出家时，长于军旅，不闻佛法，尚气武，好田猎。年三十一，暴病而死，体尚温柔。家未殓，至七日而苏。说云：……荷作礼而别。出南大道，广百余步，道上行者，不可称计。道边有高座，高数十丈，有沙门坐之。左右僧众，列倚甚多。有人执笔，北面而立。谓荷曰：在襄阳时，何故杀鹿？跪答曰：他人射鹿，我加创耳。又不啖肉，何缘受报？时即见襄阳杀鹿之地，草树山涧，忽然满目。所乘黑马并皆能言。悉证荷杀鹿年月时日。荷惧然无对。[②]

《高僧传》兴福篇刘萨诃传记中吸收了《冥祥记》刘萨诃“好田猎”的记载[③]，删除了神游地府、襄阳猎鹿等情节，重点记载的是刘萨诃江南巡礼活动，正如巫鸿先生所说，这代表着一种“南方观点”，他所寻访和发现的佛教遗迹和圣像为南方宗教和政治的正统地位提供了重要证据，并把这些遗迹确定为当时中国最重要的佛教圣地。《续高僧传》中，刘萨诃再次成为线索人物，把凉州瑞像故事展示了出来。[④]

相比晚期入冥故事记载，《冥祥记》叙述刘萨诃猎鹿所得果报，并没有明确提出审判他的地点和人物——虽然文中提及“有人执笔，北面而立”，但是具体身份不明确。这种记载被收入唐人怀信所编纂《释门自镜录》晋沙门慧达死入地狱并宿世犯戒事条[⑤]。造成这种现象的原因，可能是因为当时阎罗王作为地狱主宰的身份还没有完全确定下来。

（二）敦煌本《刘萨诃和尚因缘记》

刘萨诃虽然已经名列《高僧传》兴福篇，到了唐代，他再次吸引了律宗释道宣的注意，被列入《续高僧传》感应篇[⑥]，以及大师的其他著作，比如《释迦方志》[⑦]《集神州

①(唐)怀信:《释门自镜录》,《大正藏》第51册,第803-804页。

②(唐)道世著,周叔迦、苏晋仁校注:《法苑珠林校注》,第2483-2485页。

③(梁)慧皎撰,汤用彤校注,汤一玄整理:《高僧传》,第178页。

④〔美〕巫鸿:《再论刘萨诃:圣僧的创造与瑞像的发生》,见郑岩、王睿编:《礼仪中的美术:巫鸿中国古代美术史文编》,北京:三联书店,2005年。

⑤(唐)怀信:《释门自镜录》,《大正藏》第51册,第803-804页。

⑥(唐)道宣:《续高僧传》,见《大正藏》第50册,第644-645页。

⑦(唐)道宣:《释迦方志》,见《大正藏》第51册,第972页。

三宝感通录》[①]和《广弘明集》[②]。但是释道宣似乎更加看重刘萨诃与凉州瑞像因缘故事，对于刘萨诃入冥故事着墨不多。

这个故事再次大放异彩，是在古代的敦煌。莫高窟藏经洞曾经出土《刘萨诃因缘记》，共计4个写本：P.2680、P.3570、P.3727以及杏雨书屋羽698R[③]。陈祚龙先生认为，这个因缘记的年代“最早也只是在初唐，而且它的‘蓝本’，谅必仍是释道宣的《续高僧传》”[④]。尚丽新先生赞同初唐说，但是对于其材料来源，提出新的看法，通过分析冥游等情节，认为其来源包括民间传说、历史文献与碑刻；和《冥祥记》相比，尚丽新先生认为“大相径庭”，并指出《因缘记》入冥故事来源于北方和敦煌特有的传说，产生的年代应该是南北朝末期到唐初。[⑤]

深山猎鹿成为这则因缘故事颇具戏剧色彩的部分。今节录P.2680如下：[⑥]

和尚俗姓刘氏，自（字）[⑦]萨诃，丹州定阳人也。性好游猎，多曾煞鹿。后忽卒亡，乃被鬼[⑧]使擒捉，领至阎罗王所。问萨诃言[⑨]：“汝曾煞鹿以否?”萨诃因即诋讳[⑩]。须臾乃见怨[⑪]家，竞来相证。即便招丞（承）[⑫]。闻空中唱声：“萨

①(唐)道宣:《集神州三宝感通录》,见《大正藏》第52册,第417页。

②(唐)道宣:《广弘明集》,见《大正藏》第52册,第202页。

③ 2013年3月《敦煌秘笈》影片册第9册出版,公布了羽698R遗书图版,正面定名为《十方千五百佛名经》,背面定名为《和尚说返魂记》。“2013年7月14日松浦典弘氏于‘俄藏会’上释读此文书。‘俄藏会’成员山本孝子氏指出此为《刘萨诃和尚因缘记》。”(参见吕德廷:《〈敦煌秘笈〉部分佛教与道教文书定名》,见高田时雄主编:《敦煌写本研究年报》第8号,京都:京都大学人文科学研究所,2014年,第202-203页)此卷在内容、书写格式等诸多方面存在若干疑点,以下录文暂且不作参考。

④ 陈祚龙:《刘萨诃研究》,《敦煌资料考屑》,台北:商务印书馆,1979年,第247页。

⑤ 尚丽新:《敦煌本〈刘萨诃因缘记〉解读》,《文献》2007年第1期。

⑥ 诸多前辈对《刘萨诃和尚因缘记》进行录文校对研究:陈祚龙:《刘萨河研究——敦煌佛教文献解析之一》,《华冈佛学学报》第3号,1973年;〔法〕魏普贤:《刘萨诃与莫高窟》,[法]谢和耐、苏远鸣等著,耿昇译:《法国学者敦煌学论文选萃》,北京:中华书局,1993年,第465-467页(原载《敦煌学论文集》第2卷,日内瓦,1981年);王国良:《〈刘萨诃和尚因缘记〉探究》,见项楚、郑阿财主编:《新世纪敦煌学论集》,成都:巴蜀书社,2003年,第582-597页;杨宝玉:《敦煌本佛教灵验记校注并研究》,兰州:甘肃人民出版社,2009年,第84-89页、第258-268页。

⑦ “自”,当作“字”,据P.3570、P.3727本和文义改。

⑧ 原本“鬼”下有“所”字,P.3570、P.3727皆无。“所”旁有卜字删除符,故删。

⑨ “言”,P.3570、P.3727皆无。

⑩ “诋讳”,P.3570作“抵讳”,P.3727作“抵毁”。

⑪ “怨”,P.3570本作“怒”。

⑫ “丞”,P.3570、P.3727同,当作“承”。“丞”为“承”之借字。

诃为鹿。”当即变身[①]成鹿，遂被箭射，蚪[②]下迷闷，无所觉知。实时又复人身。[③]

在这段文字中，“阎罗王”出现了，此时他的地位巩固起来，独领冥界。同样在公元639年初唐齐士员献陵造像碑上，[④]阎罗王坐在榻上，一名侍者头戴软角幞头，置身阎罗王身后，双手举伞；一名侍者，弯腰俯首，向阎罗王进呈录簿。接受审判的亡人都佩戴枷锁，而僧人却无此遭遇，显得安然自在。此外，所有肉食类飞禽走兽也都被戴上了枷锁，草食类则无。业镜尚未出现。这也是阎罗图像早期代表。

相比南朝时期的《冥祥记》，这是一个巨大的飞跃，和日本极乐寺《六道绘》的距离更加缩短了一步。

（三）汪向荣所辑《大唐传戒师僧名记大和上鉴真传》

汪向荣先生根据流传于日本的《七代记》《传述一心戒文》《圣德太子传历》《平氏传杂勘文》《上宫太子拾遗记》《古今目录抄》《华严两种生死义》纸背文书等，辑逸《大唐传戒师僧名记大和上鉴真传》。其中涉及刘萨诃，文云：

> 彼阿育王塔，乃是晋朝并州刘萨诃寻此塔也。萨诃本是猎师，常骑赤马、青马，青揭苍鹰捕诸禽兽。忽于一时病死，见阎罗王司命录籍，将其罪伏，乃见杀鹿子俱来索命。萨诃乃云，私不杀。鹿云，在青山下杀秘；于时将青揭放苍鹰，骑赤马杀我等。当时即有业镜并现，青揭、赤马、青鹰俱来证，受不得云。大王引入地狱，但命未尽，欲放还南阎浮提。前件生命告不杀，大王乃云：汝若能出家修道，于越州东有鄮县鄮山，中有阿育王塔，在彼汝可往寻之，便于彼所修道者，乃放生汝还南阎浮提。萨诃乃言，阎罗王乃放，诸生乃言，放生须命报，何得直被还乡。王云令有出家行进，生命等乃放之。[⑤]

尚丽新先生认为，思托所记录的冥游故事大约流行于李唐武德八年到开元二十六年之间。笔者以为，对于这些材料的产生年代，还需要进一步考订，在日本才加入也未可知。

---

① “变身”，P.3570、P.3727作“身变”。

② “变”，P.3570、P.3727作“蚪”，即“斗”。《刘萨河研究》释录为“肚”，《刘萨诃与莫高窟》作“卧”，《〈刘萨诃和尚因缘记〉探究》作“□下”，认为“犹陡下，谓突然间。按，□，即‘斗’字，与‘陡’通用，突然之意，韩愈《答张十一功曹》：‘吟君诗罢看双鬓，斗觉霜毛一半加。’”（第585页）《敦煌本佛教灵验记校注并研究》认为：“□下：首字不易辨认，存疑。”（第264页）

③ 图版参见上海古籍出版社、法国国家图书馆编：《法藏敦煌西域文献》第17册，上海：上海古籍出版社，2001年，第222–223页。

④ 张总：《初唐阎罗图像及刻经——以〈齐士员献陵造像碑〉拓本为中心》，《唐研究》第6卷，北京：北京大学出版社，2000年，第17页。

⑤（唐）思托著，汪向荣辑：《大唐传戒师僧名记大和上鉴真传》，见〔日〕真人元开著，汪向荣校注：《唐大和上东征传》，北京：中华书局，2000年，第106页。

根据汪向荣先生的辑逸，刘萨诃见到阎罗王，面对质问，最初想要隐瞒抵赖，但生前所做的种种杀生劣行，终究被业镜一一映照出来，正所谓“破斋毁戒煞猪鸡，业镜照然报不虚”。这个版本和前两者也有所不同。《冥祥记》和《刘萨诃因缘记》中，在地狱点化刘萨诃的导师是观世音菩萨，但是《大唐传戒师僧名记大和上鉴真传》却写成阎罗王。“业镜”是这个故事里前所未有的元素。

至此，极乐寺《六道绘》刘萨诃入冥图像中两个关键性图像要素——阎罗王、业镜，全部出现。可以说，这应该是最接近极乐寺本的文献资料。

四、余论

随着时间的推移，刘萨诃入冥故事逐渐丰富起来，而每个新增加的内容，或多或少都包含着时代烙印。本文仅仅是笔者针对刘萨诃入冥图像初步考察的试论稿，尚有许多值得继续探索的问题。正如巫鸿先生所言，文献和艺术中的刘萨诃更多的是一个传奇式的虚构，而非真实的历史人物；为什么他如此频繁地出现在文献和艺术作品中？对于从5世纪到10世纪精心编制刘萨诃故事的作家和艺术家来说，他的身世和灵迹意味着什么？这是我们需要解决的问题。[①]那么针对极乐寺本，刘萨诃入冥图像被选择的原因，则是尚需考察的问题之一。

附记：笔者在此感谢兰州大学敦煌学研究所博士研究生王蕾和赵欢所提供的日语翻译和研究资料。

①〔美〕巫鸿：《再论刘萨诃：圣僧的创造与瑞像的发生》，见郑岩、王睿编：《礼仪中的美术：巫鸿中国古代美术史文编》，北京：三联书店，2005年，第431-432页。

刘萨诃族属考异

王仿生

（中国藤椒博物馆）

一、文章缘起

对中国魏晋名僧刘萨诃海内外学人研究者甚多，但大多数皆为探讨其法迹之作，对其出生地和为何种民族似为一空白。有鉴于此，下拟将其作一钩玄，以求正于博雅。

关于刘萨诃出生之地有数说：山西省离石县；河北省卢龙县；陕西省咸阳市等。

对于他之族属有屠各族、鲜卑族、羌氐族、羯族、柔然族等说法。

不佞对于其出生地与何种民族皆有其观点。刘萨诃是出生于离石县的匈奴人，其出处如下。

《梁书·蛮夷传》中对于刘萨诃之法迹有较为翔实之记载：

其后西河离石县有胡人刘萨何遇疾暴亡，而心下犹暖，其家未敢便殡，经十日更苏。说云："有两吏见录，向西北行，不测远近，至十八地狱，随报重轻，受诸楚毒。见观世音语云：'汝缘未尽，若得活，可作沙门。洛下、齐城、丹阳、会稽并有阿育王塔，可往礼拜。若寿终，则不堕地狱。'语竟，如堕高岩，忽然醒寤。"因此出家，名慧达。游行礼塔，次至丹阳，未知塔处，乃登越城四望，见长千里有异气色，因就礼拜，果是阿育王塔所，屡放光明。由是定知必有舍利，乃集众就掘之，入一丈，得三石碑，并长六尺。中一碑有铁函，函中有银函，函中又有金函，盛三舍利及爪发各一枚，发长数尺。即迁舍利近北，对简文所造塔西，造一层塔。十六年，又使沙门僧尚伽为三层，即高祖所开者也。初穿土四尺，得龙窟及昔人所舍金银镮钏钗镊等诸杂宝物。可深九尺许，方至石磉，磉下有石函，函内有铁壶，以盛银坩，坩内有金镂罂，盛三舍利，如粟粒大，圆正光洁。函内又有琉璃碗，内得四舍利及爪发，爪有四枚，并为沉香色。至其月二十七日，高祖又到寺礼拜，设无捴大会，大赦天下。是日，以金钵盛水泛舍利，其最小者隐钵不出，高祖礼数十拜，舍利乃于钵内放光，旋回久之，乃当钵中而止。高祖问大僧正慧念："今日见不可思议事不？"

慧念答曰："法身常住，湛然不动。"高祖曰："弟子欲请一舍利还台供养。"至九月五日，又于寺设无捴大会，遣皇太子王侯朝贵等奉迎。是日，风和景明，京师倾属，观者百数十万人。所设金银供具等物，并留寺供养，并施钱一千万为寺基业。至四年九月十五日，高祖又至寺设无捴大会，竖二刹，各以金罂，次玉罂，重盛舍利及爪发，内七宝塔中。又以石函盛宝塔，分入两刹下，及王侯妃主百姓富室所舍金、银、镮、钏等珍宝充积。十一年十一月二日，寺僧又请高祖于寺发《般若经》题，尔夕二塔俱放光明，敕镇东将军邵陵王纶制寺《大功德碑》文。

案，《梁书》之成书年代较刘萨诃生活的时间不远，故记载应为可靠。惜只说了山西省西河郡离石县为其出生之地，是出生于何种胡人，没有说明。

胡人：中国对北方边地及西域各民族的称呼。

"胡"是北方民族匈奴人对自己民族的一种称谓。参见班固《汉书·匈奴传》——单于遣使遗汉书云："南有大汉，北有强胡。胡者，天之骄子也，不为小礼以自烦。"

"胡"是非汉人的周边民族通称，通常是指中国北方以及西方（现今内蒙古、黑龙江及新疆等地）的游牧民族。先秦时期中国将北方游牧部族称为北狄，秦汉以后又称为"胡人"。主要包括匈奴人、鲜卑人、氐人、羌人、吐蕃人、突厥人、蒙古人、契丹人、女真人等民族。

《梁书》中之胡人是何义？今特简论之。

"胡人"的说法出现很早，战国时，赵武灵王"胡服骑射以教百姓"①，既有胡服，那么穿胡服的定是胡人了。西汉政治家贾谊在《过秦论》中，也有"胡人不敢南下而牧马，士不敢弯弓而报怨"的句子。这里的胡人，指的是匈奴人，或者说主要是指匈奴人，也包括那些敢和汉室作对的其他少数民族，比如东胡，它因居于匈奴人之东而得名，也就是匈奴人东边的胡人。东胡的后世，便是鲜卑人和乌桓人二族。

胡人成气候，是在十六国时期。彼时，匈奴、鲜卑、羯、氐、羌五个游牧民族入侵中原，纷纷建立政权。所以，这一时期习惯上又被称作"五胡十六国"。这一时期，也是胡汉矛盾冲突最激烈、最尖锐的时期。所谓"邪正不并存，譬如胡与秦"②，将汉胡的关系比作正邪两面，不管我们感情上接受与否，客观地说，这种思想一直是这个时期的主导思想。毕竟民族间从排斥到融合，是一个很艰难也很漫长的过程。

一说到胡人，好多人会认为这是对少数民族的蔑称。胡人相对于汉人，先进程度较低，风俗也不尽相同，又总是武力骚扰边境。对这些人，汉族政权也好，百姓也罢，自然没什么好感，也就说不出什么好话了。江统在《徙戎论》中说"非我族类，其心必异，

①（汉）刘向：《战国策》，上海：上海世纪出版集团，2008年。

②（唐）房玄龄：《晋书》卷56，北京：中华书局，2000年。

戎狄志态，不与华同”[①]，已经把他们当作敌我矛盾来看待了。所以后世再提到胡人，不管语气还是情感，在感觉上总有那么一点蔑视、轻侮的意思。

其实，胡，并非对游牧民族的蔑称。它只是对游牧民族的一种称谓，具体地说，是对居住在北方和西方的游牧民族的一种泛称。“《春秋》之义，内诸夏而外夷狄。”[②]诸夏即是中原，胡人的概念也是基于中原的视角提出的，其中并没有掺杂感情色彩。西汉时，匈奴单于狐鹿姑曾经给汉室皇帝致书，说“南有大汉，北有强胡。胡者，天之骄子也”[③]。也就是说，“胡”在匈奴人眼里是天之骄子的意思，和汉人的天子意思差不多。

十六国时期，前秦淝水落败后，诸族纷纷起事，苻坚一直宠信的羌人首领姚苌也举兵反秦，最后俘获苻坚。姚苌向苻坚索要传国玉玺，苻坚一脸的瞧不起，怒斥姚苌说：“小羌敢逼天子，五胡次序，无汝羌名。”[④]这也是“五胡”一说最早见于史书的记载。苻坚是氐人，他自己称自己为“胡”，当然不会有什么贬义了。

刘邦建立汉朝后，为了与北方强悍匈奴和睦共处，便确立了和亲睦邻的基本国策。自开国皇帝开始，各任汉家皇帝，往往都要将汉朝刘氏公主或宗女嫁给匈奴单于，通过政治联姻，化干戈为玉帛。匈奴单于为了表示对汉朝的尊重，便将这些汉朝公主所生子女都改从母姓刘，其后裔遂形成华匈融合的结晶——匈奴刘氏。

当刘氏在中原亡国失鼎之后，匈奴刘氏却崛起于北方，继而挥师南下，逐鹿中原，建立汉国，成为刘氏复兴道路中的捷足先登者。匈奴刘氏是冒顿单于的后裔，形成的时间也即匈奴贵族改姓刘氏的时间，应在汉魏之际。改姓的最根本的原因是东汉后期匈奴族南北分裂，后南匈奴贵族南迁和汉化的结果。

公元前3世纪末，汉高祖刘邦为了稳定北方边疆，与匈奴和亲，将刘氏宗室之女冒充为公主，下嫁冒顿单于为于阏（王后），并与冒顿约为兄弟，化干戈为玉帛。从此奠定了匈奴和汉族两族人民和睦友好的基础，也为后来匈奴刘氏的产生埋下了契机。冒顿单于与汉朝翁主（诸侯王的女儿叫翁主）刘氏生子稽粥，后继位为单于，史称老上单于。老上单于又娶汉朝翁主刘氏，生二子：军臣单于和伊稚斜单于。伊稚斜单于生三子：乌维单于、句犁湖单于、且鞮侯单于。且鞮侯单于生子虚闾权单于。虚闾权单于生子稽侯，即西汉晚期著名的呼韩邪单于。

呼韩邪单于生子囊知牙斯，即位后称为乌珠留若鞮单于。乌珠留若鞮单于生子比，任右日逐王，领南边八部。右日逐王比为冒顿单于的第10代孙。当时，正值两汉更替，而匈奴族内部也争斗激烈。公元46年，单于舆去世，按匈奴族兄终弟及制，应传位给王

①（唐）房玄龄：《晋书》卷56，北京：中华书局，2000年。

②（唐）房玄龄：《晋书》卷56，北京：中华书局，2000年。

③（汉）班固：《汉书》，北京：中华书局，1999年。

④（北宋）司马光著，胡三省注：《资治通鉴》，北京：中华书局，2004年。

昭君所生的儿子也即单于舆的弟弟右谷蠡王知牙师，但单于舆在生前将知牙师杀死，而传位给他自己的儿子蒲奴。公元48年，右日逐王比因不满蒲奴单于继位，率匈奴南边八部兵四五万人宣布独立，向东汉奉藩称臣。从此，匈奴族分为南北两部，单于比即为南匈奴的第一个单于。

公元50年冬，南匈奴单于比率部从离五原西部塞80里处的南单于庭继续向内徙居到西河美稷（在今山西省西北、内蒙古南部），以美稷为南单于庭。单于比又将南匈奴的各部屯居在汉朝北部的北地、朔方、五原、云中、雁门、代、定襄等郡。从此，南匈奴成为汉帝国的守戍边疆者和编户齐民。这些郡县，绝大部分在山西境内。匈奴族与北方汉族错居通婚，匈奴单于还派贵族子弟到汉都洛阳学习汉文化。南匈奴自南下归属汉朝，就开始祭祀汉家祖先。这样，南匈奴便不断被汉族和汉文化同化。大约在这时，他们就以汉朝皇族后裔自居。

单于比生子单于长，单于长生子单于休利。南匈奴第3代第13任单于休利（128—140年）在位13年，因部众叛乱，被汉五原太守陈龟逼迫自杀。汉朝改立当时正在洛阳的单于休利弟弟兜楼储为单于，并派兵护送回美稷单于庭。兜楼储在位5年去世，弟弟居车儿单于在公元147年继位。居车儿在位25年，传位给儿子单于某。单于某在位6年去世，传位给儿子呼征。呼征单于在位2年，被汉中郎将经修擅自斩杀，汉朝更立右贤王羌渠（呼征单于的弟弟）为单于。刘秀与郭皇后共生之第二子刘辅的庶孙刘进伯官至度辽将军，在攻打匈奴时失败，被囚禁于独山（今辽宁海城）之下，遂居匈奴娶妻生子，其后裔被突厥同化，变成了匈奴贵族。刘进伯后裔谷蠡王尸利单于，据传就是单于羌渠。

公元188年，单于羌渠便派他的儿子左贤王于扶罗助汉讨平张纯和黄巾军。但匈奴国内有一部分人反对出兵，便在美稷发动政变，攻杀羌渠单于，另立其弟弟须卜骨都侯为单于。于扶罗因匈奴国内政变，不能归国，只好自立为单于，留处汉朝河东郡平阳县（今山西临汾市）。于扶罗单于在位7年，于公元195年去世，传位给弟弟呼厨泉单于。于扶罗生有2子：长子豹，任左贤王；次子去卑，任右贤王。

曹操将南匈奴族人分为左、右、前、后、中五部，各立其贵人为部帅。以左贤王豹为首的匈奴贵族，自认为是汉家子孙、高祖后裔，遂改姓刘氏。当时，一同改姓刘氏的有左贤王左部帅刘豹、右贤王监国刘去卑、于扶罗的弟弟刘宣和其余四部帅等一大批匈奴贵族。这样，匈奴刘氏便在东汉末年形成了。汉魏之际，匈奴刘氏主要居住在晋阳汾河之滨。

二、论刘萨诃与刘渊为同宗族人

山西是匈奴人内迁的主要地区，在其地生活之匈奴族代表人物首推刘渊，后有刘聪等。据《晋书·刘渊载记》云：

刘元海（渊），新兴匈奴人。……魏分其众为五部，以（元海父）豹为左部帅，其余部帅，皆以刘氏为之。太康中，改置都尉，左部居太原兹氏，右部居祁，南部居蒲子，北部居新兴，中部居大陵。刘氏虽分居五部，然皆居于晋阳汾涧之滨。……

会豹卒，以元海代为左部帅。太康末，拜北部都尉。……元康末，坐部人叛出塞，免官。成都王颖镇邺，表元海行宁朔将军，监五部军事。惠帝失驭，寇盗蜂起，元海从祖故北部都尉、左贤王刘宣，窃议曰："……自汉亡以来，魏晋代兴，我单于虽有虚号，无复尺土之业，自诸王侯，降同编户。今司马氏骨肉相残，四海鼎沸，兴邦复业，此其时矣。"于是，密共推元海为大单于。乃使其党呼延攸诣邺，以谋告之。元海请归会葬，颖弗许。乃令攸先归，告宣等招集五部，引会宜阳诸胡，声言应颖，实背之也。……

并州刺史东瀛公腾、安北将军王浚，起兵伐颖，元海说颖曰："今二镇跋扈，众余十万，恐非宿卫及近都士庶所能御之，请为殿下还说五部，以赴国难。"……元海至左国城，刘宣等上大单于之号，二旬之间，众已五万，都于离石。……将讨鲜卑。刘宣等固谏曰："晋为无道，奴隶御我，是以右贤王猛不胜其忿。属晋纲未弛，大事不遂，右贤涂地，单于之耻也。今司马氏父子兄弟，自相鱼肉，此天厌晋德，授之于我。单于积德在躬，为晋人所服，方当兴我邦族，复呼韩邪之业，鲜卑、乌丸可以为援，奈何距之而拯仇敌！今天假手于我，不可违也。违天不祥，逆众不济；天与不取，反受其咎。愿单于勿疑。"元海曰："善，当为崇冈峻阜，何能为培塿乎！虽然，晋人未必同我。汉有天下世长，恩德结于人心，是以昭烈崎岖于一州之地，而能抗衡于天下。吾又汉氏之甥，约为兄弟，兄亡弟绍，不亦可乎。且可称汉，追尊后主，以怀人望。"乃迁于左国城，远人归附者数万。永兴元年（304年），元海乃为坛于南郊，僭即汉王位。……

东瀛公腾使将军聂玄讨之，战于大陵，玄师败绩，腾惧，率并州二万余户下山东，遂所在为寇。元海遣其建武将军刘曜寇太原、泫氏、屯留、长子、中都，皆陷之。……遂进据河东，攻寇蒲坂、平阳，皆陷之。元海遂入都蒲子，河东、平阳属县垒壁尽降。时汲桑起兵赵魏，上郡四部鲜卑陆逐延、氐酋大单于征、东莱王弥及石勒等，并相次降之，元海悉署其官爵。永嘉二年（308年），元海僭即皇帝位。

当刘姓在中原失鼎亡国、沦为庶民的时候，匈奴刘氏却以汉家子孙自居，仍雄居山西，控制着整个南匈奴部族。而随着匈奴族的进一步汉化，匈奴刘氏更有南下中原、问鼎天下之意，并以复兴汉家天下为己任。3世纪中叶，匈奴左贤王刘豹之妻呼延氏梦服太阳之精而生下一个神奇的婴儿。婴儿左手心有一个"渊"字，因而取名叫刘渊，字元海。这种现象与当年刘累取名如出一辙，这期间是否有某种强烈的寓意呢！

公元264年，刘渊被匈奴贵族推荐为朝廷郎官，派往洛阳。刘渊在洛阳广泛地与名儒和官僚交游往来，并受到司马炎的赏识。后来，左贤王刘豹去世，刘渊袭父职任匈奴左部帅。288年，刘渊被晋武帝任命为匈奴北部都尉。290年，晋惠帝继位，杨骏辅政，刘渊成为晋朝的北方守将和南匈奴最高统帅。不久，晋王朝发生内讧“八王之乱”，同时，北方各族人民纷纷起义。以左贤王刘宣为首的匈奴贵族，自认为匈奴刘氏为汉朝子孙，应乘机推翻晋朝，恢复刘氏汉家天下。而成都王司马颖欲借匈奴部众为援，便派刘渊回匈奴。304年，刘渊回到左国城，被拥立为大单于，建都离石，公开起兵反晋。不久，刘渊即位称汉王，追尊三国蜀后主刘禅为孝怀皇帝，并祭祀汉家列祖列宗。接着，刘渊赶走了晋并州刺史司马腾，并收服、合并了在东方起义失败的王弥和石勒等部。308年，刘渊在蒲子（今山西隰县）即帝位，迁都平阳。刘渊母亲是匈奴贵族呼延氏，刘渊有五子：刘和，封皇太子；刘裕，封齐王；刘隆，封鲁王；刘聪（母张氏），封右贤王、鹿蠡王；刘乂，封北海王。

刘渊弟弟刘雄，字元英，官任匈奴汉使持节、侍中、太宰、司徒公、右部魏成南王。

刘宣，字士则，是东汉末年匈奴单于羌渠的儿子，于扶罗单于的弟弟，也就是刘渊的叔祖父。刘宣向往汉族的文化，曾拜著名学者孙炎为师，西晋初年，刘宣经并州刺史推荐，被晋武帝任命为匈奴右部都尉。此后，刘宣又历任匈奴北部都尉、左贤王。4世纪初，刘宣成为刘渊反晋建汉事业的主要策划者，308年任匈奴汉国第一任丞相，不久去世。

刘渊传位于嫡长子刘和。310年，刘和在卫尉西昌王刘锐和宗正呼延的挑拨下，向自己的4个弟弟开刀，掀起了残酷内争。大司徒齐王刘裕和鲁王刘隆被杀，而刘渊四子刘聪则攻克平阳，将刘和杀死，继帝位。刘聪派遣刘曜、呼延等几路匈奴大军出击洛阳，于311年攻破晋都洛阳，俘晋怀帝司马炽。匈奴攻入洛阳后，到处烧杀掳掠，晋都王公大臣以下被匈奴杀害的就多达3万余人。匈奴骑兵攻克洛阳后，立即挥师而西。一路过关斩将，降杀晋南阳王司马模，攻占长安。后来，晋军在西安拥立原秦王司马邺为帝，即晋愍帝。关中各族人民配合晋军，围攻匈奴大将刘曜所占据的长安。刘曜接连失败，最后驱掠长安士女8万多人撤出长安，退回平阳。316年，匈奴大将刘曜攻陷长安，晋愍帝出降，西晋灭亡。刘聪采取胡、汉分治的办法，自己总统胡、汉，但实际上往往以胡压汉。

刘聪有六子：嫡长子刘粲、刘易、刘翼、刘悝、刘约、刘衷。318年刘聪死，刘粲继位。刘粲曾陷害皇叔北海王刘乂，将他杀死，还将刘乂部属1 000多人活埋。刘粲宠信外戚靳准，打击匈奴刘氏势力。318年，靳准发动政变，捕杀刘粲，并将匈奴皇族“刘氏男女无少长皆斩于东市”。刘粲太子刘元公等均被杀害，刘氏宗庙被焚毁，甚至刘渊、刘聪的陵墓也被挖掘毁坏。刘渊匈奴汉国至此衰亡，匈奴刘氏遭此惨劫，元气大伤。据

《晋书·刘聪载记》云：

匈奴刘聪，字玄明，一名载，冒顿之后也。……父渊。……晋光熙元年（306年），渊进据河东，克平阳、蒲坂，遂都平阳。晋永嘉二年（308年），渊称帝。……以聪为大司马、大单于、录尚书事，置单于台于平阳西。渊死，子和僭立。聪即和第四弟也，杀和而自立。……聪遣王弥、刘曜攻陷洛阳，执晋怀帝，改年为嘉平。

聪于是骄奢淫暴，杀戮无已，诛翦公卿，旬日相继。纳其太保刘殷二女为左右贵嫔，又纳殷孙女四人为贵人，六刘之宠，倾于后宫。聪希复出外，事皆中黄门纳奏，左贵嫔决之。其都水使者襄陵王摅以鱼蟹不供，将作大匠望都公靳陵以营作迟晚，并斩于东市。聪游猎无度，晨出暮归，观鱼于汾，以烛继昼。聪与群臣饮宴，逼晋帝行酒。晋光禄大夫庾珉等谋以平阳应刘琨，于是害晋帝，诛珉等。……聪遣刘曜攻陷长安，执晋愍帝。……聪自去冬至是，遂不受朝贺，立市于后庭，与宫人宴戏，积日不醒。……阿谀日进，货赂公行，后宫赏赐，动至千万。……平文二年（318年），聪死。

子粲袭位，号年汉昌。粲荒耽酒色，游荡后庭，军国之事，决于大将军靳准。准勒兵诛粲，刘氏男女无少长皆杀之。准自号汉王，置百官。寻为靳明所杀，众降渊族子曜。

据《晋书·刘曜载记》云：

曜字永明……聪之末年，位至相国，镇长安。靳准之诛粲也，曜来赴之，次于赤壁。遂僭尊号，改年光初。靳明既降于曜，曜还都长安，自称大赵。

曜西通张骏，南服仇池，穷兵极武，无复宁岁。又发六百万功，营其父及妻二冢，下洞三泉，上崇百尺，积石为基，周回二里，发掘古冢以千百数，迫督役徒，继以脂烛，百姓嗥哭，盈于道路。又更增九十尺。……立单于台于渭城，置左右贤王已下，皆以杂种为之。

（328年）石虎伐曜，曜击破之，遂攻石生于洛阳。曜不抚士卒，专与嬖臣饮博，左右或谏，曜怒斩之。石勒进据石门，曜甫知之，解金墉之围，陈于洛西，将与勒战。至西阳门，麾军就平，师遂大溃。曜坠于冰，为石勒将石堪所擒，勒囚之襄国，寻杀之。烈帝元年（329年），曜子毗率百官弃长安，走秦州。寻为石勒所灭。

东汉魏晋期间由甘肃、山西、青海沿边直达辽宁，南至河南有很多种族杂居。他们所居之地都在汉代以来中国领土的范围内，绝大多数是在长城内外。有些种族是比较密聚在一地的，但多数分布得很散漫，因此成为交错的杂居状态。当时各族的人口数字在北方占很大的比例，据江统的估计“关中之人，百余万口，率其少多，戎狄居半”[①]，并州方面则是“五部之众，人至数万”。鲜卑族出入边塞内外，分布最广，《晋书》卷108《慕容廆载记》说汉末鲜卑有“控弦之士二十余万”，晋时大概不会少于此数。因此就整个中国来说，各族所占比例并不太大，但就北方来说却是一个不小的数字。并州即今以太原为中心的行政区划。

这些杂居各族的分布情况，远一点可以推到西汉武帝时，近一点可以推到东汉，而魏晋期间又常常将旧居边境各族继续迁入内地。各族入居诸郡，有的是出于自愿的，例如南匈奴和一部分羌人便是在汉政府的同意下自愿迁入；也有出于强迫的，例如另外一部分羌人与魏晋时期的乌丸、氐、羌则由于被征服而迫使迁移。

不论自愿或是强迫，汉代统治者的用意主要是为了加强对北方各族的管理以分散匈奴的力量与防止掠夺。所以自汉武帝以后驻防军的一部分由内迁各族组成，特别是从东汉废除郡国兵之后，这个因素就更显得重要了。其次为了开发北境，除了迁移中国内地人民屯耕以外，内迁各族也用来补充劳动力。总之，汉代迁徙各族的原因主要是加强对各族的管理与充实北境。可是由于地方官吏的贪污与豪强的欺凌剥削，汉代内迁各族也常常起来反抗，尤其表现在东汉时期的“羌祸”。班彪在东汉初便曾说：“羌胡被发左衽而与汉人杂处，风俗既异，言语不通，数为小吏黠人所见侵夺，穷恚无聊，故致反叛。”[②]《后汉书·西羌传》也说：“诸降羌布在郡县，皆为吏人、豪右所徭役，积以愁怨。”可见统治者的政策为其本身所破坏，因之获得相反的效果。

汉末以至魏晋之间对于北境各族的政策同样是要使其当兵、服役与开发荒地，然而此时的政治和经济情况有了变化，所以更需要使其向内迁移；并企图使各族人民逐渐地转化为州郡的编户，甚至沦为豪强的佃客与奴隶。

我们知道两汉是一个专制帝国，而汉末三国则形成了分裂的封建割据，各个军事集团经常混战，因此迁徙边境各族以加强军事力量的目标也在于对付相邻的对手。江统说：“魏兴之初，与蜀分隔，疆埸之戎，一彼一此。魏武皇帝令将军夏侯妙才讨叛氐阿贵、千万等。后因拔弃汉中，遂徙武都之种于秦川，欲以弱寇强国，捍御蜀虏。”[③]将曹操迁徙氐族的用意说得很明白。

当时统治者为了扩充兵力，大批北境各族人民被征发入伍以从事内战，并州方面种族较复杂，但在隶属关系上大体都受匈奴南单于王庭的统治，因此历史上一般称为匈奴。

---

①(唐)房玄龄:《晋书》卷56《江统传》,北京:中华书局,2000年。

②(南朝·宋)范晔:《后汉书》卷117《西羌传》,北京:中华书局,1965年。

③(唐)房玄龄:《晋书》卷56《江统传》,又(西晋)陈寿《三国志·魏志》卷25《杨阜传》:“刘备取汉中以迫下辩,太祖以武都孤远,欲移之,恐吏民恋土。阜威信素著,前后徙民氐,使居京兆、扶风、天水界者万余户。”即江统所指之事。

后汉末年南匈奴于扶罗单于乘乱内侵，破太原、河内，兵锋直达黄河南岸[①]。这时平阳成为单于庭，汾水流域就有不少匈奴人聚居。曹操平定并州后，曾大量迁移匈奴人，并使其当兵服役。《三国志·魏志》卷15《梁习传》云：

> 习以别部司马领并州刺史。时承高干荒乱之余，胡狄在界，张雄跋扈，吏民亡叛，入其部落；兵家拥众，作为寇害，更相扇动，往往棋跱。习到官，诱谕招纳，皆礼召其豪右……豪右已尽，乃次发诸丁强，以为义从；又因大军出征，分请以为勇力。吏兵已去之后，稍移其家，前后送邺，凡数万口。其不从命者，兴兵致讨，斩首千数，降附者万计。单于恭顺，名王稽颡，部曲服事供职，同于编户。

《梁习传》所说的不单是胡狄部落，也不是兵家，但迁送到邺的必然也包括许多并州的部落人民，他们完全成为曹魏的士家了[②]。留在并州的“胡狄”，虽然自有其酋王，保留了部落形式，但是却受地方官的统治，像州郡编户一样“服事供职”。

以内迁各族为兵西汉时已然，但三国时期由于人口的减少，统治者对于兵士来源更加利用各族人民来补充，而此时战争主要是在内地，所以需要使其更向内地迁移。

三国时期劳动力异常缺乏，除了依赖各族补充兵源之外，同时还以之补充农耕生产的劳动力。统治者不但要强迫人民为他作战，同时更需要有人替他生产，以供其剥削。曹操在中原推行了两汉时期施行于边境的屯田制度，其他豪强、军阀也招募与强迫大批流民作为他们的部曲、田客。这样，在政府以至豪强、军阀竞占劳动力的情况下，剩下的未被分配的农民不会很多[③]，可是大土地所有者由于拥有更多土地，不能满足于已被控制的劳动力，因之迁徙各族人民深入内地便是补充人口的办法。江统《徙戎论》说[④]：“荥阳色骊本居辽东塞外，正始中幽州刺史毌丘俭伐其叛者，徙其余种。始徙之时，户落百数，子孙孳息，今以千计。”

北境各族大体上分为两类：一类是保留其部落组织，仍有自己的酋长，但却受地方官的管理；一类是派遣官员监督。《晋书》卷97《北狄·匈奴传》：

> 其部落随所居郡县，使宰牧之，与编户大同，而不输贡赋。多历年所，户

①（南朝·宋）范晔：《后汉书》卷119《南匈奴传》，又（西晋）陈寿《三国志·魏志》卷1《武帝纪》初平四年（193年）条。

②（唐）房玄龄：《晋书·赵至传》中所见的晋魏士家制度篇。

③（西晋）陈寿：《三国志·魏志》卷15《贾逵附杨沛传》，注引《魏略》：“身退之后，家无余积，治疾于家，借舍从儿，无他奴婢。后占河南夕阳亭部荒田二顷，起瓜牛庐居止其中，其妻子冻饿，沛病亡，乡人亲友及故吏民为殡葬也。”杨沛有二顷田，过去有奴婢时可以生产，后来没有了奴婢，他自己、妻子既不愿劳动，只好挨饿，弄得他死无以敛，可见劳动力缺乏，无夫佃耕。

④（唐）房玄龄：《晋书》卷56《江统传》，北京：中华书局，2000年，第1013页。

> 口渐滋……建安中，魏武帝始分其众为五部[①]，部立其中贵者为帅，选汉人为司马以监督之，魏末复改帅为都尉……北狄以部落为类，其入居塞者……凡十九种，皆有部落，不相杂错。屠各最豪贵，故得为单于，统领诸种，其国号有左贤王、右贤王、左奕蠡王、右奕蠡王……凡十六等，皆用单于亲子弟也，其左贤王最贵，唯太子得居之。

这里可以看出魏晋对于匈奴族的统治是双重的，一面保留其原有部落统治系统，同时又接受魏晋政府的都尉或帅的官称，并为特置的司马所监督。《晋书》卷101《刘元海载记》称："元海从祖故北部都尉右贤王刘宣"[②]，又《附刘宣传》称武帝以为右部都尉。刘猛是右贤王，而《晋书》卷57《胡奋传》称："匈奴中部帅刘猛叛。"左右贤王是匈奴原来的称号，帅及都尉是魏晋所授之职。也只有由政府任命的"帅"或"都尉"在部落中有一定的权力，其余各种王号仅为尊贵的表示，政治上未必能真正作为部落首领。所以《刘元海载记》称刘宣云："自汉亡以来，魏晋代兴，我单于虽有虚号，无复尺土之业，自诸王侯，降同编户。"

《晋书》卷97《北狄传》称匈奴"部落随居郡县，使宰牧之，与编户大同，而不输贡赋"，说的是汉代情况，但由《后汉书》所载南匈奴入居西河以后的情况来看，并不像与"编户大同"，实际上应该是魏晋时期的匈奴。

内徙诸族作为农业劳动力的补充我们从户调式的征收钱米上与作为王国对户口的控制已可推知。同时他们不仅是政府的剥削对象，那些豪强大族也在打他们的主意。《晋书》卷93《外戚王恂传》：

> 又太原诸部亦以匈奴、胡人为田客，多者数千。

所谓田客即是身份上类似农奴的佃农[③]，豪强大族不但强迫汉族人民作为田客，在沿边州郡诸族杂居之处更转而在各族人民间扩大其劳动力的占有。太原是一个例子，但绝不止于太原，例如石勒在上党便曾为人力耕（见后）。

从晋武帝即位之后，从青海、甘肃直达辽宁即已发生包含各族对晋帝国统治的反抗。在武帝的泰始六年（270年）河西鲜卑酋长树机能起兵，秦州刺史胡列战败被杀[④]；次年（271年）匈奴酋长刘猛叛出塞；北地胡又杀死了凉州刺史牵弘。刘猛于泰始八年（272

---

① 江统《徙戎论》有云："建安中又使右贤王去卑诱质呼厨泉，听其部落散居六郡，咸熙之际以一部太强，分为三率，泰始之初，又增为四……"则直到泰始时还只分四部。

② 原作左贤王，从《晋书斠注》改。

③ 在汉代"客"之意义或作雇佣解，但汉末曹操所行之屯田制，其屯户亦称屯田客，吴国将领亦有"客"，这一种"客"已非雇佣而是向着农奴转化的隶农、佃农。

④（唐）房玄龄：《晋书》卷3《武帝纪》但称叛虏，不出树机能名，卷56《汝南王亮传》作羌虏，卷38《王骏传》称羌虏树机能，此据卷126《秃发乌孤载记》及《魏书》卷99《秃发乌孤传》作鲜卑。但青海、甘肃为羌人聚居之地，纵使树机能及其本部为鲜卑，也必然拥有大批羌人。

年）被杀，北地胡似与树机能相合[①]。

由于各族对晋关系之不同，乱事性质也不尽相同，例如拓跋、慕容诸鲜卑族只是在统治者的鼓动下进行掠夺财富；而匈奴、氐、羌以至部分鲜卑人则除了统治者企图恢复其权力与掠夺财富以外，其人民在严重的剥削下进行对晋政府的反抗是极自然的。《晋书》卷101《刘元海载记》叙述当刘渊未起兵前，右贤王刘宣就这样说："自汉亡以来，魏晋代兴，我单于虽有虚号，无复尺土之业，自诸王侯，降同编户。今司马氏骨肉相残，四海鼎沸，兴邦复业，此其时矣！"后来他劝刘渊的话也说："晋为无道，奴隶御我，是以右贤王猛不胜其忿，属晋纲未弛，大事不遂，右贤涂地……"这里说明匈奴贵族、侯王非常怀念过去的实权，他们要求恢复匈奴贵族的统治，但"奴隶御我"却不是过分的形容，我们在上面已经证明匈奴人民随时可变为晋封建统治者的奴婢与田客，所以匈奴反晋也包含解除奴役的要求。从刘猛至刘渊都是从统治者要求恢复部落中的统治出发结合人民解除奴役的要求而发动斗争。

当李雄占有成都的下一年（惠帝永兴元年，即304年），并州的匈奴族以刘渊为首在离石起事。上面我已经谈到在刘渊起事以前，匈奴失去统治权的贵族老早就企图恢复过去的匈奴帝国；而匈奴各部人民则是很多沦为大地主的田客和奴隶；要号召反晋是并不困难的，所以刘渊初受大单于之号，就拥有五万之众，而且由于反晋目标上的一致，"上郡四部鲜卑陆逐延、氐酋大单于征、东莱王弥及石勒等并相次降之"[②]。

刘渊的力量主要是内迁匈奴各部，毫无疑问，中间存在着种族间的矛盾，但是实质上种族间的矛盾只能存在于晋朝与匈奴的统治者之间；匈奴人民的反抗应该是被压迫的人民对于统治阶级的反抗，所以也染上种族的色彩。由于这时实际统治匈奴内迁人民并使其成为田客奴隶的恰恰是晋朝的统治阶级，而不是其他。

《世说新语》识鉴篇注引石勒别传："永嘉初豪杰并起，与胡王阳等十八骑诣汲桑为左前督"，王阳已明说是胡人，十八骑中如夔安、支雄、呼延莫、支屈六从姓氏上也可以肯定为胡人，又有姓刘的三人亦有胡人的嫌疑[③]。这些与石勒同起的胡人假使不是牧人，就是与石勒一样被掠卖的并州胡。

与屠杀相并行的迁徙同样也充满了历史的记载。除了汉族人民以外其他各族也同样杂乱地被迫迁移。刘渊、刘聪时期曾经将各族人民集中到平阳及其周围，刘曜将甘肃以及陕北氐羌集中到长安；石勒又将平阳、长安及其附近的氐羌各族迁到黄河流域，到石

① (唐)房玄龄:《晋书》卷38《王骏传》,北京:中华书局,2000年。

②(唐)房玄龄:《晋书》卷101《刘元海载记》,北京:中华书局,2000年。

③ 十八骑姓名见《晋书·石勒载记》,《通志·氏族略》夔氏条称天竺亦有夔氏。《元和姓纂》卷2称"石赵司空支雄传云:其先月支人也"。呼延是匈奴贵族四姓之一,而匈奴贵族改姓刘氏者很多,但亦有西域人,《通鉴》卷99永和九年三月有西域人刘康。我在这里所说的胡包括匈奴及西域胡而言。

赵帝国瓦解时，"青、雍、幽、荆州徙户及诸氐、羌、胡、蛮数百余万各还本土，道路交错，互相杀掠，且饥疫死亡，其能达者十有二三"[①]。

劳动力的占有，产生了劳动力的分配与控制的问题。实际上劳动力的分配意味着土地的分配，但由于贵族将领们易于获得土地，所以其分配形式采取特殊的办法。我们现在还不能全面了解其措施，就某些迹象来看，有一些政权似曾以北边部族中的封建制结合内地此时的部曲制，实行以军事组织管理及分配人口。《晋书》卷102《刘聪载记》：

> 于是大定百官……置辅汉、都护、中军、上军、辅军、镇、卫京、前、后、左、右、上、下军、辅国、冠军、龙骧、武牙大将军，营各配兵二千，皆以诸子为之。置左右司隶，各领户二十余万，万户置一内史，凡内史四十三。单于左右辅各主六十万落，万落置一都尉……置御史大夫及州牧，位皆亚公。

左右司隶自然是沿袭汉魏司隶校尉治地称为司州之旧称，可是这里却不说统郡多少，而是统户多少，户又没有郡县统属，而一万户为一单位，设立了四十三个内史。我们知道内史也是秦汉官号，即以后之京兆尹或河南尹[②]。这里以万户设一内史以致有四十三员之多，显然没有当作首都长官，其所以号为内史之故，只是表示四十余万户都在刘聪直接控制的土地上，亦即平阳及其周围地区[③]。按《晋书》卷14《地理志上》司州平阳郡户四万二千，整个司州包括洛阳在内也只有户四十七万五千七百，现在左右司隶的范围一定小于晋之司州，又经过大乱，而仍有四十余万户之多，显然是从各地迁徙来的。例如见于《刘聪载记》的刘曜初攻长安失败"乃驱掠士女八万余口退还平阳"，又攻陷晋司徒傅祗所守的三堵，"迁祗孙纯、粹并其二万余户平阳"，如此之类当然还很多。司隶所属户口是刘聪直接控制的人民，其按户计算的制度与下面单于左右辅所主六夷之以"落"计算相同，可以证明其为部落制度。所谓六夷则包括各族而言，这是由刘聪以大单于的名义占有的人口。《晋书》卷101《刘元海载记》于其死时称以"（刘）聪为大司马、大单于并录尚书事，置单于台"。这个单于台之台即台省之台，乃是与统治汉族之尚书台并列的统治六夷机构。《晋书》卷103《刘曜载记》称："曜署刘胤为大司马……置单于台于渭城，拜大单于，置左右贤王已下，皆以胡、羯、鲜卑、氐、羌豪杰为之。"更可明瞭单于台的性质。上面所说单于左右辅与左右司隶相对，所主六夷十万落也只在平阳周围。《晋书》卷104《石勒载记上》称勒攻平阳时"平阳大尹周置等率杂户六千降于勒，巴帅及诸羌羯降者十余万落，徙之司州诸县"，便可知其即在平阳附近。在刘聪直接控制地区

①（唐）房玄龄：《晋书》卷107《石季龙载记下》，北京：中华书局，2000年。

②（唐）杜佑：《通典》卷33《京尹条》，北京：中华书局，1988年。

③ 洪亮吉《十六国疆域志》云："左司隶盖部司州、平阳诸郡，右司隶盖部荆州、河南诸郡也。"按左右司隶下分内史，而本书引前赵录"嘉平二年（312年），聪以赵固为荆州刺史，领河南太守，镇洛阳"，分明不属于司隶，安能云右司隶部荆州、河南诸郡乎？载记称"赵固、郭默攻聪河东，至于绛邑，右司隶部人盗牧马，负妻子，奔之者三万余人"，右司隶部大概即在河东，左司隶就是平阳而已。

之外才设置州牧郡守，例如石勒之为冀州牧，曹疑之为青州牧，刘曜之为雍州牧；又如《晋书》卷14《地理志上》并州序云：“（聪）又置殷、卫、东梁、西河阳、北兗五州以怀安新附”，所谓“新附”即是过去未附而现在统治未巩固之地。

从俘虏得来的六夷与汉族人民，刘聪以胡汉分治的方式管理，在其中抽取丁壮当兵，分立各营，以之分配给他的儿子。虽然记载上不明确，我想一定也分配人口。

刘聪在其直接控制区域内建立了胡汉分治的军事化制度以控制人民。

石赵统治时期仍沿用胡汉分治之制，石勒称赵王、大单于，《晋书》卷105《石勒载记下》称以“石季龙为单于元辅，都督禁卫诸军”，盖即左右辅之沿袭。其后不久称勒以宏（勒子）镇邺，配禁兵万人，车骑所统五十四营悉配之，以骁骑领门臣祭酒王阳专统六夷以辅之；及称天王，又以其子宏为大单于，这就使石虎以单于元辅统治六夷的职权丧失，所以他很不高兴。《晋书》卷106《石季龙载记上》云：“季龙自以勋高一时，谓勒即位之后，大单于必在已，而更以授其子宏，季龙深恨之。”可见单于职位之重要。当时军队虽也强迫汉人参加，而其主力却在六夷中征发，而单于有指挥六夷的职权。

赫连勃勃在其统治区域内根本不立郡县，以军镇统户。《十六国疆域志》卷16按语云：

> 案朔方、云中、上郡、五原等郡自汉末至东晋久已荒废，赫连氏虽据有其地，然细校诸书，自勃勃至昌、定世类皆不置郡县[①]，惟以城为主，战胜克敌则徙其降虏，筑城以处之。故今志夏国疆域，惟以州统城，而未著其所在郡县以别之，与志他国异焉。

洪氏的按语是对的，立镇即是以城统军，而以军统户，《晋书》卷130《赫连勃勃载记》所述与《元和郡县志》中一些记载，洪氏已加征引，这里不再转引。总之，城堡就是一个大军营，镇所属之户即是军营所统之户。其实这种制度由来已久，上面我们已提到姚秦北边的镇户，最早一些当苻登与姚苌在陕甘一带进行战争时我们只见记载到城堡的得失，甚至苻登的“国都”就在胡空堡，便可想见此时实际上已没有郡县的统属关系，也没有治民与治军之别，有时只为了空名称某一城堡为某郡，而以堡主为太守而已。再推得远些，魏晋以来所发展的堡坞豪帅及其部曲遍布北方，同样的是以军营统户的制度。赫连勃勃仅是取消郡县虚名，成为只有军镇而无郡县的现象，而这绝非骤然发生的变化。赫连勃勃的军镇制度又遗留到北魏，薄骨律、高平、沃野诸镇只是因袭旧制，后人考证北魏边镇创置之始及其制度，这一点是常常被忽略的。

赫连勃勃亦崇信佛教，史有明文，此不赘述。

刘渊、刘聪并没有理会士族，但刘曜却曾立太学、小学，《晋书》卷103《刘曜载记》云：“简百姓年二十五已下，十三已上神志可教者千五百人，选朝贤宿儒明经笃学以

①《元和郡县志·胜州下》：赫连氏之后讫于周代，往往置镇，不立州郡。

都之。”他还曾“试学生已上第者拜郎中”，这些学生虽然泛称“百姓”，但可以推测必然以他本族豪贵子弟与汉士族为主，而秦雍大族的被俘正因为他们在刘曜朝身在官职之故。所以我们可以承认刘曜及石勒称赵王以后直至灭亡大体上没用魏晋九品官人及学校之法，对于士族特权予以肯定。

对于地方武装势力，在刘石时期多被击破，但在控制力较弱地区一般采用招纳方式，即是承认既有的割据形势，而要求物资与人力的供给。这在初期已经如此，《晋书》卷104《石勒载记上》：

> 元海命勒与刘零、严罴等七将率众三万寇魏郡，多陷之。假垒主将军都尉，简强壮五万为军士，老弱安堵如故。

这些壁垒是被击破了，然而垒主的地位却没有变动，他们接受汉的官爵，成为汉的将军、都尉。我们记得“都尉”官称正是刘聪时期统治一万落的长官，这就是说每一壁垒被认为一个统治人民的基层组织，垒主们负责征发强壮男子以补充兵源，所谓老弱自然要向垒主缴纳租赋，而垒主必然也有向异族政权纳贡的义务。

三、匈奴人崇信佛教由来已久

根据目前目力所至，古代文献中所载，在中国古代少数民族之中，匈奴人是最早信奉佛教的。对此，可见以下记载。

> 其明年（元狩二年）春，汉使骠骑将军去病将万骑出陇西，过焉支山千余里，击匈奴，得胡首虏（骑）万八千余级，破得休屠王祭天金人。①

休屠王即为匈奴人之亲王，祭天金人则为佛像。

《汉书音义》曰：“匈奴祭天处本在云阳甘泉山下，秦夺其地，后徙之休屠王右地，故休屠有祭天金人，象祭天人也。”【索隐】韦昭云：“作金人以为祭天主。”崔浩云：“胡祭以金人为主，今浮图金人是也。”又《汉书音义》称：“金人祭天，本在云阳甘泉山下，秦夺其地，徙之于休屠王右地，故休屠有祭天金人，象祭天人也。”事恐不然。案：得休屠金人，后置之于甘泉也。【正义】《括地志》云：“径路神祠在雍州云阳县西北九十里甘泉山下，本匈奴祭天处，秦夺其地，后徙休屠右地。”按：金人即今佛像，是其遗法，立以为祭天主也。

崔浩所说“胡祭以金人为主”，这里之胡，则为匈奴。

《汉书》卷一百十《匈奴列传》：

> 元狩二年春，以冠军侯去病为骠骑将军，将万骑出陇西，有功。天子曰：“骠骑将军率戎士……历五王国……冀获单于子。……过焉支山千有余里……杀

①（汉）班固：《汉书》卷6《武帝纪》，北京：中华书局，1999年。

折兰王，斩卢胡王，诛全甲……收休屠祭天金人。”

【集解】如淳曰：“祭天为主。”【索隐】案：张婴云“佛徒祠金人也。”如淳云“祭天以金人为主也。”屠音储。收休屠祭天金人。①

师古曰：“今之佛像是也。休音许虬反。屠音储。”

据史载，刘萨诃出生于富豪之家，刘渊、刘聪、刘曜等尽皆出生于匈奴贵族之家，他们多以离石为发祥之地，故应为同一家族。所以刘萨诃是出生于山西离石县的匈奴人。

① 有关霍去病获休屠祭天金人的记述，与《史记》卷111《卫将军骠骑列传》同。仅录师古注。

隋炀帝西巡及其对西域的影响

贾应逸

（新疆维吾尔自治区博物馆）

隋朝统一中原后，面临的一个现实问题就是统一整个中国，恢复丝路畅通的大业。炀帝继帝位的第二年，即命裴矩掌管与“西域诸蕃”的“交市”及西方事务。接着，便进行北巡狩和西巡，并亲征吐谷浑，筵宴西域各君长，请著名法师为其讲经说法，采取用宗教沟通西域诸地的思想等措施，团结西域各族。从而完成了在西域境内，建立鄯善、且末、伊吾三郡的业绩；并促使麴氏高昌王进行“解辫削衽”的改革，为后来唐代对新疆的统一和丝绸之路的畅通打下了基础。

一、隋炀帝的北巡狩和西巡

南北朝时期，由于中原割据，战事频繁，行进在丝绸之路上的国际商人往往只能就近在今新疆或甘肃河西各地进行交易，据《隋书·裴矩传》记载，“时西域诸蕃，多至张掖，与中国交市”，东西方贸易通道——丝绸之路不能完全畅通。炀帝继位后，决心“将通西域，四夷经略”，于是，命裴矩掌管其事。裴矩“心知帝方勤远略”，他便利用与诸商胡沟通的机会，了解西域各地的国俗、山川、险易，撰写了《西域图记》三卷，又别造地图。他明确指出“从敦煌，至于西海，凡为三道，各有襟带”：第一条道路，即“北道从伊吾，经蒲类铁勒部、突厥可汗庭，度北流河水，至拂菻国，达于西海。”第二条道路“中道从高昌、焉耆、龟兹、疏勒，度葱岭，又经钹汗、苏对沙那国、康国、曹国、何国、大小安国、穆国，至波斯，达于西海。”第三条道路，即“其南道，从鄯善、于阗、朱俱波、喝槃陀，度葱岭，又经护密、吐火罗、挹怛、忛延、漕国，至北婆罗门，达于西海。”但“其三道诸国，亦各自有路，南北交通”。并特别指出“伊吾、高昌、鄯善，其西域之门户也。总凑敦煌，是其咽喉之地”①。

显然，这本著作为隋代北巡和西进，统一西域，促进丝绸之路畅通提供了线索，具有重要价值。从此，炀帝每日“引矩至御座，亲问西方之事”。同时，又命令裴矩至张

①(唐)魏征:《隋书·裴矩传》,北京:中华书局,1973年,第1578-1580页。

掖，引致西蕃，至者十余国。

当时是“突厥犯塞，吐谷浑寇边”，西域伊吾、高昌、焉耆等悉附铁勒。于是炀帝多次北巡狩和西巡，企图实现统一大业，恢复丝绸之路的畅通。

先是大业三年（607年）四月“车驾北巡狩”，突厥启民可汗先后遣子、侄和使者来朝。炀帝次幸榆林郡，启民可汗和义成公主亲自来朝“行宫，前后献马三千匹，帝大悦，赐物万二千段”[①]；接着，吐谷浑、高昌遣使贡方物。八月，炀帝“车驾发榆林”，突厥启民可汗清整道路，装饰庐帐，迎接炀帝驾临自己及其后（义成公主）的庐帐。启民“奉觞上寿，跪伏甚恭”[②]。炀帝大加赏赐启民、公主、特勤及以下官员。隋朝暂时联合了北面的突厥启民可汗，共同保护关塞，从而促进了上述第一条线路的恢复。

大业初，西面的铁勒犯塞，炀帝遣将抵御，又遣裴矩慰抚。铁勒谢罪，并击吐谷浑以自效[③]。

大业四年（608年）三月，炀帝又“车驾幸五原”，巡长城。秋七月，遣铁勒袭吐谷浑，“令观王雄出浇河、许公宇文述出西平以掩之”。吐谷浑王逃遁，至此，“自西平临羌以西，且末以东，祁连以南，雪山以北，东西四千里，南北两千里，皆为隋有。置郡、县镇戍，发天下轻罪徙居之。”[④]吐谷浑大片土地归隋统辖，其势力大大削弱。

大业五年（609年）三月，车驾西巡河右，大猎于陇西，高昌、吐谷浑、伊吾并遣使来朝。五月，帝亲征吐谷浑。吐谷浑王率众保覆袁川。帝入长宁谷，度星岭，宴群臣于金山之上。帝命元寿南屯金山，段文振北屯雪山，杨义臣东屯琵琶峡，张寿西屯泥岭，四面围之，破之于赤水。接着“置河源郡积石镇。又于西域之地，置西海、鄯善、且末等郡”。同时，“大开屯田，发西方诸郡运粮以给之。”[⑤]同年六月，炀帝于燕支山，大宴西域各地君长。“高昌王麴伯雅来朝，伊吾吐屯设等献西域千里之地。上大悦。”[⑥]即遣薛世雄击伊吾，于第二年，即大业六年（610年）统一伊吾，正式设伊吾郡。由于，隋炀帝联合突厥启民可汗，安定北方；后又击败铁勒和吐谷浑，为统一西域准备了前提条件。大业五年，在新疆设鄯善、且末二郡，接着，又在伊吾设郡。这些事实不仅清楚说明隋朝十分重视发展与西域各民族的友谊，决心恢复丝绸之路的畅通与统一新疆，而且也证明了炀帝的北巡狩和西巡是睿智的、正确的，对后来唐朝的统一事业有着深远的影响。

①(唐)魏征:《隋书·突厥传》,北京:中华书局,1973年,第1874-1875页。

②(唐)魏征:《隋书·炀帝纪》,北京:中华书局, 1973年,第70页。

③(唐)魏征:《隋书·吐谷浑传》,北京:中华书局,1973年,第1844页。

④(唐)魏征:《隋书·吐谷浑传》,北京:中华书局,1973年,第1844-1845页。

⑤(唐)魏征:《隋书·炀帝纪》,北京:中华书局, 1973年,第73页。

⑥(唐)魏征:《隋书· 裴矩传》,北京:中华书局,1973年,第1580页。

二、筵宴西域诸君长讲经说法，为统一西域创造条件

早在大业三年（607年），炀帝计划巡河右时，即“令（裴）矩往敦煌。矩遣使说高昌王麴伯雅及伊吾吐屯设等，啗以厚礼，导使入朝。”[①]《隋书·西域传》记载：“帝复令闻喜公裴矩于武威、张掖往来以引致之。”[②]直到大业五年（609年），炀帝西巡，亲征吐谷浑后，于是“高昌王麴伯雅来朝，伊吾吐屯设等献西域数千里之地。”[③]这次西巡的相关情况，《隋书·裴矩传》记载得比较详细：“及帝西巡，次燕支山，高昌王、伊吾设等及西蕃胡二十七国，谒于道左。皆令佩金玉，被锦罽，焚香奏乐，歌舞宣噪。复令武威、张掖士女盛饰纵观，骑乘填咽，周亘数十里，以示中国之盛。帝见而大悦。”[④]炀帝西巡至燕支山时，举行了这次盛大的集会。

燕支山，也称焉支山，在今甘肃山丹东南大黄山。北魏时曾设燕支县，属番和郡。治所就在今甘肃永昌县西红山窑乡高古城，也就是现在的永昌县境内。

《资治通鉴》也载：隋大业五年，帝至燕支山，伯雅、吐屯设等及西域二十七国谒于道左，皆令佩金玉，被锦罽，焚香奏乐，歌舞喧噪。在这次盛会期间，炀帝还设鱼龙曼延。《隋书·炀帝纪》说：“上御观风行殿，盛陈文物，奏九部乐，设鱼龙曼延，宴高昌王、吐屯设于殿上，以宠异之。其蛮夷陪列者三十余国。”[⑤]对此，我们没有查到这三十余国或者二十七国的名称，据《新疆简史》说，当时有 “焉耆王龙突骑支、龟兹王白苏尼咥、于阗王尉迟氏、疏勒王阿弥厥、伊吾吐屯设，以及康国、石国、史国等国王或亲身或派史去朝见他”。[⑥]

同时，隋炀帝在击败吐谷浑后，亲赴今圣容寺，瞻仰礼拜。想必来朝见炀帝的二十几国王公，应该主要是来自西域的君长们，也有可能随从其拜谒该寺。

众所周知，隋朝两代皇帝都尊信佛法。文帝在即位之年（开皇元年，581年）就曾颁布诏令，听任出家，营造经像；仁寿元年（601年）又下令三十一州建立佛舍利塔，令名僧奉送舍利。隋炀帝即位后更有所发扬，他在这次盛会上，还请名僧讲经说法。史籍记载，名僧慧乘，从“晋王即位，弥相崇重，随驾行幸，无处不经。……从驾张掖，蕃王毕至。奉敕为高昌王麹氏讲《金光明经》，吐言清奇，闻者叹咽。麹氏布发于地，屈

①(唐)魏征:《隋书·裴矩传》,北京:中华书局,1973年,第1580页。

②(唐)魏征:《隋书·西域传》,北京:中华书局,1973年,第1841页。

③(唐)魏征:《隋书·炀帝纪》,北京:中华书局,1973年,第73页。

④ 新疆社会科学院历史研究所编:《新疆简史》第1卷,乌鲁木齐:新疆人民出版社,1996年,第101-102页。

⑤(唐)魏征:《隋书·裴矩传》,北京:中华书局,1973年,第1580页。

⑥(唐)魏征:《隋书·炀帝纪》,北京:中华书局,1973年,第73页。

乘践焉。”[①]如前所述，“蕃王”自然包括西域各地，如伊吾、高昌、焉耆、龟兹、疏勒、于阗等地诸王。这次高昌王麹伯雅还携世子麹文泰前往。

炀帝深知，西域各地的君长大多崇信佛法，并以佛教思想为准则进行统治。如果采用佛教思想与这些首领们沟通，比较顺利，更能得到他们的理解和信任。看来，炀帝是想采用这种佛教思想与实际的武力相结合的举措，来完成统一西域的大业。

让我们感兴趣的是，当时隋炀帝为什么要慧乘给西域诸王讲《金光明经》？我们知道《金光明经》是一部护法维世的经典。它一开头就说，“是金光明，诸经之王！……若得闻经，若为他说，若心随喜，若设供养，如是之人，于无量劫，常为诸天、八部所敬。如是修行，往生功德者……无量福聚，也为十方诸佛世尊、深行菩萨之所护持。”[②]它开篇明义地指出，该经旨在护法卫世。请名僧讲解这部经，无疑是想说明有《金光明经》的护持，定会社会稳定，国泰民安。这种思想正符合当时炀帝和各国王公的需要。

该经还突出鬼神，“是以‘四天王’为首，包括所谓的‘天龙八部’和‘二十八众’，专司救护世间、卫护佛法的的系统”。[③]特别是在《四天王品》中说，毗沙门天王、提头赖吒天王、毗留勒叉天王、毗留博叉天王俱从座起，偏袒右肩，右膝着地，胡跪合掌，曾白佛言：“世尊！我等四王复当勤心拥护是王及国人民，为除衰患令得安稳。……复能拥护宫殿、舍宅、城邑、村落、国土、边疆，乃至怨贼，悉令退散，灭其衰恼，令得安稳。”[④]从这里可以明显地看出，四天王能够维护国王及人民的安宁，能够保卫国土、宫殿和宅舍等，其护世职能叙述得十分清晰，既符合诸王希冀佛法维护本国安宁的心理，又宣扬了炀帝崇信《金光明经》，能得到佛法和四大天王及一切鬼神的维护，宣扬了隋朝的盛大国力，有助于统一大业。真是一箭双雕，一举两得。炀帝在这次盛会中，采用讲经说法，以宗教来沟通西域各地君长的思想，促使伊吾献地，高昌王麹伯雅改制。

同时，《金光明经》也早在新疆各地广泛流传。于阗当然不必多说，《金光明经》早已得到这里上层人士的信仰，并深入民间，大量地表现在寺院的壁画上。该经在吐鲁番地区更进一步地流传开来。1981年，在柏孜克里克石窟出土了一批麹氏高昌末年至唐初抄写的《金光明经》，这是否有可能说明，它与炀帝西巡，慧乘讲说该经相关呢？仍待进一步考证。

龟兹是小乘佛教中心，大乘经典流传较少，但后来境内竟出现了坚牢地神为供养国王托脚的壁画。如今库车县的克孜尔尕哈石窟第13、14窟龟兹王供养像的壁画中，发现

①《大正藏》第16册，东京：大藏出版株式会社，1988年，第663页。

②《大正藏》第16册，东京：大藏出版株式会社，1988年，第663页。

③任继愈主编：《中国佛教史》第3卷，北京：中国社会科学出版社，1988年，第159页。

④《大正藏》第16册，东京：大藏出版株式会社，1988年，第663页。

有坚牢地神从地涌出，为王托脚的画面。这是否可能也与此事相关呢?《金光明经·地神品》中确实说过，坚牢地神闻佛说《金光明经》后，发大誓愿说，她将“随是经典所流布处，是地分中敷狮子座。令说法者坐其座上，广演宣说是妙经典。我当在中常作宿卫，隐蔽其身于法座下，顶戴其足。”①至于这些壁画能否说明当时的龟兹也受其影响，也有待进一步研究。

慧乘回到洛阳后，曾于大业十二年（616年），“于东都图写龟兹国檀像，举高丈六，即是后秦罗什所负来者。屡感祯瑞，故用传持。今在洛州净土寺。”②可见西域的佛像耸立在东都洛阳，足以说明当时西域佛教艺术明显影响着中原地区。

三、鄯善、且末和伊吾三郡的建立

隋初，今新疆东部北侧伊吾（今哈密）、高昌（今吐鲁番）等地，当时为铁勒势力控制；南侧的鄯善、且末则又是属于吐谷浑的两个郡。炀帝为了打开西大门，曾派侍御史韦节、司隶从事杜行满使于西域诸国，为统一今新疆探路。同时，西域诸国也遣使赴长安，互赠方物。据《隋书·西域传》记载，高昌于大业三年遣使贡献；焉耆、龟兹、疏勒、于阗等也于大业中遣使至长安，并贡方物，表示维护统一。

如前所述，大业四年（608年），炀帝曾遣铁勒及观王雄、许公宇文述等击败吐谷浑，使得自临羌以西，且末以东，祁连以南，雪山以北，东西四千里，南北两千里，皆为隋有。紧接着在第二年，炀帝西巡，“亲征吐谷浑，破之于赤水。……又于西域之地，置西海、鄯善、且末等郡。谪天下罪人，配为戍卒，大开屯田，发西方诸郡运粮以给之。”③即隋朝于大业五年（609年）在今新疆东南侧置鄯善、且末二郡。《隋书·地理志》也记载，“鄯善郡，大业五年平吐谷浑置。置在鄯善城，即古楼兰城也。并置且末、西海、河源，总四郡。有蒲昌海、鄯善水。统二县，显武、济远。”又“且末郡，置在古且末城。有且末水、萨毗泽。统县二，肃宁、伏戎。”④

同在大业五年（609年）炀帝西巡燕支山，大宴西域各地君长。“高昌王麴伯雅来朝，伊吾吐屯设等献西域千里之地。上大悦。”于是，炀帝遂派兵去占领伊吾。炀帝“以（薛）世雄为玉门道行军大将，与突厥启民可汗连兵击伊吾。师次玉门，启民可汗背约，兵不至。世雄孤军度碛”，攻克，“世雄遂于汉旧伊吾城东筑城，号新伊吾”。⑤

---

①《大正藏》第16册，东京：大藏出版株式会社，1988年，第663页。

②道宣撰，郭绍林点校：《续高僧传》卷25，北京：中华书局，第935页。

③(唐)魏征：《隋书·食货志》，北京：中华书局，1973年，第687页。

④(唐)魏征：《隋书·地理志》，北京：中华书局，1973年，第816页。

⑤(唐)魏征：《隋书·薛世雄传》，北京：中华书局，1973年，第1533-1534页 。

随后，炀帝又令裴矩与世雄共同经略伊吾城，后留银青光禄大夫王威，率甲戍千余人屯戍驻守，从而便利了行旅往来、中外贸易，深受当地人民和商旅的欢迎。

关于隋朝建伊吾郡的时间，史籍记载不完全相同。《通鉴考异》说是“大业四年（608年）十月，遣薛世雄击伊吾”[①]，而《元和郡县志》却记载，“隋大业六年（610年）得其地，以为伊吾郡。”[②]如果前面所述属实，已于大业四年（608年）统一伊吾，设伊吾郡，那么，何须当炀帝于大业五年（609年）西巡，并在张掖筵宴高昌等国王时，“伊吾吐屯设等献西域千里之地”，且炀帝还大悦呢？正因为先有大业五年，伊吾献地千里的行动，紧接着，就派薛世雄率兵西进，于第二年（610年）才统一伊吾，并设伊吾郡。我认为，《元和郡县志》的记载是可信的。

从上述记载可以看到，在短短的几年中，隋朝西进之势迅猛。隋文帝时，势力只达瓜州，但炀帝继位后，他就利用名为西巡，实际上是展扬国威，采用武力威胁的方法统一西域，结果比较顺利地建立了伊吾、鄯善、且末郡，这不仅使西域东部得到统一，也为后来唐代进一步统一西域打响前奏。

四、高昌王麴伯雅“解辫削衽”的改革

如前所述，大业五年（609年）高昌王麴伯雅赴张掖，根据《册府元龟》卷977记载，这次高昌王麹伯雅携带世子麹文泰前往。麴氏父子参加完隋炀帝的筵宴后，旋即随炀帝到达京城长安，当年冬天又到东都洛阳。

次年，即大业六年（610年）正月，炀帝采纳裴矩“以蛮夷朝贡者多，讽帝令都下大戏”的建议，于是隋朝又“征四方奇技异艺，陈于端门街，衣锦绮，珥金翠者，以十万数。又勒百官及民士女列坐棚阁而纵观焉。皆被服鲜丽，终月乃罢。又令三市店肆皆设帐帏，盛列酒食，遣掌蕃率蛮夷与民贸易，所至之处，悉令邀延就坐，醉饱而散。”[③]麹伯雅和麴文泰父子经历了这次浮夸奢侈“终月乃罢”活动，加深了对中原的影响。麹伯雅决定留太子麴文泰在帝都，而自己于当年春天返回了高昌。[④]

大业七年（611年）麴伯雅又偕同西突厥处罗可汗同来帝都入朝，“帝大悦，接以殊礼”。《隋书·樊子盖传》说：“时，处罗可汗及高昌王款塞，复以子盖检校武威太守，应

①（北宋）司马光:《通鉴考异》卷8，转引自新疆社会科学院历史所编:《新疆地方历史资料选辑》，北京:人民出版社，1987年，第105页。

②（唐）李吉甫:《元和郡县图志》卷60《麴氏高昌王的“解辫削衽”改革》，北京:中华书局，1983年。

③（唐）魏征:《隋书·裴矩传》，北京:中华书局，1973年，第1581页。

④王素:《高昌史稿·统治编》，北京:文物出版社，1998年，第364页。

接二蕃。”[①]根据《隋书·西突厥传》记“以七年冬，处罗朝于临朔宫”[②]的记载可知，此事当在大业七年冬。同时，麴伯雅也一同到达涿郡临朔宫。当时，正值隋炀帝伐高丽，麴伯雅与处罗可汗便随帝观战。后又随炀帝由涿郡，经大同、太原、临汾，回到洛阳。所以，后来麴文泰回忆说，曾“与先王游大国。从隋帝历东西二京，及燕、代、汾、晋之间”[③]，可知，这次麴伯雅也是携世子而观战的。

大业八年（612年）十一月，隋“以宗女华容公主嫁于高昌王”[④]。

麴伯雅，也许就在此时封麴伯雅为“左光禄大夫、车师太守，弁国公”。当时的麴伯雅既反感于铁勒的控制，又深受中原文化的影响，他在大业八年（612年）冬返回高昌后，立即颁令对高昌的衣冠服饰制度进行大规模的改革。其改革令说：“夫经国字人，以保存为贵，宁邦缉政，以全济微大。先者，以国处边荒，境连猛狄，同人无咎，被发左衽。今大隋统御，宇宙平一，普天率土，莫不齐向。孤既沐浴和风，庶均大化，其庶人以上皆宜剪辫削衽。”[⑤]隋炀帝得到这个改革的消息后非常高兴，热情支持，当即下诏，称：“光禄大夫、弁国公、高昌王伯雅，识量经远，器怀温裕，丹款夙著，亮节遐宣。本自诸夏，历祚西壤……数穷毁冕，剪为胡服。自我皇隋平一宇宙……伯雅踰沙忘阻，奉赍来庭，观礼容于旧章，慕威仪之盛典。于是袭缨解辫，削衽曳裾，变夷从夏，义光前载。”[⑥]这个改革的愿望和行动当然是好的，但是，它却没有成功。其原因正如《隋书·高昌传》记载的那样：“虽有此令……然竟畏铁勒而不敢改也。”[⑦]

关于这次改革没有成功的原因，学界虽提出一些不同的看法，但多数学者指出，把改革未能实现而归于“畏铁勒”是个托词。因为各地居民的衣冠服饰必须与当地的自然条件、生产环境及传统文化相适应。何况高昌地区自古就是多种民族居住区，生活在这里的人们既有习惯辫发左衽的民族，也有大量长襦袍服的汉族，甚至其王公贵族也有来自中原。要改革当地居民的服饰毕竟是一个复杂的事情，只能是渐进的改良融合，不能简单从事，更不是仅凭主观愿望，一纸命令就能够改变的。改革失败的原因是多方面的，主要的是当时的高昌正酝酿着，并且接着就出现了一场政变——“义和政变”，导致国王麴伯雅也被迫逃往突厥，改革搁浅，未能实现。[⑧]

隋炀帝宴请麴伯雅、麴伯雅两次入朝、世子麴文泰留居京城，及“解辫削衽”的改

---

①(唐)魏征:《隋书·樊子盖传》,北京:中华书局,1973年,第1491页。

②(唐)魏征:《隋书·西突厥传》,北京:中华书局,1973年,第1878页。

③(唐)慧立撰,彦悰笺:《大慈恩寺三藏法师传》,北京:中华书局,1983年,第9页。

④(唐)魏征:《隋书·炀帝纪》,北京:中华书局,1973年,第83页。

⑤(唐)魏征:《隋书·高昌传》,北京:中华书局,1973年,第1847页。

⑥(唐)魏征:《隋书·高昌传》,北京:中华书局,1973年,第1848页。

⑦ 王素:《高昌史稿·统治编》,北京:文物出版社,1998年,第366-390页。

⑧王素:《高昌史稿·统治编》,北京:文物出版社,1998年,第366-390页。

革等，都无疑增强了高昌与中原的凝聚力。

总之，炀帝西巡中，除采用军事手段外，更主要的是与西域各族君长建立友好关系，同时还借助佛教思想与西域各国君长沟通。这在客观上促进了中原与西域佛教的相互交流，达到互相信任，彼此援助，相互依赖的目的，事实上也达到地域经济联合和政治上统一的效果。

于阗系莲花化生像及其在中原北方的传播发展

李静杰[1]

（清华大学美术学院）

莲花化生系佛教修行者追求的往生方式，莲花化生像之流行成为西域和汉文化地区佛教物质文化的显著特征。莲花化生像几乎以从属形式表现，主要表述往生佛国净土的用意，有些兼有装饰功能。莲花化生像大体可以分为前期5—6世纪，后期7世纪及其以降两个发展阶段。前期莲花化生像与大乘经典，尤其般若类经典和西方净土类经典关联，后期莲花化生像几乎反映了西方净土信仰内容。

20世纪60—70年代，日本学者吉村怜先生逐一梳理了云冈石窟、龙门石窟、巩县石窟的北魏莲花化生像，着意分析了莲花化生的过程，还研究了与之关联的朝鲜百济、日本飞鸟时代莲花化生像[2]。21世纪初，王秀玲女士就北魏莲花化生瓦当进行了类型分析[3]。这些研究，有助于我们了解北魏莲花化生像的发展情况。然而，莲花化生像是如何产生的，北魏莲花化生像从何而来，乃至化生与化佛的区别等基本问题还没有解决，学界关于化生像的认识依然不甚明了。

本稿站在总体观察的视角，在厘清化生与化佛意涵的前提下，梳理5—6世纪莲花化生像的发展脉络。认为莲花化生像大体可以分为以上面观莲花为特征的于阗系和以侧面观莲花为特征的南朝系两大系统。本稿仅就于阗系莲花化生像及其在中原北方的传播发展问题进行阐述。

一、化生与化佛的意涵

化生与莲花化生如何关联，化佛是否为化生佛之意，化菩萨又作何解？在佛教物质

①基金项目：2015年度国家社科基金艺术学一般项目“南亚文化给予南北朝隋唐艺术的影响”（15BA014）。

②〔日〕吉村怜著，卞立强译：《天人诞生图研究——东亚佛教美术史论文集》，上海：上海古籍出版社，2009年，第22-106页。

③ 王秀玲：《北魏莲花化生瓦当研究》，《文物世界》2002年第9期。

文化研究领域，此诸术语经常被曲解，以至于不适当地使用，为了客观地阐述莲花化生，大有必要厘清这些基本概念的意涵。

1.化生与莲花化生

最古小乘佛教经典《长阿含经》记述，生有四种，即卵生、胎生、湿生、化生[①]，尔后在各种佛教典籍中四种生概念一再出现。其中的卵生、胎生、湿生，指卵子与精子结合体，在适当温度和湿度环境中所诞生的生命体，而化生无所依托，借助业力（宿因所有造作力）忽然产生。鸠摩罗什译《大智度论》解释，五道众生生法不同。诸天、地狱皆为化生，恶鬼或胎生或化生，人与畜生总有四种生，世界初始之人化生而来[②]。可见，化生覆盖五道众生，非唯善道生灵。进而指出，从无生有，风托大水，水上有千头千手足韦纽天，此天王脐中生莲花，梵天坐其花上，梵天由心念生出八子，八子又生出天地和人民[③]。化生意涵实际包含在这些环节之中，反映了婆罗门教《吠陀》经典已萌生这种思想。

检索佛教典籍可以发现，化生记述大多集中在大乘系经典之中，又可区分为一般大乘经典和西方净土经典。在一般大乘经典中，般若类经典又占有较大比重。通常，一般大乘经典或表述为菩萨修行六波罗蜜，净佛国土，誓愿有情之类皆得化生，或表述为奉行大乘经典者将来速尽胎生，常受化生或莲花化生。其一，认为化生优胜于卵生、胎生、湿生。在般若类经典中，菩萨修行六波罗蜜，以净佛国土为使命，誓愿将来佛国无有卵

---

①（后秦）佛陀耶舍、竺佛念译《长阿含经》卷8《众集经》："复有四法谓四生，卵生、胎生、湿生、化生。"见《大正藏》第1册，第50页。

② 龙树菩萨造、（后秦）鸠摩罗什译《大智度论》卷8《大智度初品中放光释论》："五道生法各各不同。诸天、地狱皆化生，饿鬼二种生，若胎若化生。人道、畜生四种生，卵生、湿生、化生、胎生。……化生者，如佛与四众游行，比丘尼众中有比丘尼名阿罗婆，地中化生。及劫初生时，人皆化生，——如是等名为化生。胎生者，如常人生。化生人实时长大，能到佛所。"见《大正藏》第25册，东京：大藏出版株式会社，1988年，第118页。

③《大智度论》卷8《大智度初品中放光释论》："劫尽烧时，一切皆空。众生福德因缘力故，十方风至，相对相触，能持大水。水上有一千头人，二千手足，名为韦纽。是人脐中出千叶金色妙宝莲花，其光大明，如万日俱照。华中有人结跏趺坐，此人复有无量光明，名曰梵天王。此梵天王心生八子，八子生天、地、人民。"见《大正藏》第25册，东京：大藏出版株式会社，1988年，第116页上。

生、胎生、湿生，诸有情类同一化生[1]。其二，菩萨誓愿，令人者速尽胎生，再不受胎生，常受化生，从一佛国到另一佛国，乃至成就佛道[2]。其三，奉行般若波罗蜜经者，不仅不堕落三恶道中，纵使胎生也不生为下贱之人，常得化生甚或莲花化生，从一佛国到另一佛国，乃至成就佛道[3]。其四，信奉法华经者，不堕落三恶道，若生为人、天则享受

---

①（西晋）无罗叉译《放光般若经》卷13《摩诃般若波罗蜜梦中行品》："菩萨行六波罗蜜时见四种生，卵生、湿生、胎生、化生，发意愿言：'我当勤力行六波罗蜜，教化众生，净佛国土。我作佛时，令我国中无有三生，等一化生。'"（《大正藏》第8册，第93页）又，（唐）玄奘译《大般若波罗蜜多经》卷331《初分愿行品》："有菩萨摩诃萨具修六种波罗蜜多，见诸有情四生差别：一者卵生，二者胎生，三者湿生，四者化生。……作是愿言：'我当精勤不顾身命，修行六种波罗蜜多，成熟有情，严净佛土，令速圆满疾证无上正等菩提，我佛土中诸有情类，得无如是四生差别，诸有情类皆同化生。'"（《大正藏》第6册，东京：大藏出版株式会社，1988年，第694页）

② 失译者名附秦录《大乘悲分陀利经》卷4《十前人授记品》："（阿弥具白佛言）'又有众生，所作业行应过数劫常受胎苦。我逮菩萨时，闻我名号心生乐者，于彼命中即来我国，受胎众生，其中一切所作业行尽彼除灭，乃至菩提际更不受胎生。有众生善根熟者，令彼华中化生，有少福德未种善根，令彼胎生尽诸业行。'"（《大正藏》第3册，第258页）又，（唐）玄奘译《大般若波罗蜜多经》卷38《初分般若行相品》："若菩萨摩诃萨作如是学般若波罗蜜多……毕竟不堕女人胎中，常受化生，亦永不生诸险恶趣。除为利乐有情因缘，从一佛国至一佛国，供养恭敬、尊重赞叹诸佛世尊，成熟有情，严净佛土，乃至证得阿耨多罗三藐三菩提。"（《大正藏》第5册，东京：大藏出版株式会社，1988年，第212页）

③（后秦）鸠摩罗什译《摩诃般若波罗蜜经》卷9《大明品》："若善男子、善女人受持般若波罗蜜，乃至正忆念，得如是等种种今世功德。……终不堕三恶道，受身貌具。终不生贫穷下贱、工师、除厕人、担死人家。常得三十二相，常得化生，生诸现在佛国。……渐得阿耨多罗三藐三菩提。"（《大正藏》第8册，东京：大藏出版株式会社，1988年，第287页）又，（唐）玄奘译《大般若波罗蜜多经》卷429《第二分功德品》："若善男子、善女人等于此般若波罗蜜多，至心听闻、受持、读诵、精勤修学、如理思惟、书写、解说、广令流布，是善男子、善女人等随所生处常不远离十善业道……随所生处常具诸根，支体无缺，永不生在贫穷、下贱、工师、杂类、屠脍、渔猎、盗贼、狱吏及补羯娑旃荼罗家、若戍达罗贸易卑族。随所生处具三十二大丈夫相、八十随好圆满庄严，一切有情见者欢喜，多生有佛严净土中，莲花化生，不造众恶，常不远离菩萨神通，随心所愿游诸佛土，从一佛国至一佛国，亲近供养诸佛世尊，成熟有情，严净佛土（《大正藏》第7册，东京：大藏出版株式会社，1988年，第156页），听闻正法如说修行，渐次证得一切智智。"（《大正藏》第7册，东京：大藏出版株式会社，1988年，第157页）

快乐，若生佛国则莲花化生[①]。其他经典也常出现奉持斯经者，将来不受胎生、莲花化生记述[②]。以上可知，将来化生甚或莲花化生，成为修菩萨行者和一般佛教徒的重要旨归。特别引人注目的是，莲花化生陈述往往与佛国净土关联，也就是说莲花化生属于化生中的优胜品阶。

西方净土经典具体阐述了莲花化生的等级（表1）。汉魏时期翻译的三部无量寿经类，基于往生者生前修行六波罗蜜的程度，将他们往生的等级分为上、中、下三辈。即上辈者修行六波罗蜜，临命终时无量寿佛与诸菩萨前来迎接，其人于清净佛国的七宝水池中莲花化生，自然长大而为菩萨。中辈者半修六波罗蜜，临命终时得见无量寿佛国土，其人于佛国之外的七宝城七宝水池中莲花化生，自然长大，然五百岁中不得出城。下辈者无所修行六波罗蜜，但发菩提心，临命终时梦见无量寿佛国土，其人亦于佛国之外的七宝城七宝水池中莲花化生，自然长大，五百岁中亦不得出城。可见，三辈往生者功德多少不等，罪孽之人没有被纳入其中。

---

① (西晋)竺法护译《正法华经》卷6《药王如来品》:"若族姓子、族姓女,逮得闻是正法华经,心中霍然而无狐疑,杜塞三趣,不堕地狱、饿鬼、畜生,便当得生十方佛前,谘受正法。若在天上,世间豪贵,若在佛前,自然化生七宝莲华。"(《大正藏》第9册,东京:大藏出版株式会社,1988年,第105页)又,(后秦)鸠摩罗什译《妙法莲华经》卷4《提婆达多品》:"若有善男子、善女人,闻《妙法莲华经·提婆达多品》,净心信敬不生疑惑者,不堕地狱、饿鬼、畜生,生十方佛前,所生之处常闻此经。若生人天中,受胜妙乐,若在佛前,莲花化生。"(《大正藏》第9册,东京:大藏出版株式会社,1988年,第35页)《提婆达多品》实为南齐法献共达摩摩提译,尔后加入到后秦鸠摩罗什译《妙法莲华经》之中。(隋)费长房《历代三宝纪》卷11:"《观世音忏悔除罪咒经》一卷、《妙法莲华经》《提婆达多品》第十二,右二经合二卷。武帝世,外国三藏法师达摩摩提,齐言法意,永明年为沙门,献时为僧正,献于扬州瓦官寺译出。"(《大正藏》第49册,东京:大藏出版株式会社,1988年,第95页)

② 失译人名在后汉录《大方便佛报恩经》卷2《对治品》:"若有众生临命终时,若闻一菩萨名,若二、若三、若四,乃至七十,称名归命者,命终即得往生有佛国土,莲花化生,远离淫欲,不处胞胎,离诸臭秽,其身清净,有妙香气,众所恭敬,人所爱念。"(《大正藏》第3册,东京:大藏出版株式会社,1988年,第131页)学界认为,该经是南北朝或稍早时期在中土编纂的一部经典。又,(唐)菩提流志译《如意轮陀罗尼经》《破业障品》"诵此陀罗尼一千八十遍者……或见自身过世所造一起罪障皆得消灭,当知斯人当舍命后不受胎生、莲花化生,身相端好。着天衣服而自装饰,生生之处识宿命智乃至菩提,更不堕于三恶道中,恒与一切诸佛菩萨同一生处,住不退地。"(《大正藏》第20册,东京:大藏出版株式会社,1988年,第189页)

表1　西方净土类经典有关化生与莲花化生记述情况

<table>
<tr><th>净土经典</th><th colspan="2">往生等级</th><th>往生业力</th><th>往生情况</th></tr>
<tr><td rowspan="3">（后汉）支娄迦谶译《无量清净平等觉经》卷3（《大正藏》第12册）</td><td colspan="2">上辈</td><td>出家学道、修行六波罗蜜</td><td>其人临命终时，无量清净佛与诸菩萨来迎，于七宝水池化生，自然受身长大，作阿惟越致菩萨</td></tr>
<tr><td colspan="2">中辈</td><td>持戒、布施、精进</td><td>其人临命终时，无量清净佛化令其人自见无量清净佛及其国土，在无量清净佛国界边七宝城七宝池莲花中化生，受身自然长大，在其城中五百岁而不得出</td></tr>
<tr><td colspan="2">下辈</td><td>不行布施，而慈心精进、斋戒清净</td><td>其人临命终时，无量清净佛令其人于梦中见无量清净佛国土，在无量清净佛国外七宝城七宝池莲花中化生，受身自然长大，在其城中五百岁而不得出</td></tr>
<tr><td rowspan="3">（三国·魏）康僧铠译《佛说无量寿经》卷2（《大正藏》第12册）</td><td colspan="2">上辈</td><td>出家学道、发菩提心</td><td>其人临命终时，无量寿佛与诸大众来迎，在无量寿佛国七宝花中化生，发无上菩提心</td></tr>
<tr><td colspan="2">中辈</td><td>在家修善、发菩提心</td><td>其人临命终时，无量寿佛化现其身现其人前，往生其国，住不退转地</td></tr>
<tr><td colspan="2">下辈</td><td>无有功德，然发菩提心</td><td>其人临命终时，梦见无量寿佛，亦得往生</td></tr>
<tr><td rowspan="3">（三国·吴）支谦译《佛说阿弥陀三耶三佛萨楼佛檀过度人道经》卷2（《大正藏》第12册）</td><td colspan="2">上辈</td><td>出家学道、修行六波罗蜜</td><td>其人临命终时，阿弥陀佛与诸菩萨来迎，于七宝水池化生，自然受身长大，作阿惟越致菩萨</td></tr>
<tr><td colspan="2">中辈</td><td>在家修善、慈心精进、斋戒清净</td><td>其人临命终时，阿弥陀佛化令其人自见阿弥陀及其国土，在阿弥陀佛国界边七宝城七宝池莲花中化生，受身自然长大，在其城中五百岁而不得出</td></tr>
<tr><td colspan="2">下辈</td><td>不行布施，而慈心精进、斋戒清净</td><td>其人临命终时，阿弥陀佛令其人于梦中见阿弥陀佛国土，在阿弥陀佛国外七宝城七宝池莲花中化生，受身自然长大，在其城中五百岁而不得出</td></tr>
<tr><td rowspan="3"></td><td rowspan="3">上品</td><td>上生</td><td>慈心不杀、读诵大乘、修行六念</td><td>阿弥陀佛与观世音、大势至菩萨持金刚台前来迎接，弹指间往生极乐世界，应时即悟无生法忍，于诸佛前受记</td></tr>
<tr><td>中生</td><td>善解义趣、深信因果、不谤大乘</td><td>阿弥陀佛与观世音、大势至菩萨持紫金台前来迎接，往生七宝池中，紫金台经宿即开，经一小劫得无生法忍，于诸佛前受记</td></tr>
<tr><td>下生</td><td>但发无上道心</td><td>阿弥陀佛与观世音、大势至菩萨持金莲花前来迎接，往生七宝池中，一日一夜莲花乃开，经三小劫得百法明门，住欢喜地</td></tr>
</table>

续表1

净土经典	往生等级		往生业力	往生情况
（南朝·宋）畺良耶舍译《观无量寿经》（《大正藏》第12册）	中品	上生	受持五戒	行者临命终时，阿弥陀佛与诸比丘前来说法，行者自见己身坐莲花台，莲花寻开，行者应时即得阿罗汉道
		中生	众生一日一夜持戒者	行者临命终时，见阿弥陀佛与诸眷属持七宝莲花前来，其人生于宝池莲花上，经于七日莲花开敷，开目合掌赞叹世尊，经历半劫成阿罗汉
		下生	孝养父母、行世仁义	此人临命终时，遇善知识为之说法，命终后弹指间往生极乐世界，生后七日遇观世音、大势至菩萨闻法，过一小劫成阿罗汉
	下品	上生	多造恶业，无有惭愧	如此愚人临命终时，遇善知识为之说大乘十二部经名，其人闻已除千劫极重恶业，阿弥陀佛遣化佛与化观世音、大势至菩萨前来迎接，其人生于宝池莲花上，经于七七日莲花开敷，遇观世音、大势至菩萨闻法，经十小劫具百法明门，得入初地
		中生	毁犯戒律，无有惭愧	如此愚人临命终时，遇善知识为之说法，其人闻已除八十亿劫生死之罪，一念间往生宝池莲花上，经于六劫莲花开敷，观世音、大势至菩萨为之说法，其人闻已发无上道心
		下生	造作五逆十恶	如此愚人临命终时，遇善知识为之说法，其人闻已除八十亿劫生死之罪，一念间往生宝池莲花上，经于十二大劫莲花方开，观世音、大势至菩萨为之说法，其人闻已发菩提心

观无量寿经将往生等级细化为九品。上三品人全修或半修六波罗蜜，临命终时阿弥陀佛与观世音、大势至菩萨前来迎接，其人于阿弥陀佛国的七宝水池中莲花化生，一日夜内莲花开敷，得为菩萨。中三品人小有功德，临命终时自见阿弥陀佛及其眷属，或善知识为之说法，其人于阿弥陀佛国的七宝水池中莲花化生，经于多日莲花开敷，一劫之内得为阿罗汉。下三品人有诸罪孽，临命终时善知识为之说法，其人闻已得免罪过，阿弥陀佛遣化佛与化菩萨前来迎接，其人于阿弥陀佛国的七宝水池中莲花化生，经七七日以至多劫莲花开敷，得闻观世音、大势至菩萨说法而发菩提心。该经将罪孽之人也纳入莲花化生范围，显现巨大包容性，极大地发展了莲花化生的内容。

总括一般大乘经典和西方净土经典，莲花化生与佛国净土密切关联，在多数场合莲花化生等同于化生佛国净土。同时修行六波罗蜜、有功德者，乃至有诸罪孽者，皆可莲花化生。至于莲花化生者最终归宿，低等级往生者能够发菩提心，或得为阿罗汉，高等级往生者能够进化为菩萨，甚至修行成佛。

2.化佛与化菩萨

化佛，实为佛陀神通变现之佛，非化生佛陀之意，不属于四种诞生。检索关联经典，化佛可以大略分三种情况：即佛陀或借助莲枝化现，或放光化现，或呈现变化之身，目的无外乎教化、利益众生。

一者佛陀借助莲枝化现无量诸佛，上至天际，下及地狱，用于表述佛法胜于外道，以此教化众生或降伏外道。此种化佛来自于小乘佛教事迹，成为物质文化中莲枝化佛表现的依据。譬如过去妙音佛，于其脐中出现莲枝，无数化佛坐于其上。宝殿王目睹神变而发菩提心，受彼佛预言于将来为释迦牟尼佛[①]。又如当今释迦佛及其无数化佛，一一安坐龙王变现大莲花上，外道为之所驯服[②]。二者佛陀于己身光明中化现诸佛，观者得免罪过，闻听化佛法音者得成佛道。此种化佛关联大乘观想法，成为物质文化中一般化千佛像表现的依据。诸如，释迦佛于肉髻和头顶放射光芒，诸妙化佛出现其间，光光相次，通达上方无量世界，观者可免无量罪过[③]。抑或释迦佛于舌中放光，一一光中现出莲花，皆有化佛安坐并演说妙法，闻者当成就佛道[④]。三者为三身佛之变化身，系佛陀为教化众生变现诸佛[⑤]。此种化佛关联佛陀法身常住思想。

---

①（三国·吴）支谦译《撰集百缘经》卷2《佛现帝释天形化婆罗门缘》:“乃往过去无量世时，波罗奈国有佛出世，号曰妙音……于其脐中出七宝莲花，各有化佛结跏趺坐，放大光明，上至阿迦腻咤天，下至阿鼻地狱。时宝殿王见是变已，发于无上菩提之心。佛授王记，‘汝于来世当得坐佛，号释迦牟尼，过度众生不可限量。’”(《大正藏》第4册，东京：大藏出版株式会社，1988年，第211页)

②（唐）义净译《根本说一切有部毘奈耶杂事》卷26《第六门第四子摄颂之余现大神通事》:“王从座起还复同前，作如是说，‘我请世尊为诸大众当现无上大神通事，降伏外道。’……时彼龙王知佛意已，作如是念，‘何因世尊以手摩地。’知佛大师欲现神变须此莲花，即便持花大如车轮，数满千叶，以宝为茎，金刚为须，从地踊出。世尊见已即于花上安隐(同‘稳’，笔者按)而坐，于上右边及以背后，各有无量妙宝莲花形状同此，自然踊出。于彼花上一一皆有化佛安坐，各于彼佛莲花右边及以背后，皆有如是莲花踊出，化佛安坐，重重展转上出乃至色究竟天，莲花相次。”(《大正藏》第24册，东京：大藏出版株式会社，1988年，第332页)

③（东晋）佛驮跋陀罗译《观佛三昧海经》卷4《观相品》:“尔时世尊放肉髻光，其光千色，色作八万四千支。一一支中八万四千诸妙化佛，其化佛身身量无边。化佛顶上亦放此光，光光相次，乃至上方无量世界。……佛告阿难，‘众生欲观释迦文佛肉髻光明，当作是观。作是观者若心不利，梦中得见。虽是心想，能除无量百千重罪’。”(《大正藏》第15册，东京：大藏出版株式会社，1988年，第663页)

④（唐）玄奘译《大般若波罗蜜多经》卷1《初分缘起品》:“尔时，世尊从其面门出长广舌相，遍覆三千大千世界，熙怡微笑。复从舌相流出无量百千俱胝那庾多光，其光杂色，从此杂色一一光中现宝莲花。……诸花台中皆有化佛结跏趺坐，演妙法音，一一法音皆说般若波罗蜜多相应之法，有情闻者必得无上正等菩提。”(《大正藏》第5册，东京：大藏出版株式会社，1988年，第2页)

⑤（唐）般若译《大乘本生心地观经》卷2《报恩品》:“唯一佛宝具三种身：一自性身；二受用身；三变化身(《大正藏》第3册，第298页)。……有金刚座菩提树王，其百千万至不可说大小化佛，各于树下破魔军已，一时证得阿褥多罗三藐三菩提。如是大小诸化佛身，各各具足三十二相、八十种好。……诸如是等大小化佛，皆悉名为佛变化身。”(《大正藏》第3册，东京：大藏出版株式会社，1988年，第299页)又，同经卷363《初分多问不二品》:“佛言，‘善现，如过去世有一如来应正等觉，名善寂慧，自应度者皆已度讫，时无菩萨堪受佛记，遂化作一佛令住世间，自入无余依大涅槃界。时，彼化佛于半劫中作诸佛事，过半劫已，授菩萨摩诃萨记，现入涅槃。尔时，天、人、阿素洛等皆谓彼佛今入涅槃，然化佛身实无起灭。如是，善现，菩萨摩诃萨修行般若波罗蜜多，应信诸法皆如变化’。”(《大正藏》第6册，东京：大藏出版株式会社，1988年，第870页)

佛教经典见有“莲花化生佛”名号[1]，但有其名而无其实。原因在于，大乘佛教以为佛本无生灭，为化众生而示生灭[2]。所谓化生佛陀，实为曲解经典教义。

化菩萨的情况相对复杂，大体可以分为两种：一种为佛或菩萨神通变现所为；另一种属于化生的一种。就变现的情况而言，既可以由佛陀变现，也可以由菩萨变现[3]。就化生菩萨来说，弥勒菩萨上生兜率天即是典型实例[4]。上述关联经典还提及普贤菩萨、弥勒菩萨于其光芒之中变现无量化佛，诸化菩萨以为眷属。可见，菩萨也可以变现诸佛，不过，这种情况多限于禅观类经典。

综上所述，化生实为一种诞生，又是一种优胜的往生形式，莲花化生可大体看作往生佛国净土的状态。化佛则是佛陀神通变化的表现，实为佛陀教化、利益众生的显现。化生与化佛属于不同层面的概念，两者各有其功能，混淆不得。化菩萨既有佛、菩萨神通变现所为，又有化生所为，情况复杂。

二、西域于阗系莲花化生与化佛像

在西域于阗古国地域[5]，流行一种具有显著区域特征的莲花化生像，本稿以于阗系（亦即于阗系统）冠其名。该系莲花化生像，以平面展开的上面观莲花为特征，主要流行化生天人像，还有类同构图的化佛像。吐鲁番地区流行的前上面观莲花化生像，与上面观莲花化生关系密切，也纳入同一体系。

---

① 阙译人名附梁录《未来星宿劫千佛名经》，见《大正藏》第14册，东京：大藏出版株式会社，1988年，第388页。又，开元拾遗录附梁录《未来星宿劫千佛名经》，见《大正藏》第14册，东京：大藏出版株式会社，1988年，第394页。

② （北凉）昙无谶译《大般涅槃经》卷9《如来性品》：“如来之性实无生灭，为化众生故示生灭。”（《大正藏》第12册，东京：大藏出版株式会社，1988年，第416页）

③（唐）实叉难陀译《大宝积经》卷58《文殊师利授记会》：“尔时世尊……以神通力，随所行处涌出莲花……于花台中有化菩萨结跏趺坐。”（《大正藏》第11册，东京：大藏出版株式会社，1988年，第337页）又，（南朝·宋）昙无蜜多译《观普贤菩萨行法经》：普贤菩萨坐像背七宝莲花上“身诸毛孔流出金光，其光端无量化佛，诸化菩萨以为眷属。”（《大正藏》第9册，东京：大藏出版株式会社，1988年，第390页）

④ （南朝·宋）沮渠京声译《观弥勒菩萨上生兜率天经》：“弥勒先于波罗捺国劫波利村波婆利大婆罗门家生，却后十二年二月十五日，还本生处……上至兜率陀天。……时兜率陀天七宝台内摩尼殿上师子床座忽然化生，于莲花上结跏趺坐。……其天宝冠有百万亿色，一一色中有无量百千化佛，诸化菩萨以为侍者。”（《大正藏》第14册，东京：大藏出版株式会社，1988年，第419页）

⑤ 此指汉代狭义西域，即玉门关、阳关以西，葱岭以东，天山以南，昆仑山以北地域。

1.于阗系莲花化生与化佛像

该系莲花化生与化佛像，绝大多数为佛寺泥塑构件，正面图像模范制成，背面为平面形态，原初应贴塑在造像光背或壁面上。在于阗佛寺造作兴盛年代，其莲花化生与化佛像应该批量制作并使用，后世随着佛寺毁坏散落在遗址之中，有些则毁坏于经年累世的风水侵蚀间。迄今，已知的于阗系莲花化生与化佛像均属于零星发现，总体数量比较有限，推测将来会发现更多实例。

（1）于阗系莲花化生像

于阗国地域流行的莲花化生像，迄今所知实例一概为莲花化生天人，从莲蓬中露出上半身，呈现在莲花中诞生的状态，作少年或青年女子形象。基于造型的需要，天人头部凸出于莲花之上，形成上小下大的近椭圆形体，高度在10~15厘米。其莲花化生像可以分作执璎珞供养天人、执飘带供养天人两种。

第一种，上面观莲花化生执璎珞供养天人像，数量相对较多。莲花的莲瓣比较宽阔，上下两层交错排列。天人两手弓形上举，执握璎珞各端，U形璎珞垂至腹部或之下莲花上。根据天人形体和装束的差异，可以细分为四组。

第一组，见于策勒丹丹乌里克遗址出土莲花化生天人像（图1）[①]、和田朗如遗址采集莲花化生天人像[②]。其天人头身比例合理，舒展大方，腰部收束，胸腹部肌肉隆起自然，系人体造型表现最为形象、写实的一组。附圆形头光，腹部与莲瓣结合处装饰一周联珠。前者着通体紧身衣，胸腹部各系一组扣，执握串珠形璎珞，垂至莲瓣下部，串珠下端中央一颗作长椭圆形。后者着紧身胸衣，腹部裸露，握绳状璎珞，垂至莲瓣上部。

图1 丹丹乌里克遗址出土莲花化生天人像

第二组，见于墨玉库木拉巴特遗址采集莲花化生天人像[③]，以及墨玉征集莲花化生天人像之一

① 〔英〕斯坦因著，巫新华等译：《古代和田——中国新疆考古发掘的详细报告》，济南：山东人民出版社，2009年，图版LVI-D.T.02。

② 高12厘米，1995年采集，见新疆维吾尔自治区文物事业管理局等编：《新疆文物古迹大观》，乌鲁木齐：新疆美术摄影出版社，1999年，图版239。

③ 高13厘米，1995年采集，见新疆维吾尔自治区文物事业管理局等编：《新疆文物古迹大观》，乌鲁木齐：新疆美术摄影出版社，1999年，图版241。

(图2)[①]、之二[②]。其天人头身比例大体合理，腰部收束，腹部圆鼓，露脐，造型略有形式化倾向。附圆形头光，发髻两分，佩戴耳环，着紧身上衣，胸部系一纽扣，两衣领呈X形敞开，下衣系腰带，腹部周围露出圆形莲蓬轮廓。天人执握串珠形璎珞，垂至莲瓣上部，下端中央为一方形饰件。此三例几乎不见造型差异，可能使用同样模范制作。

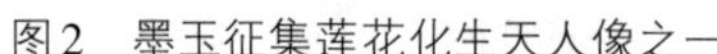

图2　墨玉征集莲花化生天人像之一

图3　韩国中央博物馆藏莲花化生天人像之一

第三组，见于首尔藏莲花化生天人像之一（图3）[③]、之二[④]，以及旅顺藏天人像[⑤]，显然属于于阗古国遗物，但具体出处不明。其天人头部偏大，腹部圆鼓如罐形，露脐，造型形式化倾向显著。附圆形头光，着紧身上衣，胸部系一纽扣，两衣领呈X形敞开，帔帛从后向前挎肩后垂下，下衣系腰带。前一例腹部与莲瓣结合处装饰一周联珠，后二例莲蓬边缘刻画放射状短线。天人执握串珠形璎珞，垂至莲瓣上部，下端中央一颗作长椭圆形。此三例化生像造型十分接近，应出自相近地方，但各自造型存在微妙差异，可知所用模范不同。

① 高14.5厘米，1992年征集，见巴东主编：《丝路传奇——新疆文物大展》，台北：台北历史博物馆，2008年，第132页图版。

② 高12.3厘米，1992年征集，见巴东主编：《丝路传奇——新疆文物大展》，台北：台北历史博物馆，2008年，第133页图版。

③ 20世纪初叶京都大谷探险队收集，首尔韩国中央博物馆藏。

④ 高11.5厘米，20世纪初叶京都大谷探险队收集，首尔韩国中央博物馆藏。

⑤ 20世纪初叶京都大谷探险队收集，首尔韩国中央博物馆藏。

第四组，见于和田收集莲花化生天人像（图4）[①]、和田约特干遗址出土莲花化生天人像[②]。其天人头部约占上身1/2，比例严重失调。天人无头光，戴臂钏，因上身大部被璎珞遮掩，身体形态不甚清晰，莲蓬与莲瓣结合处装饰一周联珠。前者两胸隆起，后者佩戴项链。二者执握花纲形状璎珞，垂至腹部。

图4　和田收集莲花化生天人像

此外，约特干遗址出土陶瓮残片装饰带上的曲尺形佛龛中，浮雕着莲花化生执璎珞供养天人像[③]，造型与第四组天人一致。其装饰带上曲尺形佛龛与圆拱形佛龛相间排列，直接来自于犍陀罗文化因素，加强了如下文所述莲花化生造型与犍陀罗关联的可能性。

以上四组天人像基本造型因素相同，表明拥有共同遵循的母本。四组天人像又各有其微观特征，说明在传承过程中母本分化出有所差异的子本。那么，此四组莲花化生天人像到底反映了时间还是地域差异，有明确来源的实例出自不同遗址，而这些遗址共同分布在于阗国地域中相距不甚遥远的地方，难以说各遗址之间存在多大地域性差异。就时间因素来说，由于上述实例缺乏相对和绝对年代数据资料，一时难以厘清四组天人像的相对早晚关系。不过，从人体造型演化规律来看，由形象写实向抽象简化趋势发展的可能性较大，也就是说上述第一组至第四组天人像，大概反映了于阗系上面观莲花化生执璎珞供养天人像的发展脉络。再者，上面观莲花化生执璎珞供养天人像，北魏中期已经传播到首都平城，就此情况来说，于阗此类图像产生时间不应晚于5世纪上半叶。从一些出土莲花化生像遗址具有7—8世纪遗存的情形分析，这种造像应该流行了若干世纪。

第二种，上面观莲花化生执飘带供养天人像，数量相对较少。天人两手弓形上举，作手执飘带样子，图像不见明确飘带形迹，推测可能是帛类飘带不易表现的原因。保存比较完整者均为两层莲瓣，上下交错排列。根据天人形体的差异，可以细分为二组。

---

①〔英〕斯坦因著，巫新华等译：《古代和田——中国新疆考古发掘的详细报告》，济南：山东人民出版社，2009年，图版XLV-Kh.003.b。

② 1916年收集，首尔韩国中央博物馆藏。

③〔日〕熊谷宣夫：《東トルキシタンと大谷探検隊》，《佛教藝術》19号，1953年，第3-23页，插图10。

第一组，见于策勒丹丹乌里克遗址出土莲花化生天人像（图5）[①]。其天人头身比例大体合理，躯体粗壮，露脐，两臂各呈V形弯曲特征，暂且不见于其他实例。附圆形头光，束发，戴耳环，挂项链、胸饰，佩臂钏，莲蓬与莲瓣结合处装饰一周联珠。周围莲花仅残存一叶莲瓣，比较宽阔。

第二组，见于策勒托普鲁克墩佛寺遗址出土莲花化生天人像[②]、旅顺藏莲花化生天人像、首尔藏莲花化生天人像（图6）、东京藏莲花化生天人像[③]。四者头身比例合理，身躯细长，两胸隆起，腰部收束，露脐，造型自然而优美。前者头部缺失，后三者附圆形头光，束发，戴耳环。三者身着紧身胸衣，系一纽扣，腹部与莲瓣结合处装饰一周联珠。前者莲瓣宽阔，后三者莲瓣细长。后三者造型几乎相同，不排除使用同样模范制作的可能。

上述执璎珞供养天人像如后文所述有其犍陀罗先例，又有明确经典依据[④]。执飘带供养天人像造型有些类似龟兹壁画风神像，一时难以说明其具体来源。

图5　策勒丹丹乌里克遗址出土莲花化生天人像

图6　韩国中央博物馆藏天人像

①〔英〕斯坦因著，巫新华等译：《古代和田——中国新疆考古发掘的详细报告》，济南：山东人民出版社，2009年，图版LVI-D.XⅡ.5。

② 策勒达玛沟佛教遗址博物馆藏。巫新华：《新疆和田达玛沟佛寺考古新发现与研究》，《文物》2009年第8期。然考古报告中没有披露此像资料。

③ 高13厘米，东京国立博物馆藏。龙谷大学龙谷博物馆、读卖新闻社：《仏教の来た道——シルクロード探検の旅》，京都：龙谷大学龙谷博物馆，东京：读卖新闻社，2012年，图版22。

④（唐）玄奘译《大般若波罗蜜多经》卷126《初分校量功德品》：“若有书写如是般若波罗蜜多，种种严饰，复以无量上妙花鬘、涂散等香、衣服、璎珞、宝幢、幡盖、众妙奇珍、伎乐、灯明，一切所有供养，恭敬尊重、赞叹，所获功德亦无边际。”（《大正藏》第5册，东京：大藏出版株式会社，1988年，第690页）

（2）于阗系莲花化佛与化菩萨像

于阗系莲花化佛像，即在上面观莲花中表现坐佛的造型。已知实例数量少于莲花化生像，保存完整者均为圆形体莲花。基于化佛形体差异，可以分为两组。

第一组，见于策勒卡达里克遗址出土莲花化佛（图7）①、旅顺藏莲花化佛②、首尔藏莲花化佛之一③、首尔藏莲花化佛之二④。在莲花中表现结跏趺坐施禅定印佛，着U皱通肩式袈裟。其佛陀头身比例合理，肌体圆润，四肢与躯干空间分离显著，造型优美。佛陀身体大部处在莲蓬中，唯半头露在莲瓣上。莲花作复瓣形状，莲蓬与莲瓣间装饰一周联珠。诸实例尺寸接近，造型样式几乎一致，各实例间仅存在微观差异，推测当时流传着来自母本的诸多近乎同样子本。

第二组，见于洛浦热瓦克佛寺遗址出土光背上贴塑莲花化佛（图8）⑤、首尔藏莲花化佛残件⑥。莲花中表现交脚坐施禅定印佛，着通肩右皱式袈裟。佛陀头身比例大体合理。前者单瓣莲花，后者复瓣莲花。

图7　策勒卡达里克遗址出土莲花化佛像

图8　洛浦热瓦克佛寺遗址出土光背上贴塑莲花化佛像

① 直径17厘米，龙谷大学龙谷博物馆藏。龙谷大学龙谷博物馆，读卖新闻社：《仏教の来た道——シルクロード探検の旅》，图版23。

② 20世纪初叶京都大谷探险队收集，旅顺博物馆藏。

③ 直径17厘米，20世纪初叶京都大谷探险队收集，首尔韩国中央博物馆藏。

④ 残高15厘米，20世纪初叶京都大谷探险队收集，首尔韩国中央博物馆藏。韩国国立中央博物馆：《中央アジアの美術》，东京：株式会社学生社，1989年，图版45。

⑤〔英〕斯坦因著，巫新华等译：《古代和田——中国新疆考古发掘的详细报告》，济南：山东人民出版社，2009年，图版LXXXIII-R.ii.2。

⑥ 残高约7厘米，20世纪初叶京都大谷探险队收集，首尔韩国中央博物馆藏。

托普鲁克墩2号佛寺遗址壁画千佛像①，各结跏趺坐施禅定印，周围绘制抽象莲瓣，左右上下对应排列。此壁画千佛构图与上述泥塑佛像相似，可能在一定程度上反映了当初泥塑莲花化佛的排列情况。

值得注意的是，这些泥塑莲花化佛一概坐在莲花上，呈现全身形态，全然有别于露出上半身的化生天人像，示意变现而非化生。

化菩萨像仅见于洛浦热瓦克佛寺遗址出土品（图9）②，菩萨交脚坐在上面观复瓣莲花上，施禅定印，袒裸上身，戴宝冠，宝缯垂肩，挂项链，佩臂钏。菩萨头身比例准确，肌肉隆起适中，造型写实。该化菩萨表现为全身形体，无异于于阗化佛，推测也是反映神通变化的产物。

以上可知，于阗诸多遗址出土了莲花化生和化佛像，当初应批量存在，这种情况不见于西域其他地方，显然，于阗成为莲花化生的一个发展中心。从佛教思想背景来看，于阗为西域大乘佛教中心，又有与莲花化生密切关联的大般若经③，这里自然能够成为莲花化生像发展中心，这大不同于西域两处小乘佛教中心鄯善、龟兹的情况。那么，莲花化生像的创始地在哪里，它又是怎样产生的呢？

2. 于阗系莲花化生像的由来

如前所述，化生观念根植于古印度社会，小乘佛教阶段已经存在，然不甚流行。纪元以后，伴随着大乘般若思想和西方净土信仰发展，化生观念日益流行开来，莲花化生像的产生与此不无关联。

过去，学界在追溯莲花化生像祖源之时，往往列举中印度安拉哈巴德附近公元前2世纪巴尔胡特佛塔栏楯浮雕图像（图10）④，在上面观莲花的莲蓬中以胸像形式表现花精女、花精夜叉等，四周放射光芒，周缘围绕莲瓣。这种图像的结构十分类似于阗莲花化生像，这也是部分研究者以之为莲花化生像原始形态的缘由。不过，两者差别显而易见，巴尔胡特花精女、花精夜叉等作胸像表现，完全看不出诞生的状态，更像是寄居在莲花中的精灵。就当时印度的佛教思潮来说，似乎也不具备产生莲花化生像的条件。因此，如果以此为雏形莲花化生像，明显缺乏足够依据。尽管如此，于阗那种莲花化生图像结构，以及平面展开的上面观莲花形态，可能正是由此而来，两者之间确实存在着图

---

① 前引巫新华：《新疆和田达玛沟佛寺考古新发现与研究》，《文物》2009年第8期。

② 高12.5厘米，1994年出土，见新疆维吾尔自治区文物事业管理局等编：《新疆文物古迹大观》，乌鲁木齐：新疆美术摄影出版社，1999年，图版170。

③（东晋）法显《法显传》："（于阗国）众僧乃数万人，多大乘。"见章巽：《法显传校注》，上海：上海古籍出版社，1985年，第11页。又，（隋）费长房《历代三宝纪》："（阇那）崛多三藏每口说云，于阗东南两千余里有遮拘迦国，彼王纯信敬重大乘。……王宫自有摩诃般若、大集、华严三部大经，并十万偈。王躬受持，亲执键钥，转读则开，香花供养。"（《大正藏》第49册，东京：大藏出版株式会社，1988年，第103页）

④ 加尔各答印度博物馆藏。

图9　洛浦热瓦克佛寺遗址出土莲花化菩萨像

图10　中印度巴尔胡特佛塔栏楯浮雕花精女像

像因素的传承关系。

有关西北印度犍陀罗莲花化生像的情况鲜有人提及，然而却是最重要的部分。收藏在日本的两件3—4世纪犍陀罗浮雕，在探索莲花化生像起源方面具有不可替代的作用。一者为阿含宗藏佛说法三尊像（图11）[①]，佛陀结跏趺坐在大莲花上施转法轮印，胁侍二菩萨。上方五个天人从前上面观莲花中露出上半身，上层三人戴宝冠，执璎珞供养，下层二人束发，执伞盖供养，天人腹部与莲瓣间装饰一周联珠，这已经是莲花化生表现。与于阗系莲花化生天人像比较，只是莲花形态和天人形象有所区别，基本因素没有本质不同。另一件为私人藏佛说法群像（图12）[②]，佛陀结跏趺坐在大莲花上施转法轮印，两侧各分三排雕刻十二人供养菩萨，各执香花或璎珞供养。佛陀上方三个天人分别从上面观花中露出上半身，束发，着通肩衣，中间一者执璎珞供养，两侧者内侧身合掌供养，其花叶脉分明，明显不是莲花，这大概就是经典记述“华（通‘花’）中化生”表现。此实例上面观花朵连同露出上半身执璎珞供养天人，十分接近于阗莲花化生天人。

西北印度已知莲花化生像实例十分有限，可能处在犍陀罗后期发展阶段，存在莲花化生和花中化生两种表现形式，这是迄今所知最早的化生和莲花化生图像，可以看作莲花化生的初期发展形态。上述坐在大莲花上施转法轮印佛像，学界存在释迦佛与阿弥陀佛两说，就其大莲花座表现而言，确实类似于汉文化地区唐代阿弥陀佛莲花台座，其中日本私人藏佛说法群像下缘浮雕诸多水中莲花，自然地使人联想西方净土七宝池的表现，如此说来，犍陀罗化生像与西方净土思想发生关联或许不无可能。

犍陀罗莲花化生像应该就是于阗同类造像的前身，而犍陀罗前上面观莲花还是有别

① 京都阿含宗藏。宫治昭:《ガンダーラ美術とバーミヤン遺跡展》,静冈:静冈新闻社,2008年,图版27。

② 日本私人藏犍陀罗雕刻。宫治昭:《ガンダーラ美術とバーミヤン遺跡展》,静冈:静冈新闻社,2008年,图版31。

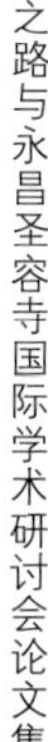

图11　阿含宗藏犍陀罗佛说法三尊像

图12　日本私人藏犍陀罗佛说法群像

于阗上面观莲花。中印度巴尔胡特佛塔栏楯浮雕图像难以说明具有化生属性，但其平面展开的上面观莲花，和于阗实例比较颇有一致性。已而，犍陀罗莲花化生、中印度上面观莲花因素，可能共同促成于阗系莲花化生像。

至于化佛像，普遍地存在于犍陀罗后期浮雕千佛化现图像、中印度笈多朝鹿野苑派浮雕千佛化现图像，这种化佛观念可能是于阗同种图像之来源。然无论西北印度还是中印度千佛化现图像的莲花，都作侧面观表现，于阗上面观莲花化佛像中的莲花因素，应该同样吸收了中印度纪元前后莲花表现。

3.吐鲁番雅尔湖石窟莲花化生与化佛像

吐鲁番交河故城雅尔湖第7窟，系券顶长方形洞窟，周壁绘千佛列，窟顶涂浅绿色以为水池，其上绘三列上面观莲花，上面观莲花之间绘莲蕾、莲花化生童子、化佛像。所有上面观莲花的莲蓬部分均被有意刮除，推测原初可能涂金，不清楚那里是否存在化生像。化生童子与化佛处在水中长出的有茎莲花上（图13），其莲花作前上面观表现，化生童子从莲花中露出上半身，合掌面向佛陀，佛陀结跏趺坐或交脚坐在莲花上，举右手面向化生童子说法，两者成组配置。其前上面观莲花比较接近于阗的上面观莲花，很可能受到来自于阗系莲花化生、化佛影响。

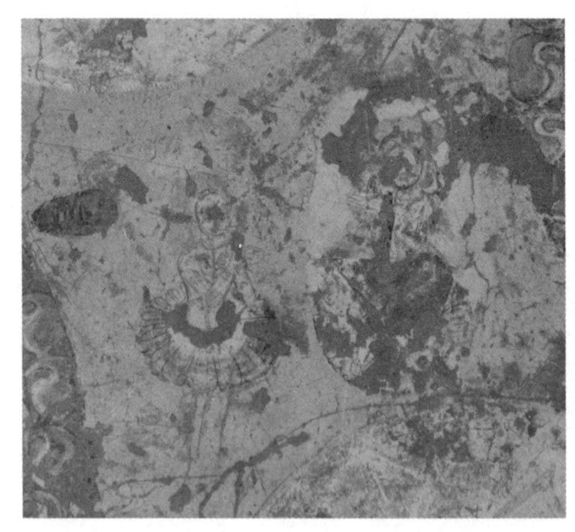

图13　吐鲁番雅尔湖千佛窟莲花化生与化佛像之一

三、中原北方于阗系莲花化生像

以上面观莲花、前上面观莲花为特征的莲花化生造型，于北魏中期前后传播到中原北方[①]，形成以首都平城（今大同）为核心的发展中心地，进而影响到周围地区。莲花化生像包括莲花化生执璎珞供养天人、莲花化生童子两类。中原北方迄今没有发现类似于阗的化佛像。

1.莲花化生执璎珞供养天人像

中原北方莲花化生执璎珞供养天人像，直接继承了于阗同类造型因素。较早实例见于大同云冈约470年开凿的第10窟主室前壁门上方（图14），复瓣莲花作前上面观表现，天人露出上半身执璎珞供养，璎珞垂在莲瓣上缘，挂项饰。该造型显然来自于阗上面观莲花化生执璎珞供养天人像，其复瓣莲花则与于阗莲花化佛像一致。然其莲花有别于阗的前上面观表现，具有一定透视效果，应是基于所在门上仰视位置变通的结果。朝阳北塔出土泥塑莲花化生天人像（图15）[②]，复瓣莲花作前上面观表现，天人露出上半身执璎珞供养，璎珞垂在莲瓣上缘，挂项饰，帔帛挎肩后顺两肘内侧垂下。除帔帛因素外，与上述云冈第10窟表现十分相似。朝阳北塔系北魏太和九年（485年）至十四年（490年）文明太后冯氏所建思燕佛图[③]。由此可以推断，此莲花化生执璎珞供养天人像造型因

图14　大同云冈第10窟主室前壁门上方浮雕莲花化生天人像

图15　朝阳北塔出土北魏泥塑莲花化生天人像

① 此中原北方泛指黄河流域及河西走廊地区。

② 朝阳北塔博物馆藏。

③ 辽宁省文物考古研究所、朝阳市北塔博物馆编：《朝阳北塔——考古发掘与维修工程报告》，北京：文物出版社，2007年，第127页。

素应来源于首都平城。托克托云中古城出土北魏瓦当之一（图16）[①]、之二[②]，二者造型一致。作前上面观单瓣莲花，上下两层交错排列，周缘装饰一周联珠。天人露出上半身，发髻两分，挂项饰，双手执璎珞垂于腹前。云中古城为北魏北方重镇，属于平城文化辐射范围，其瓦当造型因素自然应来自平城，而此二实例莲花表现更为接近于阗莲花化生执璎珞供养天人像，说明平城及受其影响的莲花化生执璎珞供养天人像至少存在两个母本。

2.莲花化生童子像

童子从莲蓬中露出上半身，通体裸露。根据莲花形态和化生童子在莲花中的相对位置，可以分为上面观莲花化生童子像、上面观莲蓬化生童子像、前上面观莲花化生童子像三种。

（1）上面观莲花化生童子像

在上面观莲花中，童子身躯从莲蓬延伸到上方莲花上，大多合手供养。根据童子形体大小的差异，可细分为大体量莲花化生童子、小体量莲花化生童子两组。

第一组，大体量莲花化生童子。即童子的胸腹部表现在莲蓬中，头部表现在上方花瓣上的造型，躯体比较粗壮，体量相对较大。大多分布在平城周围，主要流行于北魏中期（439—493年）后段，莲花均作复瓣表现，实例不限于瓦当，还有棺椁铜饰件。诸如，大同操场城1号北魏遗址出土莲花化生童子瓦当残件之一[③]、大同方山白佛台遗址出土莲花化生童子瓦当之一[④]、大同方山白佛台遗址出土莲花化生童子瓦当之二[⑤]、大同常胜村湖东1号北魏墓出土青铜鎏银莲花化生童子饰件（图17）[⑥]，童子合手供养，前三例有不同程度破损，后一例童子有肉髻，但明显不是佛陀。又如，大同方山北魏太和三年（479年）建造思远佛寺遗址出土莲花化生童子瓦当[⑦]，童子两手在胸前扶持一罐状物。

① 直径15厘米，托克托县博物馆藏。陈永志主编：《内蒙古出土瓦当》，北京：文物出版社，2003年，图版41。

② 直径12厘米。陈永志主编：《内蒙古出土瓦当》，北京：文物出版社，2003年，拓片111。

③ 山西省考古研究所、大同市考古研究所、大同市博物馆、山西大学考古系：《大同操场城北魏建筑遗址发掘报告》，《考古学报》2005年第4期。

④ 复原直径16厘米。〔日〕冈村秀典、向井佑介：《北魏方山永固陵の研究——東亜考古学会1939年収集品を中心として—》、《東方学報》第80册，2007年，第150—69页，第138页图7之9。

⑤ 复原直径18厘米。〔日〕冈村秀典、向井佑介：《北魏方山永固陵の研究——東亜考古学会1939年収集品を中心として—》、《東方学報》第80册，2007年，第150—69页，第138页图7之10。

⑥ 直径5.7厘米，原为木制棺椁装饰构件。山西省大同市考古研究所：《大同湖东北魏一号墓》，《文物》2004年第12期，第33页图13之2。

⑦ 大同市博物馆：《大同北魏方山思远佛寺遗址发掘报告》，《文物》2007年第4期，第11页图15。

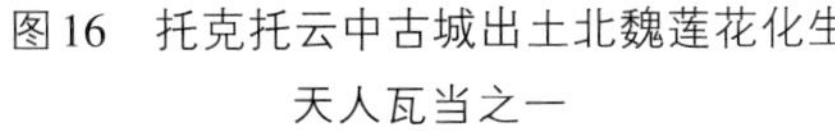

图16　托克托云中古城出土北魏莲花化生天人瓦当之一

图17　大同常胜村湖东1号北魏墓出土青铜鎏银莲花化生童子饰件

大同操场城1号北魏遗址出土莲花化生童子瓦当残件之二[①]，童子合手供养，腹前饰一叶仰莲莲瓣，瓦当周缘表现一圈联珠。此二实例表现比较特殊，说明莲花型大体量化生童子造型，还有从同一母本中分化出具有个性化子本的情况。大同方山白佛台遗址、思远佛寺遗址，原初属于永固陵附属建筑。永固陵系北魏太和五年至十四年（481—490年）建造的文成帝文明皇后冯氏之墓，为国家大型工程，施用瓦当自然也反映了国家制式。

个别实例出现在北魏晚期（494—534年）新都洛阳，仅见于洛阳北魏永宁寺遗址出土莲花化生童子[②]。其童子增加了宝缯，而且莲花出现前上面观倾向，表明洛阳在继承平城地区大体量化生童子造型因素的同时，加入新时代创意。

第二组，小体量莲花化生童子。即童子的腹部表现在莲蓬中，胸部与头部表现在上方花瓣上的造型，躯体比较细长，体量相对较小。分布在以洛阳为中心的中原地区，流行于北魏晚期至东魏（534—550年），实例既有瓦当，又有单体佛教造像，童子合手供养。诸如，洛阳北魏永宁寺遗址出土莲花化生童子瓦当（图18）[③]和永宁寺西门遗址出土莲花化生童子瓦当残件[④]。永宁寺建造并存在于熙平元年（516年）至永熙三年（534年），系皇家寺院，也是当时首都洛阳第一大寺，属于国家级建设工程。这种莲花化生童子瓦当，一方面继承了旧都平城同类瓦当工艺，另一方面适应洛阳新都的文化环境，改

① 山西省考古研究所、大同市考古研究所、大同市博物馆、山西大学考古系：《大同操场城北魏建筑遗址发掘报告》，《考古学报》2005年第4期。

② 中国社会科学院考古研究所：《北魏洛阳永宁寺——1979—1994年考古发掘报告》，北京：中国大百科全书出版社，1996年，图版114-4。

③ 1979年出土，洛阳博物馆藏。

④ 1994年出土，见中国社会科学院考古研究所洛阳汉魏队：《北魏洛阳永宁寺西门遗址发掘纪要》，《考古》1995年第8期，图版3-3。

图18　洛阳北魏永宁寺遗址出土莲花化生童子瓦当

图19　关中北魏太昌元年(532年)造像碑　局部

造为新造型样式。在首都洛阳影响下，周边地区也出现相近莲花化生童子实例。诸如，关中北魏太昌元年（532年）造像碑（图19年）①、沁阳南寻村出土东魏佛像②，其化生童子头部乃至连同胸部超出莲花之外，在继承类似永宁寺莲花化生童子瓦当基本因素的同时，又摆脱了瓦当圆形结构的限制，形成适于单体造像的新样式。此二实例表现在佛陀左右上方，应是莲花化生之后供养佛陀并聆听佛法的表现。

上述第一组大体量莲花化生童子，比较于阗莲花化生执瓔珞供养天人像，除持物和手势不同之外，几乎没有区别，两者继承关系显而易见。第二组小体量莲花化生童子，继承了前者基本因素又不同于前者，其小巧玲珑的体态，实际反映了来自东晋南朝秀骨清像的审美情趣。

（2）上面观莲蓬化生童子像

在上面观莲花中，童子表现在莲蓬之中，一概合手供养。根据同一莲蓬中化生童子数量多少，可以分为单身莲花化生童子、三身莲花化生童子两组。

第一组，单身莲花化生童子。即在莲蓬中表现一身莲花化生童子。已知最早实例，见于大同云冈约480年第5窟门道券顶部位，在两对飞天中间和两侧的五朵上面观复瓣莲花的莲蓬中，各有一身化身童子（图20）。就其表现位置推测，似乎意味着经过此门就进入净土世界。永靖炳灵寺北魏晚期第132窟四角叠涩天井中心，复瓣莲花的莲蓬之中表现一身莲花化生童子（图21），应该以此象征净土世界的存在。该窟四角叠涩天井有意雕刻成具有上下错落浮雕感，明显沿袭了类似敦煌莫高窟北凉洞窟天井的做法，该洞

① 西安博物院藏。

② 王景荃主编:《河南佛教石刻造像》,郑州:大象出版社,2009年,第133页线图。

图20　大同云冈第5窟门道券顶图像

图21　永靖炳灵寺北魏晚期第132窟四角叠涩天井

窟尽管年代相对偏晚，却反映了较早的建造形式。由此推断，最早的莲蓬化生童子可能就出现在河西，抑或吐鲁番等地。

第二组，三身莲花化生童子。即在莲蓬中表现三身莲花化生童子，三者各自头向外侧等距相对配置。仅见于义县万佛堂北魏晚期西区第5窟天井（图22），莲花化生童子与飞天组合表现，依然用来代表净土世界的存在。该窟为营州刺史元景约在北魏太和十八年至二十三年（494—499年）开凿[①]。这种表现应该是以平城地区一身莲花化生童子造型为基础改造而来。

上述第二种上面观莲蓬化生童子造型接近第一种上面观莲花化生童子，从于阗只流行上面观莲花化生天人情形推测，上面观莲蓬化生童子应为前者发展形式。

① 刘建华：《义县万佛堂石窟》，北京：科学出版社，2001年，第113–115页。

图22　义县万佛堂北魏晚期西区第5窟天井局部

（3）前上面观莲花化生童子像

在前上面观单瓣莲花中表现化生童子，上半不表现莲瓣，这是改造上面观莲花并使之立体化的造型，然没有达成完美的视觉效果。根据童子装束，可细分为挎帔帛莲花化生童子、裸体莲花化生童子两组，两者存在伴生关系。

第一组，挎帔帛莲花化生童子。较早实例见于武威天梯山第4窟中心柱下部北凉壁画莲花化生天人像①。其天人坐在有茎前上面观莲花上，两手置腹前，附圆形头光，肩挎帔帛，莲花两侧附忍冬状叶片。还见于大同云冈约470年开凿的第9窟主室前壁东部龛楣浮雕莲花化生天人像（图23）。其天人坐在前上面观莲花上，两手没有表现，附圆形头光，肩挎帔帛。此二实例造型相仿，反映了莲花化生无执物天人像从河西走廊向平城传播的情况。这种天人像莲花表现大体可以归入于阗系之中，不过，于阗迄今没有发现同样表现的实例。

第二组，裸体莲花化生童子。莲花分无茎和有茎两种，无茎者表现在龛楣部位，如大同云冈460年第18窟左胁立佛华盖②、同窟南壁西部下层弥勒菩萨龛楣③，其童子雕刻十分抽象，略具轮廓而已。此二实例化生童子与飞天组合，供养意味浓厚。有茎者见于云冈第18窟南壁西部下层由阿育王施土因缘转化而来的定光佛授记本生图像（图24）④，主要表述种植善根，以期将来莲花化生并供养诸佛，进而成就佛道。本生图像右方有茎莲花上二化生童子侧身向定光佛合手供养，意图应该如此。沁县南涅水北魏晚期造像塔⑤，普贤菩萨所乘白象口衔长茎前上面观莲花，花上表现一化生童子，此造型可能受到

① 敦煌研究院、甘肃省博物馆编著：《武威天梯山石窟》，北京：文物出版社，2000年，第86–99页，图版46。

②〔日〕水野清一、长广敏雄：《云冈石窟》第12卷（第十七洞および第十八洞），京都大学人文科学研究所，1954年，图版109。

③〔日〕水野清一、长广敏雄：《云冈石窟》第12卷（第十七洞および第十八洞），京都大学人文科学研究所，1954年，图版102。

④〔日〕水野清一、长广敏雄：《云冈石窟》第12卷（第十七洞および第十八洞），京都大学人文科学研究所，1954年，图版106。

⑤ 沁县南涅水石刻馆藏。

图23　大同云冈第9窟主室前壁东部龛楣浮雕莲花化生天人像

图24　云冈第18窟南壁西部下层定光佛授记本生图像局部

《观普贤菩萨行法经》类似记述影响①。

中原北方北魏晚期及其以后，南朝系莲花化生像日益流行开来，东西魏时期于阗系莲花化生像逐渐销声匿迹了。

四、小结

综上所述，前文在说明化生意涵的前提下，阐述了于阗系莲花化生像及其在中原北方传播发展情况（表2、图25）。具体内容可以概括为以下三个方面。

其一，厘清了化生、化佛及化菩萨的意涵。说明化生系借助宿因所有造作力忽然产生，为生灵四种诞生方式之一，又高于卵生、胎生、湿生。化生思想萌生于婆罗门教，佛教产生后吸收了这种思想。在一般大乘经典尤其般若类经典中，化生成为修行者追求的往生方式，并将莲花化生与佛国净土联系起来，西方净土经典则基于往生者功德多少，将莲花化生分为不同等级。化佛系佛陀神通变现所为，不属于四种诞生之列，化菩萨或者佛、菩萨神通变现所为，或由化生而来，二者用于教化、利益众生。

① (南朝·宋)昙无蜜多译《观普贤菩萨行法经》:“普贤菩萨身量无边、音声无边、色像无边……以智慧力化乘白象,其象六牙。……于六牙端有六浴池,一一浴池中生四十莲花……一一花上有一玉女,颜色红辉有过天女,手中自然化五箜篌。”(《大正藏》第9册,东京:大藏出版株式会社,1988年,第389-390页)

表2　于阗系莲花化生与莲花化佛像系谱简表

类别		西域	中原北方
莲花化生	天人	上面观莲花化生执璎珞供养天人	上面观莲花化生执璎珞供养天人
		上面观莲花化生执飘带供养天人	
	童子		上面观莲花化生童子
			上面观莲蓬化生童子
		前上面观莲花化生童子	前上面观莲花化生童子
莲花化佛		上面观莲花化佛	
		前上面观莲花化佛	
莲花化菩萨		上面观莲花化菩萨	

其二，阐述了西域于阗系莲花化生与化佛像的意涵。于阗古国地域5—6世纪前后流行的上面观莲花化生与化佛像，形成显著区域性特征。该系莲花化生像分为执璎珞供养天人、执飘带供养天人两种。莲花化佛像分为结跏趺坐佛、交脚坐佛两种，化菩萨像则个别存在。进而指出，西北印度犍陀罗率先创造出莲花化生像，然没有得到充分发展。推测在犍陀罗莲花化生像和中印度纪元前后上面观莲花花精女像因素共同作用下，产生于阗系莲花化生像，且呈现大发展势头。吐鲁番流行的前上面观莲花化生、化佛像，可能是于阗系上面观同类图像影响下的产物。

其三，阐述了中原北方于阗系莲花化生像的意涵。中原北方莲花化生像在北魏中晚期获得比较充分发展，包括执璎珞供养天人、莲花化生童子像两类，前者直接沿袭了于阗因素，后者则是在于阗模式基础上发展变化的结果。莲花化生童子又分为上面观莲花化生童子、上面观莲蓬化生童子、前上面观莲花化生童子三种，成为中原北方莲花化生像的本质内容。

（附记：未注明出处图片来自笔者实地拍摄）

隔主尊对坐式二半跏思惟像探讨①

魏文斌，张　敏

（兰州大学考古学及博物馆学研究所）

半跏思惟像，源自公元2—3世纪的犍陀罗，有些是单体造像，有些附属于其他造像中，有些是在佛传、佛三尊像中的②。随着佛教东渐，此类图像在公元3—4世纪传入中国，并在5—6世纪的南北朝时期十分盛行，一度影响到韩国、日本早期佛教艺术。诸多研究表明，中国的半跏思惟像，从公元3—4世纪的新疆克孜尔石窟开始，到北凉石塔，再到十六国北朝时期的大量流行，其基本姿态都与犍陀罗造像无异，完全受到了成熟的犍陀罗造像的影响。而二半跏思惟隔主尊对坐式图像作为思惟像的一种独特的布局形式，同样源自犍陀罗地区。

中国二半跏思惟隔主尊对坐式图像，最早在新疆克孜尔第38窟主室前壁出现。内地中原地区最早的像例出现在关中地区，继而在云冈二期洞窟的第7、8窟首现，并延续至三期。作为一种重要的图像样式在云冈定型后，受其影响在各地北朝时期的石窟石刻艺术中大量出现。而河西走廊西端的敦煌莫高窟直至隋代才开始少量出现，相对内地较晚。

一、克孜尔石窟

中国最早的隔主尊对坐式二半跏思惟图像，出现于公元4世纪末、5世纪初的新疆克孜尔第38窟主室前壁（图1）③。该窟主室前壁上部半圆形区域中央为交脚菩萨，菩萨周

①基金项目：2016年度国家社科基金“丝绸之路甘肃段石窟寺类文化遗产价值研究”；2016年度中央高校基本科研费项目“云冈模式的来源与扩展——以河北和敦煌为例”。

② 高田修：《ガンダ—の菩萨思惟像》，《美术研究》第235期，日本东京国立文化研究所美术部，1964年；宫治昭：《ガンダ—における半跏思惟の图像》，见田村圆澄、黄寿永编著：《半跏思惟像の研究》，吉川弘文馆，1985年，第78-88页。

③ 关于该窟的时代，宿白先生根据考古类型学及碳十四数据，判断为克孜尔的第一个阶段，即4世纪后期至5世纪初。宿白：《新疆拜城克孜尔石窟部分洞窟的类型与年代》，见《中国石窟寺研究》，北京：文物出版社，1996年，第35页。

图1 克孜尔第38窟主室前壁 右、左侧半跏思惟像(《中国石窟·克孜尔石窟》一)

围绘制象征天宫的伎乐和听法圣众。半圆形区域下部、窟门上方左右角各一半跏思惟菩萨呈对称分布，且左侧思惟菩萨身后有一圆形白点团花组成的树冠置于菩萨头顶，表现树下思惟。结合该窟主室后壁绘塑涅槃图像、中心柱四壁涅槃后的“舍利故事图”、前室四壁及窟顶券面的佛传因缘故事，可知全窟表现的是释迦佛法相续和祈愿往生兜率天及弥勒救济众生的信仰。因此，该交脚菩萨无疑表现的是弥勒菩萨在兜率天宫说法的场景①。就该窟交脚弥勒与这两身对称分布的半跏思惟的关系进行探讨时，东山健吾认为这是敦煌莫高窟等所见“交脚的弥勒菩萨左右配置组合思惟菩萨”的一个典型范例，“兜率天的弥勒说法像的左右有思惟造形的时候，有可能是天众在兜率天听法”②。浅井和春指出克孜尔第38窟树下思惟的形象与敦煌莫高窟第275窟相同，应考虑克孜尔石窟和敦煌

① 宿白《新疆拜城克孜尔石窟部分洞窟的类型与年代》认为此处表现弥勒在兜率天宫说法，见《中国石窟寺研究》，北京：文物出版社，1996年，第23页。新疆龟兹石窟研究所编著《克孜尔石窟内容总录》也认为是弥勒在兜率天宫说法，见《克孜尔石窟内容总录》，乌鲁木齐：新疆美术摄影出版社，2000年，第48页。贾应逸、祁小山《印度到中国新疆的佛教艺术》列举出主室前壁以弥勒说法图为主的洞窟有第17、27、97、100、155、163、171、179等窟，见贾应逸、祁小山：《印度到中国新疆的佛教艺术》，兰州：甘肃教育出版社，2002年，第261-262页。宫治昭也指出新疆克孜尔石窟二期洞窟主室前壁表现的是弥勒在兜率天宫说法的场景，表现的是弥勒上生信仰的流行，并列举出主室前壁确认为“兜率天上的弥勒菩萨”图像的洞窟有第7、17、27、38、80、97、100、155、163、171、196、205、219、244等窟，见〔日〕宫治昭著，李萍、张清涛译，敦煌研究院编：《涅槃和弥勒的图像学——从印度到中亚》，北京：文物出版社，2009年，第443-444页。

②〔日〕东山健吾：《敦煌莫高窟北朝期尊像图像的考察》，《东洋学术研究》1985年第24号，附表一《关于敦煌莫高窟北朝期洞窟本尊和其他造像形式》。

莫高窟有着重要的联系[①]。但仔细观察可知，克孜尔第38窟这两身半跏思惟菩萨位于前壁窟门壁面上方左右两角，已脱离弥勒菩萨所在的半圆形区域内，反而与两侧壁半身伎乐的画面相互连续并处于同一高度。虽两菩萨之间的区域已损毁，无法确知内容，但可以肯定的是与半跏思惟菩萨处于同等地位。这也说明此处这两身半跏思惟当属于前壁窟门上方左右两侧的图像内容，确与上部半圆形区域内的弥勒菩萨在兜率天宫说法的关系不是太密切，应该是作为壁面附属造像当以弥勒弟子即弥勒摄受者的身份出现。

二、张永造石佛坐像

张永造石佛坐像现藏日本藤井有邻馆，造于北魏永安二年（455年），是以张永为首的张氏家族共同雕造的。造像的光背背面雕刻有佛传故事以及睒子和舍身饲虎本生，着意说明正面主尊为释迦牟尼佛的身份。该像正面主尊佛像的两侧各有一身体量较小的半跏思惟像胁侍，对称坐于束帛座上。这是目前中原内地所见最早的二半跏思惟像隔主尊对坐式像例（图2）。所表现的应该是观想思惟佛之庄严相好并欲想进入佛国净土的意义。由于该造像与比其晚两年的宋德兴造释迦坐像（日本个人收藏，太安三年，457年）[②] 及延兴二年（472年）张伯和造坐佛像（现藏日本书道博物馆）[③]有许多类似的图像特征，可能出自同一地域，很有可能产自距离大同不远的地区，[④]也就是云冈模式附近的区域。由于该造像的时代要早于云冈石窟，因此，下面将要提到的云冈二期开始出现的此类隔主尊对称式二半跏思惟像应该与该造像有密切的关系。

图2　张永造佛坐像（笔者拍摄）

① ［日］浅井和春：《菩萨半跏像》，《国华》1988年第1116号，朝日新闻社，第24-30页。

② 金申：《中国历代纪年佛像图典》，北京：文物出版社，1994年，图版14。

③ 金申：《中国历代纪年佛像图典》，北京：文物出版社，1994年，图版22。

④ ［日］松原三郎：《中国佛教雕刻史论》，吉川弘文馆，1995年，第22页。

三、云冈石窟

内地石窟中，隔主尊对坐式二半跏思惟图像最早出现于云冈二期洞窟的第7、8窟北壁。第7窟主室北壁上层盝形帷幕龛内主尊交脚菩萨，左右两侧各一倚坐佛，再外两侧各一胁侍半跏思惟菩萨对称，并与下层圆拱形龛内的二佛并坐像组合（图3）。而第8窟后室北壁上层盝形帷幕龛内则为主尊倚坐佛两侧各一交脚菩萨，再外两侧各一胁侍半跏思惟组合的形式，并与下层圆拱形龛坐佛像（现为后世补雕）组合（图4）。宿白先生指出第7、8双窟上龛表示三世佛体系①。东山健吾先生也认为此处上龛像体现"三世佛"体系，并认为第7窟以未来佛弥勒为中尊，两侧倚坐佛分别代表过去世的定光佛和现在世的释迦佛；第8窟以倚坐佛释迦为中心，左右配以菩萨形的弥勒，但并未对此处二半跏思惟形象予以解释②。第7、8窟所见上龛二半跏思惟隔主尊对坐、下龛二佛并坐（坐佛）的组合形式，又见于第17窟明窗东壁太和十三年（489年）比丘尼惠定造像龛，该龛为云冈目前所见最早明确载为交脚菩萨为弥勒的造像龛。上龛为二半跏思惟隔主尊交脚弥勒对坐，下部为释迦、多宝并坐（图5）。长广敏雄指出太和十三年造像龛和第17窟主窟造像无关，属于北魏中期作品，但延续了原来的造像传统③。第7、8双窟中首现、再由第17窟太和十三年龛形成简化的隔主尊对坐式二半跏思惟造像成为云冈模式图像构成的重要内容。此后，在云冈二期洞窟中出现大量简化的半跏思惟像以胁侍身份隔主尊交脚弥勒对坐的组合形式，并延续至第三期 。有些甚至作为一个洞窟或龛内的主要造像或主尊，并且多数与二佛并坐龛相组合。第三期第29窟北壁上层中龛甚至出现了主尊倚坐佛、龛外左右二胁侍半跏思惟对称、左右两侧龛内交脚菩萨对称分布的形式，与壁面下层中龛一坐佛、左右两侧龛各一倚坐佛像组合。这都是对第7、8窟二半跏思惟作为主尊胁侍对称形式的继承和发展变化。云冈部分洞窟隔主尊对坐式二半跏思惟图像组合形式见表1。

此外，云冈部分晚期洞窟出现了定光佛授记（儒童布发缘）与二半跏思惟隔主尊交脚弥勒对坐式图像组合的例子。如云冈第18窟南壁上部西侧，左侧为二半跏思惟隔主尊交脚弥勒对坐式图像，右侧为定光佛授记（儒童布发缘）。又有定光佛授记（儒童布发缘）与释迦坐佛、倚坐弥勒组合，分布于上龛交脚弥勒菩萨、下龛释迦佛龛外左右两侧

---

① 宿白:《云冈分期试论》,《考古学报》1978年第1期。

②〔日〕东山健吾:《敦煌莫高窟北朝期尊像图像的考察》,《东洋学术研究》1985年第24号,附表一《关于敦煌莫高窟北朝期洞窟本尊和其他造像形式》。

③〔日〕长广敏雄:《云冈石窟初、中期的特例大窟》,见云冈石窟文物保管所编:《中国石窟·云冈石窟》(二),北京:文物出版社,1994年,第241页。

图 3　云冈第 7 窟主室北壁

上龛　交脚菩萨并二倚坐佛、二半跏思惟菩萨像

下龛　释迦、多宝并坐像(笔者自摄)

图 4　云冈第 8 窟主室北壁(笔者自摄)

图5 云冈第17窟明窗东侧

太和十三年(489年)比丘尼惠定龛(采自水野清一、长广敏雄《云冈石窟》)

表1 云冈部分洞窟二半跏思惟隔主尊对坐式图像组合形式

窟号	时代	组合形式
7	二期	Ч Π × Π Ч
8	二期	Ч × Π × Ч
29	三期	× Ч Π Ч ×
5	二期	Ч × Ч

的图像组合情况。第17窟南壁拱门东壁、第19窟南壁拱门东壁和西壁等窟中，上龛交脚弥勒，下龛释迦坐佛，龛楣顶部饰七佛，龛外左右各一列分上中下三龛：下龛定光佛授记（儒童布发缘）、中龛释迦坐佛、上龛倚坐弥勒的“三世佛”图像（需注意的是，一期洞窟中的此类题材多为二期、三期补雕）。也可看作云冈石窟二半跏思惟隔主尊对坐式图像的另外一种组合，同时也反映了云冈地区佛教信仰的多样性。

关于云冈石窟隔主尊对坐式二半跏思惟图像中，半跏思惟像作为交脚菩萨二胁侍的组合，诸多学者进行过探讨。日本学者内藤藤一郎早就指出中间交脚菩萨为弥勒，两侧胁侍半跏思惟不是弥勒，但没能指出其具体尊格①。塚本善隆则认为胁侍半跏思惟菩萨也是弥勒②。田村圆澄认为中间主尊为现在佛，左右的半跏思惟菩萨一代表过去佛释迦太子、一代表未来佛弥勒，组成了“三世佛”的体系③。李玉珉通过援引大量资料认为交脚、倚坐和半跏思惟像都是弥勒，其中半跏思惟菩萨为弥勒菩萨的化现④。还有学者指出云冈样式中将二半跏思惟置于主尊交脚菩萨两侧的形式时，半跏思惟菩萨既不是弥勒也不是释迦太子，不是佛教里的任何神祇，是供养人，半跏思惟像是用来协助禅观的，观想自己在弥勒兜率天宫的姿态⑤。

根据笔者的统计可知，云冈石窟中二半跏思惟作为主尊胁侍时，主尊造像共有两类坐姿：一类为交脚坐；一类为倚坐。目前学者的研究基本认为北魏时期双手结转法轮印、交脚而坐的菩萨像为弥勒⑥。云冈所见交脚坐一般出现菩萨装、佛装两种，但菩萨装和佛装仅是表示弥勒上生和弥勒下生信仰的不同，均代表弥勒菩萨。此处想要强调的是云冈二半跏思惟隔主尊对坐式图像中一个非常重要的特点是：交脚弥勒是以主尊身份出现，而二半跏思惟像是作为主尊的胁侍形象出现的，其体量小于主尊造像，表明了两者尊格的不同。又延安出土北周建德二年（573年）郭乱颐造像碑，该碑碑阳上部二尖拱形龛内，分别雕交脚弥勒和思惟菩萨，两龛之间有铭文“弥勒像主”“思惟像主”⑦，表明了两者尊格身份的不同。故而，将云冈所见二半跏思惟菩萨看作是弥勒或者释迦太子，显然是不合理的。

北凉沮渠京声译《佛说观弥勒菩萨上生兜率天经》有云：

> 若我住世一小劫中广说一生补处菩萨报应及十善果者不能穷尽。今为汝等略而解说佛告优波离。若有比丘及一切大众，不厌生死乐生天者，爱敬无上菩提心者，欲为弥勒作弟子者，当作是观。作是观者，应持五戒八斋具足戒身心

---

①〔日〕内藤藤一郎：《梦殿秘佛中 と宫寺本尊》，《东洋美术》1930—1931年第2、5、6、8号。

②〔日〕塚本善隆：《支那佛教史研究·北魏篇》，弘文堂书房，1942年，第232页。

③〔日〕田村圆澄：《半跏思惟像の诸问题》，见田村圆澄、黄寿永编著：《半跏思惟像の诸问题》，吉川弘文馆，1985年，第25页。

④ 李玉珉：《半跏思惟像再探》，《故宫学术季刊》第3卷第3期，1986年春；《金塔寺石窟考》，《故宫学术季刊》第22卷第2期，2004年冬。

⑤ Hsu, Eileen Hsiang-ling, Visualization Meditation and the Siwei Icon in Chinese Buddhist Scuopture, Artibus Asiae 62.1(2002):5-32.(《禅观与中国佛教雕塑中的思惟图像》)

⑥〔日〕东山健吾：《敦煌莫高窟北朝期尊像图像的研究》，《东洋学术研究》1985年第24卷第1号。李玉珉：《隋唐之弥勒信仰与图像》，《艺术学》1987年第1期。〔日〕肥塚隆：《莫高窟275窟交脚菩萨像与犍陀罗的先例》，《敦煌研究》1990年第1期。〔日〕石松日奈子：《中国交脚菩萨像考》，见《北魏佛教造像史研究》，星云社，2005年，第219-240页。

⑦ 靳之林：《延安地区发现一批佛教造像碑》，《考古与文物》1984年第5期，第33页图3。

精进不求断结修十善法——思惟兜率陀天上上妙快乐。作是观者名为正观，若他观者名为邪观。[①]

又：

佛告优波离，汝今谛听。是弥勒菩萨于未来世当为众生，作大皈依处。若有皈依弥勒菩萨者，当知是人于无上道得不退转。弥勒菩萨成多陀阿伽度阿罗诃三藐三佛陀时，如此行人见佛光明即得授记。佛告优波离，佛灭度后四部弟子天龙鬼神。若有欲生兜率陀天者，当作是观系念思惟。念兜率陀天持佛禁戒，一日至七日。思念十善行十善道。……汝等及未来世修福持戒，皆当往生弥勒菩萨前为弥勒菩萨之所摄受。佛告优波离，作是观者名为正观，若他观者名为邪观。[②]

该经指出了若想做弥勒弟子，需修十善法、思惟兜率天上上妙快乐，并于弥勒菩萨前被其摄受；同时强调了禅观与修行的重要关系。云冈所见主尊交脚弥勒两侧胁侍思惟菩萨即可看作是想做弥勒弟子而修十善法，观想弥勒，思惟兜率天上种种上妙快乐的弥勒摄受者。

又云冈第7、8窟可见二半跏思惟以胁侍身份与主尊倚坐佛组合的状况。诸多研究表明，倚坐佛与弥勒的关系直到唐代才被确立下来。而根据佛教文献和出土造像铭文记载可知，十六国北朝以来的倚坐佛像中，既有释迦，又有弥勒[③]。那么，云冈所见此类倚坐佛像到底是释迦还是弥勒，其图像组合又有何意义呢？东山健吾指出此处当表示三世佛，认为与交脚弥勒一同出现的倚坐佛，或同为释迦或释迦佛和定光佛[④]。李玉珉则考虑到第7、8窟乃为一组对窟，又正壁二半跏思惟、交脚弥勒和倚坐佛及二佛并坐等组合，其图像的排布和配置当与《法华经》有密切联系，并指出倚坐佛像乃是弥勒的化现[⑤]。笔者认为云冈第8窟北壁所见上龛中尊倚坐佛、左右两侧交脚弥勒并二胁侍半跏思惟，且倚坐佛、交脚弥勒三者体格等大，尊格相等，又与下龛释迦坐佛组合出现，有表现“弥勒三会”的可能。

又弥勒继释迦后成佛，上龛中尊倚坐佛与下龛释迦佛组合可看作是已经成佛的弥勒下生阎浮提为众生说法。而云冈第7窟上龛中尊交脚弥勒，左右两侧倚坐佛并二胁侍半

---

①《大正藏》第14册，东京：大藏出版株式会社，1988年，第0419b17页。

②《大正藏》第14册，东京：大藏出版株式会社，1988年，第0419c11-0420c03页。

③ 贺世哲：《关于十六国北朝的三世佛及三佛造像诸问题》，《敦煌研究》1992年第4期、1993年第1期；《关于敦煌莫高窟的三世佛与三佛造像》，《敦煌研究》1994年第2期。

④〔日〕东山健吾：《敦煌莫高窟北朝期尊像图像的研究》，《东洋学术研究》1985年第24卷第1号。〔日〕东山健吾著，李清萍译：《敦煌莫高窟北朝尊像图像学考察》，《敦煌研究》2015年第6期。

⑤ 李玉珉：《金塔寺石窟考》，见《2004年石窟研究国际学术会议论文集》，上海：上海古籍出版社，2006年，第892-894页。

跏思惟，也可以考虑有可能为“弥勒三会”。交脚弥勒置于过去佛多宝佛、现在佛释迦佛上方，表现等待未来成佛的弥勒菩萨状，而两侧倚坐弥勒则表示未来成佛后下生阎浮提为终生说法的弥勒佛状。类似图像组合可见于麦积山所藏西魏造像碑，出现了中间一倚坐佛、两侧二佛并坐的组合形式，或可看作是受云冈此类图像影响，也有可能表现“弥勒三会”。

云冈二期以来所见二半跏思惟以胁侍身份对称出现在主尊交脚弥勒、两侧倚坐弥勒或者主尊倚坐弥勒、两侧交脚弥勒的图像中，多与下龛释迦、多宝或者释迦组合，龛楣周围饰以七佛、千佛。将未来佛—弥勒菩萨（交脚、倚坐）置于过去多宝佛、现在释迦佛上方，是北魏时期云冈等地非常流行的三世佛的组合形式之一，表示弥勒菩萨在兜率天上等待成佛。而佛装出现的弥勒，则表示弥勒已经成佛、下生阎浮提为众生说法。故而将二半跏思惟以胁侍弟子身份对称分布于弥勒左右两侧，并置于释迦、多宝龛上侧，同样也是三世佛思想的体现。当二半跏思惟分布在菩萨装弥勒的两侧时，是因想要成为弥勒的弟子而思惟兜率天上上妙快乐而苦修十善法。当其置于佛装弥勒的两侧时，又是以弥勒弟子身份出现同弥勒佛一同下生阎浮提为众生说法。诚如《佛说观弥勒菩萨上生兜率天经》所言：

> 此处名兜率陀天，今此天主名曰弥勒。汝当皈依……如是等众生若净诸业行六事法，必定无疑当得生于兜率天上，值遇弥勒亦随弥勒下阎浮提第一闻法于未来世，值遇贤劫一切诸佛于星宿劫，亦得值遇诸佛世尊于诸佛前受菩提记。①

又龛楣装饰七佛与上龛弥勒同样组成七佛加一弥勒的图像，表达的亦是过去诸佛、现在释迦佛、未来弥勒佛的体系。十六国北朝造像七佛（过去六佛加现在佛释迦牟尼佛）加一弥勒的三世佛组合形式较为多见②。而龛周围饰以千佛，正如《妙法莲花经·普贤菩萨劝发品》所言：

> 若有人受持、读诵，解其义趣，是人命终，为千佛授手，令不恐怖，不堕恶趣，即往兜率天上弥勒菩萨所。弥勒菩萨，有三十二相大菩萨众所共围绕，有百千万亿天女眷属，而于中生，有如是等功德利益。③

千佛为欲往天上弥勒菩萨所者授手援助。而释迦、多宝更是依据鸠摩罗什译的《妙法莲华经·见宝塔品》而作。云冈中期以来，二半跏思惟隔主尊弥勒对坐，并与释迦、多宝、七佛、千佛等组合，均体现了与法华思想的密切关系。

云冈这种对称式二思惟菩萨流行，我们可以追溯到犍陀罗的图像，并经西域而影响

---

①《大正藏》第14册，东京：大藏出版株式会社，1988年，第0419c11页。

② 贺世哲：《关于十六国北朝的三世佛及三佛造像诸问题》，《敦煌研究》1992年第4期、1993年第1期。

③《大正藏》第9册，东京：大藏出版株式会社，1988年，第0061b28页。

到云冈，形成一种定式。

四、犍陀罗的先例

云冈此类题材并非是本地域的首创，其图像的来源首当考虑佛像制作的发源地——犍陀罗佛像雕刻。目前，笔者根据相关研究图录仅见三块犍陀罗浮雕嵌板表现两胁侍半跏思惟隔主尊对坐这一题材，且都是公元2—3世纪至4—5世纪的作品①。一件为穆罕默德·那利（现藏拉合尔博物馆）出土的浮雕嵌板。在该浮雕最上段，出现一组左右对称的半跏思惟像（图6）②。宫治昭认为这件作品反映的是大神变图，围绕主佛周围的造像和顶部对称分布的两身半跏思惟像都是菩萨像，也是天人像③。赖鹏举认为这是代表大乘“法身观”的“佛影”造像④。笔者也曾指出这里交脚和半跏思惟对称布局、无从属关系的形式或许对麦积山石窟的初期洞窟有一定的影响⑤。另外一件为现藏于白沙瓦博物馆（图7）的浮雕嵌板。该图像中央主尊为转法轮印的结跏趺坐佛。坐佛上部有两层雕刻：第一层左右两侧宫阙形龛内各雕一交脚菩萨隔中间的窣堵坡对称分布；第二层雕刻七拱形龛，中间为三个等大的坐佛，坐佛左右各雕刻一交脚菩萨，最外两侧内又各雕一半跏思惟菩萨，饶有趣味地组成了二交脚、二半跏思惟菩萨隔中间三佛对称分布的格局，但需注意此处各造像身量等同，推测尊格相等。这虽与云冈二期以来上龛交脚弥勒与下龛二佛并坐组成的“三世佛”造像及第8、29窟二交脚、二半跏思惟隔主尊对称分布的格局有所不同，但不可否认其对于云冈的影响。特别是最后一件浮雕嵌板，曾由福歇定名为“舍卫城神变”，现藏于恰迪尕尔博物馆（图8）。宫治昭认为该浮雕中部为“大神变图”；下部带状区域为“礼拜佛钵”；上部半圆形区域内表现“兜率天上的交脚弥勒菩萨”，两端左右配置半跏思惟像，这是以一对半跏思惟像为二胁侍的中国交脚弥勒菩萨的

①〔日〕宫治昭著，李萍、张清涛译：《涅槃和弥勒的图像学——从印度到中亚》，北京：文物出版社，2009年，第258-259页。栗田功编著：《ガンダーラ美术》一，二玄社，1998年。

② 东京国立博物馆、NHK、NHKプロ-ション编：《日本·パキスタン国交立50周年 念—パキスタン·ガンダ-ラ 刻展》，2002年，图版3、4。

③〔日〕宫治昭：《ガンダ一ゥにぉける半跏思惟の图像》，见田村圆澄、黄寿永编著：《半跏思惟像の研究》，吉川弘文馆，1985年，第78-88页。魏文斌：《麦积山石窟交脚与半跏思惟菩萨对称构图研究》，见罗宏才主编：《西部美术考古》，上海：上海大学出版社，2008年，第120页。

④ 赖鹏举：《丝路佛教的图像与禅法》第三章《犍陀罗的大乘“法身”思想及其在中亚、河西地区的开展》，圆光佛学研究所，2002年，第44-59页。

⑤魏文斌：《麦积山石窟交脚与半跏思惟菩萨对称构图研究》，见罗宏才主编：《西部美术考古》，上海：上海大学出版社，2008年，第120页。

图6　佛说法图　穆罕默德·那利　拉合尔博物馆
（采自栗田功《犍陀罗美术》图版395）

图7　佛说法图　白沙瓦博物馆
（采自栗田功《犍陀罗美术》图版396）

图8　犍陀罗说法图　恰迪尕尔博物馆

原型[①]。这对云冈二期以来大量出现的隔主尊交脚菩萨对坐二半跏思惟菩萨分布的形式有着重要影响。又一出土于绍托拉克（迦毕试）、现藏于美国吉美美术馆的浮雕（图9），

① 宫治昭著，李萍、张清涛译：《涅槃和弥勒的图像学——从印度到中亚》，北京：文物出版社，2009年，第258-259页。

图9　兜率天宫的弥勒菩萨　绍托拉克(迦毕试)吉美美术馆
(均采自宫治昭《涅槃和弥勒的图像学——从印度到中亚》)

图10　云冈第10窟前室西壁上层龛(采自水野清一、长广敏雄《云冈石窟》)

画面中央象征宫殿楼阁的梯形龛内，主尊交脚弥勒结转法轮印，左胁侍双手抱右膝，右胁侍交脚坐，右手持水瓶，左手支下颚。虽此处两胁侍并非半跏思惟菩萨，但主尊位于梯形龛内、两胁侍位于两梢间隔主尊对称分布的形式，却可以视为云冈二期以来屋形龛内主尊交脚菩萨、两梢间两胁侍半跏思惟菩萨对称分布的原型（图10）。宫治昭也指出云冈北魏浮雕中，一对半跏思惟像为交脚弥勒二胁侍的组合原型来自迦毕试的佛教雕刻。[①]

五、国内其他地区石窟

由云冈二期开始定型的隔主尊对坐式二半跏思惟图像，对于中国北朝及以后佛教石窟、碑刻造像产生了重要影响。

洛阳作为北魏后期帝都，早期龙门石窟造像远法平城，同样出现了二半跏思惟隔主尊交脚菩萨对坐的组合形式。主要分布在古阳洞，有两例，分别为N121、N156。其中，N121盝形帷幕龛内，主尊为交脚菩萨，两侧胁侍似为半跏思惟菩萨；N156盝形帷幕龛内，主尊为交脚菩萨，座下有二蹲狮，两侧二胁侍思惟菩萨对称分布[②]。N121、N156这种图像的组合形式直接来自云冈。值得注意的是，此处半跏思惟菩萨作为交脚菩萨两侧的胁侍，身量较小，同样表明了尊格的不同。

在陕北宜川县的清水湾北魏晚期摩崖造像中亦出现了二半跏思惟隔主尊对坐的形式（图11）[③]。该摩崖造像风化严重。饶有趣味的是，在崖面中部开一方形大龛，主尊为一佛二菩萨。龛楣外左右每侧各一半跏思惟、交脚菩萨对称，最外侧左右每侧各有三坐佛。主龛左右两侧各并立二坐佛龛；最外侧左右两侧各一佛二胁侍弟子龛。此处主尊造像与龛楣左右两侧造像组成了七佛加二交脚菩萨、二半跏思惟的独特形式，当为七佛与弥勒组合形式的发展。七佛在十六国北朝时期是一种极为重要的佛教造像题材，多与弥勒组合，作为主尊的辅助或装饰造像，有些甚至作为某个洞窟的主尊出现。而七佛与半跏思惟菩萨组合的形式，首先当与北凉石塔相联系。武威北凉石塔，分三层开龛造像，最上层为八个坐佛，中间为七坐佛加一交脚菩萨，最下层为七坐佛加一半跏思惟菩萨。现有研究成果均认为北凉石塔塔肩一周造像为七佛与一弥勒的组合，并且这种组合形式源自

---

① 宫治昭著，李萍、张清涛译：《涅槃和弥勒的图像学——从印度到中亚》，北京：文物出版社，2009年，第261页。

② 刘景龙编著：《古阳洞——龙门石窟第1443窟》，北京：科学出版社，2001年，图版70、118。

③ 笔者于2015年4月至9月参与了《延安地区石窟内容总录》的编写，并对陕北地区相关石窟进行过详细的实地调查，认为该摩崖造像的年代当为北魏晚期。

图11　陕北宜川县清水湾北魏晚期摩崖造像龛

犍陀罗[1]。殷光明、李玉珉认为武威塔上的半跏思惟像为弥勒[2]。三层中弥勒的形象从下层的半跏思惟形，变为中层的交脚菩萨形，最后变为上层的佛形，均是弥勒的不同变化形式，也反映了弥勒由上生的到为下生的弥勒佛。三层中弥勒的形象从下层的半跏思惟形，变为中层的交脚菩萨形，最后变为上层的佛形，均是弥勒的不同变化形式，也反映了弥勒由上生的到下生的弥勒佛。此处半跏思惟菩萨可以看作弥勒菩萨思惟像。此外，炳灵寺第128窟东壁门上雕刻七立佛，其南侧雕一半跏思惟菩萨及一弟子，北侧雕一供养弟子亦延续了北凉石塔的形式[3]。而云冈七佛多出现于坐佛龛、二佛并坐龛或交脚弥勒并二胁侍思惟龛，且多作为龛楣装饰或者两龛之间的辅助造像，与主尊亦组成了七佛信仰。清水湾所见二交脚菩萨、二半跏思惟隔主尊对坐的图像构成，他处不见，且此处交

① 殷光明:《北凉石塔研究》,台北:台湾觉风佛教艺术文化基金会,2000年,第260页;魏文斌等:《关于十六国北朝七佛造像诸问题》,《北朝研究》1993年第4期。

② 殷光明:《北凉石塔研究》,台北:台湾觉风佛教艺术文化基金会,2000年,第260页;李玉珉:《金塔寺石窟考》,《故宫学术季刊》第22卷第2期,2014年冬,第47页。魏文斌:《麦积山石窟交脚与半跏思惟菩萨对称构图研究》,见罗宏才主编:《西部美术考古》,上海:上海大学出版社,2008年,第132页。

③ 炳灵寺石窟文物保管所编:《中国石窟·永靖炳灵寺》,北京:文物出版社,1989年,图版93。

脚菩萨与半跏思惟的体格大小相等，当属同等尊格。这与张家口下花园①、敦煌莫高窟②、麦积山北朝石窟③所见交脚与半跏思惟地位对等、对称分布的形式略同，是平城模式影响下的发展和变化。故而，此处半跏思惟菩萨可以比定为弥勒菩萨，同样组成了七佛与弥勒的图像构成形式。又清水湾摩崖造像所在地近魏晋十六国以来的佛教译经重心长安，远法北魏帝都平城、洛阳，当受到来自平城模式及其影响下的龙门、长安佛教造像的影响。

庆阳北石窟寺北1号窟是一个受云冈影响的中心柱窟，其时代为5世纪末至6世纪初叶。该窟中心柱正面下层龛龛楣上浮雕坐佛及胁侍菩萨弟子像各两身，龛楣最外两侧对称各雕一半跏思惟像，其中左侧的一身旁边还雕有一身双手合十的供养者像（图12）。由于该窟中心柱正面龛楣外雕有一头象和一匹马，属于乘象入胎和逾城出家的对称构图。④中间的坐佛以及龛内的主尊可视为释迦牟尼佛，则这里的二半跏思惟像为隔释迦对坐式。此二半跏思惟像很有可能是释迦太子出家后脱离俗界在树下思惟的场景，只是树没有刻出，左侧站立的供养者可能是他爱马的驭者。因此，这里的二对称半跏思惟像虽然也受到了云冈图像的影响，但其尊格却有所不同。

---

① 刘建华：《河北张家口下花园石窟》，《文物》1998年第7期。

② 关于莫高窟北凉第275窟及北魏第259窟等北朝洞窟中交脚弥勒和半跏思惟像的研究，参照敦煌研究院编：《敦煌莫高窟内容总录》，北京：文物出版社，1996年，第102–106页。樊锦诗、马世长、关友惠：《敦煌莫高窟北朝洞窟的分期》，见《中国石窟·敦煌莫高窟》（一），北京：文物出版社，1982年，第263页。张学荣、何静珍：《莫高窟第275窟内容初探》，见《1990年敦煌学国际研讨会文集·石窟考古编》，沈阳：辽宁美术出版社，1995年。古正美：《再谈宿白的凉州模式》，见《1987年敦煌石窟研究国际讨论会文集·石窟考古编》，沈阳：辽宁美术出版社，1990年；《转轮圣王和弥勒佛的造像》，见《贵霜佛教政治传统与大乘文化》第八章，台北：允晨文化出版社，1993年。殷光明：《从北凉石塔看莫高窟早期三窟的建造年代》，见《2000年敦煌学国际学术讨论会文集·石窟考古卷》，兰州：甘肃民族出版社，2003年，第263页。邓健吾：《敦煌莫高窟彩塑之展开》，见敦煌文物研究所编：《中国石窟·敦煌莫高窟》（三），平凡社，1981年，第216–217页；又见其同名论文成城大学大学院研究科《美学美术史论稿》第2辑，1981年，第4–6页。〔日〕东山健吾：《敦煌莫高窟北朝期尊像图像的考察》，《东洋学术研究》1985年第24号。李玉珉：《半跏思惟像再探》，台北《故宫学术季刊》1986年第3卷第3期。刘永增：《莫高窟北朝期的石窟造像与外来影响——以第275窟为中心》（上），《敦煌研究》2004年第3期。贺世哲：《敦煌图像研究——十六国北朝卷》第一章《北凉三窟图像研究》，兰州：甘肃教育出版社，2006年，第24页。

③魏文斌：《麦积山石窟交脚与半跏思惟菩萨对称构图研究》，见罗宏才主编：《西部美术考古》，上海：上海大学出版社，2008年，第120页。

④ 参见甘肃北石窟寺文物保护研究所编著：《庆阳北石窟寺内容总录》，北京：文物出版社，2013年，第248–249页。魏文斌、张敏：《从云冈到敦煌——两例对称图像的传播》，待刊稿。

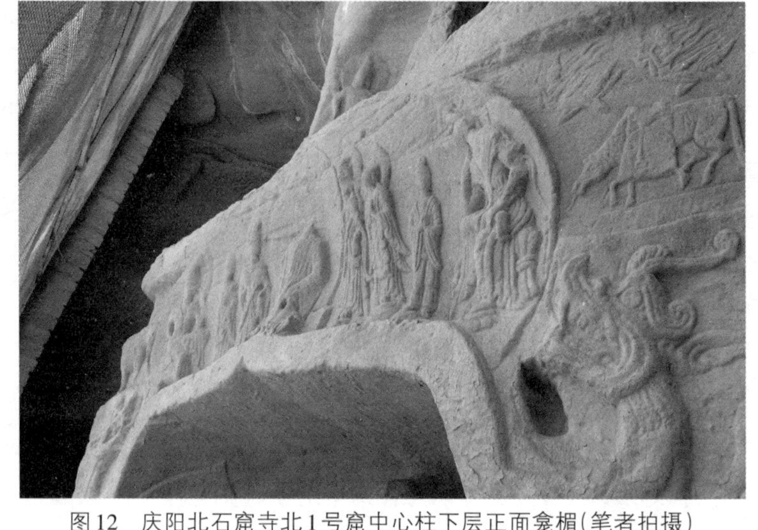

图12　庆阳北石窟寺北1号窟中心柱下层正面龛楣(笔者拍摄)

六、北朝造像碑

除以上所举石窟外，由云冈开始形成的二半跏思惟隔主尊对坐式图像，即所谓“云冈样式”在北朝造像碑中亦大量出现。笔者对目前国内外所见部分二半跏思惟隔主尊对坐式造像碑进行了统计，并根据二半跏思惟像隔主尊对坐时主尊造像的不同，将之分为四类：以弥勒、释迦、多宝或无量寿佛（阿弥陀佛）为主尊①。此四类题材中，以弥勒和释迦隔主尊对称分布的较多，且多集中于山西、河南、陕西、甘肃四地，河北亦有少量分布，时间最晚的可至隋初。以二佛并坐和无量寿佛（阿弥陀佛）隔主尊对称分布的题材较少，多见于甘肃陇东泾川地区，且出现时间较晚，均为北朝作品，当是在吸收北朝云冈、龙门和长安佛教造像风格基础上的地方再创造。又二半跏思惟隔主尊对坐式图像，造像碑的图像组合形式可分为三种形式：（1）二半跏思惟隔主尊对坐；（2）上龛二半跏思惟隔主尊对坐，与下龛二佛并坐或一坐佛相组合；（3）二半跏思惟以附龛形式，对称出现在主尊上部或造像碑左右两侧。

1.以弥勒为主尊对称分布的形式

由云冈第17窟明窗东侧太和十三年比丘尼惠定龛开始形成的上龛二半跏思惟隔主尊交脚弥勒对坐，下龛释迦、多宝并坐的组合形式在北朝造像碑中多见。这种上为弥勒下为释迦、多宝并坐的组合也是5世纪以来至6世纪比较流行的三世佛组合形式之一②。与云冈比较接近的是1983年在西安西郊通信学校出土的北魏造像碑（图13），裴建平和宋

① 笔者将本文造像碑中所指二半跏思惟隔主尊对坐式图像中的主尊身份判断，仅指二思惟像所在碑刻某一面中隔主尊对坐组图时的主尊。

② 贺世哲：《关于十六国北朝的三世佛及三世造像诸问题》，《敦煌研究》1992年第4期、1993年第1期。

图13　西安西郊通信学校出土
碑林博物馆藏（笔者拍摄）

图14　佛碑像　日本私人藏（金申
《海外及港台藏历代佛像珍品纪年图鉴》）

莉推定此碑的年代为北魏和平年间（460—465年）[①]。碑阳分三层，中层盝形帷幕龛内主尊为交脚菩萨，座下有回首反顾双狮，左右各一胁侍思惟菩萨隔主尊对坐分布，最外侧左右侍立二菩萨。这种组合形式应受到云冈二期的直接影响，也从一侧面反映了云冈模式西渐对于早期长安佛教造像的影响。此碑上层三圆拱形龛为三坐佛像，中间佛并胁侍二弟子，可能为三世佛的组合形式。下层五圆拱形龛内均为坐佛，中间为二佛并坐。此处，主尊交脚弥勒与下层二佛并坐同样可视为三世佛的组合形式，依旧是云冈二期的形式。裴建平认为这种组合中的交脚菩萨为弥勒菩萨，半跏思惟菩萨是进入兜率天宫补处菩萨院的释迦太子，是“位登十地”的菩萨，不是普通意义上的胁侍菩萨[②]。笔者考虑到此类体格和尊格的不等，当为弥勒的摄受弟子像。另一日本私人收藏的北魏太和时期的造像碑，上部盝形帷幕龛内主尊交脚弥勒菩萨，两侧胁侍半跏思惟菩萨对坐，下部圆拱形龛内二佛并坐；两龛之间饰七佛，碑四周饰千佛（图14）。[③]这又与云冈太和十三年龛的图像构成完全相同。造像碑中弥勒与二佛并坐组成的三世佛体系及七佛、千佛造像题材的组合，体现了云冈以来法华思想对于北朝造像碑的重要影响。

此外，简化的仅二半跏思惟隔主尊交脚弥勒对称的图像也大量出现。日本根津美术

① 李域铮：《陕西古代石刻艺术》，西安：三秦出版社，1995年，第37-38页。裴建平：《西安碑林藏北魏佛龛像考释》，见《碑林集刊》第7辑，西安：陕西人民出版社，2001年，第116页。宋莉：《北魏至隋代关中地区造像碑的样式与年代考证》，西安：西安美术学院博士学位论文，2011年，第242-243页。

② 裴建平：《西安碑林藏北魏佛龛像考释》，见《碑林集刊》第7辑，西安：陕西人民出版社，2001年，第116页。

③〔日〕松原三郎：《中国佛教雕刻史论》图版编一“魏晋南北朝前期”，吉川弘文馆，1995年，图版70a。

图15　四面佛碑像
日本根津美术馆藏

图16　比丘法海、法亮等造佛三尊像碑　日本MIHO MUSEUM藏
（均采自金申《海外及港台藏历代佛像　珍品纪年图鉴》）

图17　西魏大统四年造像碑（采自松原三郎《中国佛教雕刻史论》）

馆藏北魏早期四面佛碑像（图15），盝形帷幕龛内主尊为交脚弥勒菩萨，两侧左右并侍一较小的半跏思惟菩萨。[①]日本MIHO MUSEUM所藏一件可能出于河南地方的北魏晚期比丘法海、法亮等造佛三尊像的碑阴下部线刻一大型鸱吻房屋，中间帷幕龛内刻一交脚菩萨，两侧较小的帷幕龛内分别刻一半跏思惟菩萨（图16）[②]。大阪市立美术馆馆藏出土于河南的北魏晚期的王显宗等造像碑，碑阴亦为主尊交脚菩萨并左右二胁侍思惟像呈对称分布。[③]显然此类图像也是云冈样式的直接延续，至北朝晚期亦可见。如西魏大统四年（538年）造像碑碑阴，中间长方形主龛内雕一交脚菩萨、胁侍二菩萨，两侧边各雕一较小的树下思惟菩萨（图17）[④]。亦有主尊弥勒为倚坐像的，如：河南偃师商城博物馆藏（洛阳平等寺遗物）北齐崔永仙等人造像碑碑阳造像中，碑首雕九龙浴太子、乘象入胎、禅定僧；中部刻一佛二菩萨，左右刻维摩、文殊对坐像；下部帐形龛内一佛二菩萨，主尊佛倚坐，头部毁，有莲花瓣头光，龛外左右二树下思惟菩萨并二侍者。根据发愿文“弥勒佛主宋天□、□□□、弥勒佛主崔永仙”“思惟佛主”等内容，可知中部主尊为释迦、下部二半跏思惟主尊为倚坐的弥勒佛。又释迦与弥勒、维摩、文殊的组合延续北朝

① 〔日〕松原三郎:《中国佛教雕刻史论》图版编一“魏晋南北朝前期”，吉川弘文馆，1995年，图版115b。

② 据石松日奈子研究，此碑为北魏正光以后，即6世纪20年代后半叶的作品。见石松日奈子:《北魏河南石雕三尊像》，《中原文物》2000年第4期。

③ 据石松日奈子研究，此碑为北魏正光以后，即6世纪20年代后半叶的作品。见石松日奈子:《北魏河南石雕三尊像》，《中原文物》2000年第4期。

④ 〔日〕松原三郎:《中国佛教雕刻史论》图版编一“魏晋南北朝前期”，吉川弘文馆，1995年，图版298b。

图18 翟蛮造弥勒像碑

图19 牛猷造弥勒像
美国大都会艺术博物馆藏

图20 荔非郎虎、任安保等六十人造像碑
药王山博物馆藏

早期的图像构成形式，同样受法华思想的影响。

北朝晚期出现了二半跏思惟以附龛形式置于主尊弥勒上部或碑左右两侧的新图像。目前可见最早为出土于河南地区、现藏于日本京都国立博物馆的北魏神龟三年（520年）翟蛮造弥勒像碑（图18）[①]。该碑碑阳盝顶帐形龛内雕交脚弥勒并二胁侍菩萨，主尊座下有双狮；二半跏思惟位于主龛龛楣内左右两侧隔主尊对称分布；龛楣外顶部左右两侧刻维摩、文殊对坐；龛外及碑阴满刻小千佛。这种弥勒与维摩、文殊对坐是北朝石刻造像中一种常见的题材，而其与千佛的组合，更是体现了“法华思想”的流行。此外，出土于河北正定、现藏于美国纽约大都会艺术博物馆的北魏正光五年（524年）牛猷造弥勒金铜像（图19）[②]，是一件富有创造性的精美作品，采用透雕镂孔的形式铸造，整体严格地按照对称的形式布局，高大的主尊站立于覆莲台上，镂空的背光边缘有对称的八身飞天，主尊两侧高高升起的莲花上站立二胁侍菩萨，主尊脚下的莲花两侧伸出忍冬叶，对称有二半跏思惟菩萨，方形的台座上面伸出的莲花上对称站立四供养人，台座两侧向外伸出一莲台，对称雕二力士。该造像的发愿文显示牛猷为死去的儿子造弥勒像，此为成佛的站立弥勒佛像，那么两侧的二半跏思惟像则为隔弥勒对坐式。西魏时期，此类造

① 金申：《海外及港台藏历代佛像珍品纪年图鉴》，太原：山西出版集团·山西人民出版社，2007年，第42页。

②金申：《海外及港台藏历代佛像珍品纪年图鉴》，太原：山西出版集团·山西人民出版社，2007年，第445页。

像碑则集中出现在首都长安及其周边地区，当是“云冈样式”对于长安佛教造像影响下的地方再创造。如药王山博物馆藏的西魏大统十二年（546年）荔非郎虎、任安保六十人等造像碑，碑阴上部雕刻一佛二菩萨（佛为交脚坐），龛外上部左右两侧各雕一半跏思惟菩萨（图20）[①]。西魏大统十七年（551年）邑子七十六人等造像碑，碑阴中部大龛内雕一交脚菩萨、侍立二菩萨，其上两侧开两小龛，龛内各造一菩萨思惟像。[②]这种碑阴交脚弥勒和思惟的关系与云冈石窟中常见的佛三尊像形式并不完全相同，胁侍思惟像置于主尊交脚弥勒的上方，无疑是想做弥勒的弟子而思惟兜率天上种种上妙，等待弥勒的摄受者。依旧是受到了云冈影响下的新的图像构图形式。

2.以释迦为主尊对称分布的形式

二半跏思惟菩萨隔主尊释迦对坐式图像在北朝造像碑上也较多，图像内容同样直接延续云冈二期样式，同样有以二半跏思惟隔主尊释迦对坐式或以两附龛形式出现于主龛上部或造像碑左右两侧的形式。但当主尊均以结跏趺坐的形式出现时，对其身份的判定，不能单独就主尊造像进行片面判定，需要结合碑刻内容、造像题记等进行综合考虑。

二半跏思惟隔主尊释迦对坐式造像碑，较早有现藏于日本东京藤井友邻馆的北魏太安元年（455年）张永造石佛坐像（图2）[③]。此后，北朝晚期多见此类造像碑，集中于陕西、山西、甘肃地区。长安地区二半跏思惟隔主尊释迦对坐，多见于北朝晚期造像碑，且首次出现了二半跏思惟隔主尊释迦对坐并与无量寿、弥勒、观世音、普贤等相组合的题材。现藏于西安博物院（西安北郊未央区出土）西魏大统三年（537年）比丘法和造像碑[④]，碑阳上龛为一佛二菩萨二树下半跏思惟像，思惟像龛略低于主尊龛；下龛为一佛二菩萨。又此碑雕维摩、文殊、定光佛授记（儒童布发缘）、弥勒与二佛并坐等图像。根据碑阳发愿文“……敬造释迦、多宝、定光、弥勒、维摩、文殊、观世音、普贤石像一

---

① 陕西文物普查队:《耀县新发现的一批造像碑》,《考古与文物》1994年第2期。罗宏才:《中国佛道造像碑研究——以关中地区为考察中心》,上海:上海大学出版社,2008年,第192页。宋莉:《北魏至隋代关中地区造像碑的样式与年代考证》,西安:西安美术学院博士论文,2011年,第97-100页。

② 耀生:《耀县石刻文字略志》,《考古》1965年第3期。宋莉:《北魏至隋代关中地区造像碑的样式与年代考证》,西安:西安美术学院博士论文,2011年,第102-103页。石璋如:《陕西耀县的碑林与石窟》,《历史语言研究所集刊》第24辑,1953年,第156页。曹永斌编著:《药王山石刻重勘纪略》,1982年油印本,第53-55页。国家文物局主编:《中国文物地图集·陕西分册》(下),西安:西安地图出版社,1998年,第188页。

③ 金申:《海外及港台藏历代佛像珍品纪年图鉴》,太原:山西出版集团·山西人民出版社,2007年,第3页。

④ 王长启、高曼:《西安地区出土北朝晚期佛造像及其艺术风格》,《碑林集刊》第8辑,西安:陕西人民美术出版社,2002年,第86页。宋莉:《北魏至隋代关中地区造像碑的样式与年代考证》,西安:西安美术学院博士论文,2011年,第32-34页。

图21　王胜族造像碑碑阳

图22　泾川大云寺遗址1号窖藏坑出土4号造像碑北京大学图书馆藏(采自胡海帆《北齐王胜族造像碑》,笔者自摄)

图23　泾川博物馆旧藏北周造像碑(笔者自摄)

图24　泾川隋李阿昌造像碑(甘肃省博物馆提供)

图25　碑林藏北魏景明二年(501年)四面石造像(西安北郊查家寨出土,笔者自摄)

区……弥勒三会，同注销手（初首）”可知，碑阳主尊为释迦，与弥勒、多宝并坐组成了三世佛体系；而维摩、文殊、普贤、定光佛授记因缘相组合的图像内容则体现了该碑受维摩诘经和法华经的深刻影响。此外，原出土于山西稷山县、现藏于北京大学图书馆的北齐武平三年（572年）王胜族造像碑[①]，碑阳一圆拱形龛内雕释迦坐佛，龛外亦各雕一树下思惟菩萨，呈对称分布（图21）。甘肃陇东泾川地区也出土了部分此类造像，多为北周武成至保定年间。如泾川大云寺遗址1号窖藏坑新出4号造像碑（图22）、泾川县博物馆旧藏残造像碑（图23）[②]。两碑二半跏思惟隔主尊对坐时，均作树下思惟状，独特的是其面前均有一胁侍，这也是泾川地区北周二半跏思惟造像的特色，且多与维摩、文殊二佛并坐等造像组合出现，体现法华之旨趣。目前此类造像最晚见于泾川隋开皇元年（581年）李阿昌造像碑（图24）[③]，现藏于甘肃省博物馆。碑阳第二列开龛，中间主尊为释迦佛，龛两侧有两身树下思惟菩萨。此外还有二佛并坐、维摩文殊对坐、倚坐弥勒像等。该造像碑二半跏思惟隔主尊释迦对坐并与二佛并坐、维摩文殊等组合出现的形式，显然是延续了泾川北朝造像碑的做法。

造像碑中二半跏思惟以附龛形式置于主尊释迦上部或者碑左右两侧的图像，从北魏景明至北周天和年间均可见，且多集中出现于长安及其周边地区，现主要藏于碑林博物馆和西安博物院。碑林博物馆藏北魏景明二年（501年）四面造像塔（图25），四面开龛，造像均为一佛二菩萨，佛均为全跏趺坐，施禅定印、与愿印或者无畏印。思惟像位于第三面主龛龛楣外左右两端，呈对称分布[④]。宋莉认为此四面佛坐像均为释迦造像[⑤]。

又北魏普泰元年（531年）（陕西乾县出土）邑子一百人造像碑[⑥]（图26），属四面佛碑像。碑阳主龛雕一立佛二立菩萨，二胁侍菩萨顶部各雕刻一半跏思惟菩萨。根据发愿

---

① 胡海帆：《北齐王胜族造像碑》，《文物》2005年第3期。

② 魏文斌：《泾川大云寺遗址新出北朝造像碑研究》，《故宫博物院院刊》2016年第3期。

③ 秦明智：《隋开皇元年李阿昌造像碑》，《文物》1983年第7期。

④ 林树中：《中国美术雕塑全集·雕塑编3·魏晋南北朝雕塑》，北京：人民美术出版社，1988年，第76-77页。李域铮：《陕西古代石刻艺术》，西安：三秦出版社，1995年，第36页。李淞：《陕西古代佛教美术》，西安：陕西人民教育出版社，2000年，第39-41页。宋莉：《北魏至隋代关中地区造像碑的样式与年代考证》，西安：西安美术学院博士论文，2011年，第18-19页；宋莉：《北魏景明年间长安佛教石刻造像研究》，见罗宏才主编：《十院校美术考古研究文集·佛教艺术研究》，2014年，第182-184页。

⑤宋莉：《北魏景明年间长安佛教石刻造像研究》，见罗宏才主编：《十院校美术考古研究文集·佛教艺术研究》，2014年，第182-184页。

⑥ 李域铮：《陕西古代石刻艺术》，西安：三秦出版社，1995年，第40-41页。李淞：《陕西古代佛教美术》，西安：陕西人民教育出版社，2000年，第54-56页。西安碑林博物馆：《长安佛韵——西安碑林藏佛教造像艺术》，西安：陕西师范大学出版社，2010年，第17-18页。宋莉：《北魏至隋代关中地区造像碑的样式与年代考证》，西安：西安美术学院博士论文，2011年，第27-29页。

图26　北魏普泰元年四面造像碑(笔者拍摄)

图27　北魏太昌元年郭道疆造像碑(笔者拍摄)

文“……敬造石像释迦一区、无量寿一区、思惟二区、小像六十七区”可知碑阳主尊为释迦，碑左侧则为无量寿、观世音、普贤。碑阴上龛为交脚弥勒佛。碑右侧为迦叶佛①。故而此处二半跏思惟隔主尊释迦对称，且无量寿与弥勒、观世音的组合，反映了弥勒净土和阿弥陀净土思想在北朝晚期长安地区的流行及其结合。又长安北朝早期“无量寿”题材较少，现可见刘宝生造无量寿碑和景明二年（501年）徐安洛造像碑，较之龙门古阳洞神龟二年（519年）杜永安造无量寿佛龛要早。一定程度上表明了长安地区无量寿题材的出现，既与十六国北朝以来长安作为佛教译经重地，特别是与康僧铠译《佛说无量寿经》、竺法护译《无量寿经》和鸠摩罗什译《阿弥陀经》等诸多无量寿经典的翻译有关；其早期或可受到北凉佛教的影响（如炳灵寺西秦第169窟无量寿佛龛），并对长安及其周边地区晚期石刻造像艺术产生了重要影响，此邑子一百人造像碑即是例证。长安北朝晚期也可受到来自龙门或南朝佛教“无量寿佛”题材的影响。又普贤菩萨的出现，或与《佛说无量寿经》中的“又贤护等十六正士：善思议菩萨、信慧菩萨……皆遵普贤大士之德，具诸菩萨无量行愿，安住一切功德之法，游步十方，行权方便，入佛法藏，究竟彼岸，于无量世界现成等觉”②有关。但是观世音与普贤一般不组合出现，也许是供养者自身的特定信仰。关于无量寿与弥勒、释迦、观世音等的组合，详见下文（以无量

① 李凇:《陕西古代佛教美术》,西安:陕西人民教育出版社,2000年,第56页。

②《大正藏》第12册,东京:大藏出版株式会社,1988年,第0265c19页。

图28　富平邓化全、雷伯儒造像碑(采自刘耀秦、王保东《富平现存的造像碑》)

图29　李僧智王阿全合邑造像碑

图30　翟兴祖造像碑
北魏正光四年(523年)

寿为主尊对坐式图像部分)。又西安博物院藏北魏太昌元年(532年)郭道疆造像碑(图27),碑阳上下开龛,上龛主尊为释迦坐佛,龛楣左右两侧各有一思惟菩萨;下龛为交脚弥勒并二胁侍菩萨。这样的题材一直延续至北朝晚期。富平出土的北周晚期邓化全、雷伯儒造像碑(图28)[①],碑阳圆拱形龛内主尊为一佛二菩萨二弟子,龛外顶部左右端各雕一半跏思惟菩萨置于一小型圆拱形龛内,呈对称分布。药王山博物馆藏北周保定三年(563年)田元族造像碑、北周天和年间蒙氏造像碑等亦有二半跏思惟像,同时发愿文中多出现"西方、净土、说法"等字样。长安地区二半跏思惟以附龛形式出现时,多体现了净土思想的流行。

除长安地区外,现藏于美国维克托里亚阿尔伯特博物馆的北魏正光元年(520年)李僧智王阿全合邑造像碑[②],碑右侧中部刻一树下思惟像龛,左侧亦对称分布一树下思惟像龛(图29)。河南偃师商城博物馆藏北魏正光四年(523年)翟兴祖造像碑(图30)[③],碑阳主尊为一佛二菩萨二弟子,碑左右两侧各刻一思惟像,呈对称分布,但右侧为树下思惟像。这种右侧树下思惟、左侧半跏思惟的形式与克孜尔第38窟前壁窟门两侧的二思惟像相似。该造像题记中出现"涅槃"、"天宫"等词,表明其与释迦有密切关系。现藏于中国国家博物馆的北魏普泰二年(532年)的薛凤规造像碑(图31)。碑首正面雕一结跏趺坐菩萨并侍立二菩萨,背面雕二佛并坐,惜二佛大部已残。碑阳上部圆拱形龛内雕一佛二菩萨,龛楣左右两侧各雕一树下思惟像。[④]拓片上看不到菩萨以手支颐,但根据微侧的身躯、半跏相对而坐及部分题记中提及"思惟佛"等可以判断,此处亦有二半跏思惟像呈

① 刘耀秦、王保东:《富平现存的造像碑》,《文博》1992年第3期;巫胜禹《佛教思惟像研究》将此碑定为北魏早期,上海:上海师范大学博士学位论文,2014年,第180页。

② 金申:《海外及港台藏历代佛像珍品纪年图鉴》,太原:山西出版集团·山西人民出版社,2007年,第59页。

③ 李献奇:《北魏正光四年翟兴祖等人造像碑》,《中原文物》1985年第2期。洛阳市地方史志编纂委员会编:《洛阳市志·文物志》第14卷,郑州:中州古籍出版社,1995年,第302-305页。王景荃编:《河南佛教石刻造像》,郑州:大象出版社 ,2009年,第84-89页。

④ 周峥:《北魏薛凤规造像碑考》,《文物》1990年第8期。颜娟英主编:《北朝佛教石刻拓片百品》第1册(CBETA,L1,NO.29,P.74-76)。

←图 31　薛凤规造像碑
中国国家博物馆藏
北魏普泰二年（532年）

图32　泾川大云寺新出2号造像碑

对称分布。碑阴上部雕七佛。[①]此碑的造像题记、邑子题名、佛名均为隋仁寿二年（602年）加刻。其中，供养人题名中出现了“左相思唯佛”“右相思唯佛”，说明隋时供养人亦有认为思惟像为“思唯佛”。而造像题记中则出现了“显相八十”、“亦名太子、亦名达拏、独坐道树、号曰释迦”又说明隋时人们认为此思惟像为“释迦”。笔者认为，隋时加刻的相关题名，可能由于稷山当地普通信众对于佛经义理的理解有误；又佛名对应佛经种类的不同，也与隋时佛教各大宗派初创、大量经论的译出造成民间佛教信仰的多样性有关。此碑碑额正面的菩萨坐像当为弥勒菩萨，与碑额背面的释迦、多宝并坐及碑阳的主尊释迦佛组成三世佛的信仰，弥勒菩萨置于释迦佛之上，则表现了弥勒在兜率天等待成佛。同样，思惟像置于释迦上方，也是这种思想的反映。碑阳的树下思惟像亦表现了等待成佛的弥勒弟子形象。而此处的弥勒菩萨又与碑阴的七佛组成七佛与一弥勒的信仰。

3.以释迦、多宝为主尊对称分布的形式

两半跏思惟以释迦、多宝并坐龛对坐的形式，目前可见于甘肃境内泾川县大云寺遗址1号窖藏坑新出2号造像碑（图32）[②]。该碑残，仅存圆首。碑首中部依据《妙法莲华

① 周峥已对四方佛、七佛名进行过相关考证，认为四方佛和《观佛三昧海经·本行品》《金光明经寿量品》中的译名有关；七佛名则与《七佛八菩萨神咒经》中的译名比较接近。见周峥：《北魏薛凤规造像碑考》，《文物》1990年第8期。

② 魏文斌：《泾川大云寺遗址新出北朝造像碑初步研究》，《故宫博物院院刊》2016年第3期。

经·见宝塔品》雕释迦、多宝二佛并坐像。两者均侧身相向而坐，其中右侧佛稍完整，其右手指向左侧佛，而左侧佛右手举于胸前做无畏印。二佛顶部各一垂帐形的宝盖并飞天两身。二佛左右两侧各雕一半跏坐的树下思惟菩萨，树冠枝叶繁茂，菩萨有尖长莲瓣形背光，分别以左手和右手支于下颌做思惟状。

4.以无量寿佛（阿弥陀佛）为主尊对称分布的形式

造像碑中二半跏思惟隔主尊无量寿佛（阿弥陀佛）对坐式图像，目前可见两通，均为北朝晚期作品。一通为山西省博物院藏（山西新绛县天王庙征集）北齐郅阳造像碑（图33）①。碑首背部有一莲花化生佛，左右侍立二弟子。碑阴分三层，上部雕一佛二弟子，两侧各雕一树下思惟像；中部雕一佛二菩萨二弟子，下部雕七佛。发愿文出现“上（堪）龛阿弥陀主”“左相思维像”“右相思维像”等内容，说明主尊佛为阿弥陀佛，且北齐时期当地信众已有左右两身半跏思惟为思惟像的认识。

另外一通为甘肃泾川县博物馆旧藏的庚辰纪年造像碑（图34），碑阳主尊为一坐佛，龛外上部左右两侧为二树下思惟菩萨。根据此碑下部题记和整体图像的考察可知，造像组合为无量寿佛与弥勒和观音菩萨，关于此碑的详细内容，参见笔者拙文《泾川大云寺遗址新出北朝造像碑初步研究》。无量寿佛及其与之相关的观音菩萨在南朝佛教造像中多见，表现了西方净土思想的流行。而弥勒信仰也在南朝地区较为流行。宿白和李裕群对

图33　山西新绛县西魏末至北魏初年的造像碑（松原三郎《中国佛教雕刻史论》）

图34　泾川县博物馆旧藏庚辰造像碑正面（笔者自摄）

① 该碑又收录于松原三郎《中国佛教雕刻史论》图版编一“魏晋南北朝前期”，定名为山西新绛县西魏末至北周初年造像碑，吉川弘文馆，1995年。

此已有详细论述[1]。而将这三种题材组合起来却较为少见。南朝佛教造像中无量寿佛与弥勒的组合较多，如现藏于四川博物院的南齐茂县永明元年（483年）比丘玄崇造“无量寿当来弥勒成佛二世尊像”。又因观音信仰作为净土信仰在南朝时的流行，且其作为无量寿的上首菩萨出现在以无量寿为主尊的造像组合中是可以理解的。关于无量寿与弥勒、观世音的关系，我们可以在曹魏天竺三藏康僧铠译《佛说无量寿经》找到相关记载。

无量寿与观世音：

佛告阿难：彼国菩萨皆当究竟一生补处——除其本愿为众生故——以弘誓功德而自庄严，普欲度脱一切众生。阿难！彼佛国中诸声闻众身光一寻，菩萨光明照百由旬。有二菩萨最尊第一，威神光明普照三千大千世界。阿难白佛：彼二菩萨其号云何？佛言：一名观世音，二名大势至。是二菩萨于此国土修菩萨行，命终转化生彼佛国。……又彼菩萨乃至成佛不更恶趣，神通自在常识宿命，除生他方五浊恶世，示现同彼如我国也。[2]

无量寿与弥勒：

……弥勒菩萨长跪白言：佛威神尊重，所说快善，听佛经者贯心思之。世人实尔如佛所言，今佛慈愍显示大道，耳目开明长得度脱，闻佛所说莫不欢喜。诸天、人民、蠕动之类，皆蒙慈恩解脱忧苦。佛语教诫甚深甚善，智慧明见八方、上下、去来今事，莫不究畅。今我众等所以蒙得度脱，皆佛前世求道之时艰苦所致。恩德普覆，福禄巍巍，光明彻照达空无极；开入泥洹，教授典揽威制消化，感动十方无穷无极。佛为法王尊超众圣，普为一切天人之师，随心所愿皆令得道。今得值佛，复闻无量寿声，靡不欢喜，心得开明。……弥勒白佛：受佛重诲，专精修学，如教奉行，不敢有疑。……佛说经已，弥勒菩萨及十方来诸菩萨众，长老阿难、诸大声闻，一切大众，闻佛所说靡不欢喜。[3]

因此，泾川庚辰纪年造像碑造像题材当与《佛说无量寿经》有着极为密切的关系。作为一种罕见的组合现象，也表明了南朝以无量寿为主的净土信仰对于北朝净土信仰的影响。

以上所举造像碑中二半跏思惟隔主尊对坐式图像，或在弥勒两侧，或在释迦、多宝并坐像两侧，或在释迦牟尼佛两侧，或在无量寿佛（阿弥陀佛）两侧，亦可以解释为思惟向往兜率天各种无上上妙快乐、欲往生兜率天佛国净土者。且二半跏思惟（有的在树

---

① 宿白:《南朝龛像遗迹初探》,《考古学报》1989年第4期。李裕群:《四川南朝造像的题材及其与北方石窟的关系》,见四川博物院、成都文物考古研究所、四川大学博物馆编著:《四川出土南朝佛教造像》,北京:中华书局,2013年,第232-233页。两文均认为无量寿和观音信仰起于中原,盛于南朝,而北朝的净土信仰受到南朝信仰反馈的影响。

②《大正藏》第12册,东京:大藏出版株式会社,1988年,第0273b19-0273b25页。

③《大正藏》第12册,东京:大藏出版株式会社,1988年,第0274b18-0279a26页。

下）隔主尊对坐式图像在云冈太和以后的流行，其影响广泛而深远，北朝北方各地的造像直至隋代影响到了敦煌莫高窟的造像或壁画。

七、敦煌莫高窟

北朝以后，二半跏思惟隔主尊对坐的形式出现较少。目前造像碑中，仅出土于甘肃泾川县的隋开皇元年李阿昌造像碑可见。而二半跏思惟隔主尊对坐式图像，在隋代又从中原地区西传至河西的敦煌莫高窟。莫高窟此类图像于隋时开始出现，初唐亦可见。

莫高窟隋第314窟（图35），平面方形，覆斗顶。西壁开一方形圆角平拱双层龛，现存一佛四菩萨二弟子，龛内造像均为清修，其中主尊结跏趺坐佛尚保持隋塑原貌，但头部亦重修①。龛外两侧壁面分上下两部分，上部左右两侧绘制维摩、文殊对坐说法图，北侧为维摩，南侧为文殊，均坐于庑殿顶的汉式建筑内，殿后各有一大树和一倒立飞天；下部左右两侧绘制一树下思惟菩萨。这种维摩、文殊和树下思惟对坐组合的形式在泾川隋开皇元年造像碑中也有出现。根据其布局，可以认定龛内主尊为释迦牟尼，则此种构图为隔释迦对坐式。

莫高窟隋第417窟（图36）②，平面方形，前室人字坡顶，后室平顶。西壁开方形圆角平拱双层龛。内层龛塑一佛二弟子，外层两个龛各塑一身胁侍菩萨像。龛外壁面分上下两部分，上部绘维摩、文殊对坐，下部塑二半跏思惟像隔主尊对坐。由于龛楣两侧维摩、文殊对坐，可以认为其为隔释迦对坐式维摩问疾图像，则二思惟菩萨为隔释迦对坐式。

莫高窟隋代这两例《维摩诘经·问疾品》图像与两身半跏思惟隔主尊对坐的图像构成，显然是受到了中原地区的影响，特别是来自陇东泾川佛教石刻艺术的影响。这进一步说明莫高窟佛教艺术与中原的关系及略滞后于中原地区的现象。

莫高窟初唐第329窟（图37），平面方形，覆斗顶③。西壁开一龛。南壁通绘阿弥陀经变一铺。整个画面建筑置于七宝池、八功德水上，分三层绘制。上层并列三座平台，中间平台上为两巍峨的汉式楼阁和一座汉式庑殿顶大殿，左右平台亦各一楼阁和一株“七重行树”，树下一坐佛，佛左右迦陵频迦各一；中层并列三座平台，中间平台为阿弥陀佛和胁侍菩萨、供养菩萨，观世音、大势至及诸菩萨均在左右大殿上；下层表现舞乐。各平台之间绿水环绕、微波荡漾，一片《阿弥陀经》所述“极乐国土中庄严功德之美妙景象”。需要注意的是画面上层顶部汉式庑殿顶建筑中，两梢间各一思惟菩萨半跏坐于高

① 敦煌研究院编：《敦煌石窟内容总录》，北京：文物出版社，1996年，第130页。

② 敦煌研究院编：《敦煌石窟内容总录》，北京：文物出版社，1996年，第169页。

③ 敦煌研究院编：《敦煌石窟内容总录》，北京：文物出版社，1996年，第134-135页。

图35　莫高窟隋第314窟正壁

图36　莫高窟隋第417窟正壁

图37　莫高窟初唐第329窟南壁　阿弥陀经变　二半跏思惟对称

图 38　莫高窟初唐第381窟东壁

束帛座上，左侧菩萨左相坐，左手支颐；右侧菩萨右相坐，右手屈肘前伸。将二半跏思惟对坐置于整个阿弥陀经变画面的殿宇顶部，隔主尊阿弥陀对坐式分布，也是延续了北朝以来阿弥陀信仰在佛教石刻造像中的表现形式。又《佛说阿弥陀经》有云："无量寿佛，说往生净土呪……诵此呪者，阿弥陀佛常住其顶，命终之后任运往生。龙树菩萨愿生赡养，梦感此呪。……命终之后任运往生阿弥陀国，何况昼夜受持诵读功德不可思议。"①此处二半跏思惟亦可看作是思惟往生弥陀净土并修持、诵读经书者。

初唐第381窟（图38），平面方形，覆斗顶②。西壁开一方形圆角平拱斜顶敞口龛，现存唐塑一佛二弟子二菩萨（清重修），龛壁左右两侧各画二菩萨，菩萨下部南北两侧绘婆薮仙和鹿头梵志。南北壁均画千佛，中部画说法图一铺（北壁为降服火龙），下画比丘（北壁为比丘尼）一身、男供养人存九身（北壁为女供养人七身）。东壁门上南北两侧各绘一结跏趺坐菩萨、一弟子和一半跏思惟菩萨。其中，左侧思惟菩萨左相坐，右侧思惟菩萨右相坐，分别坐于筌蹄座上，思惟像均置于内侧隔东壁门对称式分布。这组壁画中间的主尊已不可见。

莫高窟初唐这两例二半跏思惟隔主尊对坐式图像，在继承隋代的基础上，更多体现了西方净土思想的流行。

以上通过对犍陀罗、克孜尔、云冈、龙门、莫高窟等地石窟及造像碑中二半跏思惟隔主尊对坐式的梳理，可以认为隋唐莫高窟二半跏思惟隔主尊对坐式图像中或隔弥勒对坐，或隔释迦对坐，或隔阿弥陀佛对坐，表现思惟各种佛国净土者。

北齐时期，河北曲阳地区出现了多例双思惟造像，关于其身份的确定是比较复杂的，

① 《大藏经》第12册，东京：大藏出版株式会社，1988年，第0366页、第0348b02-0348b10页。

② 敦煌研究院编：《敦煌石窟内容总录》，北京：文物出版社，1996年，第154-155页。

既有弥勒像，又有太子思惟像，属于另外一个式样的二半跏思惟像，因此不在讨论范围。

对称图像作为一种构图形式在佛教艺术中具有普遍性，如维摩文殊、释迦多宝、乘象入胎和逾城出家、二半跏思惟等。十六国北朝至隋唐以来，不管是整个中原北方地区，还是敦煌地区，佛教文化中心的模式尤其是平城等地形成的具有诸多“东方因素”新样式对于周边地区的影响总是很明显的。其图像在受到印度、犍陀罗影响的同时，各自独立发展并形成了极具有“东方因素”的新图像系统。莫高窟两种北朝至隋唐时期出现的对称图像即是来自东方尤其是云冈的因素。通过这种对称图像的梳理，我们可以清晰地梳理出其发展变化的脉络。

文化的交融是文化发展的必然现象，我们讨论敦煌石窟的形成和发展也必然要考虑文化因素的问题。学术界关于敦煌石窟的来源，已产生了诸多有益的成果。关于其东方因素，或者更具体地说其中体现的发展因素来自于云冈，宿白先生早就提出了精辟的见解，如在《莫高窟早期洞窟杂考》一文中，反复指出云冈对敦煌早期洞窟的影响，“因此追寻敦煌石窟发展的因素，云冈举例虽较远，也是不同忽视的”；“现存莫高窟早期石窟中，确实有与云冈相似之处。按沮渠亡后，敦煌改州为军镇，其经济、文化实力大大削弱，它和云冈的相似，只能考虑是受到了平城的影响”；“我们认为从前秦到北魏晚期以前，莫高开凿的石窟，受到东方的影响不仅是可能的，而且是必然的”[①]。本文目的不在讨论莫高窟早期洞窟的年代问题，仅对早期洞窟中的个别图像受云冈影响的例子进行梳理，可以看出云冈模式对于敦煌石窟不但有影响，而且极为持久。需要强调的是，这种影响并不一定是直接的。但随着考古材料的不断出现，我们可以更清楚地勾勒出一些图像由云冈定型后向其他地区传播比较清晰的过程。

① 宿白:《中国石窟寺研究》,北京:文物出版社,1996年,第218页。

吴越国王钱俶造八万四千阿育王塔、《宝箧印经》

黎毓馨
（浙江省博物馆）

唐宋之间地处东南沿海、立国两浙八十余年的钱氏吴越政权（896—978年），以杭州为都城，钱镠、钱元瓘、钱弘佐、钱弘倧、钱俶三世五王，奉五代、北宋王朝为宗主国。末代吴越国王钱俶执政时期的疆域，北起苏州，南抵福州，有十三州、一军、八十六县。

钱氏诸王崇信三宝，以钱俶为甚。后唐天成四年（929年）八月二十五日生于杭州，后汉乾祐元年（948年）正月继位，北宋建隆元年（960年）钱弘俶因避宋太祖父赵弘殷讳，去"弘"字改称钱俶（图1），太平兴国三年（978年）五月纳土归宋。宋太宗端拱元年（988年）八月二十四日卒于邓州。墓志早年洛阳出土，谓钱俶"颇尊天竺之教"①，在位三十年间（948—978年）敬佛至诚至虔，"口不辍诵释氏之书，手不停披释氏之典"②，开窟造像，修寺起塔，刻经建幢，铸佛礼僧。保留至今的诸多佛教遗迹，如乾德三年（965年）梵天寺经幢（图2）、天龙寺摩崖龛像、闸口白塔、开宝二年（969年）奉先寺双经幢、六和塔、雷峰塔（图3）等；以及出土的佛教遗物，如阿育王塔、经函等舍利容器，佛、菩萨、弟子、护法等造像，写经、刻经、石经等佛教经卷，多为钱俶所造。

南宋志磐《佛祖统纪》卷43《法运通塞志十七之十》宋太祖建隆元年（960年）十月条这样记载：

> 吴越王钱俶，天性敬佛，慕阿育王造塔之事，用金铜、精钢造八万四千塔。中藏《宝箧印心咒经》，布散部内，凡十年而讫功。

佛籍记载，无忧王分遗形舍利，役鬼工造八万四千塔，刘萨诃（慧达）巡礼的西晋

①吴建华：《吴越国王钱俶墓志考释》，《中原文物》1998年第2期。

②雷峰塔遗址考古发掘出土的《华严经跋》残碑，《咸淳临安志》《淳祐临安志辑逸》等方志中有完整记载，称《吴越王造塔记文》，参见浙江省文物考古研究所：《雷峰塔遗址》，北京：文物出版社，2005年。

图1　吴越国忠懿王钱俶像(宁波天一阁藏)

图2　杭州梵天寺经幢

图3　1924年9月25日
倒塌前的雷峰塔

图4　吴越国王钱弘俶乙卯岁(955年)
造铜阿育王塔题记拓本

会稽鄮县（今宁波鄞州）塔，即为传入东土的十九所阿育王塔之一[①]。吴越国王钱俶“奉空王之大教，尊阿育之灵踪”[②]，延续印度阿育王造八万四千塔藏舍利之传统，用金铜、精钢各铸八万四千宝塔以藏《宝箧印经》，这是中国佛教史上很著名的事件。

考古发现与文献记载互证。出土资料显示，吴越国王钱俶两次各造八万四千宝塔，并在塔身内庋藏八万四千《宝箧印经》：后周显德二年（955年），周世宗毁佛之年，“吴越国王钱弘俶敬造八万四千宝塔乙卯岁记”（图4），用来安放翌年印制的《宝箧印经》，该刻经的卷首有发愿文“天下都元帅吴越国王钱弘俶印宝箧印经八万四千卷在宝塔内供养显德三年丙辰岁记”。宋太祖乾德三年（965年），“吴越国王俶敬造宝塔八万四千所永充供养时乙丑岁记”（图5），塔身内庋藏同年刻印的《宝箧印经》，其卷首题记“吴越国王钱俶敬造宝箧印经八万四千卷永充供养时乙丑岁记”[③]。

一、吴越国王钱弘俶造“乙卯岁”铜阿育王塔、“显德三年丙辰岁”刻本《宝箧印经》

阿育王塔为五代两宋时期独具地域特色的舍利容器，最初由吴越国王钱俶及民间僧俗制造供养[④]。盛装生身舍利的阿育王塔，其质地有铜、铁、银、漆等。据苏州、萧山、平阳、杭州等地佛塔出土的碑刻、墨书题记及阿育王塔自身錾刻的铭文判断，塔内供奉“真身舍利”“感应舍利”“佛螺髻发”等生身舍利，如苏州长洲县通贤乡清信弟子顾彦超，乙卯岁（955年）铸造“释迦如来真身舍利宝塔壹所”舍入瑞光寺塔（图6）；显德五年（958年）弟子夏承厚，阖家眷属“舍净财铸真身舍利塔两所”，供养于萧山祇园寺

①（唐）道宣《集神州三宝感通录》，记载了刘萨何（慧达）巡礼会稽鄮县阿育王塔事迹：“初西晋会稽鄮塔者，今在越州东三百七十里鄮县界。东去海四十里，在县东南七十里，南去吴村二十五里。案前传云：晋太康二年，有并州离石人刘萨何者，生在畋家，弋猎为业。得病死苏，见一梵僧语何曰：汝罪重，应入地狱。吾闵汝无识，且放。今洛下、齐城、丹阳、会稽并有古塔，及浮江石像，悉阿育王所造。可勤求礼忏，得免此苦。既醒之后，改革前习，出家学道，更名慧达。如言南行，至会稽。海畔山泽，处处求觅。莫识基绪。达悲塞烦惋，投告无地。忽于中夜闻土下钟声。即迁记其处，剡木为刹。三日间，忽有宝塔及舍利从地踊出。灵塔相状，青色似石而非石。高一尺四寸，方七寸，五层露盘，似西域于阗所造。面开窗子，四周天铃。中悬铜磬，每有钟声，疑此磬也。绕塔身上，并是诸佛菩萨金刚圣僧杂类等像。状极微细。瞬目注睛，乃有百千像现。面目手足，咸具备焉。斯可谓神功圣迹。非人智所及也。今在大木塔内。”道宣《广弘明集》：“越州东三百七十里，鄮县塔者，西晋太康二年沙门慧达感从地出。高一尺四寸，广七寸，露盘五层，色青似石而非，四外雕镂，异相百千，梁武帝造木塔笼之。”

② 北宋乾德三年（965年）杭州梵天寺经幢钱俶建幢记文。参见浙江省博物馆：《吴越胜览——唐宋之间的东南乐国》，北京：中国书店，2011年。

③李际宁：《吴越国时期雕版印刷的“宝箧印经”版本研究》，见中山大学图书馆：《中文古籍整理与版本目录学国际学术研讨会论文集》，桂林：广西师范大学出版社，2013年。

④黎毓馨：《阿育王塔实物的发现与初步整理》，《东方博物》第31辑，杭州：浙江大学出版社，2009年。

双塔（图7）；苏州云岩寺塔出土有辛酉岁（961年）奉安的“迦叶如来真身舍利”铁阿育王塔（图8）；平阳宝胜寺东塔出土北宋乾德三年（965年）初刻的《清河弟子造塔记录》石碑（图9），文中有“于宝胜寺大佛殿前建造宝塔两所，东西二塔之内各请得天台赤城山塔内岳阳王感应舍利，又备银瓶并育王铜塔盛贮”之句[①]；杭州雷峰塔地宫出土的银阿育王塔（图10），金棺内奉安“佛螺髻发”，系吴越国王钱俶专为雷峰塔打造供养[②]。此外，清阮元《两浙金石志》所录《宋天台般若新寺砖塔记》亦有阿育王宝塔安放“如来舍利”的记载：“至显德七年庚申载，般若寺沙门德韶重建造。才启旧砖石，感雷电风雨，惊众，现如来身光、项佩、毫光，光中又现阿育王宝塔，塔中亦放五色祥光，遂获舍利四十九粒。”

吴越国王钱俶乙卯岁（955年）、乙丑岁（965年）各造八万四千铜、铁阿育王塔，以及塔内庋藏的法身舍利——八万四千，显德三年丙辰岁（956年）、乙丑岁（965年）刻本《宝箧印经》，其实物多发现于东阳中兴寺塔、黄岩灵石寺塔等吴越国时期的佛塔内[③]，以及金华万佛塔、温州白象塔、瑞安慧光塔、宁波天封塔、海宁智标塔、桐乡崇福寺塔（图11）、福州连江石塔（图12）、湖州经幢、绍兴佛塔、嵊州应天塔等吴越国故境

①陈余良：《浙江平阳宝胜寺双塔及出土文物》，《东方博物》第23辑，杭州：浙江大学出版社，2007年；1965年温州白象塔塔身发现的“熙宁四年（1071年）”砖雕阿育王塔残件，山花蕉叶上的铭刻自名为“阿育王宝塔”，参见温州市文物处、温州市博物馆：《温州市北宋白象塔清理报告》，《文物》1987年第5期；2008年南京大报恩寺遗址北宋长干寺塔地宫出土的木胎银塔，据塔身錾刻题记，自名“阿育王宝塔”，地宫出土的《金陵长干寺真身塔藏舍利石函记》石碑，碑文中亦称为“七宝阿育王塔”，见佛光山佛陀纪念馆：《七宝瑞光——中国南方佛教艺术展》，2014年。

②据文献记载，吴越国高僧延寿曾募缘造一万所夹纻育王塔，温州白象塔出土一座。延寿（904—975年），禅净双修，深得钱俶宠信，有弟子两千。建隆元年（960年），钱俶延请他主持灵隐寺，赐智觉禅师号。次年起住持永明禅寺（今净慈寺）十五年。

③陈荣军：《东阳宝荟——东阳市博物馆藏品集》，杭州：浙江人民美术出版社，2008年；台州地区文管会、黄岩市博物馆：《浙江黄岩灵石寺塔文物清理报告》，《东南文化》1991年第5期；《浙江省博物馆典藏大系·东土佛光》，杭州：浙江古籍出版社，2008年；浙江省博物馆：《天覆地载——雷峰塔天宫阿育王塔特展》，北京：中国文化艺术出版社，2009年。

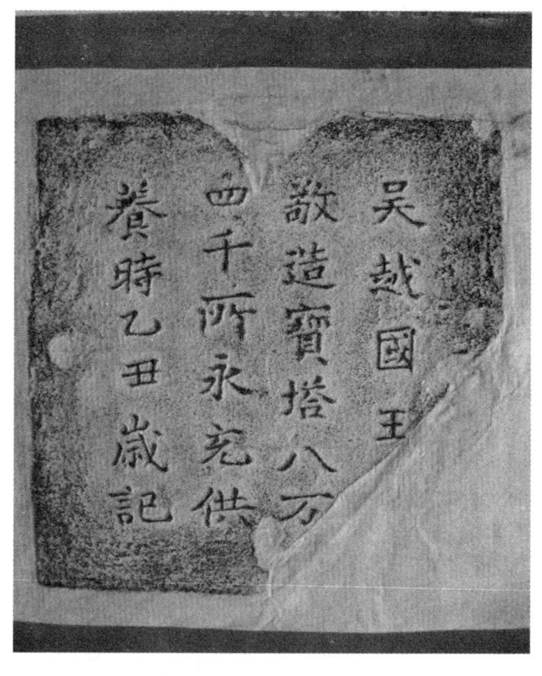

图5　吴越国王钱俶乙丑岁(965年)造铁阿育王塔题记拓本

图6　苏州瑞光寺塔出土的“岁次乙卯”铜阿育王塔

图7(1)　萧山祇园寺塔出土的显德五年(958年)铜阿育王塔

图7(2)　萧山祇园寺塔出土的显德五年(958年)铜阿育王塔拓本

图8　苏州云岩寺塔出土的辛酉岁（961年）铁阿育王塔

图9　平阳宝胜寺东塔出土北宋乾德三年（965年）初刻的《清河弟子造塔记录》石碑拓本

图10　杭州雷峰塔地宫出土鎏金银阿育王塔

图11　桐乡崇福寺塔出土乙卯岁(955年)铜阿育王塔

图12　1953年连江县城南一座小石塔出土的钱弘俶造铜阿育王塔

的宋、元、明时期佛塔中①。在吴越国周边②、中原地区③、日本平安时代的佛教遗迹中，亦有发现④。目前发现钱俶造铜阿育王塔二十余座、铁阿育王塔六座，显德三年丙辰岁(956年)、乙丑岁（965年）刻本《宝箧印经》各二卷⑤，布散于吴越国所辖的杭州、安国衣锦军、明州、越州、台州、温州、婺州、秀州、福州等地。

日本村上天皇康保二年（965年）僧道喜所撰《宝箧印经记》(图13)，明证钱弘俶显德三年丙辰岁（956年）刻印的《宝箧印经》，纳藏在乙卯岁（955年）铸造的铜阿育王塔内⑥：

> 应和元年春，游左扶风。于时肥前国刺史称唐物，出一基铜塔示我。高九寸余，四面铸镂佛菩萨像。德宇四角上有龛形，如马耳。内亦有佛菩萨像，大如枣核。捧持瞻视之顷，自塔中一囊落。开见有一经，其端纸注云：“天下都元

---

①浙江省文物管理委员会:《金华市万佛塔塔基清理简报》,《文物参考资料》1957年第5期;浙江省文物管理委员会:《金华万佛塔出土文物》,北京:文物出版社,1958年;温州市文物处、温州市博物馆:《温州市北宋白象塔清理报告》,《文物》1987年第5期;浙江省博物馆:《浙江瑞安北宋慧光塔出土文物》,《文物》1973年第1期;《宁波文物集粹》学术编辑委员会:《宁波文物集粹》,北京:华夏出版社,1996年;浙江省文物考古研究所、海宁市文化广电新闻出版局:《海宁智标塔》,北京:科学出版社,2006年;王士伦:《崇德县崇福寺拆卸东西两塔塔顶部分时发现文物四十七件》,《文物参考资料》1956年第1期;林钊:《福建省四年来发现的文物简介》,《文物参考资料》1955年第11期;福建博物院编:《福建博物院文物珍品》,福州:福建教育出版社,2002年。

②《无产阶级文化大革命期间出土文物展览简介》,《文物》1972年第1期。

③1969年在北宋太平兴国二年(977年)重瘗的定州静志寺地宫出土的乙丑岁(965年)铁阿育王塔,结合《宋史》记载,应为开宝九年(976年)钱俶赴汴京朝觐宋太祖时携带至中原。参见定县博物馆:《河北定县发现两座宋代塔基》,《文物》1972年第8期;出光美术馆:《地下宫殿的遗宝——中国河北省定州北宋塔基出土文物展》,1997年;浙江省博物馆:《心放俗外——定州静志、净众佛塔地宫文物》,北京:中国书店,2014年。

④《咸淳临安志》记载:“有西竺僧曰转智,冰炎一楮袍,人呼纸衣道者,走海南诸国,至日本,适吴越忠懿王用五金铸十万塔,以五百遣使者颁日本。”在日本平安时代经冢,如和歌山那智经冢、奈良大峰山经冢,出土过“钱弘俶塔”,参见奈良国立博物馆:《圣地宁波——日本佛教1300年的源流》,2009年。

⑤ 黎毓馨:《五代辽宋金塔藏“宝箧印经”的发现与初步整理》,见浙江省博物馆:《远尘离垢——唐宋时期的“宝箧印经”》,北京:中国书店,2014年。

⑥新订增补国史大系第十二卷《扶桑略记》应和元年十一月廿日:“于时弘俶思阿育王昔事,铸八万四千塔。摺此经,每塔入之,是其一本也云。妙哉大国之僧有此优识。惜哉!小艺之客无其精勤,爰我价募身命,访求正本。京中郊外蹠屐遍问,适于江郡禅寂寺得件经,其本亦多误。然两本相合,互检得失,终获其真。然后日分转经,终日无倦。夜至诵咒,每夜不眠。渐经三月,于时空中有声。告曰:汝于此经懇重渴仰。但此经有两译,师所持者先译,多除梵本。其后译者为之具足也。其本在伊豆国禅院,天下无二本。我常与二十八部大药叉大将等守护彼经。”

帅吴越国王钱弘俶摺本《宝箧印经》八万四千卷之内，安宝塔之中，供养回向已毕。显德三年丙辰岁记也。”文字小细，老眼难见。即雇一僧，令写大字，一往视之。

吴越国王钱弘俶乙卯岁（955年）造铜阿育王塔（图14），方形中空，外形作单层束腰状，自下而上由基座、塔身、塔顶三部分组成，塔顶四角耸立山花蕉叶，其向外部分，每面铸一站立持械的力士，内面为一龛内禅定坐佛像。塔顶立七层相轮，刹杆与相轮连铸。用四片铜片焊接围合成方形，基座、塔身两部分连铸，由于山花蕉叶和塔刹分铸后嵌插在塔顶盖上，这些部件后世出土时常有缺失。基座饰覆莲纹，每面以菩提树间隔三尊坐佛。塔身四角有一护法金翅鸟——“迦楼罗”。塔身四面的佛本生故事，画面作浮雕式，按顺时针方向排列，多为“萨埵太子舍身饲虎”“快目王舍眼”“尸毗王割肉贸鸽”和“月光王施首”，与日本真人元开《唐大和上东征传》中称呼的“一面萨埵王子变，一面舍眼变，一面出脑变，一面救鸽变”相合①。在“萨埵太子舍身饲虎”面之内壁铸出“吴越国王/钱弘俶敬造/八万四千宝/塔乙卯岁记”四行十九字阴文。题记下有“金”“人”“大”“六”“万”“德”“化”等编号，或为千字文编号，多次发现有编号和文字相同的，应属同模铸造，由此可知“八万四千”可能为实数。内壁焊接铜钩以固定《宝箧印经》刻经。

钱弘俶乙卯岁（955年）造铜阿育王塔，由于外表涂金，故俗称“金涂塔”。宋周文璞作《观姜尧章所藏金铜佛塔作歌》：“白石招我入书斋，使我速礼金涂塔。我疑此塔非世有，云是钱王禁中物。上作如来舍身相，饥鹰饿虎纷相向。拈起灵山受记时，龙天帝释应惆怅。形模远自流沙至，铸出今回更精致。钱王纳土归京师，流落多在西湖寺。”吴越国王钱俶廿八世孙钱泳《金涂铜塔考》，搜集了传世的铜阿育王塔及历代文献中与阿育

---

①日本光仁天皇宝龟十年（唐代宗大历十四年，779年），真人元开（淡海三船）撰《唐大和上东征传》，详述了鉴真六次东渡日本传法的经历。据汪向荣考证，元开《唐大和上东征传》，以鉴真弟子思托所撰《大唐传戒师僧名记大和上鉴真传》为范本简化而成。书中东渡之前在唐朝的部分，极有可能是直接移用或保留了思托的原文。唐玄宗天宝三年（744年），鉴真第三次东渡失败后，被明州刺史安置于鄮县山阿育王寺，并驻留多时，曾与思托等多次瞻礼过鄮县阿育王塔。第四次东渡日本前，鉴真还率思托等门徒辞礼阿育王塔。唐玄宗天宝十二载（753年）鉴真第六次成功东渡携带之物中，有“阿育王塔样金铜塔一区”，应仿自鄮县阿育王塔。思托所记鄮县阿育王塔为亲眼所见：“其阿育王塔者，是佛灭度后一百年，时有铁轮王，名曰阿育王，役使鬼神，建八万四千塔之一也。其塔非金、非玉、非石、非土、非铜、非铁，紫乌色，刻缕非常；一面萨埵王子变，一面舍眼变，一面出脑变，一面救鸽变。上无露盘，中有悬钟，埋没地中，无能知者。唯有方基高数仞，草棘蒙茸，罕有寻窥。至晋泰始元年，并州西河离石人刘萨诃者，死至阎罗王界，阎罗王教令掘出。自晋、宋、齐、梁至于唐代，时时造塔、造堂，其事甚多。”参见日本真人元开著，汪向荣校注：《唐大和上东征传》，北京：中华书局，1979年。

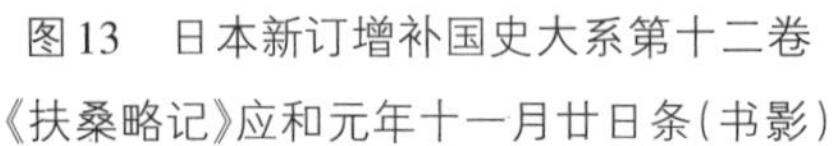

家於石淸水宮寺，供養金泥自在王菩薩經、最勝王經各三部，請僧卅六口，七僧在此內，加威從各一人。中納言大江朝臣維時作願文，使藏人右近衛少將助信修諷誦，布施調布二百端，差遣侍從。○廿二日，暴雨雷鳴，西京有震死童一人。○卅日，酉時，白虹經天。○六月，天下旱魃，祈雨。○十一月七日，公家有万僧供。○廿日庚辰，遷幸新造內裏。寶篋印經記云，應和元年春，遊左扶風，于時肥前國刺史稱唐物，出一基銅塔示我，高九寸餘，四面鑄鏤佛菩薩像，德宇四角上有龕形，如馬耳，內亦有佛菩薩像，大如棗核，捧持瞻視之頃，自塔中一落紙，開見有一經，其端紙注云，天下都元帥吳越國王錢弘俶摺本寶篋印經八万四千卷之內，安寶塔之中，供養迴向已畢，顯德三年丙辰歲記也。文字小細，老眼難見，即雇一僧，令寫大字，一往視之，文字落誤，不足耽讀，然而粗見經趣，肝動膽奮，淚零涕迸，隨喜感悅，問弘俶意，於是刺史答曰，由无顯文，其意難知，但當州沙門日延，天慶年中入唐，天曆之抄歸來，即稱唐物，付屬是塔之次，談云，大唐顯德以往，天下大亂，黃巾結黨，抄劫邊州，煙塵漲天，殆及封畿，弘俶爲大將，領天下兵，征伐凶黨，及九年比，與賊合戰二十四度，斬首五百餘級，顯德元年春，人弥飢荐，烏合蟻結，掠食華部，弘俶麾其師旅，應響攻擊，賊飢不戰，立以大敗，乘勝追北，至汶水邊，洪水頓漲，激浪鼓怒，津處無船，賊徒知其逈脫，各投深水，暴虎馮河之輩，追捕溺殺，其數不知，幾億万，汶水爲之不流，自尓以降，天下淸肅，弘俶復命之日，主上大喜，作九錫命，封王吳與越，弘俶不幾坐殺若干人罪，得重病，送數月，常狂語云，刀劍刺胸，猛火燒身，展轉反側，舉手謝罪，爰有一僧，告云，汝願造塔，書寶篋印經，安其中，供養香花，弘俶咽中發誓願，兩三度合掌礼謝，即得本心，隨喜感歎云，願力無極，重病忽差，于時弘俶思阿育王昔事，鑄八万四千塔，摺此

扶桑略記第廿六　村上（應和元年五月—十一月）　二三九

图13　日本新订增补国史大系第十二卷《扶桑略记》应和元年十一月廿日条（书影）

图14(1)　金华万佛塔地宫出土的乙卯岁铜阿育王塔

图14(2)　东阳中兴寺塔出土的乙卯岁铜阿育王塔

图14(3)　嵊州长乐铜阿育王塔内壁铸铭

王塔有关的内容[①]。

国力殷实的吴越国用雕版大量刊印佛经，吴越国王钱俶开官府大规模刻经之先河，于显德三年丙辰岁（956年）、乙丑岁（965年）、乙亥岁（975年）三次各雕印《宝箧印经》八万四千卷（图15），依佛典所述“若人书写此经置塔中者……即为一切如来神力所护”，置经于铜、铁阿育王塔和雷峰塔内[②]。

其中最先刊印的显德三年丙辰岁（956年）刻本《宝箧印经》，1917年湖州天宁寺即有发现[③]（图16）。1927年王国维《显德刊本宝箧印陀罗尼经跋》中，作了如下考证[④]：

> 刻本《一切如来心秘密全身舍利宝箧印陀罗尼经》一卷，高工部营造尺二寸五分，版心高一寸九分半。每行八字或九字，经文共三百三十八行，后空一行，题“宝箧印陀罗尼经”，并前后题共三百四十二行。经前有画，作人礼塔状，广二寸有奇，画前有题记四行曰：“天下都元帅吴越国王钱弘俶印宝箧印经八万四千部，在宝塔内供养，显德二年丙辰岁记。”近出湖州天宁寺塔中，今归乌程张氏。案吴越忠懿王所造金涂塔，塔里有题记四行云，吴越国王钱弘俶敬造八万四千宝塔，乙卯岁记。此卷刊于丙辰，即在造塔后一年，所印部数亦与塔数同，殆即塔中物矣。

1972年美国普林斯顿大学艾思仁《公元956年陀罗尼经》专门讨论了该经[⑤]：

> 卷首都有钱氏印经八万四千卷的纪年题记，后接矩形木刻“礼佛图”。每卷四纸连接而成。956年经卷全长222厘米，每纸高7.1厘米（版心：4.8厘米高）……956年经卷总341行，行8字（间有7、9、10字）……956年经卷采用质地平滑、重量中等的淡褐色桑皮纸印制。经卷完整，保存状况良好。

---

①上海图书馆藏乾隆甲寅(乾隆五十九年,1794年)七月刊《金涂铜塔考》,表忠观藏板。

②宋太祖开宝八年(975年)乙亥岁,吴越国王钱俶第三次雕印《宝箧印经》八万四千卷,该经先放置于藏经砖的小圆孔中,再砌入雷峰塔内,1924年杭州雷峰塔倒塌后发现。参见任光亮、沈津:《杭州雷峰塔及〈一切如来心秘密全身舍利宝箧印陀罗尼经〉》,《文献》2004年第2期;柳向春:《雷峰塔藏经若干问题刍议》,见《吴越胜览国际学术研讨会论文集》,北京:中国书店,2011年。雷峰塔内不仅藏经,传世的还有塔图,竖条状,卷长48厘米,边缘饰水波纹,每层画一塔一面,四塔相连接,形状、纹样与钱氏所铸八万四千阿育王塔一致,末端记文曰:“香刹弟子王承益造此宝塔,奉愿闻者灭罪,见者成佛,亲近者出离生死,然死□植含生明德□本时丙子□日弟子王承益纪。”参见张秀民:《五代吴越国的印刷》,《文物》1978年第12期。

③浙江省立图书馆:《浙江文献特辑说明》,《美术生活》1937年第34期。

④王国维:《观堂集林》卷21,北京:中华书局,1999年。

⑤Soren Edgren《The Printed Dharani-Sutra of A.D.956》, Reprinted from《The Museum of Far Eastern Antiquities》Bulletin No.44, 1972。〔美〕普林斯顿大学艾思仁:《公元956年陀罗尼经》,由浙江省博物馆历史文物部王宣艳翻译,并经作者本人审校,发表于《吴越胜览国际学术研讨会论文集》,北京:中国书店,2011年。

艾思仁进一步确认乙卯岁（955年）铜阿育王塔“由钱弘俶下令大量铸造（可能是仿效传说中印度佛教赞助人阿育王的做法）。这种塔高20余厘米，四面有浅浮雕，是有关阿育王的佛传故事。内有题记：‘吴越国王钱弘俶敬造八万四千宝塔乙卯（955年）岁记’，让人相信这些宝塔是为安放翌年印制的小经卷而造。”

1971年安徽无为北宋景祐三年（1036年）地宫出土的另一卷丙辰岁（956年）刻本《宝箧印经》，纸高7.1、长220厘米（图17），全经四纸粘接。经卷曾遭水浸泡，出土时四纸已脱开，每纸长55厘米，部分文字已模糊不可辨认。卷首发愿文中，前两行“天下都元帅吴越国王/钱弘俶印《宝箧印经》”清晰可见，后两行（包括纪年）已不可辨识。经与湖州天宁寺刻本对照，用纸数量相同、经卷尺寸一致，但四纸的经文起止、行数、每行字数有不同之处，卷前的发愿文，如吴越国王之“越”字，两者字体区别很大（图18）。在卷尾有两行题记“都勾当印盛秦仁宕/陈贻庆僧希果”。很显然，目前发现的显德三年丙辰岁（956年）刻本《宝箧印经》，至少有两种不同的版刻①。

二、吴越国王钱俶造“乙丑岁”铁阿育王塔、“乙丑岁”刻本《宝箧印经》

1971年绍兴市区物资公司工地（现越城区大善塔附近）出土吴越国王钱俶造乙丑岁（965年）铁阿育王塔一座（图19），该铁塔内放置一长约10厘米的小木筒，筒内藏乙丑岁（965年）刻本《宝箧印经》一卷②。

吴越国王钱俶乙丑岁（965年）造铁阿育王塔，基本特征与乙卯岁（955年）铜阿育王塔一致。亦用四片铁片围合焊接而成，基座、塔身和山花蕉叶三部分连铸（图20）。基座四面各饰四尊坐佛。基座的底部封板上铸“吴越国王俶/敬造宝塔八万/四千所永充供/养时乙丑岁记”四行二十三字阳文。塔身四面的佛本生故事，为透雕式，按顺时针方向排列，为“萨埵太子舍身饲虎”“月光王施首”“尸毗王割肉贸鸽”和“快目王舍眼”。铁阿育王塔的山花蕉叶，每角的向外部分垂直折成两个面，每面分两层，上面共铸出佛传故事画面十七幅，以连环画形式展示了佛陀诞生、在家、出家、成道与说法等生平事迹，有胁下降生、七步生莲、二龙灌浴、比武掷象、削发出家、连河洗污、牧女献糜、初转法轮、调伏醉象等画面。山花蕉叶内侧铸有佛像和舍利瓶。塔顶立五层相轮，刹杆与相轮分体（图21）。

塔内发现的乙丑岁（965年）刻本《宝箧印经》，纸高8.5厘米、全卷长182.8厘米（图22）。全卷三纸粘接而成，卷首题刊三行二十六字发愿文“吴越国王钱俶敬造宝/箧印

①《无产阶级文化大革命期间出土文物展览简介》,《文物》1972年第1期;浙江省博物馆:《吴越胜览——唐宋之间的东南乐国》,北京:中国书店,2011年。

②张秀民:《五代吴越国的印刷》,《文物》1978年第12期。

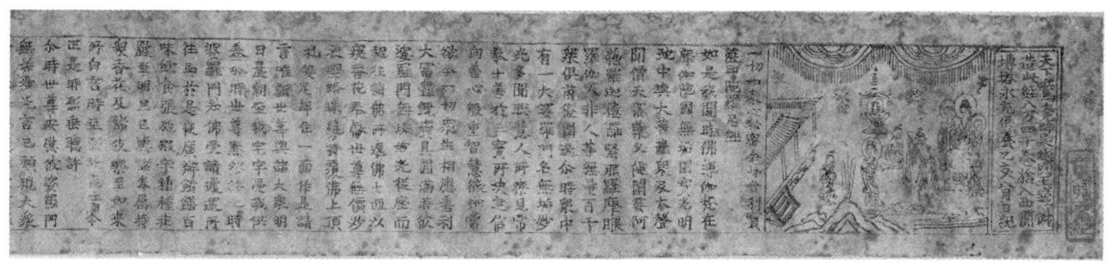

图15　杭州雷峰塔倒塌后传世的乙亥岁(975年)刻本《宝箧印经》局部

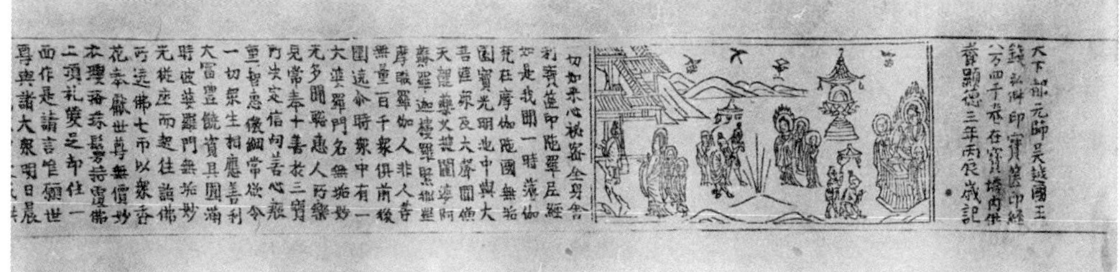

图16(1)　1917年湖州天宁寺发现的显德三年丙辰岁(956年)刻本《宝箧印经》

图16(2)　1917年湖州天宁寺发现的显德三年丙辰岁(956年)刻本《宝箧印经》

图16(3)　1917年湖州天宁寺发现的显德三年丙辰岁(956年)刻本《宝箧印经》

图16(4)　1917年湖州天宁寺发现的显德三年丙辰岁(956年)刻本《宝箧印经》

图16(5)　1917年湖州天宁寺发现的显德三年丙辰岁(956年)刻本《宝箧印经》

图16(6)　1917年湖州天宁寺发现的显德三年丙辰岁(956年)刻本《宝箧印经》

图16(7)　1917年湖州天宁寺发现的显德三年丙辰岁(956年)刻本《宝箧印经》

图16(8) 1917年湖州天宁寺发现的显德三年丙辰岁(956年)刻本《宝箧印经》

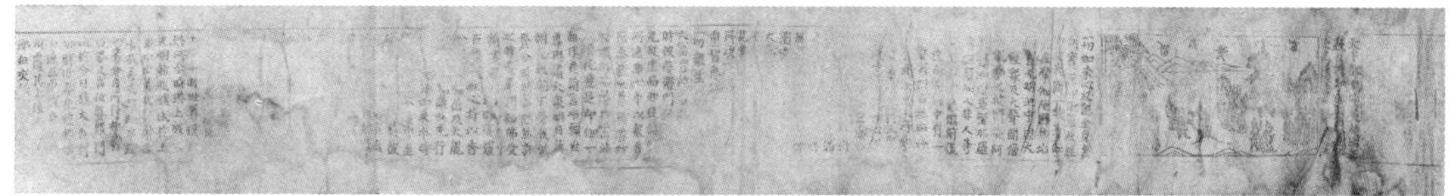

图17(1) 安徽博物院藏无为北宋地宫出土的显德三年丙辰岁(956年)刻本《宝箧印经》

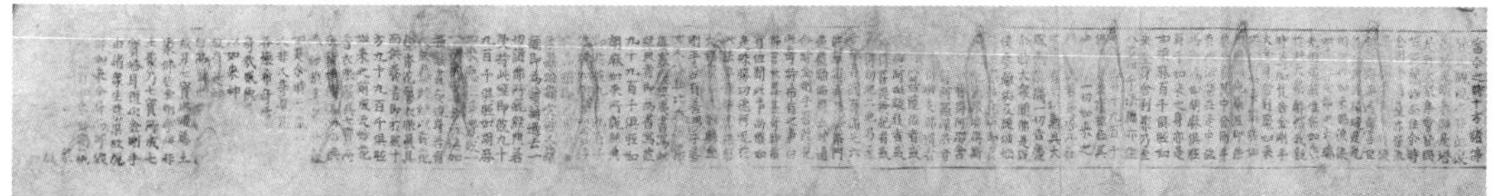

图17(2) 安徽博物院藏无为北宋地宫出土的显德三年丙辰岁(956年)刻本《宝箧印经》

图17(3) 安徽博物院藏无为北宋地宫出土的显德三年丙辰岁(956年)刻本《宝箧印经》

图18 安徽博物院藏无为北宋地宫出土的显德三年丙辰岁(956年)刻本《宝箧印经》卷首扉画局部

图19　绍兴出土吴越国王钱俶造乙丑岁（965年）铁阿育王塔

图20　吴越国王钱俶造乙丑岁（965年）铁阿育王塔

图21　河北定州静志寺塔地宫出土的乙丑岁（965年）铁阿育王塔

经八万四千卷永/充供养时乙丑岁记”，其后的“礼佛图”扉画，依照唐代不空所译《宝箧印经》的经文内容而作。每行字的竖向字间排列，先松后紧，第一纸每行大多刻十一、十二字；第二纸大多刻十二、十三字；第三纸大多刻十三、十四字，有些十五字。张秀民评论该刻经“文字清晰悦目，扉画线条明朗，纸质洁白，墨色精良，千年如新”。与嵊州出土者对照，该经第三纸缺少两行陀罗尼神咒经文。

“礼佛图”扉画分前、中、后三段（图23），前段画面即经文“婆罗门无垢妙光从座而起，往诣佛所，绕佛七匝，以众香花奉献世尊，无价妙衣、璎珞、珠鬘持覆佛上，顶礼双足，却住一面，作是请言：‘唯愿世尊与诸大众明日晨朝至我宅中受我供养。’尔时世尊默然许之。”中段为佛与众生途经丰财园古朽塔时，塔上放大光明，并解释众疑。佛曰：“此非土聚，乃七宝所成大宝塔耳。复次，金刚手，由诸众生业果故隐，非如来全身而可毁坏。岂有如来金刚藏身而可坏也，但以众生业果因缘示现隐耳。”佛演说陀罗尼经咒后，“从朽塔处有七宝窣堵波自然涌出。高广严饰，庄严微妙，放大光明”。后段画面为佛和弟子、菩萨在婆罗门无垢妙光的引导下，入宅接受供养，“令无数天人获大福利”。

1970年在嵊州鹿胎山南宋绍兴四年（1134年）应天塔的塔砖内，发现了乙丑岁（965年）刻本《宝箧印经》第三段（尾段）。纸高8.4厘米、长62厘米（图24），用小竹棍作轴杆，卷尾经名为《宝箧印陀罗尼经》，与绍兴出土的乙丑岁（965年）刻本第三纸对照，为同一版刻。该经前二纸缺失，尾段经文中，世尊释迦牟尼演说的四十句陀罗尼神咒齐备，正可补全绍兴出土者两行咒文之缺[①]。这样，完整的乙丑岁（965年）刻本《宝箧印经》，总225行，2796字。

三、吴越国王钱俶造八万四千阿育王塔、《宝箧印经》

《宝箧印经》，全名《一切如来心秘密全身舍利宝箧印陀罗尼经》，为佛教密宗经典[②]。翻经者为北天竺沙门Amoghavajra（705—774年），梵名阿目佉跋折罗，汉名不空金刚。唐玄宗开元八年（720年），不空至洛阳，受学于金刚智。开元二十九年（741年），遵师遗命，赴师子国、五天竺广求密藏。天宝五载（746年）返回长安，新译了从师子国、五天竺携归的诸多密教经典，至唐代宗大历六年（771年）译经七十七部、一百一卷。

①嵊州市文物管理处：《长河存璧》，北京：中国文史出版社，2012年。

②黎毓馨：《五代辽宋金塔藏“宝箧印经”的发现与初步研究》，见浙江省博物馆：《远尘离垢——唐宋时期的宝箧印经》，北京：中国书店，2014年。

大历七年（772年）敕准“宣付中外，并编入一切经目录”[①]。唐代宗大历九年（774年）“夏六月癸未灭度于京师大兴善寺。唐代宗赠司空，追谥‘大辩正广智三藏和尚’……凡僧夏五十，享年七十”[②]。《宝箧印经》即为不空译经中的一部，全经一卷，两千七百余字，其中意译的经文两千三百余字，音译的陀罗尼神咒、边注（序号、注音）四百余字[③]。

王国维《显德刊本宝箧印陀罗尼经跋》，认为吴越国王钱弘俶将显德三年丙辰岁（956年）印造的八万四千《宝箧印经》安置在八万四千铜阿育王塔内供养，其法承自印度。日本奈良时代宝龟元年（770年）亦造百万小木塔供养《无垢净光经》[④]：

> 考《大唐西域记》摩揭陀国条云：“印度之俗，香抹为泥，作小窣堵波，高五六寸，书写经文以置其中，谓之法舍利。数渐盈积，建大窣堵波，总聚于内，常修供养。”又日本神护景云四年所造百万木塔，其中各有刻本《无垢净光经》中陀罗尼一卷。此小卷画人礼塔像，又刊于造塔之后一年，当亦金涂塔中物，故卷轴极小，正与塔身合。

“显德三年丙辰岁”刻本《宝箧印经》被纳藏在“乙卯岁”铜阿育王塔、“乙丑岁”刻本《宝箧印经》被纳藏在“乙丑岁”铁阿育王塔内供养，实与唐宋之间地处东南一隅，佛风炽盛的吴越国首倡密切相关。该经宣称，书写此经安置塔中，可获佛护念，兼具禳祸祈福、趋吉避凶、镇护国家诸多世俗功能，以及存经以备末法的宗教功能。《宝箧印经》特为护法护教的吴越王室持重、雕版流布，信仰之风从五代延续两宋，并没及朝鲜半岛高丽国。韩国月精寺八角九层石塔出土的《宝箧印经》，卷首题刊五行四十三字：

---

①唐德宗贞元十年(794年)西明寺圆照撰《大唐贞元续开元释教录》3卷，不空所译109部141卷经目，编为十四帙。贞元十六年(800年)，圆照又奉敕编修国家大藏目录，将《续开元录》搜集、整理的佛典，散入《开元录·入藏录》，撰成《贞元新定释教目录》30卷，集佛经1258部、5390卷，分510帙，不空所翻经目杂揉于大乘经、论中。不空再传弟子、日本入唐求法僧空海，自唐取经回国的大同元年(806年)，呈上《御请来目录》，《新译经》详列不空所译佛经篇目，不仅将圆照所录一一记载，还涉及《贞元录》未载的13部15卷译经目录，共计118部150卷，足见不空翻经之巨。

②不空的生平，在唐德宗建中二年(781年)十月十五日立于上都大兴善寺不空三藏舍利塔前的《唐大兴善寺故大德大辩正广智三藏和尚碑铭并序》中记载较为简约。西明寺沙门圆照《代宗朝赠司空大辩正广智三藏和上表制集》，叙述不空事迹较为翔实。

③该经在圆照《续开元录》中编入第三帙，并在《贞元录》卷29《入藏录》中，将其安插在原《开元录》之《大乘经·五大部外诸重译经》中《大方广宝箧经》与《大乘同性经》之间。五代南唐保大三年(945年)，恒安撰《续贞元释教录》，接续南唐大藏经千字文序号，将该经的千字文编号列为“罗”字帙。师事不空三藏的大兴善寺沙门慧琳，于唐宪宗元和二年(807年)，在西明寺撰《一切经音义》100卷，在卷37中，为《贞元录》新收的《宝箧陀罗尼经》作了音义。此外，辽代燕京崇仁寺沙门希麟，于辽圣宗统和五年(987年)，为悯忠寺无碍大师诠明重新编修的《续开元释教录》作《续一切经音义》10卷，卷6即有《一切如来宝箧印陀罗尼经》。

④王国维：《观堂集林》卷21，北京：中华书局，1999年。

"高丽国总持寺主真念/广济大师释弘哲敬造/宝箧印经板印施普安/佛塔中供养时/统和二十五年丁未岁记。"[①]统和二十五年丁未岁（1007年）《宝箧印经》的刻印并供养塔内，明显受到了吴越国的影响（图25）。辽代亦有用小塔纳藏《宝箧印经》的传统习俗（图26）[②]。

乙卯岁（955年）闰九月初二日，钱弘俶之子、吴越国王世子钱惟濬出生。在《宝箧印经》经文中恰有"若于此塔种植善根……一切如来神力所护……无人马牛疫、童子童女疫，亦不为非命所夭……"的功能，显德三年丙辰岁（956年）刻印的《宝箧印经》，依典而行供养在乙卯岁（955年）铸造的铜阿育王塔内。由此推测，钱弘俶造八万四千铜阿育王塔在乙卯岁（955年）闰九月以后的年末，刻印八万四千《宝箧印经》应在丙辰岁（956年）初。

内蒙古巴林右旗释迦佛舍利塔出土的辽开泰十年（1021年）刻本《宝箧印经》经文，将塔像内供养《宝箧印经》的诸多世俗功能阐述得淋漓尽致[③]：

> 若有善男子、善女人安置此陀罗尼于塔像中者，我等十方诸佛，随其方处，恒常随逐于一切时，以神通力及誓愿力加持护念。佛告金刚手，若于佛形像中安置此经者，其像即为七宝所成。若有有情能于此像种植善根，必定于阿耨多罗三藐三菩提得不退转，乃至应堕阿鼻地狱者，于此像一礼拜一围绕必得解脱，皆得不退转于阿耨多罗三藐三菩提。塔及形像所在之处，其处不为恶风雷电霹雳所害，亦无人马牛疫，不为非命所夭，刀杖水火所伤，不为他敌所侵，饥馑所逼，厌魅咒祷不能得便。四大天王、二十八部大药叉将及日月幢星昼夜护持，一切龙王加其精气顺时降雨，一切诸天三时来下供养礼拜赞咏旋绕，其处即为一切如来护念加持。

吴越国王钱俶造八万四千阿育王塔藏《宝箧印经》，其功能与唐宋时期经幢上凿刻《佛顶尊胜陀罗尼经》、墓内随葬或塔幢供养《大随求即得大自在陀罗尼经》大致相同[④]。

吴越国王钱俶造八万四千阿育王塔藏《宝箧印经》，布散部内，其做法，与吴越国境

---

①韩国国立中央博物馆编:《佛舍利庄严》,1991年。

②德新、张汉君、韩仁信:《内蒙古巴林右旗庆州白塔发现辽代佛教文物》,《文物》1994年第12期。

③中国历史博物馆、内蒙古自治区文化厅:《契丹王朝——内蒙古辽代文物精华》,北京:中国藏学出版社,2002年。

④唐宋时期流行的《佛顶尊胜陀罗尼经》研究,可参考刘淑芬:《灭罪与度亡——佛顶尊胜陀罗尼经幢之研究》,上海:上海古籍出版社,2008年;唐宋时期流行的《大随求即得大自在陀罗尼经》研究,可参考马世长:《大随求陀罗尼曼荼罗图像的初步考察》,见《唐研究》第10卷,北京:北京大学出版社,2004年;李翎:《〈大随求陀罗尼咒经〉的流行与图像》,见严耀中主编:《唐代国家与地域社会研究——中国唐史学会第十届年会论文集》,上海:上海古籍出版社,2008年;霍巍:《唐宋墓葬出土陀罗尼经咒及其民间信仰》,《考古》2011年第5期。

内多建《大佛顶陀罗尼经》《大随求即得大自在陀罗尼经》经幢一致，也有镇护国家的功能[①]。

乾德三年乙丑岁（965年），钱俶建西湖宝塔寺双经幢，其建幢记文云："窃以奉空王之大教，尊阿育之灵踪，崇雁塔于九层，卫鸿图于万祀。梵刹既当于圆就，宝幢是镇于方隅。遂命选以工人，凿于巨石，琢鞭来之坚固，状涌出自规仪，玉削双标，花雕八面，勒佛顶随求之加句，为尘笼砂界之良因。所愿家国恒康，封疆永肃，祖世俱乘以多福，宗亲常沐于慈恩，职掌官僚，中外宁吉，仍将福祉，遍及幽明。凡在有情，希沾妙善。"开宝二年己巳岁（969年）又于家庙奉先寺建造二经幢，其《新建佛国宝幢愿文》云："勒随求之梵语，刊佛顶之秘文，直指丹霄，双分八面。伏愿兴隆霸祚，延远洪源，受灵贶于祖先，助福禧于悠久。军民辑睦，疆场肃宁。宗族以之咸康，官僚以之共治。"

《宝箧印经》中的一段经文涉及佛教所谓的末法："后世末法逼迫，尔时多有众生习行非法，应堕地狱，不求佛法僧，不种植善根。为是因缘好法当隐；唯除此塔，以一切如来神力所持。"吴越国王钱弘俶在五代周世宗显德二年（955年）毁佛的次年（丙辰岁）雕印八万四千《宝箧印经》，在唐武宗会昌五年（乙丑岁，845年）灭佛一百二十年后的乙丑岁（965年），再印八万四千《宝箧印经》，或与《宝箧印经》中"末法"思想有关联。

沈雪曼《辽与北宋舍利塔内藏经之研究》，论述了北宋东南沿海的舍利塔藏经，特别提到于末法之世藏经以积功德：[②]

> 在北宋东南沿海藏经中常常出现的《一切如来心秘密全身舍利宝箧印陀罗尼经》，鼓励人们在末法时代造塔或造像供养此经，从而反映东南沿海藏经与"存经以备末法"有某种程度的关联。但是东南沿海地区藏经与末法间的这种关系，又与辽代"藏经以备法灭"的性质不完全相同。在这地区出土的诸多供养人题记显示，人们舍经入塔是为其本人或家人在此生或来生积攒功德。

①黎毓馨:《吴越国文物综述》,见浙江省博物馆:《吴越胜览——唐宋之间的东南乐国》,北京:中国书店,2011年。

②台湾大学艺术史研究所:《美术史研究集刊》2002年第12期。

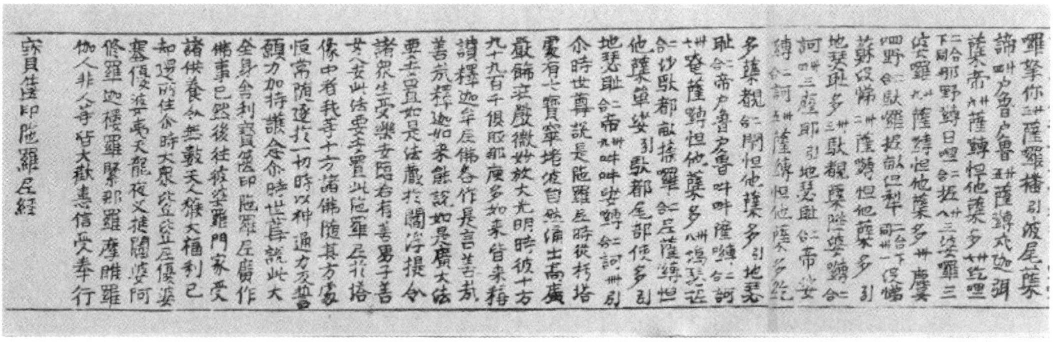

图22　绍兴出土吴越国王钱俶乙丑岁(965年)刻本《宝箧印经》尾部

图23　绍兴出土乙丑岁《宝箧印经》卷首“礼佛图”扉画

图24　嵊州应天塔的塔砖内发现的乙丑岁(965年)刻本《宝箧印经》第三段

图25　韩国月精寺八角九层石塔出土的统和二十五年(1007年)刻本《宝箧印经》

图26　内蒙古巴林右旗释迦佛舍利塔出土的木塔、《宝箧印经》等刻经

水陆画中的鬼子母图像

李　翙

（中国国家博物馆）

目前的水陆画，大多属于明清的遗存，主要作品有：宝宁寺水陆画、北京法海寺壁画、甘肃永登感恩寺金刚殿栱眼壁画、河北毗卢寺壁画、河北蔚县重泰寺壁画、河北正定隆兴寺壁画、山西浑源永安寺壁画、山西稷山青龙寺壁画、山西灵石县资寿寺壁画、四川广汉龙居寺壁画、四川平武报恩寺万佛阁壁画、四川新津观音寺毗卢殿壁画以及日本藏宁波出水陆画等。

在这些水陆画当中，出现了许多有趣的鬼子母及鬼子母变体以及鬼子母的组合图像，说明一种信仰在民间流传过程中产生的新创造。也就是说，一般民众不会去关注经典所述细节，从鬼子母经典与文献的分析来看，僧人尚不能分辨其中的玄奥，何况民众！对于他们来说，知道此神保护儿童、救助产难就可以了，甚至到后来这个也不需要知道，只知道她是个神就足矣。人们关注的是礼拜此神是否灵验而不仅仅是对经典的把握。“灵”，是民间信仰得以持续的核心。

一、宝宁寺：关于诃利帝南的形象

现存宝宁寺明代水陆画，据说为天顺年间，由皇上敕赐给宝宁寺用于“镇边”，因此，此画绘制得十分精美，当是高手所绘。在这套画中出现了三种鬼子母图像，分别称：鬼子母众、诃利帝众、坚牢地神与诃利帝南诸神众。

鬼子母众表现了七个形象的组合：鬼子母为天女形，立于最前面，她的身后立有一侍女，一只“巨鹰”像人一样在肩上驮着一小儿，另四个形象为鬼形。

诃利帝大罗刹神众表现十个形象一组，无小儿。

坚牢地神与诃利帝南诸神众，表现三个形象，亦无小儿，后面一侍者持幢，前面两尊主神，显然是诃利帝南与坚牢地神。但两位主神一男一女，如何确定其角色呢？按出版的画册中《增长出生证明功德坚牢地神助杨正法诃利帝南诸神众》说明：“坚牢地神又名坚牢地天，为女神，当是此画中的女性，面相丰腴，袒胸合十。相传供养坚牢地神而祈祷之，能求得财宝、治疗众病、降伏怨敌、制诸异论。诃利帝南为右边着王服之老翁。”[①]通过图版说明得知：女神为坚牢地神，老翁为诃利帝南。但笔者以为这种解释颇为可疑。“诃利帝南”语出《金光明经》。北凉昙无谶译《金光明经》卷3记：“诃利帝南鬼子母等及五百神常来拥护”，不知昙无谶为什么在一部译经中同时出现了鬼子母、诃利帝南两个译法，而且更令人迷惑的是并列出现的。关于“南”字的出现，宋释法云（1088—1158年）编著的《翻译名义集》有一个说明：“光明（指《金光明经》）云：诃利帝南，此标梵语。鬼子母等，此显凉言。名虽有二，人祇是一。”也就是说，事实上宋代的人，至少有像法云这样有修为的僧人是知道这三个名字的关系的，即无论鬼子母、诃利帝还是诃利帝南都是一个神。但鬼子母，梵名Hariti[②]，音译也就是诃利帝，何来“南”字呢？法云解释说此种译法来自凉州的方言。也许让昙无谶没有想到的是，他的这个方言尾音，让中国的僧、众对鬼子母神彻底迷惑了。

下面讨论这个图中的男女形象。如我们所知，坚牢地神确实通常为女性。《金光明经》中第四品开首，佛对坚牢地神说：“善女天！……”显然，坚牢地神为女神。图像上也多表现为女性，如金刚界曼荼罗成身会为白色女身形，开两臂抱持圆轮，宝冠中有半月。佛成道时，也是由此地神出来证明，在造像中也通常表现为女性神。其实在日本编修的《大正藏》图像部九中，引用《阿娑缚抄》第百六十一“地天”中记载说：地天的形象有“男天”和“女天”两种，但随后编者也说：地天就是女天，所谓的男天只是比喻佛教的“定慧义”。由此，地天应该只能是女天。那么，另一个男性老者的形象就只能是诃利帝南了。问题就出在这里，因为鬼子母无论如何也不可能是一个男性形象，而且还是一个老者。但是如果倒过来，问题依然存在，因为这个画面中根本没有出现小儿。对于这个画像笔者的结论是，显然，鬼子母信仰在流传的过程中出现了偏讹，人们将鬼子母与诃利帝当作两个神，这还不够，还出现了第三种男性身形的诃利帝南。通过《金光明经》来看，文中写的是“诃利帝南鬼子母等及五百神常来拥护”，那么显然译者以为诃利帝南与鬼子母是两个神，而且这两个神与五百鬼子相伴同出，那么，是否可以认为当时昙无谶在译经时，以为这个诃利帝南是鬼子母的丈夫呢？由此而出现了宝宁寺男性诃利帝南的形象。也就是说至少在5世纪左右，由于译师的问题，可能已误将此神一分为二或为三，且男性化了。南宋释行霆《重修诸天传》中“鬼子母天传”中提到一句：“光明（《金光明经》）中连称诃利帝南鬼子母等及五百神，百录（《国清百录》）云：诃利帝南鬼子母等五百眷属，今古多疑为二神。”行霆在文中引用了隋代灌顶编纂的《国清百录》对这句译文的解释，说明至少在隋代，人们已经关注到这个问题。由此，笔者推测，在当时可能普遍存在将此名称当作二神的现象。因此在图像表现上，人们顾名思

① 山西省博物馆编：《宝宁寺明代水陆画》，北京：文物出版社，1985年，第193页。

② 关于Hariti的词源问题，参见Madhurika K. Maheshwari: From Ogress to Goddess: Hārītī a Buddhist Deity.New Delhi，2009，P.11.

义，只有“鬼子母”才是最初那个保护儿童和产妇的女神，所以在“鬼子母众”的图像中才表现出小儿的形象。而其他两种异域神名，由于不知何意，均没有出现小儿，显然人们已将此神认作他神了。至少在明代出现了比《国清百录》情况更严重的现象，鬼子母一身化三，成了三个神，而且如宝宁寺坚牢地神与诃利帝南组合中的诃利帝，甚至古怪地男性化了。类似的情况也出现在甘肃永登感恩寺金刚殿栱眼壁画中，它同时出了两个鬼子母：“鬼子母尊天”与“诃利帝南尊天”。不同于宝宁寺的是这里的二者均为妇人形，鬼子母持珊瑚，诃利帝南持如意。有小儿伴出的鬼子母和没有小儿伴出的诃利帝或诃利帝南的组合，在明代普遍存在于中国的南北方佛寺壁画中。宝宁寺水陆画、山西诸明代壁画大多如此。同样，在四川现存的明代壁画中，这“两尊”神（天）也作为二十四天同时出现，可以说是四川明代佛寺壁画中比较流行的图像[①]。

二、毗卢寺：菩提树神与鬼子母的组合

毗卢寺位于石家庄市西北郊杜北乡上京村东。毗卢寺虽然是壁画，但内容与宝宁寺相类，属水陆画。鬼子母众绘于东壁中层左数第一组，共绘十一身。鬼母为天女形，手持笏板，长袍大袖，雍容华贵，身后跟随四位中年妇女，似侍女，怀抱幼儿，一小儿骑于鹰上，与宝宁寺表现也相似。不同的是这里出现了不是一个而是很多小儿形象。笔者怀疑这是否为送子娘娘的模式？另一幅，在西壁的是一个二神组合像，榜题是“菩提树神河（诃）利帝母”，其中左侧一女神手持树枝，右侧女神双手合十，显然左侧捧树枝的是菩提树神，那么右侧就是诃利帝母。同样，这个让中国人不解的怪名字身边也没有小孩。这种对鬼子母与诃利帝的理解与宝宁寺一致，也将鬼子母众与诃利帝众当作两个神灵表现。一组是出现在天龙八部当中的鬼子母众（在这里，鬼子母已是标准的鬼母形象，不同于敦煌时期的恶鬼形），一组是出现在二十诸天中的诃利帝。这是有趣的分配，值得关注。下面重点要说的是诃利帝母与菩提树神的组合。

菩提树神属于二十诸天之一，菩提树神是第十四位神，诃利帝母是第十五位。《诸天传》：“菩提树神传：梵语菩提，此云道。由此神守护如来成道之处菩提树，故以立其名。《光明》中乃连别名云道场菩提树神。”《金光明经·除病品第十五》载：“佛告道场菩提树神：善天女，谛听谛听，善持忆念，我当为汝演说往昔誓愿因缘……”同书卷4：“尔时道场菩提树神复说赞曰……”从《金光明经》所述的内容看，并没有明确将二神放在一起称颂。但是因为《金光明经》多次提到诃利帝，这里又说到菩提树神，因此《诸天传》将菩提树神与诃利帝母并置一起的图像组合，可能源自《金光明经》。但目前发现这种组合图像只此一处，别的地区没有相同的组合出现。另有一处图像，即四川平武报恩

① 刘显成、杨小晋：《梵相遗珍——四川明代佛寺壁画》，北京：人民美术出版社，2014年，第208页。

寺万佛阁之明代壁画可能与此类组合有关，在此提出。报恩寺壁画没有榜题，对于菩提树神与诃利帝的辨识，是通过图像和已有的组合进行的判断。在寺庙的北壁残存有一处壁画，中间的女神尚可见手持树枝，下部已毁。通过毗卢寺壁画的图像标识，这种手持树枝的神灵应该表现的是菩提树神。与之对应的南壁，表现一妇人形，其身旁有一赤裸上身的形象。这个形象的头部损毁了，我们无法看出他是一个什么人物。但在他的肩处，尚残存一双小巧的红鞋，应是一个小儿骑在他的肩上。从这个立像的手势看，是手握小儿踝部。通过这些残存的图像信息和图像的对应关系，判断这里表现的应该是有小儿伴出的鬼子母神。这种鬼子母众与菩提树神众的南北对应关系，与毗卢寺形成的东西对应相似。所以推测这里北壁菩提树神旁边双手合十的女神像就是诃利帝，她的身边必定也没有小儿。因此，除了毗卢寺，四川报恩寺是又一处表现诃利帝与菩提树神的组合图式，并与对面的鬼子母神呈呼应之势。

三、水陆中的“鬼王驮小儿图”

山西灵石县资寿寺壁画有一处榜题是“罗叉女神祇等众”，为什么把它放在鬼子母图像中讨论呢？首先，罗刹女神指的应是鬼子母，罗刹女，指食人之鬼女也。《法华玄赞》二曰：“夜叉，此云勇健……罗刹云暴恶，亦云可畏。彼皆讹音，梵语正云药叉罗刹娑。”因此，在鬼子母故事的传播中，也将其认作吃人的罗刹。在藏文的词汇中，鬼子母的对译词就是“罗刹女”，最重要的是在罗刹女神的下面，表现了一排骑在大公鸡上的小儿，显然，此罗刹神与送子的神灵有关。因此判断其表现的可能是鬼子母神众。这幅图像值得关注的是小儿骑的大公鸡，公鸡的出现得从驮儿夜叉鬼说起。

如前文所示，宝宁寺、毗卢寺等绘画，表现鬼子母的诸多小儿时，总会表现一个类似巨鹰的怪兽驮着小儿。以宝宁寺明代《鬼子母众》图像为例，我们可以看到，在鬼子母身后，出现了两个小孩，小点的那个抱在侍女怀中，另一个略长者则骑着一只巨大的鹰（或隼）。仔细阅图，发现这个几乎完全像鹰的怪物还有一双怪手，正紧紧抓着小儿的脚踝，与我们之前看到的人形驮小儿夜叉姿态相同。于是这个有趣的问题，引导笔者开始追寻“鬼王驮小儿”图像的变化轨迹。

在这类水陆鬼子母图中，以山西稷山青龙寺三界诸神中的鬼子母与小儿形象为最早，据说是元代的作品。画中鬼母在前，四个小儿随其前后。其中一个小儿立于一鬼怪的双手之上，但这个鬼怪的脸损坏了，这个姿态不会引起我们的兴趣。另一个小儿正是我们要关注的，他骑在一个鬼怪肩上，双手抓牢鬼怪的长发（或角?）。夜叉鬼身体褐色，肌肉暴突，与别的同类图像一样，夜叉也是用手抓住小儿的脚腕以防其跌落。从这个形象看，虽然它是一个鬼怪，但基本形态是人形，虽然长发直立，肌肉暴突，但这个形象不是鹰头（禽类），也没有翅膀。可能它就是中国人一般理解的夜叉鬼，这是元代的图像，是目前同类图像中最早的一个。再看据说为明代成化年版画《水陆道场神鬼图像》中表现的诃利帝母众，在这里面，出现了三个小儿，两小儿由妇人抱着，另有一小儿骑在一个类似鹰的怪兽肩上，这个怪兽有着清晰的秃鹫的喙和秃鹫一样的头型。但仔细看时，可以辨识出这只巨鸟并非鹰属，虽然有鹰头以及两个大大的翅膀，但它还有双手。此幅版画中，鬼怪正用双手把住小儿的腿，以防其跌落，姿势与青龙寺元代壁画表现相同。此鬼上部虽为禽类，下部却为鬼身，有肌肉暴突的腿，腰间还有类似系裤子用的丝绦，所以表现的还是夜叉鬼，似乎可以将其看作是从鬼向鹰过渡的一个中间形态。同样的例子，在河北正定隆兴寺明代壁画中更清楚地表现出来。由于这幅壁画表现的骑鬼小儿几乎是正面，所以可以清楚地看到驮小儿的夜叉形象。夜叉鬼为凶禽头、鬼身，其前身胸腹的肌肉强健有力，下身着短裤，赤脚，显然不是一只真正的鹰。但仔细看，发现它的脚已经不是人脚的样子，类似有蹼的爪。因此，可以说，这种类似猛禽一样的鬼怪形象在传播过程中，可能不断地被画工摹仿和演义，在不明就里的情况下，那种肌肉突张、翅上无羽的怪兽最后披上了全身的羽毛，虽然还有手脚，但给人的假象就是一只巨大的鹰。这种演义最自由的是毗卢寺，在毗卢寺壁画中出现了一只面目凶恶的“凤”（?），完全是一只鸟了。通过变化的“鹰”和真正的“凤”，于是公鸡这个具体的家禽也出现在这类图像中，那就是前图所示的山西资寿寺“罗刹女神祇等众”。公鸡，在中国民间宗教中一直具有一定的地位。据晋人王嘉《拾遗记》载，尧帝时代，常有妖魅出现，后来氏支国献来一种“重明鸟”，别称“双睛”，状如公鸡，专门除妖，于是国人莫不洒扫门户，期待重明鸟降临。后来人们便仿其形状，刻制木鸡，置于门户或屋顶，或是张贴鸡画[①]，这是公鸡避邪除妖信仰的由来。如今公鸡在丧葬活动中得到大量的使用，通常在死者的棺木上放置公鸡。对于这时的公鸡有两个解释：一是认为在十二地支中，鸡为酉位，即西方的位置，因此象征死亡。二是鸡可以保护死者的灵魂，这种认识普遍存在于民间。笔者认为第二种解释可能是第一种解释的衍生。在云南的祭地仪式中，也使用公鸡头冠上的血。中国文化中使用公鸡，主要取其吉祥的寓意，即取其谐音“吉”，并且这个“吉”的寓意往往又与儿童联系在一起。如吉祥图《教五子》，表现的就是一只引颈而鸣的大公鸡与五只小鸡。《五子登科》表现的是一只大公鸡看护五只小鸡。笔者在朱仙镇传统年画中发现有一种“大吉大利图”，为一组两幅，可以贴在门的左右。画面表现的就是一个小儿骑在一只大公鸡背上。两画相对，一画上题“大吉”，一画上题“大利”。另外现存于洛阳博物馆的故宫慈宁宫文物，有一件玉雕，称为“白玉送子观音及镶玉佛龛”，这个名字不知是原来宫中的记载还是后来的描述。在观音右边是一个童子，而左边则立有一只大公鸡。显然，人们一直将公鸡的“吉”与小儿联系在一起。在此壁画中，或正是寓意罗刹女神“送子大吉”，所以借鉴了年画的表现传统或民间的习俗，将骑鹰的

① 完颜绍亮、郭永生：《中国吉祥图像解说》，上海：上海书店出版社，1997年，第13页。

小儿改为骑鸡的形象，从而将鬼子母送子与中国传统文化中的吉祥动物结合在一起[①]。

以上大致讨论了在水陆鬼子母图中出现的鬼王驮小儿样式，但随之而来的问题是，这个突然出现的夜叉鬼样式为什么选择了一个有着巨翅的禽？它的灵感在哪里？

四、佛教中的鬼怪——关于鬼子母组合图中驮小儿“鬼王”的来历

关于鬼怪形象在这里做个补充。佛教中的鬼怪大致可以分为三种：一种是在阴间的恶鬼，即地狱中的各路鬼怪。一种是神出鬼没的魔鬼，主要体现在佛降魔成道时出现的各种魔鬼。一种是出没于阳间变化多端的所谓夜叉或罗刹。

地狱中的鬼怪，通过敦煌唐五代画卷，主要是地狱十王中的鬼，即我们常说的牛头马面。

降魔成道，是魔鬼出现种类最多的一个题材。这类造像出现最早的是犍陀罗时期的作品。之后在印度阿旃陀、新疆克孜尔、敦煌都有同类作品出现。

最后一种就是与佛教造像相伴出现最多的各类夜叉。

夜叉传统源于印度，是印度古老的民间信仰。但在印度，夜叉为半魔半神，并且造型基本可以说是优美健壮[②]。但是夜叉文化进入中国以后的结果并不好，“母夜叉”是中国人对这个鬼神理解的最好诠释。同样，作为夜叉出身的鬼子母造像，由传入时的美丽女神，最后变为《揭钵图》中一个被佛降伏的负面形象，主要就是因为中国人对夜叉没有一个好印象。那么在中国佛教艺术中，最早出现的夜叉是什么样的呢？

敦煌壁画是一个佛教诸神的百科全书，西魏的夜叉可算是较早的，这时的夜叉形象与源于印度的侏儒夜叉差不多，看着还是人样。唐代的夜叉只是画得更大些，身上暴突着可怕的肌肉，但还具有人的结构。一直被人们认为敦煌鬼子母图像的抱小儿夜叉，除了有尖锐的利齿以外，也没有脱离人的手脚和身体结构。

显然，以上讨论的各种鬼怪与《揭钵图》中出现、进而在明清水陆画鬼子母图中总是出现的有翅驮小儿夜叉鬼完全不同。通过水陆画可以看出这个夜叉鬼的两个主要特征：鹰喙和巨翅。那么，抛开鬼怪的范围，按照其形象，我们自然想到了佛教的大鹏金翅鸟。

金翅鸟有着古老的背景，在《吠陀》中已经有相关记载。《吠陀》中说毗湿奴躺在有金翅鸟的蛇床上，因为蛇与金翅鸟是永恒的元素，它们代表着平衡与和谐，是毗湿奴重要的一面[③]。《摩诃婆罗多》详细记载了这个神鸟的来历：金翅鸟是毗湿奴的车乘，它降

① 关于鸡的讨论，可参见Patricia Bjaaland Welch的英文著作Chinese Art: A Guide to Motifs and Visual Imagery。其中讨论了“Eagle”的寓意，第73-74页，但语焉不详。第86页附有公鸡驮小孩的图像，称为“大吉图”，由此看来，Welch的解释并没有可资借鉴的新意。

②参见本书“图像学解释”中的“夜叉”。

③ Fredrick W. Bunce. A dictionary of Buddhism and Hindism Iconogrphy.New Delhi,1997,P.103.

生在Kasyapa和Vinata家中，金翅鸟是太阳神苏利耶的车夫阿茹那（Aruna）的弟弟。当金翅鸟从蛋中孵化出来时，它金光闪烁的外表让众神误以为它是火神[①]。

关于印度古老文献中记载的神鸟，是如何表现在造像当中的呢？最早梳理这个问题的是格林威德尔。他在Buddhist art in India（《印度佛教艺术》）中专门谈到了Garuda，即金翅鸟的形象[②]。格林威德尔认为：首先这种鸟在《吠陀》记载中是雄性的（阳性的），最早可见的金翅鸟形象出现在桑奇，在这里它有着鹦鹉一样的喙，看上去像个大大的鹦鹉。鹦鹉嘴的表现是纯粹的印度样式，而它的翅膀则是西亚样式。这些金翅鸟的样子仿佛希腊艺术中格利普斯（Gryps）、安地斯神鹰或格利芬。所以现代的金翅鸟就是将印度本土鹦鹉的头，再加上西亚格利芬的翅膀组成的。格利芬的样式保留在佛教艺术当中，但它很快就长出了人的手臂，人的元素变得十分突出。印度艺术中的表现和自然的特征逐渐发展出象征意义，而人体与动物元素的混合，似乎是逐渐摸索得来的，比如与轮回学说的结合。来自西亚的这些特征很可能通过印度后期的文化得到解释，即自然界每个等级的动物中都包藏着一个人，通过行善可以得到人身，并获得拯救。中国类似金翅鸟的动物（格林威德尔称为“天狗”。这里格林威德尔可能产生了失误，有翼的“天狗”是日本的一个神，中国并没有）是一个有翼的人，而它的头和脚是动物的。

但事实上，格林威德尔所说的这个有着格利芬式丰满羽翅的神鸟与我们在鬼子母图中见到的驮小儿夜叉还是相差甚远。在鬼子母图像中这个怪鸟的翅膀好像蝙蝠的翅膀，是那种无羽有筋膜的怪翅。显然，按照佛教鬼怪传统的线索不能找到理想的答案。可能它不是源于印度的传统而来自中国，那么笔者尝试从中国绘画史的角度寻找。

寻找线索的过程笔者就不提了，我们马上进入有趣的部分。

现藏克利夫兰美术馆的宋代（或定为南宋）白描《道子墨宝》是一个主要表现道教神鬼的册页，共50开。让笔者眼前一亮的是第19开，这幅画表现的是天上的诸神，其中出现了两个有翅、鹰喙的形象，与鬼子母图中出现的那个特殊的夜叉完全一样。画上的榜题是：主雷邓天君和飞捷张天君。另外《道子墨宝》图第18开，一个类似判官的鬼差随从，虽然没有怪翅，但有鹰喙。按中国的神灵体系，邓天君和张天君都是催云助雨的神。按照这个思路，笔者又发现在敦煌早期的壁画中出现过这类天神。在这些壁画中，可以看出这些飞翔的神有翅、三趾，但并不是类似秃鹫的头或喙，而这种有翅的神异最早或可追溯到《山海经》。这种与雷雨有关的神，在道教文献中记载的形象是：或豕首或鸟首。如元明时期的《玉枢经》（现藏英国国家图书馆）表现的雷神就是豕首。因此，从图像上看，至少在宋代，雷公雨师的喙和翅就是我们在鬼子母图中看到的那个驮小儿夜叉所具有的特征。它的翅膀没有漂亮的羽毛，像丑陋的蝙蝠一样伸展着干瘦的巨翅。既

① T.A.Gopinatha Rao. Elemens of Hindu Iconography. Madras，1914，P.283.

② 以下关于金翅鸟样式的讨论来自于A.Grünwedel. Buddhist art in India. London, 1901，P.49-52.

然图像与宋代绘画有关，这自然让我们将视野投向山西岩山寺金代的“鬼子母经变”图。在“龙王”的画面中，鬼子母持笏如贵妇，身后还有持扇的侍女，后面跟随着许多小儿，而这些小儿大多都是由“鬼兵”驮背着。从画面看，至少有四个驮小儿的“鬼”，清楚地表现出巨大的“鹰喙”，从一个背对观众的鬼可以看出，它有着蝙蝠一样的瘦翅。同时，这些有着“鹰头”的鬼怪，明显地有着人类的身体，并穿着长不过膝的短“裈”。这些形象自然让我们想到《道子墨宝》第19开中的雷公形象，它们与岩山寺壁画中的驮儿鬼非常相似。因此，从图像变化来看，道教的雷部神灵进入到佛教系统，并扮演了鬼怪角色。为什么道教的雷神会成为佛教中的小鬼呢？笔者认为：源于佛道的争斗。据北大李松教授研究认为：道教的风雨雷公大约在晚唐至宋金时期首先进入佛教“降魔成道”的图像系统中，以外道身份变成了佛教中的魔鬼①。那么，雷公形象进入到鬼子母经变图像中成为鬼兵，则可以说是王逵的发挥。循着这个思路，笔者又发现了一个有趣的图像，仍然是在《道子墨宝》中。在表现十王审案的一个画面中，一个母亲领着一群孩子，显然都是男孩。其中一个跟在母亲后面的孩子，向母亲高高举着一个“石榴”！可怕的是，在他们身后，是两个地狱中的鬼怪，他们正凶神恶煞地手持武器打向这群母子。通过这个标志性的石榴，似乎可以确定这组母子图表现的就是佛教中的鬼子母。与佛教图像中将雷公表现为小鬼的做法一样，在这套道教神谱中，画家将佛教的鬼子母神表现为受到鞭打的地狱恶人。

通过杨讷的戏文，似乎可以确定那几个背负孩子的主要鬼兵的名字。戏文鬼子母唤鬼兵揭钵时写道：“千里眼离娄、顺风耳师旷、大力鸠盘叉（‘荼’误读作‘茶’之后写的异体字）……”千里眼和顺风耳是道教中的两尊神，后来俗文化中附会到乐师师旷和神眼离娄身上。而这里显示，宋代的佛教戏曲文化也将道教神作为鬼子母手下的鬼兵。可见在晚唐宋的时候，佛、道之间的争执仍然很激烈，双方都将对方的神灵以外道的形式归入本系统神祇的对立面。鸠盘荼则是源自佛经中的鬼怪。所以我们可以认为，紧跟鬼子母后面，背负小儿的几个主要鬼怪应是千里眼、顺风耳和大力鬼鸠盘荼等。由此，我们可以确定，自晚唐宋金时期以来将外道道教神中的风雨雷电神运用到佛教图像系统中的方法，启发了画家王逵。可能是由他首创将鬼子母图中的鬼兵也表现为雷公形象，进而表现了“鬼王”驮小儿的造型。岩山寺壁画中的这个形象，是目前笔者所知这类图像中的最早者。这个形象一经出现，便在这类图像中广泛流行起来，它不断地被元明清时期的画工，尤其是北方的水陆画画工热情地摹仿，并在摹仿中不断地被演义，最终变成了一只鸡！这是一个十分有趣的现象。

这一段可以作一个小结。一是关于鬼子母的样式。考虑到鬼子母崇拜在中国衍生出

① 笔者在2015年10月30日至31日北京大学举办的《黉门对话》中，收听了李松老师《雷公风雨图像的生成与转换——一种跨宗教的文化现象》的精彩演讲，从而解开了笔者关于这个图像的困惑。

的三身，笔者认为，在这类水陆画当中，如果没有榜题，对其的辨认：身边出现小儿形象的，肯定可以称之为“鬼子母”，有时也可以是诃利帝。但当一组图像中，同时出现了鬼子母、诃利帝和诃利帝南时，通常只有鬼子母才有小儿跟随。二是关于驮小儿的鬼怪。在明清水陆画鬼子母图中，普遍流行一种似禽的夜叉造型，这个“鹰状夜叉”总是驮着鬼子母的一个小儿。宋代的《揭钵图》我们已无法看到，但是从据说为元代王振鹏的《揭钵图》和北京故宫藏元佚名《揭钵图》来看，至少在元代人们开始普遍使用一种有翅的类似凶禽的怪兽作为鬼子母随从夜叉鬼的一类，后来的画工将之作为一种传统，出现在水陆画当中驮小儿的鬼怪形象上。通过对《揭钵图》的梳理，笔者推测，后世构图大同小异的《揭钵图》有可能是以《东京梦华录》记载的相国寺《佛降鬼子母揭盂》壁画为原始母本①，因此元代以至明清时期《揭钵图》中出现的有巨翅巨爪的夜叉鬼可能来自宋代这幅壁画。而目前我们所能见到的最早的这类图像则是山西岩山寺“鬼子母经变”中的图像，在这个图像中出现了至少四个驮小儿的“鹰状夜叉”。而通过图像的追溯，笔者认为这种可能是从《揭钵图》进入到水陆画鬼子母图中的夜叉样式，应该源自中国道教的雷公图像传统，这些本来了不起的雷公在唐宋时期作为外道进入佛教的鬼怪图像中。因此，鬼子母图中的这种“中国式夜叉”来自中国的道教图像系统，而不是印度和佛教的传统。

如果说，最早将出现在“降魔成道”中的魔鬼“雷公”引用到“鬼子母变相”中，可能是北宋（金宫廷画家）画家王逵，或大相国寺《揭钵图》的某位大师，那么就要问：画家为什么选择的是雷公而不是同样作为魔鬼的风或雨神作为鬼子母的随从呢？是画工的偶然还是某种传说使然，目前尚没有头绪。但笔者有一个推测，那就是在中国人的普遍知识中，这种有翅的雷神可能更有力量。在《揭钵图》中，我们看到，并不是所有的夜叉都有翅，而是只有一类或一两个有翅的夜叉，它们往往是立于鬼兵用于揭钵而架立的高高的吊杆上，也就是说只有这个夜叉承继了雷公善于飞翔的特点，只有它可以飞临高高的架杆上。依据它可以翻云布雷的力量，认为它一定有能力撬开那个令鬼兵痛恨的佛钵。那么，为什么驮小儿的夜叉又选定了这个有翅的雷公呢？笔者以为这可能源于画工的想象。首先，笔者假定，这个被鬼卒驮着的小儿，应该就是鬼子母最心爱的那个最小的儿子宾迦罗。水陆画表现的鬼子母显然是已经皈依了佛门的佛教神灵，而此时，鬼子母已经经历了佛用钵扣住小儿、逼迫其改变信仰的事。因此，对于这个最心爱而又受尽委曲、失而复得的孩子，母亲一定会尽力保护。选择一个有力量的大夜叉保护这个孩子显然是必需的。而在中国画工的记忆中，像印度的帝释天一样，雷公显然是最有力量的一个神，虽然它是一个外道的鬼怪！而保护的方式，就是像一个疼爱孩子的父亲常常做的那样，用他宽大的肩膀驮起那个孩子！

①参见本书《鬼子母揭钵故事的流传与图像》一节。

五、怀抱一小儿的鬼子母

在义净译的鬼子母故事中，佛用钵罩住鬼母最小的儿子“爱儿”使鬼母发狂，上天入地地寻找，披发号哭不能食。佛此举意在让鬼母体会失子之痛，因此，这个最小的儿子是鬼母最心爱的一个孩子。在诸多图像中都是表现鬼母怀抱一小儿，这种图像显然是画家对于经义的理解。另外，《最胜王经》八曰：“敬礼鬼子母，及最小爱儿。”或许也是这种图像表现的依据之一，即人们在礼拜鬼母时，要兼及其最小的爱儿。这种母子同礼的思想，在不空所译诃利帝密典中也有论及，即《大药叉女欢喜母并爱子成就法》，就详细讨论了礼拜和供养鬼母与宾迦罗的各种成就法。

六、诃利帝与夜叉的组合

佛教化的诃利帝转生为夜叉，于是在人们的普遍记忆中，这个女神与夜叉是有联系的。因此，在水陆画中出现了一种组合，就是“诃利帝众”往往与“大药叉众”组合在一起。如山西永安寺和河北重泰寺，而早期的例证则体现在张胜温画卷中。山西资寿寺，则进一步出现了“罗刹女神送子”图，这似乎是将诃利帝与罗刹重叠在一起的缘故。

七、鬼子母与散脂大将

经笔者的研究，从图像上看，与鬼子母伴出最多的男性神，在犍陀罗时期自然是半支迦，到了印度变成库巴拉或詹巴拉，在西藏或为毗沙门。同时，在印度和新疆鬼子母也与大黑天同出。在经典上，有关鬼子母的经典都一致地认为其夫为半支迦，其子则没有具体的名字。包括在唐代义净和不空所译的经典最多只说到她的最小儿子叫毕哩孕迦，别的儿子没有提到名字。显然，从图像和译经看，在犍陀罗和印度，散脂大将都与鬼子母没什么关系。

散脂大将，梵文名Saṃjñeya-mahū-yak a，从《金光明经》《孔雀经》的记载可知此神是二十八部众之一，北方天王之属。从梵文名字看，散将也是夜叉身份，所以此神也译作僧慎尔耶大药叉。但在《金光明最胜王经》卷19《僧慎尔耶药叉大将品》中，并没有说到此神与鬼母的关系，倒是说到向他求男求女可以如愿。不空所译《孔雀经》更是没有提到他与鬼子母的关系，因为不空应该是熟悉鬼子母家世的。关于鬼子母与散脂大将的关系，汉译最早说到这个事情的是失译人梁（502—557年）《陀罗尼杂集》卷7《杂集》记：鬼子母，夫字清叉伽。鬼母大儿字唯奢父，中者字散脂大将，小者字摩尼拔陀，耆首那拔陀，女字功德。

这个可能产生于南方的集子，并不可信，可能是将民间的传说收入其中。《杂集》是公元6世纪的，可见西晋传入鬼子母信仰不久，由于当时佛教中尚没有一个送子之神，鬼子母可以求子，并且“灵验”，一定在南方一下子就流行开了。一个被大众信仰的神灵，自然会很快本土化。本土化的一个显要标志就是赋予她一个中国的出身和有趣的传说，所以南方可能就流行了《杂集》所表述的这种鬼子母家世和夫、子关系。后来的讹传，《杂集》可能是始作俑者，但当时对民间造像的影响可能并不大。从图像上看，唐宋时期中国的相关图像，并没有散脂大将出现。散脂与鬼母的匹配大量出现在明清时期，尤其是水陆画二十诸天当中，多是以鬼母对应散脂或相伴（但是有的时候会出现例外，就是当诃利帝南和鬼子母同时出现一堂水陆中时，鬼子母有时会与诃利帝南相对），所以说行霆的“诸天传”强化了这种讹传，并使之广泛流行起来，流行的结果就是认为他是鬼子母的丈夫。从南方到北方现存水陆画来看，基本都是这个情况。但是显然，鬼子母与散脂大将的夫妻关系，并没有来源，似乎只是一种民间的说法。而这个来源的影子，则是认为散脂大将与半支迦为同一个神。但是从二神的梵文名字和传说来看，没有一部经典说过二神为一。

宁波当地出土、现存日本一套已残缺不全的明代水陆画，显示长幡上题为“般支迦大将”，并在右上角墨书“左五十八”，这是标明此画的位置。虽然现存画幅中已不见鬼子母众，但笔者推测应该有鬼子母，并一定与之对应。在水陆画中明确提出这个位置是“半支迦”的目前仅知此一例。

八、鬼子母以手抚儿头图像

明清时期出现的鬼子母像，在人们的记忆中，一个深刻的图像就是慈母般的鬼子母以手抚摸身边的小儿。这种图像事实上只出现在作为二十诸天的鬼子母中，鬼子母的供养像、经变和《揭钵图》中几乎不见。最早出现以手抚儿形象的见于张胜温画卷中的“大圣福德龙女”。而按照侯冲的研究，这个福德龙女其实是一个错误的榜题，正确的应该是“白姐圣妃”，而如本文所论（参看云南地区鬼子母信仰），在云南“白姐圣妃”与“诃利帝”已合二为一了。所以可以说这个发现于云南的鬼子母抚小儿像是目前所知同类图像中最早的一个，为大理时期（宋代）之作。但是这个图像的来源，不知哪里，或是张胜温的创造？之后，这一图像比较流行。但是通过张胜温画卷得以流传内地，笔者认为可能性不大。从目前内地的情况看，最早的宋代岩山寺经变不见此像，元代山西稷山青龙寺元代鬼子母图则出现有类似的构图，虽然鬼母的双手并没有落在小孩的头上，但小儿跟随母亲的样式与抚儿图已相差无几了。其实仔细读图发现，一部分图像表现的是以手抚小儿式，但其实也有不少的一部分，就是沿用了青龙寺元代壁画的样式，鬼母或是手执法器或是双手合十，并没有用手安抚身边的小儿。但是笔者尚不能解释的问题是，由于考古发现和文物遗存太少，在南北方宋元时期的图像情况并不能说清楚，这种南北如此一致的图像样式又是从何兴起的呢？如果如一些前辈学者认为的那样：鬼子母融入观音之中，成为女性送子观音的一个样式，从此图中也可以得到一个反证，那就是明清时期鬼子母与同时流行的送子观音，在抱执孩子的方式上全然不同！

九、关于定静寺四臂鬼子母像①

四臂鬼子母是密教中的一个身形，但据笔者的研究，这一样式似乎并没有传入中国，即使在印度本土遗存也并不丰富。但在刘显成先生的著作中，描述了一个这类图像，让笔者十分好奇，于是进行了初步探查。

四川蓬溪定静寺现已不存，其中明代壁画割移至宝梵寺，但壁画损毁十分严重。据蓬溪文管所任彬所长提供的描述资料如下：

> 第七法像为鬼子母神，造型是凶相赭面赤发、三眼四臂，正身挺立，下绘一小神持托魂幡随护。

就笔者所知，如果所言确实，那么国内的四臂鬼子母仅此一处。但不知当年文管所的工作人员是通过什么确定这种凶神恶煞状的神是鬼子母的？遗憾的是目前无法得到清晰的图片。应笔者之请，刘显成先生二次到宝梵寺所得资料也已十分模糊，但是笔者还是发现了那尊被描述为“赭面赤发”的“鬼子母”。但事实上，这个形象是多面多臂。从残存的图像上可以清楚地看到右侧的一个小面。而这种多面、怒相、赤发、多臂的鬼子母不见经典描述，也不见图像传承，因此笔者认为可能是误识。所以，定静寺的四臂鬼子母并不存在。

十、行霆的贡献

宋金以后，尤其是明清时期流行的二十诸天供奉，其中必有鬼子母天，她的形象是一个贤淑妇人领着一个小孩（有时小孩表现为鬼相）。这个图像的出现属于行霆的贡献，他使得这个于宋代变成小鬼的女神，在寺庙中尚保有一席之地。

前文关于经典与文献的讨论，可以看出南宋释行霆的《重编诸天传》充满了错误和民间讹传。由于他的这个“重编”让后来的许多信众，甚至僧人也无法弄清鬼子母的身世，这个文献显然是没有质量的。但是，从图像学的角度来说，这个“重编”意义重大，正是通过行霆的这个文献，明清时期中的鬼子母才以一个“天”的角色，而不是“鬼”

① 定静寺鬼子母的材料，是通过刘显成先生的著作《梵相遗珍》和他不辞劳苦应笔者之请二次到宝梵寺勘察所得，在此表示我深切的谢意。

出现在供奉系统中。而这个诸天图像系统可能正是承续了敦煌（四川）石窟中表现有抱小儿夜叉的天龙八部图。

天龙八部是以“天”“龙”二众为上首的佛教护法神。如前所述，在敦煌唐初的壁画中就出现了以抱小儿大力鬼形象代表八部众中的夜叉样式。但这个抱小孩（或托举小孩）的大力鬼是不是鬼子母，一直令艺术史家犹豫不决。这个抱小儿的大力鬼，一直到五代仍然出现在一些图像组合中（英藏五代开运四年曹元忠印画），它的身份在夜叉与鬼子母之间摇摆不定。

行霆的诸天，以天龙八部中的天、龙诸神为主加入阎魔、日、月等。重要的是他将八部众中的“夜叉众”明确为夜叉出身的“鬼子母天”，可以说，从此改写了中国佛教图像志。在此之后，表现这个夜叉出身的天神时，工匠们不再使用那个模糊不定的抱小儿大力鬼，代之以慈母相、领小儿的鬼母出现在天龙诸神中间。现存最早的二十诸天组合造像，可能是山西善化寺所存、据考为金代的造像，大量遗存见于明清时期的寺庙。此处讨论的“水陆”，其实其中的各类鬼子母图像正是作为“天”出现在二十诸天系统中。在这里，鬼子母虽然没有最初赐子之神的威风，也没有密教中的法力，但她摆脱了宋代“地狱之鬼”的形象，作为一个神，虽然不是大神，被人们虔敬地供奉而不再是嘲弄。

水陆画，是举行水陆法会时张挂在道场中的图像，目的是邀请图像上表现的神灵参会。鬼子母作为一个鬼怪，已失去了早期赐子之神的面貌，在这种较晚流行的图像中，表现为符号化的诸天之一，更可悲的是她已经被表现为一神几身，说明人们已不追究该神的宗教含义。对于诃利帝这个名字，学者们通常先解释此词的梵文原意，分析它的语源，再说明这个词的意思，但口语和民众信仰通过外来语的本土化再次宣告了语言学的不幸[①]。鬼子母在最具民俗活动的水陆法会中，由于译本的原因，一神演变成了三个！民间的造神行为是在不自觉中完成的，正如“揭帝神”的出现一样。明代《三教源流搜神大全》“灵官马元帅”记载：马元帅曾三次显圣，投胎为人子，第一次以五团火光投胎于马氏金母，面有三眼；第二次寄灵于火魔王公主为儿；第三次即投胎于鬼子母。又记，因为鬼母的关系，马元帅入地狱，走海藏，步灵合，过酆都，入鬼洞，战哪吒，窃仙桃，敌齐天大圣。释佛为之解和，至孝也……而敕元帅于玄帝部下，宠于西方，领以答下民妻财子禄之祝。百叩百应[②]。有趣的是这些描写，让我们想到宋以后流行的“揭钵剧”。而这个“马元帅”似乎是鬼子母小儿子“爱儿”的演化。这个马元帅的故事，可能自宋代《西游记》的“揭钵折”以后，就开始被加工了。虽然我们看到的本子是元明时期的，但其中显示的鬼子母并不是行霆《重编》中的“天”神，而仍然是一个地狱中的鬼，而

① 此话源自太史文著、侯旭东译：《幽灵的节日》第20页中的一句话：“看来口语通过将外来语本土化再次宣告了语言学的不幸。”以此说明鬼子母研究中出现的类似现象。

② 参见《三教源流搜神大全》卷5，明刻本，第220页。

这正是两宋时鬼子母的身份特征。其实所谓的“马元帅”是源于佛教的马头明王，而马头明王是观音的一个愤怒身形。中国民间传说将马元帅投胎到鬼母，也就是以鬼子母为母，是个很有趣的现象。因为在送子问题上，观音就一直与鬼子母纠缠不清，中西学者都有鬼子母是观音女性身形的说法。到《三教源流搜神大全》这里，又将观音与鬼子母搅在一起，更严重的是这次鬼子母已经是“观音”的母亲了！这种民间传说可能起源很早，因为明本《三教源流搜神大全》的前身是没有插图的元本，那么这些传说应该在宋代或更早就有口头流传了，只是到了元代才将这些故事变成了白纸黑字的文献。笔者的疑问是：神话中将鬼子母当作“观音”的母亲，是对一直以来纠缠不清的问题加入更大的砝码吗？这样做是否说明，虽然宋代以来鬼子母变成了小鬼，而观音始终是大神，但可能存在有所谓的挺鬼子母派，为了显示鬼子母的伟大，他们将大菩萨观音变成鬼子母的孩子！

波兰亚盖隆大学珍藏的汉文佛经以及《永乐北藏》

龙达瑞

（美国洛杉矶西来大学宗教系）

一、引言

（一）缘起之一

2013年美国洛杉矶西来大学召开了第二届汉文佛教大藏经学术研讨会，会上结识了加拿大不列颠哥伦比亚大学张德威博士。他告诉我，波兰某大学藏有《永乐北藏》。了解此事的学者是哈佛大学的罗柏松教授 James Robson。经过一段不短的时间的不懈努力，我终于联系上了罗柏松教授和亚盖隆大学图书馆，在网上下载了马立克·梅捷教授、阿格尼斯卡·赫尔曼·瓦茨尼和土登·贡噶三位学者撰写的《亚盖隆大学图书馆藏万历〈甘珠尔〉本的初步报告》，由华沙大学东方研究所于2010年出版。①

笔者的兴趣在于波兰亚盖隆大学图书馆珍藏的《永乐北藏》及汉文佛经。根据罗柏松教授提供的照片，其施经牌记有万历六年（1578年）、万历壬辰年（1592年）和戊戌年（1598年）的题记。

2016年5月23日，笔者来到波兰克拉科夫城的亚盖隆大学。首先查阅了庞德藏品F，这部分是汉文佛经。随后查阅了《甘珠尔》。到了最后两天，图书馆工作人员才找出了他们珍藏的《永乐北藏》。图书馆的编目叫Peking Tripitaka （北京大藏经）。

笔者撰写此文，旨在介绍亚盖隆大学图书馆藏的汉文佛经和《永乐北藏》。

（二）缘起之二

亚盖隆图书馆珍藏的名为庞德藏品，其中包括藏文佛教大藏经的《甘珠尔》，68册

① Marek Mejor, Agnieszka Helman - Wazny, Thupten Kunga Chashab. *A preliminary report on the Wanli Kanjur kept in the Jagiellonian Library, Kraków*. Warsaw: Research Centre of Buddhist Studies, Faculty of Oriental Studies, University of Warsaw, 2010. https://www. academia. edu / 4522682 / A_Preliminary_Report_on_the_Wanli_Kanjur_Kept_in_the_Jagiellonian_Library_Krak%C3%B3w.

汉文佛经，源于德国人尤根·庞德。[①]庞德既是一位学者，又是一位收藏家。他与雍和宫的土观·呼图克图[②]关系极好。1881—1888年，庞德收集了大量的藏传佛教文物：700多件铜像，300多件祭物，好几百本藏文、汉文和蒙文书籍，包括万历版的《甘珠尔》（不全）。最初以为是永乐年间的刷印本。庞德收集的这些文物后来送到了德国柏林民俗博物馆，时间是1889年。后又转入柏林的国家图书馆，一直藏到第二次世界大战。

第二次世界大战后期，德国节节败退，盟军开始轰炸德国。为了保护这些珍贵文物和善本，德国人把庞德的收藏品存放在一个叫福希斯腾施坦因（Schloss Fürstenstein）的地方（后归波兰，波兰称为Książ"克雄日城堡"）。1943年，希特勒曾打算住到这个城堡。505箱文物转移到了位于西里西亚（Silesia）的克热舒夫的熙笃会教堂（Cistercian Monastery）。这批文物最终幸免于战乱。战后此地划给了波兰，名为克雄日城堡。1946年，波兰学者清点了这些文物，庞德收藏品于1947年转移到了Kraków（克拉科夫）[③]的亚盖隆大学[④]图书馆。长期以来，这批柏林的文物当作机密保存在图书馆的库房里，直到2003年才为学者所知。[⑤]整套收藏品差不多有120年无人问津，更没有采取相应的保护措施。原藏品包括《甘珠尔》、章嘉若必多吉（1717—1786年）的著作、藏—蒙字典、15世纪格鲁派（宗喀巴，1357—1419年）著作。

庞德是从什么地方如何弄到这部《甘珠尔》？庞德自己的著作对此语焉不详。据其文，他自以为很幸运，能从北京的一座皇家寺院弄到了59册永乐、万历以及嘉靖版的《甘珠尔》。[⑥]皇家寺院很可能是雍和宫，很有可能他是在雍和宫收集到这些藏品的。阿格尼斯卡·赫尔曼·瓦茨尼曾于2007年10月访问过雍和宫，可惜其藏经楼自从"文革"后

---

① 尤根·庞德(Eugen Pander,1854—1894年)出生于沙皇时代的立窝尼亚(Livonia),俄国人。立窝尼亚位于波罗的海东岸地区,1941年被德国占领,1944年再次被苏联吞并。苏联解体时作为加盟共和国的爱沙尼亚、拉脱维亚以及立陶宛恢复独立。庞德是19世纪欧洲藏传佛教研究的创始人之一。

② 应该是土观·罗桑旺秋雪智嘉措(1839—1894年)。自幼随第三世嘉木样活佛嘉木样·罗桑图登晋美嘉措受戒出家。13岁时,来到塔尔寺,拜第二世却西活佛却西·阿旺雪智丹贝尼玛、香拉丝坚巴·丹巴嘉措等人为师,在塔尔寺显宗学院学习佛经。翌年,转到拉卜楞寺继续学经。15岁时,到北京任职,朝觐清朝咸丰帝,按惯例获赐印信。光绪二十年(1894年),土观·罗桑旺秋雪智嘉措在北京圆寂。

③ Kraków,波兰文读音为克拉克夫,按德文发音译为克拉考,波兰第二大城市,曾为皇家首都。

④ 亚盖隆大学是波兰最古老的大学之一。著名天文学家哥白尼曾在该校学习。著名人类学家马林诺斯基、罗马天主教教皇保罗二世以及不少波兰名人毕业于亚盖隆大学。

⑤ Marek Mejor, Agnieszka Helman-Wazny, Thupten Kunga Chashab. *A preliminary report on the Wanli Kanjur kept in the Jagiellonian Library, Kraków*. Warsaw: Research Centre of Buddhist Studies, Faculty of Oriental Studies, University of Warsaw, 2010, P.8- 15. 见马立克·梅捷教授、阿格尼斯卡·赫尔曼·瓦茨尼和土登·贡噶三学者撰写的《亚盖隆大学图书馆藏万历〈甘珠尔〉本的初步报告》,由华沙大学东方研究所于2010年出版,第8页,第15页。以下引用出处均用《报告》。

⑥ Helmut Eimer. *Spurensicherung*.P.27-51.

就消失了。她估计庞德大概是一次将这些收藏品运回德国的，从清单上的标号可以看出这一点。

当克拉克夫的庞德收藏品被发现后，阿格尼斯卡·赫尔曼·瓦茨尼启动了对万历《甘珠尔》的研究。马立克·梅捷教授、阿格尼斯卡·赫尔曼·瓦茨尼和土登·贡噶博士组成了研究小组。

这部由柏林前普鲁士国家图书馆珍藏的木刻印本，现珍藏在亚盖隆大学图书馆，称之为“庞德藏品”的善本，分为6个部分：

庞德A = Nos. 1–87，1–370册；

庞德B = Nos.87–117， 1–315册；

庞德 C= Nos.118–136，1–40册；

庞德E＝Nos. 137–141，1–12册；

庞德F＝Nos.142–162， 600–668册 （68册），汉文佛经；

庞德 神像集[①] =Nos.163–222， 1–60册。

二、庞德藏品 F

庞德藏品F没有目录，英文介绍是明版佛教大藏经。这一说法不太准确。翻检后发现，大多数是佛经，但均不属于某一部大藏经。笔者按照其排列顺序编了一个目录如下：

F＝Nos.142–162， 600–668册 （68册）

1.大乘妙法莲华经第四，每版5页，每页5行，每行15字，有句逗，宽12厘米，高34.2厘米；天5.5厘米，地3厘米。与《永乐北藏》的版式相同，但没有千字文序号，《永乐北藏》每行是17字。有藏文三字，Om， Me， Hon

2.大乘妙法莲华经第五，同上

3.大乘妙法莲华经第六， 同上

4.大乘妙法莲华经第七，同上，有柏林图书馆印章

5.大乘妙法莲华经第一，每版5页，每页5行，每行15字，有句逗，宽12厘米，高34.2厘米；天6.4厘米，地2.7厘米。与《永乐北藏》的版式相同，但没有千字文序号，《永乐北藏》每行是17字。无藏文字。有音释，拟是仿《永乐北藏》

6.大乘妙法莲华经第二

7.大乘妙法莲华经第三

8.大乘妙法莲华经第一

① 起初这一部分称为“庞德藏品D”，后来用Pantheon一词，意为“多神”，余不解其意，暂译为“神像集”，待来日再订正。

9. 大乘妙法莲华经第二

10. 大乘妙法莲华经第三

11. 大乘妙法莲华经第四

12. 大乘妙法莲华经第五

13. 大乘妙法莲华经第六

14. 大乘妙法莲华经第七，均同上

15. 药师琉璃光如来本愿经，宽12厘米，高34.2厘米；天5.7厘米，地3厘米。有说法图，每版4行，每行10字或11字，末有韦陀图，无题记

16. 药师琉璃光如来本愿经，同上

17. 药师琉璃光如来本愿经

18. 药师琉璃光如来本愿经

19. 药师琉璃光如来本愿经

20. 药师琉璃光如来本愿经，背面有藏文字，om，me，hun

21. 药师琉璃光如来本愿经，背面有藏文字，om，me，hun

22. 药师琉璃光如来本愿经，背面有藏文字，om，me，hun

23. 药师琉璃光如来本愿经

24. 药师琉璃光如来本愿经

25. 药师琉璃光如来本愿经

26. 药师琉璃光如来本愿经

27. 药师琉璃光如来本愿经，宽11.3厘米，高29.1厘米；天4.8厘米，地2.4厘米。黄色绸缎封面。每版5页，每页5行，每行15字。有题记：

弟子优婆塞方古木敬书

优婆塞弟子姚令澍同缘胡令引发心刊印药师琉璃延寿尊经广为流通。所祈人人尽契真如，各各同圆性海。俾我令澍令引福基巩固，寿算绵长，现生之內事事吉祥，未来世中，智慧圆足。

板藏广州海幢寺经坊

康熙十八年岁次己未上元吉旦谨识

28. 药师琉璃光如来本愿经，宽11.4厘米，高27.8厘米；天6.6厘米，地3厘米。有说法图，清版画，乾隆三十一年（1736）。每版5页，每页5行，每行14字。有函套。抄本

29. 药师琉璃光如来本愿经，同上

30. 过去庄严劫千佛，宽12.2厘米，高33厘米；天4.5厘米，地2.5厘米，每版5页，每页5行，每行15字。有藏文。深蓝花锦缎封面

31. 现在贤劫千佛，同上

32.过去庄严劫千佛，同上，绿色花锦缎封面

33.现在贤劫千佛，同上

34.地藏菩萨本愿经上，宽12厘米，高33.7厘米；天6.2厘米，地2.7厘米。有说法图，皇帝万岁万岁万万岁，每版5页，每页5行，每行15字

35.地藏菩萨本愿经中，宽12厘米，高33.7厘米；天6.2厘米，地2.7厘米

36.地藏菩萨本愿经上，宽11.8厘米，高31厘米；天6.2厘米，地2.3厘米。有说法图，皇图永固，帝道遐昌，佛日增辉，法轮常转。每版5页，每页5行，每行15字

37.地藏菩萨本愿经中，中册和下册末页有“弘”“玄”“弦”字缺笔，避讳

38.地藏菩萨本愿经下，宽11.8厘米，高31厘米；天6.2厘米，地2.3厘米。“信女傅门赵氏发愿诚造地藏菩萨本愿经所祈夫主丰伸济伦道力日增，外冤日退，身体康泰，行止吉祥，诸事遂心如意。嘉庆元年冬月榖旦敬述。”每版5页，每页5行，每行15字

39.地藏菩萨本愿经上，宽11.8厘米，高31厘米；天6.2厘米，地2.3厘米。每版5页，每页5行，每行15字

40.地藏菩萨本愿经中，有说法图，五个半页，皇图永固，帝道遐昌，佛日增辉，法轮常转。每版5页，每页5行，每行15字

41.地藏菩萨本愿经下，宽12厘米，高34.7厘米；天5.6厘米，地3厘米。有韦陀像，背有藏文。明版，每版5页，每页5行，每行15字

42.地藏菩萨本愿经上，宽12厘米，高34.7厘米；天5.6厘米，地3厘米。有说法图，五个半页，皇图永固，帝道遐昌，佛日增辉，法轮常转。每版5页，每页5行，每行15字

43.地藏菩萨本愿经中，宽12厘米，高34.7厘米；天5.6厘米，地3厘米

44.地藏菩萨本愿经下，宽12厘米，高34.7厘米；天5.6厘米，地3厘米。有韦陀像，清凉庵住持净通诚领功德重刻

45.地藏菩萨本愿经上，宽11.3厘米，高26.3厘米；天3.8厘米，地2厘米

46.地藏菩萨本愿经中，宽11.3厘米，高26.3厘米；天3.8厘米，地2厘米

47.地藏菩萨本愿经下，宽11.3厘米，高26.3厘米；天3.8厘米，地2厘米。大清同治四年敬录重镌，善果寺住持比丘贤修敬谨校对释音，信士弟子张澜重镌印施。板施存京都正阳门外西河沿振一斋刻字铺刷印，每全部连套工价纹银一钱五分

48.佛说三世大藏因果经，宽12厘米，高32.7厘米；天5.4厘米，地2.5厘米。岁次乾隆十七年九月十九日弟子那门潘氏诚造祈福寿康宁满门吉庆

49.梵炁先天斗姥延龄谢罪宝忏，宽11.7厘米，高34.7厘米；天5.1厘米，地3厘米。康熙壬戌冬十月大学士明珠室觉罗氏谨识。每版5页，每页5行，每行15字

50.礼忏心法，宽11.8厘米，高32厘米；天5厘米，地2厘米。通明寺住持源安发心印造大悲忏四十部伏愿四恩总报，三有齐资，法界众生，同圆种智　嘉庆三年十一月十

七日成造，有韦陀图一幅。每版5页，每页5行，每行15字

51. 金刚般若波罗蜜经，宽12.2厘米，高33厘米；天5.8厘米，地2.3厘米。有说法图，五个半页，皇图永固，帝道遐昌，佛日增辉，法轮常转。每版5页，每页4行，每行11字

52. 佛顶心陀罗尼经，宽10.5厘米，高26.4厘米；天4.5厘米，地1.8～2厘米。有观音图，皇图永固，帝道遐昌，佛日增辉，法轮常转。末有题记：大清乾隆岁次丁未九月吉日忠勇公之妻傅门赵氏时年二十二岁因本身之喜发心造陀罗尼经三百部，承此功德。愿消三障诸烦恼，愿得智慧真明了，普愿灾障悉消除，世世常行菩萨道。有韦陀像，每版5页，每页5行，每行16字

53. 佛顶心陀罗尼经，版式同上

54. 佛顶心陀罗尼经，版式同上

55. 药师宝忏，宽11.1厘米，高29.7厘米；天3.3厘米，地3.2厘米。每版5页，每页5行，每行16字

56. 药师宝忏，同上

57. 佛说大藏血盆经，宽11.6厘米，高31.2厘米；天3.8厘米，地1.8厘米。有讽经堂图，皇帝万岁万岁万万岁

58. 观世音菩萨普门品经，宽10.4厘米，高30.3厘米；天7.0厘米，地2.5厘米。有观音图，皇帝万岁万岁万万岁，末有韦陀图。有题记：弟子贤镛淑恒熏沐敬书　金刚药师观音等经刊印成函，为母作福以广布施　道光十六年六月佛成道日（1836年）。每版5页，每页4行，每行12字

59. 大乘诸品经咒（佛说盂兰盆经，报父母恩咒，佛说大藏血盆经，礼念无量宝塔文），宽9.2厘米，高26.7厘米；天4.7厘米，地2.5厘米。仿宋体，每版5页，每页5行，每行15字

60. 佛说高王观音经，宽11.8厘米，高27厘米；天3厘米，地1.5厘米。抄本，彩图。末有韦陀图。每版10页，每页5行，每行14字，后面每行16～19字

61. 修建梁皇三昧出入忏法科文，宽7.6厘米，高25.2厘米；天3厘米，地2厘米。末有题记：敕赐大智化禅寺左方丈住持宗果藏版。每版7页，每页5行，每行18字不等

62. 大悲无阂诸品神咒，宽8厘米，高19.2厘米；天2.6厘米，地1.4厘米。有观音图，末有题记：康熙戊戌仲冬瑞应寺性证发心敬书，佛弟子王嘉锡助刊。每版7页，每页4行，每行15字

63. 大悲无阂诸品神咒，16页，抄本

64. 神光经识，宽9厘米，高16.6厘米。大学士殷勋抄，抄本，16页，每页3行，每行7字

65. 心经

66. 大藏瑜伽施食仪，抄本

67. 大方便佛报恩经卷第二，宽11.7厘米，高32.8厘米；天5厘米，地2厘米。无千字文序号，23页，每版5页，每页5行，每行15字

68. 无题，咒文，待考

从上面的经名来看，有价值的并不多。最值得注意的是49号《梵炁先天斗姥延龄谢罪宝忏》，这显然不是佛经，《大藏经》没有收集，《道藏》也没有收藏。最后有清初大学士明珠的题记。我为此请教了国家图书馆善本部李际宁先生，他帮忙查阅了车锡伦先生编写的《宝卷目录》，也无记载。经过网络上与《太上玄灵保命延生大梵斗姥心忏》比对，发现仅个别章节相似，相当多的章节完全不同。此经很可能是一部单印本，经过三百多年，其他印本多已散失。幸运的是，它保存在波兰亚盖隆大学图书馆。现摘录部分章节，以飨读者。为了保持原貌，抄文用繁体字。

梵炁先天斗姥延齡謝罪寶懺

淨口神呪

出納之門，上下有神，吉凶之户，炁津常存。吾今朝禮，一念存真。會集萬聖，叩之必聞。急急如，太上律令。

淨心神呪

天玄天玄，真一自然。去邪皈正，惟思静専。一身之主，萬法之先。定而不可測，静而那可言。今表裏静，引我拜帝前。急急如， 太上律令。

淨身神呪

靈寶祖炁，安慰黄闕。白帝清魂，赤帝定魄，黑帝生炁，青帝養血，黄帝中主。萬神敢越。前有朱雀，後有玄武。左有青龍，右有白虎。侍我之身，元神鼓舞。各安方位，同朝斗府。急急如，太上律令。

敕水神呪

天一之精，洞玄之靈。能生萬物，能滌群氛。吾今灑處，天地澄清。急急如，太上律令

北門玄玅呪

北門七真，朝拱二尊。隨時運建，應炁常存。天皇大帝，紫微玄辰。光明燭世，大若車輪。閉人苑户，開人生門。二炁之化，五行之君。上朝元始，下覆崑崙。自子至午，十二元辰。請必免罪，誦可蒙恩。天罡掌握，輔弼絲綸。三官聽命，五帝衛真。庚申甲子，本命生辰。隨力章醮，福自臻身。三千大將，二萬靈神。作惡减筭，造善延齡。能清七魄，能制三魂。朗誦玄呪，灑蕩妖氛。急急如，紫微大帝律令

祝香神呪

玉華散景，九炁含煙。香雲密羅，逕冲九天。侍香金童，傳言玉女。爲臣

通奏，上聞帝前。令臣所啓，咸暢如言。急急如，太上律令。

梵炁先天斗姥延齡謝罪寶懺

伏以清淨道德之香，無遠弗届。太虚寥廓之境，有感必通。恭炷爐香，虔心奏啓。無極大道。玉清元始天尊，上清靈寶天尊，太清道德天尊，昊天玉皇上帝，南極天皇大帝，北極天皇大帝，北極紫微大帝，后土太寧大帝，高上神霄九宸上帝，十方靈寶天尊，三十二天帝君，九天生神上帝，五方五老帝君，三元三官大帝，北極四聖真君，泰玄都省真君，五星四曜星君，當生本命星君，十洲三島，諸仙聖衆，東嶽豐都主宰，龍宫水府仙曹，左右監壇官將，隍司裏府神只，仗此清香，普同供養。

……

康熙壬戌冬十月大學士明珠室覺羅氏謹識（1682年）

这里仅仅录了全文的十分之一，最后的题记是明珠室觉罗氏。显然与明珠显赫的地位有关。通篇显然是道教的忏文，后面也用了不少佛教的术语。

三、《永乐北藏》

波兰亚盖隆大学图书馆究竟藏有多少汉文大藏经，多少册《永乐北藏》？这个问题一时还无法做出准确的回答。图书馆工作人员几乎是到了我准备离开的前一天才找到了一本复印本目录，题目叫Peking Tripitaka。这个目录大概是不懂汉文佛经的人编的。目录上既无汉文题目，也无梵文题目。这给翻检工作带来了很大的困难。读者完全无法知道某个数字代表哪一部经。目录收的经书不一定都是《永乐北藏》，笔者查到了一本《大般若波罗蜜多经》，系《龙藏》本。其千字文序号“玄”字少一笔，显然是避康熙皇帝的讳，大概是用作补本。根据查阅的几函来看，需要对其汉文佛经进行整理和编目。目前的目录基本上是无法使用的。对此，笔者临行前向图书馆提出了编目的建议。

大藏经大概有《大般若波罗蜜多经》《大乘大集十轮经》《妙法莲华经》等，经折装，大小为11×34.3厘米。刷印于万历壬辰年（1592年）和戊戌年（1598年）。根据施经牌题记，施主是敬侍恭勤夫人郝氏。郝氏的名字可在《明神宗实录》卷4中找到：“封宫人李氏彭氏郝氏王氏侯氏韦氏为恭侍勤侍敬侍诚侍肃侍慎侍俱夫人并给诰服。”

碰巧2015年11月23日在东京举行第2届古典籍古美术拍卖会，末册的牌记与波兰亚盖隆大学图书馆藏本的题记完全相同。它们原藏在北京海淀区的护国万寿寺。

在一家图书馆遇到一部大藏经的三个印本，这还是十分罕见的。这种情况在北京佛教寺院遇到过两种印本的情况，如广济寺中国佛教协会图书馆有太监冯保捐资刷印的《永乐北藏》和康熙时代的重修本，广化寺和云居寺也有类似的情况。出现复本的原因是“文革”结束后，有些寺院不复存在，原来收缴的大藏经无法归还，于是交给大寺院保存。

我们迄今为止，并不知道明代赐给多少套《永乐北藏》给各地寺院。日本学者野沢佳美对明代刻的几部大藏经作了深入的调查，他记录了139所寺院获得了明王朝颁赐的《永乐北藏》。据张德威的博士论文记载，明清两朝差不多有160家寺院得到了朝廷颁赐的《永乐北藏》。

一般说来，《永乐北藏》是皇家颁赐的。也就是说，由朝廷出资刷印然后赐给各地大寺院的。刻印和刷印大藏经都不是一件简单的事情。明太监刘若愚著有《酌中志》一书，上面记载有《永乐北藏》刷印时需要用纸“白连纸四万五千二十三张”的详细记录。从山东省图书馆和浙江省图书馆藏的《永乐北藏》上还有“御纸”的印章，说明大藏经的用纸是专用纸张。另外，《永乐北藏》的装潢也是极其豪华的，用的锦缎十分讲究，芝加哥大学和普林斯顿大学、浙江省图书馆的藏本用的绸缎都是高质量的绸缎，花纹和图案雍容华贵，代表了皇家气势。明神宗的母亲李太后佞佛，不惜动用大量的财力和物力修建寺院，刻印和刷印大藏经。这样毫无节制地动用帑银，造成国库亏空。于是追随李太后的太监冯保，卢守等，宫中的奏事牌子李秀女、徐伸女，宫女郝氏等纷纷捐资，刷印大藏经，一方面投李太后所好，另一方面做功德，期望死后升入西方净土。

存世的《永乐北藏》可能不到30套。1996年上海古籍出版社出版的《中国古籍善本目录》记载了9所寺院和图书馆存有《永乐北藏》，这个统计数字显然是不够准确的。2008年国家图书馆出版社出版的《第一批国家珍贵古籍名录图录》增补了部分内容，其中包括甘肃省张掖大佛寺和武威博物馆藏《永乐北藏》、山东省图书馆藏《永乐北藏》以及陕西洋县博物馆藏《永乐北藏》等等。

波兰亚盖隆大学珍藏的《永乐北藏》有三种印本，是值得进一步调查的。

四、结束语

19世纪和20世纪，中国的文物和古籍善本大量流失海外。不幸的是它们离开自己的祖国。从另外一个角度来看，它们得到了相当妥善的保存。海外中国学者可尽量利用这些资源，进行研究，以补国内资料之缺，这也许是今后海外汉学的一个方向。这也许是冷门，冷门只要有心人肯坐下来、走出去调查，我想是会有收获的。

战争是不幸的。德国人从中国弄到的珍贵文物，由于德国战败，流落到了波兰。战败国的命运是悲惨的，连自己的珍贵文物也流落他乡。1977年，波兰总书记盖莱克向东德领导人昂纳克转交了7件德国人视为国宝的音乐手稿，其中有莫扎特的“神笛”和贝多芬的“第九交响乐”的手稿。[①]

① Agnieszka Helman-Wazny. *Recovering a Lost Literary Heritage: Preliminary Research on the Wanli Bka' gyur from Berlin*. in *The Journal of International Association of Tibetan Studies*. No. 5 (December 2009), P.5-6.

波兰亚盖隆大学图书馆珍藏的中国佛教文献，包括藏文《甘珠尔》，还没有引起国内学者的重视，这是十分遗憾的事情。在波兰作研究比在英、美国家多了语言困难。尤其是图书馆能用英语交流的工作人员并不多，有时候不得不用法文交流，图书馆的目录是用德文编写的。笔者借此机会再次呼吁有志研究大藏经和藏传佛教的青年学者，首先在佛教的研究语言上下大功夫，梵文、藏文、巴利文、汉文、日文、英文、德文、俄文等都是十分有用的工作语言，同时必须花力气才能精通的语言，高校和研究机构不应以每年发表论文的多少作为衡量的标准。培养年轻的专家是要花大力气的，甚至是几代人的积累。需要有耐心，坚韧不懈的努力才能将佛学和藏学研究提高应有的水平，希望年轻一代学者超过我们。

炳霊寺石窟の唐前期(618—755年)諸窟龕

の造像について

八木春生

(筑波大学)

(はじめに)

唐時代前期（618—755）における中国全土の仏教造像活動を概観すると、多くの地方、地域で、670年代から石窟造営や単独像の数が増加し始めたことが知られる。興味深いことに甘粛地方東部では、690年代に彫り出された像の中に、630年代後半から640年代初頭の西安造像との繋がりを指摘できるものも存在する。それゆえ西安や洛陽（龍門石窟）だけでなく、それ以外の甘粛地方や河北地方、また山東地方、山西地方、四川地方などにおける仏教造像の様相をそれぞれ明らかにしていく作業が不可欠となる。各地で、いつ西安地方や洛陽（龍門石窟）から強い影響を受け、それは西安あるいは洛陽（龍門石窟）のどの時期のいかなる形式であったか。また時間差なく西安地方や洛陽（龍門石窟）の流行形式が受容されるに至ったか、そうであればそれは何年頃で、また正確な理解に基づき受容されていたかなどについて丹念に調べる。このことで、それぞれの地方、地域が唐時代前期においていかなる交渉を中原地方と持ったかだけでなく、武則天時期およびその前後の中国仏教美術の様相や、西安や洛陽（龍門石窟）の仏教造像が果たした役割を明らかに出来ると考えられる。

そこで本論では、この研究の一環として甘粛地方の炳霊寺石窟造像に注目する。甘粛地方では、敦煌莫高窟にこの時期大量の石窟が造営され、多くの壁画が残された。だが塑像の場合、清朝時代の補修が酷く原型をほとんど留めないものが多い。また敦煌莫高窟以外の甘粛地方の造像活動については、銘文を有する造像が少なくその年代決定が難しいこともあり、これまであまり注目されてこなかった。唐前期窟が多数存在することが知られる永靖炳霊寺石窟にしても大まかな分期がなされただけで、敦煌莫高窟はもとより中原地方との影響関係についても不明確なままである。

1.炳霊寺石窟永隆年間列龕

甘粛省永靖県西南40キロの黄河北岸に位置する炳霊寺石窟は、西秦時代に開かれた第169窟が有名である。唐時代にも盛んに造営活動がなされ、窟龕の数は130以上あり、全体の3分の2を占めるとされる。董玉祥氏は、唐窟を3段階に分け、第1段階は高宗儀鳳年間からから玄宗開元以前（676—713）で、この時期にもっとも多くの窟龕が穿たれたとする。また第2段階は玄宗の開元から天宝年間（713—755）、そして第3段階は、粛宗時期から唐末（756—907）とした（注1）。そこで本論では、主として第1段階に属すとされた諸々の窟龕に注目し、それらの特徴とその中での形式変遷を明らかにし、西安や龍門石窟、また敦煌莫高窟などとの関係を考察する。

第1段階においてまず注目すべきは、寺溝窟龕中、第49龕から第58龕と編号された10個の浅龕である。第51龕、第52龕、第53龕、第54龕に永隆2年（681）の銘文が認められることから、永隆年間列龕と呼ばれている（注2）。そこには如来坐像と如来倚坐像、また菩薩立像や遊戯坐の菩薩像などが彫り出されている。

A.第54龕

a.如来坐像

第53龕、54龕本尊如来坐像はともに、阿弥陀如来であることが銘文より知られ、一対として造営された。第54龕（図1）は方形の浅龕で、龕高70センチ、幅70センチ、奥行き15センチ。本尊（像高34センチ）は右手で触地印を採り、掌上に円形のものを載せた左手を腹前に収める（注3）。

図1 のコピー

図2 のコピー

後者の形式は、四川地方広元地区皇澤寺石窟第38窟（650—665年頃）などに類例が認められる（注4）。身体に比して頭部が大きいが、とりわけ背の高い肉髻が特徴的である。頭髪表現はなされず、方円形の顔は頬に肉が付き、耳朶が肩まで至る。眉は線刻され眼は吊り上がり、下瞼は強くうねる。肩の傾斜が鋭角的で、胸や腹の厚みがなくしかも起伏が見られず、上半身は台形を呈している。また細線による皺で示された胸筋が、内衣から覗いている。袈裟を2重に羽織り、上を偏袒右肩に着け、右脚を外側にして結跏趺坐する。右足先は、袈裟に包まれる。裳懸座は長く、中央部は舌状であり、その両端が持ち上げられる。またその下からは、先端が破損するがほぼ同じ形の裳が見える。台座は束腰部が方形である。上半身が扁平でなく厚みがあり、また腰の括れも強いものの、敦煌莫高窟第220窟（642年）本尊が、この像と近い形式を備えている（図2）。第220窟の南壁に描かれた大画面の西方浄土変相図は、西安からもたらされた情報を基にしたもので、それゆえ隋第3期の造像と異なる形式を備えそれらとの連続性が認められない本尊も、西安造像の影響を受けたと考えられる。西安で造られた馬周造像（639年）は、腰の括れが認められないが、ほぼこれらに類似する形式を備えることも、この考えを補強する（注5）。すると炳霊寺石窟では680年代初めに、西安の640年前後の流行形式が受容されたことが理解される。

b.脇侍菩薩立像

左右脇侍菩薩立像は、両像とも本尊側の腕を上げて蓮蕾が付いた茎を持ち、本尊と逆側の脚の膝を緩め遊足として、無文の蓮華座上に立つ。天衣を着けない左像は垂下した反対の手で宝瓶の頸部分を掴み、右像は身体の前をU字に垂れる天衣の一部を握っている。その天衣の先は2つに分れる。頭髪をひとつに纏めてそれを後方に巻き込み高髻を結い、前髪の中央部分を細い紐で縛る。毛筋は刻まれない。本尊と同様、頭部が大きく下膨れで、耳朶が長く肩にまで至っている。厚みのない上半身は肩の傾斜が強く、肩の骨が角張り、腰を横に曲げ3曲法を採る。胸筋や腹部が盛り上がりで表され、胸筋の輪郭だけでなく胸と腹の間の皺も深く刻まれた。また本来はあり得ないが、伸ばした側の脇腹にも皺表現が認められる。そしてこの形式と、右像が備える太腿部分に縦の衣文が表される形式は、西安宝慶寺塔石像龕（703—704）に類例を見つけられる。現在西安およびその付近に残された作品は極端に少なく、680年代の類例をほとんど見つけることがはきない。だが、炳霊寺石窟から西安へこの形式が伝えられたとは考え難いため、この形式も本来西安起源であったと考えられる。なお、裳は前で打ち合わせ、重なった部分を3角形に整えて外に折り返している。膝下にはU字形の衣文が彫り出された。胸飾と臂釧、腕釧で身を飾り、瓔珞は用いない。

B.第53龕、第56龕

第53龕（図3）は、龕高71センチ、幅70センチ、奥行き15センチ。本尊（像高33センチ）は、第54龕本尊と対称になるように彫り出され、そのため左手で触地印を採り、左脚を外にして結跏趺坐する。ただし肉髻には毛筋が刻まれ、菩薩の高髻のように見える。また右脇侍菩薩立像は、右腕を曲げ胸前に置くため、第54龕の左脇侍菩薩立像とは左右対称になっていない。両像ともに髪に毛筋が刻まれ、天衣を着けず、裳の上に腰を覆うように短い別布を着けているが、それ以外は第54龕像と同じである。

図3　のコピー

図4　のコピー

第56龕（龕高70センチ、幅70センチ、奥行き23センチ）、は銘文を持たない。本尊（像高46センチ）が倚坐である以外は、大きな肉髻を備え（毛筋は刻まれない）、片手を膝の上に乗せ、もう一方の腹前に置いた手の掌に円形のものを載せるなど、諸形式は先の2体の如来像とほとんど違わない。脇侍菩薩立像の様式、形式も第54龕、第53龕とほぼ同じであるので（図4）、それらと同時期の像であるとして間違いない。なお、本尊如来倚坐像の下半身は、袈裟に隠れ太腿の形を明らかにしない形式を採っている。

2.永隆年間列龕と直接的な関連を持つ窟龕

A.第40龕、第47龕、第37龕

永隆年間列龕中、第54龕、第53龕の本尊如来坐像および脇侍菩薩立像と直接的な関連を持つものに、第40龕や第47龕などがある。第40龕本尊（図5）は、裳懸座の下から覗く裳の畳まれた表現が、まるで内衣を縛った紐が垂れたように見え、また第47

龕は裳懸座を持たないが、それ以外は第54像本尊と同じであり、脇侍菩薩立像も左像が合掌する以外、細部形式まで一致している（図6、1）。

図5　のコピー

図6　のコピー

これに対して第37龕の場合、脇侍菩薩立像に大きな違いは認められないものの、本尊は裳懸座を備えないだけでなく、涼州式偏袒右肩に袈裟を纏い、胸筋の発達が盛り上がりとして表現されるなどの相違点を有している。この像は、永隆年間列龕像より造営時期が遅れる可能性がある。なお、第56龕の如来倚坐像との間に密接な類似を指摘できる龕には、第29龕、第34龕、第42龕、第44龕、第65龕、第78龕、第87龕などがある（注6）。

図7　のコピー

B. 第29龕

a. 如来倚坐像、脇侍菩薩立像

第29龕は平面は馬蹄形、龕高129セン

チ、幅146センチ、奥行き112センチ。低い基壇を備える。ただし、脇侍菩薩立像2体が載る基壇は、本尊および弟子像の基壇と繋がらず切り離されている。本尊如来倚坐像（像高88センチ）は、右手を右膝に載せ、腹前に納めた左手上に鉢状のものを載せている（図8)。大きな肉髻を備え、耳朶が肩の近くに至り、肩のラインが鋭角的で、上半身が薄く起伏が見られないのは、第54龕、第53龕本尊などと同様である。また第56龕像と同じく袈裟が厚く裳の下の太腿の形が露にならない。陝西省咸陽市旬陽県馬家河石窟中心塔柱正面の倚坐像（674年頃）は、袈裟が太腿に貼り付く、おそらく660年代初頭のインドブームの影響によると考えられる形式を備えるが（図10)、炳霊寺石窟ではそれが採用されることがなかった。脇侍菩薩立像の胸や腹に刻まれた皺も、第54龕、第53龕像と同じである（図9)。また第54龕や、第37龕、第47龕の像と同様、高く結い上げた髻には毛筋が刻まれない。ただし、右像は長い耳朶の後方に板状の垂髪が表され、肩でいくつかの筋に分かれるのは新しい形式である。

図9　のコピー

図8　のコピー

図10　のコピー

b.弟子像、天王像

これまでと異なるのが弟子像が彫り出されたことで、左の迦葉像は袖付きの内衣の上に袈裟を二重に羽織り上を偏袒右肩に着けているようである。右の阿難像は、右腕を袈裟の中に入れ、右手は左手とともに、内衣の筒袖の中に隠す（図9b）。なお第87龕も、第29龕造像と多くの共通点を有している。しかし阿難像ではなく迦葉像が、袈裟の襟部分から右手先を覗かせる。この、いわゆるソフォクレス式を採用する像は、680年—683年前後の造営とされる河南省浚県千仏洞第1窟正壁や龍門石窟第1063窟（694年）などに類例を見つけられる（注7）。一方、第29龕の外側左右には、第87龕には見られない低肉彫りの天王像が存在する（図11、12）。右像は右手で剣の柄を持ち、左手でその刃を掌付近に当てている。この形式は、西安慈恩寺大雁塔東門門楣に刻まれた天王像が採ることから、おそらく西安起源であると考えられている（図42、注8）。だがそれは邪鬼に載らず両脚を伸ばし、この像のように片脚を曲げていない。龍門石窟でも第403窟（敬善寺洞、660年代後半）に、類似した剣の持ち方をする天王像が低肉彫りされ、それは邪鬼に載るがやはり両脚を伸ばしている（図13）。左像の、持ち上げた手と同じ側の膝を曲げ邪鬼の頭を踏みつけるのも西安起源の形式で、西安慈恩寺大雁塔の「大唐3蔵聖教序記碑」（653年）に類例が見いだされる（図14）。

図11　のコピー

図　12のコピー

図13　のコピー

しかしそれは、持ち上げた手で三叉戟の刃の部分を握っている。一方左像の岩状のものを持ち上げる形式の像は、現在西安およびその周囲にはなく、龍門石窟第1674窟（696年）や1955窟（極南洞、710年頃）などで彫り出される（図15、16、注9）。だが前者は力士が胸当てをするという混乱が認められ、しかも前者、後者どちらとも片脚を曲げずまっすぐに立っている。なお、山西省忻州市静楽県浄居寺石窟第6窟（677年頃）の力士像も両脚を伸ばす姿勢を採り、鎧を纏う（注10）。この像も振り上げた手の上に何かを載せていたことが確かめられるが、破損し、それが岩であったかどうかは確認できない。だがこれらの例から、岩を片手で持ち上げる形式の天王像およびそれと融合した力士像が華北地方各地に存在することが知られ、この形式が670年代に西安で成立していた可能性が考えられる。

図14　のコピー

図15　のコピー

3.永隆年間列龕より遅れると思われる窟龕（本尊が坐像）

A.第23龕

a.如来坐像、脇侍菩薩立像

同じく第1段階に属するとされる窟の中で、第29窟以外にも第23龕や第28龕などでは、如来坐像と脇侍菩薩立像とともに、弟子像が彫り出され5尊像を形成している。第23龕は平面が馬蹄形で、窟高104センチ、幅132センチ、奥行き79センチ。基壇は造らない。本尊（像高57センチ）の如来坐像は、頭部に毛筋を刻まず、第54龕本尊と同様の高い肉髻を備える（図17）。大きな肉髻を持ち上半身に起伏がなく、左手であるが触地印を採るのも第54龕像などと類似している。しかし腹前に置く手には、何も載せない。また肩の肉付きがよく丸みもあり、袈裟の纏い方や裳懸座の形は類似するが、両脚を覆うようにして袈裟を纏い足先の形が露わにならない点が、第54龕本尊などとは異なっている。この下半身の形式は、龍門石窟では、第307窟（図18）や第403窟（敬善寺洞）など660年代初頭から670年代初頭頃にかけて流行した。束腰部が方形の台座上に坐しているのも同様である。脇侍菩薩立像は、第54龕、第53龕とほぼ同じ形式を備え、前者と同様高髻に毛筋が認められる。また耳朶の後方から板状の垂髪が表され、肩でそれがいくつかに分かれるのは、第29龕像と同様だが、側頭部に粗い毛筋が刻まれる点が異なっている。腹回りに肉が付くのはこれ以前の像と同様だが、上半身が短く身体に厚みが増した。このような肉の表現が、永隆年間列龕像との大きな違いとなっている。

図16　のコピー

図17　のコピー

b.弟子像

左右弟子像は、左像が頭部を失うが胸骨表現がなされる迦葉であり、右像は阿難像である。それらはともに袖付きの内衣を右襟に着け、その上に袈裟を2重に羽織り、下の袈裟を肩から落とした後、細くし右腕に掛けて垂下させ、上の袈裟を偏袒右肩に纏っている。迦葉像と阿難像の違いは、前者の両手が内衣の筒袖の中に隠される点にある。2重に着ける下の袈裟を細くし、右腕に掛けて垂下させる形式は、咸陽市旬陽県馬家河石窟（674年頃）に見られ（図10）、龍門石窟でも680年代に流行し始める。しかし龍門石窟など多くの地域では、阿難像だけがこの形式を採用する。さらに早く敦煌莫高窟第220窟では、この特種な着衣形式の阿難像が、拱手した両手を筒袖に隠している（図2）ため、この形式は、おそらく西安起源で630年代後半には出現していたと考えられる。西安や龍門石窟では、武則天時期に筒袖の内衣の上に袖付きの別の内衣を纏い、さらに半袖の衣を着け、そして袈裟を2重に羽織る形式が出現したが（注11）、炳霊寺石窟ではその形式は、第2段階以降も採用されなかった。

B. 第28龕

a. 如来坐像、脇侍菩薩立像

第28龕は平面が馬蹄形で、龕高132センチ、幅150センチ、奥行き134センチ。低いコの字形の基壇を備え、天王像を含め、像はすべてその上に載る。本尊如来坐像（像高60センチ）は、肉髻がやや低く、菩薩像のように胸の筋肉表現がなされる点が、これまでの像とは異なる（図19ab）。如来坐像の胸筋の輪郭を皺と盛り上がりで表す形式は、龍門石窟では第501窟（682年、図20）や第1045窟（687年以前）などに彫り出され、洛陽付近（鞏義市）では670年代初頭から見られるようになる（注12）。また台座の束腰部が丸みを帯び、基壇が8角形に変化している。しかし、龍門石窟では675年頃に出現し、西安宝慶寺塔造像龕中（703—704年）にもいくつも見られる、束腰部に粒状の飾りが着けられた台座形式は採用されない。

図18　のコピー

図19　のコピー

脇侍菩薩立像（図21ab）は、長い耳朶の後方に垂髪を表し、肩でそれがいくつかに分かれる第23龕像と類似した形式を備える。側頭部に刻まれた粗い毛筋も第23龕像と一致している。膝前にU字形に垂れた天衣の両端をそれぞれ腕に絡ませ、三曲法を採り、伸ばした方の脇腹になぜか皺が寄るのは、第54龕、第53龕像と同様である。第23龕像より胴部が長く身体のバランスがよい。胸飾は連珠から構成され、そこからまた3本の飾りを垂らしている。

図20　のコピー

図21a　のコピー

図21b

b. 天王像

左右天王像は、どちらも腕を上げた方と同じ側の脚を曲げる形式を備え、左像は右手で剣を肩の付近まで持ち上げ、右像が単層の塔を左手で持ち上げる。第29龕像（図11）とは異なり、2頭の邪鬼の上に立つ。左像の類例は、龍門石窟では載初元年（689）銘を持つ第1817窟（渾元慶洞、図22）などに見つけられ、右像のように片手を上げて掌に塔を載せる像は第1280窟（奉先寺洞、675年、図23）や第1058窟（685年）などに存在する。しかし第28龕と同じ組み合わせの天王像を持つ窟は、ほとんど見つけられない。

C、第24龕、第27龕、第88龕

このグループに属すると思われる倚坐像を本尊とする龕には、第24龕、第27龕、第88龕などがある。これらはどれも、本尊が非常に高い肉髻を持ち、天王像が彫り出されない点で一致している。第24龕は、とくに脇侍菩薩立像の頭髪、肉体表現において、第23龕との類似を指摘できる（図24）。しかし詳細に見れば、左像の場合、下腹を突き出し、太腿が僅かだが弓なりに造られるため、像が背中を反らせるように見える。一方弟子像は肩幅があるだけでなく上半身扁平である。この特徴は、第27龕像（注13）や第88龕像（図25ab）において、さらに強調されている。それゆえ、第23龕と近い時期に開かれたと考えられるものの、本尊が怒り肩となり身体が方形に近い第27龕、第88龕は、第24龕よりさらに遅れて開かれたと考えられる。

図22

図23　のコピー

図24　のコピー

図25a　のコピー

図25b　のコピー

4.永隆年間列龕より遅れると思われる窟龕（本尊が立像）

A.第38龕

第38龕（図26）には、弟子像は見られない。儀鳳3年銘（678）を持つ第64龕本尊が如来立像であるので（図27）、炳霊寺石窟では、如来立像が第1段階最初期から彫り出されていたことが知られる。第38龕本尊は、先に第54龕、第53龕より遅れるとした、第37龕像と胸筋表現に関連が認められる（図26、7）。また、第38龕像は第64龕と同様に両手を降ろし、左手で袈裟の一部と思われるものを握っている（図26、27）。そして左膝の裏のあたりに、左肩に跳ね掛けた袈裟の一部であろうか、布が垂下するという他の地方に類例を見ない珍しい形式を備える（注14）。

図26　のコピー

図27　のコピー

A. 第31龕

a. 如来立像

第31龕は、平面長方形、龕高106センチ、幅143センチ、奥行き22センチ。本尊の像高は、84センチである（図28）。本尊の大きな肉髻の形は、これまでの如来像との繋がりを示している。右手を腹前に置き大きな鉢を持ち、左手を垂下させ掌を正面に向ける。肉付きがよく丸みを帯びた肩は幅が狭く、肩のラインはなだらかで、右手の上に鉢を載せていることもあり、胸の露出が少なく腹部が隠れてしまっている。だが第64龕（678年）本尊や第38龕本尊と比較するとそれらの身体が細く腰の括れが強いのに対して、寸胴で身体の筋肉が緩むなど相違点が多い。第31龕本尊は、袈裟には同心円状の衣文が低肉彫りされ、これは第64龕や第38龕本尊と同様である。しかし背面に垂下した袈裟の裾らしき表現は見られない。したがって、第31龕の造営時期は、第64龕はもとより、第38龕より遅れるとしてよい。

図28　のコピー

龍門石窟では、第1628窟（八作司洞）など720年頃に、上半身と下半身で衣文が分断された（連続性のない）。通肩を纏う像が出現する（図29）。下半身には、太腿の輪郭を象るかのように互い違いに左右の衣文が2本だけ刻まれる。陝西省彬県大仏寺石窟千仏洞（第23窟）では、武則天時期の如来立像に通肩像（図30）と袈裟を二重に纏い、上を偏袒右肩に着ける2形式が造られたが、どちらも太腿の形を象るような衣文が刻まれる。だが炳霊寺石窟では、第31龕本尊のみならず、衣文で太腿の形を象る形式の如来立像は見つけられない。

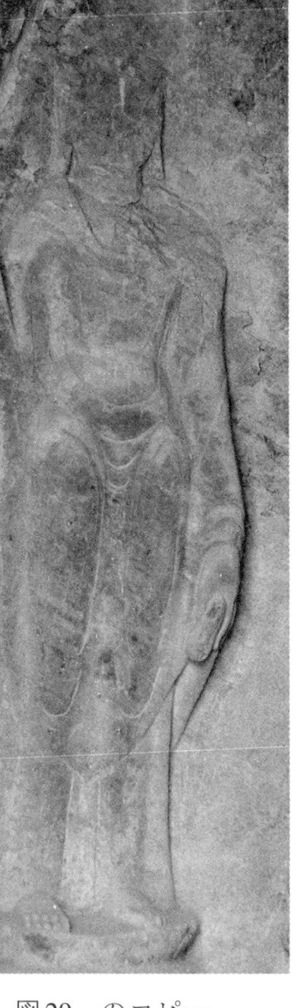

図29　のコピー

図30　のコピー

b.脇侍菩薩立像、弟子像

脇侍菩薩立像は、本尊と同様に片方の腕を体の前に置いて、胸筋や腹の膨らみを隠している。高髻の毛筋がまったく表現されず、省略が目立つ。弟子像は、阿難像、迦葉像ともに下の袈裟を左肩から落とした後、細くし右腕に掛けて垂下させる形式で、阿難像が腹前で両手を組み迦葉像が拱手した両手を筒袖の中に隠すのは、第23龕、第28龕像と同じである。ただし阿難像の場合、右腕に掛かっているはずの袈裟表現が省略され、下の袈裟の着け方がよく分からなくなっている。

C.第19龕、第61龕、第85龕、第139龕、第141龕

第31龕以外にも、立仏を本尊とする龕は数が多く、第19龕（図31)、第61龕（図32)、第85龕（図33)、第139龕（図34)、第141龕（図35）などが存在する。しかし小龕である第19龕（龕高72センチ、幅77センチ、奥行き24センチ）を除くと、それより若干大きいだけの第139龕（龕高97センチ、幅92センチ、奥行き36センチ）や第141龕（龕高98センチ、幅99センチ、奥行き45センチ)、第85龕（龕高97センチ、幅

100センチ、奥行き60センチ）、そして第61龕（龕高130センチ、幅142センチ、奥行き101センチ）はどれも平面が馬蹄形で、方形の平面上に像が横に1列に彫り出される第31龕と大きく異なっている。また第61龕、第85龕、第139龕は低い基壇を備え、左右壁に背を付ける脇侍菩薩立像は側面を観者に向けている。

図31　19龕のコピー

図32　のコピー

図33　のコピー

図34　139窟のコピー

図35　141龕のコピー

興味深いことに、第19龕では本尊如来立像が左手を胸前に上げ鉢を掌に載せるが、斜め下に降ろした人差し指を伸ばす右手で袈裟の一部を握り、第38龕本尊像（図31、26）と繋がりを示している。また第61龕本尊もこれと関連する形式を備えている（図32)。これに対して、第85龕（図33）や第139龕、第141龕（図34、35）本尊は、第31龕本尊（図28）と同様、垂下した手の掌を正面に向ける。しかし第85龕は（図33)、弟子像だけでなく菩薩立像も第88龕像（図25ab）との間に、密接な影響関係を指摘できる。また第139龕、第141龕は、脇侍菩薩像に第23龕像との繋がりが認められる。すると第31龕は、第19龕、第61龕、そして第85龕、第139龕や第141龕に遅れて開かれたと考えられる（注15)。

5.永隆年間列龕より遅れると思われる窟龕（第4窟）

A.如来倚坐像、脇侍菩薩立像

閻文儒氏、王万青氏により、第4窟は初唐時代に開かれたとされる。平面は円形に近い馬蹄形、穹窿天井で窟高195センチ、幅300センチ、奥行き260センチ。これまで言及してきた龕と異なり、内容総録では窟と表記される（注16)。低い円形に近い形の基壇を造る。この窟本尊の如来倚坐像（像高156センチ）は、これまで見て来た倚坐像と同様に、右手を右膝上に伏せ、腹前に置いた左手の掌上に鉢状のものを載せる形式を採る（図36)。しかし上半身に比して頭部が小さく、その側頭部（耳の上部）には膨らみが見られない。上半身は薄く扁平で肩の傾斜が強く胴部が長い。左手の位置を高くし臍前に置き、踏み降ろす脚が細長いなど新たな形式を多く備える。脇侍菩薩立像は、右像だけが残る（図37)。この像は高髻がほとんど破損するが、持ち上げた頭髪を左右に分け、それぞれを巻き込み形成される。だが第64龕（図27）や第53龕像とは異なり、地髪の中央が細い紐で縛られ、その上下で毛筋が変化する様子は表されず、地髪の上に帽子のようなものを被っているような印象を受ける。この像も背が高く、胴が長い。しかし胸筋や腹の膨らみは、線で皺を表現するだけで、盛り上がりは造られず扁平である。

B.弟子像、天王像

弟子像は、迦葉像、阿難像のどちらも左肩を覆う内衣の上に袈裟を二重に羽織り、下を細くし右腕に掛けて垂下させ、上の袈裟を偏袒右肩に着ける。また両像とも筒袖の内衣の中に拱手した手を隠すが、阿難像は、筒袖の内衣の上にもう1枚袖付きの内衣を着ている（図38、39)。なお、阿難像の左腕の下あたりから袖のようなものが垂れ、本来その袖口から腕が出ているはずだがそうは見えず、着衣形式の理解に混乱が認められる。また上の袈裟が腹前を渡り左腕に掛かる部分が、極端に細く別布を着けているように見えるのも理解不足に起因とすると思われる。ただし類似した表現は、第61龕（図32）に見ることができる。第4窟には天王像も彫り出されたが、それは腕を上げず、また邪鬼ではなく岩座上に載る（図40）。これまで見て来た像とは異なり、上半身が斜めに傾く点も特徴的である。

図36　のコピー

図37　のコピー

図38

C.造窟年代

第4窟は、ほぼ円形の基壇をはじめ、造像も他の炳霊寺石窟唐第1段階諸龕像と相違点が多い。その中でも本尊は、太腿の形が露でないものの、内側に窄めて垂下した脚が細長く表現される点に特徴がある（図36）。類例としては、龍門石窟第1506窟本尊（710年頃、注17、図41）などがあり、インド造像からの影響が看取される。また邪鬼ではなく岩座に載る天王像は、第2段階諸窟に多く見られる形式である。ただし、阿難像に見られる腹前を渡り左腕に掛かる特殊な袈裟の布表現が、第61龕阿難像と共通していた。このことから、第4窟の造営時期は第2段階とは言えず、第1段階最末期に属するものと考えられる。

図39

図40

図41　のコピー

6. 炳霊寺石窟第1段階

以上より、炳霊寺石窟唐前期窟の造営に関して、以下のことが理解できる。もっとも造窟龕活動が盛んであった第1段階は、3つの時期に分けることが可能で、第1期の開始は670年代後半であり、永隆年間列龕など680年代初頭に1つの頂点を迎えた。その時期の如来坐像は、640年頃に出現した西安の流行形式を受容していた。如来倚坐像にも西安の影響が認められる（図42）。また如来立像が彫り出され（第64龕、678年）、そこに邪鬼を片脚で踏みつけた天王像も認められる。第2期は、第28龕や23龕などに代表され、基本的に最初期窟龕の像形式を継承している。新しく、如来坐像の上半身に皺や膨らみで胸筋を表現するようになり、下半身を袈裟で包み込む形式が現れた。また二重に袈裟を羽織り、下を細くして右腕に掛ける特殊な形式を採る弟子像が彫り出されるようになる。この時期第1期に流入して来なかった中原地区の流行形式が、多く受容された。だが西安や龍門石窟にその祖形を求められるものの、同じ組み合わせのものがどこにも存在しない天王像に見られ、強い地域性を有していた（注18）。

図42

図43　のコピー

もっとも遅れる第3期に属するのが第31龕や第4龕などで、前者は造像の肉付きはよいものの、腕などで胸や腹部を隠す姿勢を採るため、胸筋の膨らみや皺がはっきりと看取できない。菩薩立像の高髻に毛筋も刻まれず、簡略化が著しくなる。第31龕本尊と同じ形式を採る如来立像を有する第85龕などのいくつかの小龕では、弟子像や脇侍菩薩立像が、第1段階の倚坐像龕の中でもっとも遅れる第88龕像と密接な関係を有するので、第31龕はそれらより遅れた時期に開かれたと考えられる。

一方、後者（第4窟）本尊如来倚坐像は、踏み降ろした脚が細長く表され、それはインド仏教造像からの影響が看取され、その情報は中原地方から伝えられたと考えられる。そのため第4窟が、新たに外部からの情報を得た工人たちの手によるものと思われる。第3期の特徴は、他地域からの情報を積極的に受容し、第2期までの炳霊寺石窟特有の形式とは異なるものを模索した点にある。だが第1段階諸窟全体を通して、中原地方からの直接的な影響をはじめ、西安などで武則天時期に起きた急激な写実表現への強い関心は看取されず、第3期において彫刻技術が退化して行く様子も窺われる。

第2期および第3期は、紀年銘を持つ窟龕が存在しないことから、それぞれの造営時期を決定するのは難しい。しかし続く第2段階に属する第148窟が開元19年（731）頃に造営されたと考えられ、第1段階第3期の窟龕が730年代初頭以前に開かれたとして間違いない。注目すべきは、先に指摘した通り、第4窟の天王像が岩座上に立つようになったことである。龍門石窟では天王像は常に邪鬼を踏みつけ、敦煌莫高窟でもほぼ同様だが、第113窟像は例外的に岩座上に立ち、また第45窟のように岩座と邪鬼を組み合わせる例も存在する。さらに北京の房山雲居寺の太極元年（711）銘塔門口左には、岩座上の動物の上に天王像が立ち、開元15年（727）銘塔では門口左右の天王像、力士像ともに岩座上に載る。このように、天王像の載る岩座の出現は力士像との混交によるものであり、岩座の出現は盛唐時期で、炳霊寺石窟では720年代後半に採用されたと推測される。そうであれば、第4窟を含む第1段階第3期諸窟の造営時期は、720年代であった可能性が高い。第1期が670年代末に開始し、第3期が720年代後半まで続いたならば、第2期はその間の期間となる。そして第2期に武則天時期に開かれた龕と考えられるものが存在することから、それはおおよそ、690年前後から武則天時期終了までの時期であったと考えられる（注19）。

おわりに

開元19年（731）銘を持つ「霊岩寺記」が、窟外の北側崖壁に刻まれた第148窟は、1如来坐像2菩薩2天王像から構成される。弟子像は、彫り出されなかったらしい。平面が方形で窟高117センチ、幅145センチ、深さ113センチ、低い基壇を備える。如来坐像（像高50センチ）は肉髻が低く、撫で肩で肩幅が広く、身体に厚みや量感はあるが胸や腹の起伏は認められない（図43）。ただし胸の下に寄る皺は、長い波状の細線で表現される。これは、山東地方では済南市県西巷の開元寺趾から出土した714年銘像に、また河北地方では房山雲居寺東塔周囲の722年銘唐塔内白玉造像などに見られる特徴である。第148窟本尊は、袈裟を2重に羽織り上を偏袒右肩に着け、左脚を外にして結跏趺坐し足先を袈裟の中に包む。両膝が下を向くのが特徴で、山西省博物院所蔵の文水県西崖底村出土如来坐像や高平市羊頭山石窟第5号窟付近の清化寺正殿址出土如来坐像のように、開元年間と考えられる像に多く類例が認められる（注20）。裳懸座は中央が舌状に垂れその左右が持ち上がり、下からほぼ同じ形式の裳が覗く。台座は、方形の束腰部を有している。本尊は、第1段階第1期の第54龕、第53龕本尊の形式を基本的に踏襲している。しかし、上半身の量感が増し、裳懸座中央とその左右の布の長さがほぼ同じとなるのは、それ以前に見ない形式であった。菩薩立像は第1段階諸像の多くと違い髻の高さが低くなり、顔が丸く身体に肉が付き、胴部は短くなる。胸前に腕を置き、身体の起伏を見せないようにするのは、第31龕像と類似する。天王像も、脇侍菩薩立像と同様のプロポーションを持つ。左像は、膝を曲げた側の腕を肩まで上げ掌に岩を載せ、岩座上に載る（図44a）。

図44a　のコピー

図44b　のコピー

閻文儒氏、王万青氏により開元前後（注21）とされる第150龕（平面方形、平頂、窟高124センチ、幅137センチ、残りの奥行き115センチ）は、董玉祥氏の編年でも炳霊寺石窟唐窟第2段階に属すとされる（図45、注22）。この龕も弟子像が最初から造られなかったようである。本尊如来坐像（像高48センチ）は、肉髻が極端に低く、頬の肉がついて頭部が球形に近いのは、第148窟本尊と極めよく似る。上半身も撫で肩で起伏の見られない点も類似するが、第148窟本尊より、厚みに欠ける。また胸筋を長い波線で表現することはなかったらしい。裳懸座は中央および左右がどれもほぼ同じ長さで、中央部が3角形状を呈さないのは第148窟本尊と同様である。両膝は下を向く。脇侍菩薩立像は結い上げた髻の高さがなく、胸の下に細線で胸の筋肉が表されるものの、腹前に腕を置き、脇腹に皺が刻まれず腹部の膨らみも認められない。腰の捻りが弱くほぼ直立している。天衣を身体の前で横切らせるのは、第54龕左像と同じであることから、第1段階の像との繋がりが認められるが、結び付きは決して強くない。右天王像は本尊側の腕で岩を持ち上げ、それと同じ側の膝を曲げる、第29龕左の浮彫り天王像と類似した形式を備えている。だが、踏みつけているのは邪鬼ではなく岩である（図46）。

図45　のコピー

図46　のコピー

第148龕、第150龕ともに弟子像は彫り出されないが、この時期のものと考えられる弟子像としては、第155窟などに見ることができる。その左迦葉像は、身体に比して頭部が大きく、上半身に胸骨が浮くものの、胸筋の存在も感じられる（図47）。袖付きの内衣の下に筒袖の付いた内衣を着け、それらの上に袈裟を2重に羽織る。下を細くして右肘に掛け垂下させるのは、第1段階第23龕などの像と同じである。だが、内衣が身体に巻き付かず胸の下で布のひとつの角を見せており、上に偏袒右肩に着けた袈裟が下半身部分で左右に捲れている。なにより顔の表情が誇張され、胡人のように見える相貌である点が、それ以前の像と違っている。

造営数が減少した第2段階では、造像は基本的に第1段階第1期造像の形式が継承されたものの、それとは細部形式が異なる場合が多い。如来坐像の肉髻が低く小さくなり、また身体の厚みが増加するのに対して、弟子像や脇侍菩薩立像、天王像は細身あるいは頭部だけが大きく、身体のバランスを崩すようになり、矮小化あるいは誇張化がおこなわれた。そして炳霊寺石窟造像は、西安や龍門石窟との繋がりが明確でなくなっていき、第3段階には、第10窟造像に見られるように（図48a、b）独自性を強めていくことが理解される。

図47　のコピー

図48a　のコピー

図48b　のコピー

注

1.董玉祥「炳霊寺石窟総述」『中国石窟　永靖炳霊寺』177—178頁（文物出版社、1989年）。なお、閻文儒氏、王万青氏は、「炳霊寺石窟総論」83頁（炳霊寺文物保管所編『炳霊寺石窟研究論文集』1998年）において、盛唐時代は武則天の後から始まり憲宗（806年即位）をもって前期と後期の境となすとする。

2.「図版解説」212頁（『中国石窟 永靖炳霊寺』文物出版社、1989年）

3.『炳霊寺石窟内容総録』64頁（蘭州大学出版社、2006年）および「図版解説」243頁（『中国石窟　永靖炳霊寺』文物出版社、1989年）では、これを鉢と記載する。なお窟及び造像の大きさは、以後これら2冊の記載に従う。

4.皇澤寺博物館編『広元石窟芸術』図25（四川出版集団、四川美術出版社、2005年）

5.松原3郎『中国仏教彫刻史論』図版3、599頁（吉川弘文館、1995年）

6.『中国石窟　永靖炳霊寺』図136、141、147、148、167、177、178（文物出版社、1989年）

7.河南省古代建築保護研究所「浚県千仏洞石窟調査」（『文物』1992—1)、劉景龍

・楊超傑『龍門石窟総録』第6巻、図508（中国大百科全書出版社、1999年）

8.岡田健「龍門石窟初唐造像論—その2　高宗前期」97頁（『佛教藝術』第186号、1989年）、岡田健「龍門石窟初唐造像論—その3　高宗後期」（『佛教藝術』第196号、1991年）

9.手に岩を載せる形式は、龍門石窟では696年頃開始したが、最初それは着甲の力士像という、天王像と混交した像の形式として出現した。そして710年頃には、天王像と力士像のそれぞれが、岩を持つようなる。700年以前に開かれた炳霊寺石窟第29窟で片手に岩を載せる天王像が低肉彫りされたことは、その形式の起源が龍門石窟ではなかった可能性を示し、そうであれば西安で始められた蓋然性が高いと思われる。本文でも述べる通り、山西省忻州市静楽県浄居寺石窟第6窟（677年）には、鎧を纏った力士像が見られ、それゆえこの形式の力士像も、西安で開始し龍門石窟へ伝えられた可能性を否定できない。

10.忻州市文物管理処、静楽県文物管理所「山西静楽県浄居寺石窟調査報告」45—46頁（『文物世界』2005—2）

11.劉景龍・楊超傑『龍門石窟総録』第12巻、図332（中国大百科全書出版社、1999年）

12.河南博物院編『河南佛教石刻造像』431頁（大象出版社、2009年）

13.『中国石窟　永靖炳霊寺』図131（文物出版社、1989年）

14.第38龕本尊は、2重に纏った下の袈裟を涼州式偏祖右肩に着け、その端を偏祖右肩に着けた上の袈裟の腹部付近に押し込んでいる。これは第64龕本尊では採用されず、第37龕の裳懸座を持たない如来坐像の着衣形式と一致する。第37龕は、本尊が裳懸座を備えず第54龕などより遅れて開かれたと考えられたことから、第38龕も第64龕より遅れて彫り出されたと考えられる。

15.ただし、第141龕左右脇侍菩薩立像が、第27龕像と類似することなどから、外部から新たな情報が流入したことが、如来立像の形式変換に繋がったのではなかったと考えられる。

16.閻文儒、王万青「炳霊寺石窟総論」82頁（炳霊寺石窟文物保管所編『炳霊寺石窟研究論文集』1998年）。しかし『炳霊寺石窟内容総録』9頁（蘭州大学出版社、2006年）では、盛唐開窟と記載されるように必ずしも編年は確定していない。

17.八木春生「関由龍門石窟西山南端地区諸窟編年」（『石窟寺研究』第6輯、文物出版社、2016年）

18.片手で岩を持ち上げる天王像と剣の刃を手首に当てる天王像はそれぞれ1頭の邪鬼の上に載り、また剣の刃を手首に当てる像が片膝を曲げるなど、像の細部形式にも中原地区との相違点を指摘できる。

19.さらに推測をすれば、第1期の永隆年間列龕と関係するが、それより胸筋表現や腹部の膨らみが表現された第37龕（図7）や第38龕（図26）などは、武則天時期に開かれたと思われる。また第2期の中でも肉髻が非常に高く、怒り肩で上半身が扁平となり造営が遅れるとした第24龕や第88龕（図24、25）などは、均整を崩す像が流行し始めた720年代初頭であった可能性がある。そうであれば、第24龕や第88龕などは第2期ではなく、第3期に含まれることになる。何れにせよ、直接的な交流を跡づけられないが、炳霊寺石窟唐第1段階諸窟でも、西安地方など中原地方と、ある程度類似した造像の様式、形式変遷が認められると思われる。

20.廖苾雅「中原北方唐代石刻佛像序列考察」図3.4—15（『芸術史研究』第10輯、中山大学出版社、2008年）

21.閻文儒、王万青「炳霊寺石窟石窟総論」93頁（炳霊寺石窟文物保管所編『炳霊寺石窟研究論文集』1998年）

22.董玉祥「炳霊寺石窟総述」178頁（『中国石窟　永靖炳霊寺』文物出版社、1989年）

図版リスト

1.炳霊寺石窟第54龕（筆者撮影）
2.敦煌莫高窟第220窟（東山健吾氏提供）
3.炳霊寺石窟第53龕（筆者撮影）
4.炳霊寺石窟第56龕（筆者撮影）
5.炳霊寺石窟第40龕（筆者撮影）
6.炳霊寺石窟第47龕（『中国石窟　永靖炳霊寺』文物出版社）
7.炳霊寺石窟第37龕（『中国石窟　永靖炳霊寺』文物出版社）
8.炳霊寺石窟第29龕（筆者撮影）
9a.炳霊寺石窟第29龕弟子像（筆者撮影）
b.炳霊寺石窟第29龕菩薩像（筆者撮影）
10.馬河家石窟中心塔柱正面（筆者撮影）
11.炳霊寺石窟第29龕右天王像（筆者撮影）
12.炳霊寺石窟第29龕左天王像（筆者撮影）
13.龍門石窟第403窟天王像（筆者撮影）
14.「大唐3蔵聖教序記碑」天王像（筆者撮影）
15.龍門石窟第1674窟力士像（筆者撮影）
16.龍門石窟第1955窟天王像（筆者撮影）

17. 炳霊寺石窟第23龕（『中国石窟　永靖炳霊寺』文物出版社）

18. 龍門石窟第307窟本尊如来坐像（筆者撮影）

19a. 炳霊寺石窟第28龕（『中国石窟　永靖炳霊寺』文物出版社）

19b. 炳霊寺石窟第28龕本尊（末森薫氏提供）

20. 龍門石窟第501窟如来坐像（姚瑶氏提供）

21ab. 炳霊寺石窟第28龕菩薩像天王像（『中国石窟　永靖炳霊寺』文物出版社）

22. 龍門石窟第1817窟窟天王像（『龍門石窟総録』中国第百科全書出版社）

23. 龍門石窟第1280窟天王像（筆者撮影）

24. 炳霊寺石窟第24龕（『中国石窟　永靖炳霊寺』文物出版社）

25ab. 炳霊寺石窟第88龕（『中国石窟　永靖炳霊寺』文物出版社）

26. 炳霊寺石窟第38龕（『中国石窟　永靖炳霊寺』文物出版社）

27. 炳霊寺石窟第64龕（『炳霊寺』江蘇鳳凰美術出版社）

28. 炳霊寺石窟第31龕（『中国石窟　永靖炳霊寺』文物出版社）

29. 龍門石窟第1628窟立仏（筆者撮影）

30. 彬県大仏寺石窟千仏洞立仏（筆者撮影）

31. 炳霊寺石窟第19龕（筆者撮影）

32. 炳霊寺石窟第61龕（筆者撮影）

33. 炳霊寺石窟第85龕（筆者撮影）

34. 炳霊寺石窟第139龕（筆者撮影）

35. 炳霊寺石窟第141龕（筆者撮影）

36. 炳霊寺石窟第4窟本尊如来倚坐像（筆者撮影）

37. 炳霊寺石窟第4窟脇侍菩薩立像（筆者撮影）

38. 炳霊寺石窟第4窟阿難像（筆者撮影）

39. 炳霊寺石窟第4窟迦葉像（筆者撮影）

40. 炳霊寺石窟第4窟天王像（筆者撮影）

41. 龍門石窟第1506窟本尊（筆者撮影）

42. 西安慈恩寺大雁塔門楣如来倚坐像（（『中国画像石全集』8、河南美術出版社、山東美術出版社）

43. 炳霊寺石窟第148窟（筆者撮影）

44ab. 炳霊寺石窟第148窟菩薩像、力士像（筆者撮影）

45. 炳霊寺石窟第150窟（筆者撮影）

46. 炳霊寺石窟第150窟菩薩像、力士像（筆者撮影）

47. 炳霊寺石窟第155窟迦葉像（筆者撮影）

48ab. 第10窟造像（筆者撮影）

文殊菩萨形成渊源蠡测

——以汉文佛教文献为中心

许栋[1]，许敏[2]

（1.太原理工大学艺术学院　2.兰州大学历史文化学院）

文殊菩萨是由大乘佛教中虚构的一位神格化的人物，他不仅不是印度固有的大神，而且在初期的佛教中，也没有与文殊相关的传说，那么文殊菩萨到底是在何时、何地、由哪些人、综合哪些因素而塑造的？目前这些问题仍是令国内外学术界颇感复杂棘手的问题。本文中，将历史文献和佛教经典相结合对这些问题提出一点自己的看法，不当之处，敬请指正。

一、学术界关于文殊菩萨渊源的研究

文殊菩萨的渊源问题，一直是研究文殊信仰的一个难点，也是一个难以回避的重点。关于文殊菩萨产生的时间，有的学者认为早在佛教第二次结集时文殊已经出现，有的学者认为文殊出现于部派佛教时期，也有学者认为该菩萨出现于大乘佛教初期。关于其产生的地点，有学者认为他产生于印度东方或南方，也有学者推测他来自中国。而关于文殊菩萨的来源分歧最大，有的学者认为虽然文殊是受到印度神教的影响，但是其主要是依靠佛教自身的理念或传说发展而来的；有的学者认为文殊菩萨这一形象来自婆罗门教中的梵天；而有的学者则认为文殊菩萨来自古代印度传说中的战神韦驮。这些不同观点的存在不仅显示了文殊菩萨渊源问题的复杂，而且也从一个侧面反映出探讨这些问题的重要价值。

（一）关于文殊菩萨出现的时间

目前虽然没有专门的研究，但是在个别学者的论述中曾提到这一问题，而且分歧较大。其中较有代表性的观点有三种：

（1）唐代窥基法师在《大乘法苑义林章》中所记载："弥勒、文殊将阿难与铁围山间集大乘三藏为菩萨藏。……大乘三藏，《西域传》相传，亦于此山同处结集，即是阿难、妙吉祥等诸大菩萨，集大乘三藏"等内容，认为文殊菩萨在佛灭二十年后便与弥勒、阿难等人在结集大乘经典。但是关于这次结集的现存资料很少，论据也不够充分，因此学术界中多数学者对这次结集的真实性存疑,故文殊菩萨曾参与过这次结集的观点也应该得到修正。

（2）印顺法师认为早在部派佛教的大众部中就有了文殊的信仰。这一说法是根据《舍利弗问经》中所记载的“文殊师利白佛言：‘世尊，舍利弗者，如来常言，其于声闻中智慧第一，不谓小心，能问要义。’佛言：‘其久种明悟，发扬我法，以诸慧利，利众生故’”①等内容而来的。虽然《舍利弗问经》是一部失译经典，隋代费长房在《历代三宝纪》中就将其归入“小乘毗尼失译录”中,《开元释教录》中也称该经“莫知译主，诸失译录阙而未书，似是远代之经，故编于晋末，庶无遗漏焉。”②但是据平川彰、周叔迦等学者研究，该经不仅不是一部伪经，而且由于其内容涉及佛陀教团的历史、戒律的传承等多个方面，对研究早期佛教史有着重要的作用③，所以《舍利弗问经》中关于文殊菩萨的记载应是可靠的。印顺法师将文殊信仰最早出现的时间提前到部派佛教时期是很有启发意义的，但是印顺法师的上述观点的不足之处也是显而易见的，他的论述有将文殊菩萨与文殊信仰混淆之嫌。从佛教资料的相关记载来看，虽然部派佛教时期文殊菩萨已经出现在当时的佛教经典中，但是文殊信仰形成则应该是大乘佛教成立后的产物。

（3）由于在大乘佛教初期的很多经典中都提到文殊之名，而且文殊菩萨在这些经典中也有着很高的地位，所以目前学术界普遍认为文殊菩萨是一位产生于大乘佛教时期的菩萨，日本著名佛教学者平川彰先生就称：“文殊菩萨与弥勒菩萨并列，在大乘佛教自最早就受到尊敬，是重要的菩萨。文殊与弥勒同时出现在支娄迦谶所译的《道行般若经》，所以可知在西元1世纪文殊菩萨已经为人所知了。”④

笔者以为，除第一种观点的相关记载可能是由当时的僧侣所编造的之外，印顺法师及平川彰先生的观点都有一定的可取之处。因为，如果说在大乘形成初期经典中已经有较为系统的文殊教理的话，那么文殊菩萨出现在佛教中的时间应早于大乘佛教成立的时间，在大乘佛教出现之前应该有过一个酝酿的阶段。

（二）关于文殊菩萨产生的地点

由于佛经记载的差异，所以研究者的结论也各不相同。目前，学术界较为普遍流行的一种观点是依据《华严经》卷45《诸菩萨住处品》中所记载的：“东北方有处名清凉山，从昔已来，诸菩萨众于中止住，现有菩萨名文殊师利，与其眷属、菩萨众一万人俱，常在其中而演说法。”认为文殊菩萨是一位来自东北方的菩萨。印顺法师则根据《文殊师

① 失译:《舍利弗问经》,见《大正藏》第24册,东京:大藏出版株式会社,1988年,第902页下。

② (唐)智昇:《开元释教录》卷3,见《大正藏》第55册,东京:大藏出版株式会社,1988年,第510页。

③〔日〕千叶公慈:《〈舍利弗問経〉試解》,《駒沢女子短期大学研究纪要》第36号,2003年。

④〔日〕平川彰著,庄昆木译:《印度佛教史》,台北:商周出版社,2004年,第245页。

利净律经》中："东方此去万佛国土，世界名宝氏，佛号宝英如来、无所著、等正觉，今现在演说道教，文殊在彼，为诸菩萨大士之伦宣示不及。"①《惟日杂难经》也记载："南方有诸菩萨，城周匝万六千里，中有最尊菩萨字文殊斯利，教授诸已得佛，不可胜数其德十倍，昙摩阿偈菩萨城皆七宝。"②认为文殊师利是一位来自东方或南方菩萨。而西藏佛教史家多罗那它在《印度佛教史》中也记录了文殊菩萨在东方地区的一次传法活动。该书中称："与大莲华王同时而稍后，在欧提毗舍国有月护王出世。文殊师利以比丘的形象去到他家中，说了各种大乘的教法，并留下一部大乘经典。……按显宗师的说法是《般若八千颂》……这件事是佛陀涅槃后大乘在人间出现的开端。"同书中称欧提毗舍国位于印度的东方。印度学者Bhattacharyya则认为文殊是一位来自中国的伟大人物，他把文明从中国传到了尼泊尔。Bhattacharyya此说所依据的是梵本《自生富兰那》所记载的文殊师利从中国来到尼泊尔，使尼泊尔从一个大湖变成平地，从而成为能够适应人类生存地区的故事。该书中称："文殊师利菩萨与众多弟子住在中国的五台山，当他知道本初佛在尼泊尔化现时，他便与弟子们一起来到尼泊尔。但是他发现由于毒龙住在附近的湖里，尼泊尔无人居住，于是他用自己的宝剑劈开大山，使湖水流尽，原来的湖泊变成了可以居住的地区，他在自己的弟子中选出一位做他们的国王，他便回到了中国并成了神圣的菩萨。"③《自生富兰那》虽由梵文写成，但产生时间较晚，Winternitz认为该书的出现不早于16世纪，书中包含了很多中国文殊信仰的成分，应该是文殊信仰在中国发展较为成熟之后的产物，所以用该资料探讨文殊菩萨的起源并不合适。而上述其他观点，虽然都有各自的依据，但是并没有确切的证据说服对方，所以文殊菩萨起源的问题仍值得进一步研究。

（三）关于文殊菩萨的来源问题

国外学者研究较多。其中，法国学者Marcelle Lalou认为文殊菩萨的产生与妙音乾达婆王有密切的关系。妙音乾达婆王在印度影响较大，梵文及巴利文的文献中都曾提到该王的名称，而其与文殊菩萨相似之处主要体现在四个方面：（1）他们都有五个发髻；（2）二者都是声音悦耳而且善于演说者；（3）他们都是形态优雅、体貌端庄的年轻王子；（4）他们都曾在法会上助佛说法，扮演过发问或回答者的角色。虽然二者之间有如此多的相似之处，但是目前关于文殊菩萨源自妙音乾达婆王的说法只是众多文殊起源说中的一种推测，在众多的文献资料中并没有相关记载直接支持这一观点。Lalou还认为文殊菩萨形象的形成也受到了印度传统战神韦驮的一些影响。据《文殊师利法宝藏陀罗尼经》记载：

① (西晋)竺法护译:《文殊师利净律经》,见《大正藏》第14册,东京:大藏出版株式会社,1988年,第448页中。

② (孙吴)支谦译:《惟日杂难经》,见《大正藏》第17册,东京:大藏出版株式会社,1988年,第609页。

③ 转引自广兴:《文殊法门的信仰与特色》,《澳门佛教双月刊》2004年第41期。

“若入阵时，画文殊师利童子像及真言，于象马上安置，军前先引，诸军贼等不能为害，自然退散。其画像作童子相貌，才乘骑金色孔雀，诸贼见者，悉皆退散。”可见密教文殊形象与骑孔雀的战神韦驮的形象有一定的相似之处，但是对该观点进行论证的论据也不充分。

此外，Richard Robinson认为文殊菩萨的产生部分是受到了梵天形象的影响。梵天是印度传统的一位天神，被认为是创世之主，是宇宙万物的创造者。《摩奴法论》中称：“所谓最高灵魂，既是伟大的创造神梵天，又称‘创造者’‘生主’。”Richard Robinson认为文殊菩萨与梵天的相似之处主要体现在：第一，二者都是有着极高的演说天赋，被称为“演说之主”，据佛经记载梵天居住在十三天中，声音优雅、甜美。第二，梵天之名含有“永远年轻”之意，与文殊师利的“童子”之称相似。第三，梵天顶有五髻，也与密教文殊的形象有着相似之处。梵天之妻萨拉斯瓦蒂女神是智慧、艺术、音乐之神，与文殊菩萨作为佛教智慧的象征也有一些相似之处。所以Richard Robinson认为文殊菩萨的形成在一定程度上受到了梵天形象的影响。印顺法师的观点与Richard Robinson有一定的相似之处，但印顺法师认为：“著名的佛与菩萨应有深远的传说渊源，到底渊源于什么？或推论受到西方神话的影响；或从印度固有的宗教文化去探求；或从佛教自身去探索，每每能言之成理。我的理解与信念，大乘佛法到底是佛法的；大乘初期的佛菩萨，主要是依佛法自身的理念或传说而开展，适应印度神教的文化，而与印度文化相关涉……初期大乘的佛与菩萨，主要是依佛教自身的发展而表现出来，所以大乘佛法中著名的佛菩萨，即使受到神教或西方的影响，到底与神教并不相同。”[①]因此，他从佛教内部对文殊菩萨的起源进行了追溯，他称文殊菩萨的形象是由梵王为主，融摄舍利弗的德性而形成的。他认为文殊菩萨与舍利弗的关联之处有以下四点：舍利弗作为释迦佛得声闻弟子常紧随佛之左右；文殊菩萨和舍利弗都有“法王子”之称；文殊菩萨所宣扬的大乘佛法，与舍利弗所说的“以正见为导御”的性质相同；舍利弗出生于摩揭陀的那罗聚落，而文殊出生于舍卫国的多罗聚落。对于文殊菩萨与梵王的关系，印顺法师的研究与Richard Robinson的观点基本相似，上文中已有论述，在此笔者不再重复。笔者认为印顺法师的观点对于理解文殊菩萨的起源有着重要意义，但是仅仅从释迦胁侍菩萨的演变并不能直接证明文殊同舍利弗、梵天有着直接的关系。从以上对文殊信仰来源的各种不同观点中我们可以看出，目前对该问题的研究争议较大，而且还有很多模糊不清的地方。

二、笔者关于文殊菩萨起源的一些想法

笔者认为，以上关于文殊菩萨起源问题的各种研究，虽然力图从不同的方面和角度

① 印顺：《佛教史地考论》，《印顺法师佛学著作全集》第9卷，北京：中华书局，2010年，第405页。

对这一问题进行探讨，并提供了许多非常重要的信息，对我们理解文殊菩萨的渊源也具有重要的参考价值。但是，由于古代印度历史记录的缺失和模糊，以及传说、故事中所包含的大量臆想、编造成分，都使得上述研究还存在许多模糊，甚至牵强之处，有必要进行进一步的探讨。

在这里，笔者将从一个一直为学术界所忽视的角度出发，并沿着这个角度不断地进行深入研究，试着对文殊菩萨渊源的问题提出一些自己的看法，力争对此研究能够有所推动。

（一）影响文殊菩萨起源的因素

众所周知，文殊菩萨是佛教众多菩萨中少数与佛陀一起为大众所信仰并最终形成较为完整的信仰体系的菩萨，而该菩萨从名号最初在佛经中出现，到最终形成一种完整的信仰的过程并不是一蹴而就的，而是经历了一个较为漫长的发展过程。但是很多研究者并没有对这一过程进行区分，而是将文殊菩萨出现的时间、地点等问题与文殊菩萨信仰的来源问题相混淆，在一定程度上，也是造成目前对文殊菩萨来源问题认识不清的重要原因之一。所以，本文中笔者在探讨文殊菩萨的渊源问题时将尽量对文殊菩萨和文殊信仰进行区别。

在大乘佛教经典中，最早出现的两位菩萨是弥勒菩萨和文殊菩萨。其中，弥勒菩萨不仅有未来佛的身份，而且在《阿含经》、佛传故事、阿毗达摩论书等部派佛教时期的典籍中也有关于弥勒的详细记载，所以他的形成、发展的轨迹比较明显。而文殊菩萨则与之有着很大的差异，虽然早在大众部的《舍利弗问经》中已提到文殊菩萨之名，但是从现存的汉译佛典来看，部派佛教的经典中涉及文殊菩萨名号的经典仅此一部[①]。在该经中文殊菩萨仅是法会的参加者之一，虽然参与了部分问答，但影响却非常有限，对他的记载也很少。

而大乘佛教中，文殊菩萨的情形却正好与之相反。在大乘佛教成立之初，相关的经典中已经有关于文殊菩萨的记载。平川彰先生在谈到最古的大乘经典中称：“现在所能得知的大乘经典中最古的是《六波罗蜜经》《菩萨藏经》《三品经》《道智大经》，因为被古大乘经典所引用，所以可知其古老。”[②]但是，在汉译藏经中并没有《六波罗蜜经》和《道智大经》的名称。印顺法师通过对比发现，“在汉译的经典中，吴康僧会译出的《六度经》，或名《六度集经》，与大乘经所见的《六波罗蜜经》《六波罗蜜集》相合。”[③]而支

---

① 虽然(姚秦)竺佛念所译的《出曜经》中也提到“文殊师利”的名称，但该“文殊师利”与文殊菩萨无关。

②〔日〕平川彰著，庄昆木译：《印度佛教史》，台北：商周出版社，2004年，第232页。

③ 印顺：《初期大乘佛教之起源与开展》，见《印顺法师佛学著作全集》第16卷，北京：中华书局，2010年，第479页。

娄迦谶所译的《道行般若经》则与《道智大经》相合。这两部经中都提到了文殊菩萨的名称，其中，《六度集经》中已有关于文殊菩萨较为详细的记载。该经是由一个个完整的本生故事随类汇编而成的，主要内容是菩萨六度大行。与文殊菩萨有关的部分是《萨和檀王经》，经中文殊菩萨为度化释迦牟尼的前身萨和檀王而化为一少年婆罗门去试探萨和檀王布施之心是否至诚，并为他们说法，使“一国人，皆发无上真正道意，王与夫人应时即得不起法忍。”①此后，随着大乘佛教的发展，《般若经》《法华经》《华严经》等大乘佛典中所发挥的作用也越来越重要。

虽然文殊菩萨是一位大乘菩萨，在《阿含经》及部派佛教的论书中，除《舍利弗问经》外，基本上没有与该菩萨直接相关的资料，但是在部派佛教中已经孕育着与文殊菩萨有关的思想。正如印顺法师所说：“著名的佛与菩萨应该有深远的传说渊源。到底渊源于什么？或推论为受到西方神话的影响；或从印度固有的宗教文化去探求；或从佛教自身去摸索，每每能言之成理。”但是，“大乘佛法到底是佛法的；大乘初期的佛菩萨，主要是依佛法自身的理念或传说而展开，适应印度神教的文化而与印度文化相关涉。佛法流行于印度西北方的，也可能与西方的传说相融合。初期大乘的佛与菩萨，主要是依佛教自身的发展而表现出来的，所以大乘佛法中著名的佛菩萨，即使受到印度神教或西方的影响，到底与神教的并不相同。”②作为大乘佛教中一位著名的菩萨，文殊菩萨的产生与大乘佛教的形成有着密切的关系。虽然目前关于大乘佛教产生的根源，由于材料不充分，所以并不清楚。但从大体上来看，大乘学说的来源主要有三大源流③：一是由部派佛教发展而来的，“各部派对它都有或多或少的影响，其中大众系的几派，对它的影响尤深。”④二是佛传文学。佛传文学出现于部派佛教时期，当时的佛教徒一方面将散见于各种经典的佛陀生平传说进行汇集，另一方面创造地将印度民族的先贤德业改编成佛陀前生的种种故事，从而形成了佛教文学。而这些佛传故事中已经孕育了大量的大乘佛学思想。三是佛塔信仰。佛涅槃后，引起了佛弟子的无比怀念，这种怀念的表现是多方面的，如对佛陀遗体、遗物、遗痕的崇敬，就是怀念佛陀的具体表现。其中，佛塔信仰就是在佛涅槃后，八王分而建塔供养的基础上演变而来的。而这种信仰则是推动佛教向大乘领域转变的重要原因之一。

上述内容中笔者在前人研究的基础上对大乘佛教学说的三个主要来源做了简单的介绍，文殊菩萨作为一个随着大乘佛教的形成而兴起的菩萨，其来源也与上述三个方面有密切的关系。

---

① (孙吴)康僧会译:《六度集经》卷2,见《大正藏》第3册,东京:大藏出版株式会社,1988年,第7页。

②〔日〕平川彰著,庄昆木译:《印度佛教史》,台北:商周出版社,2004年,第396-397页。

③〔日〕平川彰著,庄昆木译:《印度佛教史》,台北:商周出版社,2004年,第396-397页。

④ 吕澂:《印度佛学源流略讲》,上海:上海人民出版社,1979年,第83页。

1. 与小乘圣典的关系。上文已提到，目前已刊布在汉译佛典中，最早提到文殊师利名号的是大众部的律典《舍利弗问经》，可见文殊菩萨虽然是一位大乘佛教的菩萨，但是其思想渊源应该很早就出现了。正如印顺法师所说："大乘佛法到底是佛法的；大乘初期的佛菩萨，主要是依佛法自身的理念或传说而展开……初期大乘的佛与菩萨，主要是依佛教自身的发展而表现出来的。"所以，文殊菩萨这一形象的根本来源还是在佛教中。那么，佛教徒是吸收了早期佛教中的哪些因素来塑造文殊菩萨的呢？我们从早期大乘经典中，文殊师利常随佛左右、助佛宣化，并作为佛教智慧的化身出现这一特点为切入点进行探讨。而小乘佛典中能满足文殊菩萨上述特点的只有舍利弗。

印顺法师在《文殊与普贤》一文中，曾从大乘佛教中文殊、普贤是毗卢遮那佛的两大胁侍，而部派佛教中舍利弗、目犍连为释迦佛的胁侍这一线索为切入点，对文殊菩萨与舍利弗的相似之处进行了研究，极具启发性。此处笔者在印顺法师研究的基础上，将从他们在佛经中所具有的特点等方面，对二者相似性进行探讨。舍利弗和文殊菩萨的相似之处体现在以下几个方面：

（1）大乘经典中称文殊师利是智慧的象征，而小乘经典中则认为舍利弗是佛的声闻弟子中智慧第一者。《增一阿含经》卷36称："诸童子白佛言：'如来智慧力者，何者是乎？'世尊告曰：'我昔有弟子名舍利弗，智慧之中最为第一，如大海水纵横八万四千由旬，水满其中；又须弥山高八万千由旬，入水亦如是。然阎浮里地，南北二万一千由旬，东西七千由旬，今取较之，以四大海水为墨，以须弥山为树皮，现阎浮地草木作笔，复使三千大千刹土人民尽能书，欲写舍利弗比丘智慧之业，然童子当知，四大海水墨、笔、人之渐渐命终，不能使舍利弗比丘智慧竭尽。如是，童子！我弟子之中智慧第一，不出舍利弗智慧之上。计此舍利弗比丘遍满三千大千刹土，空无缺处，欲比如来之智慧，百倍、千倍、巨亿万倍，不可以譬喻为比，如来智慧力者，其事如是。'"①《别译杂阿含经》卷15称："舍利弗多闻，咸称为大智。持戒善调顺，世尊赞叹。得无生寂灭，破魔住后身。"②

（2）大乘佛经中，文殊常在法会中，协助释迦教化众生，而小乘佛教中舍利弗也经常助佛宣化。《中阿含经》卷7称："舍梨子比丘聪慧、速慧、捷慧、利慧、广慧、深慧、出要慧、明达慧、辩才慧，舍梨子比丘成就实慧。所以者何？谓我略说此四圣谛，舍梨子比丘则能为他广教、广观、分别、发露、开仰、施设、显现、趣向。舍梨子比丘广教、广示此四圣谛，分别、发露、开仰、施设、显现、趣向时，令无量人而得于观，舍梨子比丘能以正见为导御也。……舍梨子比丘生诸梵行，犹如生母……是以诸梵行者，应奉

① (东晋)瞿昙僧伽提婆译:《增一阿含经》卷36,见《大正藏》第2册,东京:大藏出版株式会社,1988年,第750页。

② 失译:《别译杂阿含经》卷15,见《大正藏》第2册,东京:大藏出版株式会社,1988年,第477页。

事供养恭敬礼拜舍梨子……所以者何？舍梨子……为诸梵行者求义及饶益，求安稳快乐。”[①]在早期般若类经典中，舍利弗仍然占据着重要的地位。虽然一般认为文殊菩萨是呈现觉悟的智慧，所以认为他与般若经典关系很深，但是在《放光般若经》《光赞经》《摩诃般若波罗蜜经》《道行般若经》《小品般若波罗蜜经》等较早的般若类经典中却没有与文殊相关的内容，甚至连文殊的名字都很少提及，而舍利弗的名号却经常出现，并仍扮演着助佛宣化的重要角色。

（3）大乘佛教中，文殊、普贤被认为是卢舍那佛的左右胁侍，而小乘佛典中则称舍利弗和目犍连是释迦佛的两大弟子，常随释迦佛左右。在部派佛教中，舍利弗和目犍连经常作为释迦佛的两大弟子出现，《大智度论》卷11称："是二人者（舍利弗和目犍连），是我弟子中，智慧第一、神足第一弟子。”[②]《长阿含经》卷1称："毗婆尸佛有二弟子：一名骞茶，二名提舍，诸弟子中最为第一；尸弃佛有二弟子：一名阿毗浮，一名三婆婆，诸弟子最为第一……今我二弟子，一名舍利弗，二名目犍连，诸弟子中最为第一。”[③]二者一起助佛宣化，“舍梨子比丘能以正见为导预也，目犍连比丘能令立于最上真际，谓究竟漏尽。舍梨子比丘生诸梵行，犹如生母，目犍连比丘长养诸梵行，犹如养母，是以诸梵行者，应奉事供养恭敬礼拜舍梨子、目犍连比丘。所以者何？舍梨子、目犍连比丘为诸梵行者求义及饶益，求安隐快乐。”[④]二者在部派佛教经典中有着重要地位，《起世经》中称："诸比丘！波头末地狱所住之处，若诸众生离其处所一百由旬，便为彼狱火焰所及；若离五十由旬所住众生，为彼火熏皆盲无眼；若离二十五由旬所住众生，身之肉血焦然破散。诸比丘！瞿迦梨比丘，为于舍利弗、目犍连所起诽谤心、浊心、恶心故，死后即生波头摩狱。生彼处已，从其口中出大热焰，长余十肘，于其舌上自然而有五百铁犁，恒常耕之。”[⑤]

（4）大乘佛教中称文殊师利为法王子，而部派佛教经典中则认为舍利弗是佛陀之长子。《杂阿含经》卷45中称："佛告舍利弗：‘譬如转轮圣王，第一长子应受灌顶而未灌顶，已住灌顶仪法，如父之法，所可转者亦当随转。汝今如是，为我长子，邻受灌顶而

---

①（东晋）瞿昙僧伽提婆译:《中阿含经》卷7,见《大正藏》第1册,东京:大藏出版株式会社,1988年,第467页。

②（姚秦）鸠摩罗什译:《大智度论》卷11,见《大正藏》第25册,东京:大藏出版株式会社,1988年,第136页。

③（姚秦）佛陀耶舍、竺佛念译:《长阿含经》卷1,见《大正藏》第1册,东京:大藏出版株式会社,1988年,第3-4页。

④（东晋）瞿昙僧伽提婆译:《中阿含经》卷7,见《大正藏》第1册,东京:大藏出版株式会社,1988年,第467页。

⑤（隋）阇那崛多等译:《起世经》卷4,见《大正藏》第1册,东京:大藏出版株式会社,1988年,第329页。

未灌顶，住于仪法，我所应转法论，汝亦随转，得无所起，尽诸有漏，心善解脱。’”①《妙法莲华经》中也曾说：“尔时，舍利弗欲重宣此义，而说偈言：‘无上两组尊，愿说第一法；我为佛长子，唯垂分别说。’”②

综上所述，在大乘佛教成立之前的部派佛教中，已经含有文殊菩萨的思想特点，我们从部派时期的经典对佛陀声闻弟子舍利弗的描述中，已经基本上具有了文殊菩萨的一些重要特点，所以说小乘圣典是文殊菩萨产生的一个重要来源。

2. 与佛传文学的关系。部派佛教时期，很多部派都曾有过自己的佛传类作品，如大众部的《大事》、法藏部的《佛本行集经》、说一切有部的《方广大庄严经》等。这些佛传类经典虽然不能说完全相同，但是它们之间有过共通的佛传，即使在不同的佛传之间，也有着某种超越部派的内涵。这些佛传故事中已经孕育着大乘佛教的思想，是大乘佛教形成的一个重要来源。

虽然现在已无法确认部派佛教时期的佛传故事中是否曾提到文殊菩萨，但是曾在古代流行，并受部派佛教时期佛传故事影响的大乘经圣典——《六度集经》③中已经包含有关于文殊菩萨的记载。《六度集经》是吴康僧会所译，印顺法师称该经与大乘经所见的《六波罗蜜经》《六波罗蜜集》相合。其中，“六度”是从“本生”的内容分类而来的，选择部分本生故事，随类编集，便被称为“六度集”。这些本生故事，虽是部派佛教所传的，但是可以作为菩萨修行的模范，所以受到了佛教界的尊重，大乘佛教菩萨道，就是依此而展开的。

吴康僧会所译的《六度集经》卷2《萨和檀王经》中有关于文殊的记载。与该经类似，且同为康僧会所译的《旧杂譬喻经》中也有关于文殊菩萨的内容。该经卷2中称：“昔有一国人民炽盛，男女大小广为诸恶，性行刚愎，凶暴难化。佛将弟子到其邻国，五百罗汉心自贡高，摩诃目犍连前白佛言：‘我欲诣彼，度诸人民。’佛即听之，往说经道，言当为善，若为众诸恶，其罪难测，覆一国人皆共挞骂不从其数，于是覆还。”其后，舍利弗、阿难也曾前往教化，但都无功而返。后佛遣文殊前往度脱，文殊“即到其国，都赞叹言：‘贤者所为，何乃快耶？’诣其王所，皆面称誉，各令大小，人人闻知。言某勇健、某复仁孝、某有胆慧，随其所在，应意叹誉，皆欢喜不能自胜。言此大人所说神妙，知我志操，何一快善。众人各持金宝香花，散菩萨上，咸持好叠锦綵衣服、甘脆美味饮食肴膳，供养菩萨，皆发无上平等度意。文殊师利谓人民曰：‘汝供养我，不如与我师，

① (刘宋)求陀跋陀罗译：《杂阿含经》卷45，见《大正藏》第2册，东京：大藏出版株式会社，1988年，第330页。

② (姚秦)鸠摩罗什译：《妙法莲华经》卷1，见《大正藏》第9册，东京：大藏出版株式会社，1988年，第6页。

③ 印顺：《初期大乘佛教之起源与开展》(上)，《印顺法师佛学著作全集》第16卷，北京：中华书局，2009年，第479页。

我师名佛，可往共供之，福倍无量。’一切甚悦，随文殊师利往诣佛所，佛为说经，应时即得阿惟越致，三千国土为大震动。”[①]这一记载形象地表现了文殊菩萨在教化众生时随缘度化、善巧方便的特点。

此外，据传为东汉支娄迦谶所译的《杂譬喻经》中也有关于文殊菩萨的记载。该经称：“昔有迦罗越，常愿见文殊师利。迦罗越便大布施，并施高座讫，便有一老翁甚大丑恶，眼中眵出、鼻中洟出、口中唾出，迦罗越见在高座上便起意：‘我今日施舍高座，高尚沙门当在其上，汝是何等人？’便牵着地。布施讫，迦罗越便燃灯烧香，著佛寺中，言：‘持是功德，现世见文殊师利。’便自还家，疲极卧，梦有人语言；‘汝欲见文殊师利，见之不识，近前高座上老翁正是文殊师利，汝便牵着地。如是前后七反，见之不识，当那得见文殊师利？’若人求菩萨道，一切当等心于人，求菩萨道者，文殊师利便往试之，当觉是意。”[②]从上述三个本生、譬喻故事中我们可以看出，文殊菩萨为了宣化佛教、度脱众生，并不拘泥于传统佛教的说教方式，而是因势利导，为教化众生，可以以各种不同的形象出现，故《文殊师利般涅槃经》中称：“此文殊师利法王子，若有人念，若欲供养修福者，即自化身，作贫穷孤独苦恼众生，至行者前。”而文殊菩萨这一特点的根源则与佛传故事中释迦佛的种种本生、譬喻、因缘故事有关。如果说部派佛教经典是文殊菩萨象征佛教智慧的渊源，那么佛传故事则是文殊菩萨所具有善巧方便特点的来源。

3.与佛塔信仰的关系。目前，学术界的相关研究已证明，大乘佛教与佛塔信仰有着密切的关系，如《法华经》《华严经》等大乘经典中都包含有很多佛塔信仰的内容，而佛塔信仰也是由在家信众开始的。究其原因，南传《大般涅槃经》记载，释迦牟尼在即将涅槃之时，曾阻止出家弟子处理他的遗骸。他说：“汝等宜为最上善，努力精进。”而将此事托付于信心虔诚的婆罗门或居士的贤者们，并由他们来对如来舍利进行供养。据佛经记载，佛涅槃后收取其遗骨进行荼毗的就是据尸那罗的末罗族人，分舍利并建塔供养的也是在家信众。佛塔建立之后的一切经营、管理工作也是由在家信众负责的。在管理佛塔的过程中，在家信众逐渐建立了自己的教团，并发展出一种与出家信众不同的信仰方式。

由于在家者无法严守戒律，禅定的实践也无法充分做到，所以他们更注重他力解脱作用，注重信仰的功能，希望通过布施、供养等方式获得佛陀的救济，以达到解脱的目的。佛塔建造的最初目的就是为了安放舍利，如道宣的《关中创立戒坛图经》中称：“若依梵本，瘗佛骨所，名曰塔婆。……依唐言方塚也。古者墓而不坟，坟谓之加土于其上

① (孙吴)康僧会译:《旧杂譬喻经》卷2,见《大正藏》第4册,东京:大藏出版株式会社,1988年,第520页。

② (东汉)支娄迦谶译:《杂譬喻经》卷1,见《大正藏》第4册,东京:大藏出版株式会社,1988年,第500页。

也。如律中，如来知地下有迦叶佛舍利，以土增之，斯即塔婆之相。”[①]可见，佛塔供养的主体就是舍利，亦即释迦牟尼的遗体，所以佛塔信仰的本质其实就是对佛陀的信仰。平川彰先生认为：“部派佛教是出家中心的佛教，是重视戒律的佛教，所以成为以法为中心的佛教。”而早期的佛塔信仰则是一种以在家信徒为中心的佛教信仰，这种佛教信仰与出家信众以法为中心不同。为数众多的在家信众，为了能够得到解脱而特别重视佛陀救济的功能，而他们供养及活动的中心就是佛塔。而这种重视信仰、功德、通俗化的佛教信仰形式，对大乘佛教的兴起产生了深刻的影响。同样，佛塔信仰也对文殊菩萨信仰的形成产生了重要的影响。

据《文殊师利般涅槃经》中记载：“尔时，跋陀波罗白佛言：‘世尊，是文殊舍利，谁当于上起七宝塔？’佛告跋陀波罗：‘香山有八大鬼神，自当擎去置香山中金刚山顶上，无量诸天龙神夜叉常来供养，大众集时，像恒放光，其光演说苦空、无常、无我等法。跋陀波罗!此王子得不坏身，我今语汝，汝好受持，广为一切诸众生说。’”[②]可见，在文殊师利涅槃后，其舍利也被安置于舍利塔中，而受到供养。

在我国去印度求法僧人的传记中，也有与此相关的记载，为我们描述了早期文殊信仰的具体情形。东晋法显在《法显传》中称：摩头罗国僧“安居后一月，诸希福之家劝化供养僧，作非时浆。众僧大会说法，说法已，供养舍利弗塔，种种香华，通夜燃灯。使彼人作舍利弗本婆罗门，时诣佛求出家。大目连、大迦叶亦如是。诸比丘尼多供养阿难塔……诸沙弥多供养罗云……摩诃衍人则供养般若波罗蜜、文殊师利、观世音等。”[③]摩头罗国的这一习俗一直持续到公元8世纪，唐代我国高僧玄奘在《大唐西域记》中也有类似的记载，他说：摩菟罗国“有三窣堵婆，并无忧王所建也，过去四佛遗迹甚多。释迦如来诸圣弟子遗身窣堵婆，谓舍利子、特伽罗子、布剌拏梅呾丽衍尼弗呾罗、邬波釐、阿难陀、罗怙罗、曼殊室利诸菩萨窣堵婆等。每岁三长及月六斋，僧徒相竞，率其同好，赍持供具，多营奇玩，随其所宗，而致像设。阿毗达摩众供养舍利子，习定之徒供养特伽罗子，诵持经者供养满慈子……其学大乘者供养诸菩萨。是日也，诸窣堵婆竞修供养，珠幡布列，宝盖骈罗，香烟若云，花散如雨，蔽亏日月，震荡鸡谷。”[④]上述这些资料表明，早期的文殊信仰也是以佛塔信仰的形式展开的。

综上所述，笔者从部派佛教经典、佛传文学、佛塔信仰三个方面对文殊菩萨及其信仰产生的渊源进行了分析，基本上囊括了文殊菩萨及其信仰形成的各种因素。其中，部

---

①(唐)道宣:《关中创立戒坛图经》卷1,见《大正藏》第45册,东京:大藏出版株式会社,1988年,第809页。

②(西晋)聂道真:《文殊师利般涅槃经》,见《大正藏》第14册,东京:大藏出版株式会社,1988年,第481页。

③(东晋)法显撰,章巽校注:《法显传校注》,北京:中华书局,2008年,第47页。

④(唐)玄奘、辩机原著,季羡林等校注:《大唐西域记校注》,北京:中华书局,1985年,第382页。

派佛教经典和佛传文学是文殊菩萨思想的源流，而佛塔信仰则是文殊菩萨信仰的源流。那么该菩萨及其信仰又是在何时，产生于何地呢？此处，笔者将从文殊菩萨产生的时间和地点以及文殊信仰产生的时间和地点两个方面入手，对二者产生的时间和地点谈一些自己的看法。

（二）文殊菩萨及其信仰形成的过程

上文中提到，部派佛教中大众部的律典《舍利弗问经》中已经出现与文殊菩萨相关的内容。虽然汉译部派佛典中涉及文殊名号的经典仅此一例，但是由此可见文殊菩萨的出现与大众部有着密切的关系。

大众部是在传说的佛教第二次结集时开始分裂出来的，当时它代表进步一派，赞成它的人数较多，所以被称为“大众部”。其中，“大众部”一词早期是与“上座部”相对而言的，其后该部又分为根本大众部、东山部、西山部、王山、雪山、制多山、义成、鸡胤等八部。关于该部产生的地点，印顺法师依据《岛史》《舍利弗问经》《大唐西域记》等中的记载，认为大众部是东方系，重僧伽的。后期，则转移到印度南方。大众部是大乘佛教思想的重要来源之一，文殊菩萨作为早期大乘佛教中有着重要威望的菩萨受其影响也是可能的，而且从佛经记载来看，文殊菩萨也与大众部流行东方或南方有着密切的关系。如《文殊师利净律经》中称：“佛言：‘东方去此万佛国土，世界名宝氏，佛号宝英如来，无所著，等正觉，今现在演说道教，文殊在彼，为诸菩萨大士之伦宣示不及。’”①而《华严经》卷45《入法界品》中记载，文殊师利在舍卫城辞别佛陀之后，“与其眷属，渐游南方。至觉城东，住庄严幢娑罗林中……时，觉城人闻文殊师利在庄严幢娑罗林中，大塔庙处；闻已，优婆塞、优婆夷、童男、童女，皆悉往诣文殊师利。”可见佛经中所记载的文殊菩萨活动的区域与大众部流传的主要地区基本一致。此外，大众部超越现实人间的佛陀观、不重小小戒的风格，也与大乘佛教中文殊菩萨为教化众生而不拘一格形象的形成有着某些相似之处。所以，笔者以为文殊菩萨最早产生于大众部中。但由于当时文殊菩萨产生不久影响较小，而且他在佛教中的作用与早已存在且影响巨大的舍利弗相重合，所以文殊菩萨在大众部中并没有流行起来。但是由于大众部与大乘佛教的密切关系，文殊菩萨作为大众部中少有的几位菩萨而被早期的大乘佛教所吸收，所以在大乘佛教初期的般若类经典中就有关于文殊菩萨的名号出现。

目前学术界一般认为，在大乘佛教中，般若类经典是出现较早的经典，是其他部类经典展开的基础。究其原因，吕澂先生曾归纳为三个方面：（1）《般若经》主要阐述的“法空”思想正是部派佛教发展的必然产物。因为部派佛教中，特别是有部学说发展到极端，认为佛所说法都有自性，都是实在的。为了反对这种极端，所以一转入大乘，就必

①（西晋）竺法护译：《文殊师利净律经》，见《大正藏》第14册，东京：大藏出版株式会社，1988年，第448页。

然走向“实有”的反面而出现“性空”思想。(2) 其他大乘经典的主要内容有很多都是建立在般若的基础上，所以般若类经典的出现要早于其他部类的经典。(3) 般若类经典出现伊始便采用“方广”的形式，而这一形式与部派佛教经典的性质和形式有着密切的关系，是部派佛教“九分教”或“十二分教”中的一种。

关于般若经的产生和流行的地点，《道行般若经》中称：如来灭后，般若波罗蜜流布于南印度，由南方流布于西方，由西方流布于北方。同经卷9提及萨陀波伦求取般若时又称：“萨陀波伦菩萨问虚空中声：当何因缘得般若波罗蜜？当到何方求索？当何等方便得之？虚空中声报菩萨言：从是东行莫得休息，汝行时莫念左，莫念右，莫念前，莫念后……从是东行悉断念之，作是行不缺者，令得闻般若波罗蜜不久。……是时萨陀波伦闻是教法，倍踊跃欢欣，随是教即东行。”[①]《小品般若经》和《大品般若经》中也有类似的记载，虽然从这些记载中无法得出般若经起源于印度东方、南方的结论，但是也从一个侧面反映出《般若经》与印度东方或南方的关系很深，所以《般若经》的内容很有可能受到大众部经典的影响，而当时在大众部中出现的文殊菩萨也被《般若经》所吸收。

从现存的汉译大藏经来看，般若类经典是大乘佛教中最早提到文殊菩萨的经典，在最早的般若类经典——《道行般若经》中已经提到文殊师利之名称。在早期般若类经典中，关于文殊菩萨的记载并不是很多。印顺法师在《初期大乘佛教的起源与开展》一书中将般若类经典分为十一种，其中早期般若类经典有三种，即下品般若、中品般若、上品般若。含有除玄奘所译的《大般若波罗蜜多经》以外的《道行般若经》《大明度经》《摩诃般若波罗蜜钞经》等十部单行的经典，这些经典的内容都与文殊菩萨无关，仅在《道行般若经》《放光般若波罗蜜经》《摩诃般若波罗蜜经》三部经典中提到文殊菩萨的名号，文殊菩萨虽在法会中，但并没有参与问答，而在这些经典中被认为是智慧第一者仍是声闻乘的舍利弗。可见在早期般若类经典中，文殊菩萨的形象仍在不断酝酿之中。

印顺法师在论述大乘经典的形成过程中曾说：“‘法’是在先的，无论是信仰、行仪、修行方法、深义的证悟，传说的、传布的、传授的，都是先有法的存在，孕育成熟而出来的。一种信仰、仪制、修行的教授，不是凭个人编写而有，总是比经典的集出为早的。”[②]文殊菩萨作为一位最早出现于大众部经典中的菩萨，在印度的传说中并没有与之相关的内容，所以文殊菩萨名号产生之后，该菩萨的法门及在佛经中的具体形象也经历了一个较长的孕育期。这一酝酿的过程是伴随着般若类经典不断传播的过程进行的。

关于般若类经典的传播和发展路线，唐玄奘所译的《大般若波罗蜜多经》中曾有过

① (西晋)支娄迦谶:《道行般若经》卷9，见《大正藏》第8册，东京:大藏出版株式会社，1988年，第471页。

② 印顺:《初期大乘佛教之起源与开展》(上)，《印顺法师佛学著作全集》第16卷，北京:中华书局，2009年，第476页。

较为详细的描述，该经卷302中称：“佛言：‘舍利子，甚深般若波罗蜜多，我灭度后至东南方当渐兴盛……从东南方转至南方……从南方至西南方……从西南方至西北方……从西北方转至北方……从北方至东北方，尚渐兴盛。……于东北方大作佛事。’”[①]虽然这一记载的准确程度现在已经难以确认，但是它与部派佛教发展的历史事实相呼应，对般若类经典的传播、发展来说，是一种可能性较大的说法。

在般若类经典的这一传播过程中，不同时期、不同地区的佛教徒们，又根据自己的需要，在般若思想的基础上制作了其他部类的大乘经典，使大乘佛教逐渐形成了一个包含宝积类、华严类、法华类等部类经典的较为完整的思想体系。在这一过程中，文殊菩萨不仅为各部类大乘经典所接纳，并根据各自的需要塑造了文殊的形象，使文殊法门的内容完善。例如在与般若类经典关系密切的《首楞严三昧经》中就将文殊菩萨塑造成一位住首楞严三昧“而于法相转于法轮不退不失”的代表，不仅曾助佛说法，使二百有懈退心得菩萨“更以深心发阿耨多罗三藐三菩提，不复随先退转之心”，而且也称文殊师利在前世曾为龙种上如来。经中称：“文殊师利法王子，曾于先世已作佛事。”在“过去久远无量无边不可思议阿僧只劫，尔时有佛，号龙种上如来、应供、正遍知、明行足、善逝、世间解、无上士、调御丈夫、天人师、佛、世尊。于此世界南方过于千佛国土，国名平等迦叶，汝谓尔时平等世界龙种上佛，岂异人乎？勿生此疑，所以者何？即文殊师利法王子是。”[②]而在《阿阇世王经》中，文殊菩萨的地位则变得更为重要。一方面，他是释迦佛之恩师、诸菩萨之父母，另一方面他也是大乘空宗教义及实践菩萨善巧方便的代表。经中称，他通过为阿阇世王说诸法本来清净、本自解脱，如虚空一样，不为尘埃所污染，故无尘埃可除却等大乘空宗的义理，而使阿阇世王得悟诸法皆空之义。他为教化杀母之人，也化作一人杀害父母，从而使杀母之人明白了无作者受者、无生者灭者的深义，并出家得阿罗汉果。可见，至迟在《阿阇世王经》中，文殊菩萨的形象已经完备，教义及宗教实践的准备也已经完成。但文殊菩萨完全取代舍利弗，最终成为大乘佛教中智慧的象征则是在《维摩诘经》中完成的。

在般若经典传播的过程中，般若类经典本身的内容也逐渐发生了变化。从佛教发展史来看，虽然《道行般若经》《放光般若波罗密经》《光赞般若波罗蜜经》等原始般若类经典是最早出现的大乘佛典，但是这些经典对佛教的声闻乘弟子还是相当尊重的，菩萨的般若波罗蜜也是有弟子们在宣说的，这种情形反映了大乘佛教初兴之时，源于部派佛教的情形。真正有意识地“将大乘佛教从早期佛教中分离出来，而且给早期佛教以‘小

①（唐）玄奘译：《大般若波罗蜜多经》卷302，见《大正藏》第6册，东京：大藏出版株式会社，1988年，第538页。

②（姚秦）鸠摩罗什译：《首楞严三昧经》卷3，见《大正藏》第15册，东京：大藏出版株式会社，1988年，第644页。

乘’名号，大加抨击的，是《维摩诘经》”[①]。该经的哲学思想属于般若空观体系，是般若类经典的一种。从逻辑上判断，该经有可能也是佛教发展史上比较早出的大乘般若类经典。但是，该经与原始般若经典已经有了很大的差异。从其内容来看，该经给人最强烈的印象就是对早期佛教的彻底清算，如在该经的《弟子品》中通过对释迦牟尼的十大声闻弟子所代表的早期佛教法门的批判，全面斥责了早期佛教的基本观念和主要实践，为构建大乘佛教的基本观念和宗教实践开路。而在该经的《菩萨品》中，该经又对早期的大乘观念进行了驳斥，不仅批判了弥勒菩萨，而且也对其他菩萨进行两位责难。在上述两品的基础上，《维摩诘经》一方面着重塑造了维摩诘和文殊师利两位菩萨。其中维摩诘是在家居士的代表，是从在家信众的角度对佛陀的智慧进行了阐释；而文殊菩萨则是出家僧侣的代表，从出家信众的角度对佛陀的智慧作了解读。而在另一方面则对部派佛教中智慧第一的舍利弗进行了批判，经中舍利弗被视为部派佛教的代表而处处受到责难，甚至维摩诘室内侍女对佛法的证悟也远远超过了舍利弗。经中称：“是时大迦叶闻说菩萨不可思议解脱法门，叹未曾有，谓舍利弗：‘譬如有人，于盲者前现众色相，非彼所见；一切声闻闻是不可思议解脱法门，不能解了，为若此也！智者闻是，其谁不发阿耨多罗三藐三菩提心？我等何为永绝其根，于此大乘，已如败种。’”[②]可以说，《维摩诘经》是文殊师利法门发展的一个重要转折点，虽然在此前的一些经典中文殊师利已经取代了舍利弗的地位，成为佛教智慧的象征，但是通过在《维摩诘经》中的种种对比，使文殊菩萨在大乘佛教中的地位得以最终确立。可见，正是由于《维摩诘经》等经典根据自己的需要，对文殊菩萨的思想及具体形象进行了不断的完善，所以才使文殊菩萨法门逐渐发展成一种独立的体系，

综上所述，文殊法门的产生与早期般若类经典有着密切的关系，但它并不是般若法门的一种，虽与般若法门同源，但是二者也有着很大的差异。此外，文殊菩萨形象的形成也与除般若类经典外，佛教其他部类经典的产生、发展有着密切的关系。与般若法门相比，文殊师利法门在重视般若深悟的同时，更加重视不思议的菩萨方便大行。而文殊法门的不断发展，则为文殊信仰的出现做了理论上的准备。文殊信仰的形成也不是一蹴而就的，而是有一个逐渐发展的过程。

上文中提到，法显在《法显传》称：摩头罗国僧“安居后一月，诸希福之家劝化供养僧，作非时浆。众僧大会说法，说法已，供养舍利弗塔，种种香华，通夜燃灯。使彼人作舍利弗本婆罗门，时诣佛求出家。大目连、大迦叶亦如是。诸比丘尼多供养阿难塔

① 杜继文:《汉译佛教经典哲学》下卷,南京:江苏人民出版社,2008年,第98页。

②（姚秦）鸠摩罗什:《维摩诘所说经》卷2,见《大正藏》第14册,东京:大藏出版株式会社,1988年,第546页。

……诸沙弥多供养罗云……摩诃衍人则供养般若波罗蜜、文殊师利、观世音等。”[①]玄奘在《大唐西域记》中关于该地文殊信仰的记载是这样的：摩菟罗国“有三窣堵婆，并无忧王所建也，过去四佛遗迹甚多。释迦如来诸圣弟子遗身窣堵婆，谓舍利子、特伽罗子、布剌拏梅呾丽衍尼弗呾罗、邬波釐、阿难陀、罗怙罗、曼殊室利诸菩萨窣堵波等。每岁三长及月六斋，僧徒相竞，率其同好，赍持供具，多营奇玩，随其所宗，而致像设。阿毗达摩众供养舍利子，习定之徒供养特伽罗子，诵持经者供养满慈子……其学大乘者供养诸菩萨。是日也，诸窣堵婆竞修供养，珠幡布列，宝盖骈罗，香烟若云，花散如雨，蔽亏日月，震荡鸡谷。”[②]将上述两种不同记载综合起来看，有关印度的文殊信仰有两个非常重要的信息：一是流行于摩诃衍人中；二是与佛塔的关系非常密切。佛经中，最早提到建塔供养文殊菩萨的是《文殊师利般涅槃经》，该经中称，文殊菩萨涅槃后由香山八大鬼神，擎去置香山中金刚山顶上起七宝塔供养。

“香山”一词在佛经中曾出现过多次，《长阿含经》中就称：“雪山右面有城，名毗舍离，其城北有七黑山，七黑山北有香山，其山常有歌唱伎乐音乐之声。山有二窟，一名为书，一名为善书，天七宝成，柔濡香洁，犹如天衣，妙音乾达婆王从五百乾达婆在其中止。”该山应该是真实存在的，《大唐西域记》《释迦方志》《南海寄归内法传》等我国僧人的西行游记中都曾提到过该山。而季羡林先生在《大唐西域记校注》中曾对“香山”一词做过注释，他称：“香山是梵文Gandhagiri的意译，佛教中认为它是赡部洲最高中心，旧说指昆仑山，似以葱岭（帕米尔高原）为当。水谷真成注谓指喜马拉雅山中Manasa湖北岸。”不论是葱岭还是喜马拉雅山，大致都位于印度大陆的西北方。从我国古代僧人的西行游记以及季羡林等先生的研究，我们都可以看出《长阿含经》中关于香山位置的描述是有一定的根据的，所以本文将以《长阿含经》中的相关记载为基础展开研究。

从上述记载中可以看出，《长阿含经》是通过“雪山”“毗舍离城”“七黑山”来对“香山”进行定位的。其中，雪山一般指现在的喜马拉雅山，佛经中有很多关于雪山的记载。如《长阿含经》中就称：“有鬼神居在雪山，笃信佛道，即以钵盛八种净水，奉上世尊。”[③]文殊菩萨也与雪山有着密切的关系，据《文殊师利般涅槃经》中称文殊菩萨在佛涅槃四百五十岁，曾至“雪山，为五百仙人宣畅敷演十二部经，教化成熟五百仙人，令得不退转”[④]。由此可见，在今喜马拉雅山附近可能很早就有关于文殊菩萨的信仰流传。

---

①（东晋）法显撰，章巽校注：《法显传校注》，北京：中华书局，2008年，第47页。

②（唐）玄奘、辩机原著，季羡林等校注：《大唐西域记校注》，北京：中华书局，1985年，第382页。

③（姚秦）佛陀耶舍、竺佛念译：《长阿含经》卷3，见《大正藏》第1册，东京：大藏出版株式会社，1988年，第19页。

④（西晋）聂道真译：《文殊师利般涅槃经》，见《大正藏》第14页，东京：大藏出版株式会社，1988年，第480页。

目前学术界普遍认为文殊菩萨的道场是清凉山，而在印度，清凉山可能就是喜马拉雅山。据《华严经·菩萨住处品》中称："东北方有菩萨住处，名清凉山。过去诸菩萨常于中住，彼现有菩萨，名文殊师利，有一万眷属，常为说法。"其中，"清凉"一词是梵文Hima的意译。按照梵文语法的规定，Hima词根在作动词时有变冷、转凉、下雪、入冬等用法，在作名词时表示清凉、冷、雪、冬季等称谓，可见Hima所表之意与热正好相反，是热的反义词。而"清凉山"的梵文写法就是Himalaya，音译为喜马拉雅山[①]。那么，为什么佛经中要将喜马拉雅山意译为清凉山呢？这与印度的地理环境及民族宗教有着很大的关系。众所周知，印度由于地理位置及海洋季风等因素的影响，大部分地区都比较炎热，而其北部喜马拉雅山附近则气候凉爽，故该山又有清凉山之称。"清凉"也具有重要的宗教意义，如昙无谶所译的《大方等大集经》中称："有三昧，名曰清凉，能断离憎爱故。"[②]在佛教中"清凉"有时同"解脱"同义，《众许摩诃帝经》中称："集因灭故苦自然灭，若苦止息得涅槃乐；又复我相永断正灭非转，了苦非有灭云何灭，是得止息是得清凉，离一切句是则涅槃。"[③]所以，汉译佛典中，将"Himalaya"一词意译为"清凉山"之举就比较容易理解了。那么当时的佛教徒为什么会将文殊道场选在此处呢？

笔者以为，《文殊师利般涅槃经》中所记载的文殊菩萨在佛涅槃四百五十岁，曾至"雪山，为五百仙人宣畅敷演十二部经，教化成熟五百仙人，令得不退转"。这反映出当时文殊法门已经开始在印度喜马拉雅山地区流传，而且这一地区佛塔供养比较兴盛。如上文中提到的毗舍离城就是古代印度梨车人的首都，该地佛教兴盛，不仅是传说中佛陀的涅槃之所，而且也是佛教的第二次结集之处。据佛经记载，在佛陀涅槃后，梨车族人也曾分得一份舍利，并曾建塔供养。除此之外，当地还建有大量的佛塔，当时的梨车族人似乎对佛的遗迹十分崇敬，而具体方式便是建塔供养。据《大唐西域记》记载："伽蓝北三四里有窣堵波，是如来将往拘尸那国入般涅槃，人与非人随从世尊至此伫立。次西北不远有窣堵波，是佛于此最后观吠舍釐城。其南不远游精舍，前建窣堵波，是菴罗园，持以施佛。菴罗园侧有窣堵波，是如来告涅槃处。"[④]文殊法门中文殊菩萨利用智慧及善巧方便助佛宣化、救度众生，难免会吸引大量的信众。在此情形之下，为了便于传教，当时信奉大乘佛教的佛教徒便将文殊法门与当地流行的佛塔信仰相结合，从而产生了最早的文殊信仰。

那么早期文殊信仰中文殊菩萨的形象又是怎样的呢？现存的汉译经典中，西晋聂道

---

① 黄夏年:《清凉与清凉山》,《中华文化论坛》1994年第4期。

② (北凉)昙无谶译:《大方等大集经》卷16,见《大正藏》第13册,东京:大藏出版株式会社,1988年,第113页。

③ (北宋)法贤译:《众许摩诃帝经》卷10,见《大正藏》第3册,东京:大藏出版株式会社,1988年,第964页。

④(唐)玄奘、辩机原著,季羡林等校注:《大唐西域记校注》,北京:中华书局,1985年,第593页。

真所译的《文殊师利般涅槃经》是最早全面描述文殊信仰的一部经典，经中对文殊菩萨的形象做了具体的描述。经中称："文殊师利身如紫金山，正长丈六，圆光严显，面各一旬，于圆光中内有五百化佛，一一化佛有五百化菩萨，以为侍者。其文殊冠毗楞伽宝之所严饰，有五百种色，一一色中，日月星辰诸天龙宫，世间众生所希见事，皆于中现。眉间白毫右旋宛转，流出化佛入光网中。举身光明，焰焰相次，一一焰中有五摩尼珠，一一摩尼珠各有异光，异色分明，其众色中化佛菩萨不可具说。左手持钵，右手擎大乘经典，现此相已光火皆灭，化琉璃像。于左臂上有十佛印，一一印中有十佛像，说佛名字了了分明。于右臂上有七佛像，七佛名字了了分明。身内心处，有真金像，结跏趺坐，正长六尺在莲华上，四方皆现。"①这是笔者目前所见到的最早的关于文殊形象的描述。《文殊师利般涅槃经》的汉译本最迟出现于东晋时期，虽然目前还有与该经中描述的文殊师利形象相符合的文殊菩萨像被发现，但是我们可以据此经推测文殊师利的形象在印度很早就产生了。

此外，《文殊师利般涅槃经》中还对信仰文殊菩萨的具体方法及可能获得的功德进行了说明，经中称："是文殊师利，有无量神通、无量变现，不可具记。我今略说，为未来世盲瞑众生，若有众生但闻文殊师利名，除却十二亿生死之罪；若礼拜供养者，生生之处，恒生诸佛家，为文殊师利威神所护，是故众生，当勤系念文殊像，念文殊像法，现念琉璃像，念琉璃像者如上所说，一一观之皆令了了；若未得见，当诵持首楞严，称文殊师利名一日至七日，文殊必来至其人所。若复有人宿业障者，梦中得见，梦中见者，于现在身若求声闻，以见文殊师利故，得须陀洹乃至阿那含；若出家人见文殊师利者，已得见故，一日一夜成阿罗汉；若有深信方等经典，是法王子于禅定中，为说深法；乱心多者，于其梦中为说实义，令其坚固，于无上道得不退转。……此文殊师利法王子，若有人念，若欲供养修福业者，即自化身，作贫穷孤独苦恼众生，至行者前。若有人念文殊师利者，当行慈心，行慈心者，即是得见文殊师利。是故智者，当谛观文殊师利三十二相、八十种好，作是观者，首楞严力故，当得疾疾见文殊师利。作此观者名为正观，若他观者，名为邪观。佛灭度后一切众生，其有得闻文殊师利名者，百千劫中不堕恶道；若有受持读诵文殊师利名者，设有重障，不堕阿鼻地狱极恶猛火，常生他方清净国土，值闻佛法，得无生忍。"②经中从称念文殊名号、观想文殊形象两方面对信仰文殊的方法进行了说明，而且称信仰文殊所获之功德巨大，可以使有宿业障者，得须陀洹至阿那含果；使出家人一日一夜成阿罗汉；乱心多者，于无上道得不退转。

① (西晋)聂道真:《文殊师利般涅槃经》,见《大正藏》第14册,东京:大藏出版株式会社,1988年,第481页。

② (西晋)聂道真:《文殊师利般涅槃经》,见《大正藏》第14册,东京:大藏出版株式会社,1988年,第481页。

综合上述这些因素，我们可以发现，文殊信仰在传入中国之前，在印度佛教的典籍中已经孕育着一种较为成熟的信仰形式。但可能是由于在印度佛教中文殊菩萨的重要性主要体现在佛教义理方面，所以作为当时众多大乘佛教信仰中的一种信仰，它与弥勒信仰、观音信仰相比在印度本土的影响很小。反而是在其传入中国之后，获得了很大的发展，对中国乃至整个东亚的佛教及文化、艺术等方面都产生了重要的影响。

印度佛教浮雕担花纲人物图像系谱

朱己祥

（清华大学美术学院）

公元2—3世纪前后，在西北印度犍陀罗（Gandhara）、中印度秣菟罗（Mathura），以及东南印度的阿玛拉瓦蒂（Amaravati）和纳加尔朱那康达（Nagarjunakonda）佛教浮雕中，普遍流行担花纲人物图像①。这类图像系源自地中海文化因素，传播至印度后被广泛用作佛教供养和装饰题材（图1）。

过去学界对犍陀罗的担花纲人物图像多有关注，大都视其为希腊化艺术在东方的直观体现，探讨其与古罗马石棺浮雕图像的关联②，以及对米兰佛寺遗址壁画的影响③。然而，学界对图像自身的发展脉络少有细致分析，一方面缺乏对西北印度、中印度和东南印度担花纲人物图像系谱的梳理；另一方面对中印度和东南印度的同类图像重视不足，鲜有整体考虑其与犍陀罗乃至罗马实例的关联，同时也疏于甄别犍陀罗与米兰图像间的异同，因而当今学界对于印度担花纲人物图像的认识还十分模糊。

鉴此，本稿将主要运用考古类型学方法，基于实地调查资料和学界披露资料，系统梳理印度佛教浮雕担花纲人物图像实例，着重分析花纲人物各因素及其组合关系，以期厘清印度乃至西域各地担花纲人物图像的发展脉络，并阐明此类图像的源流和各地域间的相互关系。

---

①英文名称为Garland and Erotes /Amorini/ Cupid/Yakshas，可汉译为“担花纲人物图像”。〔意〕多米尼克·法切那、安娜·菲利真齐著，魏正中、王姝婧、王倩译：《犍陀罗石刻术语分类汇编：以意大利亚非研究院巴基斯坦斯瓦特考古项目所出资料为基础》，上海：上海古籍出版社，2014年，第107页。本文所涉及诸多动植物及纹样的定名主要参考此书。

② Benjamin Rowland. *The Art and Architecture of India: Buddhist, Hindu, Jain.* Harmondsworth: Penguin Books, 1953, P.73.

③ Aurel Stein. *Serindia: Detailed Report of Explorations in Central Asia and Westernmost China* (Vol.I). Oxford: The Clarendon Press, 1921, P.529. Yumiko Nakanishi. *The Art of Miran: A Buddhist Site in the Kingdom of Shanshan.* Requirements for the Degree of Doctor of Philosophy, Berkeley: University of California, 2000, P.157-276. 有学者认为，担花纲人物图像传入中国后逐步演变成着天衣人物，及手提瓔珞的天人，其观点显然混淆了源自罗马的花纲系统和源自印度本土的瓔珞系统，难以成立。Young Ae Lim. “*Garland and Yaksa” in Gandhra and Silk-road. The Art History Journal,* 2005 (25):149-168.

一、西北印度的担花纲人物图像

印度佛教浮雕担花纲人物图像大都被装饰在平行带状空间内，波状起伏的花纲被赤裸人物担在肩上，下曲处U形空间装饰半身人物、花卉或鸟类。花纲表面刻画植物或几何纹样，上曲和下曲间多有束帛，下曲底部多有垂饰。图像整体较为写实，花纲与人物形成协调的统一体。

西北印度指广义的犍陀罗文化区域。在该区域出土遗物中，笔者目前搜集和整理出担花纲人物图像实例共79件，其中石刻作品78件，多以青色或灰色片岩雕刻，另有金属容器1件（附表1-2）。

（一）类型

担花纲人物图像主要由三种因素组成，花纲、担花纲者和U形空间装饰。根据花纲形态和体量大小，可分为细矮类和粗高类两大类。

1.细矮类。花纲相对秀丽，直径略小于担花纲人物腰身，起伏舒缓，下曲末端大致与担花纲者腿部齐平，表面以植物和几何纹样的组合装饰为主，整体高度在5～25厘米间，雕刻深度适中。担花纲者大都裸体，神情欢愉，多为童子形象。总计66件，根据U形空间装饰类别，可具体分为4型：

A型。U形空间全部装饰花卉，共12件（附表1：1-12）。根据雕刻空间的差异，可进一步分为两式：

A1式。图像雕刻于平面空间，花卉有束状花朵、束状花蕾和五瓣花朵三种，有9件（附表1：1-9）。

A2式。图像雕刻于非平面空间，用作弧形塔基或塔身装饰，或出现在覆莲柱头下部，全部装饰束状花朵，有3件（附表1：10-12）。

A1式实例多于A2式实例，显然更为流行。

B型。U形空间全部装饰鸟类，主要为体型较大的展翅虹雉，共5件（附表1：13-17）。

C型。U形空间全部装饰人物，绝大部分为半身形象，大多持物，共29件（附表1：18-46）。根据是否带有双翼，可进一步分为三式：

C1式。全部装饰有翼半身人物，多持琉特琴、手鼓、铙钹、腰鼓、横笛、角笛等乐器，及大耳杯等物，有12件（附表1：18-29）。

C2式。全部装饰无翼人物，大都为半身形象，偶有出现全身人物（附表1：43-44），多持束状莲花、高脚杯等，有15件（附表1：30-44）。

C3式。有翼和无翼半身人物组合出现，持口袋等物，有2件（附表1：45、46）。

C1式实例与C2式实例大致相当，C3式实例很少，可知在U形空间分别装饰有翼或无翼人物的做法更为流行，二者组合出现的情况更少。

D型。U形空间内人物与鸟类和花卉组合出现，人物全为半身形象，鸟类有体型较大的展翅虹雉和体型较小的雀鸟，花卉有盛莲、瓣状花朵及束状花朵，共16件（附表1：47–61）。根据题材组合不同，可进一步分为三式：

D1式。有翼半身人物与鸟类和花卉组合出现，持角笛和高柄杯等，有5件（附表1：47–50）。

D2式。无翼半身人物或与鸟类组合出现，或与花卉组合出现，或与鸟类和花卉同时组合出现，手持束状莲花、叶片和高柄杯等，有7件（附表1：51–57）。

D3式。鸟类与花卉组合出现，没有出现人物，有4件（附表1：58–61）。

同时，有3件细矮类实例过于残损，无法归入具体型式（附表1：62–64）。另有1件非浮雕实例，即铜合金材质的迦腻色伽舍利容器（附表1：65）。容器外壁饰担花纲人物图像，U型空间有结跏趺坐佛像、有翼和无翼半身人物，中部担花纲者为迦腻色伽王，着通肩大衣和长靴，双脚外撇，其余担花纲者全部裸体，花纲无束帛和垂饰，图像整体与C型实例接近。

在本类所有实例中，C型实例占总数的43.9%，D型实例占总数的24.2%，A、B两型实例合计仅占总数的25.8%，可见在细矮类担花纲人物图像中，U形空间单纯装饰人物的做法最为流行，组合装饰常使用人物、花卉与鸟类，单纯装饰花卉或鸟类的做法不甚发达。

2.粗高类。花纲相对粗硕，直径略大于担花纲人物腰身，起伏较大，上曲部接近直立，乃至下曲末端常与担花纲者脚部齐平，表面装饰写实性植物纹样，整体高度在25～50厘米间，出现榫头，雕刻较深。担花纲者裸体特征显著，肉感明显，神情凝重，多为成年形象。多数实例仅存花纲上曲部分，U形空间装饰不详，仅少数实例中残存人物。总计13件，根据形态不同，可具体分为两型：

E型。全为花纲上曲部分残件，U形空间装饰无存，无上下边框，半数实例有榫头，担花纲者全部裸体，正面站立，共6件（附表2：1–6）。有的处于花纲之下（附表2：1），仅以手臂与花纲发生关联，整体比例要小，有的用肩部承托（附表2：2–5），与花纲大致等高。

F型。多有上下边框，没有榫头，担花纲者大都裸体，侧身站立，共7件（附表2：6–12）。有的侧身背部朝外（附表2：7–9），有的侧身正面朝外（附表2：9–12），U型空间残存鸟雀、枝叶及无翼半身和全身人物。

整体而言，粗高类担花纲人物图像实例数量，不足犍陀罗实例总数的1/5，要远少于细矮类实例，可知在西北印度是以细矮类担花纲人物图像为主流。

（二）花纲装饰

花纲装饰涉及三方面因素：

1.表面装饰纹样。花纲以复合纹样装饰为主，表面装饰单种纹样的仅有15件，不足实例总数的1/5。其中，细矮类12例（附表1：2、6、7、9、15、18、26、31、34、36、57、63），粗高类3例（附表2：3、9、12）。

明确可辨的纹样共有21种，大致分为三类（附表3）。其一，叶形装饰8种（附表3：a–h），含菱形叶、菱形重叠披针形叶、连续对称双叶、连续单叶、茛莨叶、菩提叶、有中脉的重叠披针形叶、带边心形叶。其二，花形装饰8种（附表3：i–p），含有中脉的花瓣、无中脉的花瓣、莲花瓣、连续重叠式花、四瓣花、五瓣花、盛莲花、重叠半开放式莲花。其三，几何纹饰5种（附表3：q–u），含填充锯齿三角形的鱼鳞纹饰、圆饼形饰、拧状平行联珠与波浪纹饰、填充锯齿三角形的对角四方纹饰、拧状平行波浪纹饰。

通过对62件图像清晰的实例进行纹样组合情况的统计（附表4），可知在所有纹样中，菱形叶、拧状平行联珠与波浪纹、菱形重叠披针形叶和无中脉的花瓣使用频率最高，有中脉的花瓣和有中脉的重叠披针形叶常有出现，其他纹样使用较少，纹样间随机组合搭配，规律性不强。

2.花纲下曲末端垂饰。大都有垂饰，仅少数实例没有（附表1：2、7、65）或简单缠绕一圈束帛（附表1：28、29、53）。垂饰分为串状果实、束状花卉和对称束帛三类。

其一，串状果实有椭圆果实和串状葡萄两种。椭圆果实或为带双叶单个果实，三个果实或多个果实。葡萄或单串（附表1：46），或两叶一串，或为三串。其二，束状花卉有的单一表现为花朵、花蕾（附表1：43）或叶片（附表1：25），多数情况为花朵、花蕾和叶片组合出现。其三，对称束帛偶有出现（附表1：31、37、51），有明显的程式化倾向。

3.上曲或下曲之间束帛。花纲有束帛的实例共33件（附表1–2），占总数的41.8%，接近半数。现实中的花纲本是用花枝和花卉茎蔓等物编缀而成，每隔一定长度须捆扎固定，束帛装饰由此与花纲图像伴生，花纲末端也多收束成花朵或带状，其写实性可见一斑。此外，粗高类实例几乎全有束帛，仅1件实例情况不明，这与其写实性较强的特征相一致。

（三）担花纲者

以裸体为主，其中担花纲者全部裸体的实例有62件，占总数的近4/5，裸体和着衣人物同时出现的有13件，全部着衣的仅有2件。他们全部站立，多为卷发，双眼圆睁，有耳坠、项链、手钏、臂钏和脚钏等装饰身具，相邻人物多有呼应，姿态灵活且自然。

担花纲者的身体姿势也有不同。一为单肩承托花纲，同侧手臂绕置花纲后，另一侧手臂有的扶持花纲，呈侧身状，有的叉腰或触摸后翘的脚底，身体略侧。二为双肩承托，双手有的绕置花纲后，有的持乐器等物，呈正面伫立状。

（四）遗存年代

西北印度实例中出土地点相对明确的有33件（附表1-2），涉及地点北至斯瓦特地区（含布特卡拉、纳瓦盖等地；附表1：4、5、10、36、44、50、52、53、60、61；附表2：3、4、5、10），南至白沙瓦及附近的沙吉奇德里（附表1：65），东至塔克西拉（含达摩拉吉卡、卡拉宛等地；附表1：27、46），西至阿富汗的哈达（附表1：11、38、40、43）。其中囊括贾马尔格里（附表1：21、24、63）、罗里沿·唐盖（附表1：15、28）、纳图（附表1：18、51）、桑高（附表1：56）、萨尔依·巴赫洛（附表1：37）、纳尼盖特（附表1：41）等诸多地点，乃至东南方向相距较远的拉合尔地区也有实例出土（附表1：22、32、59）。可见担花纲人物图像广泛流行于西北印度各个区域。

根据上述实例分布情况，并综合考虑其所属类型，首先会发现，斯瓦特地区不仅遗存数量最为丰富，且涵盖细矮类和粗高类实例中的大部分型式，故该地或为担花纲人物图像的流行中心。其次，现存出土地点明确的粗高类实例全部来自斯瓦特，又考虑到其遗存数量远少于细矮类，所以该类图像或是流行于斯瓦特的区域性类型。最后，现存出土地点明确的C型实例见于犍陀罗各个区域，D型实例也有一定存在，A、B型实例仅偶见于斯瓦特与哈达，可见在细矮类担花纲人物图像中，U形空间装饰人物的做法最为流行且分布区域最广，其与花卉、鸟类组合装饰的做法也常有使用。这种区域分布特点也与C、D型遗存数量所反映出来的情况较为一致。

众所周知，犍陀罗艺术作品虽数量不菲，然大都出土于20世纪，继约翰·马歇尔（John Marshall）20世纪初对塔克西拉进行过发掘后，直至1956年意大利考古队才开始在斯瓦特地区进行相对科学的考古工作。囿于历史条件，大多数作品出土地层不明，难以判断准确年代，只能根据形式和样式大致推测。在5件保存相对完整的实例中（附表1：1、2、3、28、29），担花纲人物图像上方的佛像和菩萨像均呈椭圆形脸，双目半睁，眼窝较深，嘴唇轮廓清晰，五官布局紧凑，袈裟褶皱密集自然，可知大体属于犍陀罗雕塑发展期（2—3世纪）作品。同时，迦腻色伽舍利容器的制作年代可资参考，目前学界普遍倾向于2世纪早中叶①，容器上佛陀等人物形象双眼圆睁，外观表现十分质朴，当属于

---

① 在迦腻色伽舍利容器出土地，出土有形象一致的迦腻色伽金币，据考证其铸造时间约为公元128—152年，故容器铸造年代应大体相当。Vicent A. Smith. *A History of Fine Art in India and Ceylon: From the Earliest Times to the Present Day.* Oxford: The Clarendon Press, 1911, P.360. John Marshall. *Taxila: An Illustrated Account of Archaeology Excavations* (Vol.I). Cambridge University Press, 1951, P.70.［巴基斯坦］穆罕默德·瓦利乌拉·汗著，陆水林译：《犍陀罗艺术》，北京：商务印刷馆，1997年，第96页。F. R. Allchin, Norman Hammond. *The Archaeology of Afghanistan: From the Earliest Times to the Timurid Period.* London: Academic Press INC., 1978, P.245-248, Fig.5.8-5.9.

担花纲人物图像的早期发展阶段。

二、犍陀罗担花纲人物图像与地中海和西域的关系

西北印度的担花纲人物图像源自古罗马石棺浮雕装饰，并由犍陀罗传播至西域，影响了鄯善和于阗古国佛寺壁画。这种源流关系已是学界共识，然不同区域间图像因素的异同，须根据相关实例具体梳理与分析。

（一）古罗马石棺浮雕装饰

花纲人物图像滥觞于古希腊，多见于陶器和纪念碑装饰[①]。这类图像后被用于古罗马石棺浮雕装饰，其形成与演变大致经历四个阶段。

一为雏形期，从罗马共和国至罗马帝国弗拉维王朝终结（96年）（附表5：1–5）。花纲由花卉、果实编缀而成，多垂挂于牛头或蛇发妖女美杜莎头部，上曲顶端及下曲底部束帛，U形空间多装饰祭祀用的碗、罐和花朵（附表5：1–2），同类图像还常装饰于祭坛（附表5：3、4）或建筑构件（附表5：5）。二为发展期，从1世纪末至2世纪末，大体以安东尼王朝覆灭（192年）为止（附表5：6–19）。无翼或有翼的裸体童子肩担花纲，U形空间继续装饰有美杜莎头部，并出现有翼裸体童子、无翼裸体人物及着衣半身人物等多种形象。裸体童子担花纲图像被广泛使用，大都占据棺体外壁，偶有出现在棺盖位置（附表5：7、18、19）。三为延续期，从2世纪末至3世纪末，罗马经历了“三世纪危机”（附表5：20–23）。裸体童子担花纲图像装饰位置依旧显著，U形空间饰半身人物情况更加普遍。四为式微期，从3世纪末至395年东西罗马分裂（附表5：24–25）。实例明显减少，多出现在棺盖位置，担花纲人物图像走向衰弱。花纲逐渐简易，再无束帛和垂饰。担花纲者数量变少乃至仅用头部象征性表示。

（二）与犍陀罗担花纲人物图像之关系

从亚历山大东征，到大夏的建立，特殊的地理位置使得西北印度深受希腊文化影响。贵霜王朝时期，犍陀罗与罗马帕尔米拉（Palmyra）、安条克（Antioch）及塞琉西亚（Seleucia）等地方行省关系密切，诸多外来艺术家和工匠纷至沓来，并以罗马样式训练本地工匠[②]。

犍陀罗担花纲人物图像与罗马石棺浮雕装饰的关联显而易见。首先，花纲形态大体一致，皆由花卉、果实编缀而成，间以束帛捆扎，并垂饰串状葡萄。其次，担花纲者延续了古罗马石棺中的裸体传统，其单肩或双肩承托的姿势几无差别，乃至有翼造型也继续沿用。最后，花纲U形空间装饰花朵、有翼和无翼人物的情况也较为近似。

① 青柳正规:《“花綵を担ぐエロス”の源流と伝播に関する一考察》,《オリエント》1973年第XV-2期。

② The Asia Society INC. *The Art of India / Stone Sculpture*. Tokyo: Book Craft INC., 1962, P.11.

二者实例也存在诸多不同之处。犍陀罗花纲呈波状起伏，前后相续，不同于罗马垂挂而下的形态，其垂挂串状葡萄之余，还使用了椭圆果实、束状花卉和对称束帛等多种装饰，束帛也不再呈蝴蝶结状，所处位置也发生较大变化，U形空间人物、花卉和鸟类的组合装饰亦不尽相同。罗马花纲写实性更强，编缀的花卉和果实清晰可辨，这在犍陀罗逐步演变成各种装饰性纹样。

由此可知，犍陀罗担花纲人物图像是以罗马石棺浮雕装饰为母本，其在保留一定图像因素和风格的同时，已不局限于原有模式，开始发生新的转变。单件作品中花纲连续起伏，担花纲者和U形空间装饰数量有所增加，花纲与人物的关联更为密切，画面氛围动感欢愉。此外，从花纲的形态、垂饰及U形空间半身人物等局部细节来看，犍陀罗担花纲人物图像显然与罗马发展期和延续期实例关系更近，与雏形期和式微期石棺区别较大，故犍陀罗此类图像的流行年代应当更晚，以公元2—3世纪前后为宜，这与上文判断较为吻合。

（三）犍陀罗担花纲人物图像在西域的流传

20世纪初，在鄯善古国地域若羌米兰M.V佛寺遗址，斯坦因发掘出一组壁画担花纲人物图像[①]。图像中花纲形态、束帛装饰与犍陀罗实例基本类似，担花纲者姿态别无二样，裸体传统得到一定延续，然花纲纹样和垂饰的表现已然简化，人物装束也有较大区别，可知米兰壁画确是以犍陀罗浮雕担花纲人物图像为母本，加以变化而来，其制作时间应相对更晚。据上文所述，西北印度担花纲人物图像流行于2—3世纪前后，以此推测，斯坦因关于该壁画制作于3—4世纪的观点为合理之见。

21世纪初，在于阗古国地望之策勒达玛沟，又有一组同类壁画图像面世，已知凡有7幅，系公安部门在文物盗掘案中追回，现收藏在策勒达玛沟佛教遗址博物馆[②]。参照西北印度和鄯善古国实例，达玛沟壁画表现出诸多相一致因素，其花纲形态基本一致，束帛位置没有差别，人物沿袭了裸体传统，项圈、臂钏和手钏等装饰几无两样，视线偏向一侧也是为了与相对人物呼应。同时，花纲弱化成绘画单元的间隔，人物一改童子形象，彻底摆脱担花纲职责，身体姿态得以解放，自由而多变，成为表现的重心所在。此外，于阗画师们将曲铁盘丝般的线描和凹凸有致的晕染技法融合创新，使得壁画人物不失写实又略显夸张，肌体圆润而有弹性，艺术风格独树一帜，与米兰壁画面貌大不相同，乃

---

①〔日〕田辺勝美、前田耕作:《世界美術大全集·東洋編15中央アジア》,東京:小学館,2000年,第275页插図184。孙大卫:《中国新疆古代艺术宝典·绘画卷3》,乌鲁木齐:新疆人民出版社,2006年,第10页插图。Aurel Stein. *Serindia: Detailed Report of Explorations in Central Asia and Westernmost China* (Vol.I). Oxford: The Clarendon Press, 1921, Plate 134-138 &140.

② 上海博物馆:《丝路梵相:新疆和田达玛沟佛教遗址出土壁画艺术》,上海:上海书画出版社,2014年,图版26-5、26-1。

至学界忽略了人物与花纲的关联，将他们误解成“舞伎”或“伎乐天神”，没能揭示其真实面容。上海博物馆李维琨先生以花纲为佛龛[①]，北京大学段晴教授则误认作拱门，甚至认为壁画表现了印度神话故事《优哩婆湿》中国王仰望天上爱人的场景，并根据人物裸体特征，推断壁画来自民居[②]。

根据上文关于担花纲人物图像源流关系及功能属性的探讨，段先生的观点显然有悖于实际情况，难以自圆其说，也给学界带来认识上的混乱。相对而言，达玛沟出土壁画图像已发生巨大变化，与犍陀罗同类图像的关系要比米兰3—4世纪壁画更远，那么其创作年代自然更晚。考虑到达玛沟壁画以暖调设色，不见青金蓝色，与5世纪前后龟兹石窟第一样式壁画格调一致，故其创作于5—6世纪之际更为合理，目前学界断定为晋代的观点显然不够准确[③]。

不仅如此，担花纲人物图像作为犍陀罗艺术的组成部分，在被传播至鄯善和于阗古国之余，其花纲表面常见的装饰纹样也影响至西域，对中国后世佛教装饰纹样产生了影响。如犍陀罗花纲中使用频率最广的菱形叶饰（附表3：a），就常见于楼兰地区木雕装饰[④]，较常见的拧状平行联珠、波浪纹饰（附表3：s）曾出现在和田出土6—7世纪陶质建筑构件[⑤]，偶有出现的填充锯齿三角形的对角四方纹饰（附表3：t）也见于故宫博物院藏“北齐天保二年（551年）孟回同等造释迦、多宝佛”青铜鎏金造像[⑥]，足见相关纹样影响之深远。

三、印度本土的担花纲人物图像

源自地中海文化因素的担花纲人物图像不仅经犍陀罗改造，被传播到西域诸国，还被印度本土佛教石刻广为吸收和使用，见于中印度的秣菟罗和东南印度的阿玛拉瓦蒂及

① 李维琨：《“于阗画派”与西域梵像——观和田达玛沟出土壁画札记》，见上海博物馆：《于阗六篇：丝绸之路上的考古学案例》，北京：北京大学出版社，2014年，第174、175页。

② 段晴：《飘带来自吉祥：反映在古代于阗画中的袄教信仰符号》，《艺术史研究》第17辑，广州：中山大学出版社，2015年，第153-166页。

③ 上海博物馆：《丝路梵相：新疆和田达玛沟佛教遗址出土壁画艺术》，上海：上海书画出版社，2014年，第118页。关于若羌米兰和策勒达玛沟的担花纲人物图像，笔者拙文《鄯善和于阗古国佛寺壁画花纲人物图像分析》（待刊）有详细论述，此处不赘述。

④〔德〕阿尔伯特·赫尔曼著，姚可崑、高中甫译：《楼兰》，乌鲁木齐：新疆人民出版社，2006年，第110页。

⑤李静杰：《印度花鸟嫁接式图像及其在中国的新发展——纪念敦煌研究院成立七十周年》，《敦煌研究》2014年第3期，第97页插图11。

⑥李静杰：《中国金铜佛》，北京：宗教文化出版社，1996年，第55页图版32。

纳加尔朱那康达。

（一）中印度的担花纲人物图像

目前仅在秣菟罗发现2件实例。在第一件实例中，波状起伏的花纲被着围腰布人物担在肩上，无束帛和垂饰，表面刻画平行联珠纹及连续单叶，呈拧状形态，U形空间内饰莲蕾、莲叶和蔓草。担花纲者以单肩或双肩承托，身旁饰有莲蓬，看似正在奔走。

该图像虽然在母题上与犍陀罗担花纲人物图像一致，表现风格却大不相同。其中，印度式围腰布十分显眼，类似样式的莲蕾也见于桑奇塔门①，显然受本土文化影响较重。在另一件实例中，图像发生了实质变化，花纲为纤细蔓草替代，担花纲者身材高瘦颀长。由于缺乏更多实例，秣菟罗相关图像究竟是受犍陀罗的影响还是另有来源，目前尚难定论，留待更多新资料的发现。

（二）东南印度的担花纲图像

所见实例共20件，其中阿玛拉瓦蒂出土14件，纳加尔朱那康达出土6件，多以石灰片岩雕凿。波状起伏花纲自摩羯鱼或药叉口中吐出，下曲底部有圆形或方形佩饰，U形空间多为人物供养佛塔、菩提树、法轮和宝冠等场景。担花纲者身材高瘦颀长，作奔跑状，少数实例中出现药叉。

1.类型。根据实例形态的不同，可分为两类：

A类。皆为横长方形浮雕嵌板，高度在60～100厘米间，共13件（附表6：3-13），其中阿玛拉瓦蒂出土10件、纳加尔朱那康达出土3件。可具体分为两型：

A1型。花纲自摩羯鱼口中吐出，被着围腰布的瘦高人物担在肩上，有9件（附表6：3-10），其中阿玛拉瓦蒂6件、纳加尔朱那康达3件。

A2型。图像中出现矮胖敦实的药叉形象，有4件（附表6：11-13），全部出自阿玛拉瓦蒂。药叉有的口吐花纲，有的肩担花纲，乃至出现担花纲者全是药叉的情况（附表6：15）。花纲U型空间出现半圆莲花装饰，且下曲底部束帛，没有垂饰（附表6：14-15）。

A2型实例要少于A1型实例且不见于纳加尔朱那康达，可知担花纲图像中的药叉不是主流形象，可能主要流行于阿玛拉瓦蒂。

B类。皆为竖长方形浮雕嵌板，高度在100～130厘米间，宽度在75～90厘米间，共7件（附表6：14-19），其中阿玛拉瓦蒂出土4件、纳加尔朱那康达出土3件。担花纲人物图像出现在浮雕局部，与佛塔装饰相关，整体风格与A1型实例一致。根据装饰位置不同，可具体分为两型：

① Albert Grunwedel. *Buddhist Art in India.* Translated by Agnes C. Gibson. London: Bernard Quaritch, 1901,P.34, Fig.10.

B1型。装饰于浮雕佛塔塔门左右横栏位置，有5件（附表6：14–17），其中阿玛拉瓦蒂4件、纳加尔朱那康达1件。因空间有限，花纲表现较为简略。

B2型。装饰于佛塔栏楯浮雕上部，有2件（附表6：18–19），全部出自纳加尔朱那康达。

B1型实例主要出自阿玛拉瓦蒂，B2型实例全部见于纳加尔朱那康达，这两种型式实例的主要流行区域有所区别。

在东南印度所有担花纲人物图像实例中，A类实例占总数3/5有余，可见该类图像用于横长方形浮雕嵌板装饰的做法，要比装饰在竖长方形浮雕佛塔或栏楯的做法更为流行。其中，阿玛拉瓦蒂出土实例占总数的70%，该地或为担花纲人物图像在东南印度的流行中心，纳加尔朱那康达图像则是受其影响发展而来。

2.花纲装饰。花纲自摩羯鱼或药叉之口吐出，与犍陀罗花纲末端收束的做法差别甚大，表面以平行联珠纹将区隔成平行带状空间，并填充各种植物纹样和几何纹样，十分繁缛而复杂。这种处理方式与秣菟罗实例存在共性，与犍陀罗花纲通体饰以单种纹样或分段饰以多种纹样的做法迥异，具体纹样类型也大不相同。花纲束帛位置与犍陀罗一致，然样式更为复杂，且上曲顶端覆盖宽大叶片。U形空间多表现供养佛塔、菩提树、法轮和宝冠及舍利容器等佛陀象征物的场景，供养者皆为全身人物。下曲底部不垂挂果实或花卉等，代之有璎珞的圆形佩饰，也有少量方形佩饰，佩饰表面常雕刻“树下诞生”“出游四门”等佛传故事，及“供养圣树”等场景，也有表现莲花的做法。

3.担花纲者。担花纲者发髻与冠饰呈印度传统风格，佩戴耳铛、项链和臂钏等装饰身具，无脚钏，着围腰布，几近赤裸，身体大都右向并以右肩承托花纲，作奔跑状。同时，以双肩承托或纯粹以双手抱持花纲的情况偶有出现。花纲U形空间供养人物的装束也大致相同。

4.遗存年代。东南印度担花纲人物图像年代相对确定，与阿玛拉瓦蒂和纳加尔朱那康达诸佛教石刻年代大体一致，集中在2—3世纪。在其花纲U形空间及圆形（或方形）配饰中，供养佛塔、菩提树、法轮等佛陀象征物的场景频繁出现，显然延续了纪元前后印度本土不表现佛陀的传统。在圆形配饰中雕刻本生或佛传故事，以及菩提树和莲花的做法，在巴尔胡特栏楯浮雕已十分成熟[①]。阿玛拉瓦蒂药叉口吐花纲的做法，或许受到中印度桑奇大塔浮雕的影响，在其南门第三横梁浮雕中，波状起伏的纤细莲花茎蔓就是自药叉口吐出[②]。

---

① 砂岩，直径54厘米，巽加时期（前1世纪初），加尔各答印度博物馆藏。〔日〕田辺勝美、前田耕作：《世界美術大全集·東洋編13インド1》，東京：小学館，2000年，第59頁図版26。

② John Marshall. *The Buddhist Art of Gandhāra*. Cambridge University Press, 1960, Plate2. 林保尧：《印度圣迹山奇大塔门道篇》，新竹：觉风佛教艺术文化基金会，2009年，第138-139页插图C。

整体而言，东南印度担花纲人物图像的母题与犍陀罗一致，然二者风格迥异，整体关联并不直接。东南印度实例中的人物装束与形态，以及花纲纹样的处理方式，似与秣菟罗存在一定共性，然因后者实例稀少，不能妄下结论。确信无疑的是，东南印度担花纲人物图像与中印度传统雕刻关系密切，吸取了诸多纪元前后的中印度文化因素，形成了鲜明的区域特征。

东南印度担花纲人物图像的形成有两种可能：其一，间接关联犍陀罗，经秣菟罗传播而来，并吸收中印度雕刻传统，发展成特色鲜明的区域性样式。其二，直接受地中海文化因素影响。东南印度拥有辽阔海域，与远东和罗马诸国互有往来，乃至罗马金币在此无须熔铸，可直接使用[①]。若将西北印度和东南印度实例与罗马石棺浮雕装饰进行对比，发现犍陀罗不仅遗存数量远为丰富，其图像风格也与地中海母题更为接近，东南印度图像则差别甚大，以此而论，第一种可能性似乎更大。考虑到秣菟罗的地理位置介于西北印度和东南印度之间，故中印度实例对于问题的解决至关重要，这有待于更多新资料的发现。

四、担花纲人物图像的功能

源自地中海文化因素的担花纲人物图像，在古印度得到广泛传播和发展，并经犍陀罗改造，影响至西域鄯善和于阗古国。学界历来将这类图像视作边缘装饰，少有关注其具体使用功能。对此，担花纲人物图像的装饰位置及图像细节，为该问题的讨论提供了有益而重要的线索。

在本稿梳理的西北印度实例中，有15件相对位置明确，大致出现在三类位置。其一，直接与佛塔相关，装饰于塔基和塔身（附表1：11），或用作塔基装饰嵌板（附表1：4、7、53）和踏梯竖板（附表1：21、24）。其二，位于成铺尊像下方（附表1：2、3、29）及成组供养人上方或下方（附表1：55）。其三，位于舍利容器外壁或覆莲柱头（附表1：12）。东南印度相关实例则全部用作佛塔装饰，整体图像与佛塔相关，担花纲人物图像被装饰在浮雕佛塔的塔门横栏或栏楯位置。这些迹象综合表明，担花纲人物图像一方面用作边缘装饰，另一方面具有供养功能，尤其是与佛塔供养密切相关。

在罗马石棺浮雕装饰中，担花纲人物图像主要出现在棺体外壁，反映出对生命繁荣与永恒的崇拜。在古印度佛教文化背景下，佛塔既是贮藏舍利之所，又是佛陀涅槃的象征，其功能与内涵和罗马石棺近似。在犍陀罗迦腻色伽舍利容器图像中，花纲U形空间直接出现佛陀形象，两侧人物侧身面佛，无疑是在展现供养场景。同时，犍陀罗U形空

① 在邻近安达罗国领土的本地治理(Pondicherry)之阿里卡梅杜(Arikamedu)，就发现有罗马商港遗址，是为该国与西方海上贸易的铁证。王镛:《印度美术》，北京：中国人民大学出版社，2010年，第137-138页。J. PH. Vogel. *Buddhist Art in India, Ceylon and Java.* Oxford: The Clarendon Press, 1936, P.47.

间中的有翼和无翼人物多持乐器和束状莲花等，暗示出其供养人身份；东南印度同一位置则表现供养佛塔、菩提树和法轮等场景，也说明担花纲人物图像的出现与供养相关。

不仅如此，东南印度担花纲者的身体几乎全部右向，以右肩承托，作奔跑状，这与信众绕塔礼拜方向一致。此种情况不见于古罗马和西北印度实例，显然是有意设计的结果，很可能是为了强化佛教右绕供养的目的。此种人物方向性的设计在若羌米兰担花纲人物图像也有反映。图像中担花纲者多以左肩承托，侧身向左，U型空间人物亦具此种倾向。壁画被绘制在佛殿环形内墙，相对于中心佛塔而言，花纲间人物都是向右，与右绕供养方向一致。

此外，犍陀罗担花纲者中有一种特殊的翘脚姿势频繁出现，人物或左脚单立、右手抓住后翘的右脚（附表1：15、39、44、54、65），或反之右脚单立、左手抓住翘起的左脚（附表1：26、42、57，附表2：4）。有学者将其解释成担花纲者在拔除脚掌尖刺[①]，然这与图像整体表现出的欢愉氛围颇不协调。考虑到该姿势完全不见于担花纲人物图像的地中海母题——古罗马石棺浮雕装饰，其在犍陀罗出现并被运用在佛教图像中当是有意为之，用来表现印度特有的翘脚供养，类似姿势同样见于鄯善古国米兰遗址壁画图像[②]。

翘脚人物造型在拜城克孜尔第163、187窟和库车库木吐喇第46窟壁画中也有出现，如克孜尔第187窟壁画图像，翘脚人物双手合十，注目佛陀[③]，其供养者角色确信无疑，这侧面验证了担花纲人物图像的供养功能。

欲长时间保持翘脚独立颇为不易，所以该姿势既能反映虔诚的态度，又可展示坚定的决心，这在《法句譬喻经·道行品》《六度集经·须大拏经》等诸多经典屡有记载[④]。据《大毗婆沙论》和《俱舍论》所述，释迦菩萨就是以翘脚姿势供奉底砂佛，以展现自

① Benjamin Rowland. *Gandhara Sculpture from Pakistan Museums.* New York: Asia Society, 1960, P.63.

② 斯坦因对于该翘脚人物早有细致描述，然因壁画保存状况不佳，常被研究者忽略。*Serindia* (Vol.I), P.528.

③ 段文杰：《中国新疆壁画全集3·克孜尔》，天津：天津人民美术出版社，1995年，第80、81页图版99-100。新疆维吾尔自治区文物管理委员会：《中国石窟·克孜尔石窟》第2卷，北京：文物出版社，图版173。新疆维吾尔自治区文物管理委员会：《中国石窟·库木吐喇石窟》，北京：文物出版社，1992年，图版117。

④《法句譬喻经·道行品》："梵志诣门，烧香翘脚咒愿求见阎罗王。"见《大正藏》第4册，东京：大藏出版株式会社，1988年，第597页。《六度集经·须大拏经》："（梵志八人）到叶波国，俱拄杖翘一脚向宫门立，谓卫士曰：'吾闻太子布施贫乏润逮群生，故自远涉乞吾所乏。'……（太子）稽首接足慰劳之曰：'所由来乎苦体如何？欲所求索以一脚住乎？'"见《大正藏》第3册，东京：大藏出版株式会社，1988年，第8页。

身坚忍不拔的精神，寓示最为圆满的精进行为[①]。

总而言之，担花纲人物图像的源流演变，涉及地中海、南亚和西域多个地区的文化因素。这些图像犹如文明密码，中古时期东西文化交流实况浮现于其间，让我们得以见证丝绸之路上多种文化的交汇与融合。

后记：清华大学美术学院李静杰教授对本稿的撰写给予了悉心指导，并无私提供了诸多实拍照片，谨致谢忱。

① 《阿毗达磨大毗婆沙论》）“（释迦）欻然见佛威仪端肃光明照曜。专诚恳发喜叹不堪。于行无间忘下一足。瞻仰尊颜目不暂舍。经七昼夜。”见《大正藏》第27册，东京：大藏出版株式会社，1988年，第89页。《阿毗达摩俱舍论》：“若时菩萨勇猛精进因行。遇见底沙如来坐宝龛中入火界定威光赫奕特异于常。专诚瞻仰忘下一足。经七昼夜无怠。”见《大正藏》第29册，东京：大藏出版株式会社，1988年，第558页。

附表1 犍陀罗细矮类担花纲人物图像实例一览表

实 例	型式	U形空间	担花纲者	束帛	垂饰及其他
1.白沙瓦博物馆藏犍陀罗浮雕	A1	束状花朵	裸体	无	椭圆果实;浮雕底部
2.私人藏犍陀罗浮雕	A1	束状花朵	裸体	无	无垂饰;浮雕底部
3.克利夫兰博物馆藏犍陀罗浮雕	A1	束状花朵	裸体	无	束状花朵;浮雕底部
4.斯瓦特(Swat)出土浮雕	A1	束状花朵	裸体	无	束状花朵;塔基嵌板
5.斯瓦特出土浮雕	A1	束状花朵	裸体	无	束状花朵
6.白沙瓦博物馆藏犍陀罗浮雕	A1	束状花朵	裸体	有	串状葡萄
7.斯瓦特或布纳(Buner)出土浮雕	A1	束状花朵	裸体	无	无垂饰;塔基嵌板
8.新德里印度国家博物馆藏犍陀罗浮雕	A1	束状花蕾	裸体	无	束状花朵;李静杰摄
9.秣菟罗博物馆藏犍陀罗浮雕	A1	五瓣花朵	裸体	无	椭圆果实;浮雕上部;李静杰摄
10.斯瓦特出土塔基	A2	束状花朵	裸体	无	束状花朵;弧形塔基
11.阿富汗哈达(Hadda)地区出土佛塔	A2	束状花朵	裸体	无	束状花朵;塔身下部
12.巴基斯坦拉合尔(Lahore)博物馆藏石覆莲柱头	A2	束状花朵	裸体	不详	椭圆果实;柱头下部
13.日本私人藏犍陀罗浮雕	B	展翅虹雉	裸体	无	椭圆果实,束状花朵与花蕾
14.日本私人藏犍陀罗浮雕	B	展翅虹雉	裸体	无	椭圆果实
15.罗里沿·唐盖(Loriyān Tāngai)出土浮雕	B	展翅虹雉	裸体	有	椭圆果实
16.日本平山郁夫丝绸之路博物馆藏犍陀罗浮雕	B	展翅虹雉	裸体	无	束状花蕾,串状葡萄
17.日本私人藏犍陀罗浮雕	B	展翅虹雉	裸体;围腰布	无	束状叶片
18.纳图下寺(Lower Monastery of Nathu)出土浮雕	C1	有翼半身人物	裸体	无	椭圆果实
19.平山郁夫丝绸之路美术馆藏犍陀罗浮雕	C1	有翼半身人物	裸体	有	椭圆果实,束状花蕾
20.加拿大皇家安大略博物馆藏犍陀罗浮雕	C1	有翼半身人物	裸体	无	椭圆果实,串状葡萄
21.巴基斯坦贾马尔格里(Jamalgarhi)出土浮雕	C1	有翼半身人物	裸体	有	椭圆果实;踏梯竖板
22.拉合尔出土犍陀罗浮雕	C1	有翼半身人物	裸体;围腰布	有	束状花蕾,椭圆果实
23.日本京都大学考察队所获犍陀罗浮雕	C1	有翼半身人物	裸体	有	圆束状花朵

续附表1

实　例	型式	U形空间	担花绳者	束帛	垂饰及其他
24.巴基斯坦贾马尔格里出土浮雕	C1	有翼半身人物	裸体	有	椭圆果实，串状葡萄;踏梯竖板
25.斯瓦特或布纳出土浮雕	C1	有翼半身人物	裸体;围腰裙	有	束状叶片
26.拉合尔中央博物馆藏犍陀罗浮雕	C1	有翼半身人物	裸体	无	椭圆果实
27.塔克西拉之达摩拉吉卡(Dharma-rajika)出土浮雕	C1	有翼半身人物	裸体	无	
28.罗里沿•唐盖出土"舍卫城大神变"浮雕	C1	有翼半身人物	裸体	无	无垂饰，束帛;浮雕底部
29.日本松冈美术馆藏犍陀罗"莲花座上佛说法图"浮雕	C1	有翼半身人物	裸体	无	无垂饰，束帛;浮雕底部
30.印度国家博物馆藏犍陀罗浮雕	C2	无翼半身人物	裸体	无	椭圆果实，束状花朵，串状葡萄
31.旧金山亚洲艺术博物馆藏犍陀罗浮雕	C2	无翼半身人物	裸体	无	椭圆果实，对称束帛
32.拉合尔出土浮雕	C2	无翼半身人物	裸体	有	束状花蕾
33.白沙瓦博物馆藏浮雕	C2	无翼半身人物	裸体;袒右肩衣	无	束状叶片
34.旧金山亚洲艺术馆藏犍陀罗浮雕	C2	无翼半身人物	裸体;围腰布	无	椭圆果实，串状葡萄
35.大英博物馆藏犍陀罗浮雕	C2	无翼半身人物	裸体	无	椭圆果实
36.斯瓦特布之布特卡拉(Butkara)出土浮雕	C2	无翼半身人物	着衣	无	串状葡萄
37.私人藏犍陀罗浮雕	C2	无翼半身人物	裸体;围腰布;通肩衣	无	椭圆果实，对称束帛
38.哈达出土浮雕	C2	无翼半身人物	裸体	无	椭圆果实
39.秣菟罗博物馆藏犍陀罗浮雕	C2	无翼半身人物	裸体	无	束状花朵;李静杰摄
40.哈达出土浮雕	C2	无翼半身人物	裸体	有	束状花蕾和四瓣花朵
41.纳尼盖特(Ranigat)出土浮雕	C2	无翼半身人物	裸体	无	束状花蕾
42.日本私人藏犍陀罗浮雕	C2	无翼半身人物	裸体	有	束状花蕾，串状葡萄
43.哈达出土浮雕	C2	无翼全身人物	裸体;围腰布	有	束状花蕾，束状叶片
44.斯瓦特巴里果德(Barikot)镇纳瓦盖(Nawagai)遗址出土浮雕	C2	无翼全身人物	裸体		束状花蕾
45.比利时布鲁塞尔Claude de Marteau Collection藏犍陀罗浮雕	C3	有翼和无翼半身人物	裸体;交领大衣	有	椭圆果实，束状花蕾
46.塔克西拉之卡拉宛(Kālawān)A1塔庙出土浮雕	C3	有翼和无翼半身人物	裸体	有	串状葡萄

续附表1

实　例	型式	U形空间	担花绳者	束帛	垂饰及其他
47.京都大学考察队所获犍陀罗浮雕	D1	有翼半身人物;束状花朵;展翅虹雉	裸体	无	椭圆果实
48.松冈美术馆藏犍陀罗浮雕	D1	有翼半身人物;展翅虹雉	裸体	有	椭圆果实
49.塔克西拉出土浮雕	D1	有翼半身人物;雀鸟	裸体;通肩大衣	有	串状葡萄
50.斯瓦特巴里果德镇纳瓦盖遗址出土浮雕	D1	有翼半身人物;六瓣花朵	裸体	无	束状花蕾和五瓣花朵
51.纳图出土浮雕	D2	无翼半身人物;雀鸟	裸体	无	对称束帛
52.斯瓦特出土浮雕	D2	无翼半身人物;雀鸟	裸体	无	串状葡萄
53.斯瓦特出土浮雕	D2	无翼半身人物;雀鸟	裸体	无	无垂饰,束帛;塔基嵌板
54.日本私人藏犍陀罗浮雕	D2	无翼半身人物;盛莲	裸体	无	椭圆果实,串状葡萄
55.日本私人藏犍陀罗浮雕	D2	无翼半身人物;瓣状花朵	裸体	无	串状葡萄,束状花蕾,瓣状花朵;浮雕底部
56.桑高(Sanghāo)地区出土浮雕	D2	无翼半身人物;束状花朵	裸体	无	椭圆果实
57.白沙瓦博物馆藏犍陀罗浮雕	D2	无翼半身人物;展翅虹雉;覆瓣莲座	裸体;通肩上衣和围腰裙	有	串状葡萄
58.美国私人藏犍陀罗浮雕	D3	展翅虹雉;束状花朵	裸体;围腰布	有	束状花蕾和四瓣花朵
59.拉合尔出土浮雕	D3	展翅虹雉;束状花朵	裸体	无	椭圆果实
60.斯瓦特出土浮雕	D3	展翅虹雉;束状花朵	裸体	有	椭圆果实
61.斯瓦特巴里果德镇纳瓦盖遗址出土浮雕	D3	雀鸟;六瓣花朵	裸体	有	束状花蕾和五瓣花朵
62.旅顺博物馆藏犍陀罗浮雕		无翼半身人物	裸体		
63.巴基斯坦贾马尔格里出土浮雕			裸体	无	束状花朵
64.旅顺博物馆藏犍陀罗浮雕			裸体		束状花朵
65.白沙瓦附近沙吉奇德里(Shāh-jī-kī-Dherī)出土迦腻色伽舍利容器	C3(?)	有翼和无翼半身人物	裸体;衣,靴	无	无垂饰;容器外壁

附表2　犍陀罗粗高类担花纲人物图像实例一览表

实　例	型式	U形空间	担花纲者	束帛	垂饰及其他
1.日本私人藏犍陀罗浮雕	E		裸体	有	有榫头
2.韩国国立中央博物馆藏犍陀罗浮雕	E		裸体	有	串状葡萄;李静杰摄
3.斯瓦特布特卡拉出土浮雕	E		裸体	有	串状葡萄
4.斯瓦特布特卡拉出土浮雕	E		裸体	有	有榫头
5.斯瓦特布特卡拉一号遗址出土浮雕	E		裸体	有	串状葡萄
6.日本平山郁夫丝绸之路美术馆藏犍陀罗浮雕	F	雀鸟	通肩半身裙	有	
7.日本私人藏犍陀罗浮雕	F		裸体	有	圆束状花朵
8.犍陀罗出土浮雕	F		裸体,有翼	有	
9.日本私人藏犍陀罗浮雕	F	全身人物	裸体	有	束状花朵和花蕾
10.斯瓦特博物馆藏浮雕	F	半身人物;枝叶	裸体;肩部披衣	有	椭圆果实
11.巴基斯坦私人藏犍陀罗浮雕	F	半身人物		有	串状葡萄
12.日本藏犍陀罗浮雕	F	全身人物怀抱雀鸟			束状花朵和花蕾

附表3 犍陀罗花纲表面装饰纹样一览表

<table>
<tr><td rowspan="3">叶形装饰</td><td>
a.菱形叶
（附表1:34局部）</td><td>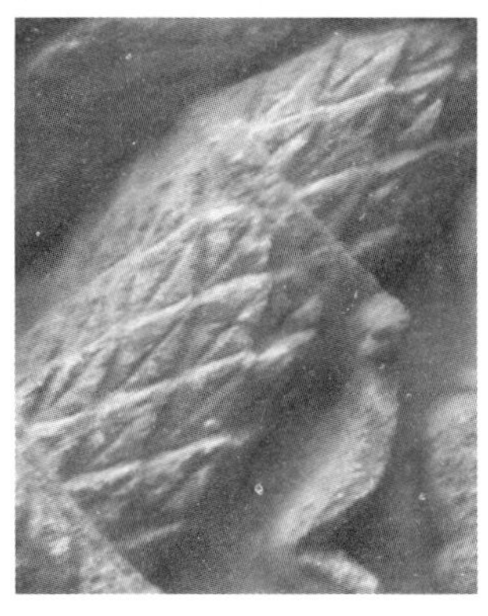
b.菱形重叠披针形叶
（附表1:49局部）</td><td>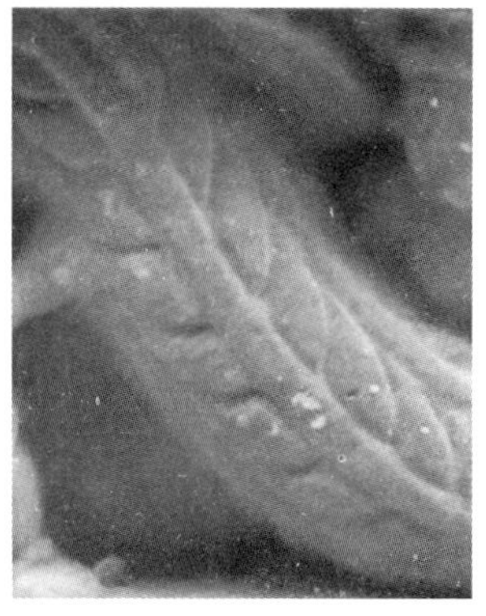
c.连续对称双叶
（附表1:28局部）</td></tr>
<tr><td>
d.连续单叶
（附表1:8局部）</td><td>
e.苕莨叶
（附表2:1局部）</td><td>
f.菩提叶
（附表2:7局部）</td></tr>
<tr><td>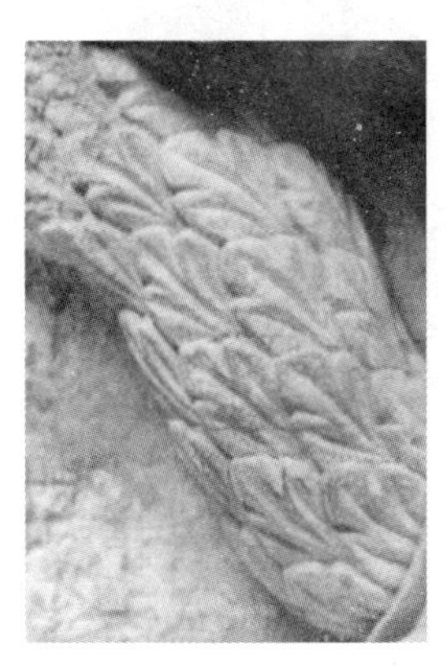
g.有中脉的重叠披针形叶
（附表1:16局部）</td><td>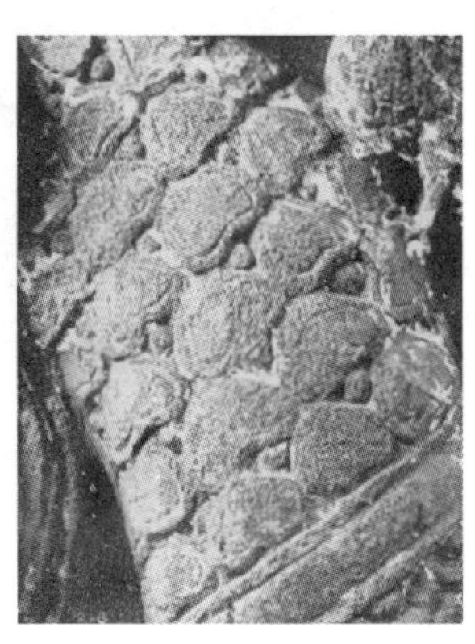
h.带边心形叶
（附表2:7局部）</td><td></td></tr>
</table>

续附表3

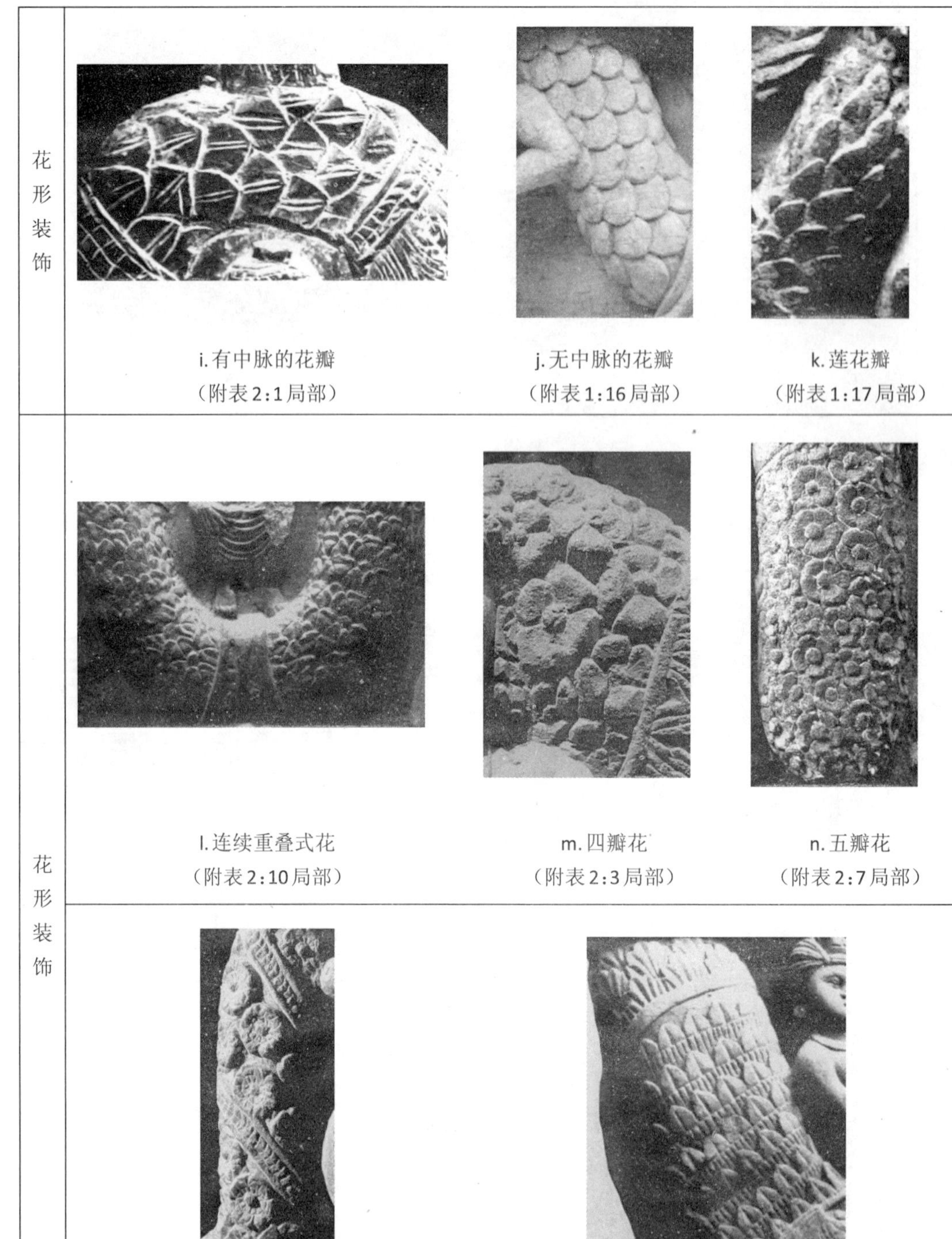

花形装饰	i.有中脉的花瓣 （附表2：1局部）	j.无中脉的花瓣 （附表1：16局部）	k.莲花瓣 （附表1：17局部）
花形装饰	l.连续重叠式花 （附表2：10局部）	m.四瓣花 （附表2：3局部）	n.五瓣花 （附表2：7局部）
	o.盛莲花 （附表2：4局部）	p.重叠半开放式莲花 （附表2：12局部）	

续附表3

几何纹饰	 q. 填充锯齿三角形的鱼鳞纹饰 （附表1:15局部）	r. 圆饼形饰 （附表1:49局部）	 s. 拧状平行联珠、波浪纹饰 （附表1:19局部）	 t. 填充锯齿三角形的对角四方纹饰 （附表1:16局部）
	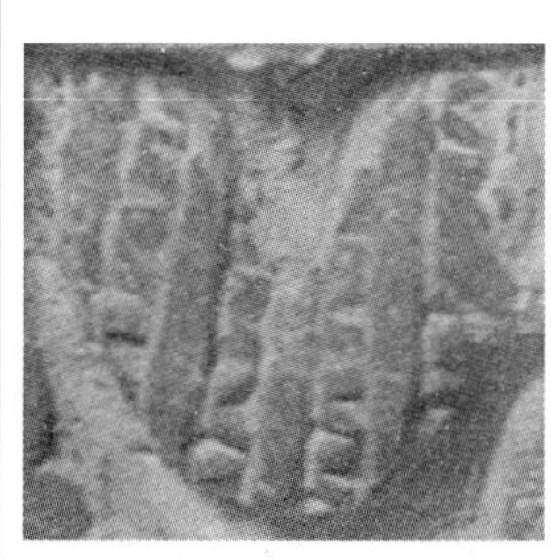 u. 拧状平行波浪纹饰 （附表1:2局部）			

附表4　犍陀罗花纲表面装饰纹样组合情况统计表

实例编号	纹样类型																				
	a	b	c	d	e	f	g	h	i	j	k	l	m	n	o	p	q	r	s	t	u
1:1	√								√												
1:2																					√
1:4	√																√		√		
1:6										√											
1:7	√																				
1:8	√			√			√			√											
1:9																			√		
1:13	√		√						√	√						√			√	√	√
1:14	√								√												
1:15																	√				
1:16							√			√						√				√	
1:17							√				√										
1:18	√																				
1:19	√								√										√		
1:20	√						√			√											
1:21	√									√							√		√		
1:22	√																	√	√		
1:24	√																		√		
1:25	√																			√	
1:26	√																				
1:27											√							√			
1:28	√		√																√		
1:30	√	√																	√		
1:31																			√		
1:32	√									√								√	√		
1:33	√														√					√	
1:34	√																				
1:35	√																		√		
1:36		√																			
1:37		√																	√		
1:39	√	√		√													√				
1:40	√																	√	√		
1:42	√															√					
1:45	√						√													√	
1:46	√								√										√		
1:48	√	√																√			
1:49	√	√																√			
1:50										√									√		
1:52	√	√														√			√		
1:53	√																		√		
1:54	√						√														
1:55	√	√																√			
1:56	√	√																			
1:57	√	√																			

续附表4

实例编号	纹样类型																				
	a	b	c	d	e	f	g	h	i	j	k	l	m	n	o	p	q	r	s	t	u
1:58	√																				
1:59	√						√			√		√									
1:60	√								√						√				√		
1:61	√								√												
1:64	√																				
2:1					√				√												
2:2					√				√						√						
2:3													√								
2:4															√						
2:5									√				√								
2:6									√									√			
2:7						√		√						√							
2:8							√				√	√									
2:9						√		√	√												
2:10												√									
2:11		√									√										
2:12		√														√					
2:13		√																			
次数	38	13	2	2	2	2	8	2	12	9	4	3	2	1	4	5	4	8	19	5	2

附表5　古罗马石棺及相关重要实例一览表

实　例	U形空间	担花纲者	束帛	垂饰及其他
1.土耳其伊兹米尔以弗所(Ephesus)出土石棺	罐;花朵	牛头;美杜莎头	有	无垂饰;棺体外壁
2.土耳其安纳托利亚(Anatolia)出土石棺	花朵	牛头;美杜莎头	有	无垂饰;棺体外壁
3. Fabius Diogenes 与 Fabia Primigenia的祭坛	鹫鸟	羊头	无	无垂饰;祭坛正面
4. Via Flaminia 出土 L. Aufidius Aprilis的祭坛	裸体全身人像	带羊角人头	无	无垂饰;祭坛正面
5.罗马提比略时期(14—37年)柱廊浮雕		美杜莎头	有	无垂饰;建筑构件
6.梵蒂冈博物馆藏哈特里(Haterri)墓出土浮雕		有翼裸体童子		墓碑浮雕
7.罗马国立博物馆藏瓦莱特里(Velletri)石棺		无翼裸体童子	无	无垂饰;棺盖
8.梵蒂冈 Galleria Lapidaria藏石棺	有翼裸体童子	无翼裸体童子	有	无垂饰;棺体外壁
9.罗马 Porta Viminalis 附近出土石棺	美杜莎头	无翼裸体童子	有	无垂饰;棺体外壁
10.美国大都会博物馆藏古罗马石棺	无翼裸体人物	无翼裸体童子	有	无垂饰;棺体外壁
11.列宁格勒 Pawlowsk Collection 藏古罗马石棺	人头	有翼裸体童子	有	无垂饰;棺体外壁
12. Ilaria del Carretto 的石棺		有翼裸体童子	无	无垂饰;棺体外壁
13.土耳其 Dokimeion 出土石棺	美杜莎头	有翼裸体童子	有	有垂饰;棺体外壁
14.伊斯坦布尔考古学博物馆藏古罗马石棺	美杜莎头	有翼裸体童子	有	串状葡萄;棺体外壁
15.罗马国立博物馆藏石棺	人头	无翼裸体童子	有	无垂饰;棺体外壁
16.土耳其伊兹米尔考古学博物馆藏古罗马石棺	无翼半身人物	有翼裸体童子	有	花朵;棺体外壁
17.伊兹米尔考古学博物馆藏古罗马石棺	有翼全身人物，美杜莎头	有翼裸体童子	有	串状葡萄;棺体外壁
18.梵蒂冈博物馆藏石棺	碗等器物	无翼裸体童子	有	无垂饰;棺盖
19.罗马 Museo del Consercatori 藏石棺		无翼裸体童子	有	无垂饰;棺盖

续附表5

实 例	U形空间	担花纲者	束帛	垂饰及其他
20.美国大都会博物馆藏土耳其Proconnesian出土石棺	美杜莎头	无翼裸体童子；有翼着衣人物	有	串状葡萄；棺体外壁
21.阿弗罗狄西亚博物馆（Aphrodisias Museum）藏Necropolis东南出土石棺	无翼半身人物	无翼裸体童子；有翼着衣人物	有	串状葡萄；棺体外壁
22.Necropolis东部出土石棺	无翼半身人物	无翼裸体童子；有翼着衣人物	有	串状葡萄；棺体外壁
23.阿弗罗狄西亚博物馆藏古罗马石棺	无翼半身人物	无翼裸体童子；有翼着衣人物	有	串状葡萄；棺体外壁
24.梵蒂冈博物馆藏君士坦丁一世之母海伦娜（Helena）的石棺		有翼裸体童子	有	无垂饰；棺体外壁
25.梵蒂冈博物馆藏君士坦丁一世之女康斯坦丁娜（Constantina）的石棺		人头	有	无垂饰；棺体外壁

附表6　印度本土担花绳人物图像相关实例一览表

实　例	类型	U形空间	担花绳者	束帛	垂饰及其他
1.秣菟罗博物馆藏浮雕		莲蕾;莲叶;蔓草	赤裸,着围腰布	无	无垂饰;浮雕上部
2.秣菟罗出土浮雕		蔓草	赤裸,着围腰布	无	无垂饰
3.阿玛拉瓦蒂考古博物馆藏浮雕	A1	供养宝冠和菩提树	赤裸,着围腰布	有	圆形配饰
4.阿玛拉瓦蒂考古博物馆藏浮雕	A1	供养佛塔	赤裸,着围腰布	有	圆形配饰
5.阿玛拉瓦蒂出土浮雕	A1	供养佛塔和菩提树	赤裸,着围腰布	有	圆形配饰
6.阿玛拉瓦蒂出土浮雕	A1	供养法轮和佛塔;药叉托举马宝;金翅鸟口衔龙王	赤裸,着围腰布	有	圆形配饰;方形配饰
7.阿玛拉瓦蒂出土浮雕	A1	供养佛塔;药叉托举马宝;金翅鸟口衔龙王	赤裸,着围腰布	有	圆形配饰;方形配饰
8.纳加尔朱那康达考古博物馆藏浮雕	A1	带围栏的菩提树	赤裸,着围腰布	有	圆形配饰;李静杰摄
9.纳加尔朱那康达出土浮雕	A1	供养人	赤裸,着围腰布	有	
10.旧金山亚洲艺术馆藏纳加尔朱那康达出土浮雕	A1	供养人		有	李静杰摄
11.阿玛拉瓦蒂出土浮雕	A2	大象驮舍利容器;供养人	赤裸,着围腰布	有	圆形配饰
12.阿玛拉瓦蒂出土浮雕	A2	供养佛塔、菩提树和法轮	赤裸,着围腰布	有	圆形配饰;方形配饰
13.阿玛拉瓦蒂出土浮雕	A2	半圆莲花	赤裸,着围腰布	有	无垂饰,束帛
14.阿玛拉瓦蒂出土浮雕	B1	供养佛塔、法轮和菩提树	赤裸,着围腰布		圆形配饰;浮雕塔门横栏
15.阿玛拉瓦蒂出土浮雕	B1	供养法轮和佛塔	赤裸,着围腰布	无	圆形配饰;浮雕塔门横栏

续附表6

实　例	类型	U形空间	担花绳者	束帛	垂饰及其他
16. 阿玛拉瓦蒂出土浮雕	B1	供养佛塔	赤裸，着围腰布		圆形配饰；浮雕塔门横栏
17. 纳加尔朱那康达出土浮雕	B1		赤裸，着围腰布	有	圆形配饰；浮雕塔门横栏
18. 纳加尔朱那康达出土浮雕	B2	佛塔	赤裸，着围腰布	有	圆形配饰；浮雕佛塔栏楯
19. 纳加尔朱那康达出土浮雕	B2	带围栏的菩提树	赤裸，着围腰布	有	圆形配饰；浮雕佛塔栏楯

民国时期永昌佛教研究

——兼论法幢宗在凉州地区的传播

武海龙

（吐鲁番学研究院）

永昌县为河西走廊要冲，古代丝绸之路经济、文化交流必经之地，历史上佛教传入中国时，曾在此留下深刻印记。永昌是河西凉州地区保留佛教古迹相对较多的地区，佛教信仰历史悠久，如著名的圣容寺鼎盛时期该寺有僧徒信众多达2万余人，规模之大为当时河西之首。进入民国，凉州地区（包括永昌）佛教更加萎靡不振，这种情况在民国中后期，心道河西弘法时得到了一定程度扭转。心道河西弘法时创立了融合显密的法幢宗，使得当时许多信众皈依正信佛教，至今对河西佛教仍有重要影响。史料中对其在武威的活动有零星记载，近些年一些关注佛教研究的学者抑或法幢宗的门人弟子，给予心道及其所创的法幢宗很大关注，发表、出版了一系列相关研究论著，其中涉及心道在凉州弘法的活动记载，可以弥补相关研究的空白。而对于民国永昌佛教研究则只能过多地依赖于民国时期和中华人民共和国成立后所修地方志及文史资料。

一、民国时期永昌佛教寺院情况

永昌地处祁连山北麓，河西走廊东部蜂腰地带。元至元九年（1227年），只必帖木儿在此筑造新城，元世祖赐名“永昌府”，至元十五年（1233年），置永昌路。明洪武三年（1371年），改置永昌卫。清雍正二年（1724年），始称永昌卫。[①]民国初年，隶属甘凉道，后废府、州，存县，民国十六年（1927年），废道，直属甘肃省政府。民国二十四年（1935年），甘肃分设七个行政督察区，原甘凉道属于第六行政督察区，督察公署设置在武威，下辖武威、永昌等县。《甘肃通志稿》载：“甘凉二州，中有焉支，松柏成

① 白眉：《甘肃通志》第三章第六节《甘凉道》，见《西北稀见方志文献丛书》第33卷，兰州：兰州古籍书店，1990年，第94页。

林，柴木茂密，禽舍繁盛，水草丰美。”[①]永昌地处河西走廊中心地带，交通四通八达，地理位置十分重要，丝绸之路上的文化交流在此都产生了重要影响，佛教一度十分兴盛。据《甘肃通志稿》统计永昌佛寺具体如下：

永寿寺，该寺在县城西南隅，具体修建年代现已不可考。

准提寺，该寺在县城南什字附近，具体修建年代现已不可考。

永福寺，该寺在县城东什字旁，具体修建年代现已不可考。

千佛寺，该寺在县城西门内，始建于唐代，明代重修。寺内原有铁钟一口，上面的铭文记载了该寺的建造情况。民国三十二年（1943年），云川镇北街中心小学修建校舍时，拆除了该寺大殿，引起了永昌佛教界极大不满。同年永昌佛教居士林筹集资金重修千佛寺，至民国三十七年（1948年）竣工。寺院占地4亩，有地产7.2亩，大殿僧房建筑等30余间，寺内有千佛铜炉一座，寺院因此得名。[②]

弥陀寺，该寺在县城西门内，具体修建年代现已不可考。以上二寺，规模甚小，但环境清幽，是当时文人雅士游玩之所。[③]

金牛寺，该寺在县城北门前，具体修建年代现已不可考。

圣容寺即后大寺，该寺在县城北二十五里的山谷中，峡谷东西走向，南北均为高山，寺门外有一弯流水[④]，古长城经寺院蜿蜒东西，寺院周边风景秀丽。因县城西北二里有金川寺，俗称前大寺，所以此寺为后大寺。圣容寺初建于北朝周保定元年（561年），敕宇文俭举凉、甘、肃三州之力，耗三千人建寺，历时三年而成，名为“瑞像寺”。[⑤]隋大业五年（609年），隋炀帝西巡时，途经该寺，改名为“感通寺”。圣容寺名，则是在中唐吐蕃占领河西时出现。在而后漫长的历史中，虽然圣容寺经过多次重修维护，但民国时期该寺也仅存寺门和几间殿宇。1959年被当地的农民全部拆除，寺院虽已被毁，但还是保存了一些遗存。现存有原寺院台基和瓦砾堆积，“圣容瑞像”的头像现存永昌县文化馆，瑞像的身躯部分保存完好，在原寺院正殿的石壁上。寺后山顶上和寺前隔河相对的山顶上完整地保存着大小唐塔各一座，寺前石崖之上还保存刻有蒙文、回鹘文、西夏文、汉文、藏文的石刻文字。

金川寺，清顺治年间编纂的《凉镇志》记载，金川有大寺二：一在城北二里；一在城北十里。城北二里的俗称前大寺，城北十里的俗称后金川大寺。而一般文献所记载的

---

①（民国）杨思、张维等撰：《甘肃通志稿·建置一·县市》，见《西北稀见方志文献丛书》第27卷，兰州：兰州古籍书店，1990年，第266页。

② 刘克文：《金昌历史上的十大佛教寺院》，金昌市文史资料委员会：《金昌文史资料》第10辑，内部发行，第398-399页。

③（清）南济汉修：《永昌县志》第2卷《建置志》，道光元年刊本，北京：国家图书馆藏，第6页。

④（清）南济汉修：《永昌县志》第2卷《建置志》，道光元年刊本，北京：国家图书馆藏，第6页。

⑤《凉州御山瑞像因缘记》，见王其英主编：《武威金石录》，兰州：兰州大学出版社，2001年，第49页。

为前大寺。该寺为唐代敕建，明永乐十二年（1414年）重建，万历十八年（1590年）维修。清代该寺几经兴衰，与北海子建筑群形成一个整体，发展为永昌第一禅林。该寺规模宏伟，除主体殿堂及山门、戏台等建筑外，后院有一座面山而建的观河楼，旁边为七级六角砖塔，登楼放眼望去，周围秀丽景色一览无余，为永昌八景之一。清嘉庆年间该寺整体维修，整个建筑由十四座建筑组成，大部分建筑毁于清代中后期的战乱和民国十六年大地震。民国二十五年（1936年），本就破败不堪的金川寺又遭厄运，毁于战火，仅存砖塔两座。永昌民众曾自发筹款进行重修，民国后期，修复了一批建筑，包括池中水云观、接引殿，池北五佛寺、魁星楼等，但终因财力不继，金川寺的主体建筑及观河楼未能修复。

观音寺，该寺在县城南关，具体修建年代现已不可考。

云庄寺，该寺在县城东南六十里（乾隆五十年《永昌县志》载，在县城东南五十里[①]），具体修建年代现已不可考。《五凉全志》载，晋代名僧刘摩阿（刘萨诃）曾在云庄寺短暂居住。[②]因此，该寺的修建至迟是在晋代。明正统六年（1441年），重修云庄寺。清代该寺香火颇为兴盛，民国十六年，该寺建筑全部毁于地震。云庄寺遗址残迹尚存，在寺周边长180米、高60米的崖壁上错落分布着大小21座石窟。

大觉寺，该寺在县城东门迤左，具体修建年代现已不可考。大觉寺中佛像旁，供奉油神，乡邑榨油前，皆来此祈福。[③]

古佛寺，又称土佛寺，该寺在县城东二十五里，具体修建年代现已不可考。该寺毁于清同治年间，民国时期该寺早已不存，仅存寺庙台基。

接引寺，该寺在县城东三十五里，具体修建年代现已不可考。

广禅寺，该寺在县城内正街，具体修建年代现已不可考。

古峰寺，该寺在县城北金山上，具体修建年代现已不可考。

灵应寺，该寺在县城西南三十里，具体修建年代现已不可考。

沙沟寺，该寺在县城南五十里（现属肃南裕固族自治县），修建于明万历年间，清同治七年（1868年）毁于兵燹，民国十一年至十三年（1922—1924年）重修。该寺占地10亩，由11座僧院组成，规模宏大，但在三年后的大地震中，刚修复的寺院又蒙受灾难，大经堂等部分建筑坍塌。该寺为藏传佛教格鲁派寺院，番僧多驻锡于此。

以上永昌佛教寺院是根据民国所修《甘肃通志稿》统计得出，总数共计17座，其中

---

①（清）谢子梦等著：《永昌县志》第4卷，乾隆五十年刊本，永昌县人民政府重印本（内部），1983年，第4页。

②（清）张玿美修，曾钧等纂：《五凉全志》，见《中国方志丛书·华北地方》第560号，台北：成文出版社有限公司，1976年，第393页。

③（清）南济汉修：《永昌县志》第2卷《建置志》，道光元年刊本，北京：国家图书馆藏，第6页。

藏传佛教寺院1座，汉传佛教16座。而乾隆五十年所修《永昌县志》共计23座，对比这两部地方志，乾隆本《永昌县志》中所载有7座寺院为《甘肃通志稿》所未载。这7座寺院是：

转轮寺，该寺在县城北一里，具体修建年代现已不可考。

观音台，该寺在县城北一里，具体修建年代现已不可考。

武当寺，该寺在县城北三里武当山上，具体修建年代现已不可考。该寺于民国二十五年（1936年）毁，而后又重建了山麓大殿和百子洞等殿宇。中华人民共和国成立后不久损毁，现存寺庙遗址和百子洞。

孩母洞，该寺在县城东北七十里，因半山腰有一洞窟，洞中供奉石像称孩母娘娘而得名。该寺始建于明万历年间，清嘉庆三年（1798年）重修，至民国末年，整个寺院有殿宇、僧房共53间，山坳里有寺田10亩，寺内有9名喇嘛从事佛教活动，属藏传佛教格鲁派。

石佛崖，该寺在县城东南六十里，具体修建年代现已不可考。

吉祥寺，该寺位于县城东一百五十里，明万历年间修建，为藏传佛教格鲁派寺院，清同治七年毁于战乱，光绪十三年（1887年），由当地佛教信徒李尚林筹资重修。整个寺院占地3.8亩，有殿宇、僧房等建筑36间。民国时期该寺还具有相当规模，1958年后逐步损毁，现存寺院遗迹为一个长23米、宽16米、高9米的土台。

宝莲寺，该寺位于东瓮城，具体修建年代现已不可考。

《甘肃通志稿》中所收录的寺院又有两座为乾隆本《永昌县志》未收录的，为金牛寺、准提寺，而嘉庆本《永昌县志》中收录寺院13座，且在前两本方志中都已收录，因此，综合这几本地方志永昌地区佛教寺院至少有25座。至于一些寺院未被民国所修地方志所收录，原因可能是有些寺院在民国时期已经完全损毁，因而未能收录；有一些寺院距离偏远且鲜为人知，造成作者收录上的遗失。

以上这些永昌佛寺大部分在民国时期保存状况极差，究其原因，无外乎自然与人为这两方面的原因。永昌自古以来自然条件极其恶劣，境内严重缺水，生态环境十分脆弱，且永昌县处于甘肃河西走廊地震带上，因此永昌境内主要的自然灾害就体现在旱灾、风灾和地震这几个方面，而恰恰是这几种自然灾害对当地的佛寺所造成的损害极大。据不完全统计，从民国九年（1920年）至新中国成立，几乎连年发生旱灾，有时还伴有风灾、暴雨等，共计20余次之多，当地百姓生活极端困苦，民不聊生。如民国十八年（1929年），永昌继上年连续大旱，又伴有虫害、瘟疫，全县颗粒无收，县东、西、北三个乡，灾民多达35 000千余人，饿死者无数，出现了人竟相食的现象。百姓离乡乞讨，流离失所，民国政府虽拨款赈灾，但多被官绅贪污，灾民所得无几。[①]而与旱灾相比地震给寺院带来的损害就显得更为直接，自民国二年（1912年）至民国三十八年（1949年），永昌有记载的地震就有九次，其中对永昌破坏性最大的当属民国九年（1920年）、民国十六年（1927年）的两次大地震。据载民国九年（1920年）十二月十六日，甘肃全省大震，山崩地裂，死亡人数至今没有确切数字，但保守估计约有30余万人。虽然此次地震的震中位于今宁夏海源地区，但由于地震强度大，对河西也造成了极大破坏性。当时永昌地震持续约5分钟，强度4度，深夜又有两次余震，二十五日又有余震约1分钟。民国十六年五月二十三日，古浪县发生八级大地震，永昌亦属于破坏区，地震强度达到了5.5级，永昌县城受损严重，城墙、门楼倒塌损毁，城乡小学、堡寨、庙宇、油坊等倒塌1 200座，共12 000余间，民众死伤1 500余人，牲畜9 000余头。县城周边水渠开裂，山石滚落。[②]此次地震为永昌县有历史记载以来损失最为惨重的一次，许多古迹、庙宇，如云庄寺、金川大寺等，都在此次地震中受损严重，几乎被夷为平地，仅存少部分建筑。

此外，永昌频繁发生的自然灾害对当地百姓的生活也造成了极大的困难，民众的物质生活水平直接影响了当地的佛教发展。佛教信众是佛教发展的基础，受限于当时的物质条件，当地的民众很难向寺院提供足够的布施，这也是造成当时佛寺年久失修的一个很重要的原因。

历史上河西就是民族、宗教混杂地区，尤以佛教与伊斯兰教在该地区历史悠久、影响巨大，无论是信仰哪一宗教的民族，在当时特殊的历史环境下，彼此之间很少能够接受对方的宗教。[③]民国时期，甘肃回汉之间的矛盾冲突严重，加之西北诸马军阀势力急剧膨胀，争权夺利，时常挑起民族矛盾，引发民族间的仇杀。如民国十八年（1929年），河西地区山丹、永昌相继为回民攻破，杀伤无数。[④]回军攻破一处后便大肆屠杀、掠夺，然后焚城而去，造成大量古建筑损毁。因宗教信仰的关系，这些古建筑中的佛寺便成为首先被摧毁的目标。

综上所述，永昌佛寺在当时特定的历史环境下，破败不堪也就不足为奇了，且人为原因是主要原因。这些情况在河西其他地区也时常发生。永昌佛寺的破败是当时凉州乃至整个河西地区佛寺破败情况的缩影，为研究民国河西佛教不可忽视的一部分。

① 张宗贤：《永昌县历代自然灾害》，金昌市文史资料委员会：《金昌文史》第2辑，内部发行，1988年，第21-22页。

② 李正杰：《永昌地震资料录》，金昌市文史资料委员会：《金昌文史》第2辑，内部发行，1988年，第30-32页。

③ 颜小华：《甘青地貌、族群、文化与宗教——来华传教士笔下的甘青社会》，《兰州大学学报》2010年第6期。

④ 刘文海著，李正宇点校：《西行见闻记》，兰州：甘肃人民出版社，2003年，第13页。

二、民国时期永昌佛教信仰状况

古代河西地区是佛教传入我国的重要通道，佛教信仰在此地历史悠久，许多高僧在此弘法、译经、开窟、建寺，一度使河西成为中国佛教最为兴盛的地区之一。[①]民国以后，在全国佛教衰落不振的背景下，河西佛教也呈现出一片破败、萧条景象。当时《佛化新闻报》的两则消息较真实地反映了当地佛教的落后状况：

甘肃河西一带，自民国以来，未经大善知识宏扬佛法，□故佛化衰微，外道□□纵横，一切众生□被□□，纯成迷信，返昧正法。[②]

谓河西各县魔焰炽盛，正法不张，富者宁逐酒色，不植福根；贫者谋生无道，众趋邪途，僧伽稀少，多废戒法。以至一般人士，歧视正法，徒增□衍，希我大悲佛□，本普渡心，前往宏化，功德无量云。[③]

而当时永昌佛教便正如报道中所形容的那样“佛化衰微”。

1.民国时期永昌佛教僧众、居士信仰情况

虽然永昌佛教信仰历史悠久，佛寺众多，其中不乏历史名寺，据当地人回忆清末时期，永昌城乡尚有寺观庙宇275处，[④]但进入民国后，由于国民政府对宗教的放任自流，加之社会动荡，自然灾害频发，民众的物质生活极端贫困，因此整个民国时期不但很少修建新的寺院，而且对原有寺产也加以侵占。如民国十七年（1928年），南京召开全国教育会议，会上未经详细调查便粗略估算出全国庙产，并认为庙产若掌握在僧尼手中，将会造成大量流失。进而提出要求，根据实际需要庙产的所有权可以修改变动。[⑤]由清末发起的庙产兴学运动在民国中后期达到顶峰，这股运动也波及了永昌，许多寺院被当作学校和仓库加以征用，但对僧人居住在寺院并未加以限制。民国三十年（1941年），永昌县政府将寺院房产和田产收归教育公产，住在寺院的僧人，只能靠布施、办法会、经忏等收入维持生计。当时永昌寺院内僧人数量骤减，寺院的生活清苦，造成出家人数锐

① 关于古代河西地区佛教的发展状况可参见杜斗城《河西佛教史》，北京：中国社会科学出版社，2009年。

②《河西佛教团函请心道法师赴甘宏法》，《佛化新闻报》第259期，1942年11月20日，见黄夏年主编：《稀见民国佛教文献汇编（报纸）》第9卷，北京：中国书店出版社，2008年，第123页。

③《河西佛教亟待宏扬》，《佛化新闻报》第284期，1943年5月20日，见黄夏年主编：《稀见民国佛教文献汇编（报纸）》第9卷，北京：中国书店出版社，2008年，第159页。

④ 谢翔云：《概述金昌市各族人民群众的宗教信仰》，金昌市文史资料委员会：《金昌文史》第2辑，内部发行，1988年，第117页。这一数字与永昌县各个历史时期所修县志记载的寺院数量相差巨大，应该是作者把许多并不属于佛教寺院的宗教场所统计进去，实际数量应远达不到这一数字。

⑤ 中华民国大学院编：《全国教育会议报告》丙编，上海：商务印书馆，1928年，第4–5页。

减。永昌县僧人数量非常少，整体素质较低。这主要是由于民国特殊的历史环境造成的，社会动荡，普通民众生活极端贫困，绝大多数无力接受教育。民国元年（1912年），永昌县才有了第一所近代意义的小学，民国五年（1916年），永昌城乡的30多所私塾改为公办初级小学，到民国二十年（1931年），全县共有县立完全小学3所，初级小学38所，学生共1 953名。直到民国三十一年（1942年），永昌县才建立了第一所县立初级中学（即今永昌一中），而在此之前永昌县的青年学生在小学毕业后如想要进一步深造则只能去武威、兰州等地上学。[①]由永昌县学校数量和学生人数可知当地教育水平低下，也可推断当地僧人佛学素养也不会很高，这些僧人无能力钻研佛教典籍，大部分典籍形同废纸，对佛教本质更是无从谈及。[②]民国三十一年，永昌重修千佛寺，也只能请张掖宝藏法师来担任住持。该寺下设首座、维那、知客各1人，计有和尚40余人，比丘尼8人。[③]这些僧人出家的目的各不相同。美国学者Holmes Welch当时在中国进行了长时间的走访调查，他认为有半数的僧人是成年之后出家，且原因各异，有人是觉得世上无所依赖，有些人则是为了修行，还有人是因环境所迫，例如触犯法律或家庭困难，出家成为他们唯一的出路。[④]他的调查主要集中在东部地区，西部地区涉及较少，但东部经济、文化发达的地区尚且如此，而远处内陆的河西情况则应更加严重。

民国时期，永昌佛教信仰状况较清代又进一步衰落，信众人数的多寡是衡量一地佛教是否兴盛的一个最为重要的标准。民国中后期，永昌佛教居士400多人，主要在县城西街三元府的佛教居士林进行宗教活动，该佛教居士林设有林长1人，主持教务，属净土宗。民国三十三年（1944年），该林合并到佛教会。

新中国成立初期，永昌县计有和尚53人，居士200余人，教徒700余人，佛事活动已不多，每次参加者只有30多人。千佛寺在1957年反右运动中被占用为饲养场，寺院僧人或还俗或远走他乡，1966年“文革”开始后被彻底拆除，“文革”期间佛教活动彻底

---

①张宗贤、谢翔云:《清末和民国时期永昌县的教育情况》,金昌市文史资料委员会:《金昌文史》第4辑,内部发行,1990年,第44-47页。

②武海龙:《民国时期河西地区佛教研究》,兰州:兰州大学博士学位论文,2015年,第25页。

③谢翔云:《概述金昌市各族人民群众的宗教信仰》,金昌市文史资料委员会:《金昌文史》第2辑,内部发行,1988年,第117页。关于该寺僧尼人数的统计恐不实,Holmes Welch在《近代中国佛教制度》一书中转引民国时新闻部编纂的The China handbook 1937—1945年有关佛教的数据,“据估计中国现有二十六万七千座以上的佛寺,七十三万八千名和尚、女尼。”该数据是1930年中国佛教会分会统计的,Holmes Welch在他的著作中又对每个省的僧尼、居士人数进行了统计,并绘制表格。据他统计,民国中期甘肃省有僧460人,尼30人,这应该是在政府备案登记的人数,把整个甘肃省的僧尼人数和永昌县僧尼人数对比,永昌县僧尼人数不可能占据这么大的比例。

④〔美〕Holmes Welch,包可华、阿含译:《世界佛学名著译丛82·近代中国的佛教制度(下)》,台北:华宇出版社,1989年,第5页。

停止。[①]

2.封建会道门对永昌佛教的冲击

民间秘密宗教是封建社会的产物。民国建立后，民间秘密宗教不但没有随着封建制度灭亡而寿终正寝，反而借军阀割据的时机空前发展，开始由过去的地下活动转为公开半公开活动，大批信徒的加入使得会道门势力急剧膨胀。[②]

民国时期的民间秘密宗教（后逐步发展为会道门），主要是由两部分组成：首先，创立于明清两代，如无为教、长生教、大乘教、三一教、红阳教、黄天道、龙华会、龙天道、在理教、先天道、圆顿教、青莲教、天地门教、太上门教、一贯道、义和拳、真空道、皈一道、同善社、普度道、圣贤道、九宫道等。其次，民国时期涌现出来的各种会道门，主要有广善社、红卍会、悟善社、红枪会、龙华圣教会、万国道德社、一心天道等数十种。这些会道门大致可分为两类：一是过去传统的会道门的变体；二是各种新兴的教门团体。

民国时期，在永昌县活动最为猖獗，对佛教冲击最大的当属一贯道。一贯道并不是近现代社会的产物，而是有着数百年的历史渊源和曲折复杂的发展历程。一贯道的前身是大乘教、圆顿教、青莲教、金丹教，从名称上可得知该教是融合了佛教、道教大量的内容。根据清代档案记载，一贯道名称的出现是在十五祖王觉一执掌道统之后出现的，在清中后期，一贯道是以反抗清朝统治为目标而进行的秘密结社。随着封建制度的终结，进入民国后，一贯道逐步走向反动，成为民国时期最为臭名昭著的封建会道门。[③]

民国时期一贯道在永昌县的传播与发展极其迅猛，波及范围较大，影响恶劣。民国三十年，凉州商人沈怀义在天津加入一贯道后，奉命回到河西地区发展势力，在武威等地设立“复兴堂”，后改名为“天真总堂”，之后开始向河西各地传播发展一贯道势力。

① 谢翔云:《概述金昌市各族人民群众的宗教信仰》,金昌市文史资料委员会:《金昌文史》第2辑,内部发行,1988年,第117页。

② 濮文起:《民国时期民间秘密宗教简论》,《天津社会科学》1994年第2期。

③ 马西沙、韩秉方:《中国民间宗教史》(下),北京:中国社会科学出版社,2004年,第815页。

表1　民国时期永昌县一贯道道徒统计表

分号名称	传入时间	传入者	活动范围	道徒人数
天中号（由武威传入）	民国三十年（1941年）	史学鹏、李国祥	永昌县第八区、陈仑、朱王堡，第七区及第一区城关等地	典传师2人，中心坛主32人，公共坛主47人，道徒3 362人
天枢号（由武威传入）	民国三十四年（1945年）	陈殿元、邱大顺、王禄	永昌第一区的城关、金川东、金川西，第五区的河西堡、河东堡及第三区的新城子、红山磘等地	典传师9人，中心坛主32人，公共坛主71人，道徒4 735人
天化号（由武威传入）	民国三十四年（1945年）	徐功、柯禹寿、甘福学、张学殿	永昌县第四区七坝，后发展到五坝、八坝、九坝何家湾等地	典传师13人，中心坛主80人，公共坛主114人，道徒3 054人
天善号（由武威传入）	民国三十八年（1949年）	徐寿	永昌县第五区青山堡、宁远堡等地	典传师2人，中心坛主9人，公共坛主14人，道徒2 025人
天信号（由武威传入）	民国三十八年（1949年）	王文祥	永昌县第三区毛家庄	中心坛主3人，道徒35人
天明号（由民勤传入）	民国三十四年（1945年）	徐映成	永昌县第六区（今双湾乡）	中心坛主52人，公共坛主21人，道徒709

根据表1的统计，民国时期，永昌一贯道共有道徒13 920人①，解放初永昌县总人口为111 000余人，而道徒人数占全县人口总数的1/8强，由此可见当时一贯道在永昌波及范围之广、影响之大。一贯道内部等级划分十分严密，分为师尊、师母、道长、老前辈、前人、典传师、坛主、道亲（即道徒）；办理道务有总办事处、办事处；进行活动的场所称为坛（堂），分“中心坛”“公共坛”“家庭坛”，各坛设有坛主。发展道徒的方式主要是通过亲邻秘密串联引保，要有引保师引保，填表、烧香、叩头、立愿，然后由典传师

① 以上永昌一贯道道徒人数是根据胡盛德《永昌县一贯道的传入与蔓延》一文统计得出，详情参见金昌市文史资料委员会:《金昌文史》第6辑，内部发行，1992年，第119-120页。

点道，一旦入道不得叛离，有着强烈的束缚力。

一贯道信奉弥勒佛、观音菩萨、无极老母、孔子、孟子等，可知一贯道是儒、释、道等宗教的思想杂糅，奉行拿来主义，只要对其有利的皆可利用。佛教、道教是中国信众基础最为广泛的宗教，但受限于广大信众的知识水平，大多数信众对宗教经典、义理缺乏根本认识，大部分人只是盲目跟从。而一贯道正是利用低层民众朴素的宗教情感，聚集了大量教徒。从上文提到的民国时期永昌县佛教信众和一贯道道徒人数的对比，也可以清晰明了，这种假借佛教学说的封建会道门对正统佛教冲击的严重程度。

三、心道与民国时期法幢宗在凉州的传播

法幢宗是融合禅、净土、律、密、天台诸宗的一个新兴宗派，由心道创立于民国三十一年。该宗创立时间虽然不长，但在西北地区影响很大，至今仍广为流传。

1.心道其人

心道（1905—1968年），湖北省荆州松滋县人[①]，俗姓李，名安祥。十八岁时在本县岱辅庙天圆老和尚座下剃发，礼灵空和尚剃度出家，赐法名源福，法号心道。[②]同年，在沙市章华寺净月座前受具足戒，从此开启了师徒二人近二十余年亦师亦友的交往。可以说，心道所取得的成就，都离不开净月的鼓励和支持。师从净月后，心道开始了游方参学、遍访各宗佛学大师的修行之旅，于民国十三年（1924年）在镇江金山寺禅堂习禅，第二年于常州天宁寺戒堂学戒，民国十五年（1926年）在上海法藏寺修行，得到了住持兴慈的器重，得以入住藏经楼，通读《大藏经》，民国十六年至十七年（1927—1928年），在宁波观宗寺弘法社，从谛闲身边学习天台宗教理。游学期间，心道广泛涉猎佛教的大、小乘经典，各宗学说，为他日后开宗立说打下了坚实的基础。

民国十八年至十九年（1929—1930年），心道在厦门闽南佛学院佛学研究部学习，师从当时高僧太虚、弘一等，潜心佛学研究。一年后，因研究成果突出，留校任教。民国二十年至二十一年（1931—1932年），又任教鼓山佛学院。民国二十二年（1933年）春，心道结束了在鼓山佛学院的任教，返回章华寺拜见恩师净月。净月对其在佛学上取得的进步感到十分欢喜，六月，受太虚之邀，赴武汉讲经，被武汉佛学院聘为净土宗讲师，并担任汉口佛教正信会主讲。同年冬，受兴慈之召，回法藏寺讲《法华经》，因其在《法华经》上有着极深的造诣，遂接兴慈之法，成为天台宗四十三世传人。以上为心道西北之行前的主要游学经历。

---

① 湖北松滋县历来佛教兴盛，寺院众多，香火旺盛，俗称小西天。佛教氛围十分浓厚，佛教信仰源远流长，这也为心道法师从小树立坚定的佛教信仰打下了基础。

② 王运天：《心道法师年谱》，兰州：甘肃民族出版社，2006年，第1页。

2.心道西行学密的原因

心道萌发西行学密的愿望，可追溯到民国十六年在宁波观宗寺弘法社学习天台宗教理之时。当时持松往来于沪、宁、杭、武汉、辽宁等地讲经传戒，曾在宁波观宗寺短暂驻留传布东密，心道目睹了常惺向持松修学秘法。[①]心道应该就是在这段时间和持松有过接触，对密宗开始有所了解。

此外，心道西行学密，也是受到了当时社会大背景的影响。20世纪初，随着闭关锁国的局面被打破，东方的传统文化包括佛教受到了西方文化强烈的挑战。西方宗教与文化咄咄逼人，也激发起了国人（包括佛教界人士）自强自新的精神，一批中国佛教徒不满足于陷入僵化的传统佛教模式，开始把目光投向域外，寻求解决中国汉传佛教弊病的良方，这就促成了中国近现代历史上又一次求法取经运动，而主要区域为日本。这些居士、学者、高僧赴日学法回到国内后，对日本密宗（俗称东密）在中国的传播做出了积极贡献。正如太虚所言："盖密宗之绝迹中华于今千余年矣；而今得合浦珠还，正如失之宝今且发现而复得之也，宜乎举国缁林，及诸勇猛精进学佛居士群起而趋之若鹜矣。"[②]

民国时期密教兴盛除受日本密教的影响外，更重要的还是受到藏密之影响。藏密东传，首推九世班禅，大师因政治迫害来内地避难，于民国二十二年在北京传布密法。此外还有白普仁、多杰觉拔、宝珍金刚、安钦呼图克图、章嘉呼图克图等人在北京、上海、武汉等地弘扬藏密。[③]正是以上藏传佛教高僧的努力，藏密在内地得到长足发展，并吸引了大批汉地佛教徒对藏传佛教，特别是藏密的向往。"不少人提出求取藏传佛教来振兴和发展传统佛教的主张，尤其立志于复兴密教的僧众试图融会藏密、日密来建立圆满的内地中华密教。"[④]这其中最先倡导入藏学密的是赴日学密归来的大勇，他认为中国西藏密教之盛超过日本。在慎思佛教源流和佛学系统之后，大勇肯定了藏密在佛教教理中的根本性地位，明确藏密在教派传承与经典保留方面较东密更为严整。大勇依据汉藏民族融合的悠久历史，结合内地僧众对藏传佛教的认同，进而认为入藏求法是振兴汉地佛教界的可赖途径。[⑤]基于此，民国二十四年秋，大勇等二十余人成立"留藏学法团"入藏学密。继大勇之后，汉地僧人入藏学密主要有能海、太空、碧松、胜进、转逢、观空等。通过这些汉藏高僧的努力，使藏密在内地得以弘传，这也是心道发愿远赴西北学密弘法的前提和基础。

① 陈兵、邓子美：《二十世纪中国佛教》，北京：民族出版社，2000年，第352页。

② 太虚讲，迦林记：《中国现时密宗复兴之趋势》，《海潮音》第6年第8期，见黄夏年主编：《民国佛教期刊文献集成》第163卷，北京：全国图书馆文献微缩复制中心，2006年，第18页。

③ 陈兵、邓子美：《二十世纪中国佛教》，北京：民族出版社，2000年，第356-357页。

④ 吕建福：《中国密教史》，北京：中国社会科学出版社，1995年，第636页。

⑤ 王海燕：《留藏学法团与民国时期汉藏文化交流》，《中国边疆史地研究》2010年第2期。

3.心道西行学密的经过

心道西行学密始于民国二十三年（1934年），在这之前，可谓是其学习佛法的第一阶段，主要研习汉传佛教的经典教义，通过刻苦钻研，在佛法研习上取得了很大成绩，为日后赴西北学习藏密，开宗立说打下了坚实基础。心道西行学密得到了净月的大力支持，并致电当时国民政府要员戴传贤[①]和郑哲侯[②]就法师入藏学密同青海省当局进行协调，给予方便。心道的入藏路线同当时其他入藏学密汉僧所走路线不同，他并没有去当时学密的主要区域（四川、西藏），而是另辟蹊径奔赴青海塔尔寺。这主要是因为当时来内地弘扬藏密的高僧大多来自康藏、卫藏、内蒙古等地，所以当时内地汉僧也受其影响主要去这几个地方学习藏密。心道可谓是赴西北学习藏密的第一人。当时国民政府正在推行西部开发，戴传贤是该政策的积极倡导者，曾经多次远赴西北考察，参与了一系列开发西北的实践活动，这使得他在西北党政军界有着十分广阔的人际关系。当时大勇组织的“留藏学法团”赴藏学密，由于语言文化上的差异，又缺乏政府层面的支持，学法团在藏区举步维艰。心道西北学密可以说吸取了前者的经验，因有戴传贤的推荐及西北党政军界的支持，使心道西北学密得以畅通无阻。

心道于民国二十三年三月到达西宁，因有时任甘肃省民政厅厅长郑哲候的介绍，一到西宁，法师就受到了青海省政府主席马麟的热情接待，安排他入塔尔寺学习藏密。心道在塔尔寺师从恩久活佛和密宗学院的堪布，开始学习藏文和密宗学，凭借着坚忍的毅力，心道在短时间里就取得了长足进步，这使他在西北汉藏佛教界声名鹊起。第二年四月，九世班禅行辕驾临塔尔寺，心道得以有机会拜见。班禅高度赞扬了其孤身西征、专心求法的壮举，对其在学习密宗上遇到的困难给予了解答，并答应在密宗学习上尽量提供帮助。[③]期间班禅两次为心道授记灌顶。民国二十四年五月，心道接到虚云来信，希望他回鼓山佛学院执教，心道动身离开西北返回福建。至此，心道第一次西北之行结束。民国二十六年（1937年），心道受邀复上西北，开始了他第二次西北弘法学密之旅。同年九月，再从九世班禅受时轮金刚灌顶，从阿鲁活佛、尼那活佛受密宗各种灌顶。从恩

① 戴传贤(1881—1949年)，字季陶，祖籍四川广汉，是当时国民政府要员。在青年时期参加同盟会，协助孙中山进行反清斗争，曾任孙中山先生机要秘书、大元帅府秘书长、大本营法制委员会委员长、国民政府考试院院长等职。年轻时，随母亲黄氏在净月和尚座下皈依佛门，是一位笃信佛教的虔诚居士。1948年辞职，1949年逝世。

② 郑哲候(1870—1939年)，名浚，字哲候，甘肃平凉人。清光绪二十七年(1901年)，以《政在养民义》考取举人。光绪三十四年(1908年)，撰辑《平凉县志稿》2册。民国二年(1913年)后，曾任甘肃省议会秘书长，省立第二中学(今平凉一中)校长，甘肃环县县长，甘凉道尹，甘肃省民政厅长等职。因感宦海沉浮，归里后一心向佛，在平凉城区和崆峒山兴建佛寺，建佛教会。

③ 关于班禅大师与心道谈话内容详见《班禅大师与心道法师之谈话》，《护生报》第83期，1935年。见黄夏年主编:《稀见民国佛教文献汇编(报纸)》第12卷，北京:中国书店出版社，2008年，第85-86页。

久活佛受密宗比丘大戒、菩萨千佛大戒，赐法名却吉坚参（汉意为佛法的胜幢）。民国三十年秋，心道应恩久活佛召唤奔赴青海塔尔寺，由阿嘉活佛为其授记，赐名丹巴增贝堪布，并依循祖制颁发堪布执照。民国三十三年春，心道再次赴塔尔寺接受灌顶和传法，并由恩久活佛和阿嘉活佛授予班智达堪布尊称，这是汉族僧人在藏传佛教寺院中所获得修习密宗的最高称谓。心道在青海塔尔寺学密前后近三年时间，在班禅大师、阿嘉活佛、恩久活佛等高僧座前学习藏密，其造诣在当时汉僧中无出其右者。在塔尔寺学密期间，心道不但熟练地掌握了藏文和一些藏密要旨，并且能用藏语流利地讲藏文经典，这也是心道能够创立融合显密的法幢宗的最重要原因。

4.法幢宗在凉州地区的传播

民国时期整个河西佛教界面临着的是寺院衰败，无高僧弘扬佛法，封建会道门对佛教冲击极大，整个佛教界都弥漫着衰败的气息。鉴于此，当时河西的佛教信众便恭请已在西北佛教界声名鹊起的心道前来弘法传教，而心道河西弘法的第一站便是凉州地区。

民国三十一年八月，心道河西弘法始于凉州地区民勤县，一到民勤便积极弘法。九月初九，心道在金刚岭山讲法完毕后，提倡修建金刚岭山法幢寺，即由原枪杆岭接引寺改扩建而来，同时民勤县佛教会成立，心道任理事长。心道一直秉承兴慈、净月二位恩师之嘱和班禅、恩久二位活佛之意，在甘宁青弘法，所到之处破邪显正，建法幢于处处，破迷网于重重。早已经萌生创建禅净双修、显密并弘的法幢宗，这次河西弘法就是最好契机，心道拟从河西弘法开始，所建寺院均以法幢寺为寺名，剃度、皈依弟子均依照净月所作八十八字派偈为法幢正宗之演派。将枪杆岭接引寺改名为“金刚岭法幢寺”，这是心道西北弘法时所创建的第一个法幢寺，当时许多社会贤达人士都皈依为融字辈居士。融开、融文、融通、融达即当时心道剃度的上首弟子，金刚岭法幢寺也就成了法幢宗祖庭。后来法幢宗发展极其迅速，时间不长便遍布西北五省，在西北近代佛教史上占据了重要地位，对当代西北佛教也有着深远影响。

同年十月，武威启建护国息灾法会，邀请心道前去讲经。到达武威后，心道被推举为刚成立的中国佛教会甘肃武威分会理事长，后升座武威海藏寺法台。武威是一个汉藏民族混居地区，而心道本身融通显密，这使他在这里弘法如鱼得水，得到了大批信众支持，有着极高的声望。而后心道离开武威到达永昌讲经说法，在永昌县佛教居士林讲《阿弥陀经》，受到党政军界的热烈欢迎。当时恰逢南京社会部督导专员刘真凯视察西北，对心道奔走弘法，为国为教，不辞劳苦，给予极高的赞许。①

同年十二月十二日，张掖启建护国息灾法会，邀请心道前去讲经。讲经结束后，张掖信众向心道陈述西北边陲，民族杂居文化落后，尤其是河西当地所谓的佛教会、佛教居士林多被名目繁多的会道门把持，用以宣传封建迷信，为数不多的佛教信徒又在宗派

① 王运天:《心道法师年谱》,兰州:甘肃民族出版社,2006年,第182页。

林立的格局中相互排斥。[①]面对这种局面，无论是出于振兴西北佛教，还是遵循师祖嘱托，因地制宜立宗弘法的目的，心道决定在西北创立法幢宗。恰逢此时，张掖西门外古佛禅林恭请法师为方丈，遂改寺名为甘州大法幢寺。时任张掖军法处主任周又溪手书“大法幢寺”牌匾一块悬挂至该寺，此以“禅净双修，显密并弘，破邪显正”为宗风的法幢宗正式创建，心道是年三十八岁。定甘州大法幢寺为法幢正宗法派丛林，传法融光、融照，轮流升座方丈，主持佛事。又传法张掖佛教会分会理事长融虚，升座普门寺方丈，亦定普门寺为法幢正宗法派丛林，主持佛事。在这之后，凡有皈依、剃度、受戒的弟子，都按照净月所撰写的八十八字偈语为演派，赐法名为融某、谛某、理某、道某等，根据笔者在河西地区的亲自走访，现在法幢宗已经传到第五代，也就是道字辈。关于心道为何选择张掖为创立法幢宗的地点，应该是和张掖的地理位置有着密切关系。张掖位于河西走廊的中部，在此弘扬法幢宗可以兼顾到东西两侧的武威和酒泉等地，加之张掖无论是从经济条件还是信众的基础等方面来说都是比较好的，因此心道把创宗立派的地点选择在了张掖。

此后心道不断地往来河西各地，弘扬法幢宗，依其座下出家皈依的弟子无数，逐渐扩大了法幢宗的影响，河西佛教界混乱的局面得到了极大的改观。民国三十四年，心道受酒泉佛教会的邀请前去弘法，在途经武威时，在其弟子融法及从民勤赶来的众弟子陪同下，视察了正在修缮的大云寺，并应允担任方丈。而后心道又前往新疆弘法传教，使得法幢宗在新疆得以广泛的传播。新疆弘法结束后，心道在返回甘肃途经河西时，又在武威停留弘法，他的众多弟子、居士信众、喇嘛数百人在大云寺迎接。在大云寺、安国寺讲经十余日，传三皈五戒，众多信众依其座下皈依，不断壮大法幢宗信众基础。值得一提的是，心道一再叮嘱其弟子看护好大云寺及寺内藏经，其弟子曾提议将大云寺更名为法幢寺，但心道认为该寺是唐代古刹寺名不可妄改，并把天祝天堂寺喇嘛及居士供养的金银饰品等留在大云寺，用以修缮寺院。心道的这种行为既体现对古刹名寺的保护，也彰显了其博大胸怀和淡泊名利，这也可以解释为什么在河西法幢宗道统一直都有延续，但以法幢寺命名的寺院却不多。

民国三十六年（1947年）春，心道结束第二次远赴新疆弘法之后，离开西北南下，在南京成立中国法幢学会，并应请担任南京普照寺方丈，后又应请担任上海弥陀寺方丈。新中国成立后，心道担任南昌圆通寺、佑民寺方丈，南昌市佛教协会会长，中国佛教协会理事。“文革”开始后，心道受到迫害含冤辞世，终年四十六岁。

① 王运天:《心道法师年谱》,兰州:甘肃民族出版社,2006年,第187页。

四、结语

1.永昌地处河西走廊交通要道，地理位置十分重要，历史上佛教在河西走廊传入中国时，曾在此留下了深刻的印记。该地佛教信仰历史悠久，氛围浓厚，古寺名刹林立。民国时期，在全国佛教衰落的大背景下，永昌佛教更显萎靡。主要表现在：佛教寺院破败；僧伽数量少、素质低；缺乏高僧大德弘法传教。究其原因，主要体现在以下几个方面：自然灾害频发（特别是地震），对佛教寺院造成破坏；人民生活水平低，食不果腹，很难为佛教发展提供必要的物质保障，使得出家僧人数量大幅度减少，寺院破败无力修缮；民众文化素质普遍偏低，这也造成了当地出家僧人的佛学素养很难保证，缺乏有影响力的高僧弘扬佛法；封建会道门活动猖獗，低层民众极易受到迷惑，这对正统佛教的冲击也尤为严重。以上各种因素共同造成了民国时期永昌佛教的衰败，这也是当时整个河西佛教困境的缩影。

2.民国中后期，心道弘法西北时所创立的法幢宗，在河西地区发展尤为迅猛。当时心道在甘州创建了融合显密的法幢宗，可以兼顾河西走廊东西两侧，而东部的凉州就是其最为重视的地区，其往来河西时每次都要在此停留，弘法传教，并委派其弟子在此长期驻锡弘扬法幢宗，同时心道非常重视凉州地区历史名寺及寺内珍贵文物的保护。心道凉州地区的弘法活动，结合当地民族复杂的实际，整合了当地佛教协会，创建法幢坛，与法幢寺形成互补，极大地方便了居士信众，满足了信众学习正统佛教的愿望。法幢宗信众队伍不断壮大，极大地打击了当地的封建会道门。

心道及其创建的法幢宗是近代中国佛教革新代表人物的重要组成部分，对近代西北佛教的改革发展起到了极大的推动作用。心道躬身践行的创宗弘法活动，使得法幢宗在西北地区广为流传，至今在西北佛教界仍然有很大的影响。

回鹘译经偏爱“中土所撰”说

杨富学

（敦煌研究院民族宗教文化研究所）

公元9—15世纪，众多的佛教经典被译为回鹘文。从吐鲁番、敦煌、哈密等地发现的回鹘文文献看，纵然不是全部大藏经，至少也是大藏经中的经、论两部分的主要著作都已先后被译成了回鹘文。其中，有的译自梵文，如《八大圣地制多赞》《佛说无量寿经》；有的译自龟兹文，如《阿烂弥王本生》；有的译自焉耆文，如《弥勒会见记》。元朝统治时期，随着藏传佛教的传播，回鹘佛教受其濡染，有一些经典遂依藏文本译出，如《佛说胜军王问经》《文殊师利成就法》《吉祥轮律仪》《金刚手菩萨赞》《法华经观音成就法》《十方平安经》《四天王赞》《转轮王曼荼罗》和《身轮因明经》等，数量也不是很大。这说明印度佛教、藏传佛教和龟兹佛教、焉耆佛教尽管也曾对回鹘佛教产生过影响，但都不是决定性的。

真正决定回鹘佛教之形成与发展方向的乃为汉传佛教。就现已刊布的有关写本及少量印本看，回鹘文佛经大都译自汉文，以大乘系统为主。其中的大乘经典有《金光明最胜王经》《观身心经》《妙法莲华经》《观无量寿经》《阿弥陀经》《华严经》《佛说温室洗浴众僧经》《地藏菩萨本愿经》《大般涅槃经》《佛名经》《金刚经》《说心性经》《大般若波罗蜜多经》《圆觉经》《佛说受新岁经》《首楞严经》等，毗昙部著作有《阿毗达磨俱舍论》《俱舍论实义疏》《阿毗达磨顺正理论》《入阿毗达磨论注》《俱舍论颂疏》《入菩提行疏》等。还有一些中土高僧编撰的典籍也被译入回鹘文，如《大慈恩寺三藏法师传》《慧远传》《佛祖历代通载》等。译自汉文的密教部著作不多，主要有《圣妙吉祥真实名经》（回鹘文注音本）、《千手千眼观世音菩萨广大圆满无碍大悲心陀罗尼经》等。小乘部经典较少，可见者有《长阿含经》《中阿含经》《杂阿含经》《增一阿含经》及尚待甄别的《Insadi 经》等。

汉僧所撰伪经在回鹘中的传播最为广泛。《法华经》《华严经》《金刚经》《大般若波罗蜜多经》和净土三部经等都是印度佛教和汉传佛教中特别重要的经典，但存世的回鹘文献却不多或完全没有，与其应有的地位极不相称。如《金刚经》存世的文献仅有10件，《法华经》写本稍多一些，也仅有15件。至于《华严经》和净土三部经那就更少了，一般都只有两三件而已，《大般涅槃经》写本仅存3件，《地藏菩萨本愿经》仅存1

件，《大般若波罗蜜多经》《首楞严经》等在回鹘文文献中更是只见其名，而未见1件文献留存。相反，本不为历代大藏经所收的一些由中土汉僧伪撰的佛经，却在回鹘社会中广泛流传，如《父母恩重经》是在中国编撰成的一部佛教经典，一般被视作伪经，从未入过正规的大藏经。但这并未妨碍它在民间的流传，以其劝人行孝且通俗易懂而深受欢迎。此经也传入回鹘社会，并被译为回鹘文广为流布。北宋初“成都府大圣慈寺沙门藏川”撰写的《十王经》在回鹘社会中流传更广，现存回鹘文写本很多，在敦煌发现的残片即达40件，吐鲁番出土的也有10余件，图文并茂，制作非常考究；汉文伪经《佛顶心大陀罗尼》在回鹘社会中也相当流行，现知回鹘文写本已达27件；伪经《佛说天地八阳神咒经》的回鹘文写本、刻本更是多达186种。

这里特别值得一提的是吐鲁番与敦煌等地都有出土的回鹘文《大白莲社经》残卷。20世纪30年代前后，该文献写卷在吐鲁番出土后被人分别卖给法国（详情不知）、土耳其（11页）等国，另有2页现藏于北京国家图书馆。在该文献之某些页的背面左方，用回鹘文小字写有abitaki某卷某页的字样，故被学界称为《阿弥陀经》残卷。但审其内容却与该经无关，而且该经之汉译本仅1卷，而回鹘文所示却有4卷之多，说明称其为《阿弥陀经》之回鹘文译本是不妥的。那么它应是什么文献呢？耿世民在查阅了甘肃敦煌研究院收藏的一小片回鹘文写卷时，发现其左方除用回鹘文写有小字abitaki外，旁边尚有朱书“大白莲社经”5个汉字。据此推定其为《大白莲社经》之回鹘文译本。众所周知，白莲社为净土宗创始人慧远于4世纪所创，又称莲宗，主要崇奉阿弥陀佛。此处的《大白莲社经》应为该宗所崇奉的经典之一，长达4卷，惜不见传本，亦不见史书记载，故书此存疑。

质言之，为数众多的译自汉文的各种回鹘文写本、刻本的存在与发现昭示着古代汉传佛教对回鹘佛教信仰的强大影响力。

回鹘人不仅翻译汉文佛经，而且还翻译过中土僧人所编撰的佛籍，如慧立、彦悰所撰《大慈恩寺三藏法师传》就被古代维吾尔族著名翻译家胜光法师（Sïngqu Säli Tutung）译入回鹘文。现知写本共有3件，分藏于北京、圣彼得堡、柏林等地。从题记知，《玄奘传》是由回鹘著名翻译家胜光法师译入回鹘文的，其译成的时代大致在10世纪左右。该文献共计10卷，部头不小，它的译成体现了回鹘僧徒对玄奘的崇拜之情。

在《玄奘传》之外，净土宗创始人慧远之传记也被译入回鹘文。其写本在鄯善七克台有出土，现存1页，梵夹式，高21厘米，长53厘米，双面书写，共存文字52行。似属10世纪左右之遗物，内容述及慧远及其弟子僧济的情况，但在汉籍中找不到对应内容，当为汉文典籍之改编。

玄奘所撰《大唐西域记》也有可能被译入回鹘文。写本中出现有这样的话头：“此语在名为《西域记》（Siüki）的书中有载。”

可见，该书的回鹘文译名为Siüki，译者可能同为胜光法师。茨默经研究后认为，该书的翻译，似曾参考过前引《玄奘传》。可备一说。

最近，研究人员从敦煌莫高窟北区B59窟出土的写本残片中又甄别出一件令人注目的文献——《佛祖历代通载》回鹘文译本。

吾人固知，《佛祖历代通载》系元末嘉兴祥符禅寺住持念常于顺帝元统元年（1333年）编撰的佛教通史，记载了上起七佛，下迄元统元年的佛教历史，全书共计22卷。敦煌发现的回鹘文写本残片第5卷的一个片段。这是我们所知翻译时代最迟的回鹘文佛教著作，不仅确证了元末回鹘佛教的流行，而且从一个侧面反映了回鹘佛教徒对汉籍佛典的重视。

另外，特别值得关注的是中土流行的灵验故事（如《苟居士抄〈金刚经〉灵验记》）及冥报故事（如《忏悔灭罪金光明经冥报传》）也被译入回鹘文。

《苟居士抄〈金刚经〉灵验记》在历史上流传甚广，可见于多种文献的记载，如道宣《集神州三宝感通录》卷3（A）、李昉《太平广记》卷102（B）、道世《法苑珠林》卷18（C）、《金刚般若经集验记》（D）、《金刚经感应传》（E）、《金刚经纂要刊定记》卷5（F）、《大唐内典录》卷10（G）及敦煌本《持诵金刚经灵验功德记》（H）。其中，时代最早者应推道宣（596—667年）《集神州三宝感通录》卷3的记载，后世诸本多以此为底本。与以上诸汉文本相比，回鹘文本有不少改动，如：回鹘文本未写书生姓氏，A、C、D、E诸本作“荀氏”，B、F、G、H本作“苟氏”；回鹘文本中的李村，A、B、C、D、E、G本均作“王李村”，F本作“王者村”，H本未写村名；回鹘文本中的“书生”，与A、B、C、D、F、G本同，但E、H本作居士；各本均标明其地在益州（今四川成都市）西南或西北，但回鹘文文本无之，观其残片，当系破损所致。通过这一比较可以看出，回鹘文本之底本当为A、B、C、D、G诸本中的一种，而与E、F、H本关系甚微。

《忏悔灭罪金光明经冥报传》见于敦煌发现的回鹘文《金光明最胜王经》写本之中。该经是由别失八里著名回鹘佛教翻译家胜光法师依义净汉译本转译的。值得注意的是，与义净本相较，回鹘文本第1卷多出了两个故事：沧州人张居道在温州做治中时因女儿婚事而屈杀牛、羊、猪、鸡、鹅、鸭之类牲畜而被阎王追索，后发愿抄写《金光明经》而被放还；又有温州安固县某县丞妻，久病不愈，张居道闻之，劝其发愿抄写《金光明经》，此县丞遵之，雇人抄写，果然妇人疾病得除。[①] 这两个故事，虽不见于义净译本，但可见于北凉昙无谶翻译的4卷本《金光明经》卷首所录《忏悔灭罪金光明经冥报传》，又名《金光明经传》。此故事之单行本在敦煌也多有发现。[②] 回鹘文本之内容当系胜光法

① S. Çagatay, Altun Yaruk'tan iki parča, Ankara 1945; P. Zieme, Zu den Legenden im uigurischen Goldglanzsūtra, Turkluk Bilgisi Araştimalari 1, 1977, S. 149-156.

② 杨宝玉:《〈忏悔灭罪金光明经冥报传〉校考》，见宋家钰、刘忠编:《英国收藏敦煌汉藏文献研究》，北京:中国社会科学出版社，2000年，第328-338页。

师据昙无谶补译。

此外，在吐鲁番写本中还发现有回鹘文《五台山赞》《五更转》《十二时》等佛教文献，这些都是中土所撰。

从中可以看出，回鹘佛教僧徒之译经，特别偏爱中土所撰。这些内容适应于中原社会，对回鹘社会也产生了深远的影响。

清代永昌、阿拉善蒙古交界区域的划界纷争与地方治理

冯玉新[1]

（西北师范大学）

明清之际，河西走廊北部的民族分布格局发生了变化。自清代中期以来，随着和硕特蒙古东迁驻牧西套阿拉善地区和土尔扈特蒙古驻牧额济纳地区，在河西走廊北部地区逐渐形成了两大新的族群，即阿拉善蒙古与额济纳蒙古。康熙年间，阿、额二部蒙古先后归附清廷，清政府遂将二部编佐设旗，并派官员勘定与河西府（县）地界。本文主要围绕阿拉善蒙古与凉州府治下永昌县划界问题展开。

一、阿拉善蒙古的形成

阿拉善蒙古原属漠西厄鲁特蒙古中的和硕特部一支，清文献中称之为“阿拉善额鲁特蒙古”[2]或“阿拉善和硕特蒙古”，大致形成于17世纪后半叶。阿拉善蒙古的形成与准噶尔势力的扩张密切相关。清初，准噶尔部雄踞西北，其首领噶尔丹“因胁诸维拉特奉其敕令”不断扩张领地。由于受到准噶尔势力的威胁，一些厄鲁特蒙古旧部先后离开天山北麓，经大草滩（今甘肃民乐东南）抵达甘、凉、肃等府（州）边界，之后又迁往今阿拉善地区。这部分厄鲁特蒙古人主要由两部组成：以和罗里为首的和硕特部和准噶尔部楚琥尔乌巴什与鄂尔齐尔图的旧属。康熙十六年（1677年）冬，甘肃提督张勇、凉州提督孙思克等曾向清廷奏报：“厄鲁特济农等为噶尔丹所败，逃至沿边”[3]，“甘、凉近南山一带，有西海墨尔根阿喇奈多尔济台吉等，庐帐数千余，肃州境内，游牧番人头目有济农布第巴图尔、厄尔德尼和硕齐等，庐帐万余，皆为噶尔丹所败，自西套来奔”[4]。奏报中“厄鲁特济农”即和罗里，又名巴图尔额尔克济农。西海墨尔根阿喇奈多尔济即

①基金项目：甘肃省高等学校科研项目(2015A—009)；西北师范大学青年教师科研能力提升计划社科一般项目。

②(清)张穆撰，张正明、宋举成点校：《蒙古游牧记》卷11《阿拉善额鲁特蒙古游牧所在》，太原：山西人民出版社，1991年，第264页。

③(清)《清圣祖实录》卷69，康熙十六年十月甲寅条，北京：中华书局，2008年，第3492页。

④(清)《清圣祖实录》卷70，康熙十六年十二月辛未条，北京:中华书局，2008年，第3507页。

墨尔根，济农布第巴图尔即博第，二人均为和罗里之弟。二十一年（1682年），为避噶尔丹锋镝逃亡西藏的鄂尔齐尔图之孙罗布藏衮布阿喇布坦亦率众进入河套以西地区。二十七年（1688年），原准噶尔旧部楚琥尔乌巴什子罗布藏额琳沁，趁噶尔丹进攻喀尔喀蒙古之机“乘间脱走”，携旧部“计一千余口”辗转来到西套地区。由上，至康熙中期厄鲁特蒙古先后有两部三批徙入西套地区，这些部落便成为构成阿拉善蒙古的主要来源。康熙三十六年（1697年），和罗里上书清政府，“请视四十九旗例，编佐领”。同年十月，清政府在阿拉善地区编佐设旗，“诏封和罗里为多罗贝勒，给札萨克印，辖其众”[①]，并确定该旗为直辖于理藩院的特别旗，阿拉善旗制的建立标志着清政府对阿拉善蒙古统治的正式确立。阿拉善蒙古自和罗里时始定牧阿拉善，游牧地界东界宁夏、西界甘州、南界凉州，北界瀚海，袤延七百余里，横跨阿拉善高原大部，为清政府在厄鲁特蒙古设置的第一旗。

二、阿拉善蒙古与永昌县的划界纷争

阿拉善蒙古请求清廷划界赐牧的时间最早开始于康熙前期。当时准噶尔旧部鄂齐尔图之孙罗卜藏衮布阿喇布坦被噶尔丹击败后，先逃至青海，后拟移牧于甘、凉一带边外，康熙二十一年（1682年），罗卜藏衮布阿喇布坦向清政府提出“赐居”的请求，希望允许其部“居龙头山之地”[②]（龙头山即为今张掖、山丹北面之东大山，今又称龙首山）。这是阿拉善蒙古向清政府的首次“赐居”之请，清廷予以积极回应，派理藩院侍郎拉笃祜进行详细勘查，据拉氏覆奏认为罗卜臧衮布龙头山北游牧的要求，实“欲占长（昌）宁湖”[③]，后又经理藩院、兵部会议，以龙头山地区战略地位重要，加上其北部宁远堡、昌宁湖一带，“内地兵民耕牧久，不宜令新附蒙古居”[④]，最终并未同意罗卜藏衮布的赐居请求。罗卜藏衮布不得已之下，只好暂时徙牧关西布隆吉尔一带。

此后不久，原和硕特旧部首领和罗里，于康熙二十四年（1685年）再次向清政府请求“赐敕印，以钤部众”[⑤]，并提出了长驻龙头山一带的请求，史载其部“欲环居阿喇克

①(清)祁韵士:《皇朝藩部要略》卷10《厄鲁特要略二》,见中国西北文献丛书编辑委员会:《西北稀见方志文献 》(第95卷),兰州:兰州古籍书店,1990年,第131页。

②(清)《清圣祖实录》卷104,康熙二十一年八月乙酉条,北京:中华书局,2008年,第3914页。

③(清)《清圣祖实录》卷104,康熙二十一年八月乙酉条,北京:中华书局,2008年,第3915页。

④(清)张穆撰,张正明、宋举成点校:《蒙古游牧记》卷11《阿拉善额鲁特蒙古游牧所在》,太原:山西人民出版社,1991年,第266页。

⑤(清)祁韵士:《皇朝藩部要略》卷9《厄鲁特要略一》,见中国西北文献丛书编辑委员会:《西北稀见方志文献》第95卷,兰州:兰州古籍书店,1990年,第114页。

山之阴，以遏寇盗，不使纷扰边疆"[①]。基于当时西北边务的需要以及政治因素的考虑，加上康熙二十五年（1686年）因蒙古与汉民互相争告疆界，十月末，清政府再次派理藩院侍郎拉笃祜、提督孙思克率同巴图尔额尔克济农等前往西套勘查边界，议定除将喀尔占布尔古忒、空郭尔俄垄、巴颜努鲁、雅布赖、噶尔拜瀚海等地方令游牧外，规定称：

> 自宁夏所属玉泉营以西，罗萨喀喇山嘴后，至贺兰山阴一带，布尔哈苏台之口。又自西宁所属倭波岭塞口以北，奴浑努鲁山后，甘州所属、镇番塞口以北，沿陶阑泰、萨喇春济、雷浑希里等地，西向至额济纳河，俱以离边六十里为界[②]。

此次勘界结论后经理藩院会议通过。清廷行文额附阿宝及其部属遵照所定游牧区域驻牧，允许内地府县民众在离边60里范围之内往来樵采，并要求内地府县与阿拉善蒙古对汉、蒙民众越界行为予以严厉约束。此后清廷又派提督孙思克、标下游击李本善等与和罗里属下达尔汉噶卜楚、喇嘛波克寨桑"画地为界而记之"，"自是和罗里属始定牧阿拉善"[③]。此次勘界，即是在以和罗里请求的"阿喇克山之阴"的基础上划定了阿拉善蒙古游牧范围：大致为龙头山以北、贺兰山以西、额济纳河以东、喀尔喀蒙古以南的区域。

阿拉善蒙古归附后，成为清廷巩固西北边防的一支重要力量。在平准战争中，清政府多次调派和罗里出征，其子阿宝曾远赴巴里坤，率部众参与清政府平定准噶尔策妄阿喇布坦的战事长达七年之久。随后，阿宝率部又返至青海，护送七世达赖喇嘛到西藏坐床，并在西藏驻牧三年。雍正元年（1723年），阿宝从西藏返回，被封为郡王。同年，罗布藏丹津发动叛乱。雍正二年初，清政府平定青海地区。阿宝上书请求移牧青海，考虑到阿拉善蒙古连年征战，且衷心效力，颇著劳绩。雍正三年（1725年）清政府"诏以青海贝子丹忠所遗博罗充克牧地，给阿拉善蒙古郡王阿宝居之，越七载始撤归，钤青海族属"[④]。这一时期，阿宝率部游牧于大通河以南，湟水一带地区[⑤]。

自阿宝移牧青海后，其沿边所空之地，遂成为甘、凉等内地民众采薪放牧之所。阿宝部后因不服水土，加上连年牲畜倒毙，其部居青海五载，复奉旨回套西牧地。雍正年间，阿宝控告其游牧界内有内地民众私砍树木，呈请再次定界。清廷遂派陕西总督刘于义勘查边界，结果发现凉州府所辖永昌、镇番二县所划界线与此前清廷议定方案相左：

---

①（清）《清圣祖实录》卷122，康熙二十四年十月壬子条，北京：中华书局，2008年，第4162页。

②（清）《清圣祖实录》卷128，康熙二十五年十一月癸巳条，北京：中华书局，2008年，第4232-4233页。乾隆五十二年公文第3号，阿拉善左旗档案馆藏，卷宗号：01—3—45。

③（清）祁韵士：《钦定外藩蒙古回部王公表传》卷79《阿拉善厄鲁特部总传》，见《文渊阁四库全书》第454册，台北："商务印书馆"，1983年，第706页。

④包文汉整理：《清朝藩部要略稿本》，哈尔滨：黑龙江教育出版社，1997年，第178页。

⑤（清）张穆撰，张正明、宋举成点校：《蒙古游牧记》卷11《阿拉善额鲁特蒙古游牧所在》，太原：山西人民出版社，1991年，第266页。

> 康熙二十五年所定地方疆界，以阿拉善王居住宁夏所属贺兰山以至额济纳河等处，均以六十里为界，惟凉州府属永昌县宁远堡属在正北离城七十里。宁远堡再北即昌宁湖，离本堡八十里，以墩为界。东北之平泉儿，离本堡七十里，以泉为界。西北之寺儿沟，离本堡一百二十里，以墩为界。墩、泉以内，系汉民耕牧之地；墩泉以外，系蒙古游牧之处[①]。

而镇番则以“左右临边不过二三十里，内无山场树木及产煤炭处所”[②]为由，任本邑居民出边百里樵采，并未与阿拉善蒙古厘定界线，直到乾隆元年（1736年）才初定界线[③]。后时任总理屯务侍郎蒋炯考虑到柳林、潘家二湖于雍正十一年开始屯田，收获粮石供给凉州满营军需，事关“边塞军储之重计”。但由于柳林湖“地处沙漠，恐十年之后，禾稼瘠薄”，他认为柳林湖东面的红岗子，西南的三角城，北面的刘家山，俱尚可耕，“以为将来移丘之地，须与屯务有益”。故蒋炯于乾隆七年（1742年）又提出了新的划界方案：议请以红岗子、刘家山为界，其余地方仍按以前勘定的青台山、小青山、榆树沟、麻山、阿喇骨山等处为界，拟以山南为汉民耕牧樵采之区，山北为蒙古游牧之所。该划界方案起初遭到阿拉善蒙古方面的反对，后在清廷调解之下，经宁夏部郎六行知、阿拉善台吉索诺姆达什会议通过，并报陕甘总督堂庆题明，暂时议定了该划界方案。

永昌县与阿拉善蒙古虽于康熙中期达成初步定界，但因昌宁湖地界屡次发生纠葛，乾隆三年（1738年），阿宝又要求清廷重勘昌宁湖界，后经理藩院同督宪会勘后仍然以前总督刘于义勘查结果为依据定界。此后，乾隆十一年（1746年）汉蒙间围绕昌宁湖的划界纷争再起。乾隆二十年（1755年），因蒙古“越界勒索宁远民草头钱、米”[④]，时任永昌知县林宵昂复请督宪同阿拉善蒙古台吉策本护满常加喇那亲往昌宁湖等地履验，暂平纷争。

乾隆四十九年（1784年），永昌、镇番、山丹与阿拉善蒙古边界争端复起，“维时，凉郡属之永昌、镇番二邑，俱接阿拉善边，连年争界”[⑤]。清廷遂派陕甘总督福康安差委凉州镇苏、甘凉道满岱以及永昌、山丹等地方官会同阿拉善蒙古办事图萨拉克奇策伯克、多济尔等会勘边界，双方先于镇番东南一带苏武山至阿拉骨山、麻山、半个山、红岗子、刘家山等处，山丹北部青羊口、石井口、赤山口、趄坡儿等处分立界石。但是由于双方

①(清)张之浚、张玿美修:《五凉考治六德集全志》卷2《镇番县志·艺文志》,台北:成文出版社有限公司,1976年,第332-333页。

②乾隆五十二年公文第3号,阿拉善左旗档案馆藏,卷宗号:01—3—45。

③据档案资料记载,乾隆元年镇番与阿拉善蒙古划界,以镇番正东八十里麻山,东南六十里苏武至阿喇骨山,西南一百七十八里之青台山、小青山,正西榆树沟,西北一百八十里之独青山为一线,俱以山为界。

④乾隆四十五年公文第3号,阿拉善左旗档案馆藏,卷宗号:01—3—37。(清)李登瀛、南济汉纂修:《永昌县志(乾隆五十年修)》卷9《杂志·蒙古》,永昌):永昌县人民政府重印,1983年。

⑤(清)黄璟等纂:《山丹县志》卷首《奏议》,台北:成文出版社有限公司,1970年,第29页。

对镇番西北之独青山，正西之榆树沟，西南之小青山等处地方以及山丹独峰后口互有争议，所以上述几处划界搁置未定。乾隆五十三年（1788年），陕甘总督勒尔谨直接委派总兵巴忠、凉州知府清（佚名）没有经过与阿拉善蒙古会商而单方面勘立界线，此次划界方案未得到阿拉善蒙古方面的承认，阿拉善民众仍“不遵从前办过之例，竟行旋回游牧”。一年之后，分守甘凉道富巽亲自勘查凉府与阿拉善交界地带，“毅然命驾，亲莅山、永、镇三县之边境，踰越险阻，遍观形势，以旧案证之”，并“爰绘山、永、镇三县汉蒙交界图，具文申详”[①]，将结果上报理藩院转呈乾隆皇帝。永昌、镇番、山丹与阿拉善蒙古连年争界的事件最终引起乾隆皇帝的关注。乾隆五十五年（1790年）十一月，乾隆皇帝派钦差仓厂、总督苏凌阿、理藩院侍郎巴忠会同督宪勒、甘凉兵备道宪富与阿拉善王旺沁班巴尔奉旨亲临勘查汉蒙边界，划定争议边界。之后双方议定以镇番西面小青山，西北独青山，西南青台山，北面榆树沟、刘家山、红岗子山，东南一带由苏武山至阿拉骨山、麻山、半个山为界；以山丹独峰后口之骟马湖为界；以永昌宁远堡西北六十里寺儿沟，寺儿沟东三十余里潮水墩，五道沟西玉泉墩为界。相关人员“会同奏定……绘图存案”，并将界内越界插帐游牧蒙古，悉数“押逐出境，各归远处”，又择山之最高处，堆立俄卜为记，“复饬地方官，各于汉蒙出入要路，设立卡房”派兵役看守，而各墩石碣已毁者，均行修整，载明界址。乾隆五十六年（1791年），甘凉兵备道宪富同宁夏部郎详照上年原定地界会立俄卜，并于永昌北划界地方设房卡立碣石，山丹北独峰后口之骟马湖竖立碣石。自此，汉、蒙间数十年来的相互纷争，因边界的“厘定”最后平息（表1）。

表1　清代阿拉善蒙古与河西甘、凉二府(县)勘界概况表

时间	参与者	处理结果
康熙二十一年(1682年)	理藩院侍郎拉笃祜	内地兵民耕牧久，不宜令新附蒙古居；边塞要地，似不宜令不谙法纪之蒙古居住
康熙二十五年(1686年)	理藩院侍郎拉笃祜、甘肃提督孙思克；巴图尔济农属下达尔汉噶卜楚、喇嘛波克寨桑	自宁夏所属玉泉营以西……至贺兰山阴一带……甘州所属、镇番塞口以北……向西至额济纳河，俱以离边六十里为界
雍正年间	陕西总督刘于义	贺兰山以至额济纳等处，均以六十里为界，惟凉州府属永昌县宁远堡……再北昌宁湖……以墩为界。东北之平泉儿……以泉为界。西北之寺儿沟……以墩为界。至镇番县境界……左右临边……迨因所议，未分界限

①（清）张之浚、张玿美修：《五凉考治六德集全志》卷3《永昌县志·地理志》，台北：成文出版社有限公司，1976年，第367页。

续表1

时间	参与者	处理结果
乾隆六年（1741年）	不详	镇番县正东麻山……东南由苏武山至阿喇骨山……西南之青台山、小青山……正西之榆树沟，又相连西北之独青山……俱以山为界
乾隆七年（1742年）	总理屯务侍郎蒋炯、宁夏部郎六行知、镇番县令罗文灿、阿旗台吉索诺姆达什	议请红岗子（镇番柳林湖东）、刘家山（镇番柳林湖北）、昌宁湖等十处各于山外定界
乾隆二十年（1755年）	督宪（佚名）、永昌县知县林宵昂、阿旗台吉策本护满常加喇那	并非越界侵耕，拆毁民众所建窝铺，禁止私自耕种官荒
乾隆五十一年（1786年）	陕甘总督福康安、凉州镇苏、甘凉道满岱、山丹县令裴英阿、镇番县令陶迁珍会同旺沁班巴尔之办事图萨拉克奇策伯克、多尔济等	镇番县东南一带由苏武山至阿拉骨山、麻山、半个山、红岗子、刘家山竖立界石，西、西北、西南沿山划界，双方存争议，搁置。山丹县北青羊口、石井口、赤山口、趄坡儿等五处立墩碣，惟独峰后口存争议，搁置
乾隆五十三年（1788年）	陕甘总督勒尔谨复委总兵巴忠、凉州知府清	单方面勘立，镇番县与阿拉善蒙古未定界线
乾隆五十四年（1789年）	甘凉道富巽	仔细踏查汉蒙交界，上报理藩院
乾隆五十五年（1790年）	钦差仓厂、总督苏凌阿、理藩院侍郎巴忠、督宪勒、甘凉兵备道宪富、阿拉善王旺沁班巴尔	按原奏所定之址，设立俄卜。以镇番县西面小青山，西北独青山，西南青台山，北面榆树沟、刘家山、红岗子山，东南一带由苏武山至阿拉骨山、麻山、半个山为界。议定以永昌县北寺儿沟、西北玉泉墩、东北潮水墩为界。议定以山丹县北独峰口后山之骟马湖为界
乾隆五十六年（1791年）	甘凉兵备道宪富、宁夏部郎	会立俄卜，于永昌县北原议界线设卡房立碣石。山丹县北独峰口后山之骟马湖竖立碣石

资料来源：

1.乾隆四十五年公文第3号，阿拉善左旗档案馆藏，卷宗号：01—3—37；乾隆五十二年公文第3号，阿拉善左旗档案馆藏，卷宗号：01—3—45。

2.（清）李登瀛、南济汉纂修：《永昌县志》，乾隆五十年修，永昌：永昌县人民政府重印，1983年。

3.（清）张之浚、张玿美修：《五凉考治六德集全志》，台北：成文出版社有限公司，1976年。

4.（清）钟赓起：《甘州府志》，台北：成文出版社有限公司，1976年。

三、边界纷争起因的阐释

边界纷争是有清一代多民族交界地区较为普遍的现象，尤其是在资源相对稀缺的西北农牧交错地区。本文所讨论的肇始于清代中期的甘、凉二府（县）与阿拉善蒙古的边界纷争，规模之大、历时之长、影响之远，在整个清代西北都是比较少见的。清代中期以来永昌县与阿拉善旗争界明显趋向激烈，自康熙二十一年起阿拉善蒙古提出划界至乾隆五十六年争端暂告平息，期间双方因争夺边地草场、采薪之地，汉蒙民众连年争告疆界，以至争执纷纷，案牍频繁，争端次数之多，足见问题的复杂。从史籍和相关档案分析，造成这种局面其中最主要的原因就是当地资源、人口与环境的关系日趋紧张。

位于河西走廊中部的今山丹、永昌、民勤县以北甘蒙交界地区，北山阻隔，沙漠环绕。在群山、戈壁、沙漠之间，分布着骟马湖、鱼海子、青土湖、柳林湖、马营湖、昌宁湖等诸多小湖滩地，历史上这些地区大多为水草丰美自然生态环境相对优越的地区。随着农牧之间频繁互动，上述各地到明清时期已成为典型的农牧经济生态结合带。如位于永昌北部的昌宁湖一带“极为空旷，水深草茂，鸟兽尤多，且有杨榆各木”，“湖周百里，水甘洌清湛……匝岸皆小洲，榆杨荻苇生焉，鸟兽之所依栖。有明时青把都儿据之，蔓延于边山，为甘、凉害。嗣后永昌之人，刍荛雉兔皆往焉。今南北诸夷，皆垂涎其地者，水草召之也”①。清初该地仍盛产芨芨草、红柳等植物，又为兵民刍牧之地。镇番县蔡旗堡南十里的月牙湖，中有乱泉，居民借以刍牧；县东及东北百里之外的抹山、柳林湖、枪杆岭山、青上湖、白亭海等水草丰茂之处，亦间有屯户借以刍牧②。宜农宜牧的环境和相对丰富的草木资源不仅为农牧民众提供了赖以生存的物质资料，而且也成为特定条件下双方冲突争夺的焦点。

在清代阿拉善旗与山丹、永昌、镇番三县的边界纷争中，汉蒙双方皆围绕争夺资源展开，反复争执的地点主要围绕山丹县北独峰后口，永昌县北昌宁湖，镇番西北独青山、正西榆树沟、西南小青山、青台山等处地方（图1），这些地区的权属皆关系到农牧双方切身利益。

雍正年间，阿宝要求划定边界起因是“有内地汉人在其游牧界内私砍树木”，此后阿拉善蒙古以内地民众越界侵耕，致使游牧地狭窄为由多次向清廷提出划界要求。康熙二十五年，总督刘于义奉旨勘查汉蒙交界，发现镇番与阿拉善蒙古交界地段竟“迨因所议，

①（清）梁份著，赵盛世等校注：《秦边纪略》卷2《凉州北边近疆》，西宁：青海人民出版社，1987年，第147页。

②（清）张之浚、张玿美修：《五凉考治六德集全志》卷2《镇番县志·山川》，台北：成文出版社有限公司，1976年，第226页。

为分界限”，并未按朝廷之前要求划清界限。查其原因在于“（镇番）口内并无山场树木及产煤处所……阖县官民人等日用柴薪，樵采取东西北之边外，以供终年炊爨，实与他地不同”。而永昌县与阿拉善蒙古的纠纷双方各执一词，阿拉善蒙古认为主要因为汉民越昌宁墩界以外的黑水寺儿沟至西山一带及界外芦沟等处樵采、私垦放牧；永昌方面则认为是阿拉善蒙古私自插帐内地游牧，侵占滋扰汉民，并私自向汉民强征草头税银。

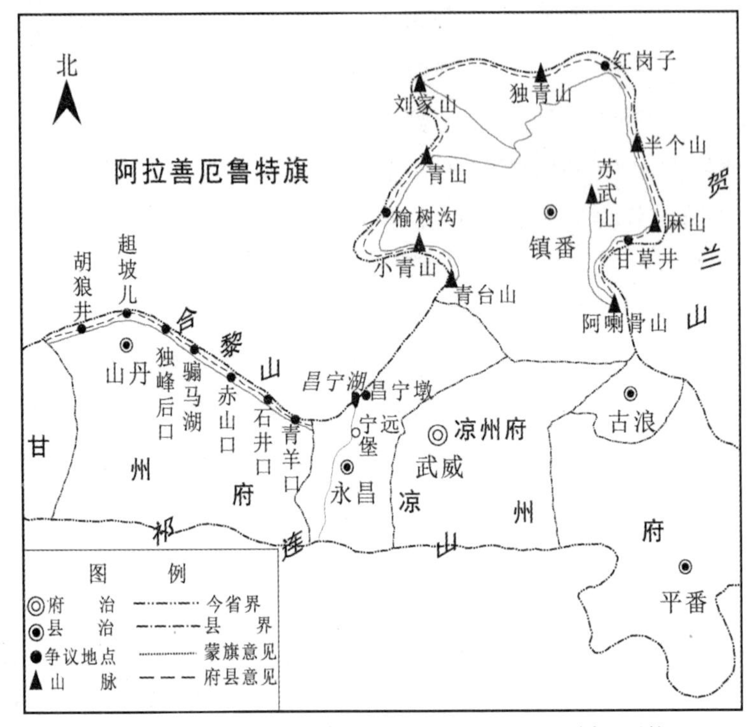

图1　清代阿拉善旗与甘肃省镇番、永昌、山丹三县划界形势图

图片来源：民国甘肃省民政厅档案，甘肃省档案馆藏，卷宗号：26—永久—003—330。

资源竞争成为清代河西走廊北部边界变迁的主要驱动力，而在资源竞争的背后，反映出清代中期河西永昌、镇番二地人地关系矛盾激化的不争事实。我们来看这样几组数据：据乾隆《永昌县志》记载，康熙六十年（1721年）时，该县有3 376户，25 839口；雍正十三年（1735年）有5 685户，39 837口；乾隆十四年（1749年）7 925户，54 054口，而到乾隆五十年（1785年）时该县人口已达32 842户，190 726口[①]，在60多年的时间里，人口增加了近7倍。而与康雍乾三朝人口数字呈增长的趋势相反的是该县农业土地的减少。雍正十年（1732年）该县有熟地5 518.87顷，到雍正十三年（1735年）时开

①(清)张之浚、张绍美修:《五凉考治六德集全志》卷3《永昌县志·户口》,台北:成文出版社有限公司,1976年,第356页;(清)李登瀛、南济汉纂修:《永昌县志》卷1《地理志·户口》,乾隆五十年修,甘肃永昌:永昌县人民政府重印,1983年。

报碱潮冲压土地约1 796.18顷，乾隆三年（1738年）时全县熟地为3 722.68顷，至乾隆五十年全县熟地仅3 688.33顷[①]，实有熟耕地较雍正十年减少32.8%。毗邻的镇番县也面临相同的情况，明嘉靖中有人口1 871户3 363口，到清乾隆十三年（1748年）时，该县有5 693户，道光五年（1825年）时增加至16 756户184 542口，人口迅速增殖，而土地利用率却得不到显著提高，原各顷地亩共计1 240.27顷，经清初的开垦，至道光年间实有地亩3 782.42顷。清代中期镇番已出现人多地狭的局面，有限的土地资源，难以承载不断增长的人口。正如《镇番县志》所记："我朝轻徭薄赋，休养生息一百八十余年之久，户口较昔已增十倍，土田仅增二倍耳，以二倍之田，养十倍之民，而穷檐输将，踊跃毋事……"[②]这条史料真切地反映出镇番人地矛盾日益尖锐的状况。可见，人口大规模的增长，无疑会加重土地的承载能力和资源的消耗程度。随着人口压力的增大，现有的土地资源根本无法满足和维持生产和生活的需要，提高现有资源的利用效率和尽可能多地争夺占有有限的资源，成为当地民众的"必然选择"。于是民众开始谋求向边外扩展，以获取必需的生活资源。清中期以来，甘蒙沿边开垦达到了历史最高峰。随着垦殖力度的不断加大，石羊河流域下游镇番边外的柳林湖、青土湖、白亭海等地区"今大半开垦，居民稠密不减内地"。而随着人口对红柳和桦树等日常爨火的薪炭需求量的增大，县境内的木材已不够履用，"至于角禽逐兽，探沙米、桦豆等物，尚有至二三百里外者"[③]。乾隆五十一年四月，阿拉善蒙古与山丹县互相争控地界一案，皆因山丹民众越界耕种鄂尔通得尔伯尔津等处所致[④]。永昌县金川河下游之昌宁湖，清初曾是河西走廊主要的屯点之一，但随着大量移民开垦，至乾隆初年生态逐渐恶化，因土瘠水源不足，官方停办屯垦。因该地区位于阿拉善与永昌交界地区，清政府明令禁止民众私自开垦，但时常有"越界侵耕"之事发生。可见，区域社会人口、资源与环境的失衡，会使农牧业之间打破已有的界域平衡，致使争夺资源的纠纷频频，诉讼不断，而纷争的平息需要国家与地方政府通过明晰强化边界的手段，来确认双方对资源的归属，以维护地方的稳定，下文主要围绕纷争解决的过程展开讨论。

①(清)张之浚、张玿美修:《五凉考治六德集全志》卷3《永昌县志·田亩》,台北:成文出版社有限公司,1976年,第356-357页;(清)李登瀛、南济汉纂修:《永昌县志》卷1《地理志·田赋》,乾隆五十年修,甘肃永昌:永昌县人民政府重印,1983年。

②(清)许协修:《镇番县志》卷3《田赋考·物产附》,见中国西北文献丛书编辑委员会:《西北稀见方志文献》第48卷,兰州:兰州古籍书店,1990年,第51页。

③(清)张之浚、张玿美修:《五凉考治六德集全志》卷2《镇番县志·地理志》,台北:成文出版社有限公司,1976年,第225页。

④乾隆五十二年公文第3号,阿拉善左旗档案馆藏,卷宗号:01—3—45。

四、边界纷争的消弭与社会控制

（一）纷争中的“国家”与“地方”

清代永昌县与阿拉善蒙古交界的地区，是一个典型的农牧族群交接地带。我们知道，民族交接地带的社会互动模式往往是复杂而迥异的，那么在西北这样一个“典型地区”，它又展现出怎样的特殊性？本节拟从国家与地方关系入手，分析和阐释在此边界纷争事件中国家与地方的互动模式。在我们看来，入清以来甘、凉二府（县）与阿拉善蒙古的划界纠纷事件的反反复复，反映的不仅是由于资源竞争而引发的两个不同族群间、不同“地方”间的利益博弈，而且反映出国家与地方存在“矛盾”的互动关系，展现出国家控制与地方意愿表达之间的分歧与纠葛。

在康熙二十五年汉蒙发生边界纠纷之后，当时清政府曾派理藩院侍郎拉笃祜与甘肃提督孙思克实地前往勘查边界后，清廷会议做出初步结论，笼统地规定甘州所属、镇番塞口以北，沿陶阑泰、萨喇春济、雷浑希里等汉蒙交接地段，“俱以离边六十里为界”，后又将此次勘界结论写入清政府治理少数民族地区的专门法规——《理藩院则例》中，当时各级政府在处理纷争的过程中应以律例为刑判参照，作为处理“内地”与阿拉善边界纷争的刑判依据，但实际上地方在处理具体问题中却将此条“国家律例”引诸某些变化。雍正年间，阿旗与甘凉二府（县）再起边界纠纷后，清廷派时任陕西总督的刘于义前往调查，结果令人意外，清廷先前确定的以阿拉善王居住宁夏所属贺兰山至额济纳河等处，均要以离边60里定立地方疆界的规定，在永昌和镇番二县却没有得到切实执行，更有甚者，镇番竟有与阿拉善蒙古未分界线的地域。清廷初拟的划界条例，因未充分考虑地方的实际，遭到基层政府乃至民众的抵制，镇番柳林湖三渠农民王玉珠、黄珽、王修仁等公呈事词称：

> 切缘柳林湖屯田系雍正十一年奉总理屯务侍郎蒋踏看柳林、潘家二湖可以屯种，但无夏水浇灌，数年之后土脉瘠薄，不能生发禾苗之后，尚有附近柳林湖东南之红岗子，西面之三角城，北面之刘家山俱属可耕，以为将来移坵之地。目今柳林湖耕种九载，瘠薄之地颇多，明春耕种之时，即要移坵于三处，今恳议定界形于三处之外，留作移坵屯田，庶于屯务有益①。

从上文可以看出，以王玉珠、黄珽、王修仁等为代表的镇番民众上疏清廷，目的是请求清廷以离边墙一百五六十里的柳林、潘家二湖地方山外立石定界，以备将来移坵之用。镇番官府亦对属下民众的“抗议”予以支持，认为“今若俱议以百里内定界，民人无处樵采，委难聊生”，县令罗文灿则要求清廷以边外200里两相分界，内为镇民樵采之

①乾隆五十二年公文第3号，阿拉善左旗档案馆藏，卷宗号：01-3-45。

区，外为蒙古游牧之地。在纷争之中作为争议另一方的阿拉善王坚持离边60里为界的行为，则被甘、凉地方官视为造成边界纠纷长期未能断决、案卷累牍、民怨纷纷的原因，他们认为："今旺沁班巴尔复以离边墙六十里一语，哓哓置辩，以致屡次委员会勘。而蒙古差员坚执六十里之辞，终未定局，以致民无耕凿，户缺樵苏，争执纷纷，频烦案牍。"①

阿拉善方面以汉民出百余里种田，任意采取柴草，牧放牲畜，打牲行走，致使"我们蒙古牧放牲畜之地窄狭，牲畜不能膝腾，我们蒙古人等全赖牲畜度日。若地方被占，牧场窄狭，则牧放牲畜甚是劳苦"，对甘、凉二府（县）的划界方案，均予以否认，并不断向清廷上疏，表明己见：柳林湖东渠应以沟尾稍沙埂为界（即蒙古所称乌朱古尔迤东北10余里，土名□肐□即蒙古所称伊奇里托罗海，该地离红岗子尚有20余里之遥），昌宁湖（蒙古称鄂尔通）应以其西南柳树沟一百数十里之梧桐墩为界②。由于阿拉善蒙古与甘、凉二府（县）各执一词，对划界存在严重分歧，令理藩院和甘肃省颇感棘手，屡勘屡争，积重难返，致使汉蒙边界问题几成悬案。

汉蒙边界纠纷问题长期得不到解决，引起了乾隆帝的关注，乾隆五年（1740年）七月十九日，清高宗颁布上谕：

> 沿边省份，与蒙古地界相连者，夷用杂处，互相贸易耕种，闻地方官凡遇夷民交关事件，心存袒护，并不秉公剖断，兼以口外之事，无足重轻，不肯加意办理，实为向来积弊。蒙古各部落世受国恩，输诚向化，中外一家岂容歧视！各该督抚将军，应严饬地方文武官弁，以后约束兵民，不许欺凌蒙古，办理夷民事件，务令彼此公平，以免生端构衅，仍责成该管大员不时稽查，如有仍前视同膜外剖断不公者，即行揭恭，以示儆惩，尔等可遇便传朕圣旨晓谕之，钦此。遵旨寄信前来③。

皇帝认为沿边省份与蒙古边界问题长期得不到解决的重要原因，在于地方官对汉民心存袒护，不能秉公剖断，故要求地方官员革除积弊，端正态度，认真处理汉蒙有关问题。基于此点，理藩院一再要求甘、凉地方政府，必须严禁民众越界侵耕，"并严饬军、民人等，凡遇樵采耕种不许骚扰夷人"，违者给予严惩。甘肃总督、巡抚以汉蒙边界问题事关边防不容稍有含混，做出批示：

> ……该管各道员并该镇，将所指事宜会同理藩院部即逐一详细确查，其向未立界者，即照现在情形核定交界永为遵守，不得擅越。从前已经定界者，亦

①（清）张之浚、张玿美修：《五凉考治六德集全志》卷2《镇番县志》《艺文志·蒙汉界址记》，台北：成文出版社有限公司，1976年，第335-336页。

②乾隆五十二年公文第3号，阿拉善左旗档案馆藏，卷宗号：01—3—45。

③中国第一历史档案馆：《乾隆朝上谕档》第一册，北京：档案出版社，1991年，第602页。

重申前禁，再为立案……务期各边口四至界限俱极清楚，毫无遗漏，妥确定议，其有必应屡勘方得明晰者，今该道会同部郎前往勘明，一并具详，听候酌核奏覆，永息争端，切勿草率迟延①。

在此背景之下，乾隆年间清政府相关部门对甘蒙交界地方又集中进行了多次会勘，为推动边界问题的解决打下了基础。由前文看来，乾隆后期汉蒙边界的最终划定，仍是在国家力量的刚性介入下得以实现。"应就地方之情形"②的提出，显示出此阶段处理汉蒙边界问题的理念已不同于前期，清政府在对纠纷的处理过程中，开始更多地考虑到对地方实际的关照，边界问题的处理方案也趋于折中，最后的划界方案基本考虑到各方所关心的利益，使长期困扰清廷的甘蒙边界纷争最终得以妥善处理。

总而言之，边界纠纷的频发表达出汉蒙双方为维护自身利益不断博弈的过程，通过对汉蒙边界纷争事件的描述与分析，则为我们展示了一种自上而下到自下而上互动的微妙情景，在处理纠纷的整个过程中，展现了国家如何对地方社会的调控，地方社会又是如何应对的场景。在这样一种不断的互动关系中，边界问题最终得以解决是在国家行政调控下均衡地方间利益的产物。这一过程中，清廷最初试图以行政强制手段解决纠纷，以实现对该地方社会控制的目的，而此种强制却得到"地方"的抵制，问题由此长期搁置。而后在处理问题的过程中又不得不加入了对"地方情形"的考虑，这种"行政强制"—"地方抵制"—"地方表达"的互动过程，彰显出该区域社会控制模式的复杂性与特殊性。

（二）重建秩序的手段

历史时期的地方社会中，"秩序"的建立与维持，无疑是国家与地方所关注的核心问题之一。本节讨论的秩序问题则是指保持相互界域的稳定、维系统治的稳定巩固和区域社会间内部生活秩序的协调，以达到相互共存的状态。传统社会末期，在阿拉善蒙古与永昌县边界冲突问题的解决过程中，清政府采用了外化与内化控制相结合的社会控制模式，以便实现上述目标。

1.强制社会规范

法律是一种强制社会规范，它是一种外化的社会控制。在清代法律体系中，针对民族地区事务形成以国家法与地方法相结合的体制。国家法与地方法两个层面相结合的法律实践模式，也成为清政府加强甘蒙交界地方社会控制、消弭农牧边界纷争的主要强制手段之一。

随着对蒙古地区政治掌控的加强，清政府开始注重对蒙古民族的立法，制定了专门适用于蒙古地区的基本法和单行法，为历代封建王朝所少有。清代前期，清廷陆续颁布

①乾隆五十二年公文第3号，阿拉善左旗档案馆藏，卷宗号：01—3—45。

②乾隆五十二年公文第3号，阿拉善左旗档案馆藏，卷宗号：01—3—45。

了诸如《大清会典》《大清会典事例》《理藩院则例》《蒙古律例》等一批规定蒙古行政、司法原则的法令，尤以乾隆朝为最。这些法令基于蒙古社会具体的社会生活和习惯以及法律传统而制定，其目的在于加强对蒙地的控制。在清初，清政府对蒙汉交界地区实施全面的封禁政策，上述诸法中都不同程度强调“边禁”，严禁内地与蒙古各旗往来，内地民人“不得往口外开垦牧地，王公属人，由私来内地者，一律发还”，禁止相互越界耕牧，对蒙古擅移游牧侵占内地者，“由该管大臣立即调回，仍罚扎萨克俸一年；倘不遵令调回游牧，即行参奏加等治罪”[①]，予以严惩。在阿拉善地方，“蒙民世代依赖牲畜及牧场为主”，畜牧业为其主要经济基础，因此阿拉善地方政府十分注重对草场资源的保护。阿拉善和硕特额鲁特扎萨克和硕亲王多次颁布对汉人越界牧养牲畜和保护草场的法令[②]，禁止汉民在阿旗草场寄放畜群，对蒙民私自招徕汉人开垦旗地的行为予以严禁，维护蒙古人的生计。

2. 界权符号：石碣的竖立

边界石碑是双方纠纷解决的产物。界碑作为区分个体之间、团体之间区域的界限，具有警示性和预防性。界石即标志地界的石碑、石柱或石块，是地方政府从事有效行政管理运作的辅助手段。界碑在解决纠纷的实际过程中起着非常重要的作用，其目的主要是处于不确定状态的界权关系明晰化，从而维护现有社会秩序的稳定。地方之间正是利用界碑将勘分边界所达成的规约、裁断凝固化，杜绝界权纠纷的再次发生。

乾隆五十六年（1791年）四月，在理藩院与阿拉善王议定边界之后，宁夏部郎与时任甘凉兵备道宪富奉命督促地方政府于蒙古交界处竖立界石。山丹于县北境教场墩、趄坡儿墩、独峰后口、赤山口、石井口、青羊口等处竖立石碑6座。永昌之北界，“立碣凡三处，一寺儿沟墩，一西北之玉泉墩，一东北之朝（潮）水墩”。碑刻的用料是很讲究的，一般采用较好石料，并对其规制作了详细规定，以体现界权的神圣及不可替代性。石材需打磨成圆顶的碑石——石碣。石碣每处大小二座，“大者嵌于墩上，高三尺、宽一尺八寸、厚五寸；小者嵌于墩下，高一尺五寸、宽一尺二寸、厚五寸”。每个界碑由两部分组成：碑体和碑座。碑体镌刻有正文，注明地点、界碑相互走向、日期（图2）。

重申秩序，宣布政令，是官立界碑的重要内容。通过对界碑的公开展示，向权利相对人展示自己的权利，明确人们之间的权利和义务，从而避免边界纠纷的发生。界碑具有宣示有效管辖的含义，即通过界碑宣示：不得侵犯“我”的地界，否则，将会导致相应的后果。界碑往往竖立在边界纠纷易发地。如果界权纠纷再次发生，借此以警告对方，遵守业已形成的惯例，否则，可能要导致严重后果。由此界碑亦具有强调、提醒的含义。

①张荣铮等编:《钦定理藩部则例》卷53《违禁》,天津:天津古籍出版社，1998年。

②参见全国人民代表大会民族委员会办公室编:《内蒙古自治区巴彦淖尔盟阿拉善旗清代单行法规及民刑案件判例摘译》,北京: 全国人民代表大会民族委员会办公室,1958年。

碑石的存在，更重要的是通过一种公开的说教，提醒人们注意区分其权利的边际，将纠纷消除于无形。在更大的程度上界碑是一种预防性的制度安排，它通过向人们陈诉过去的纠纷，提醒人们不要重蹈过去的覆辙，以免重新卷入纠纷。界碑的勘立既是地方官府有效管辖的权利证明，也是今后界权纠纷解决的依据。边界纠纷发生后，它既是当事人行为是否得当的评判标准，也是官府可以直接援引的判例。

图2　乾隆五十六年(1791年)永昌县与阿拉善旗界碑

图片来源：（清）张之浚、张玿美修：《五凉考治六德集全志》卷3《永昌县志·地理志》，台北：成文出版社有限公司，1976年。

3.界域规约的凝固与公开：方志舆图与勘界文书

翻检清代河西地方志均有疆域全图，但鲜有针对一边疆界专列舆图者，惟乾隆四十四年钟赓起纂《甘州府志》、清乾隆十四年曾钧纂《五凉考治六德集全志》（一名《五凉全志》）专辟文案，爰绘山丹、永昌、镇番[①]北境舆图，均附有地方官员亲著图说。究其原因，实与蒙汉界址于乾隆年间定案有关。《五凉全志》第三卷《永昌县志·地理志》中《录永昌县北境汉蒙交界图后》一文载：“永昌为凉属剧邑，其城郭、村落、山川、道里，志有全图，所载详矣。惟县之北境与阿拉善蒙古交界处未载焉”，遂于乾隆年间界址勘定后，“因县志全图未载，为另绘永昌北境汉蒙交界图”，并“爰备录始末于图后”（图3）。镇番县则因此次划界，发现“旧志图载，山向多有舛错，如小青山在西面，而载在东南隅，独青山在西北，而讹列在正东”，由时任甘凉兵备道富巽青绘镇番汉蒙交界图，一改

①案：据《五凉考治六德集全志》卷2《镇番县志·文艺志·蒙汉界址记》记载，甘凉兵备道富巽于乾隆五十五年勘界时曾绘有汉蒙交界图，但该志未有收录，疑缺失。

旧志之误，又增补“东面之麻山、半个山，西南之青台山，北面之榆树沟、刘家山、红岗子山” 等多处遗漏。上述舆图作为“专题地图”，以区域行政中心至汉蒙交界地段为基础，着重表示制图区域内山峰、水泉、行政中心、长城、烽墩、界碑、地名等自然和人文要素，以求直观地再现汉蒙争议地区，并尽可能详细地描绘出新勘边界之走向。

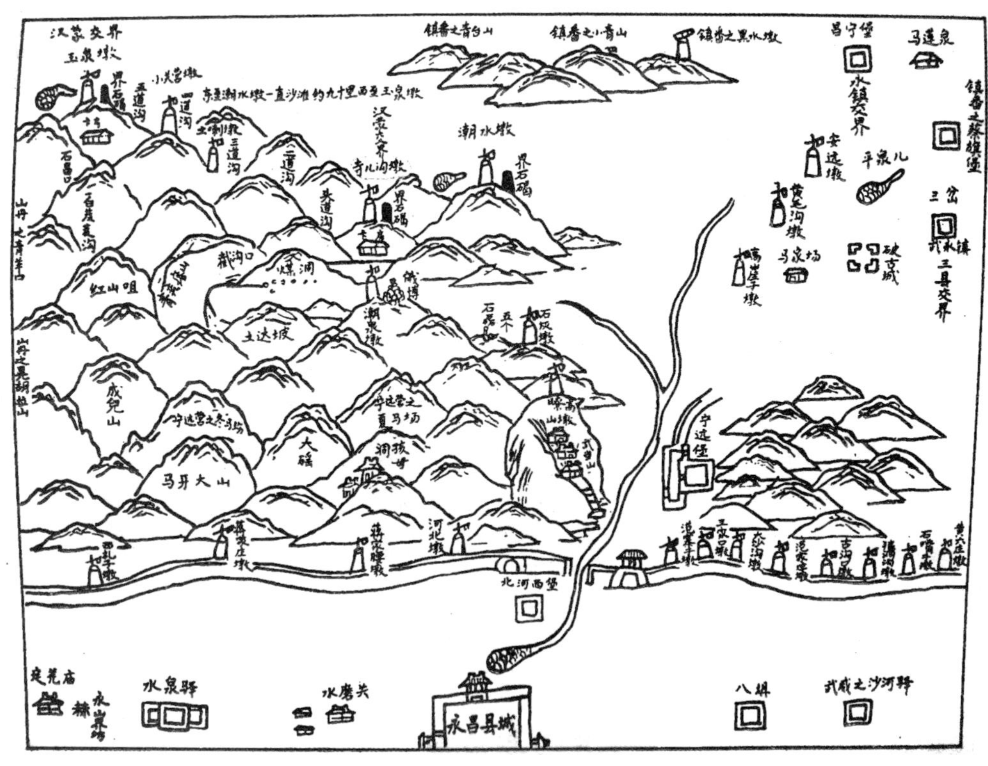

图3　清乾隆时期甘肃省永昌县北境汉蒙交界图

资料来源：（清）张之浚、张昭美修，张克复等校注：《五凉考治六德集全志校注》，兰州：甘肃人民出版社，1999年，第311页。

除此之外，上述专题舆图后都附有图说一文，详明清代历朝以来汉蒙争界之本末，并将其悉数收录于地方志，以加深对事件的了解，昭示后人。如《甘州府志》载：“爰绘图说，并序颠末，续载府乘，以昭信守于来兹云。”[①]方志这种载体通过舆图和勘界文书的形式将界域规约凝固与公开，真正目的在于“为之计久长享乐利也，而此意亦与山界并垂不朽矣”[②]。如博振伦言：“今案地方志所记一域之事，亦甚详悉，尤重现代，有稗实用。典章制度，旧事先例，并载书中。地方行政，即引以为准绳。一切纠纷，咸取决

①（清）钟赓起：《甘州府志》卷首《舆图》，台北：成文出版社有限公司，1976年。

②（清）张之浚、张昭美修：《五凉考治六德集全志》卷3《永昌县志·地理志·县属北境汉蒙疆界图说》，台北：成文出版社有限公司，1976年。

于此。古人所谓‘观民设教，体国经野’者，是诚足以当之。名为‘地方官吏之资鉴’亦无不可也。”[①]众所周知，方志有“资治”“存史”“教化”的功能，上述几种方志以图文并茂的方式对汉蒙边界纠纷详尽的记录，起到强化“社会记忆”之效，不仅为后人了解这段历史提供了材料，而且可起到防微杜渐之功效，为今后处理此种纠纷提供了评判依据，实为加强地方控制的手段之一。它既可以防止任何一方“故智复萌，潜移毁弃”界碑，以致处理无依据，杜绝以前因“黠者虑及越界犯禁，遂将各墩碣石潜移毁弃”之行为，而另绘各县北境汉蒙交界图，“爰备录始末于图后”，若各处石碣已毁，又可据图“均行修整，载明界址”，进而实现“民得安居，官无牍扰”[②]，“汉蒙永杜争端，各安其业”[③]的长效目标。

4.防微杜渐：设立卡房

为加强边界管理，稽查民众私自越界，清廷严饬地方官各“于所属孔道连界地方”，安设卡房，并派士兵巡查，主要稽查越界耕牧以及往来贸易之人。乾隆五十六年四月，甘凉兵备道宪富亲至山丹、永昌、镇番三县与阿拉善蒙古交界处，实地查看，并考证旧案，绘制了山丹、永昌、镇番三县蒙汉交界图，报请朝廷。清廷派理藩院官员会同阿拉善王旺沁班巴尔与地方官议定边界走向，绘图存案。是年，清廷复饬地方官，各于汉蒙出入要路设立卡房，派兵役看守。永昌县设卡房二处：一设于“寺儿沟南之山径间，为汉蒙出入要路也”；一设于西北玉泉墩，山下亦居要路。[④]山丹县分别于独峰后口、青羊口两处设卡房。除此之外，地方政府沿袭明制仍以边界“冲要之处”设立墩台，“墩铺之设所以诘奸慝严警备也……无非守望宁边之常法”[⑤]，以通声息，强化边界管理。永昌县在北部汉蒙交界线一带设立烽墩，自西向东依次有玉泉墩、小关营墩、土喇墩、寺儿沟墩、潮水墩接镇番黑水营界，共计五处，每处守兵两名。山丹县自西向东设六墩，依次为教场墩、趄坡儿墩、独峰后口墩、赤山口墩、石井口墩、青羊口墩。清廷后以“甘肃沿边一带，山多路杂”，要求“每年每季令提镇大员等前往会哨，自应实力巡查”[⑥]，采取以烽墩和兵卡相配合辅以定期的会哨制度，强化对边界的整肃力度，以重关防，杜绝

---

①(民国)博振伦:《中国方志学通论》,北京:商务印书馆,1935年,第11页。

②(清)张之浚、张珝美修:《五凉考治六德集全志》卷2《镇番县志·艺文志·蒙汉界址记》,台北:成文出版社有限公司,1976年。

③(清)张之浚、张珝美修:《五凉考治六德集全志》卷3《永昌县志·地理志·县属北境汉蒙疆界图说》,台北:成文出版社有限公司,1976年。

④(清)张之浚,张珝美修:《五凉考治六德集全志》卷3《永昌县志·地理志·县属北境汉蒙疆界图说》,台北:成文出版社有限公司,1976年。

⑤(清)黄璟、朱逊志:《山丹县志》卷4,台北:成文出版社有限公司,1976年。

⑥(清)升允、长庚:《甘肃新通志》卷3《嘉庆五年上谕内阁那彦成奏会哨事宜请专责成一折》,见《中国西北文献丛书》第1辑,兰州:兰州古籍书店影印,1990年。

私自越界行为。

5.誓言与神判：俄博的竖立

内化控制就是通过社会文化的各种影响，在其成员内心世界建立起来的控制机制。在传统社会，人们相信神、巫术之类的超自然能力，这些都可以成为控制人们行为的有效机制。文化控制被认为是心理层面的控制，即由精神内化与个体的思想之中的信仰和价值观念来实现控制的目的。假如人们相信某种超自然的能力将会惩罚他们的一些行为的话，他们就会克制自己的“反社会行为”。如阿拉善蒙古与内地勘界结束后，清廷要求各地方政府在沿边竖立俄博就明显有维持社会秩序的意味，而以此种方式隐含蒙古传统信仰来达到控制社会偏离行为的目的。乾隆五十五年十一月，钦差仓厂、总督苏凌阿、理藩院侍郎巴忠会同督宪勒亲临镇番勘查边界，“仍照详内原奏所定之址，设立俄卜，以照信守”。乾隆五十六年春，“富观察偕奉差宁夏部郎”，与山丹独峰后口立石处，“修筑俄卜，越界蒙古，悉行迁徙”。是年夏，“道宪与宁夏部郎”会立永昌北边俄卜，“永之俄卜，在寺儿沟之南约三里，去岁钦差指定之处也。俄卜之旁，另有墩曰朝泉墩，与俄卜并峙山巅，殆欲令远迩共瞻云”。俄卜即“俄博”“鄂博”“敖包”。蒙古语Obuga、Oboo的译音，意为石堆。牧民用土石垒成高堆，插上旗杆，作为路标或界标，叫作“鄂博”，引申指用作界限的山河。清制，在蒙古各编旗设佐地区，各盟旗游牧部落“凡疆理，各识其山河之名而表以图，以定其游牧，无山河则树之鄂博”。[①]清政府在各盟旗实行“分旗划界”措施，划分牧地，以规范蒙地各部落游牧范围。在本案例中，清政府亦在汉蒙交界地带沿用“鄂博”，以社会控制的视角来看，树立俄博则代表一种隐形的规范手段。蒙古族有崇拜岩石的习俗，他们认为岩石是某种生物（人或动物）的灵魂寄托地；同时，岩石又成为神，尤其是山神休息居住之地。在蒙古族地区，高山的山尖或垭豁上，堆起石堆，做成“俄博”，便是山神之居所，掌管大地的风雨和祸福，每年定时举行祭祀俄博的仪式，祈求山神保佑人畜两旺，水草丰茂。俄博不仅是边界标志，而且逐渐演变为宗教象征，祭俄博也就成为宗教活动场所之一。道光十三年四月初二，阿拉善王谕令各边官：“各地原祭敖包，均于4月15日祭祀。”[②]在上述相关控制手段中，竖立俄博实则是通过借助神判的方式来达到维持边界稳定的目的。因它触及到了游牧族群中最深层次的内容，即其自身信仰、内在理性和秩序，故属于社会控制中处于较高层次的意识形态层面。

①（清）昆冈等纂：《大清会典》卷64《理藩院》，台北：新文丰出版公司，1976年。

②全国人民代表大会民族委员会办公室编：《内蒙古自治区巴彦淖尔盟阿拉善旗清代单行法规及民刑案件判例摘译》，北京：全国人民代表大会民族委员会办公室，1958年。

五、结语

清代以来，甘、凉二府（县）与阿拉善蒙古边界纠纷的频发，反映出区域内人口、资源与环境之间的紧张关系。资源竞争是引起清代河西走廊北部边界变迁的主要原因。而每次边界的变动与确立实际上是在资源竞争关系下，农牧族群间博弈与妥协的产物。我们对清代以来永昌县与阿拉善蒙古边界纷争讨论，通过划界过程，透视出这一事件过程中地方之间——阿拉善旗及蒙古民众与甘肃地方府（县）及民众——平行互动和国家与地方的垂直互动关系，纠纷事件的处理解决，实际上是在多元互动下，国家势力强势介入之下均衡地方利益的结果。

甘肃永昌县御山峡西夏时期佛教文物遗存研究综述

李勇杰

（金昌市博物馆）

御山峡位于甘肃永昌县北部龙首山脉腹地，属城关镇金川西村。峡谷内汉明长城及沿线城障烽燧分布广泛，为汉唐时期丝绸之路重要通道。御山峡中段有圣容寺，初名瑞像寺，始建于北周武帝保定元年（561年）。大业五年（609年），隋炀帝西巡河西走廊期间，前往该寺礼佛，更名感通寺。盛唐时期改称圣容寺。①清代废弃。圣容寺历时1400余年经久不衰，佛教文物遗存丰富。御山峡现有花大门石刻塔群、千佛阁遗址、虎头崖舍利塔群、红羊圈岩画等西夏时期文物遗存4处，对研究西夏文物及佛教文化在河西走廊的发展具有重要价值。

一、西夏时期文物遗存

（一）花大门石刻塔群

花大门石刻塔群位于圣容寺遗址东侧2千米处，地处城关镇金川西村四社。该塔群分布于花大门山体崖壁上，断崖长约1 000米，高约30余米。整个山体酷似一尊睡佛，浑然天成，十分相像（图1）。

1.相关调查研究

2009年3月，第三次全国不可移动文物普查期间，永昌县文物普查小组对其进行了实地调查，将其登记为花大门石刻。始凿于西夏，元代沿用。2011年9月，金昌市文化出版局编著出版《金昌文物》，公布了普查结果。②2011年12月，花大门石刻被公布为省级文物保护单位。2013年3月，西夏学专家、原武威市博物馆副馆长孙寿龄研究员一行进行实地考察，随行记者进行了报道。③2014年2月，武威市文博专家于光建、张振华、

① 党寿山:《永昌圣容寺的历史变迁探赜》,《敦煌研究》2014年第4期。

② 金昌市文化局:《金昌文物》,兰州:甘肃人民出版社,2011年,第162-163页。

③ 蔡敏:《永昌县西夏遗址考察又有新发现》,《金昌日报》5154期,2013年3月20日。《展示西夏遗址的独特魅力》,《金昌日报》5162期,2013年4月1日。

图1　花大门石刻塔群全景

黎大祥三位先生依据考察测量结果，发表了学术文章。[①]2014年3月，甘肃省文物局编《甘肃古塔研究》出版，执笔杨惠福（原甘肃省文物局局长、研究员）、王科社（甘肃省博物馆研究部副主任、副研究员）两位先生将其收录书中，列为西夏以降甘肃出现的相当于塔林性质的浮雕塔龛群。[②]2015年，永昌地方文史学者祝巍山先生将花大门佛龛石刻题记收入《甘肃金石录·金昌卷》，并进行了记述和考证。[③]

2.建筑形制及题记

于光建、张振华、黎大祥三位先生将石刻塔群建筑形制细分为覆钵式喇嘛塔、阁楼式塔、檐式砖砌塔、佛龛四种类型（图2）。其中，覆钵式喇嘛塔居多，最大的刻塔通高2.66米，底宽1.6米；最小者高约0.5米，底宽0.7米。塔身中部开一石龛，为安放僧侣骨灰之所（图3）。[④]阁楼式塔体型较小，数量有10余座，楼阁中部未开凿石龛。檐式砖砌塔1座，用线条阴刻出七层密檐式砖塔造型，塔身未开凿石龛。佛龛1座，洞窟宽2.4米，进宽2.2米，高1.5米，深2.1米。顶部为方形，顶前部宽1.9米，顶后部宽1.7米，门高1.5米，宽1.2米。北壁阴刻“[西夏文]”，为西夏文“佛”字。下方阴刻三行汉文题记，自右向左依次为“二十九年万□□/李林中卜/山出□人”。东壁阴刻两匹马，呈奔跑状。前方为一小马，前蹄腾空，马头回望。后面大马前蹄腾空，马背上刻有马鞍，旁边阴刻一朵莲花和一只小动物。佛龛西侧有汉文阴刻楷书题记“永昌卫王”，高32厘米，宽6厘米。

3.时代及性质

于光建、张振华、黎大祥三位先生研究认为，（1）据佛龛南壁西夏文“佛”字判断，

---

① 于光建、张振华、黎大祥：《甘肃永昌花大门藏传佛教石刻塔群遗址考论》，《西藏研究》2014年第1期。

② 杨惠福、王科社：《甘肃古塔概论》，见甘肃省文物局：《甘肃古塔研究》，北京：科学出版社，2014年，第25页。

③ 祝巍山：《甘肃金石录·金昌卷》，兰州：甘肃人民出版社，2016年（待出版）。

④ 孙寿龄先生认为，花大门石刻覆钵式喇嘛塔，塔身开凿石龛，用于安放圣容寺高僧骨灰或舍利，属于独特的悬葬法，与南方古代少数民族悬棺葬相呼应，称之为“塔龛悬葬”。

图2　花大门石刻塔群局部

图3　覆钵式喇嘛塔

该石刻塔群有西夏时期的遗存。(2）据“二十九年”题记分析，西夏所有皇帝年号中没有长达29年以上的年号，元代皇帝年号中，只有元世祖忽必烈至元年号超过29年，故此处的29年有可能是元代至元二十九年。阴刻西夏文“佛”字，笔画较粗，而阴刻汉文题记笔画较细，显然二者不是同一人所刻，应当属于不同的人在不同时期所刻写。(3）据佛龛西侧“永昌卫王”题记分析，“永昌卫”是明代在今永昌县设置的地方行政机构。据《明史·地理志》记载，“永昌卫，元永昌路，属甘肃行省，至正三年七月改永昌等处宣慰司。洪武初废。十五年三月置卫，属陕西都司。”①据此，将该遗存判定为西夏至明代。

于光建、张振华、黎大祥三位先生将石刻塔群功能用途细分为三类：（1）塔身开小型石龛的石刻塔。此类石刻塔数量较多，应当是安葬僧侣骨灰的一种舍利塔。（2）未开龛的石刻塔，应当是僧侣或佛教徒刻画的功德塔。（3）人工开凿的洞窟。该石窟内北壁前开凿有30厘米高的石台，该洞窟应当是僧侣修行坐禅的禅窟或是僧侣坐化圆寂安置遗骨的瘗窟。据此判断，该遗存可能是一处西夏至明代时期集安放圣容寺僧侣骨灰之石刻舍利塔、瘗窟以及圣容寺僧侣和佛教徒所刻画的功德石刻塔为一体的藏传佛教石刻塔群。

4.石刻塔群源流

于光建、张振华、黎大祥三位先生指出，早在20世纪90年代，宁夏、内蒙古文物考古工作者就在宁夏贺兰山涝坝口、大枣沟、贺兰山各沟口、固原县须弥山东麓，内蒙古百眼泉石窟等处发现此类石刻塔群遗址，时代定为西夏。青海门源岗龙石窟也有覆钵式藏传佛教石刻塔，塔身亦开凿小型石龛。规模最大的石刻塔群当属肃南马蹄寺石窟石刻塔群，有500多座，造型多为覆钵式，塔身开凿有石龛，时代定为西夏至元代。

王科社先生认为，这种藏传佛教石刻塔最初出现于西夏。从青海越祁连山，传至肃南马蹄寺，再至永昌御山峡，而后传入宁夏、内蒙古，这是一条藏传佛教传入西夏的通道。在这条通道上，这种石刻塔数量最多的是甘肃，集中于马蹄寺，其次是御山峡。除此之外，炳灵寺石窟、拉梢寺石窟亦有发现。不应定为石刻，应当是石刻塔群，属于石窟寺类。

（二）千佛阁遗址

千佛阁遗址位于御山峡西段、圣容寺遗址西1千米处的台地上。东西长40米，南北宽36米，面积约1 440平方米（图4）。永昌县第一次不可移动文物普查将其登记为元代高昌王墓。1978年8月，武威地区文物工作队对该遗址进行考古清理，从遗存的残垣断壁上可以看出，这是一座被焚毁的佛教建筑。2011年8月，参与清理工作的党寿山先生②在第二届西夏学国际学术论坛上发表论文，公布了千佛阁遗址考古清理成果。③2012年被公布为市级文物保护单位。

1.建筑遗迹、遗物

方形土塔。土塔呈正方形，残高2.7米。底层边长12.55米，高1.27米。底层之上，残存三级塔层，逐级内收。第一层边长9.91米，第二层边长8.82米，第三层边长7.83

① (清)张廷玉等:《明史·地理志三》,北京:中华书局,1974年。

② 党寿山:(1937—),原武威市博物馆馆长,文博副研究馆员。

③ 党寿山:《被埋没的西夏千佛阁遗址》,《西夏学》第7辑,上海:上海古籍出版社,2011年,第225-231页。

图4　千佛阁遗址现状

米，第一、二层约高0.80米，第三层高已残，当与一、二层同高。以现存三层高度及敦煌莫高窟第285窟北壁西侧小龛内所绘方塔[①]推测，这是一座11层土塔，上方树较大的椭圆形刹，刹顶当有尖锥形宝盖，高约14.20米。土塔外表用草泥做底，白灰抹面。塔身层次分明，简洁庄重（图5）。

方形木构建筑。塔基外围为墙体，中间空出2.40米的距离。每面墙体四角各有一条、中间各有七条等距离半圆形柱痕，柱痕直径30厘米左右，每条柱痕下有正方形柱石。墙体的柱痕、柱石与塔底层的柱痕、柱石相对应。从这些遗迹中可以看出，墙体的柱痕，当为檐柱的位置；塔底层的柱痕，当为内柱的位置。说明这可能是一座平面呈正方形，面宽、进深均为六间，周围绕廊，高约21米的楼阁式建筑（图6）。

砖瓦。砖有长方形和正方形两种。瓦有板瓦和筒瓦两种。瓦当圆形，直径15厘米，中间兽面纹图案，周边饰半圈圆点纹，外围三道弦纹。兽面眉目竖起，龇牙咧嘴，形象生动，神态凶猛（图7）。

建筑壁画。壁画绘于廊内南墙及塔身表面。塔身一层每面绘坐佛17身，每身高65厘米、宽57厘米。壁画因时间先后不同，经多次绘制，有两层画和三层画之分。廊内壁画分两层，而塔身壁画除第二层东面和南北两面各绘两层外，一、三层和二层西面均绘三层。壁画题材虽然很单一，完全是千佛，但表现形式和绘画技法各不相同。有的身着袒胸红色袈裟，结跏趺坐在橘红色莲座上；有的身着灰绿色袈裟，裹身绕足，直接端坐在白色莲瓣上（图8）。有的神态生动，色泽艳丽，线条流畅自然；有的则神态平庸，用色滞塞，线条呆板。这些壁画中，廊内画比塔身画生动，下层画比上层画优美。

① 史金波、白滨、吴峰云：《西夏文物》，北京：文物出版社，1988年，图版405。

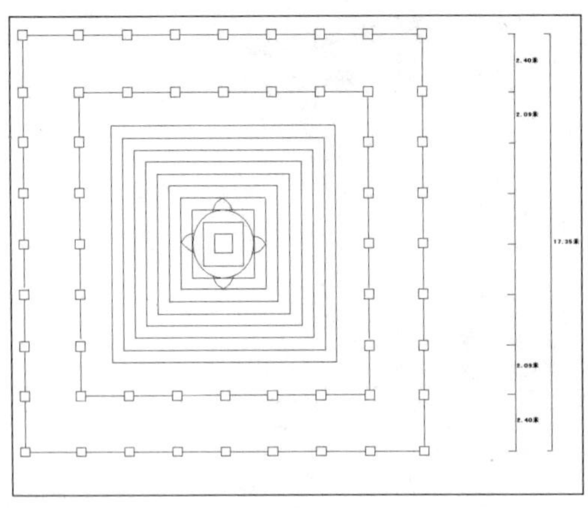

图5　千佛阁原构推定平面图

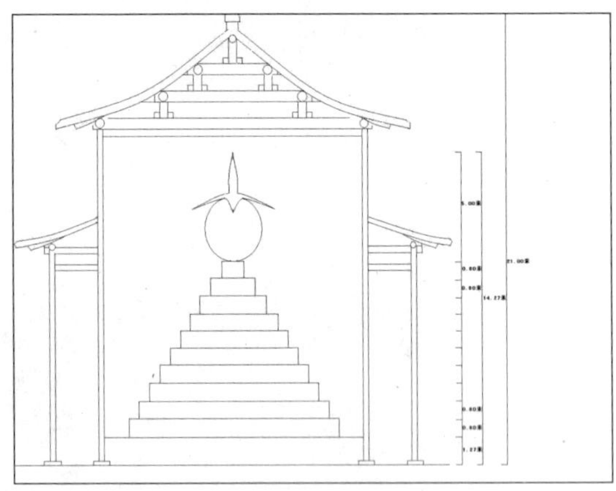

图6　千佛阁原构推定立剖面图

图7　瓦当

图8　千佛阁廊内南墙壁画

2.年代考证

建筑墙壁上还有多处不同文字的题记。有汉、藏、回鹘、西夏文字，大多墨书在土塔底层四边壁上。其中，汉文题记有十四题，有些已很模糊，较清楚者九题，有三处涉及年代：一处是塔底层东壁“大德己未五年灵务人巡礼千佛阁”；一处是塔底层北壁“天盛五年廿七日巡礼”；还有一处是塔底层南壁“丁酉七年八月十六日……净信弟子四人巡礼”。据党寿山先生考证，（1）大德己未五年（1139年），是西夏崇宗赵乾顺纪年。天盛五年（1153年），是西夏仁宗赵仁孝纪年。丁酉七年是北宋徽宗赵佶政和七年（1117年）。因此，这座千佛阁建造时间，应在西夏建国至崇宗赵乾顺雍宁四年（1114年）之间。[①]（2）千佛阁遗址单层叠涩残方塔，与敦煌莫高窟第285窟壁画方塔极其相似，塔和阁的建造时间，也不晚于此。[②]（3）千佛阁遗址出土兽面纹灰陶瓦当上的兽面纹图案，额头生角，双眸圆睁，胡须上卷，面目狰狞，周边又饰圆点纹。这种图案形象，与银川市西夏陵区八号陵出土瓦当有许多相似之处，但格调却原始古拙，粗犷厚实。如果西夏八号陵推断为西夏末期（1226年），那么千佛阁建筑当为西夏早、中期修建。

3.价值意义

千佛阁阁塔合一，建筑形制独具一格。西夏时期的建筑，因迭经战乱、地震的损毁，存世者寥寥无几。甘肃甘州的卧佛寺是河西地区最大的古建筑之一。虽为西夏创建，而在历代，特别是清乾隆年间又重建，已不是原有的建筑。未经重修的西夏建筑，要数宁夏贺兰山拜寺口双塔、贺兰县宏佛塔和拜寺沟方塔等。这些古塔都是西夏非常重要的佛教建筑，大多比较高大，修建在露天的佛寺禅院，可供朝拜，有的还可供登临眺望。而这座千佛阁的方塔，虽不算矮小，却建在楼阁里面，只供巡礼，不宜攀登。这种在楼阁中又有塔的建筑，在河西地区，乃至全国也是罕见的，是研究西夏建筑的重要资料。

千佛阁的佛塔当是国内唯一一座西夏时期单层叠涩尖锥顶佛塔。西夏佛塔形制繁杂，宿白先生在《西夏佛塔的类型》一文中举出多层楼阁型、多层密檐型、单层亭榭型、覆钵型、复合变体型、莲花藏世界型以及单层叠涩尖锥顶型共七型四十例。这七型中，其他各型除图像外，还有实物可以举例，而单层叠涩尖锥顶塔型，虽有八例，则均为图像，即前已提到的敦煌莫高窟第285窟所绘一例，贺兰山韭菜沟西崖上雕刻七例，唯独没有实物可以佐证。千佛阁遗址佛塔的发现，尽管已残，却是西夏佛塔中已知的唯一一座单层叠涩尖锥顶佛塔的实物例证。

（三）虎头崖舍利塔群

虎头崖舍利塔群位于御山峡西段、圣容寺遗址西1千米处，明长城北侧。经永昌县

① 党寿山:《永昌圣容寺的历史变迁探赜》,《敦煌研究》2014年第4期。

② 敦煌莫高窟第285窟北壁西侧禅窟后壁方塔下墨书西夏文题记,汉译文略云:“雍宁乙未二年(1115年)九月二十三日,麻尼则兰、嵬立盛山……一行八人,同来行愿。”雍宁,系西夏仁孝父乾顺纪年。

第三次不可移动文物普查，该遗存东西长500米，南北宽30米，面积15 000平方米，呈"S"型排列墓葬9座。封土高2～3米，直径8～12米。部分墓葬有盗洞，封土坍塌严重(图9)。普查队员从1号墓室盗洞内采集大量泥制舍利塔，内含佛经小卷包，佛金屑舍利骨殖，以及褐釉刻瓷罐残片（图10)。该塔群具有藏传佛教藏俗文化特点，对研究西夏时期佛教文化具有一定的价值。据此判断为西夏僧侣墓葬，命名为"虎头崖墓群"。2012年公布为市级文物保护单位。孙寿龄、党寿山两位先生现场分析认为，1号墓墓底塔基明显，塔基边角上有木柱，从整体外形看是典型的西夏塔基，墓坑内还遗存有大量装藏用的"擦擦"和"塔婆"，据此判断该遗存性质应为西夏塔群。

图9　虎头崖墓群

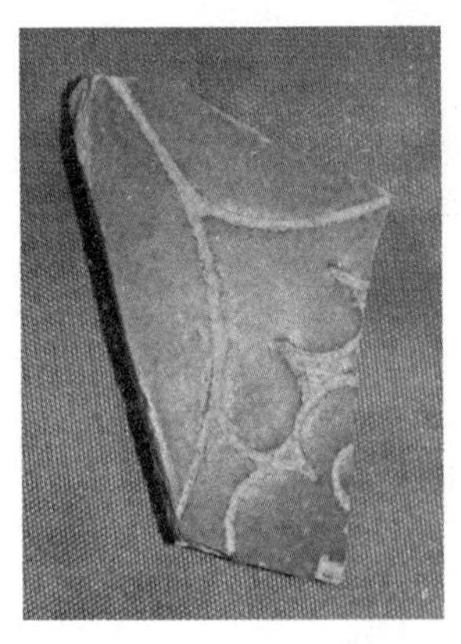

图10　褐釉刻瓷罐残片

（四）红羊圈岩画

位于御山峡东段，永昌县城关镇金川西村三社居民区北侧100米处的山体崖壁上。经永昌县第三次不可移动文物普查，分布于东西两壁上。长3米，高2米，面积约6平方米。现存楼阁式塔（图11）、老虎（图12）、骑马狩猎场景、香炉等图案，旁边阴刻汉字“郭□”。2012年公布为市级文物保护单位。孙寿龄先生从岩画图案内容及雕刻手法来分析，这些岩画与花大门石刻塔群属同一时期遗存，应当是西夏时期游牧民族在山体上记录的生活场景。

二、西夏时期永昌圣容寺佛教发展盛况

据学者研究，西夏时期的御山峡圣容寺规模宏大，香火繁盛。现列举如下例证：

（一）圣容寺塔题记

1983年，孙修身、党寿山两位先生撰文，称在圣容寺塔中发现“番僧一千五百人”的题记。[①]据党寿山先生研究，题记中的“番僧”系指西夏主体民族党项羌僧。由此可知，西夏时期圣容寺建筑规模之大，僧众人数之多。

（二）六体六字真言石刻

六体六字真言石刻位于御山峡谷中部、圣容寺南侧河岸崖壁上。据地面高2.4米，分布面积约4.32平方米，共有石刻两方。左侧一方刻四行文字，自上至下依次为八思巴文、回鹘文、西夏文、汉文；右侧一方有两行文字，依次为梵文、藏文，内容均为佛教六字真言。汉文为“唵、嘛、你、钵、弭、吽”。依据八思巴文的使用时代，将石刻定为元代。2012年，圣容寺遗址被公布为市级文物保护单位。该石刻属于圣容寺遗址的组成部分之一，对研究古代少数民族语言文字有重要价值。

（三）《严驾西行烧香歌》记载

据梁松涛、杨富学两位先生研究，在俄藏黑水城文献中有一部西夏文写本《宫廷诗集》，其中有一首《严驾西行烧香歌》，记载了西夏仁宗皇帝从都城兴庆府出发，经凉州护国寺、御山圣容寺、甘州卧佛寺，最后到达马蹄寺，一路西行礼佛的事迹。[②]诗歌中记载“‘番禾山’雕做梵王玉身佛/栩栩如生有神力/弥勒佛红襦衣”，即指番禾石佛瑞像。由此说明，西夏时期御山峡圣容寺是一处规模较大、级别较高的佛教寺院。

（四）《新旧改定天盛律令》记载

据梁松涛、杨富学两位先生研究[③]，西夏时期的圣容寺规模宏大，香火繁盛，故而朝廷特设专门机构——庆寺监修都大勾当、行宫三司正兼圣容寺感通塔两众提举——以管

---

① 孙修身、党寿山：《〈凉州御山石佛瑞像因缘记〉考释》，《敦煌研究》1983年创刊号。

② 梁松涛、杨富学：《西夏圣容寺相关问题考证》，《内蒙古社会科学》（汉文版）2012年第5期。

③ 史金波等：《新旧改定天盛律令》，北京：法律出版社，2000年，第403页。

图11　阁楼式塔(红羊圈岩画)

图12　老虎(红羊圈岩画)

理之。《新旧改定天盛律令》明确规定："国境内有寺院中圣容一种者，当遣常住镇守者正副二提举，此外，诸寺不许遣提举。倘若违律，不应遣而遣时，遣者、被遣者一律有官罚马一，庶人十三杖。"[①]同时，对其机构也有明确规定，即专设"圣容提举"司，属中等司[②]，"一司圣容提举一正一副"。[③]由此可见，当时圣容寺应为皇家寺院，在西夏国地位重要。

三、结语

（一）御山峡西夏文物遗存命名辨析

笔者认为，"花大门石刻"无法准确体现该遗存性质；"塔龛"只是该遗存石刻覆钵式喇嘛塔的俗称，无法囊括四种建筑类型的全部特点，同意于光建、张振华、黎大祥三位先生的观点，建议重新命名为"花大门石刻塔群"较为妥当。笔者同意孙寿龄、党寿山以及王科社先生的观点，鉴于"虎头崖墓群"发现塔基及木柱，建议重新命名为"虎头崖舍利塔群"，与"花大门石刻塔群"相区别，较为妥当。

（二）御山峡西夏文物遗存的管理保护及开发利用

永昌御山峡西夏文物遗存，是研究西夏文化、藏传佛教文化的重要实物资料。孙寿龄先生曾指出："不到武威，就无法全面了解西夏文化；不到永昌，对武威的西夏文化只能了解一半。"这是对永昌西夏时期文物遗存价值的深刻认识。

关于对御山峡西夏文物遗存的管理保护及开发利用，孙寿龄先生主张，"沿着花大门山体修建带顶千米长廊栈道，在方便游客参观考察的同时，对石刻塔群起到保护作用。"党寿山先生指出，"在保留遗址现状的前提下，对西夏千佛阁予以修复，将会使圣容寺与千佛阁相辅相成，相得益彰，让埋没已久，而又独具特色的西夏千佛阁，重新放射出耀眼的光彩！"笔者认为，鉴于御山峡文物古迹密集的实际，建议地方政府成立"圣容寺文物研究所"，统筹管理御山峡的文物遗存，开展文物内涵价值研究、保护修缮工程、安全监测管理等各项工作。在此基础上，积极创办"圣容寺佛教文物陈列中心"，将包括西夏文物在内的御山峡佛教文物遗存价值内涵、研究成果充分展示出来，促进地方文化旅游业持续健康发展。

附记：本文所载千佛阁线描图、壁画图片由原武威市博物馆馆长、副研究员党寿山先生提供。西夏学专家、原武威市博物馆副馆长孙寿龄研究员，甘肃省博物馆研究部副主任王科社副研究员给予指导。特此致谢！

① 史金波等：《新旧改定天盛律令》，北京：法律出版社，2000年，第403页。

② 史金波等：《新旧改定天盛律令》，北京：法律出版社，2000年，第363页。

③ 史金波等：《新旧改定天盛律令》，北京：法律出版社，2000年，第369页。

中华文明的三个板块

温玉成

（洛阳龙门石窟研究院）

公元前221年，秦始皇统一六国，《汉书》云："及秦始皇攘却戎狄，筑长城，界中国。然西不过临洮。"秦国的版图约占今日中国的三分之一（清朝前期中国领土面积约1265万平方公里）。中国西部、西南部广大的高原、山谷地区；中国北部、东北部、西北部广大森林、草原地区并不在秦国版图之内。秦始皇所统一的中国中原、东部、东南部地区，应概括为夏商在内的"华夏文化区"，是中华文化的主要板块，是经济、文化最发达的核心地区。自古以来（孔子、司马迁），人们往往把"华夏文化"说成是"中华文化"之全部，其余各地则被称为"戎狄"。直到近年，学者们在"中华文明探源工程"中，仍然承袭了这种历史文化观[①]。

在亚洲，阿尔泰山—天山，是东西方地理、文化、人种的分水岭和大熔炉。实际上，纵观五千年中国历史，是由黑龙江、辽河、黄河、长江、珠江、塔里木河、雅鲁藏布江、怒江、澜沧江诸流域构成的。从地域文化上分析，是由三个板块构成的。最早提出中国文化"三分说"的是徐旭生先生。他在20世纪40年代出版的《中国古史的传说时代》一书，考证中国古代神话，明确提出华夏（黄帝、炎帝、颛顼、帝舜、祝融等等）、东夷（太昊、少昊、蚩尤等等）、苗蛮（三苗、伏羲、女娲、獾兜等等）"三大集团"之说。孙作云先生用"图腾崇拜"说，概括为熊图腾（黄帝、尧）、鸟图腾（舜、太昊）、蛇图腾（蚩尤）三个集团[②]。

我们需要补充说明的是，"中国古代神话"从形成到流传，经历一个漫长的过程。然而，北方游牧民族没有留下"传说"。上述"三大集团"中，"华夏"与"东夷"后来融合为一。"苗蛮"则西迁。20世纪80年代，考古学家石兴邦先生，又提出一种新的三分说：一是以稻作农业为主的青莲岗文化及南方文化系统诸部族；二是黄土高原的垦殖者、以粟作农业为主的仰韶文化系统诸部族；三是以狩猎畜牧或游牧为主的北方细石器文化

① 国家文物局编：《早期中国——中华文明起源》，北京：文物出版社，2009年。

②孙作云：《孙作云文集》，开封：河南大学出版社，2003年。

系统诸部族[①]。以上所论，是大约距今4000—4500年的历史故事。我们需要补充说明的是，各种物质文化的形成更需数以千计的年代。上述学说，都是一种“静态模式”，对于解读秦代以后的中国历史，不能套用，仅供参考而已。

关于黄帝以前的古史，考古学家安志敏先生指出：“较早的新石器文化遗存……裴李岗文化的测定年代约为公元前5500—前4900年，磁山文化约为公元前5400—前5100年，大地湾文化约为公元前5200—前4800年，可见它们基本上是平行发展的。”[②]

据2015年新闻报道，最近有专家认为，陕西省汉中市龙岗寺遗址，早期到距今100万年、晚期7000—6000年；还有专家认为，山西省襄汾县“陶寺遗址”，可能是“尧都”，即夏的中心区（据考古发掘者李建民教授说，该遗址出土的陶壶碎片上有墨书“文尧”或“父尧”二字）。这对于偃师“二里头遗址”是夏都说，冲击不小。国家举办的“夏商周断代工程”固然取得了一定成绩，但是，关于中原的“夏文化，至今仍是学术界同人反复思索与力求破解的谜团”[③]。美国学者倪德卫（David S Nivison）著《竹书纪年解谜》[④]更是以精细的论证，否定了《夏商周断代工程：1996—2000年阶段成果报告（简本）》[⑤]。

我们认为，在黄帝时代之前不久（距今约4500年），我国三支文化都进入了原始社会末期或奴隶社会初期。这是个大分化、大动荡的时代。因此，种族间征战频繁。所谓“迁苗民于三危”，“流共工于幽陵”[⑥]等等，都是种族不断分化、迁徙、融合的结果。强势种族占据优良地区；迫使劣势种族或被同化，或退守偏远地区。

除华夏文化之外，从宏观上观察，中国西部、西南部广大的高原、山谷地区，从马家窑文化时代起（约前3300—前2050年，分为石岭下、马家窑、半山、马厂四个阶段），已经独立发展。从齐家文化到寺洼文化、辛店文化时代，逐渐形成了“西戎文化”共同体。它以祁连山、青海湖至大夏河地域为中心地带。西戎人最初见于《史记·五帝纪》，自称起源于“槃瓠”，“槃瓠”是一条犬[⑦]。值得注意的是，玉门市火烧沟出土了“三犬钮盖陶方鼎”，属于四坝文化（距今3900—3400年），或许与“槃瓠”传说有关。西戎文化后来则形成“苯教文化圈”。

中国北部、东北部广大森林、草原地区，也由查海—兴隆洼文化、红山文化等等，

---

① 王仁湘:《用一柄手铲解读史前中国》,《文物》2015年第12期。

②《中国大百科全书》考古学卷,北京:中国大百科全书出版社,1986年,第714页。

③殷玮璋:《夏文化探索中的方法问题》,《河北学刊》2006年第7期。

④〔美〕倪德卫:《竹书纪年解谜》,上海:上海古籍出版社,2015年。

⑤《夏商周断代工程:1996—2000年阶段成果报告》,北京:世界图书出版公司,2000年。按:该项国家工程1995年启动,为期5年,有李学勤等200多位专家参与。

⑥司马迁:《史记·五帝纪》,北京:中华书局,1999年。

⑦孙作云:《夸父、盘古、犬戎考》,见《孙作云文集》,开封:河南大学出版社,2003年。

逐渐形成了“北狄文化”，或可称为“萨满教文化圈”。只有研究这三个文化板块，才能完整地解读“中华文明起源”。有的学者虽然认识到“齐家文化是中国最早的青铜文化”，但却仍然把齐家文化归结为“华夏文明之源”[①]。古代哲人云：一生二，二生三，“三”生万物。中国的狩猎、畜牧、农耕三种经济形态齐全，东南、西、北三大方位覆盖，“三”亦生中国文明，此其谓乎！

当然，三种文化曾经交叉式、插花式分布。周平王东迁洛邑（公元前770年），就是西戎（以犬戎为主）杀周幽王于骊山之下的结果。纵观秦代以来的中国历史，就是这三支文明（华夏、西戎、北狄）相互交流与斗争，又不断融合与发展的历史。三者共同构成中华文明。

中国北方、东北方的肃慎、东胡（通古斯）、犬戎（严允）、匈奴、乌桓、索离、鲜卑、高句丽、北魏（索离与鲜卑的融合）、柔然（蠕蠕）、高车、厌达、高昌、突厥（索国与匈奴、蒲类融合）、回鹘以及后来的室韦、靺鞨、渤海、契丹（辽）、西辽、女真（金）、蒙古（蒙古、元、窝阔台汗国、伊利汗国、钦察汗国）、满族（清）；中国西部的羌戎族大夏（吐火罗）、析支、织皮、大月氏（驉騟）、昆仑（西王母）、赤乌、渠谀（后来称“昭武九姓”）、乌孙、巴蜀髦濮彭、滇、哀牢、夜郎以及后来的于阗、苏毗、难兜（即扑挑、仆达）、焉耆、象雄（杨童、羊同）、乌托（阿里地区日土县）、女国（权于摩，王城在阿里地区扎达县琼隆银城）、东女国（四川省阿坝州、甘孜州，王城在金川县马尔邦乡对角沟村）、阿钩羌（即南羌，苏毗国，在拉达克）、灵国（唐朝及以前称“多弥国”，格萨尔王时代，公元11世纪，王城在甘孜州德格县俄支乡）、吐谷浑（鲜卑与西羌的融合）、附国、南诏、吐蕃（匈奴与西羌的融合）、西夏、大理等等政权，都先后登上了中国历史舞台，产生了长久、深远的影响。

不但如此，中国的民族迁徙，波及国外。公元前623年以后，大夏（大河）、析支、织皮、渠谀迁徙到西域（新疆、伊犁河谷、费尔干纳）；公元1世纪，大夏和大月氏人在阿姆河流域建立了贵霜帝国；公元4世纪，西部匈奴人曾经进军欧洲，打到罗马帝国的米兰；公元6世纪突厥人崛起，中亚广大地区的突厥化、继之伊斯兰化（例如阿富汗的“加兹尼王朝”，962—1186年），冲击到西亚、两河流域；东胡（通古斯）及室韦北迁俄罗斯西伯利亚（按，贝加尔湖古名“巳尼陂”，音变为“西伯”，后来成为西伯利亚的词根）；公元13世纪蒙古人的铁骑，则更是席卷了欧亚大陆，改变了世界历史格局。

当然，唐朝与白衣大食的“但罗斯之战”失败（公元751年），阿拉伯伊斯兰教势力占据了中亚，这是一个历史性的、影响深远的转折。

另外，据研究，周灭商以后，殷商族的一支（入族），迁入辽西，又向东北，征伐肃慎后，于公元前9世纪跨越白令海峡，进入美洲，到达墨西哥南部，已经被考古资料所

①易华：《齐家华夏说》，兰州：甘肃人民出版社，2015年。

证实。批评了张光直先生的“玛雅—中国文化连续体”说。书斋里的学者们，大概不知道，白令海峡中的拜格岛（属俄罗斯），距离俄罗斯堪察加半岛或美国阿拉斯加大陆，仅仅各有80公里左右而已。大大出乎人们的料想。[①]

历史学家蒙文通先生在《略论“山海经”的写作时代及其产生的地域》中认为，《大荒经》时代最早。《山海经》可能是记载中国西部、巴蜀地域文化的典籍。但是，西南地区早期文化，特别是滇缅交汇地区（例如：鹿茤、迦没路国），因文献缺乏、考古资料较少，推进困难。

我们认为，在中国古代社会，中国的历史就是这三支文化发展、冲突、演变、融合的历史。这种格局一直延续到清代末期。只有作如此观，才能全面、公正、透彻地了解、研究中国古代历史。

历史学家翦伯赞等先生在研究中国古代民族问题时，提出了“历史主义”的概念，希望人们不要陷入“大汉族主义”之中。这当然是进步的历史观。然而，并没有真正从根本上、从理论上解决问题。所以，至今多数学者仍然把华夏文化当成唯一的中华文化，且根深蒂固。对于中华文明由三个板块构成，缺少甚至毫无认识。虽然他们口头上也说，中华文明“多元中有统一；统一中有多元”。而这个概念，其实是源自苏秉琦先生在总结新石器时代文化时，提出的满天星斗论。

比较清醒地提出疑问的是考古学家邹衡先生。他明确指出：“辛店文化和寺洼文化与先周文化的关系最为密切……最早应该是一个古族。”[②]俞伟超先生《在青海省考古学会和青海省历史学会举办的报告会上讲话》（1981年10月30日）中指出：“在我国古代文化的发展过程中，中原地区的文化，确实曾给周围的其他文化很大影响。但只看到这一点，就会对我国新石器时代文化的多元性视而不见，从而失掉了历史的真实性。如果统观全局，就会发现甘青地区的古代文化，至少自石岭下阶段起就是自成系统的，而且到了青铜时代以后，还曾多次地给中原地区带去很重要的影响。看不到这一点，自然就扭曲了中国古代文化的发展轨道。”他还指出：“在洮河流域所见的辛店文化，我看应当就是属于历史上所谓西戎诸部落的系统。”[③]

在《尚书》《诗经》里，“周人”常常自称为“夏人”。饶宗颐先生表示“周人与西域赤乌氏有渊源”。姜亮夫先生则直言无讳地说：“我们汉族发源于西方的昆仑，这说法是对的，也只有昆仑山才当得起高阳氏的发祥地。”[④]

西戎文化以昆仑山为标志。昆仑山是西戎语，意为日月山。有学者说，昆仑是“圆”

①拙著:《殷人东渡美洲的甲骨文证据》,《大众考古》2014年第12期。

②《夏商周考古学论文集》,北京:文物出版社,1980年,第343-349页。

③参阅青海省文化厅编:《青海考古五十年文集》,西宁:青海人民出版社,1999年,第98-109页。

④ 姜亮夫:《 姜亮夫全集》七,昆明:云南人民出版社,2002年,第29页。

的意思。有学者宣称“昆仑是汉语词汇中最早的印欧语借词”。更有学者说，昆仑就是干阑，高的意思。西戎文化可能是我国最早引进马匹、种植小麦（木禾）、制造青铜器、铁器（甘肃省临潭县王旗乡磨沟遗址，属于寺洼文化），约公元前14世纪[①]开始驯化狗的地区（神话中的伏羲氏，与后来的犬戎或许有关）。西戎文化有最早的“祭祀明堂”（青海民和县喇家遗址）。陶器纹饰、权杖与两河流域有相似性。

夏代以来，西戎人以大夏国及大月氏为中心（今黄河、洮河、大夏河流域及兰州市）形成文化共同体，故被称为“和夷”（“大夏”古读“大河”氏）。他们创造了历法（后来的“藏历”）及“月相用语”（初吉、既生魄、既望、既死魄）。他们也创造了文字，可能就是所谓“巴蜀图文”——一种未完全成熟或通用的文字（徐中舒肯定是文字）。西戎人的共同语言是“反舌”的西戎语（不同于汉语、羌语）。最早称其首领为“王”（西戎语读为Ye，汉字：叶、野、耶、於、邪），巴蜀图文已经有合成字：祭坛上供奉老虎及王纹。而夏、商称其首领为“帝”。西戎人的共同信仰是“西王母祭祀文化”，后来演变成“苯教”，延续至今。

上古时代，“周”（起于姜原，古羌人也）亦源自西戎，长期居于戎狄间并与姜戎氏通婚。季历时臣服于殷商。殷商甲骨文中，羌、戎同版所见。周原甲骨文中，有“伐蜀”“征巢”“楚子来告”等等内容。“秦”早年从东夷迁入西部羌戎间。他们与大骆戎通婚，居西垂（甘肃省礼县）。公元前676年，秦初作伏羲祠社，承认是伏羲的后代；到了公元前422年，秦作上、下畤，祭祀黄帝、炎帝，改称是炎黄的后代，表示归宗于炎黄文化，参加中原争霸。

《山海经》巫咸国、鬼国，地点在三峡巫山一带。“巴文化”大约形成于夏代初年，以渔业、盐业为生，属于崇拜鸟及太阳的东夷（舜）集团。《山海经·海内南经》所载“太昊生咸鸟”，即 太昊（帝喾）生咸鸟，“ 咸鸟”就是以鸟为图腾的女巫，即传说的“巫山神女”。巫山神女也就是“山鬼”（孙作云《九歌·山鬼考》）。咸者，巫咸也。咸鸟，任乃强先生解读为“盐鸟”，即运盐的小船，大失原意。《竹书纪年》记载：帝启之臣孟涂，“司神于巴……在丹山西”。“丹山”学者指产丹砂之山；或以为是指丹鸟（仙鹤）、黄鸟所居之山也，即今巫山。巴文化主流西进涪陵、重庆者形成“巴国”；巴文化一支东进者，春秋后融入楚文化。

考古资料证明：甘肃省马家窑文化、齐家文化早已传播到四川省阿坝州地区和甘孜州地区。彩陶釉分析证明，四川西部“所有彩陶都有直接从甘青地区输入的可能”[②]。童恩正也指出“有一支……氏族从川西高原进入成都平原的边缘地带，这就是以后蜀族的

①《甘肃省临潭县王旗乡磨沟遗址》,《文物》2012年第8期。

②《文物》2011年第2期。

祖先了。”[①]这里说的“氐族”就是西戎人。汉代扬雄《蜀王本纪》云：“蜀之先称王者蚕丛、柏护、鱼凫……此三代各数百年。” 鱼凫田于湔山（在灌县）。《华阳国志》记载古蜀国起源于“岷山”。许多学者认为就是今日之岷山。

但是，经三次实地考察，我怀疑蜀国起源不是今日的岷山，因为这里太荒凉，经济、人口状况不能成为文化发源地。查唐代李泰《括地志》云：“岷山在岷州溢洛南一里，连绵至蜀二千里。”即古代岷山起始于甘肃省洮河旁之岷县。宕昌县有岷峨山及岷江。岷江在舟曲县界流入白龙江。因此推测，蜀部起源于大夏的东部。蜀人所在的古岷江与“秦先祖墓”（礼县大堡子山，秦“犬丘陵区”）所在的西汉水，仅仅隔着岷峨山。可以说蜀人先祖与秦人先祖是毗邻而居，关系密切。西戎曾经占领过西汉水流域（前10—前9世纪20年代）。《竹书纪年》记载，在夏代末年帝癸时代（公元前16世纪）有“扁帅师伐岷山”的记录。或许在此后，蜀族人南迁，并把原来的“汶川”改称故乡的“岷江”。周夷王时（前867—前858年）有“蜀人、吕人来献琼玉”的记录。这时，蜀人早已南迁到今松潘地区并进入成都平原。“巴”“蜀”及“髦”（顾颉刚考证在成都西南。温按：可能在大渡河畔汉源县，有麦坪遗址），在商代武丁时已经相当强盛，他们参加了“武王伐纣”的征战（前1040年）。巴与蜀融合，巴人接受了先进的蜀人文化（有学者认为“鱼凫”来自巴人，但无证据）。换言之，巴蜀是西戎文化最早进入文明阶段的代表，并与秦、楚乃至长江下游文化密切交流。三星堆遗址辉煌的青铜文化就是代表（纵目人、神树、权杖等等）。三星堆文化的西来说、东来说都是猜想而已。

昆仑山（西戎语：日月山。在酒泉市南山）的西王母部是崇拜老虎的部族。2014年5月我们已经在金川县勒乌围乡发现了“雄虎与女神交媾”（11—12世纪）的岩画。2015年7月，我们在九寨沟县双河乡白水江畔发现了“土伯御龙”（约公元前7世纪）岩画。成都的“升仙桥”，传说是古蜀国张伯子驾“於菟”（西戎语：老虎）于此升仙。雅安发现了坐于三虎座上的三眼青铜神像（汉代）。公元前316年，秦灭蜀国（自杜宇至开明，12世而灭亡）。而进步较慢的羌戎部族，则渐渐向西南、西北部山区退却。退至岷山—雅安以西，但仍然保持其传统文化。

蒙文通先生指出，《山海经·海内经》中的“城”是“天地之中”，是指今四川省西部。这与炎黄文化称河洛为“天下之中”[②]，显然是大大的不同。

在新石器时代晚期，中国就与西部（如河西走廊“四坝文化”、新疆甚至西亚两河流域）、北部（如阿尔泰山地区“塞伊玛—图尔宾诺”文化、塞种文化）有物质、文化交流。学者指出：至迟在公元前7世纪，就有从内蒙古草原向西北，越过阿尔泰山，穿过南西伯利亚草原，到达黑海北岸的草原丝绸之路（马雍、王炳华）。

①《古代的巴蜀》，重庆：重庆出版社，2004年，第45页。

②许宏：《最早的中国》，北京：科学出版社，2009年。

至迟，中国在商朝武丁时代的妇好墓（前12世纪），出土了大批玉器，有人认为是和田玉。但是考古资料不能证明公元前12世纪和田地区有人类活动。妇好墓的玉器也许是“马鬃山玉”？同时，甲骨文也有“燎祭西膜（西王母，陈梦家隶定）”的文字，反映了中原地区与西部地区的广泛交流。这些都值得关注，详情尚待考古发掘以及资料的研究。

公元前623年，西戎十二国受到秦穆公的强大打击，有八国（绵诸、狄、獂、犬戎、义渠、大荔、乌氏、朐衍）投降。另外有四国西迁（大夏、大月氏、织皮、析支）。此外还有渠谀（重拥、粟弋）、稍晚还有乌孙（青眼赤须），共计西戎六国，进入西藏、新疆及其以西的中亚地区，并与当地土著居民融合（其中，大夏、析支，过青海柴达木盆地，即西汉时赵充国所称的“羌中军道”）。大夏等国残留部落则四处逃散，称河氏（即史载之“盍稚”“和氏”，松潘羌人称之为“戈基”）。西汉时，伊犁河流域的乌孙，已经成为西域能够抗衡匈奴的强国。这是目前可考的羌戎文化第一次大规模影响西域。后来，它们成为最早与印度文化、波斯文化交流的群体。西方人用“至那”（Cina，秦）指代中国，是公元前3世纪（阿育王时代），从新疆的于阗国（从“析支”即黄河河首迁来）传播给印度的。大夏西迁后，中亚土著人把“大河”译称“吐火罗”。

这一次羌戎种族大规模西迁，（1）带去了西王母祭祀文化（大夏称“夜摩Yama”神，后来演化成娜娜女神；粟特称“西雅乌施”神，后来演化成“得悉神”）。（2）他们还带去了象征“祖居地和天堂”的昆仑山的“日月合璧纹”，特别受到粟特人推崇并影响了波斯[①]。有些学者不明真相，把日月纹称作“星月纹”，以为是波斯、粟特纹样，传入中国。（3）他们还带去了“三角城”的城市布局。过去，中外学者只知道丝绸、服饰、漆器、挖井术等等物质文化从中国外传。从来没有学者研究中国精神文化的外传状况。

当刘邦与项羽争霸中原之时（公元前3世纪末），西藏象雄国（发祥于山南、日喀则地区）的布德贡吉大王（印度记载的“般度王”Pandu）率军西征，占领了印度河中游广大地区，直到兴都库什山及帕米尔高原（西藏传说中的“象雄十八王时代”）。他还统治了“塔克西拉”。布德大王建立了“难兜国”（又作“扑桃”“仆达”，中心在吉尔吉特）及帕米尔高原的“无弋山离国”。“巴达山（布德、般度）”即得名于此时。同时，象雄国的西王母祭司文化，也吸收了恰菲尔人的火祆教“异道”，演变成了苯教，即布德大王之教也（Bot，西藏称“恰苯”）。辛饶米沃且（“辛饶”，大巫师也；“米沃且”“么姐”，西王母家族之姓也）应是这次宗教变革的主持者。这是羌戎文化第二次对中亚广大地区产生了直接的、重要的影响。象雄布德大王西征，是中国古代史上最伟大的历史事件之

①拙著:《探究昆仑邦国与大夏诸国西迁》,北京大学、河南省、郑州市联合举办“夏商周时期的中原与周边文明研讨会”,《论文汇编》(内刊)2015年第7期。

一，是亚历山大大帝东征后最伟大的历史事件，也是西藏历史中最奥秘的谜云[①]。

中国的羌戎文化对中亚地区第三次有全面、重大影响，是在公元前160—前150年以后，大夏、大月氏先后西迁至阿姆河流域（今阿富汗北部、乌兹别克斯坦南部、塔吉克斯坦西部、土库曼斯坦东部）并建立国家，隔阿姆河相望。他们迅速地吸收、融合了印度、波斯、希腊的文化与艺术。1978年开始在阿富汗北部希比尔甘城黄金之丘（Til-lyaTepe）的考古发掘（时代约公元前50年—公元50年），展现了一种独特的新文化，震惊了世界。但是，学者们并不知道这是西戎文化与当地文化融合的结果。贵霜翕侯丘就却（约公元30—110年）时统一各部（翕侯是汉语“王侯”也）。大约在公元80年前后，建立了贵霜帝国，始称“天子”。

汉武帝派张骞始通西域，西汉使臣第一次来到这里（约公元前127年）。从张骞通西域，到西汉建立“西域都护府”（在轮台，公元前60年），可以说是中国文化第四次影响中亚，显然也是最重要的一次历史性物质、文化交流。从此，玉门关向西，由官方设置军事、交通的烽、亭路线，逐渐建立，直达葱岭。

后来，“贵霜帝国”（公元1世纪起），成为中亚最强大的国家，并创造出一种新的、多元的文化形态（包括创造出“犍陀罗式佛像艺术”）。《后汉书・班超传》云：贵霜帝国曾经帮助汉朝攻打车师国。公元88年，向汉朝求婚遭到拒绝。公元90年，大月氏副王谢率七万骑兵越葱岭攻打班超。公元105年“西域背叛”，西汉势力被迫退出新疆南部约20余年。贵霜帝国在文化上的影响更是极其深远。

孔夫子（前551—前479年）梦寐以求的、500年前的“周公之礼”，本是继承西周古公亶父、季历、文王的礼乐制度而形成。换言之，就是西周和西戎礼乐制度的融合。孔夫子编《春秋》以来，戎狄不断被边缘化，没有话语权。历史真相受到极大扭曲。司马迁著《史记》，被尊为“实录”。而西戎没有文字，何从录之？今之治史者，必审慎以待之。

①拙著:《对甘孜地区历史文化的考古调查》,《社会科学战线》2013年第3期。